基础美学

从知识论到价值观

Basic Aesthetic: From Epistemology to Values

徐岱 著

浙江大学出版社
ZHEJIANG UNIVERSITY PRESS

图书在版编目(CIP)数据

基础美学：从知识论到价值观 / 徐岱著. —杭州：
浙江大学出版社，2015.4(2017.12 重印)
　ISBN 978-7-308-14393-6

　Ⅰ.①基… Ⅱ.①徐… Ⅲ.①美学—研究 Ⅳ.
①B83

中国版本图书馆 CIP 数据核字（2015）第 032962 号

基础美学：从知识论到价值观

徐　岱　著

责任编辑	陈佩钰(yukin_chen@zju.edu.cn)	
封面设计	项梦怡	
出版发行	浙江大学出版社	
	（杭州市天目山路 148 号　邮政编码 310007）	
	（网址：http://www.zjupress.com）	
排　　版	杭州中大图文设计有限公司	
印　　刷	临安市曙光印务有限公司	
开　　本	700mm×1000mm　1/16	
印　　张	27	
字　　数	500 千	
版 印 次	2015 年 4 月第 1 版　2017 年 12 月第 5 次印刷	
书　　号	ISBN 978-7-308-14393-6	
定　　价	68.00 元	

目　录

第一章　众妙之门

一、什么是美学？

1. 从"怎样做理论"说起

关于"美学"的种种言论实在犹如汗牛充栋已经很多了。在这样的情形下，继续这个话题需要有巨大的勇气。我们只能以维特根斯坦的一番话来激励自己。这位哲学怪才在他的《战时笔记》里写道：不要关心人们已经写出的东西！总是重新开始思考，好像什么也没有发生一样！让我们尝试着像他所说的那样，进入"基础美学"之门。

法国诗人保尔·瓦莱里曾经表示："美学当初是从哲学家的某种见解和某种爱好中产生的。"①这个说法迄今已被业界所公认。美国实用主义哲学家杜威也曾说过："如果哲学的讨论没有它本身固有的诱惑力，很少人会去从事于哲学思考。"②这话讲得非常之好，但真正实行起来却非常之难。在歌颂财富之声成为这个时代的主旋律的时候，我们如何能够让关于"美学"的讨论令人瞩目？怎样能够让这个话题在歌舞升平的消费社会引起众人的兴趣？当我们为诸如此类的问题伤脑筋的时候，其实没有意识到，这样思考问题并不妥当。就像越来越高级的电子产品如今越来越流行，但绝大多数人只需懂得如何使用，而并没必要让自己成为这个领域内的高级工程师。美学家的存在从来不需要像电影明星那样引人注目。美学的意义并不取决于它能如何吸引大众的眼球，而在于其能否有效地解决实际的问题。这个问题首先需要从"美学究竟是什么？"入门。

有美学家自嘲地表示："一个地质学家能在两分钟之内向我们说清楚什么是地质学，但究竟什么是美学，至今众说纷纭莫衷一是。从 18 世纪至今，各种理论

---

① ［法］于斯曼：《美学》，栾栋等译，北京：商务印书馆，1995，第 1 页。
② ［美］约翰·杜威：《经验与自然》，傅统先译，南京：江苏教育出版社，2005，第 131 页。

争奇斗艳，使人眼花缭乱。"①这番话听起来似乎有点匪夷所思，但并不夸张。显然，在日常生活中，没有人会问"为什么要学理发"、"为什么要学炒菜"这类问题，因为凡此种种似乎都是不言而喻的问题；在今天的大学课程中，也很少有人会对诸如"工程设计"、"生物医学"以及外交政策、金融会计、社会治理等属于"应用类"的项目的"学习目的"心怀疑虑。但对于人文研究，事情就不同了。法国历史学家布洛赫曾经谈道：有一天，他年幼的儿子突然向自己发问："告诉我爸爸，历史有什么用？"这让他突然意识到，"必须证实历史学作为一种知识的存在理由"。否则"如果说历史像桥牌和钓鱼一样仅仅是一项有趣的消遣，那么我们费尽心血来撰写历史是否值得？"②这个问题对美学尤其突出。我们知道，在通常意义上，神学谈论上帝，法学谈论罪犯，伦理学谈论正义，政治学谈论权力，经济学谈论财富。以此类推，美学能否被认为就是谈论"美的奥秘"呢？或许在世人眼里就是这样，美学是什么？顾名思义当然是"关于美的研究"。但在所谓的专家们看来并非如此。

比如著名德国美学家黑格尔在其《美学》中明确地提出：我们的这门科学的正当名称是"艺术哲学"。英国学者科林伍德在他的《艺术原理》中也附和这个观点：美学理论并不是关于美的理论，而是关于艺术的理论。现象学大师海德格尔《在通向语言的途中》中提出：美学这个名称及其内涵源于欧洲思想，源于哲学。"用以把握我们所关心的艺术和诗歌。"③暂且让我们接受这个说法，把美学视为艺术哲学，但问题并没有得到解决。这个问题还不仅仅是瓦莱里所说的，"当我们谈论'诗'的时候，谈些什么呢？"④而是我们在谈论之前首先得明确谈论的方式。著名德国美学家、"接受美学"代表人物伊瑟尔生前出版的最后一本书是《怎样做理论》，当然，此理论不是彼理论；不是科学领域的"硬理论"，而是人文学科苑地的"软理论"。在这本著作里，作者向我们介绍了包括他自己的"接受理论"在内的十二种美学与艺术理论。从这本书名及其内容来看，有一个言外之意是十分显著的：美学就是关于艺术形态的各种"理论分析"，美学研究就是理论写作。这并不仅仅只是伊瑟尔的个人的看法，事实上这个观点反映了20世纪以来绝大多数美学家的基本见解。所以自20世纪以来，国际美学界基本上可以看作是各种理论层出不穷的"理论的时代"。用伊瑟尔的话说："理论的兴起标志着批评历史的转变。这一转变的重要性足可与19世纪伊始，亚里士多德诗学为哲学

---

① ［美］吉尼·布洛克：《美学新解》，滕守尧译，沈阳：辽宁人民出版社，1987，第1页。

② ［法］布洛赫：《历史学家的技艺》，张和声等译，上海：上海人民出版社，1992，第11页。

③ ［德］马丁·海德格尔：《在通向语言的途中》，孙周兴译，北京：商务印书馆，1997，第74页。

④ ［法］瓦莱里：《文艺杂谈》，段映虹译，天津：百花文艺出版社，2002，第241页。

美学所取代相提并论。"①

以此而言,所谓"美学"就是形形色色的"艺术理论"。那么,"理论是什么?"这是美国学者乔纳森·卡勒一部小书《文学理论》第一章的题目。根据他的陈述:理论是一种判断和解释,其正确或谬误都是很难证实的。不仅如此,"要称得上是一种理论,它必须不是一个显而易见的解释,这还不够,它还应该包含一定的错综复杂性"。因此,耐人寻味的事发生了:卡勒指出,"言说文学"的理论其实并不是"关于文学"的理论,而是一种"借着"文学说事的"话语"。所以"很难界定它的范围",它的一个伴随物就是文化研究。在卡勒看来,"文化研究是我们称为'理论'的实践,简称就是理论"。② 这番语焉不详的解释,其实是在欲盖弥彰地表示:在"批评理论"或者所谓"文化研究"中,艺术可以成为研究者手中的一张王牌,唯独不再成为艺术。所谓"'理论'已经使文学研究发生了根本的变化"③,指的就是这个事实:它与传统上以实现艺术价值为目标的"艺术哲学"已经分道扬镳。但耐人寻味的是,当各种关于艺术的理论纷至沓来之际,其结果却是导致艺术作品的消亡。中国明代学者李东阳有"诗话作而诗亡"的说法,美国学者希利斯·米勒自身就是一位资深的批评理论家,他在不久前也表示:"不可否认,文学理论促成了文学的死亡。"④原因并不难解释:不管理论之间彼此有多大的差异,它们有着作为理论的基本特点:"理论将艺术体验变成认知。"⑤

在"认知"活动中,只有抽象的知识内容,没有感同身受的审美体验。但问题的关键恰恰在于,归根到底,艺术作品不是作为研究对象而存在,而是提供广大观众和读者的欣赏。就像日本当代学者佐佐木健一所说:"艺术,能否实际上愉快地去欣赏才是问题的所在。"⑥有个常被人们忽略的问题:一部作品之所以成为经典并不是由于评论家的交口称誉、教授们的分析阐释或是在大学课堂里研究,而是一代一代的读者在阅读中获得乐趣。但是对理论家而言,他们的立场是相反的,伊瑟尔中肯地表示:"人文科学意在把对象概念化",以此达到"理论多重化"的目标。因此,随着理论的繁荣兴旺,"各个理论之间会展开相互竞争"。⑦所以,就像伊格尔顿所说:在成功接管了艺术世界后,"理论也已经成为一种少数

① ［德］沃尔夫冈·伊瑟尔:《怎样做理论》,朱刚等译,南京:南京大学出版社,2008,第1页。

② ［美］乔纳森·卡勒:《文学理论》,李平译,沈阳:辽宁教育出版社,1998,第3、45页。

③ ［美］乔纳森·卡勒:《文学理论》,李平译,沈阳:辽宁教育出版社,1998,第1页。

④ ［美］希利斯·米勒:《文学死了吗》,秦立彦译,桂林:广西师范大学出版社,2007,第53页。

⑤ ［德］沃尔夫冈·伊瑟尔:《怎样做理论》,朱刚等译,南京:南京大学出版社,2008,第10页。

⑥ ［日］佐佐木健一:《美学入门》,赵京华等译,成都:四川人民出版社,2008,第8页。

⑦ ［德］沃尔夫冈·伊瑟尔:《怎样做理论》,朱刚等译,南京:南京大学出版社,2008,第7、10页。

者的游戏，悠游戏谑，尽情享乐，是高级现代主义艺术背后的那些冲动现在所向之移居之地"。① 这意味着理论时代的唯一"艺术形式"，就是理论自身的表演。正是由于这个原因，使得理论家与艺术家之间呈现出一种让人奇怪的敌对与仇视关系。比如著名抽象表现主义画家康定斯基直截了当地说过："艺术理论家是艺术最凶恶的敌人。"②丹尼尔·科尔顿表示："如果你碰巧喜欢文学，你必须不惜一切代价避开那些大谈'理论'的教授。"③

西班牙画家塔比亚斯的这番话颇有代表性："我们始终欣赏一些有才气的诗人或作家对绘画或雕塑写出的'煌煌篇章'，读这些大作人们有时的确感受到乐趣。但相反，几乎所有关于艺术的大学论文都显得苍白无力、索然无味。每当人们去拜读过去某些'大学问家'谈艺术的东西，同样会感到没有根据。"④诺贝尔文学奖获得者马尔克斯也表示："照我理解，知识分子是一种古怪的动物，他总是把先入为主的理论置于现实之上并不顾一切地让现实服从他的理论。"这种做法不能不"非常让人怀疑"。⑤ 总之，"这些大学教授，谈起艺术来的时候是何等可笑的人"。⑥ 福楼拜在一封信里的这句话，代表了艺术家阵营对自以为是的理论家们的不屑。美国著名文艺学家韦勒克关于"没有一个严格意义上的弗洛伊德批评家赢得过任何尊敬"⑦的话，在某种意义上适用于一切以某种"理论"作为营业执照的批评理论。在那无数面"主义"的旗帜下，我们看到了一批栖息于文学研究领域的知识分子指点江山君临天下的欲望，看不到对人文艺术的由衷的兴趣与喜爱。但就像拉尼茨基所说："我们可以不厌其烦地重复：没有对文学的热爱就没有对文学的批评。"⑧而经验一直在提示我们，理论家们往往是一些对艺术缺乏欣赏兴趣和才华的人。比如后现代理论家詹姆逊曾坦白地承认："具体的

①　[英]特雷·伊格尔顿：《二十世纪西方文学理论》，伍晓明译，北京：北京大学出版社，2007，第 207 页。

②　[俄]瓦·康定斯基：《艺术的精神》，查立译，北京：中国社会科学出版社，1987，第 88 页。

③　[美]丹尼尔·科尔顿：《教育为何是无用的》，仇蓓琳等译，南京：江苏人民出版社，2005，第 5 页。

④　[西]塔比亚斯：《艺术实践》，河清译，杭州：浙江摄影出版社，1989，第 118 页。

⑤　[哥]加西亚·马尔克斯：《两百年的孤独》，朱景冬译，昆明：云南人民出版社，1997，第 121 页。

⑥　[美]斯宾根等：《现代美英资产阶级文艺理论文选》下册，刘若端等译，北京：作家出版社，1962，第 339 页。

⑦　[美]勒内·韦勒克：《批评的诸种概念》，丁泓等译，成都：四川文艺出版社，1988，第 3，20 页。

⑧　[德]马塞尔·拉尼茨基：《我的一生》，余匡复译，上海：上海译文出版社，2003，第 323 页。

阅读只有在它包含理论要旨的情况下才令我感兴趣。"①

詹姆逊这话的言外之意并不费解：作为一个理论家，阅读艺术作品的目的不是出于对一部优秀作品的欣赏心态，而是为了能够把艺术作品当作其制造新的理论的材料。用社会学家卡尔·曼海姆的话说：在理论家眼里，"世界只是对于认知理智才作为'世界'而存在"。② 虽然这能让理论家们感觉很好，但我们知道这完全只是书斋动物的一厢情愿，从来就不是事实。对待任何艺术作品我们都不能忘记这个基本事实："艺术经验无论它们还可能是什么，都是在身体上让人愉快的。"③对于诚实的批评家来讲，"让作品存在，这最终是批评家的任务"。④但对于以"主义"为谋生资本的那些"理论家"来说，"他们在小说家的作品里找到的不是他们能够找到的东西，而是乐意找到的东西"。⑤ 其目的是让理论取艺术而代之，成为人们的关注焦点。但这么做的结果离艺术实践已经十分遥远。因为理论的实质是借助于逻辑思维对世界做出认识，而事实恰恰在于，"生命不具有逻辑存在，存在不具有逻辑生命"。⑥ 这里的关键在于，生活世界永远具有超逻辑的复杂性和偶然性。经验早已让我们明白，"思维、生命和世界在复杂性这一点上是同构的。复杂性显然包含着一定的逻辑一致性，但也包含着亚逻辑性、非逻辑性"。这就形成了生活世界与逻辑世界的对峙，因为"现实和思想既包含着逻辑又超出了逻辑，既遵守逻辑，又违背逻辑"。⑦

所以，与习惯于闭门造车和"高空作业"的理论家不同，总是同实际的生活世界打交道的杰出艺术家，都懂得对生活世界里的具体经验的尊重。在他们看来，"偶然是创造一切事物的大师"。⑧ 唯一至尊无上"高于一切的，正是每天生动的、本质的、纯粹的、新鲜的事实"。⑨ 在此我们能够发现一种"认识论的悖论"：

————————————

　① ［美］詹明信：《晚期资本主义的文化逻辑》，张旭东等译，北京：生活·读书·新知三联书店，1997，第 15、16 页。

　② ［德］卡尔·曼海姆：《意识形态与乌托邦》，黎鸣译，北京：商务印书馆，2000，第 67 页。

　③ ［美］埃伦·迪萨纳亚克：《审美的人》，卢晓松译，北京：商务印书馆，2004，第 50 页。

　④ ［法］米盖尔·杜夫海纳：《美学与哲学》，孙非译，北京：中国社会科学出版社，1985，第 170 页。

　⑤ ［哥］加西亚·马尔克斯：《番石榴飘香》，林一安译，北京：生活·读书·新知三联书店，1987，第 104 页。

　⑥ ［法］埃德加·莫兰：《方法：思想观念》，秦海鹰译，北京：北京大学出版社，2002，第 226 页。

　⑦ ［法］埃德加·莫兰：《方法：思想观念》，秦海鹰译，北京：北京大学出版社，2002，第 211 页。

　⑧ ［西］路易斯·布努艾尔：《我最后的叹息》，傅郁辰译，北京：中国广播电视出版社，1992，第 178 页。

　⑨ ［西］安·塔比亚斯：《艺术实践》，河清译，杭州：浙江摄影出版社，1989，第 59 页。

现实的逻辑不足和逻辑的现实不足。所以，每一位进入艺术世界的人都不能忘记随时提醒自己，"生活的直观性质，是审美经验的第一要素"。① 这么讲的实质并不是宣传"审美神秘主义"，而是尊重艺术之为艺术的本性。有位美国诗人指出：虽然诗可以像钟表拆成零件，可是当你把它们再拼装起来，它们仍然是无法解释的。所有伟大的艺术都有一种高深莫测的心灵神秘，对于这样的作品"我们只能以敬爱之心来接近它"，②而不是条分缕析地去解释它。总之，"科学是光谱分析，艺术是光合作用"。③ 这种作用有待于我们去亲自体验和感受，而不是对它的构成进行肢解式的分析。否则就只剩下了科学而不再有艺术。但需要进一步追究的是，为什么在本质上其实与艺术格格不入的理论，能够被人们似乎理所当然地接受下来，丝毫没有怀疑？一个重要的原因是，人们将理论与哲学混为一谈。在绝大多数人的观念中，哲学和理论应该是一回事，所谓哲学也就是理论。托马斯·弗林说得好："就像'政治理论'和'文学理论'这些表述所体现的含义，**当今的'理论'通常被看作是'哲学'的同义词**，以至于说'理论哲学'几乎是多此一举。"④

但这其实是一种虽然十分流行但却完全错误的认识。所谓"理论"通常总是演绎为某种"主义"，这种作为"主义"的理论内在地具有一种反哲学的倾向。在日常经验中，"**哲学泰斗**"这个词表示的是人们对那些优秀哲学家的由衷尊敬。而"**理论权威**"这个名称则体现着理论家的不可一世。这并非偶然，不是一种文字游戏。哲学出于对智慧之爱，所以真正的哲学精神总是处于一种自我批判之中。杰出的哲学家总是前仆后继地追随"我只知道我一无所知"的苏格拉底，互相提醒着"不要忘记那种承认自己所知甚少的苏格拉底式的谦虚"。⑤ 正是因于这个缘故，与哲学史相伴的是嘲弄哲学家的传统。但与此完全不同，理论是一种强权，货真价实的理论家无不自视甚高地具有一幅无所不知的模样，摆出一种独步天下不容冒犯的姿态。我们不妨以几个案例来做出具体认识。比如，加塞特这样看待他作为哲学家的工作："我们并不放弃任何带有批判眼光的严谨态度，相反，我们要把这种态度推衍到极限。可是我们是朴朴实实地这样做的，不以什

① ［美］拉尔夫·史密斯：《艺术感觉与美育》，滕守尧译，成都：四川人民出版社，2000，第 288 页。

② ［美］霍华德·奈莫洛夫：《诗人谈诗》，陈祖文译，北京：生活·读书·新知三联书店，1989，第 289 页。

③ ［英］约翰·巴罗：《艺术与宇宙》，舒运祥译，上海：上海科学技术出版社，2001，第 163 页。

④ ［美］托马斯·弗林：《存在主义简论》，莫伟民译，北京：外语教学与研究出版社，2008，第 148 页。

⑤ ［英］卡尔·波普尔：《通过知识获得解放》，范景中等译，杭州：中国美术学院出版社，1996，第 405 页。

么批判者和大宗师自居。"①而作为后现代理论家的美国学者詹姆逊是这样评价其行当:"理论并不是来自子虚乌有,然后由喜欢理论的人接过去肆意发挥。理论来自特定的处境,作为世界的客观现实的一部分,它自会循其自律性的发展道路并对现实产生反作用、带来思想上的变化,带来大学体制内的变化,改变知识分子的角色,以致影响整个文化生产本身。"②其气势和口气之大让人印象深刻。

把福楼拜的名著当作社会学读本的法国理论家布尔迪厄更是傲慢地宣称:"《情感教育》这部著作虽被成千上万次地评论过,却无疑没有被真正读过。"③作为哲学家的加塞特的谦逊明智,体现了追求真知灼见的哲学真诚。而后两者对理论权威性的自我标榜,昭示的是一种无知的狂妄。隐匿在其背后的,其实是赤裸裸的利益考量。当代那些冠以"大师"的理论家的言行,让我们深切地感受到诚如小说家史铁生在《写作的事》中所说的这段话:很多理论的出发点并不是为生命的意义而焦虑,而只是"为了话语的权力而争夺"。所以,尽管"同任何其他理论一样,美学理论也必须符合实际。但许多理论都不是这样,它们宣称从事实出发,对事实作了真实的描述,实际上都在歪曲事实"。比如,理论家们总是热衷于"贬低那些被多数人视为具有重要艺术价值的成分",表面上看似提供更好的解读,实质上只是为了标新立异以引人注目。问题的症结在于动机,"许多理论的提出都是为了反驳另外一些理论,因此,这些理论的片面性和走入极端,部分又是来自于那种想完全摧毁其他理论之片面性的侵略性企图"。唯其如此人们看到,在现实生活中,理论不仅"常常像一个钟摆那样,从一个极端走向另一个极端"④,而且还总是有种极不诚实的投机性。

哲学精神的这种"爱智"的特点呈现与艺术具有某种兼容性,这种兼容性来自哲学对理论的抵制。哲学与艺术之间具有荣辱与共的关联。后印象画派大师高更说过一句耐人寻味的话:"艺术包含着哲学,正如哲学包含着艺术。否则的话,美将变成什么?"⑤哲学之所以是哲学,在于其本质上具有反理论主义的品格。比如,哲学的关键词是**"存在、意义、真理"**,理论的关键词则是**"革命、颠覆、专政"**;哲学需要沉思、呼唤平静,让人走向书斋和大自然;理论强调行动、鼓动造反,让人走向广场和大街道。如果说真正的哲学是"思想的田野",那么作为"主义"的理论则是"思想的牢房"。好的哲学思考并不终结问题,而只是"帮助我们继续追问下去,使我们一次比一次问得更好。使我们能够与追问永久性地和谐

① [西]奥·加塞尔:《什么是哲学》,商梓书译,北京:商务印书馆,1994,第50页。
② [美]詹明信:《晚期资本主义的文化逻辑》,张旭东等译,北京:生活·读书·新知三联书店,1997,第28页。
③ [法]皮埃尔·布迪厄:《艺术的法则》,刘晖译,北京:中央编译出版社,2001,第263页。
④ [美]吉尼·布洛克:《美学新解》,滕守尧译,沈阳:辽宁人民出版社,1987,第248、234页。
⑤ [法]保罗·高更:《此前此后》,麻艳萍译,北京:新星出版社,2006,第2、19页。

共存"。① 而"所有的理论都是通过框架的闭合而表现出可靠性"。② 所以,哲学的结果常常是没有结果,真正的哲学总是显得"在路上",其思考犹如海德格尔比喻的林中小路。而标准的理论总是不停地"作决断",其立场和主张无不具有一种君临天下独领风骚的做派。在讲究实际的世人眼里,伟大的哲学思想不过是"善良的空想",比如康德提出的关于世界"永久和平"的构想。但在真实的历史记载中,标准的理论主义无不是不堪回首的灾难。从形形色色的种族主义到冠冕堂皇的国家主义,20世纪既是一个理论主义的展览会,也是人类文明的悲剧舞台。

哲学与理论之间最为根本性的不同,莫过于"求真"与"扯淡"的区分。众所周知,从古希腊爱琴海起航的哲学之舟,是一次没有终点的寻求真理之旅。"爱智"的目的是以获取人生的真理为最终回报。但理论之所以为理论的实质,就在于它对真理的漠视。所以,美国普林斯顿大学教授法兰克福生动地命名为"扯淡"(on bullshit),以强调其属于无聊的"放屁"之意。对占据了"后现代"思想城堡的形形色色的理论主义,给予了准确的一击。认识这种行为的关键,在于看到它与说谎的区分。虽然两者的意思看似有些近(彼此事实上都在"表达真相"这个问题上装假),但实质上大相径庭。说谎是对真相的故意歪曲和掩盖,因而是真理的敌人。但扯淡却是真理的更大的敌人。问题不在于"扯淡的本质不在于它的'假',而在于它是'骗人的东西'",在于说谎者虽然不诚实,但却以其有意瞒天过海隐瞒真相的做法,在客观上承认了真理的重要价值。这样,说谎的行为并不会从根本上否定说真话的可能性,仍为说谎者改过自新留下了余地。所以有"有人说谎话,有人说真话,他们玩的是相同游戏的对立两端"③的说法。但扯淡者却完全不同,他们以公开地蔑视真相、否定真理为唯一真理自居,以根本就不再在意事情的真相为荣,让"说实话"和"讲真话"这样的要求成为倍受嘲弄的对象。这样的结果,是让人们彻底放弃确定事实、寻求真相、判断是非的追求。其行为在逻辑上荒谬,在后果上不堪设想。更为恶劣的是,说谎者尚存在着被揭穿和被证伪的风险,扯淡者却毫无这样的问题,他的哗众取宠不受任何道义束缚。扯淡膨胀的结果,就是社会精神的窒息和文明的毁灭。

与哲学总是被指责"无用"不同,理论的后果往往难以避免暴力冲突乃至家破人亡。"在理念、原则、理论的大旗下,曾经导致过多少次大规模的人类灭绝悲

---

① [西]费尔南多·萨瓦特多:《哲学的邀请》,林经纬译,北京:北京大学出版社,2007,第6页。

② [德]沃尔夫冈·伊瑟尔:《怎样做理论》,朱刚等译,南京:南京大学出版社,2008,第6页。

③ [美]哈里·法兰克福:《论扯淡》,南方朔译,南京:译林出版社,2008,第61-74页。

剧。这都是我们的知识分子的发明。"①好的哲学一再让人重温美国学者房龙的这句话：老生常谈往往是历代人类智慧的储藏库。还有歌德的格言：凡是值得思考的事情无不是已被人们思考过的，我们所能做的仅仅是重新思考而已。所以，哲学往往因显得不够新鲜而缺乏吸引力。有影响的理论没有不标新立异的，这就是为什么，在大众们看到意义的地方，理论家们总是看到无穷无尽的阴谋与欺骗等无意义。与理论打交道，屡屡让人想到伊格尔顿的这句描述："一种概念式样瞬息之间即取另一种而代之，快得一如发型的变化。"②而最为吊诡的事莫过于：以反宏大叙事的面目出现的理论主义，以其解构一切的怀疑论恰恰做出了当今时代最宏大的叙事。反之，以"寻求确实性"著称的哲学思考，最终却让我们接受这样的见解："谁不能学会在疑问在生活，谁就永远不可能真正地进行思考。"③而以"解构确定性"闻名的理论主义，最终却以"既不能证实，又不能证伪"的手段，显露出让人向它的权威俯首称臣的狰狞面目。

因为"理论的接受是通过一致性看法"④，因而与通常的认识相反，事实上哲学思考总是呈现出一种宽容度；在历史上，"哲学就是在民主中诞生的。从某种本质的意义上讲，哲学是离不开民主的"。⑤ 与此相反，理论主义是专制的。当代理论的发达史却是一部"观念的屠杀史"，一种理论的崛起无不以消灭对手取而代之来证明自身的价值。结论不言而喻："哲学不是一种理论，而是一种活动。"⑥这种区分的意义何在？这是强调，归根到底，"哲学是关于生命的思考，是通过生命来说明生命"。⑦ 用加塞尔的话说：货真价实的哲学活动以感同身受的体验为基础。因此，"哲学活动同其他生命活动错杂在一起，理论活动成了一种生命活动"。⑧ 所以，美学的振兴之路在于同理论展开一场殊死搏斗。无须讳言，这很不容易，有人甚至认为："艺术在同理论的斗争中毫无取胜的希望，艺术

①　[英]卡尔·波普尔：《20世纪的教训》，王凌霄译，桂林：广西师范大学出版社，2004，第135页。

②　[英]特雷·伊格尔顿：《二十世纪西方文学理论》，伍晓明译，北京：北京大学出版社，2007，第242页。

③　[西]费尔南多·萨瓦特多：《哲学的邀请》，林经纬译，北京：北京大学出版社，2007，第202页。

④　[德]沃尔夫冈·伊瑟尔：《怎样做理论》，朱刚等译，南京：南京大学出版社，2008，第6页。

⑤　[西]费尔南多·萨瓦特多：《哲学的邀请》，林经纬译，北京：北京大学出版社，2007，第150页。

⑥　[奥]石里克：《哲学的未来》，《哲学译丛》1996年第6期。

⑦　[德]威廉·狄尔泰：《历史中的意义》，艾彦等译，北京：中国城市出版社，2002，第205—250页。

⑧　[西]加塞尔：《什么是哲学》，商梓书译，商务印书馆，1994，第112页。

因而被说教彻底扼杀。"①也许这是事实，但至少每个关心艺术事业的人们，不能坐以待毙。哲学摆脱理论纠缠的根本方法，是从大脑返回身体。哲学在 20 世纪经历了一次"语言学转向"而被理论主义所侵占，有必要在 21 世纪再经历一次"身体的转向"以收复失地。前者使哲学沦为理论主义的婢女，后者让哲学重回思想主体的位置。维特根斯坦曾经写道：哲学工作实际上更多的是基于自身的工作。这句话的核心在于"基于向身"的解释，也就是"身体性"。用他的话说：无论如何必须注意到，人有一种"对其身体的美学的感受"，因此"我们在弄哲学的时候，愿意在没有感觉的地方把感觉设为基础。这些感觉被用来向我们解释我们的思维"。②

经验同样也表明，在社会实践活动中，除了理智化的思考方式外，还有一种"深深浸染到我们身体里面的思考方法存在着"。③ 皮亚杰"发生认识论"研究"思想有非语言的根源"。④ 麦克道尔在《展望世界》指出："理论最终的依据在于体验中。"⑤所以雅斯贝尔斯说，哲学在理性触礁的地方开始。这里的"理性"指的就是以伪装成理性的理论。美学可以借助于来自经验的"范式"，完成对艺术的思考。因此，美学摆脱理论、回归哲学的努力，也意味着向艺术经验回归。也就是像梅洛-庞蒂所说，"从建构之物回到实际经验，从外在世界回到我们自己"。⑥ 因为在关于艺术的谈论中，"真正需要的不是笼统的概念，而是具体的分析"。⑦ 如果说"让作品存在，这最终是批评家的任务"⑧，那么，不再以种种抽象概念来作出"解释"，而是尝试以直观体验来予以"理解"，这是以艺术为本的美学思考同自以为是的理论主义的根本区别。理论之所以能以"主义"的姿态占据现代思想市场，除了利用人们对理论与哲学的关系的暧昧理解，还在于对科学化的迷信。很久以来，人们总是有这样的观念："对艺术家和艺术品优劣的划分和判断，需要得到理论的支持和确认，并依靠其理论才能达到发展。"⑨但从实际艺术

---

① ［英］A. 格雷林：《生活、性与思想》，刘川等译，西安：陕西师范大学出版社，2004，第 181 页。

② ［美］理查德·舒斯特曼：《生活即审美》，彭锋等译，北京：北京大学出版社，2007，第 160 页。

③ ［日］佐佐木健一：《美学入门》，赵京华等译，成都：四川人民出版社，2008，第 58 页。

④ 洪汉鼎：《理解与解释》，北京：东方出版社，2001，第 493 页。

⑤ ［美］林赛·沃特斯：《美学权威主义批判》，昂智慧译，北京：北京大学出版社，2000，第 158 页。

⑥ ［法］莫里斯·梅洛-庞蒂：《哲学赞词》，杨大椿译，北京：商务印书馆，2000，第 81 页。

⑦ 林庚：《西游记漫话》，北京：北京出版社，2004，第 5 页。

⑧ ［法］米盖尔·杜夫海纳：《美学与哲学》，孙非译，北京：中国社会科学出版社，1985，第 170 页。

⑨ ［美］韦勒克：《批评的诸种概念》，丁泓等译，成都：四川文艺出版社，1988，第 13、74 页。

经验来看,事情显然并非如此。小说家詹姆斯认为:"对于一个诗人或者一个小说家来说,重要的问题是:他对生活有何感受?"①这值得我们认真铭记。

波兰诗人米沃什说过:"我不再相信任何后来的'主义',如果它们来自巴黎。"②作为 1980 年诺贝尔文学奖获得者,他的这句名言不是对一度由萨特、巴特、德里达等人主宰的法国知识界的文化种族主义鄙视,而是对在文学艺术乃至整个人文思想领域造成极大危害的,那些以"批评"之名出场的形形色色的"理论主义"的否定。问题不只在于,理论充其量可以提供一种具有逻辑自洽性的解释,"它不能指导我们的感受"③,还在于理论的目的根本就不是为了加深我们对作品的感受,而是满足于对艺术作品的理智性认识。所有的批评理论虽然彼此攻讦互不买账,但殊途同归地都属于"剥夺艺术权力的理论"。④ 维特根斯坦曾经表示,对有些事情:我只能**谈论它们**,我不能**言说它们**。⑤ 如此这般地强调"谈论"和"言说"的区别究竟有什么意义?温特沃斯在《绘画现象学》中写道:"我们对绘画实践的理解是随着我们学习如何谈论绘画而增长的。"⑥由此可见,与"言说"相比,"谈论"是出于经验性的交流,显得比较随意而不那么一本正经。但"言说"则不同,通常有一个相对严密的理论框架的背景,因而显得较为正式和更具逻辑性。在这个意义上,"言说"式的话语是一种理论话语,而谈论则具有日常性的特点。由此而言,美学关于艺术的分析方式,属于经验性的谈论而非理论式的言说。

这是因为美学无论是否仅仅是艺术哲学,它的基本特点都不是一种理论,而是一种关于审美对象的思考。换句话说,美学是关于艺术与美的"思的事情"。当务之急是通过"去理论化"而恢复立足于生命体验的精神活动。就像美国学者爱德蒙森所说:无论理论对批评的文化如何重要,都必须限制其指鹿为马的权力。"如果我们使文学理论化然后听之任之,那就等于自伤自残。"⑦因为哲学并

---

① [英]亨利·詹姆斯:《小说的艺术》,朱雯等译,上海:上海译文出版社,2001,第 79 页。

② [波]切斯瓦夫·米沃什:《米沃什词典》,西川等译,北京:生活·读书·新知三联书店,2004,第 113 页。

③ [英]恩斯特·贡布里希:《理想与偶像》,范景中等译,上海:上海人民出版社,1989,第 349 页。

④ [美]马克·爱德蒙森:《文学对抗哲学》,王柏华等译,北京:中央编译出版社,2000,第 15、139 页。

⑤ [奥]维特根斯坦:《战时笔记(1914—1917)》,韩林合译,北京:商务印书馆,2005,第 164 页。

⑥ [英]尼吉尔·温特沃斯:《绘画现象学》,董宏友等译,南京:江苏美术出版社,2006,第 253 页。

⑦ [美]马克·爱德蒙森:《文学对抗哲学》,王柏华等译,北京:中央编译出版社,2000,第 4 页。

不等于理论，理论充其量只是哲学的一种形态，而并非哲学本身。由此可见，把美学当作一种关于艺术的理论，这不仅是片面的，而且是危险的。回到问题的开头：美学究竟是什么？或许我们暂时还不能圆满回答这个问题，但至少我们懂得了"美学不是什么"：美学不是理论，它属于我们精神领域中的"思的事情"。就像作家史铁生所说：理论要走向简单，文学却要去接近复杂。对复杂性的接纳恰恰正是哲学的特点。这在柏拉图笔下的苏格拉底身上得到了清晰的昭示。加塞尔提出："谁敢说，对生命做出理论性的思考不也是生活，或许还是更丰盛的生活。"①这样的说法或许多少还带有书斋生涯的片面性，但尼采的这个判断无疑值得注意："即使人们闲置所有哲学教席，我也不认为人类会停止哲学的思索。"②美学的命运与哲学如出一辙。齐美尔认为："文化是这样一条路，它从封闭的统一性出发，经过开放的多样性，最后走向开放的统一性。"③这个观点同样适用于美学事业。

那么由此可以做出最后的总结：美学是什么？美学是关于包括艺术在内的审美存在的思索。这种思索之所以常常被称之为艺术哲学，乃是因为在通常意义上，艺术是审美存在的主要呈现者。但必须强调的是，关于美的思索绝不仅仅局限于艺术领域，事实上它面向我们整个的生活世界。它的核心并不是"什么是艺术？"而是"什么是好生活？"

2.思的事情：沉思的诗性

谈到这件"思的事情"，不能不提到一个人和他的一句话。这个人就是法国学者帕斯卡尔（1623—1662），这句话就是他著名的"人是一根会思想的芦苇"的命题。众所周知，帕斯卡尔在其《思想录》中写道：人只不过是一根苇草，是自然界最脆弱的东西；但他是一根能思想的苇草。如果说人类由于巨大的空间感而显得渺小，那么由于思想的力量人却囊括了宇宙，踏上了重塑自我、征服自然之路。因此我们可以说，"思想形成人的伟大"，因为"人的全部的尊严就在于思想"。④ 启蒙思想家伏尔泰给予此书极高的评价，称之为"这是有史以来最好的一本诗集"。⑤ 此话并非空穴来风。其中那些脍炙人口的格言警句迄今仍具有重大影响。

诚如帕斯卡尔所说，我们能够想象一个人没有手、没有脚、没有头。然而却不能想象任何一个名副其实的"人"没有思想。那样的话他就无异于一块顽石或

---

① ［西］加塞尔：《什么是哲学》，商梓书译，北京：商务印书馆，1994，第69页。

② ［德］尼采：《哲学与真理》，田立年译，上海：上海社会科学院出版社，1993，第146页。

③ ［美］迈克·费瑟斯通：《消解文化》，杨渝东译，南京：北京大学出版社，2009，第57页。

④ ［法］帕斯卡尔：《思想录》，何兆武译，北京：商务印书馆，1987，第157页。

⑤ ［法］以马内利修女：《活着，为了什么？》，华宇译，深圳：深圳报业集团出版社，2012，第7页。

者一头畜生，而不再是真正意义的人了。帕斯卡尔英年早逝，但尽管如此，其在世的短暂 39 年中，他的全方位才华得到公认，无须我们在这有限的篇幅中详尽罗列。值得一提的是，帕斯卡尔以其碎片式的写作方法，充分地表达了许多充满智慧的思想。许多智慧之言呈现了先知般的洞察力。比如早在物质成就尚不丰富、消费主义还根本无从谈起之时，他就语惊四座地指出：人在现世的生活无疑可悲，唯一能安慰我们这种可悲的就是消遣。但其代价却很沉重："消遣让我们开心，并使我们在不知不觉中走向死亡。"①这与许多年后尼尔·波兹曼在《娱乐至死》一书里全面阐述的命题何其相似。但归根到底，与帕斯卡尔这个名字紧密联系在一起的，莫过于被后人简约为"人是一根会思想的芦苇"这个命题。不言而喻，这个命题的重要性涉及"思的事情"。它首先向我们提出的问题是，这是件仅仅属于哲学的事吗？还是意味着超越哲学的别的什么活动？显然，这个问题涉及"何谓哲学？"这个老生常谈的话题。

用西班牙学者加塞特的话说：我们称哲学是理论的知识，是一种理论。理论是许多概念的组织。而他认为所谓"概念"，在严格意义上讲，是指"可以用语言文字表达的心灵内容。不能用语言文字表达的东西，就不是概念"。② 这番话基本道出了对哲学的常规理解，在客观上也体现了西方思想长期处于"理性主义"控制下的基本面貌。在西方思想史上，思维活动经常以"理论"的名义展开。用德国思想家费尔巴哈的话说："理论是由观察天空开始的。天空使人想到自己的使命。"③尽管这项"使命"对于哲学之父泰勒斯来说，通过观察星相而预先包揽所有橄榄油磨房而让自己发财致富，但"使命"两字中还带有明显的神圣感。这于对神秘事物向来敬而远之、热衷于俗世人生的中国思想形成了强烈的对比和反差。中国思想发生于"口腹之乐"，在某种意义上，高深莫测的"道"其实也就是从"甘"也即"好吃"开始。这种"跨文化"的特色构成了"思的事情"的丰富性。不过，无论西方的"天文学"还是中国的"饮食学"，关于"思的事情"都殊途同归于人生价值与生命意义。因此，对"思之事"的重视，这对我们以"审美正义"的旗帜建构"伦理美学"是无法回避的。

但问题恰恰在于，经验表明，理性于人是一把双刃剑，思想的力量既能让人的尊严得以体现，也会让人斯文扫地，沦为各种灭绝人性的意识形态的奴隶。哈耶克说得好："我们就是我们所创造的观念的俘虏。"④这意味着于人而言，真正

---

① ［法］以马内利修女：《活着，为了什么？》，华宇译，深圳：深圳报业集团出版社，2012，第 58 页。

② ［西］奥·加塞特：《生活与命运》，胡继伟等译，桂林：广西师范大学出版社，2008，第125 页。

③ ［德］费尔巴哈：《基督教的本质》，荣震华译，北京：商务印书馆，1995，第 39 页。

④ ［英］哈耶克：《通往奴役之路》，邓正来译，北京：中国社会科学出版社，1997，第 11、152 页。

重要问题的并非是"拥有思想"，而是拥有"什么思想"。这就是要我们认真对待"思的事情"所蕴涵的内容：对"思之事"做进一步的"再思"。帕斯卡尔的伟大就在于：尽量给予思想的力量以充分肯定，但他并未因此而成为一个唯理性主义者，反而对思想的局限与弊端有清醒的认识。他反复强调和提醒我们：最符合理智的，莫过于对理智的否认。在某种意义上，这可以解释 20 世纪以来此起彼伏的"终结风潮"中，何以影响最大且最具挑战性的是"哲学的终极"。作为曾经的"万学之学"，在西方思想史的很长一段时期里，哲学始终占据着话语主导权；比如在现代人文学领域，它以"哲学美学"的名义长期拥有对美学实践的控制。唯其如此，当海德格尔指出：哲学在现时代正走向终极，但这并不应被看作是哲学的穷途末路，而意味着"哲学的合法完成"。① 这意味着，我们不能再满足于将"思之事"一如既往地理解为就是哲学的"爱智"活动，需要重新梳理"哲学"与"思想"两者间的关系。这个判断蕴涵着重要的思想意义。

让我们再回到帕斯卡尔，在这位被公认为那个时代最博学的人眼里，有着"现代哲学之父"荣誉的笛卡尔，被他毫不留情地批评为"既无用而又不可靠"。② 原因很简单：笛卡尔的绝对理性主义立场使他无法体会，由于意识到人类自身的有限性，让不少有识之士们为自然的奇迹而战栗。帕斯卡尔之所以相信理性的力量，正是为了反对不负责任的怀疑主义。当那些怀疑主义们不亦乐乎地指出世人的种种愚蠢之际，同时也显著地反衬出自身的加倍愚蠢。帕斯卡尔坚信，随着人们对宇宙的好奇心转化为赞仰，他们就会越发倾向于默默地**思索它们**，而不是怀着臆测去**研究它们**。因为"理智的最后一步，就是承认有无限的事物是超乎理智之外的；假如它没有达到这一点认识，那它就只能是脆弱的"。③ 值得注意的是，在这个句子里，"思索"与"研究"两个词在用法上的分而治之。在宽泛意义上，这两个概念无法被截然区分，在日常生活中彼此甚至存在"通用"现象。但这只表明两个词的外延上具有相关性，并不意味着其内涵没有根本性的区别。

概括地讲，"思索"有广义与狭义之别：广义的意思也即包含了"研究"在内的、作为人类一切思维活动总称的"思索"；狭义的意思是指作为广义之"思维"的一种形态，它有别于奠基于逻辑连贯性基础上的"研究"工作，强调直觉体验和心领神会的思维活动。它的俗称也就是"顿悟"或"默会"。这种活动之所以仍属于"思索"的范围，在于其所达到的目标平上与逻辑思维一样拥有"理性"。只是通常意义上，"研究"属于理性的"智性"形态，而"思索"则属于理性的"悟性"形态。这两种思维形态的"归属"存在根本差异：彼此分属于"大脑"与"心灵"。众所周知，人的大脑通常被认为是思维的大本营；但这也表明，人们常常有意无意地忽

---

① ［德］海德格尔：《面向思的事情》，孙周兴等译，北京：商务印书馆，1996，第 7 页。

② ［法］帕斯卡尔：《思想录》，何兆武译，北京：商务印书馆，1987，第 39 页。

③ ［美］道格拉斯·格鲁秀斯：《帕斯卡尔》，江绪林译，北京：中华书局，2003，第 31、58 页。

略了一个现象：大脑其实并非是人类思维的唯一平台。事实上，帕斯卡尔所强调的那种、能够体现人之尊严的"思想"，并非指归属于大脑的抽象的"观念意识"，而是指以心灵为根据地、呈现出人的生命深处的丰富多彩和奇妙感触的"精神活动"。所以真正的聪明人决非只是一个勤奋的"脑力劳动者"，更是一位有"慧根"的"心有灵犀者"。用帕斯卡尔的话讲：心灵自有其理性，那是理智所根本不认识的。

但这并不妨碍"我们从千百种事情中知道这一点"。[①] 因此，如果说归属于大脑的智性的长处，在于对事物的"精确的计算"；那么来自于心灵的理性的优势，则在于能够穿越让人眼花缭乱的滚滚红尘，获得对生活的"深刻的洞察"。对《思想录》做过深入研究的学者们普遍发现，帕斯卡尔所反复强调的一点是：心是人的核心，是肉体与理智、感性与意志的结合，是一个独一无二的生命的关键。[②] 从跨文化视野看，这与中国学者王阳明的"心者身之主宰"之说如出一辙。我们知道，在并不准确地统称为"儒家思想史"上，王阳明学说具有一种里程碑意义。他的思想以"心学"命名，有些西方汉学家从字面上将此解释为"心灵哲学"，并指出其思想核心在于强调"'心'和'身'是相互依存的"，其结果就是一种蕴涵"德性"价值的"良知"。[③] 这个见解很精辟。王阳明强调"知"乃人类之"心"的基本特点，所谓"知是心之本，心自然会知"。[④] 由于这个"知"是心身一体的产物、感同身受的结果，因而它不同于一般认识论意义上的理解，而是具有伦理意义的"良知"。

不言而喻，王氏的"心即知"之说和"良知论"，分别源自《孟子·告子上》篇的"心之官则思，思则得之"和《孟子·尽心上》篇的相关立场。因此从根本上讲，所谓"思的事情"并不能同"思辨哲学"一视同仁，更不能与通常意义上的"思维活动"相提并论。它主要是指以经验直觉为基础、能充分体现人的心灵能力的综合性的思维运作，而不是指单纯以逻辑判断与智性推理为依据的理智活动。这并非是对后者的排斥，而只是对自身的思维盲区不以为然的技术理性的霸道行径，设置必要的防范以阻止其产生不可估量的毁灭性后果。毫无疑问，在由经验直觉主导的"运思"过程中，逻辑判断力和推理能力并不会完全缺席；但反之，在由技术理性主宰的思维活动中，由于受客观的实验证据的制约，以主观经验为基础的直觉洞察力获得的结果，往往被轻视以至彻底清除。由此看来，严格地讲，"思的事情"与通常意义上的"学术研究"不能相提并论。前者主要属于由人的存在

① [美]道格拉斯·格鲁秀斯：《帕斯卡尔》，江绪林译，北京：中华书局，2003，第130页。

② [法]以马内利修女：《活着，为了什么？》，华宇译，深圳：深圳报业集团出版社，2012，第74页。

③ [美]倪德卫：《儒家之道》，周炽成译，南京：江苏人民出版社，2006，第266、272页。

④ 杨荣国：《简明中国哲学史》，北京：人民出版社，1973，第225页。

而具有意义的人文领域，而后者侧重于不以人的主观意志为转移的科学世界。用海德格尔的话说：我们今天称之为科学的东西的本质就是"研究"。① 而在某种意义上"研究"的本质就等于"知识"的汇总转手。

因而通常意义上，我们把科学研究的成果统称为**"学术"**，而将"人文"领域的收获命名为**"学问"**，这两个貌似随意的用法其实蕴涵着深刻的意义。这种不同特别在于，"思的事情"只是在性质上属于广义的"研究"范围、拥有"学术"价值，而且其成果还具有更重要的超越通常意义上的"理论成果"的思想意义。任何以"术"为本的成果，不言而喻都侧重于工具性；而作为学之"问"的对象则往往指向"道"的目标，蕴涵着超越观念意识的心灵含量。最能说明这个问题的例子，莫过于在中国学术史上历史渊源悠久、但鼎盛于清代的考据学。这项研究由顾炎武、胡渭、阎若璩等开创，成就于惠栋、戴玉震、段玉裁、王念孙、王引之等著名学者。这些满腹经纶的学者们殚精竭虑、皓首穷经的工作固然为他们赢得了巨大声誉，但事实表明与他们所付出的心血相比实在并不相称。诚如一位学者所指出的："他们的工作是修改注疏，考据典章，训诂音义，校勘文字。他们在这方面的成绩很是高，但他们所治的只是一种思想的工具，而不是思想的本身。"②这个评价虽说听来似乎有些苛刻，但却是切中肯綮之见。

由此看来，在"思的事情"里，以科学理性为代表的"研究"无论多么有价值，并不具有至高无上的荣誉。这尤其可从在当今如日中天的技术理性所呈现的"无解之惑"可见一斑。问题的根本恰恰在于其作为"理性之子"的反理性走向：科学发展之所以曾让人类欢欣鼓舞，是因为它将破除迷信、解放思想为己任。但当下的事实早已清楚地昭示出，技术创新的目的"不是减少愚昧、迷信和苦难，而是让我们自己去适应新技术的需要"。卑鄙的是，技术从来不论这种需要对于人类是否有益和必要，只是服从于它的主人对财富和权力永无休止的欲望。这样的结果所导致的"技术垄断"的著名范例，就是以"弗兰肯斯坦"著称的"脱离控制的人类创造物"的故事。所以波兹曼中肯地指出：我们要提醒自己注意，不用计算机也可以做许多事情，这一点至关重要。③ 其言外之意不言而喻。用米兰·昆德拉的话讲："愚昧并不为科学技术、现代性、进步等等让路，恰恰相反，它正随着进步一道成长。我们面临的不是无知，而是麻木无感觉。那些纯理性的观念被大众传媒增值，从而造成的巨大力量将碾碎一切感性，进而取消人类文明的特质。"④所以有这样的说法："谁要是真的需要知道点什么，而不只是为了拥有一

---

① ［德］海德格尔：《林中路》，孙周兴译，上海：上海译文出版社，1997，第 74 页。
② 常乃惪：《中国思想小史》，上海：上海古籍出版社，2005，第 118 页。
③ ［美］尼尔·波兹曼：《技术垄断》，何道宽译，北京：北京大学出版社，2007，第 41、68 页。
④ 李琛：《阿拉伯现代文学与神秘主义》，北京：社会科学文献出版社，2000，第 9 页。

种'世界观',谁就得无视逻辑的存在,并不受思想的诱惑。"①这并不是在倡导"反智性主义",而是强调一种"大理性立场"。

不妨举例说明之:其一,(1)所有的人都会死,(2)苏格拉底是人,(3)所以苏格拉底也会死。其二,(1)所有的奶牛都会死,(2)苏格拉底会死,(3)因此苏格拉底是一头奶牛。② 上下两段案例的逻辑推理完全一致,但结果不仅大相径庭,而且第二个例子的结果显得荒谬。这就是从事"思的事情"不仅并不意味着唯逻辑是从,恰恰相反必须警惕"逻辑主义"的原因。但长期来,我们总是在"思想"与"思辨"之间画上等号,这种习惯遮蔽了在这种差异中透露出来的问题。"思辨"是逻辑推理的通俗表述,而"思想"不仅不是逻辑的同义语,而且作为对生活世界本质的洞察,它常常需要我们超越唯逻辑的理智主义樊篱。"思的事情"的任务不是接受逻辑概念的招安,而是要具体落脚于对世界的活生生的感受中。这种说法的实质并非是要清除"思辨"的意义,而是要通过两种不同的思维形态的区分,进一步认识"思的事情"的本质,为"伦理美学"的构建提供方便。回到帕斯卡尔的话题。虽然在词义上,**思索与研究**看似相近,但其内涵却不完全相同。作为"科学活动"的研究的本质,重在发现事物之客观规律,其方法论有赖于一定的理论程式;但"以人为本"的思索的实质,侧重于对事物本身的"本质直观"。这是两种性质完全不同的"思之方法"。由此可见,目标差异决定了方法论区别,方法论的区别意味着研究路径的不同。这对于各自的研究成果所具有的影响不言而喻。

海德格尔在阐述了"哲学的终结"之后,特别强调"思的任务"。这个命题很有意义,但作者的结论却需要商榷。我们可以说,以二元论为基础的形而上学,是哲学领域里一种重要的理论形态。我们也可以承认,柏拉图主义的坍塌对哲学事业具有相当严重的后果。但我们却不能因此而将"思的事情"视为"哲学理论"的专属领域。把话说得更明白些:尽管有着"爱智"之誉,但这并不意味着哲学有资格成为"思的事情"的总代理,它无法彻底"承包"整个人类思维活动。必须意识到,在西方中心的"哲学的思想"之外,还存在一直未被承认的属于东方思想的"超哲学之悟"。由此来看,解决"思的事情"的第一步,首先是我们究竟如何重新认识它本身。换句话说,全面地来看,所谓"思的事情"究竟呈现出怎样一种格局?这个问题显然与"思"的目标相关。归根到底,"思的事情"只是手段并非目的。海德格尔在《面向思的事情》一文的想法,是如何在坦然承认"哲学的终结"之后,让伟大的西方哲学传统沿着既有的轨迹继往开来东山再起,而并非是

---

① [俄]列夫·舍斯托夫:《以头撞墙》,方珊等译,西安:陕西师范大学出版社,2003,第190页。

② [美]菲利普·杰克森:《什么是教育》,吴春雷等译,合肥:安徽人民出版社,2012,第124页。

超越"思辨哲学"对"思的事情"的垄断，对人类思想的整体格局进行一次全面彻底的审视。但事实上对于人文研究而言，认真对待"思的事情"的实质不仅在于改变"思的形态"，还在于实现"思的任务"的历史性转换。这意味着将"思想"的权力部分地从"大脑"收回之于"心灵"。

帕斯卡尔早已指出："我们今天并非走在一条真正的'思想'道路上，而是纯粹迷恋'理智'，甚至到了无法让自己从那些已经无法开启新视野的空谈推论中释放出来的地步。"正如他所说：虽然有许多文章似乎"每一篇看上去都是一部小小的杰作，用了许多宏大的字眼以及漂亮的句子，但其实是没话找话说"。① 这个见解十分精辟。症结在于：我们习惯于把那些来自哲学界大人物的教条当作上帝的旨意，在将形形色色的学者随意地抬上"大师"位置、让自己心甘情愿地成为这些讲坛高手的忠实马仔的同时，将"思的事情"与"理论哲学"混为一谈。解释学创始人伽达默尔曾经精辟地指出：在差异中寻找出共同的东西，这就是哲学的任务。用俄国学者别尔嘉耶夫的话说："哲学的最高愿望就是建立本体论。"② 在这个意义上，海德格尔提出的"哲学即形而上学"③ 这个结论是准确的。戴维·玻姆以一种科学化方式给出了一个相当精彩的归纳："形而上学乃'一切即X'之一般形式。"④ 不过承认这点恰恰意味着必须将"思的事情"与"哲学活动"区别对待。如果说区别"现象"与"实在"是古典哲学基本任务，那么怎样落实对世俗生命的终极关怀则是现代思想的目标所在。时至今日，"思的事情"的最高目标早已不再是"事物的本质是什么"，而是"人应当怎样生活？"⑤

对问题的共识让一些有识之士意识到："人文学科中一个常见的有害倾向是，对智识的终极性与自为性有着自负与顽固的信仰。"这导致人们忽略了一个重要的结论：创造性的想象可以让我们对现实保持警觉，而哲学或人文学术性的洞见并不能独立于对人类存在的直觉把握。⑥ 在这个情境下，我们尝试着对海德格尔一段话做出阐释。在《哲学的终结和思的任务》一文中他提出：也许有一种思想，它超出了理性与非理性的分别之外，它比科学技术要更清醒些，因而也能作清醒的旁观，它没有什么效果，却依然有自身的必然性。⑦ 这段表达得十分

① ［法］以马内利修女：《活着，为了什么？》，华宇译，深圳：深圳报业集团出版社，2012，第 14 页。

② ［俄］别尔嘉耶夫：《末世论形而上学》，张百春译，北京：中国城市出版社，2003，第 95 页。

③ ［德］海德格尔：《面向思的事情》，孙周兴等译，北京：商务印书馆，1996，第 58 页。

④ ［美］戴维·玻姆：《论创造力》，洪定国译，上海：上海科学技术出版社，2001，第 98 页。

⑤ ［法］吕克·费希：《什么是好生活》，黄迪娜等译，长春：吉林出版集团有限责任公司，2012，第 4 页。

⑥ ［美］欧文·白壁德等：《人文主义：全盘反思》，宋念申等译，北京：生活·读书·新知三联书店，2003，第 8 页。

⑦ ［德］海德格尔：《面向思的事情》，孙周兴等译，北京：商务印书馆，1996，第 75 页。

绕口的话的意思其实就是指,"思的事情"事实上关系到如何认识"人的存在"。这个意思可以看作对帕斯卡尔关于"人是一根会思想的苇草"的一种补充。换言之,让海德格尔迷惑不解的这个介于理性与非理性之间(或之外)的东西其实并不神秘,而是早已被当代哲学提上议事日程的"身体思维"。如果说"大脑思维"是单一性的逻辑运作,那么这个"身体思维"则具有身心一体的复合性。帕斯卡尔曾指出:人对于自己就是自然界中最奇妙的对象;因为他不能思议什么是肉体,更不能思议什么是精神,而最为不能思议的则莫过于"一个肉体居然能和一个精神结合在一起"。① 理解这句话的关键,是将"身体"与"肉体"区别开来。

毫无疑问,肉体是源自于猩猩、作为高级动物的人类的生理基础;与之不同,身体则是心灵体验的渠道。就此而言,所谓"身体思维",归根到底就是人之为人的"灵性反应"。诚如别尔嘉耶夫所强调的,无论如何我们必须意识到,"尽管人有理性,但他是非理性的存在物"。② 当然这里所谓的"非理性"并不是指人没有头脑,而是对苏格兰启蒙思想家休谟在《人性论》里提出的"人是情感动物"的命题的重新强调。房龙曾调侃性地表示:人类不是理性动物,他们讨厌逻辑就像猫讨厌水一样。③ 海德格尔通过对尼采思想的研究同样认识到了这点:"我们并非'拥有'一个身体,而毋宁说,我们身体性地'存在'。这样一种存在的本质包含着作为自我感受的感情。"在那句一度广泛传播的"诗意的栖居"中,始终"回响着身体的状态":作为一种生命现象,"我们通过我们的肉身存在而生活着"。④ 但对"思的事情"有一个挑战无法回避:那就是对 20 世纪以来通过"语言学转向"而兴起的"语言中心论"的狂自尊大的消解。在某种意义上,事情或许可以追溯到现象学创始人胡塞尔的一个观点:"意识生活是进行造就的生活,它造就了存在的意义。"⑤这话听上去没什么,但仔细分析显然存在问题,症结在于人类的心理"意识"究竟是如何"造就了存在的意义?"

为主流现象学所普遍接受或默认的一个观点就是通过语言,这是区分"意识"与"无意识"的关键所在。作为胡塞尔"学生的学生"的伽达默尔曾多次提醒读者,他在其代表作《真理与方法》中提出的这个核心论点:"能被理解的存在就是语言。"或者说"可以被理解的存在就是语言"。⑥ 这句话的意思其实是强调"语言即存在",因而未能被语言所接纳的一切都不具有哲学意义,也就不属于"思的事情"的范围。这种立场的延伸,就是在现象学之后荣升思想界主宰、为后

---

① [法]帕斯卡尔:《思想录》,何兆武译,北京:商务印书馆,1987,第 37 页。

② [俄]别尔嘉耶夫:《论人的使命》,张百春译,上海:学林出版社,2000,第 98 页。

③ [美]房龙:《人类的艺术》上册,衣成信译,北京:中国和平出版社,1996,第 197 页。

④ [德]马丁·海德格尔:《尼采》上册,孙周兴译,北京:商务印书馆,2002,第 108—109 页。

⑤ [德]胡塞尔:《欧洲科学危机和超验现象学》,张庆熊译,上海:上海译文出版社,1988,第 108 页。

⑥ [德]汉斯·伽达默尔:《哲学解释学》,上海:上海译文出版社,1994,第 32、104 页。

现代思潮提供哲学基础的解构主义。它以强词夺理的方式为所谓"语言的边界即意识的终结"这类所谓"后现代语言观"，提供了强权支持。但这无法改变其荒谬的本质。瑞士学者皮亚杰"发生认识论"研究证明，人类意识活动的最奇妙之处就在于，"思想有非语言的根源"。① 所以，自 20 世纪以来在哲学界一度熙熙攘攘的所谓"语言学转向"，迄今来看只是跨世纪的人文领域内一出拙劣表演。事情正如美国学者理查德·舒斯特曼所指出的：我们永远不能"谈论"或者清楚地"思考"没有以某种方式被语言媒介所表达的存在之事物这个事实，并不意味着我们因此就不能"非语言地'经验'或感性地'理解'它们"；更不表明这些东西倘若不在语言中，它们就不能为我们有意义地存在。事实恰恰表明，"既存在非解释的语言理解，也存在非语言的有意义的经验"。关键在于我们必须突破"思维即语言"的传统观念，坦诚地承认，存在着一种可以命名为"**身体意识**"的东西。虽说"它们在本质上是非语言的"②，却拥有类似以概念化命名而进入我们的意识的那种知性语言的功能。

曾几何时，诸如之类的说法一直遭到占据学院讲坛的主流派的拒绝。但时至今日，越来越多的学者殊途同归地采纳了这个观点。当代日本美学界的代表人物佐佐健一，就曾在其书中斩钉截铁地表示：在通常的认识论之外，还有一种"深深浸染到我们身体里面的思考方法存在着"。③ 但如果说"皮肤能够呼吸"的观点被现代医学视为一大突破，认为"身体具有意识"的见解其实并非新鲜事。早在《1844 年经济学—哲学手稿》一书中，尚未成为"马克思主义教宗"的马克思，就在书里提出一个类似的见解："感觉通过自己的实践直接变成了理论家。"④这对现代认识论具有革故鼎新的价值。它意味着与经验事物同生共在的"意义"，虽然对于受抽象概念制约的语言来说有一种"超界"性，但在本质上，却与有形的物质事物一样确确实实"存在"。所以美国学者迪萨纳亚克女士强调：后现代主义的错误不在于他们说，我们是我们的语言的产物；而在于他们暗示：我们"仅仅只是"我们自身所创造的语言的产物。对于这个无稽之谈唯一有效的方式，就是让迷信这些说法的人们经历类了一场生离死别的考验、尝尝切肤之痛的体验，将他们"从纯粹的语言思维和纯粹的抽象信仰中撼醒"。⑤ 正如迪萨纳亚克所说：当我们开始假定生活本身只是一个语言问题的时候，这仅仅说明我们已经"哲学化了太多的东西"，⑥从而让"语言主义"非法统治了"人类思维"的整

① 洪汉鼎：《理解与解释》，北京：东方出版社，2001，第 493 页。

② ［美］理查德·舒斯特曼：《实用主义美学》，彭锋译，北京：商务印书馆，2002，第 174—175 页。

③ ［日］佐佐木健一：《美学入门》，赵京华等译，成都：四川人民出版社，2008，第 58 页。

④ ［德］马克思：《1844 年经济学—哲学手稿》，刘丕坤译，北京：人民出版社，1979，第 78 页。

⑤ ［英］C. S. 路易斯：《卿卿如晤》，喻书琴译，上海：华东师范大学出版社，2007，第 45 页。

⑥ ［日］佐佐木健一：《美学入门》，赵京华等译，成都：四川人民出版社，2008，第 58 页。

个领域。日常生活世界清楚地告诉我们,生命中许多真正重要的事情,并非必然地或者说自动地"要用语言来对它们做出反应"。① 恰恰相反,事实表明没有沉静的时刻词语就会失去意义。② 我们需要停下来认真考虑:这些意味着什么呢?

语言之于我们的最根本的作用,其实是为"超语言的认识活动"提供一个思想平台。这就是《庄子·秋水》篇中第十七篇所道出的意思所在:"世之所贵者书也,书不过语,语有贵也。语之所贵者意也,意有所随。意之所随者,不可言传也。"所谓"意之所随者",也就是主体生命心灵深处对宇宙万物天地人间的根本性奥妙的"顿悟"式洞察。为此我们不得不再次引用陶渊明《饮酒》组诗第三首:"采菊东篱下,悠然见南山。山气日夕佳,飞鸟相与还。此中有真意,欲辨已忘言。"诗人的敏感让其面对大自然的夕照触景生情,并对生命深处的某种奥妙有了深刻的领悟。尽管诗人这句话中所显示的只能意会无法言传的"意义",仍是在语句的表述中形成并充分展开。但就像当代法国著名学者埃德加·莫兰所说,这样的现象至少在逻辑上清楚地表明了,作为这个语句交流目的之**内容的意义**,事实上潜在地**"先于语句而存在"**。③ 这种能够**"会于心"**却无法**"述于言"**的特点,正是审美体验的本质所在。就像俄国学者弗兰克的话所说:"被感受为美的那种现象不需要也不可能解释,不能被它与别的东西的逻辑联系所确定。"④而维特根斯坦则指出,这意味着在这个世界上"确实有不能讲述的东西,这是自己表明出来的。这就是神秘的东西"。⑤ 如何把握这种神秘性? 怎样"说出这种不可说"? 这是我们解决"思的事情"的意义所在。

解决问题的方法,是对现象学"回到生活世界"的呼吁给予一种响应:这个世界是由"事实世界"与"价值世界"所构成。印度诺贝尔奖诗人泰戈尔曾表示:我们面对着伟大的世界,我们与它的关系千丝万缕。但这个世界并非只是单一现象,而呈现出"合二而一"性。其一,即我们居住的物质世界,我们在由于饥渴以及别的种种物质需要,而不断接触这个世界。"然而,另有一个世界对我们来说却是实在的。我们看得到它,感觉得到它,我们以全部感情对待它。"⑥如果我们将前一个由物质主导、通过各种"实在"事物的现象世界命名为"事实世界",那么后一个以情感为主体的世界则属于"价值世界",这是有待实现的"可能世界"。由此来看,人类对世界的认识仅凭"实在"的范畴是不够的,还需要有另一个"存在"的概念。在现代思想语境中,"存在"这个范畴有其特定的语义内涵:它"仅仅

---

① [美]埃伦·迪萨纳亚克:《审美的人》,卢晓辉译,北京:商务印书馆,2004,第305页。

② [美]梅·萨藤:《过去的痛》,杨国华译,哈尔滨:北方文艺出版社,2001,第168页。

③ [法]埃德加·莫兰:《方法:思想观念》,秦海鹰译,北京:北京大学出版社,2002,第183页。

④ [俄]弗兰克:《实在与人》,李昭时译,杭州:浙江人民出版社,2000,第73页。

⑤ [奥]维特根斯坦:《逻辑哲学论》,郭英译,北京:商务印书馆,1985,第95页。

⑥ [印]泰戈尔:《泰戈尔论文学》,倪培耕等译,上海:上海译文出版社,1988,第88页。

指称人的存在"①，由于这个缘故，它也意味着"意义"的出场。理解这一点对于"思的事情"的来说，具有举足轻重的意义。俄国思想家别尔嘉耶夫曾经强调：人是意义的载体。② 在此意义上，"意义针对价值，而不是针对实在"。③

换句话说，如果"实在"的概念是指本体论范畴中的"是"，也即那些作为既成事实的看得见的存在物；那么"意义"是一个不能被归结为存在本身的基本范畴，因为"还不存在的事物可能有意义"。④ 在此，"意义"的哲学含义，就是指拥有一种"理想维度"的"可能性"。它代表着一种"未必一定能够成为事实，但却并不因此而缺乏现实性"的现象。这是准确理解"意义即使不是由人构成的，它也要通过人"⑤这句话的关键。因为这种意义的基本表现形式就是情感。所以别尔嘉耶夫会强调，"只有作为精神的载体人才是人"⑥。换言之，无论如何我们都必须承认，"情感赋予我们的存在以质感，离开了情感，我们的生活将索然无味、毫无意义"⑦。由此来看，深入地澄清"思的事情"，意味着如何认识作为"可能世界"的"非实在的存在"。这个存在的基本标志就是其不具有任何"实体性"。由此而与物质世界区别开来。因为"实体概念和来源于它的原子概念，都是由认识论方面有关在事物的变化性之中确定某种稳定的东西的要求才出现的。"⑧由此可见，"实在论"体现了一种典型的科学主义视野。如同怀特海所指出："科学上认为，运动着的物质是自然界中具体的实在的这一信念。因此，审美价值就变成了一个外来的和不相干的附属物了。"⑨在思想史上，这种实证主义认识论由来已久，在它的基础就是"物质主义本体论"。

但这种学说经不起来自人类实践经验的"生活世界认识论"的检验。怀特海在《科学与近代世界》中说得好：你理解了太阳、大气层和地球运转的一切问题，你仍然可能遗漏了太阳落下时的光辉。因为"大气层和地球运转"的问题，与"太阳落下时的光辉"的问题分属于两个世界，从哲学上讲，前者属于客观科学的范畴，后者属于主体价值的范畴。通常说来，这两个世界就是由"意义"与"价值"为核心、作为"可能世界"的审美存在；和以物质生产为目标的、作为"现实存在"的

① ［美］鲍亨斯基：《当代思维方法》，童世骏等译，上海：上海人民出版社，1987，第 29 页。

② ［俄］别尔嘉耶夫：《论人的使命》，张百春译，上海：学林出版社，2000，第 16 页。

③ ［俄］别尔嘉耶夫：《末世论形而上学》，张百春译，北京：中国城市出版社，2003，第 100 页。

④ ［美］赫舍尔：《人是谁》，隗仁莲等译，贵阳：贵州人民出版社，1994，第 61 页。

⑤ ［法］杜夫海纳：《审美经验现象学》，韩树站等译，北京：文化艺术出版社，1992，第 590 页。

⑥ ［俄］别尔嘉耶夫：《论人的使命》，张百春译，上海：学林出版社，2000，第 65 页。

⑦ ［美］维克多·约翰斯顿：《情感之源》，翁恩琪等译，上海：上海科学技术出版社，2002，第 68 页。

⑧ ［德］狄尔泰：《精神科学引论》第一卷，童奇志等译，北京：中国城市出版社，2002，第 243 页。

⑨ ［英］怀特海：《科学与近代世界》，何钦译，北京：商务印书馆，1997，第 195 页。

"事实世界"的区别。对这两个世界的认识论差异,可以一个问题的两种问法来呈现。其一,我们既可以科学认识论者那样提问:当无人看它时,月亮是否还存在? 也能够以审美认识论者那样提问:当无人看它时,月亮是否有所不同? 显然,后者明显以人的主体性为焦点,但并不因此而缺乏客观性。这就是通称为"主体间性"的价值普遍性。它没有否定任"存在"都意味着"有"的客观性前提,但却成功地抵制了科学主义的物质实在论对客观性的垄断。如果说"月亮在无人看它的时候还是月亮",那么在不同的眼光中,同一个月亮却具有完全不同的特点。没有李白,就没有《静夜思》:"床前明月光,疑是地上霜。举头望明月,低头思故乡。"没有这首《静夜思》,也就没有月亮作为一种由作者赋予、却引进广泛共鸣的"意义"的存在。由此可见,问题的症结在于认识论方面。

用法国哲学家梅洛-庞蒂的话讲:只要按照现象学方法对人的行为从其整体性上加以把握,那我们就不难发现,我们所面对的便不再是某种物质实体,也不是某种精神实体,而是一个有意义的整体;即一个既不专门属于外部世界,也不专门属于内心世界的结构。在此,"通常的实在论应该受到怀疑。"[1]这是因为从"实在论"的视野,我们无法认识到任何"意义"问题归根到底涉及"价值"。在这方面,最值得注意的是新康德主义弗赖堡学派的主要代表李凯尔特的观点。他指出:价值绝不是现实,既不是物理的现实,也不是心理的现实。价值的实质在于它的有效性,而不在于它的事实性。[2] 在这方面他与黑格尔的意见一致。后者辩证地表示:应当有的东西既有,同时也没有。[3] 换句话说,在哲学范畴内,价值同时具备"有"与"无"两种品质。说价值是一种"有",指的是它作为"应当存在的事物"具有一种"存在的可能性",属于"潜在的现实"。这使得价值与"非价值"或"无价值"的事物区别开来,因为后者不具备这种"可能性"。但价值之所以同时又被认定为"无",是从事实维度来讲;在强调"眼见为实"的事实世界里,仅仅具备"存在之可能性"而作为一种未来的"潜在的现实"的价值,就当下而言无疑是一种"缺席"和"不在场"。

所以李凯尔特表示:关于价值我们不能说它们实际上存在着或不存在,而只能说它们是有意义的还是无意义的。因为"没有绝对的、像存在一样存在着并且能够公开的价值"。[4] 由此可见。这是两个既相关联、又大相径庭的世界。想要对它们各自特点做出准确而有效的把握,我们只能分别通过两种性质上完全不

---

① 转引自[法]保罗·富尔基埃:《存在主义》,潘培庆译,上海:上海译文出版社,1988,第56页。

② [德]李凯尔特:《文化科学和自然科学》,涂纪亮译,北京:商务印书馆,1991,第78页。

③ [德]黑格尔:《逻辑学》上册,贺麟译,北京:商务印书馆,1982,第130页。

④ [俄]斯托洛维奇:《审美价值的本质》,凌继尧译,北京:中国社会科学出版社,1984,第33页。

同的"认识论视野"。由此来看,关于如何认识"价值世界"的问题,关键在于对两种不同形态的认识论的认识。如果说传统认识论偏向于"外视角",那么显然,进入价值世界需要一种"内视角"的认识论。换言之,如果我们称前者为"生物认识论",那么也可将后者命名为"生命认识论"。这正是别尔嘉耶夫曾努力开拓的工作。他曾问道:为什么不从血液循环、不从活物、不从先于一切理性反思、先与一切理性分离的东西,不从作为生命职能的思维,与自身存在的根源联系在一起的那些未经理性化的生命材料,开始我们对于生命自身的把握呢?① 这个观点,今天的受众或许已感受不到太大的震撼。但就当时而言,却具有石破天惊的反应。

换句话说,如果我们约定俗成地,将一般的知性活动以"认知"来命名,那么我们也就不妨以"体知"的称谓,来对作为一种体验活动的认识进行命名。② 这对概念早在半个多世纪前,就由怀特海在哈佛大学的哲学讲座中提出。他认为,"我们对于事物还没有透彻的认识时,是可以加以思索的"。为此他提出了"感认"与"体认"两个互补的概念,用他的话说:"'感认'一词在我们一般用法中便充满了认识上的体认这种意义。'体认'一词即使去掉'认识上'三个字仍然是充满认识论上的意义。"③尽管受到时代局限,让怀特海的这对认识论范畴还留有"等级制"缺陷,但他试图通过两种认识论的殊途同归,来弥补传统哲学在"实在"与"存在"概念上的二元论区分,这个贡献值得称赞。诚如他所说,近代思想史上几乎所有重大的问题,都肇始于笛卡尔的"身与心灾难性的分离"④。解决这个问题的一条路径,就是对**"存在就是体验而不是认识"**⑤这个重要见解的重新理解。这句话的意思当然不是指"体验非认识",恰恰相反而是指"体验即认识"。只不过"此认识"非"彼认识",两者的不同就在于:认识视角的内与外。体验之所以是体验就在于其尽管超越抽象概念,但并不因此而缺乏把握事情实质的功能。其认识论意义提醒我们:除了由大脑指挥的逻辑思维外,"身体的意识或理解形式是当然存在的"⑥。

著名学者洪堡曾提出:"语言有可能限制乃至歪曲心灵的纯粹表达,因此,人有时会厌弃语言,去追求一种不使用语言媒介的感觉和思维。"⑦所以有"思维就

---

① [俄]别尔嘉耶夫:《自由的哲学》,董友译,上海:学林出版社,1999,第 97 页。

② [美]杜维明等:《理性主义及其限制》,北京:生活·读书·新知三联书店,2003,第 214 页。

③ [英]阿尔弗莱德·怀特海:《科学与近代世界》,何钦译,北京:商务印书馆,1997,第 67 页。

④ [美]阿尔弗莱德·怀特海:《思想方式》,韩东晖等译,北京:华夏出版社,1999,第 135 页。

⑤ [法]富尔基埃:《存在主义》,潘培庆等译,上海:上海译文出版社,1988,第 117 页。

⑥ [美]舒斯特曼:《实用主义美学》,彭锋译,北京:商务印书馆,2002,第 173 页。

⑦ [德]洪堡:《论人类语言结构的差异及其对人类精神发展的影响》,姚小平译,商务印书馆,1997,第 229 页。

是存在,认识就是生活"①这样的不同凡响之见。加拿大多伦多大学教授吉尔森说得好,尽管审美存在如同事物的本性那样,不能把它放在眼前作为直观的对象;这并不妨碍我们得出这样的判断:"如果美作为一种喜悦领悟的对象就是它自身的话,那它必定根植于存在的本质特征中。"②这就是孟子"充实为美"之说的思想依据:意义虽然"可以被认为不科学而被轻蔑,可是它是唯一的能充实我们的具体的实在性之物"③。用怀特海的话来说:"我们生存的基础是对'价值'的感受,它的意义在于存在是完全为了自身的,是对自身的辩护。"④这段话里最关键的概念就是:感受!它意味着人之所以人的特点和尊严。让我们为此再举些例子来说明。美国学者帕克曾谈道:当我讲出'海洋'这个词的时候,我可能不仅知道我的意思是什么,不仅重新经验到大海会给我的愉快,而且我的意思还可能为大海的视觉、听觉、嗅觉的形象所笼罩。⑤ 杰出的德国社会活动家卢森堡女士也有同感。她曾经写道:"你能够'解释'莫扎特的音乐吗?对于那些不能从最小的事情当中体察生活魅力的人来说,对于那些本身就缺乏生活魅力的人来说,你能给他们'解释'生活的魅力是什么吗?"⑥

显然,对生命中那些总是处于深处的真正重要的东西,我们只能通过体验来与之相遇。因为这种体验中有着比通常所谓"认识论"更高层次的理解和领悟。就它所具有认识论功能而言,我们暂且命名为"生命认识论"。或许,最有意思的是属于"反面例子"。这就是凭借"外视角认识论"成为一代宗师的人的体验。比如在《哲学生涯》一书中,早已功成名就的解释学创始者伽达默尔,曾引用海德格尔据说是源自尼采的话:判断一个哲学教授的好坏就看他是不是个好的语言学家。⑦ 从中我们听到的是早已被唾弃的"语言中心论"。但尽管如此,在20世纪50年代,伽达默尔曾远赴阿根廷的门多萨市参加了一个来自世界各地的一百五十位男性教授聚集的哲学大会。耐人寻味的是,伽达默尔在回忆这段往事时这样写道:如果有人问我在这次哲学大会上给我留下最深刻印象的是什么,我将回答他说:那是乘豪华火车坐十六个小时从门多萨返回布宜诺斯艾利斯的路上触景生情的感想。"当傍晚太阳降落在潘帕斯草原,晚霞在瞬间跳起色彩的舞蹈,直至夕阳快速沉没在夜色中,思想的意识备感无家可期的必然遭遇。"此时此刻让你想起,"会上那些天我们交流的哲学看法和彼此对各自思想的检查真的那么

① [俄]别尔嘉耶夫:《自由的哲学》,董友译,上海:学林出版社,1999,第64页。
② [美]弗雷德里克·斯特伦:《人与神》,金泽等译,上海:上海人民出版社,1991,第249页。
③ [美]威廉·詹姆士:《宗教经验之种种》,唐钺译,北京:商务印书馆,2002,第491页。
④ [美]阿尔弗莱德·怀特海:《思想方式》,韩东晖等译,北京:华夏出版社,1999,第99页。
⑤ [美]帕克:《美学原理》,张今译,桂林:广西师范大学出版社,2001,第156页。
⑥ [德]罗莎·卢森堡:《狱中书简》,傅惟慈等译,广州:花城出版社,2007,第147页。
⑦ [德]格奥尔格·伽达默尔:《哲学生涯》,陈春文译,北京:商务印书馆,2003,第36页。

真实吗?"①这是胜过一切雄辩的关于"思的事情"最有意思的解释,其中充满了对这位海德格尔嫡系传人的哲学家的反讽。原因就在于它来自体验而非先入为主的概念。

但这场关于"思的事情"的讨论并没有抵达终点。我们需要回到海德格尔的命题。众所周知,海德格尔冗长啰嗦的哲学表述总是热衷于"把简单的事情复杂化",但其能够很好地弥补这个缺陷。这就是擅长运用各种巧妙的修辞手法,让那些原本乃"世之常识"与"人之常情"的东西,显得高深莫测和玄妙生动。其中最出色的例子,莫过于他以"林中路"来形容"思之事"。这个比喻形象地揭示了"思之事"的两大特点:既有明确的目标——破解存在始终被遮蔽着的奥秘,而又显得困难重重——随时会迷失方向甚至落入陷阱。不过还是让我们回到"思想与感受"的话题上来。怀特海曾指出:任何源于感觉—知觉的信息的理论,都应该牢记这种两重性——外在的相关性和身体的相关性。就像他所说:"现在流行的哲学都是有缺陷的,因为它们都忽略了身体的相关性。"②这是切中要害之言。因为相关的科学研究早已表明,我们对现实的体验更多地依赖于身体内部的化学反应,而不是身体以外的外部世界。③借用一句名人的话讲:必须在词义上将单一性含义的"肉体"与具有复合性内涵的"身体"加以区分。关键在于"灵魂之所以为灵魂,因为它也是肉体"④。反之则不然。从哲学史看,"思辨哲学就是努力构建一个连贯的、逻辑的、必然的观念体系,基于这个体系,我们经验的一切要素都能够得到解释。"⑤如上所述,正是这种"大一统"的理念让传统哲学走向了"终结"。但这并不意味着进入了"思"的黄昏。恰恰相反,它也预示着"思的事情"的曙光。

比如在《存在与时间》里海德格尔曾提出:任何有益于理解的解释,必须已经理解什么是要被解释的东西。这已经清楚地揭示出:任何解释都必须最终依赖某种先行的理解,用维特根斯坦的话说,依赖于某种"不是解释的把握方式"。⑥这就是作为"前解释"的直观领悟。所以雅斯贝尔斯幽默地表示:哲学在理性触礁的地方开始。这当然不是要切断哲学与思想的关系,而是想倡导一种不同于将"意义"以概念化的方式来解释的理解,这种理解能够以超概念的途径对意义做出恰如其分的把握。所以,当年曾试图以"我欲故我在"取代笛卡尔"我思故我

---

① [德]格奥尔格·伽达默尔:《哲学生涯》,陈春文译,北京:商务印书馆,2003,第140页。

② [英]阿尔弗来德·怀特海:《思想方式》,韩东晖等译,北京:华夏出版社,1999,第135页。

③ [美]维克多·约翰斯顿:《情感之源》,翁恩琪等译,上海:上海科学技术出版社,2002,第7页。

④ [意]克罗齐:《美学或艺术和语言哲学》,黄文捷译,北京:中国社会科学出版社,1992,第14页。

⑤ [美]格里芬:《超越解构》,张丽娟译,北京:中央编译出版社,2002,第229页。

⑥ [美]理查德·舒斯特曼:《实用主义美学》,彭锋译,北京:商务印书馆,2002,第177页。

在"的叔本华的这个见解是精辟的:"如果身体世界不仅仅只是我们的表象,而是更多的东西,那么这更多的现实只能在身体经验中获得。同样,身体经验也构成了进入真正现实的大门,这种真正现实就是事物的内在本质。"①不过问题在于,对以"身体思维"命名的灵性感悟给予应有的重视,我们是否因此而足以给"思的事情"以最终的答案?恐怕仍然不行。或许我们还应该提到,要必要注意到"心灵"与"灵魂"的不同。前英国牛津大学教授、著名儿童文学家 C. S. 路易斯教授,在其"心灵伴侣"的妻子去世后写道,在他妻子临终前两人间有过一番对话。他说:有一天,当我也躺在床上快不行了,如果你能得到许可的话,请回来看我。她答:我一定会得到许可的!天堂若不许,想留住我可要费一番功夫;至于地狱若不许,我非得把它砸个粉碎不可!后来每当他对妻子的思念变得难以自制时,都能感到彼此在瞬息间心通神会的印象。他特别强调:"这是心,而不是我们素称的'灵魂'。"②

我们明白两者的区别:前者完全属于我们日常的生活世界并具有认识论的功能。中国俗话说"心知肚明"就是这个意思。路易斯或许未必知道这句中国俗语,但他凭经验显然明白这个道理。而"灵魂"这个概念除了宗教神秘主义的玄奥性,并无实际意义。其实这个道理并不只是中国古人的智慧,20 世纪与凯恩斯齐名的英国著名经济学家舒马赫也曾体会到:"内心常常比头脑更聪明些。"③这些活生生的例子清楚地说明了,所谓"思的事情"的实质,就是如何实现**超越'认识论'的认识**这个困境。从这个视野入手重返海德格尔的《面向思的事情》,我们看到,事实上该书除了书名提出了一个值得注意的命题外,就书本身内容而言,只能以"虎头蛇尾,苍白空洞"来形容。症结在于西方思想中那种作为"文化无意识"而起作用的"科学主义"。按照西方思想的"二元论"传统,"思的事情"只能属于认识论范畴,并且做出"二选一"的选择:以逻辑的脚手架搭建起来的"理性主义"认识论,和以身体感受性与直观性为基础的"经验主义"。海德格尔的"林中路"之所以能在西方学界引起众人注目,无非在于他试图跳出这个"二选一"的游戏,另辟一条思想的蹊径。但他没能成功。谁都无法确定,属于他的那只"思想的猫头鹰"究竟是否在黄昏时顺利起飞。我们唯一能确定的是,他充其量只是让读者跟着他在那条著名的"林中路"上莫名其妙地转着圈子。

显然,要从根本上解决问题,首先应该去除"理性"与"感性"过于分明的分界线。对此当代西方学者也有认识:"感悟和思考从来不会单独发生,它们从来都

---

① [德]费迪南·费尔曼:《生命哲学》,李健鸣译,北京:华夏出版社,2001,第 30 页。
② [英]C. S. 路易斯:《卿卿如晤》,喻书琴译,上海:华东师范大学出版社,2007,第 79、77 页。
③ [英]舒马赫:《小的是美好的》,李华夏译,南京:译林出版社,2007,第 71 页。

是如影随形的。思考总是涉及感悟，而感悟总是需要思考。"①其次，也是最重要的是，必须放弃非此即彼的"二元选择"。相对于西方传统对"二元论"的偏爱，中国的主导思想中一直在"寻求超越二元论"。② 取而代之的是对"三元说"的偏好。最著名的莫过于《五灯会元·卷十七》中记载，宋朝的"青原大师"关于"三重山"之说：见山是山，见山不是山，见山只是山。将这个传说引入我们的讨论，能产生怎样的效果？具有什么意义？首先在"认识论"意义上，能够划分为三种：**脑知（理性）、身知（直观）、心知（灵悟）**。著名法籍华裔学者程抱一先生在《美的五次沉思》中指出：悠久的中国文化承载了许多流弊以及僵化的元素，必须毫不犹豫地将它们扬弃。它最好的部分在于对生命的某种观念和某种实践，同样也在于某种美的经验。③ 这话讲得很中肯。诚如程抱一先生用"**沉思**"的概念，来表达属于感同身受的"心知"的意义，这是很有见地的。他在"第一次沉思"的开篇就指出，在关于美学的讨论中，二元论在一个方面是有用的：它让我们发现，构成生命世界极端的是两个奥秘：一边是恶，另一边是美。但让人印象深刻的是，就像他所说，从弱肉强食的"丛林法则"中突围出来的人类，对世界上的种种丑恶现象并不见怪。但让人们心生惊叹并且多少有些迷惑的是：世界并不一定刻意要美，然而它却极具美质。

正是这种惊奇让我们不得不追究这个问题：对于我们本身的存在来说，"美的存在意味着什么？"④常识告诉我们：我们以肉身化形式存在于此是为了活着，但我们"活着"这个事实却并非那么简单。这并不是指一定要做出诸如"指点江山，激扬文字"之类的宏图伟业、成为一代伟人，而是要不断在精神上提升自我，让生命更加开放。从这个意义上，我们能够在承认"身体美"的存在、并且意识到这种美所包含着充满了诱惑的欲望的基础上，认识到一种"伦理学意义上的美"，并通过这种美而进入到更高层面的精神和心灵之美。⑤ 由此而回到程抱一先生上面提到的这个问题：美的存在之于人类究竟意味着什么？在他看来就是培养起一种"神圣意识"。这种意识既来自科学式的对"真"的观察，更来自以一种平常心对"美"的欣赏。这个观点能够溯源到几乎所有古希腊哲学家都相信的、"神圣和美相连"这个事实。以今天强调"去神圣化之美"的眼光来看，我们或许会觉得这个古典观点有些苛求。但这种认识是片面的，事实上这是因为我们把"神圣"的概念理解得过于"沉重"。在尼采看来，只有假装的神圣才显得一本正经，

---

① ［美］菲利普·杰克森：《什么是教育》，吴春雷等译，合肥：安徽人民出版社，2012，第63页。

② ［法］程抱一：《美的五次沉思》，朱静等译，北京：人民文学出版社，2012，第107页。

③ ［法］程抱一：《美的五次沉思》，朱静等译，北京：人民文学出版社，2012，第68页。

④ ［法］程抱一：《美的五次沉思》，朱静等译，北京：人民文学出版社，2012，第8页。

⑤ ［法］程抱一：《美的五次沉思》，朱静等译，北京：人民文学出版社，2012，第42页。

真正的神圣者总是犹如舞蹈般地"轻轻地走"。但关键在于,即使这种"轻快而日常"的神圣性,于我们究竟有什么意义呢?答案其实就是一个:让我们由"天生为人"之人通过"审美意识"这个环节而"真正变成人"。① 换句话说,"真正的人"也就是"审美的人"。这样的"人"与"天生的人"的区别只在于增加了一点东西:伦理性。

著名学者萨瓦特尔表示:我不接受"人"这个概念并不含有道德相关性这一看法。② 只有从历史发展中真正明白什么叫"非人"的人们,才能深刻理解这句话的深刻性。审美存在的意义就在于,尽管我们知道不是所有的人都能当艺术家,但是我们确信每个人都可以因为"与美相遇"而使自身的存在发生一些变化。无须赘言,这个变化就是拥有伦理性。不过如果再做进一步追究:这种变化的必要性何在?答案只能是:成为人。在此呈现出一个"循环式"阐释:真正的人必然是伦理的人,也即审美的人。在这里,"审美"与"伦理"呈现出"合二为一"性。用一位作家的话讲:除了承担生命直至牺牲生命本身的美学之外,我不相信还有另一种与人相称的伦理学。③ 显而易见,这句话不仅强调了"伦理即审美"的一体性,而且还蕴涵着另外一层意思:审美实践的意义不再是传统上审美主体对审美客体中的"审美价值"(aesthetic value)的鉴赏,而是彻底清除这种"主客二元"之分,以"审美地存在"的方式实现"审美生活"(aesthetic life)。只有在这种状态中,才有可能让"天生之人"成为"真正的人"。这就是"审美正义"的意义所在。它是被我们命名为"上帝"的"造物主",在人类来到这个世界给予我们的一种补偿。人生下来就注定了踏向死亡的命运。因此而言,悲剧性是在"认识自我"的引导下产生的生命意识。显而易见,正是这个"天意"让人处于一种十分艰难的境遇。

为了不至于向虚无主义俯首称臣、使今生今世不在随波逐流中自暴自弃,唯有一条出路:在审美中领悟生命意义并享受生命存在的愉悦。所有这一切的前提也即"审美正义"的含义,就是"拥有人性"。有句话说得好:想要了解不光彩的人性这一想法让人不可思议,因为人性的精华都是光芒四射的。④ 这句话的深刻之处在于,把一个人们耳熟能详却熟视无睹的道理讲得更透了:什么是"审美价值"?或者说"审美价值"的重要性究竟是什么?一言以蔽之:让作为个体的人拥有群体的伦理性。这就意味着,只能处于"可悟不可说"状态的内在的"审美价值"的实质,就是通过丰富多彩的审美现象实际呈现的"审美德性"(aesthetic virtue)。由此可见,所谓"审美的人"也就是拥有"审美德性"者。所以说,伦理学

---

① [西]费尔南多·萨瓦特尔:《教育的价值》,李丽等译,北京大学出版社,2012,第2页。
② [西]费尔南多·萨瓦特尔:《教育的价值》,李丽等译,北京大学出版社,2012,第3页。
③ [法]程抱一:《美的五次沉思》,朱静等译,北京:人民文学出版社,2012,第59页。
④ [西]费尔南多·萨瓦特尔:《教育的价值》,李丽等译,北京大学出版社,2012,第9页。

问题也是人性完善的问题，它最终与以下这个问题有关联：什么使我们本质上是人？① 正是在这个方面，伦理美学家表现出与传统哲学家的疏远以及和现代神学家的亲近。西方哲学史清楚地告诉我们，大多数伟大哲学家主要对揭示"存在究竟是什么"感兴趣。而那些比如以蒂利希为代表的神学家，则主要是对弄明白"存在意味着什么"感兴趣。② 关于"意味"的问题同样也正是当代伦理美学家的思考中心。这让人想起伟大的小说家普鲁斯特的这句话：美不因本身而被爱，因为美本身就是对热爱事物和宗教思想之间合作的结果。③ 有必要给予补充性解释的是：这里所说的"宗教"并不是指诸如"圣彼得大教堂"和"麦加大清真寺"等教会组织，而是强调一种具有信仰的文化。

问题的关键正在于如何落实"思的事情"。而事情恰恰在于：我们以什么样的方式或途径，才能首先解决掉"什么使我们本质上是人"这个疑虑？这让我们想到康德最著名的原则之一："应该"意味着"可能"。但传统西方二元思想的困境就在于，无论是"理性主义"以"大脑"为中心的思维活动，还是"感觉主义"以"身体"为中心的体验活动，它们都在以"真理"为本的科学主义认识论的范畴内，持有一种"伦理中立"的立场。在这个意义上，这"两说"不仅实为"一家"，而且根本无法超越认识论对"客观真理"的诉求抵达主观世界的伦理价值领域。对此，美国教育学家杰克森说得很明确：总结教育的使命时，"对真理的追求"要比"对知识的追求"好得多，后者通常被视为什么是教育的简单界定。④ 这让我们能够理解，为何杰克森把优秀的教育家的使命称为"贩运真理"。并且理解他为此所做的关于各类真理的等级区别的用意。还值得一提的是，在杰克森看来，真理由低向高呈现为这样一个层次：封闭的"事实性真理"、开放的"系统性真理"、实践的"工具性真理"、社会的"道德性真理"。而归根到底，所有这些真理观都属于"主观性真理"。⑤ 这个原因并不难理解：所有这些被命名为"真理"的东西，它们最终不仅是针对我们每个人而言，并且也须得到我们的认可。不过承认这一切就意味着与康德的原则唱反调：应该并不意味着可能。因为在此之上，存在着不以人的主观意志转移的客观真理。作为世界存在之基础，它同样主宰着我们人类行为的。在这种思想背景下，"真"与"善"彼此分离。

---

① ［美］凯利·克拉克等：《伦理观的故事》陈星宇译，北京：世界知识出版社，2010，第123页。

② ［美］菲利普·杰克森：《什么是教育》，吴春雷等译，合肥：安徽人民出版社，2012，第67页。

③ ［法］程抱一：《美的五次沉思》，朱静等译，北京：人民文学出版社，2012，第53页。

④ ［美］菲利普·杰克森：《什么是教育》，吴春雷等译，合肥：安徽人民出版社，2012，第23页。

⑤ ［美］菲利普·杰克森：《什么是教育》，吴春雷等译，合肥：安徽人民出版社，2012，第31页。

这种"真善分离"的后果之恐怖,如今早已昭然若揭:打着"以人为本"的口号迅猛发展的当代科学技术,如今早已与威权政治和垄断经济"三位一体",成为新世界的专制独裁势力。用著名学者熊彼特的话说:"创造性的毁灭",就存在于以技术为根本的工业文化本身的核心之中。① 这使通过教育实现人的伦理本质的任务更为必要,因为就"让人成为人"而言,的确意味着"教育从根本上说是一项道德事业"。② 但对于伦理美学来说,面对着一个悖论性的困境:一方面,它不能让审美实践成为一种以"真理"为目标的认识论工具,另一方面,它也无法绕过对"人之为人"的本质性认识抵达"真善合一"的境地。可供解决的方案的只剩下一个:超越西方思想"主客两分"的认识论,选择中国古代所强调的"心知说"。这个思想的特点就在于,与西方的"以客观性为前提"的认识论不同,它强调认识活动本身就具有伦理性。所以在英语中,这里的"心"不能译成"心脏"(heart)、"头脑"(mind)、"主意"(idea)、"观念"(concept)等任何词汇。而是一种以生命活动的"善根"为基础的"良知"。这样的思想当然不会受地理的局限而仅限于古代中国思想。在西方思想界,它更多地出于懂得热爱生活的艺术家而非哲学家。比如贝多芬就说过:"在任何人身上我都只承认'善良'为至高标识。我在哪里找到了'善良',那里就是我的家园。"③

显然,对于这位音乐巨人而言,真理之所以为真理,就在于它与善良具有统一性。中国与西方思想在此融为一体。所以,"心知说"与"脑知说"的根本差异,就在于后者接受科学主义文化的主导,以"主客二分"的立场将"真"与"善"分离。而前一种见解则不仅主张"身心一体"性,而且还进一步坚持,由于以这种一体性为基础,以"心"为本的认识活动本身就带有善的特点,在这种认识视野里呈现出的是天地万物的勃勃生机。这个世界对于我们之所以如此美丽,是因为得到了对生命厚爱这种"大善"的滋润。换句话说,"宇宙和生命的出现是一种巨大无比的天赐,这种执着于它的允诺从不食言的天赐本身就是一种伦理"。④ 由此可见,在中国思想里,伦理与审美的一体性源于认识实践本身的生命意识,这里同样有一个"真"的根源性问题。没有这个真为基础,一切对事物的所谓"认识"都只能是自欺欺人。但也正是在这个方面,呈现出中国思想与西方思想的差异。在中国语境里,这个真被称为具有某种主体性的"至真",因为衡量它的标准是"诚"。而在西方语境中,这个真称之为"本真",它事实上来自帕斯卡尔的另一句

① [德]阿诺德·盖伦:《技术时代的人类心灵》,何冰译,上海:上海科技教育出版社,2003,第 61 页。

② [美]菲利普·杰克森:《什么是教育》,吴春雷等译,合肥:安徽人民出版社,2012,第154 页。

③ [法]程抱一:《美的五次沉思》,朱静等译,北京:人民文学出版社,2012,第 55 页。

④ [法]程抱一:《美的五次沉思》,朱静等译,北京:人民文学出版社,2012,第 56 页。

名言：智慧把我们带到童年。在某种意义上，"至真"与"本真"似乎具有相近性，但事实上相去甚远。所谓"本真性的伦理"听上去似乎是一个解决"真与善"分离的理论方案。因为这个思想滥觞于18世纪末，它的核心是认为人类具有一种道德直感。在这个意义上，道德具有一个"内部的声音"。①

我们不难发现这个思想与帕斯卡尔的"童年之真"的同源性。但它事实上仍是知识分子的片面期望，或者说一厢情愿的观念。西班牙学者萨瓦特尔在他的书里讲述过一个真实的故事：有位父亲有一天和他的五岁的儿子一起，安静地坐在岸边看海。突然间儿子开口对他父亲说："爸爸，我想跟你和妈妈一起出海，开条小船在水上散步。"这番话让他父亲的心里一阵感动，哽咽着回答道："没问题儿子，你想去我们就去！"于是这位爱幻想的小家伙望着远处的大海，继续说道："如果到了深海，我就把你们两个扔进水里淹死。"这让刚才还被感动得稀里哗啦的父亲大为惊愕，心里一阵剧痛。他迷惑不解地问道："哎，儿子，你怎么会这么想？"儿子十分坦然地回答说："那当然啦，爸爸，你不觉得你跟妈妈给我太多的说教，让我烦恼吗？"②我认为作者举这个例子并不是想说孩子的天性是邪恶的。其实这个故事生动而深刻地揭示出，我们成年学者常常把童年心灵的幼稚当作单纯。这不仅是巨大的误解，而且是一种不负责的做法。类似这样的故事在生活世界很多，它们只是一再提醒我们：我们本该生而为人，但事实却是我们从来都"生不为人"。我们只有依靠他人人性的感染才能真正成为人。③ 这就是以"人性教育"为核心的伦理学的"循环式难题"：为了拥有成为人的人性，我们需要伦理教育；但为了达到伦理教育的目的，我们又需要有人性的基础。由此来看，在美学的建构上存在着这样一个"大循环"：如果说"审美存在"建立在以真为基础的善的阶梯上，那么真与善一起都需要得到审美体验的滋润才能生长。

回到开头的问题：上面这个故事对作为美学的方法论的"思的事情"究竟有何启发？我想这是显而易见的：作为人文学问的基础，思的事情需要的是拆除那些以逻辑的脚手架构筑起来的理论，回到丰富多彩的生活世界。如果说黑格尔"体系论美学"的破产、海德格尔"迷宫诗学"的沦陷以及德里达"扯淡理论"的退场，宣告了由"思辨哲学"和"理论主义"统治我们的思维的历史的终结；那么这意味着"思的事情"终于迎来了自立门户、独立开张的时代。不管怎么讲，有一点是明确的：人类不是待解的难题和方程式，而是无数个故事。④ 精彩的故事魅力之所以天长地久，因为它的真正价值并不是提供人们消遣，而是蕴涵着深刻的人生

---

① ［加］查尔斯·泰勒：《本真性的伦理》，程炼译，上海：上海三联书店，2012，第33页。

② ［西］费尔南多·萨瓦特尔：《伦理学的邀请》，于施洋译，北京：北京大学出版社，2008，第13页。

③ ［西］费尔南多·萨瓦特尔：《教育的价值》，李丽等译，北京大学出版社，2012，第3页。

④ ［西］费尔南多·萨瓦特尔：《教育的价值》，李丽等译，北京大学出版社，2012，第104页。

经验,触及深奥的存在之谜。从这个意义上讲,至少真正能够直抵生命深处的那种"思的事情",与以理性为标志的抽象"思辨"无关,它属于一种与生命实践化为一体的、具有诗性的"沉思"。

二、谁需要美学?

1. 营销美学与政治艺术

人类绝大多数活动都存在着一种"供需关系"。那么谁需要美学家的工作?首先可以肯定,尽管有些美学家十分渴望充当艺术家的导师,但事实一再表明这不具有可行性。虽然艺术家们的事情通常也难以在"内部"解决。但也没有美学家什么事。比如雨果的《巴黎圣母院》堪称浪漫主义小说代表作。但歌德曾对爱克曼表示:"真要有很大的耐心才忍受得住我在阅读中所感到的恐怖。没有什么书能比这部小说更可恶了。"①歌德的这种评价或许让我们吃惊,但这并不影响我们对艺术家的才华的尊重。事情当然不是指,我们能够无视"行家批评"的偏颇;而在于他们能以一种"片面的深刻"的方式,道出艺术的奥秘。就像托尔斯泰对莎士比亚戏剧厌恶和对以贝多芬为代表的古典交响乐的幼稚否定,并不妨碍他的艺术论加深了我们对艺术的理解。许多优秀艺术家关于艺术的谈论,不仅能给予我们对艺术的宝贵启迪,让我们享受到艺术杰作的乐趣。比如德国作家歌德的《说不尽的莎士比亚》,法国作家雨果的《论拜伦》,和俄国作家屠格涅夫的《哈姆雷特与堂·吉诃德》。比如英国小说家毛姆《巨匠与杰作》中对奥斯丁小说的谈论,奥地利作家茨威格以巴尔扎克、狄更斯、陀思妥耶夫斯基为主人公的《三大师》,纳博科夫的《文学讲稿》里对福楼拜作品的阐述,读来不仅给我们以智慧,还有乐趣。

比如毛姆以"注意到人们生活中经济情况的重要性的第一位小说家"来概括巴尔扎克的文学史价值;认为似乎是没事找事的《傲慢与偏见》之所以绝对能算是一部伟大小说,在于奥斯丁对她的人物的命运有着巨大兴趣;指出《红与黑》虽然价值重大但在艺术表现中存在许多败笔,相反,过于放纵想象力的《呼啸山庄》尽管经不起批评的说长道短,却凭借着一种罕见的艺术力量而成为绝唱。此外,他把"世界上最伟大的小说家"的头衔给了巴尔扎克,而将"最伟大的小说"的评价留给了托尔斯泰的《战争与和平》,同时也强调,这是一部"大量的真理和大量的谬误混杂在一起"的作品,其中许多章节只是"出色的历史记载",却不是同样出色的小说作品,等等。所有这些分析不仅让人感到恰如其分,还给予我们关于写作艺术的种种启发。茨威格的《三大师》同样如此。作者并不讳言其选择的主

---

① [德]歌德:《歌德谈论录》,朱光潜译,北京:人民文学出版社,1980,第247页。

观性：之所以选择这三位小说家，是由于在他看来，小说家的实质是以自己的法则在尘世之外建立一个虽说虚构但却完整的世界。以此而言，这三位人物无疑具有一种代表性：巴尔扎克拥有一个以社会为中心的世界，狄更斯拥有一个以家庭为中心的世界，陀思妥耶夫斯基拥有一个以个人与宇宙的关系为中心的世界。这些见解不仅新鲜，而且拥有长久的魅力，经得起人们的反复回味。这种精彩的"关于艺术的谈论"，同样还可以举当代中国的例子，比如王蒙的《欲读书结》，王安忆的《心灵世界》，高行健的《文学的理由》等。他们虽然大都围绕具体作品展开，但有益于我们对整个文学乃至艺术的认识。

比如王蒙对中国古典小说《红楼梦》的谈论。在短文《我爱读〈红楼梦〉》里作者写道：《红楼梦》是经验的结晶。人生经验，社会经验，感情经验，政治经验，无所不有。《红楼梦》是一部想象的书。它留下了太多的玄想、奇想、遐想、谜语、神话、信念。《红楼梦》是一部解脱的书。万事都经历了，便只有大怜大悯大淡漠大悲痛大欢喜大虚空。《红楼梦》是一部执着的书。它使你觉得世界上本来还是有一些让人值得为之生为之死为之哭为之笑的事情。它使你觉得，活一遭还是值得的。《红楼梦》令你叹息。《红楼梦》令你惆怅。《红楼梦》令你聪明。《红楼梦》令你迷惑。《红楼梦》令你心碎。《红楼梦》令你觉得汉语汉字真是无与伦比。《红楼梦》使你觉得神秘，觉得冥冥中有一种不可思议的伟大。[1] 而在《红楼启示录》中，王蒙对小说《红楼梦》两大主题"色空"与"兴衰"做出这样的分析："很难说《红楼梦》中的色空是一种宗教的观念。毋宁说这是作者的一种人生感叹，一声意味深长的人生叹息，当然也表现出一种过来人的清明，有一种希望能看得透一点、淡一点、少自寻烦恼一点的自慰慰人之思。在小说里，色就是色，色不是空。色是魅力，色是吸引，色是紧紧地抓住人的，色是值得人为之生活，为之哀乐，为之死亡的。但色实际上是得不到、存不住、守不牢的。这是《红楼梦》色空感叹的最重要的核心。同样，《红楼梦》更倾向于把'兴衰'看成一种命运，一种东方式的圆圈和周而复始的过程。最终不论'色空'还是'兴衰'，《红楼梦》的一大主题是人的存在与行为的荒谬性。"所以王蒙认为，虽然这个故事可作多种解释，但最本色的或许莫过于"生命悲剧"，这使它因此而拥有一种超越民族性与地域化的全人类性。[2]

这些见解和思想的价值无可置疑。这些例子足以表明，**艺术不需要理论家，但永远需要关于艺术的富有建设性的思考。**这种思考的确切称呼是超越逻辑的"沉思"，来自沉思的关于艺术的谈论，有益于我们深化对艺术的理解。歌德早就说过："少一点理论，多一点实践，我们就可以得到一些拯救，用不着等待第二个

---

① 王蒙：《我爱读红楼梦》，《逍遥集》，北京：群众出版社，1993，第 70 页。

② 王蒙：《红楼启示录》，北京：生活·读书·新知三联书店，1991，第 273、283 页。

基督出现了。"①马克斯·韦伯也讲过：关于伦理的准则，我们"不可能从理论中找到答案，而只能来自于具体的情况"。② 这话同样适用于美学。艺术的创造与关于艺术的谈论难以分割。只要艺术存在一天，那些智慧和快乐地谈论艺术就会受到人们的欢迎。擅长此道的通常被视作"具有诗人的心灵"的批评家，他们不是从教条出发，让具体作品在其理论中对号入座；而是如康定斯基所说，努力去感受艺术形式所具有的效果，然后"将自己的全部感受生动地告诉公众"。③

这并不意味着我们能够将美学研究限定于批评活动，而是应该意识到，职业理论家并非名副其实的专业美学家，两者对待艺术的态度大相径庭。无论如何，美学把艺术视为一种独立自主的存在，而所有的理论言说都把艺术看作一种社会文化现象，"把艺术当作社会、文化、经济或历史现象来研究和把艺术作为一种美学现象来研究之间确有很大的差别"。后一种做法的重点在于艺术的创作、作品的性质以及受众的体验，而前者"只是简简单单地把一种更为普通的社会理论用于社会经验"。④ 与此不同，称职的美学家从不向理论的教条俯首称臣，而是能够"把所有理论的可能性转化为经验的可能性，并在此过程中随意检验所有艺术理论与实践和艺术感受的关系"。⑤ 事情由此也很清楚，我们的问题并非"关于艺术的思考和谈论是否仍有必要"，而在于回答"为什么要展开关于艺术的思考和谈论"这个事关美学的存在价值的讨论。换句话说，也就是"究竟谁需要美学沉思？"

这个曾让学界精英殚精竭虑的问题，换个角度其实很容易回答：说得冠冕堂皇一点，"美学之思"为"人类文明"而存在，凡是人，无论是商人、官人、文人、军人、土人、洋人等等，都需要"关于美的沉思"。以当今社会最具影响力的经济与政治而言，离开了美学都是难以想象的。由贝恩特·施密特和亚历克斯·西蒙森合著的《视觉与感受：营销美学》一书里讲得很清楚：从经营的视野看，只有当顾客的需求得到满足时，价值才会产生，利润才能获取。他们认为在这个世界里，大多数消费者的基本需求已经得到满足，现在剩下的还可以有所作为的事情，就是进一步提升商品的美感。"如果能够满足顾客对于体验的需求，即他们的美学需求，就可以很容易地产生价值。"⑥所以一种崭新的美学"营销美学"便

---

① ［德］歌德：《歌德谈论录》，朱光潜译，北京：人民文学出版社，1980，第172页。

② ［美］迈克·费瑟斯通：《消解文化》，杨渝东译，南京：北京大学出版社，2009，第55页。

③ ［俄］瓦·康定斯基：《艺术的精神》，查立译，北京：中国社会科学出版社，1987，第88页。

④ ［英］乔纳森·弗里德：《美学与摄影》，王升才等译，南京：江苏美术出版社，2008，第29页。

⑤ ［英］弗兰西斯·弗兰契娜等：《现代艺术和现代主义》，张坚等译，上海：上海人民美术出版社，1988，第11页。

⑥ ［美］贝恩特·施密特等：《视觉与感受：营销美学》，曾嵘等译，上海：上海交通大学出版社，1999，第1页。

应运而生。为什么现代商人们忽然间都对高雅的美学产生了强烈的兴趣？理由很简单："一个有吸引力的美学识别能提高产品定价。"①话虽然显得粗俗和赤裸裸，但道理是不错的。类似的成功案例比比皆是。比如美国的星巴克咖啡店（Starbucks）为例。全世界喝咖啡的习惯早已有之，类似的各种咖啡馆也十分普遍，但无论哪一家再有名（比如法国巴黎塞纳河左岸的咖啡店），都无法与之相提并论。

星巴克于1971年创始于西雅图，1987年成为美国最闻名的豪华、高雅咖啡店的典范。它的年利润从1990年小于100万美元上升到1992年的410万美元，1995年达到2610万美元。星巴克之所以能成为喝咖啡者们的首选是因为它成功的美学，在于它有属于自己的独特的美学风格。星巴克对每一类型的咖啡都有其不同的包装设计。每一类型都有它自己的标记、人像、主题色彩和图形。这些不同的标记在基本统一的风格下又显示出其多样性和变化性，看上去像广告招贴艺术，以抽象主义为基础，再涉及一些装饰艺术。② 就这样仅仅花费一些时间和精力于美学的关注上，同样的咖啡就喝出了不一样的味道。在众多的咖啡店中，星巴克独树一帜脱颖而出，成为品尝咖啡领域的王者。现代商业与传统商业的根本区别就在于，从功能与品质的竞争中超越出来，进入到以体验为核心的美学的竞争。当顾客看到、感觉到、体验到一些东西和谐地糅合在一起时，他们就会被这种美感所吸引。③ 这就是现代商业的成功之道。现代商业主管需要花费一些精力在美学方面。比如曾是世界各大化妆品代言人的著名模特辛迪·克劳馥的嘴唇边有一颗痣并没有被去掉，是因为研究人员发现它使她的脸部更有魅力，由这颗痣形成的不对称使她体形的对称更加鲜明。④

经济与美学的密切关系如今早已不是新闻。德国美学家韦尔施早就指出：所谓"日常生活的审美化，大都服务于经济目的。一旦同美学联姻，甚至无人问津的商品也能销售出去"。⑤ 所以法国学者奥利维耶·阿苏里在其《审美资本主义》一书中提出，站在21世纪的视野来看，继续把当代资本主义命名为"晚期资本主义"已经无法准确概括这个时代的特点，他指出，今天的资本主义社会进入了又一个新阶段，那就是"审美资本主义"。这指的是在工业化民主国家里，审美

---

① ［美］贝恩特·施密特等：《视觉与感受：营销美学》，曾嵘等译，上海：上海交通大学出版社，1999，第21页。

② ［美］贝恩特·施密特等：《视觉与感受：营销美学》，曾嵘等译，上海：上海交通大学出版社，1999，第77页。

③ ［美］贝恩特·施密特等：《视觉与感受：营销美学》，曾嵘等译，上海：上海交通大学出版社，1999，第76页。

④ ［美］贝恩特·施密特等：《视觉与感受：营销美学》，曾嵘等译，上海：上海交通大学出版社，1999，第83页。

⑤ ［德］沃尔夫冈·韦尔施：《重构美学》，陆扬等译，上海：上海译文出版社，2002，第7页。

品味也即鉴赏与享受的能力对促进消费正发挥着前所未有的重要作用。可以说几十年来,资本主义已经发展成审美品味的资本经济。"审美资本主义决定了消费者的审美品味将成为推动工业发展的动力。"①正如他所指出的,从人类的审美历程来看,必须理解从艺术生产的专属制度向工业特有的审美制度转变的过程。在后一种制度下,公众的感受性不再对应艺术作品,而是更对应审美化的工业商品。事实昭示出,当艺术魅力能够被灌注到一件工业产品中并变化出多种人造产品,公众就成为审美消费者。而只有成功地实现艺术的工业演绎,才能够成就审美资本主义的飞跃。今天的事实是,"审美规则放宽了经济规束,由此导致消费的多样化"。这种时代潮流势不可挡,关键在于"在审美资本主义的核心里,每个个人都成为自己的享乐的主体、自己的奴隶,并由同样的原因鼓动自我解放"。② 这就是在全球化时代资本主义能够在世界各地长驱直入的秘密。

　　与经济一样,政治与美学的关系同样十分紧密。"审美文化同样也能间接地为政治文化做出贡献。政治文化事实上有赖于审美文化。"③事实表明,"艺术家比任何从事其他职业的人更能使观众误入歧途。"④这是柏拉图之所以讨厌艺术的原因。"一部文艺作品可能成为一部破坏力极大的宣传品。"⑤马背上得天下,椅子上治天下。古往今来,艺术一直是专制政治的有效工具。政治的"统治有它自己的美学"。⑥ 比如曾获 1935 年威尼斯电影节和巴黎电影节最佳纪录片奖的影片,莱尼·里芬斯塔尔的《意志的胜利》,记录了 1934 年在纽伦堡召开的帝国代表大会的纪录片。无论是当年的德国纳粹主义还是日本军国主义以及今天的恐怖主义,这些丑陋与罪恶的事物之所以能迅速崛起,与盗用艺术名义、强奸审美精神的包装与推销显然密切相关。事实证明,"对希特勒的法西斯主义的拥护表现出一种强烈的美学色彩",⑦当年的纳粹主义正是凭借艺术的力量动员了几乎全德国的人民。希特勒的纳粹德国宣传部长戈培尔曾经写道:"政治本身也是一门艺术,甚至还是有史以来最高雅、最恢弘的一门艺术。我们这些给德国现代

　　① [法]奥利维耶·阿苏里:《审美资本主义》,黄琰译,上海:华东师范大学出版社,2013,第 7 页。

　　② [法]奥利维耶·阿苏里:《审美资本主义》,黄琰译,上海:华东师范大学出版社,2013,第 75、121、136 页。

　　③ [德]沃尔夫冈·韦尔施:《重构美学》,陆扬等译,上海:上海译文出版社,2002,第 44 页。

　　④ [英]弗兰西斯·弗兰契娜等:《现代艺术和现代主义》,张坚等译,上海:上海人民美术出版社,1988,第 332 页。

　　⑤ [美]欧文·埃德加:《艺术与人》,任和译,北京:工人出版社,1988,第 27 页。

　　⑥ [美]赫伯特·马尔库塞:《单向度的人》,刘继译,上海:上海译文出版社,1989,第 60 页。

　　⑦ [美]林赛·沃特斯:《美学权威主义批判》,昴智慧译,北京:北京大学出版社,2000,第 77 页。

政治赋形的人，认为自己也是艺术家。"①

无论从逻辑层面还是在实践方面看，这个结论是成立的。法西斯主义在德国之所以能猖獗一时，是与他们有意识地在表现上以"国家唯美主义"取代"国家社会主义"存在着密切关系。所以历来的专制统治者十分重视对艺术的利用。公元12世纪的波斯名著《四类英才》写道："写诗是一种技能，诗人用这种技能摹写事物表述见解，煽动激情刺激欲念，使人或喜或悲，从而成为促成人间大事的手段。"这"大事"即意识形态宣传："君王应该培养诗人，以便诗人为他们服务。君王从而凭借诗人的诗歌扬名。依照万世不易之理，国王的军队、宝库和财产都不会永不消失，但是国王的名字却可以凭借诗人的诗集传诸后世。"②英国当代美学家伊格尔顿认为，美学其实并非审美之学，而是以艺术的名义展开的一种事关权力斗争的革命政治学。他认为，现代美学发育于启蒙运动时期并非偶然，这意味着美学有其强烈的政治背景。也就是说，"美学著作的现代观念的建构与现代阶级社会的占统治地位的意识形态的各种形式的建构、与适合于那种社会秩序的人类主体性的新形式都是密不可分的。正是由于这个原因，而不是由于男人和女人突然领悟到画或诗的终极价值，美学才能在当代的知识承继中起着如此突出的作用"。美学之所以一度能有重大影响，是由于"美学对占统治地位的意识形态提出了强有力的挑战，并提供了新的选择"。

在伊格尔顿看来，在很大程度上，美学史其实也是思想史的相关部分，在许多思想家那儿，他们所提出的审美观常常也就是他们的社会理想，在各种美学主张背后，我们能够辨识出一些社会政治领域的主题。比如柏拉图─黑格尔的"理念显现说"、叔本华─弗洛伊德的"欲望解脱说"、席勒─马克思的"自由解放说"，以及尼采─福柯的"权力意志说"和海德格尔的"存在解蔽说"等。像这样明确地将美学与政治学一视同仁的观点的确语出惊人，但却并非无稽之谈。伊格尔顿认为："从鲍姆加登开始，美学有如一种最温和的主张，探究的是基于某种抽象的理性之上的生活世界。"③我们可以认为，伊格尔顿的马克思主义学派立场使他的美学观多少显得有些偏激，但他强调的审美与政治之间存在着犹如经济与政治那样的密切关系，这一点是完全成立的。所以，在"民族美学"之外还存在着"国家美学"。有研究者指出，"有时候，整个国家都会让人联系到精致或者粗糙的美学形象。"比如法国、意大利、日本在很多美学范畴内都被人与精致相联系，

---

① ［法］菲利普·拉古-拉巴特：《海德格尔、艺术与政治》，刘汉全译，桂林：漓江出版社，2014，第74页。

② ［伊朗］内扎米·阿鲁兹依·撒马尔罕迪：《四类英才》，张鸿年译，北京：商务印书馆，2005，第53、56页。

③ ［英］特雷·伊格尔顿：《美学意识形态》，王杰等译，桂林：广西师范大学出版社，1997，第3、398页。

而相反,虽然俄罗斯和中国在其光荣的历史上都曾拥有丰富的文化、辉煌的建筑和艺术作品。但在 20 世纪的大部分时间里,这两个国家都忽视了对公司和品牌美学的管理,①从而影响到国家的美学形象。

毫无疑问,这个见解很精彩。但不论经济和政治对美学的需求如何强烈,事实上它们的需求都不能体现美学的真正的核心价值。这个价值就是对"人"的培养。理解美学的价值的关键所在是两个基本点:其一,在话语形态上从当下盛行的"**理论言说**",返回到正在远去的"**哲学沉思**"。其二,在学科性质上从狭隘的艺术作品走向人类的生活世界,也就是从一门"关于诗的研究"转型为"关于人的思考"。这里的问题所在就是:我们并不"生而为人",相反是"生不为人"。与动物本能地通过生物遗传就能基本保持其物种特性不同,人之为人需要一个由"自然人"向"文化人"的转变和成长的过程。所以"教育"之于人具有举足轻重的意义。真正意义上的"人"是教育的产物,而这个教育最为关键的方面,并不在于自然科学知识的掌握,而在于人性的孕育与人格的确立。这都需要有审美价值的介入,从而也意味着美学的意义。著名经济学家舒马赫说得好:"只有当教育能培养'完整的人'时,它才能对我们有所助益。"这样的人未必是通才和全才,甚至"事实上可能对事实和理论的细节所知无几,但是他一定会触碰到核心所在"。这句话的关键词就是这个"核心",它究竟是什么? 其实也就是"人性"与"人格"。而能够培养"会触碰到核心所在"的人的途径,就是呈现审美价值的艺术。

所以舒马赫表示:"作为一个人,我如果从未听说过热力学第二定律,我错过了什么? 答案是什么也没错过。那么如果我从未知悉莎士比亚的著作,我又错过了什么? 除非我从其他来源得以知悉,否则我就是错失了我的生命。"②这段话让人感到并不陌生,是因为它与孔子的说法是一致的。众所周知,孔子的主要功绩体现于他的教育思想上。作为教育家的孔子的基本主张,就是通过艺术的方法来塑造作为"仁人志士"的"君子"。用他的最广为人知的话说,就是"兴于诗,立于礼,成于乐"(《论语·泰伯》)。这是中国传统之所以为"礼乐文化"的原因。梁漱溟先生指出:"礼乐使人处于诗与艺术之中,这有宗教之用而无宗教之弊;亦正唯其极邻近宗教,乃排斥了宗教。"③"兴"不只是"高兴",而是"振兴",乃一种意气风发、激情昂扬的生命状态。《论语·子罕》中写道:孔子一行"在陈绝粮,从者病,莫能兴。"《史记·孔子世家》里也有记载:"……围孔子于野,不得行,绝粮。从者病,莫能兴,孔子讲诵弦歌不衰。"清代学者王夫子在《俟解》一文中表示:能兴者谓之豪杰。叶嘉莹教授解释:"什么叫'诗可以兴'? 兴就是兴发感动,

---

① [美]贝恩特·施密特等:《视觉与感受:营销美学》,曾嵘等译,上海:上海交通大学出版社,1999,第 171 页。

② [英]舒马赫:《小的是美好的》,李华夏译,南京:译林出版社,2007,第 64、71 页。

③ 梁漱溟:《东方学术概观》,成都:巴蜀书社,1986,第 29 页。

使你的心活泼起来。"①而"立"指的是站立，它首先让人联想到的是一棵高大挺拔的树的形象，落实到人的身上，这样的人是有骨气和底气的人，它与懦夫形成鲜明的对比。"成"的意思是完成，是人终于从徒有其表的"非人"转变为具有人格的"真人"。

所以，孔子的"礼乐成人"说与一句西方谚语是同样的意思：艺术的审美教育让人成为人。许多年前，丰子恺在《为什么学图画》中同样写道："学图画绝不是想做画家，也不是要在将来直接应用，那么为什么大家要学图画呢？"②叶嘉莹教授也曾表示，她在讲解中国诗词时经常遇到这样的问题：老师，你讲的古典诗词我们很喜欢听，我们喜欢读古典诗词，但学它又有什么用？换言之，"学了古典诗词既不能帮助你找职业，更不能帮助你挣钱发财。那么，为什么还要学习它？"③这两个现象反映了同样的事实：人们之所以对"谈论艺术"产生迷惘，是因为我们习惯于把关于艺术的谈论看作一种职业培训。我们不清楚，除了参与创作、投身评论和研究等职业化的艺术活动外，"谈论艺术"究竟还有什么意义。如上所述，回答这个问题，我们可以试着把关于美学的"有什么用？"的问题，转换为"谁需要？"的讨论。美学家为谁写作？关于艺术的思考究竟想要达到什么目的？英国美学家柯林伍德曾在书《艺术原理》中提出过这个问题。他表示："我希望，首先是艺术家，其次是那些对艺术有着强烈同情心的人们，会觉得我写的这些东西对于他们是有益处的。"④希望从艺术家那儿得到好评，这几乎是所有美学家的一种心结，但认真想想其实没什么必要。

人们早就清楚，阅读诗学著作并不能产生诗人，阅读艺术原理也无法培养艺术家。美学家的对象不在于面对诸如此类的"专业人士"，而是普通大众。美学无须成为艺术家的培训基地，但应努力成为广大艺术爱好者的俱乐部。因为美学的意义是为芸芸众生走向成为真正的人，拥有更美好的生活建筑一座桥梁，开发一条道路。所以对"艺术之用"叶嘉莹教授的回答是："学习古典诗词最大的好处就是使你的心灵不死。"⑤童画艺术家丰子恺的话是：学绘画并非为了当职业画家，而是为了"这能增加人生的幸福"。⑥ 著名钢琴家傅聪同样说过："即使孩子不能够成为一个专业的音乐家，可是他有了一个精神世界让他可以在那儿神游，这也是一种很大的幸福！"⑦小说家王安忆认为：生性对艺术有所感受的孩子

① ［加］叶嘉莹：《叶嘉莹说汉魏六朝诗》，北京：中华书局，2007，第376页。

② 丰子恺：《艺术趣味》，长沙：湖南文艺出版社，2002，第27页。

③ ［加］叶嘉莹：《叶嘉莹说汉魏六朝诗》，北京：中华书局，2007，第9页。

④ ［英］乔治·柯林伍德：《艺术原理》，王至元等译，北京：中国社会科学出版社，1985，第2页。

⑤ ［加］叶嘉莹：《叶嘉莹说汉魏六朝诗》，北京：中华书局，2007，第9页。

⑥ 丰子恺：《艺术趣味》，长沙：湖南文艺出版社，2002，第27页。

⑦ ［法］多米尼克·夏代尔：《音乐与人生》，卢晓等译，合肥：安徽教育出版社，2005，第6页。

一定会比别人幸福些。① 普鲁斯特甚至表示:"当我们合拢一本甚至是伤心的优秀小说时,仍然感到非常幸福。"②总而言之,在美学家眼中,"这些艺术价值之所以是价值,是因为它们能够吸引我们并且使我们感到幸福"。③ 需要补充的不是去解释什么是幸福,这个概念之所以说不清楚是因为它是"自明"的。不需要也没可能通过语言文字说明白。关键在于你是否是一个能够懂得并欣赏幸福的人。

这样的人就是孔子所向往的作为"诗人"的"君子"。人类之所以要通过接受以人性的孕育和人格的塑造为目标的人文教育,从"生不为人"的人转变为"真正的人",就是为了能够获得这样的幸福。这样的人不是拥有高智商的所谓"超人",而仅仅只是能够理解并渴望欣赏优秀艺术作品的人。由此可见,"君子"和"诗人"虽然是两个不同的概念,但其实是同一类人。艺术能够让人们在成为诗人的同时,成为一个具有良知与善心的君子。有待于进一步阐明的是,艺术如何做到这一点。答案同样并不复杂。艺术无法让失去人性的屠夫放下屠刀立地成佛,但能够让保持内在的善根的凡夫俗子成为作为诗人的君子。因为艺术可以借助美学的帮助,让我们学会区分艺术的优劣与高低,懂得什么是杰出的艺术作品和伟大艺术。让我们培养起对欣赏艺术杰作的兴趣,从而通过审美价值的熏陶,实现自然人向文明人的转变。这也就是美学发挥其作用的所在。它的前提是,不要把美学看作是关于艺术的理论体系,不要把美学家看作为理论家。

事实上,就像美学的归宿在于审美教育,美学家的本质是利用优秀艺术为教材的教育家。美学之用也就是艺术之用:归根到底,美学其实只是帮助艺术落实它的意义的工具和手段。美学的命运与艺术同舟共济:让人成为人。在此意义上,让我们把话说得更明确些:一个优秀的美学家不应该只是热衷于高谈阔论的理论家,不必扮演"学术权威"的角色。而应当是一位以"人类的命运与未来"为主题的思想家,和一位以"人性"与"人格"的塑造与培养为目标的,诲人不倦的教育工作者。他或她能够通过对艺术以及大自然提供的审美资源的充分利用,通过开阔人们的审美视野、提高人们的人生素养,而为社会的文明进步作出一点贡献。接下来就让我们具体地来看看,美学家究竟如何借助于对优秀艺术的阐述以达到这个目标。

---

① 王安忆:《当裴钢遇上王安忆·话题三:中小学教育》,《文汇报》2004 年 9 月 17 日第五版。

② [法]马塞尔·普鲁斯特:《普鲁斯特随笔集》,张小鲁译,深圳:海天出版社,1993,第100 页。

③ [德]莫里茨·盖格尔:《艺术的意味》,艾彦译,北京:华夏出版社,1999,第 231 页。

2.审美教育：让人成为人

美学的一大特点是，它所"提出的全部难题都是针对'人是什么'这个疑问"。① 这困惑集中于人的超物质愿望和生命诉求等，涉及"人的存在"的命题。事实上，这也是一些优秀美学家的一种共识。如果说"愉悦感在本质上是一种经济价值"，②那么与愉悦感难以分离但并不相同的"审美感"却是一种超越愉悦的精神价值。狄尔泰早就提出："借助于分析审美效果来解决这个一般问题（诗学规则）的尝试，将会使研究者回到人类本性所具有的那些普遍特征上去。"③符号论哲学家卡西尔也曾表示："美学这门新学科不仅在逻辑上得到了肯定，而且可以说是伦理学所要求和证明了的。"因为"美的问题不仅导致了系统美学的创立，而且还导致了一门新的'哲学人类学'的创立。"④德国美学家盖格尔同样认为："对于有关人的存在的知识来说，美学比伦理学、逻辑学或者宗教哲学更为重要。与美学相比，没有一种哲学学说和科学学说更接近于人类存在的本质了。它们都没有更多地揭示人类存在的内在结构，没有更多地揭示人类的人格。"⑤还有杰出的俄国思想家别尔嘉耶夫等，都在"作为人论的美学"这个问题上得出相似的结论。

为了实现这个目标，我们必须重新强调美学与美育之间的确切关系。事情起因于一种因为由来已久而逐渐被视作理所当然的说法：在美学事业中，谈论美是最不重要的，必须去创造美。⑥ 这个见解当然值得肯定。但进一步的考虑让我们感到，事实上很有必要再给予补充：创造美固然重要，让更多人懂得欣赏美其实更为重要。因为通常我们都会赞同：艺术作品是为欣赏而创作的，我们观看、阅读、聆听艺术作品，目的是欣赏它们。并且我们也知道，"欣赏既是对作品的理解，也是对作品的艺术价值的承认和享受"。⑦ 但我们或许还得紧接着继续思考这个问题：这样的价值究竟是什么？这样的享受又意味着什么？当喧嚣和忽悠了近一个世纪的"批评理论"终于无可奈何地落幕，意味着"关于美"的学说重新获得通过美育实践走向生活世界的路径。让艺术的受众在艺术殿堂中真正

---

① ［瑞］埃米尔·施塔格尔：《诗学的基本概念》，胡其鼎译，北京：中国社会科学出版社，1992，第215页。

② ［法］奥利维耶·阿苏里：《审美资本主义》，黄琰译，上海：华东师范大学出版社，2013，第137页。

③ ［德］威廉·狄尔泰：《精神科学引论》第1卷，童奇志等译，北京：中国城市出版社，2002，第148页。

④ ［德］恩斯特·卡西尔：《启蒙哲学》，顾伟铭等译，济南：山东人民出版社，1988，第349页。

⑤ ［德］盖格尔：《艺术的意味》，艾彦译，北京：华夏出版社，1999，第194页。

⑥ ［俄］列夫·舍斯托夫：《无根据颂》，张冰译，北京：华夏出版社，1999，第132页。

⑦ ［美］彼得·基维：《美学指南》，彭锋等译，南京：南京大学出版社，2008，第78页。

登堂入室,成为优秀艺术作品的"受益者"而非"旁观者",这是美育的根本宗旨。所谓"理论之后"的美学研究,由此而别无选择地必须重新聚焦于美育问题。让我们先从诗歌与美育的关系谈起。理由何在?回答这个问题,需要回到一个传统的命题:如何把握艺术的本质?有意思的是,这方面的讨论最终围绕着两种艺术形态形成了一个循环式论证:艺术的本质是音乐,音乐的本质是诗歌。

曾几何时,音乐被公认为整个"艺术文化"的灵魂。比如在绘画艺术正处于巅峰时期的文艺复兴时代,伟大的意大利画家米开朗基罗却表示:"优美的绘画是音乐,是一段旋律。"在法国小说家罗曼·罗兰看来,当米开朗基罗这么说时,不仅是指无比辉煌的西方绘画将其在艺术领域内的主宰位置拱手让给了音乐,而且也意味着音乐在艺术领域内的至尊地位。① 自此以降,诸如此类的表态蔚然成风。比如歌德曾在与爱克曼的对话里表示:"在艺术家之中,音乐家的精灵较多,而画家的精灵较少。"②德国哲学家叔本华的这段话更是众所周知:"世界在音乐中得到了完整地再现和表达。它也是各种艺术当中第一位的、帝王式的艺术,能够成为音乐那样,则是一切艺术的目的。"③法国诗人瓦莱里也说过:"请允许我借助另一个概念来证实'诗的世界'这个概念,那就是音乐世界。"④正是立足于这样的基础上,美国学者帕克得出这个结论:"一切艺术中都有音乐因素,音乐很适合于我们给艺术所下的定义。"⑤

不过耐人寻味的是,类似的评价同样也会出现在关于诗歌的言说中,而且做出这种评价者甚至是曾给予音乐以同样评价的那些人。比如歌德在向爱克曼强调音乐之于诗歌的重要性的同时也抱怨说,归根到底,"我们的画家所缺少的是诗"。⑥ 还有瓦莱里关于诗的评论几乎是对音乐的翻转:音乐、绘画、建筑等艺术之所以伟大,在于它们都"制造或再现一个诗意世界"。⑦ 法国浪漫派画家德拉克罗瓦表示:"谈艺术的人就要谈到诗。没有诗的目的,艺术也是不存在的。"⑧英国著名艺术评论家亨特同样认为:"音乐与绘画都因与诗歌有关而自豪。"⑨19

① [法]罗曼·罗兰:《罗曼·罗兰音乐散文集》,冷杉等译,北京:中国文联出版公司,1999,第 3 页。

② [德]歌德:《歌德谈话录》,朱光潜译,北京:人民文学出版社,1978,第 236 页。

③ 汪流编:《艺术特征论》,北京:文化艺术出版社,1984,第 257 页。

④ [法]保罗·瓦莱里:《文艺杂谈》,段映虹译,天津:百花文艺出版社,2002,第 289 页。

⑤ [美]帕克:《美学原理》,张今译,桂林:广西师范大学出版社,2001,第 127 页。

⑥ [德]歌德:《歌德谈话录》,朱光潜译,北京:人民文学出版社,1978,第 130 页。

⑦ [法]保罗·瓦莱里:《文艺杂谈》,段映虹译,天津:百花文艺出版社,2002,第 328 页。

⑧ [法]德拉克罗瓦:《德拉克罗瓦论美术和美术家》,平野译,沈阳:辽宁美术出版社,1981,第 300 页。

⑨ [英]赫兹列特等:《十九世纪英国文论选》,盛宁等译,北京:人民文学出版社,1986,第 90 页。

世纪英国学者约翰·穆勒写道：几乎所有优秀而严肃的小说都含有真正的诗意。[1] 法国学者神马里坦不仅提出"伟大的小说家都是诗人"，而且强调"绘画、音乐、舞蹈、建筑也同诗歌一样，都有一个诗性空间"。[2]

但以上论述明显存在着"悖论"：一方面，包括诗歌在内，所有优秀艺术都因拥有音乐性而优秀；另一方面包括音乐在内，所有优秀艺术也因拥有诗性而杰出。从这种"循环论证"脱身其实并不困难，两者的共同点在于都有点"神秘性"和"神圣感"。不妨读读美国诗人华莱士·史蒂文斯《乡村修女》的开头一段："最终，在变老的最后一年，/她拥有了目前的幸福，/她说诗歌和神化是一回事。"这是一首简单的诗作，题目"说明"了全部：宣称艺术和宗教是非常相似的东西。[3] 这是一位普通的"乡村修女"以毕生的经历给予我们的，既发人深省又耳熟能详的洞见。但关键在于明确，"相似"并不等于"相同"。艺术拥有的"神化"因素并不意味着向上帝下跪，重新成为宗教神学的奴仆。而是一种精神上潜移默化的"超凡脱俗"。由此来看，中国宋代文学家郑樵的这个观点很精辟："夫乐之本在诗，诗之本在声，而声之本在兴。"[4] 无论关于"兴"的解释迄今为止仍显得怎样的莫衷一是，有一点可以肯定：它体现为一种莫名的感染力。用诺贝尔文学奖获得者艾略特的话讲：假如一首诗感动了我们，它就意味着某种对我们非常重要的东西；假如没有感动我们，那么作为诗它便没有什么意义了。[5] 叶嘉莹教授同样强调："说教不是诗歌的目的，诗歌的目的是使大家的内心真正得到感动。"[6] 这种感动用孔子的话讲也即"兴"。她认为"兴"即"起"的意思，就是人的内心有一种感动。[7]

清人黄周星在《制曲枝语》中的概括最精辟：论曲之妙无他，不过三字尽之，曰：能感人。"兴观群怨，尽在于斯。"[8] 此话虽说论曲，同样适用于诗词。这就是我们在美育方面相对"优先"考虑"诗歌与美育"的论题的原因。接下来的问题是，受感染是一回事，其后果是否值得却是另一回事。就像我们无法否认，一个法西斯分子同时也可以是一个艺术家；经验表明，优秀之作固然能让人们受到感

---

① ［英］赫兹列特等：《十九世纪英国文论选》，盛宁等译，北京：人民文学出版社，1986，第219页。

② ［法］马里坦：《艺术与诗中的创造性直觉》，刘有元等译，北京：生活·读书·新知三联书店，1991，第297页。

③ ［美］菲利普·杰克逊：《什么是教育》，吴春雷等译，合肥：安徽人民出版社，2012，第97、103页。

④ 北京大学哲学系编：《中国美学史资料汇编》下册，北京：中华书局，1981，第51页。

⑤ ［德］潞潞：《准则与尺度》，北京：北京出版社，2003，第221页。

⑥ ［加］叶嘉莹：《好诗共欣赏》，北京：中华书局2007，第31页。

⑦ ［加］叶嘉莹：《好诗共欣赏》，北京：中华书局2007，第7页。

⑧ 丘振声：《中国古典文艺理论例释》，南宁：广西人民出版社，1981，第216页。

染,有时候坏作品也不乏让人迷惑的东西。所以叶嘉莹教授提出:谈到学习中国古典诗词这方面,让大家常常伤脑筋的一个问题,就是你究竟怎样衡量判断,哪一首诗是好诗,哪一首是坏诗。① 通过艺术欣赏而拥有美育方面的收获,需要有基本的审美鉴赏能力。这个判断的前提是:与优秀艺术作品相比,事实上以"艺术"之名呈现的拙劣的或者不够优秀的"作品",在数量上远远多于前者。由此也再次表明,"美学的实践转向"并非"实践论美学的东山再起"。而是从围绕"艺术是什么"的"是非之论"的争执,向关于"什么是好作品"的"优劣之辨"的转换。这对"诗歌与美育"这个话题尤为重要。不妨具体地来品评两位作者的诗词作品。

(1)晴雪照梅《妈妈,我告诉你一句话》:妈妈/我告诉你一句话/我走了你就看花/看那花儿多漂亮/就像我的脸庞一样。　妈妈/我告诉你一句话/我走了你就看花/看那花儿多鲜亮/就像我的眼睛一样。　妈妈/我告诉你一句话/我走了你就看花/看那花儿多茁壮/就像你给我的躯体一样。　妈妈/我告诉你一句话/我走了你就看花/看那花儿多芬芳/就像我爱你的心一样。　妈妈/我告诉你一句话/我走了你就看花/看那大地上百花齐放/他们就像活着的我一样。　妈妈/我告诉你一句话/我走了你就看花/千万,千万不要把我牵挂/我要你的容颜和花儿一样/我的好妈妈。

(2)王兆山词二首《江城子·废墟下的自述》:"天灾难避死何诉,主席唤,总理呼,党疼国爱,声声入废墟。十三亿人共一哭,纵做鬼,也幸福。/银鹰战车救雏犊,左军叔,右警姑,民族大爱,亲历死也足。只盼坟前有屏幕,看奥运,同欢呼。"《钗头凤·川之吟》:"山青秀,水碧透,峰塌须臾河毁骤。城飞歌,乡飘乐,楼崩灵折,村消屯破。祸!祸!祸!/国殇忧,八方吼,令发京城动九州。红旗烁,军歌越,救川举国,不弃一个。魄!魄!魄!"

不难看出,这两首诗都是关于2008年5月12日发生在我国四川省汶川大地震的。但两首都不是好作品。如果说前者属"差",后者则只能用"恶劣"来评判。说前首诗差,是因为未能体现"修辞立其诚"这个经验之道,字面上表达的"关心"根本无法让人体验。对生离死别这样无法用言语形容的悲痛,这首诗的作者完全缺乏感同身受的认识,用一种貌似"超脱"的语调回避了令人"悲痛欲绝"这个残酷事实的存在。这种轻薄做作的话语不仅直接导致情感的虚伪,而且是对受害者群体和广大对他们的命运同悲共鸣的人们的精神伤害。叶嘉莹教授一针见血地指出:"要说到一首诗歌的好坏,先要看那作诗的人,是不是内心真正有一种感动,有要说的话,是不是有他自己的思想、感情、意念;还是没话找话,在那里说一些虚伪、夸张的谎话。"② 上面这首《妈妈,我告诉你一句话》的问题就在于它违背了孔子"修辞立其诚"的劝导,通篇都是缺乏感同身受之情的谎话。至

① ［加］叶嘉莹:《叶嘉莹说诗讲稿》,北京:中华书局,2008,第89页。
② ［加］叶嘉莹:《古典诗词讲演集》,石家庄:河北教育出版社,2001,第61页。

于后首诗则是坏诗词的典范。它所反映出的内容，一言以蔽之：连最起码的人之常情都不通。所以当时就有网友和词二首：

"天灾临世万民苦，孤儿啼，寡妇哭，中华儿女，含泪共祈福。十三亿人相扶助，此天劫，吾共渡。/兆山拍马悦官府，丧汝心，忘汝祖，尸海死寂，亡灵怎欢呼！显示器前网友怒，恨不能，碎汝骨！——多少学童冤难诉，父泣唤，母号呼，奸商贪宦，联手危楼树。至今犹未惩贼徒，化厉鬼，仇誓复！/人祸顺托天灾福，官皆廉？吏无渎？颂歌齐唱，一时戏做足。罔顾千家万户哭，黎元恨，山河怒。"

这样的评价可谓一针见血，点出了问题的实质所在，我们已无须在此再多说什么。但问题是，我们可以强调这类文字不是好作品，却不能因此剥夺它们作为诗词的资格。但由此可见，讨论"诗歌与美育"问题的一大关键，在于明确艺术之优劣标准。换言之，"必须尽一切可能，对现代艺术加以筛选，把那些真正对人类有益的艺术与那些对人类无益的艺术区别开来。"美育学的关键命题之一，就是"对真正的艺术和伪劣艺术做出区别"。① 所谓"任何东西都可以是艺术品，每个人都可以是艺术家"②的说法尽管听起来显得很诱人，但事实上遮蔽了一个严重的问题：并非所有贴着艺术标签的东西，都是有益于人类文明的好作品。尤其是在"现代艺术"的名义下，有着太多的精神垃圾。当今艺术界的种种怪象确实像一位法国评论家所批评的：很少有时代像我们这个时代那样，见证作品的贫乏和评论的泛滥。③

唯其如此，小说家王安忆的这番貌似"保守"的表态显得别具一格希望能够有一个标准，至少能够衡量这是文学那不是文学，这是好东西那不是好东西。我绝对不相信这是没有的。否则的话，那么这个世界简直是太虚无了。这话并非空穴来风，恰恰道出了 20 世纪以来随着所谓"先锋艺术"的崛起而引发的最严峻的问题。换言之，"说一切都潜在地会被博物馆收藏，即是说没有任何标准可以在品质上区分艺术作品、物品可最微不足道的'人文活动'"。④ 其导致的后果就是一句名言所概括的那样：当一切垃圾被当作艺术，那就意味着一切真正优秀的艺术都被当作了垃圾。不过类似的困境其实属于"书斋之惑"。

对诗歌美育的实际考虑仍需要我们回到叶嘉莹教授的问题。她不仅提出了区别诗歌好坏的重要性，也进一步试着问一个回答。用她的话讲："究竟什么样的诗才叫好诗呢？怎样判断一首诗的好坏呢？这是一个很重要而又经常遇到的

---

① ［美］拉尔夫·史密斯：《艺术感觉与美育》，滕守尧译，成都：四川人民出版社，2000，第 11 页。

② ［美］阿瑟·丹托：《艺术的终结之后》，王春辰译，南京：江苏人民出版社，2007，第 206 页。

③ ［法］让·克莱尔：《论美术的现状：现代性之批判》，河清译，桂林：广西师范大学出版社，2012，第 4 页。

④ ［法］让·克莱尔：《论美术的现状：现代性之批判》，河清译，桂林：广西师范大学出版社，2012，第 15 页。

问题。要想回答这个问题,我们就该首先认清什么才是一首诗歌中的重要素质。"①不过,如果说叶嘉莹教授的前一个问题显得理所当然,那么后面这番回答无疑会让受"后现代"思潮影响的一些读者不适应。因为这个结论听上去多少有点"本质主义"的味道,让人想起德国美学家阿多诺的这个著名比喻:美学不应当像捕猎野雁一样徒劳无益地探索艺术的本质。② 类似的看法绝非孤立现象。众所周知,美国学者房龙曾经抱怨:一旦讨论起"什么是艺术",就不知道讨论到什么时候,什么地方,以什么方式来结束。③ 这无疑是经验之道。关于事物的所谓"本质主义"争执也渐渐变得声名狼藉。而叶嘉莹教授提出的"诗歌中的重要质素"的问题,虽说与"什么是艺术"的哲学追究并不完全相同,但在涉及艺术作品的某种"确定性"这个方面显然是相似的。我们该何以应对?

阿多诺的另一个观点给予我们一些启示,他提出:与科学方法对常识的轻视不同,在艺术实践中"常识是更好的向导"。④ 什么是"艺术常识"? 也就是古往今来经过各种艺术实践检验而得到众人普遍认同的道理。对诗歌而言,这个"常识"莫过于中国宋代学人严羽的这个概括:诗者,吟咏情性也。⑤ 所谓"吟咏情性"的意思,用今天话讲也就是从读者方面感受到作品的"正能量"。叶嘉莹教授自己也对由她提出的这个问题给予了回答:"诗歌之要素,主要乃在于其所具有的一种感发之生命,因此衡量一首诗歌的重要标准,便当以其所传达的感发的生命之质量,及其所传达的效果之优劣为根本依据。"⑥不过凡此种种仍属于"纸上谈兵",落实于具体欣赏中,麻烦的还不在于艺术实践中总是存在上面所举的这类优劣相对明显的作品,还在于许多时候,"一首好诗和一首坏诗的分别是非常细微的"。⑦ 比如欣赏三首同题乐府诗《玉阶怨》。顾名思义,这些诗主要表现宫中年轻女性的命运,她们的生活看似富贵耀眼,但其实无比孤寂与哀怨。但在不同作者的处理下表现出不同艺术品质。

比如:(1)虞炎:"紫藤拂花树,黄鸟度青枝。思君一叹息,苦泪应言垂。"(2)谢朓:"夕殿下珠帘,流萤飞复还。长夜缝罗衣,思君此何极。"(3)李白:"玉阶生白露,夜久侵罗袜。却下水晶帘,玲珑望秋月。"叶嘉莹教授曾撰文分析,认为三首同题诗中虞炎之作最不成功。诗里看似色彩对比鲜明("紫藤"与"黄鸟","花树"与"青枝"),有"叹息"与"苦泪"描述;但生硬刻板,缺乏内在情绪(用"拂"形容

① [加]叶嘉莹:《古典诗词讲演集》,石家庄:河北教育出版社,2001,第 2 页。

② [德]阿多诺:《美学理论》,王柯平译,成都:四川人民出版社,1998,第 588 页。

③ [美]威勒姆·房龙:《人类的艺术》上册,依成信译,北京:中国和平出版社,1996,第 16 页。

④ [德]特尔多夫·阿多诺:《美学理论》,王柯平译,成都:四川人民出版社,1998,第 580 页。

⑤ 北京大学哲学系编:《中国美学史资料汇编》下册,北京:中华书局,1981,第 78 页。

⑥ [加]叶嘉莹:《我的诗词道路》,石家庄:河北教育出版社,2000,第 44 页。

⑦ [加]叶嘉莹:《古典诗词讲演集》,石家庄:河北教育出版社,2001,第 70 页。

紫藤与花树不恰当,藤与树是"缠"而不是拂。"度"字常形容船舶移动,这里表示鸟的飞翔牵强)。第二首好在"真切"两字。一个"缝"字贴切表现了古代女性的劳作,漫漫"长夜"之缝,将孤寂凄凉表现得十分生动。比较起来,李白之作最佳。"玉阶"与"白露"都是冰冷意象,"生"字让这种凉意有递增关系。紧接"夜久侵罗袜"将寒意推进一步。第二句"水晶帘"与"玲珑"都是晶莹、皎洁意象,也都透着一股寒冷的感觉。这种感觉在深夜独处的语境中更显得强烈,而在这三层铺垫中呈现的"望秋月"的神态,更具"无声胜有声"的效果:既有眼睛之望,也有心中之渴望与失望,以及失望中透过孤独与寂寞而呈现的坚贞。但所有这些内涵诗人并未直接道明,只是让情景说话,读来让人对诗中这位宫廷女子内心的那种几近失语的悲哀,有一种感同身受的体验。

总之,这三首《玉阶怨》从主题性内容(content)上看似乎都是同样写宫女的怨情,但彼此所表现的意义的实质(substance)却存在极大差别。这就是需要培养良好的艺术鉴赏能力的原因。上面的比较清楚地表明,即使在成功的诗词作品中,仍进一步存在着层次的高与低。① 叶嘉莹教授的分析不由人心生敬佩,但同时也表明,如果没有对诗词艺术的深厚修养,普通读者完全做不出这样细致中肯的区分。由此来看,我们也就不难理解何以著名英国作家王尔德曾经讽刺说:公众真是了不起地宽宏,他们可以原谅一切,就是不原谅天才。现代雕塑三大家之一的布德尔曾感叹:"总是二流的艺术得到了时代所能给予的全部殊荣和人们的至诚至忠。"② 艺术欣赏尤其是诗词作品的判断,常常能让人想起别林斯基当年对别涅季克托夫的诗作的这番评论:这位诗人"有许多首诗写得十分漂亮,无事可做的时候,读读是很可以令人满意的;它们不会给灵魂带来诗意的享受,但也不会鄙俗或是愚蠢到凌辱与激怒灵魂;有些甚至会使读者感到愉快,像夏天吃橘子或是饭后喝一杯咖啡一样"。③ 此话对许多缺乏审美鉴赏力的青年读者尤为重要。

由此可见,强调诗歌美育功能的特殊性,就在于这种艺术形式对青年读者迄今仍具有巨大影响力。如何提升这个群体的阅读水平,需要我们认真对待"诗之道"。清代学者袁枚认为,这个"道"就是"性情"两字。④ 这看似简洁的结论或许略显简单。比如象征派诗人叶芝强调:"在舞台上,我们必须看到现实,我们还必须获得乐趣。"⑤这句话虽是对戏剧而言,却适用于所有艺术领域。从艺术发生

---

① 　[加]叶嘉莹:《好诗共欣赏》,北京:中华书局2007,第23页。
② 　[法]布德尔:《艺术家眼中的世界》,沈阳:辽宁美术出版社,1990,第120页。
③ 　[俄]别林斯基:《别林斯基选集》第一卷,满涛译,上海:上海译文出版社,1979,第244页。
④ 　北京大学哲学系:《中国美学史资料选编》下册,北京:中华书局,1980,第353页。
⑤ 　[美]托比·柯尔:《外国现代剧作家论剧作》,朱虹编译,北京:中国戏剧出版社,1982,第10页。

学上讲,艺术精神中总是蕴含游戏的元素,这将艺术从根本上同新闻报道、政治宣传、哲学说教、历史叙述等文化形态彻底区别开来。这意味着构成艺术之道的首要元素就一个字:"趣"。不妨以历史上始于晋朝傅咸的文字游戏"回文诗"为例。今存最早的回文诗是南朝时期的宋人苏伯玉之妻所作《盘中诗》。元好问《自题二首》其一:共笑诗人太瘦生,谁从惨淡得经营。千秋万古回文锦,只许苏娘读得成。"回文诗"是中国古典诗词中的游戏之作,但仍有其趣而得以流传。

比如晚唐诗人陆龟蒙的《晓起即事》:"平波落月吟闲景,暗幌浮烟思起人。清露晓垂花谢半,远风微动蕙抽新。城荒上处樵童小,石藓分来宿鹭驯。晴寺野寻同去好,古碑苔字细书匀。"它的回文形式为:"匀书细字苔碑古,好去同寻野寺晴。驯鹭宿来分藓石,小童樵处上荒城。新抽蕙动微风远,半放花垂晓露清。人起思烟浮幌暗,景闲吟月落波平。"由于一种文字上的游戏性体现得十分巧妙,这让陆龟蒙的这首诗成为回文诗类型中的"代表作";但也正由于这种游戏之趣的艺术感染力十分有限,限制了它无法跻身于优秀诗歌的阵容。这不仅说明"趣"只是进入诗歌艺术之道的门槛,而且也进一步告诉我们,诗歌的艺术鉴赏能力的关键并不在于"好作品"与"坏艺术"的区别,而在于如何从"好艺术"中继续深入,进一步做出优劣与高下的甄别。

3. 名篇佳作与伟大艺术

由此来看,讨论什么是"好诗"的重点,需放在对名副其实的名篇与佳作的理解上。一种被普遍接受的观点是"二分法"。清人袁枚提出的"诗有大家,有名家"的观点值得一提。名家者,能够创作佳篇与杰作者;大家者,能创造出一种艺术形态的巅峰之作者。问题是彼此的区分何在?按照美国学者劳·坡林的看法是:如果一首诗在完美方面合格,我们将称之为好诗,如果它在完美与意义两个方面都合格,我们将称之为伟大的诗。① 法国作家莫洛亚与其类似,他做了相对明确的修订:佳篇杰作指形式完美。如果一部作品不仅形式完美而且思想深刻,这便是构成伟大的成分。② 换句话说,衡量诗之"好与坏"偏重于形式(怎么说),而评估诗之"大与小"则偏重于内容(说什么)。

不言而喻,"怎么说"与"说什么"的根本差异,在于前者强调写作技巧,后者重在表达内涵。用清代学者袁枚的话讲,就是"诗有工拙,而无今古"。③ 这无疑是成立的。比如盛唐诗人李颀《渔父歌》:"白头何老人,蓑衣蔽其身。避世常不仕,钓鱼清江滨。浦沙明耀足,山月静垂纶。寓宿湍与濑,行歌秋复春。持竿湘岸竹,爇火芦洲薪。绿水饭香稻,青荷包紫鳞。于中还自乐,所欲全吾真。而笑独醒者,临流多苦辛。"施蛰存先生在其《唐诗百话》里从中改出八句:"**白头何老**

---

① [美]劳·坡林:《怎样欣赏英美诗歌》,殷宝书编译,北京:北京出版社,1985,第192页。
② [法]安德烈·莫洛亚:《艺术与生活》,郑冰梅译,上海:上海三联书店,1989,第229页。
③ 北京大学哲学系:《中国美学史资料选编》下册,北京:中华书局,1980,第354页。

人，钓鱼清江滨。浦沙明耀足，山月静垂纶。于中还自乐，所欲全吾真。而笑独醒者，临流多苦辛。"① 两相比较，改作字数上减少一半，但诗意增色许多，体现了一种"简约美"。这就是技巧的作用。杜甫有"语不惊人死不休"的名言，就是意识到了写作技巧对于一首成功之作的重要性。所以有"技能是艺术生产的一个重要元素"② 之说。从这个方面探寻李商隐诗歌的奥秘所在，是一条十分方便的路径。

施蛰存先生曾经谈道：在唐诗中，李商隐不能说是最伟大的诗人，因为他的诗的社会意义远不及李白、杜甫、白居易的诗。但我们可以说李商隐是对后世最有影响有唐代诗人，因为爱好李商隐诗人的人比爱好李、杜、白诗的人更多。③ 这是一个很精辟的见解。原因很可以理解：李商隐的诗歌是真正的杰作。比如"从内在意蕴方面而言，思致的深曲、感情的沉重、感觉的敏锐、观察的细微等都足以使人移情而心折；而从外在辞藻方面而言，用字的瑰丽、笔法的沉郁、色泽的凄艳、情调的迷离则足以使人目眩魂迷"。④ 换言之，如果说相比而言，李白、杜甫、白居易的作品在"思想性"方面十分鲜明，那么可以说李商隐作品的"唯美性"相对突出。最能说明问题的莫过于脍炙人口的《锦瑟》："锦瑟无端五十弦，一弦一柱思华年。庄生晓梦迷蝴蝶，望帝春心托杜鹃。沧海月明珠有泪，蓝田日暖玉生烟。此情可待成追忆，只是当时已惘然。"正是凭借这个特色，李商隐超越"诗仙"与"诗圣"而独领风骚。

但也正如叶嘉莹教授所说：成功的诗还是有高下的不同，一个大诗人和小诗人的分别在哪里？那就在于感发的生命有深、浅、厚、薄的不同。⑤ 生命的这种深浅厚薄并不体现在儿女情长的多寡，而是精神空间与生命格局的不同。从这个意义上讲，把李商隐诗歌的成就贴上一个"唯美"的标签，仅仅定位于形式与技巧方面的突出，这既有欠公平也不符合事实。"凡是最好的诗人，都不是用文字写诗，而是用自己整个的生命去写诗。"⑥ 这千真万确。由此来看，李商隐诗词之所以能具有超"仙"越"圣"的魅力，恰恰说明在他作品的华丽唯美的辞藻之中，同样不乏真情实感的生命体验。最能说明问题的莫过于李商隐诸多《无题》诗中最出名的这首："相见时难别亦难，东风无力百花残。春蚕到死丝方尽，蜡炬成灰泪始干。晓镜但愁云鬓改，夜吟应觉月光寒。蓬山此去无多路，青鸟殷勤为探看。"中国的诗歌爱好者大都熟悉并喜爱这首诗的原因，显然在于它所蕴涵的生命

① 施蛰存：《唐诗百话》，上海：上海古籍出版社，1987，第 177 页。

② ［美］费尔夫：《西方文化的终结》，丁万江等译，南京：江苏人民出版社，2004，第 127 页。

③ 施蛰存：《唐诗百话》，上海：上海古籍出版社，1987，第 576 页。

④ ［加］叶嘉莹：《叶嘉莹说诗讲稿》，北京：中华书局，2008，第 210 页。

⑤ ［加］叶嘉莹：《古典诗词讲演集》，石家庄：河北教育出版社，2001，第 307 页。

⑥ ［加］叶嘉莹：《叶嘉莹说汉魏六朝诗》，北京：中华书局 2007，第 72 页。

体验。

这就引发出一个问题:既然李商隐之作同样拥有如此优秀的品质,为什么不能将他的成就与李白、杜甫相提并论,而要列于两人之后呢?根据上面施蛰存先生的理由,是"思想性"方面欠缺。那么"艺术与思想"究竟呈现怎样的关系?美国华裔学者叶维廉曾在文章里写道:许多作品真正能感染激荡读者的有时其盛载的思想并不深刻。① 这是事实,但我们显然并不能由此得出"诗与思"无关的结论,恰恰相反,需要进一步思考的是:这样的作品的分量如何? 它们能否由"优秀"而堪称"伟大"? 的确,"愈易使我们流泪的文艺,我们愈愿意去亲近它"。② 但美育之道恰恰提醒我们:愿意亲近是一回事,亲近之后的感受却是另一回事。如上所述,我们无法否认,一个法西斯分子同时也可以是一个艺术家。但是我们能否再进一步认为,一部为法西斯主义歌功颂德之作,同样也可以是一部优秀艺术? 答案是明确的:绝不可能。所以准确解释叶维廉教授的问题,需要从两方面来理解。首先是强调诗歌艺术的审美多样性。换句话说,"所谓的好诗是各有各的好处的,有的以情胜,有的以感性胜,有的以思胜,有的以气胜"。③ 但艺术形式的多样性与艺术品质的优与劣之间并不矛盾。

让我们仍从实际案例入手来讨论具体问题。孟子有"知人论世"之说,未必是艺术阐释的"法规",但对于我们给予下述两首诗词恰当评价却很必要。这两首同类题材的作品,其一为后唐诗人欧阳炯(896—971)的《南乡子》:"二八花钿,胸前如雪脸如莲。耳坠金环穿瑟瑟,霞衣窄,笑倚江头招远客。"其二是盛唐诗人王昌龄(690—756)的《采莲曲》:"荷叶罗裙一色裁,芙蓉向脸两边开。乱入池中看不见,闻歌始觉有人来。"中国古代传统中,诗人与歌妓交往是一种十分普遍的现象。唐代著名诗人杜牧《遣怀》中一句"十年一觉扬州梦,赢得青楼薄幸名"说明了一切。欧阳炯所撰《花间集序》中写道:"有唐已降,率土之滨,家家之香径春风,宁寻越艳;处处之红楼夜月,自锁嫦娥。"所谓《花间集》,得名于其中作品题材多为描写上层贵妇或世俗美人的容貌。中国诗词文化传统习惯于将女性以花作比,描写女性之媚的词集便以"花间"相称。这部集子的主角是晚唐诗人温庭筠(812—866)。他在诗歌创作上虽与李商隐齐名,时称"温李",但其主要成就仍体现在词作方面,在词史上与韦庄齐名,给后来宋代词的发展以很大影响。

受题材的影响,集中收录的十八位词人作品的基本风格,皆可用"辞藻华丽,秾艳精致"来形容,明确倡导"以艳为美"的词学主张。王国维的《人间词话》中评点李煜之作时指出:"词至李后主而眼界始大,感慨遂深,遂变伶工之词为士大夫之词。"句中所谓"伶工之词",指的就是以温庭筠为代表的"花间词人"们的游戏

---

① ［美］叶维廉:《中国诗学》,北京:生活·读书·新知三联书店,1992,第126页。

② 朱自清:《朱自清散文》,北京:中国广播电视出版社,1994,第345页。

③ ［加］叶嘉莹:《叶嘉莹说汉魏六朝诗》,北京:中华书局,2007,第297页。

娱乐之词。由此而回到上面欧阳炯与王昌龄作品的比较，高下与优劣之区分显而易见：前者继承了温庭筠的精神，突出一个"艳"字。但由于所写对象为歌妓优伶，让词人有意无意间多少带有一种嫖客瞧娼之眼看女。与此不同，后者的抒写对象是乡村一群农家女，这在客观上也有益于诗人创造出一种独特的审美情境，由此写出一种为青春女性所特有的单纯可爱的生命精神。正是凭借这份精神，让王昌龄这首作品超越了欧阳炯的作品。由此可见，两者的高下与技巧无关，而同"思想"密切相关。只是这种思想并非概念化的抽象"道理"，而是通过语气和情调等因素体现出来的一种"无形而在"的精神。

正是在这个意义上讲，诗词作品的优劣之辨无关所谓"雅俗"之分，但有"高下"之别。比如《古诗十九首》之二《青青河畔草》："青青河畔草，郁郁园中柳。盈盈楼上女，皎皎当窗牖。娥娥红粉妆，纤纤出素手。昔为娼家女，今为荡子妇。荡子行不归，空床难独守。"不难发现，此诗的关键在末尾的这个"守"字。虽为素描，但以第三人称的"看"者没有淫意邪念，字里行间的同情心却十分明显。所以王国维《人间词话》62条说，此诗"实道心中淫意"，但却让人"无视为淫词者"，原因无他，"以其真也"。所谓"真"即"正"，换句话说就是"诚"。在这个字的后面是诗人的同情性理解。它验证了叶嘉莹教授的这个论点："一个好的诗人要有广大丰富的同情心。"①需要补充的是，这样的同情心体现了一种开放的伦理观，而这种伦理观的实质就是一种思想。由此也说明，在涉及艺术的佳篇与杰作时，思想观念的陈旧与开放对诗歌品质的影响是不可忽视的。

不妨再来比较下两首同题古诗：(1)张籍《节妇吟》："君知妾有夫，赠妾双明珠。感君缠绵意，系在红罗襦。妾家高楼连苑起，良人执戟明光里。② 知君用心如日月，事夫誓拟同生死。还君明珠双泪垂，恨不相逢未嫁时。"《毛诗大序》曰："故变风发乎情，止乎礼义。发乎情，民之性也，止乎礼义，先王之泽也。"(2)明初瞿佑《归田诗话》有改作一首《续还珠吟》："妾身未嫁父母怜，妾身既嫁家室全。十载之前父为主，十载之后夫为天。平生未省窥门户，明珠何由到妾边。还君明珠恨君意，闭门自咎涕涟涟。"概括地讲，前首是杰作，后者则拙劣。前诗好在如实道出一种情感矛盾，后者全为儒家意识形态。袁枚："情所最先，莫如男女"，又："《三百篇》半是劳人思妇率意言情之事，谁为之格？谁为之律？"男女之情多为哀怨。孔子诗论中的"诗可以怨"之怨，不是"埋怨"而是"哀怨"。但此"怨"并非一味的"悲凄"，而只是一种为"普天下有情人大都难成眷属"的悲天悯人的人之常情。

所以清人李重华的《贞一斋诗话》中的这句话道出了问题的根本："夫诗言情不言理，情惬则理在其中。"佳篇与杰作都不能缺乏让我们洞明世事之"理"，只是

---

① ［加］叶嘉莹：《唐宋词十七讲》，长沙：岳麓书社，1989，第139页。

② 明光里，意指光明殿中的禁卫军。

这种理无须特别强调,它本身就蕴涵在真诚而自然流露的情感本身之中。这不由得让我想起清代学者张问陶《论诗绝句》的这首诗:"名心退尽道心生,如梦如仙句偶成。天籁自鸣天趣足,好诗不过近人情。"①这当然是经验之谈,但何谓"近人情"?这并非三言两语能解释。不妨仍举例说明,以两位唐代诗人作品为例。(1)柳中庸《征人怨》:"岁岁金河复玉关,朝朝马策与刀环。三春白雪归青冢,万里黄河绕黑山。"此诗既非征战诗也非反战诗,而是关注边陲战事中的那些人的命运。(2)杜甫《春望》:"国破山河在,城春草木深。感时花溅泪,恨别鸟惊心。烽火连三月,家书抵万金。白头搔更短,浑欲不胜簪。"此诗的重心同样不在"国"而是"家",既非"反战"更非"挺战",而是亲人间的关怀和大局势下的普通人的命运。两首诗各有特色,但均为佳篇杰作,好就好在"近人情"。这样的作品的基本艺术表现方式就是"说常语"。所以张问陶还有一句重要的心得:"跃跃诗情在眼前,聚如风雨散如烟。敢为常语谈何易,百炼工纯始自然。"②

比如唐代著名诗人崔颢《长干曲》之一:"君家在住处?妾住在横塘。停舟暂且问,或恐是同乡。"借一位旅途中妇女之口,道最为平常的问候,含多少人生况味其中。这首诗之所以能广为流传备受称道,就在于它是"以常语"而"近人情"的典范。对这个诗学原理,我们也能从"不近人情"的消极方面来进一步澄清。比如陆游的名作《示儿》:"死去原知万事空,但悲不见九州同。王师北定中原日,家祭无忘告乃翁。"此诗由于体现了一种"爱国"之心而拥有一种崇高与悲壮,历来受到各路"精英"和士大夫的称赞。但尽管如此,事过境迁读来已经难以引发人们共鸣之情。作为一代大诗人的陆游,留给今天读者最动人的作品是两首《沈园》,其一:"城上斜阳画角哀,沈园非复旧池台。伤心桥下春波绿,曾是惊鸿照影来。"其二:"梦断香消四十年,沈园柳老不吹绵。此身行作稽山土,犹吊遗踪一泫然。"与前首"爱国"之作不同,这两首属于"爱人"之歌。中国传统的所谓"家天下"强调"以家为国",但事实上"国"与"家"还是无法相提并论的。虽说"爱国"事大而"爱人"事小,但由于情感更贴近芸芸众生却反而更能令人回味。

清人黄宗羲说得好:"诗以道性情,夫人而能言之。然自古以来,诗之美者多矣,而知性者何其少也。盖有一时之性情,有万古之性情。夫吴逾越唱,怨女逐臣,触景感物,言乎其所不得不言,此一时之性情也。孔子删之,以合乎兴、观、群、怨、思无邪之旨,此万古之性情也。"③所谓"万古"与"一时"之性情,即体现人类普遍价值的跨越时空的永恒之情。再如司马光的两句诗:"清茶淡话难逢友,浊酒狂歌易得朋。"虽是无意深求之句,却为传颂天下之联。同样的例子还有三首。(1)陆游《游山西村》:"莫笑农家腊酒浑,丰年留客足鸡豚。山重水复疑无

① 羊春秋等:《历代论诗绝句选》,长沙:湖南人民出版社,1981,第316页。

② 羊春秋等:《历代论诗绝句选》,长沙:湖南人民出版社,1981,第306页。

③ 北京大学哲学系:《中国美学史资料选编》下册,北京:中华书局1980,第210页。

路，柳暗花明又一村。箫鼓追随春社近，衣冠简补古风存。从今若许闲乘月，拄杖无时夜叩门。"（2）苏东坡《题西林壁》："横看成岭侧成峰，远近高低各不同。不识庐山真面目，只缘身在此山中。"（3）杨万里《送德轮行者》："沥血抄经奈何苦，十年依旧一头陀。袈裟未著愁多事，著了袈裟事更多。"这种直抒胸臆之作的成功不仅仅是因为"理"，而在于此理充分体现了"近人情"。这意味着对日常生活世界的辛勤劳动的尊重。用夏丏尊先生的话讲：不能把日常生活咀嚼玩味的，都是与艺术无缘的人。① 要想真正懂得欣赏优秀的诗歌作品，必须能够体会"日常人伦"的乐趣。

不妨试举四首诗作为例：（1）唐人王驾《社日》："鹅湖山下稻粱肥，豚栅鸡栖对掩扉。桑柘影斜春社散，家家扶得醉人归。"（2）唐人吕岩《牧童》："草铺横野六七里，笛弄晚风三四声。归来饭饱黄昏后，不脱蓑衣卧月明。"（3）南宋徐元杰《湖上》："花开红树乱莺啼，草长平湖白鹭飞。风日晴和人意好，夕阳箫鼓几船归。"（4）宋人赵师秀《约客》："黄梅时节家家雨，青草池塘处处蛙。有约不来过夜半，闲敲棋子落灯花。"上述这些诗歌曾经都是让人耳熟能详之作。与此相似的还有辛弃疾《西江月·夜行黄沙道中》："明月别枝惊鹊，清风半夜鸣蝉。稻花香里说丰年，听取蛙声一片。七八个星天外，两三点雨山前。旧声茅店社林边，路转溪桥忽见。"这首词之好就在于不做作，诗中生机盎然的"趣味"来自于一种达观的人生态度。又如与唐代诗人张继并举的王建《雨过山村》："雨里鸡鸣两三家，竹溪村路板桥斜。妇姑相唤浴蚕去，闲着中庭栀子花。"此诗之佳同样不在于成功描述了一幅农家乐，而在于很好地传达了一种旷达闲恬的心境。我们欣赏的不仅是诗中所描述的雨后山村的人情味，更有诗人的"心事"：对这种人情味的欣赏。

而这种态度的成熟，也有个逐渐发展的过程。在中国诗史上，它起源于唐朝而呈现于宋代。对于向来备受崇敬的唐诗，苏东坡之弟苏辙有不同看法。他曾批评说："唐人工于为诗，而陋于闻道。"虽然这话听起来有点道学先生的味道，但倘若我们并不将此"道"习惯性地推断为"文以载道"之举，而从孔子"道不远人"的命题理解为对日常生活中蕴涵的生活情趣的欣赏，那就不难看到苏辙的说法还是很有眼光的。北宋史家刘贡父在其《中山诗话》里批评说：人多取佳句为句图，特小巧美丽可喜，皆指咏风景，影似百物者耳，不得见雄才远思之人也。这话讲得很中肯。中国诗歌传统虽说起于"比兴"，但在历史的演变中逐渐将"志/兴"等同于"性/情"。从庄子的"诗以道志"到明人孔天允的"诗以达性"，再到清代学者王夫子明确倡导"诗以道性情，道性之情也"，中国诗歌艺术的传统格局随之而变小，诗人们往往热衷于字词的"推敲"和句子的琢磨，让生命视野不知不觉间变得狭窄。最能说明问题的是对唐代诗人王湾两首诗的比较：（1）《次北固山下

---

① 夏丏尊：《夏丏尊散文全编》，杭州：浙江文艺出版社，1992，第26页。

作》："客路青山外,行舟绿水前。潮平两岸阔,风正一帆悬。海日生残夜,江春入旧年。乡书何处达,归雁洛阳边。"(载《国秀集》)(2)《江南意》："南国多新意,东行伺早天。潮平两岸失,风正一帆悬。海日生残夜,江春入旧年。从来观气象,惟向此中偏。"(载《河岳英灵集》)

虽说前首以工艺见长,后篇更显自然。但中间重复的两联四句诗虽名声响亮,但也显刻意为之的痕迹。清代学者顾小谢在《唐律消夏录》里评价为："句法虽佳,意亦浅近。妙在是北人初到江南,处处从生眼看出新意。所以中间两联,成奇景妙语。"①既肯定了这首作品的妙处,也点出了受限于个体意识的局限,缺乏更为阔大的生命视野,应该说是相当中肯的。这类艺术追求的进一步发展,就是所谓禅意入诗。比如盛唐诗人常建的《题破山寺后禅院》："清晨入古寺,初日照高林。竹径通幽处,禅房花木深。山光悦鸟性,潭影空人心。万籁此都寂,但馀钟磬音。"虽以精巧之句呈现精美景象,但生机不够,人气淡薄。中国古代优秀诗人们的艺术历程,总是在"性情"与"趣味"之间徘徊。比如孟浩然《春晓》:"春眠不觉晓,处处闻啼鸟。夜来风雨声,花落知多少。"它恰到好处地表达了一点生机,固然是当之无愧的佳篇,但也仅此而已。再如孟浩然《秋登万山寄张五》:"北山白云里,隐者自怡悦。相望始登高,心随雁飞灭。"柳宗元《江雪》:"千山鸟飞绝,万径人踪灭。孤舟蓑笠翁,独钓寒江雪。"其优点与不足如出一辙。

又如温庭筠一些名联:(1)《商山早行》:"鸡声茅店月,人迹板桥霜。"(2)《送淮阴孙令之官》:"鱼盐桥上市,灯火雨中船。"(3)《渚宫晚春》:"凫雁野塘水,牛羊春草烟。"(4)《处士卢岵山居》:"千峰随雨暗,一径入云斜。"(5)《旅次盱眙》:"波上旅愁起,天边归路长。"这些诗句之妙,皆是一点景观加一点人气。借用两位中国诗学家的名言之大意予以概括:"好诗"不可无我(袁枚),"大作"不可有人(王国维)。"有我"才有真切生动的感受,"无人"才有普济天下的关怀。如果说不离开"个体"切身的生命体验是好艺术的生成前提,那么不局限"个人"一时的功名得失才是大艺术的基本要求。不妨再举两例来说明:(1)孟郊《教坊小儿》:"十岁小小儿,能歌得闻天。六十孤老人,能诗独临川。去年西京寺,众伶集讲筵。能嘶竹枝词,供养绳床禅。能诗不如歌,怅望三百篇。"(2)孟浩然《岁暮归南山》:"北阙休上书,南山归蔽庐。不才明主弃,多病故人疏。白发催人老,青阳逼岁除。永怀愁不寐,松月夜照窗。"前一首将诗人的遭遇写得真切,但虽能令人同情而难以让人有更深的感动。后面这首的道理说得成立而同样能让人有所共鸣,但缺乏更多的回味。它们共同的缺陷就在于生命视野的狭窄。

值得注意的是,这些诗歌无疑都是优秀之作,属于名篇与佳作。但问题就在于仅此而已。它们的得失为叶嘉莹教授的这个观点提供了最好的阐释:"也许你有一些私人的很稀奇古怪的感情,因为是真诚的,你写出来也有动人的力量,可

---

① 施蛰存:《唐诗百话》,上海:上海古籍出版社,1987,第142页。

以成为一个名家，可以成为一个小家。但是，无论古今中外，真正第一流的大家的作品，都是有一种博大的生命。"①什么是"博大的生命"？我们仍可通过同题诗的比较来澄清。首先来看两首作品：(1)宋代高菊磵《清明》："南北山头多墓田，清明祭扫各纷然。纸灰飞作白蝴蝶，泪血染成红杜鹃。日落狐狸眠冢上，夜归儿女笑灯前。人生有酒须当醉，一滴何曾到九泉！"(2)唐代杜牧《清明》："清明时节雨纷纷，路上行人欲断魂。借问酒家何处有？牧童遥指杏花村。"前首诗站在被祭者立场，对后人缺乏更多哀思表示了不满并给予了责备。看似有理其实不通情理。因为这种"理"的唯一依据就是被极大歪曲、以牺牲后辈年轻人的幸福为代价的"孝道"。这属于孔子倡导的"移风易俗"的东西。对照之下，后首诗以欢乐之态写悲哀之心就显得别开生面，它成为千古传诵的"清明诗"也就不足为奇。

再来比较两首类似题材之作：(1)崔颢《黄鹤楼》："昔人已乘白云去，此地空余黄鹤楼。黄鹤一去不复返，白云千载空悠悠。晴川历历汉阳树，春草萋萋鹦鹉洲。日暮乡关何处是，烟波江上使人愁。"(2)李白《登金陵凤凰台》："凤凰台上凤凰游，凤去台空江自流。吴宫花草埋幽径，晋代衣冠成古丘。三山半落青天外，二水中分白鹭洲。总为浮云能蔽日，长安不见使人愁。"关于这两首诗莫衷一是的评价已成中国诗史的一大旧案。通常难定优劣，在宋代引起争议，各有推崇者，迄今归纳为三种意见。其一赞赏崔颢的以南宋诗评家严羽为代表，明确认为："唐人七言律诗，当以崔颢《黄鹤楼》为第一。"其二中庸观，以南宋诗人刘克庄为代表，他在《后村诗话》提出"各有千秋"说："今观二诗，真敌手棋也。"方回也认为："太白此诗与崔颢《黄鹤楼》相似，格律气势，未易甲乙。"②其三推崇李白之作以当代施蛰存为代表。尽管他在充分研究了前人诸说的基础上，指出"李白有摹仿崔诗的痕迹"算是缺点，但仍"一以贯之"地以思想内容为重，认为李诗"青出于蓝而胜出"。③ 但我认为，两诗无疑均为佳作，但比较而言仍以《黄鹤楼》为优。原因是崔颢之作较李白的诗在所表达的关怀上更贴近平常人生的命运，更具一种普世性意义。李诗"因怀古而动怀君之思"，其自伤乃"望帝乡而不见"，不如无关帝王的永恒的"乡愁"。

当然，像这种借"怀古"之名遮盖"怀君"之心的情结，是中国历史上文人墨客们的普遍特点。李白只是未能脱俗而已，并不意味着他比别人虚伪。不过"诗仙"之誉看来也徒有虚名。由此也再次证明：最高的美好的诗篇，是一定有伟大的人格的。④ 评价一首诗歌词曲之水平的高低取决于艺术修养，进一步评价其

---

① ［加］叶嘉莹：《唐宋诗词十七讲》，长沙：岳麓书社 1989，第 143 页。

② 施蛰存：《唐诗百话》，上海：上海古籍出版社，1987，第 191 页。

③ 施蛰存：《唐诗百话》，上海：上海古籍出版社，1987，第 195 页。

④ ［加］叶嘉莹：《唐宋诗词十七讲》，长沙：岳麓书社 1989，第 143 页。

成就的大小取决于人品境界。从中我们能够对名篇佳作的艺术特色进行一点总结。汉代著名东汉史家班固在《汉书·艺文志》中提出:哀乐之心感,而歌咏之声发。黄庭坚《再次韵兼简履中南玉三首》其二也写道:"江津道人心源清,不系虚舟尽日横。道机禅观转万物,文彩风流被诸生。与世浮沉唯酒可,随时忧乐以诗鸣。"所谓"名篇佳作"的艺术特色,即是通过表达的完美工整,体现内涵的情感饱满。艺术的苑地当然需要这些作品,但显然也不能满足于此。我们期待的是与那些伟大艺术的相遇,但前提是我们能够认识那些作品的面貌。

俗话说外行看热闹,内行看门道。要想充分发挥诗歌艺术的美育功能,从优秀作品中汲取宝贵的精神营养,我们必须让自己成为能够"看门道"的行家,而不是凑份子起哄的看客。清人徐增在其《而庵诗话》中提出:诗到极则,不过是抒写自己胸襟。若晋之陶元亮,唐之王右丞。[①] 这话没有大错,问题是就像"生命是有所不同的,有健康和生命也有病态的生命",[②]不同的个体胸襟同时样存在着相对开阔与狭隘的不同。陶元亮即陶渊明,而王右丞即王维,这两位都是非同一般的诗人。他们两位的作品能够提供追求的方向,若作为评价的基本标准似乎显得过重。根据传统提供的路径,"谈诗"的习惯重在两个关键词:趣味与境界。如果说趣味是好作品的特征,那么境界则是大艺术的标记。由此来看归根到底,艺术之大与小取决于作品内涵的精神高度。

4. 从趣味到气势至境界

通常意义上,趣味代表着"以感觉为核心的心灵意识",境界意味着一种"以感受为底色的精神高度"。所以以"趣味"能衡量作品质量之优劣,但不足以考量作品分量之轻重。不过尽管如此,"趣味性"依然是我们掌握诗歌艺术起点。趣味通常又有"情趣"、"理趣"、"谐趣"、"兴趣"等之分。但从审美之维看,能在优秀艺术中登堂入室之"趣"的根本在于"真与诚"。比如日本女诗人金子美铃的这三首诗:

(1)《船帆》:"抵达海港的船儿的帆/全都又黑又破/驰向海洋的船儿的帆/却都洁白闪亮。 //遥远海上的那艘船啊/请你一直不要靠岸/你要只在海天之间/向着远方航行。 //请你闪亮着驰向远方。"(2)《春日》:"云影/从这座山/到那座山。 //春天的鸟儿/从这棵树/到那棵树。 //娃娃的眼睛/从这片云/到那片云。 //白日的梦/从天空/飞到了天外。"(3)《海浪》:"海浪是娃娃/手牵手,笑着/一起跑过来 //海浪是橡皮擦/把沙上的字/全都擦去了 //海浪是士兵/从海上涌来,大家一起。砰砰砰射击 //海浪是糊涂虫/把很美很美的贝壳/忘在了沙滩上。"

有位诗人说得好:你面对真正好诗的最好方式只能是沉默。读着这样的诗歌你会在"失语"中被深深感动。它们的特色很鲜明,只有一个字足以概括:朴

---

① 轻言:《历代诗话小品》,武汉:湖北辞书出版社,1994,第 369 页。

② [加]叶嘉莹:《叶嘉莹说汉魏六朝诗》,北京:中华书局,2007,第 8 页。

素。这是艺术中以"趣味"获得成功的典范。这几首诗有力地昭示了清代学者史震华在《华阳散稿序》的概括：趣者，生气与灵机。就像苏东坡《和饮酒二十首》所描述的："偶得酒中趣，空杯亦常持。"唯此，明代万历举人胡应麟独树一帜地强调：曰仙曰禅皆诗中本色，惟儒生气象不得著诗。为何排除"儒生气象"？一言以蔽之：无趣也。但以"趣"见长的诗歌基本属于静态美和精致美，在格局上存在限制。比如松尾芭蕉的《古池塘》："寂寞古池塘，青蛙跳入水中央，扑嗵一声响。"这首日本俳句的代表作达到了"情趣"之美的极致，同时也清楚地呈现了其短处。除此之外，还有一些与此有异但同样十分优秀的诗歌。比如中国读者所广为熟悉的以下这两首"李氏之作"，它们的作者从性别到身份都大相径庭，只有两点是相同的：一是早已被谱写成优美动听的曲调，二是两首词作都体现一种难能可贵的生命意识：(1)李清照《一剪梅》：红藕香残玉簟秋，轻解罗裳，独上兰舟。云中谁寄锦书来？雁字回时，月满西楼。花自飘零水自流，一种相思，两处闲愁。此情无计可消除，才下眉头，却上心头。(2)李煜《虞美人》：春花秋月何时了，往事知多少？小楼昨夜又东风，故国不堪回首月明中。雕栏玉砌应犹在，只是朱颜改。问君能有几多愁？恰似一江春水向东流。

叶嘉莹教授曾专门做过分析："春花秋月何时了，往事知多少？"两句之所以非同一般，"就是这两句把我们古今所有的人类，不但是中国人，是古今所有的人类共同的一种悲哀都包括在里边了，就是宇宙的无尽与人生的无常。这是所有的人类的共同的悲哀"。[①] 阐释得不能再好。相信作者若在天有灵，也会为有如此知音而感到欣慰。从这个意义上讲，如果说"真情实意"得到恰如其分的表达，是一般"名篇佳作"的成功之道；那么"真知灼见"的审美化呈现，则是"完美大作"的基础。这两首诗属于名篇佳作是肯定的，也能同时算是"完美大作"吗？叶嘉莹教授的意见是否定的：他写的只是悲哀的一面，没有反省和超脱的一面。[②] 寥寥数语，点中了问题的实质，显示出论者眼光的独到与深刻。即使同为优秀诗歌，"它们还有着高层次和低层次的不同"。[③] 这让人想到举世无双的荷兰画家凡·高，其一生过得艰难困苦众所周知，但人们常常忽视了一个问题："这位画家的令人悲痛的命运中较黑暗的一面反映在他晚期的作品中，在此期间，他的绘画不断地日益明亮，取得了差不多绝然的光辉，这一事实的重要意义何在？"[④] 从中再进一步，我们就能发现"杰作"与"大作"的不同点。

名副其实的"大作"虽然不讲"大道理"，但必须关切"大问题"。换句话说，就

---

① ［加］叶嘉莹：《唐宋诗词十七讲》，长沙：岳麓书社，1989，第 177 页。

② ［加］叶嘉莹：《唐宋诗词十七讲》，长沙：岳麓书社，1989，第 273 页。

③ ［加］叶嘉莹：《好诗共欣赏》，北京：中华书局，2007，第 25 页。

④ ［荷］博戈米拉·韦尔施：《凡·高论》，刘明毅译，上海：上海人民美术出版社，1993，第 122 页。

是"道义为重"。借用黄庭坚的话说：胸有道义，诗方可贵。① 清代学人方贞观《辍锻录》也回应：作诗未辨善恶，当先辨是非。仍借用叶嘉莹教授的观点来表达：苏东坡的词之所以非同一般之好，在于"他写的不只是情趣，还有有关人生的修养，持守的哲学思想"等等，因为"在中国的诗人和词人里边，苏东坡在通达的修养和怀抱方面表现得最为突出"。② 由此来看，仅以由来已久的"趣味与境界"两个关键词来"谈诗论艺"，显然已并不合适，除此之外还须引入"第三者"，这就是"气"。诗歌艺术的"门道"也因此而呈现为围绕生命力的"趣、气、境"三重结构。"趣"即生命力的活跃，"气"即生命力的饱满，"境"即生命力的阔大。由于"境界"这个概念事实上是一种出自心灵而非大脑的思想观念的体现，由此来看，诗歌的美育之道相应包括三大内涵，即**"趣的诗学"**、**"气的诗学"**、**"思的诗学"**。从中国词源上讲，好味即"甘"，意为"口中含一"。而"一"指万物之源，意味着"道从口出"。或许这是日常生活用语中"味道"一词用法的渊源。所以"趣味"虽为开端，看似侧重口腹之乐，其实也是对"道"的强调。

巧合的是，叶嘉莹教授在强调所有好诗皆有的一个共同品质"可感之"的基础上，又进一步做了展开性的阐释，把这个核心概念分成三大层次，"即感受、感动、感发"。③ 这不仅比中国传统以"趣"、"味"、"韵"论诗更具体明确和更准确，而且在很大程度上，与我们提出的"趣、气、思"的诗学三论的基本意思十分接近。从中国诗歌美育上看，认识诗歌艺术的门道就在于：**以"趣的诗学"为基础，通过"气的诗学"的中介，最终达到"思的诗学"的境界**。如果说"好作品"通过表现日常人伦的"哀乐之情"，体现一种人世的温馨；那么"大艺术"则通过深刻的思想，让我们体验到一种"无根而固"的力量。所以叶嘉莹教授强调："有的时候，一首诗写得好并不一定是因为诗人的感情深挚或思想超越，而是由于诗人的'气'，使他的诗具有一种能够震撼读者的气势。"④有意思的是，这番话能够与艾略特的一个重要观点相呼应。艾略特认为：一方面"我们必须记住，测定一种读物是否文学，只能用文学标准来进行"。但另一方面同时还得看到，"文学的'伟大价值'不能仅仅用文学标准来测定"。因为这样的作品不只是悦耳动听，"它会影响作为活人的我们的全部心灵"。⑤

从中国诗学语境看，这就是"气的诗学"的艺术功能与审美魅力所在。就像"趣的诗学"相对更适合于那些篇幅不大的抒情诗，"气的诗学"则是超越一般"名

① 北京大学哲学系美学教研室编：《中国美学资料选编》下册，北京：中华书局，1981，第43页。

② ［加］叶嘉莹：《古典诗词讲演集》，石家庄：河北教育出版社，2001，第230页。

③ ［加］叶嘉莹：《叶嘉莹说汉魏六朝诗》，北京：中华书局2007，第308页。

④ ［加］叶嘉莹：《叶嘉莹说汉魏六朝诗》，北京：中华书局2007，第297页。

⑤ ［英］托·艾略特：《艾略特文学论文集》，李赋宁译，南昌：百花洲文艺出版社，1994，第237、248页。

篇佳作"通往"鸿篇大作"的必由之路。曹丕的《典论·论文》里不仅最早提出"文以气为主"的观点，并且还指出，这个气"虽在父兄，不能移以子弟。"①这道明了"气"实质上是一种个体生命现象。但还须进一步思考，这种生命之气的生成基础。很好地解决了这个问题的是清代学者章学诚。他不仅也有"文非气不立"的观点，而且还在其《文史通义》里提出了一个很好的见解："凡文不足以动人，所以动者气也；凡文不足以入人，所以入人者情也。气积而文昌，情深而文挚；气昌而情挚，天下之至文也。"②这就是时说，情的深与浅和气的积与衰相关。但深入地来看，作为一个重要美学范畴的"气的诗学"显然不只取决于生理体质上的强壮，更在于道义人伦的勇敢。这也就是所谓"天行健，君子以自强不息"的意思。它是"天"（身体生理）"人"（心灵伦理）的"合一"之气，体现着充沛的生命正能量。

不过显而易见，并非凡有"气"便皆为好诗。至少以下几种"气"于诗歌艺术有害无益：第一，"杀气"。黄巢《不第后赋菊》："待到秋来九月八，我花开后百花杀。冲天香阵透长安，满城尽带黄金甲。"平心而论，此诗的长处是"真实"。把革命不是请客吃饭，而是杀人放火的真相讲得很清楚。但即便它拥有所谓"政治正确性"，也肯定算不上好诗。第二，"匪气"。比如革命样板戏之一《沙家浜》中胡传奎的唱词："想当初老子的队伍才开张，总共才有十几个人七八条枪。"第三，"痞气"。前《人民文学》主编崔道怡仿普希金同题诗《我曾经爱过你》，以"方言"的方式改写成章："想当初，咱哥儿们死皮赖脸追求过你／现今这股子劲儿也不能说全玩完了／得了，这档子事儿，马尾儿穿豆腐——甭提了／咱不能让您心里头不自在不是？／——谁让那会儿咱光在肚子里头闹哄得慌／可是我这舌头它／它打不过弯来呢！／就瞅着别人追您，我眼红眼热干着急／可惜了儿我是个窝囊废／没有那么大的胆儿／不过，要论真格儿的，咱哥们儿决不含糊／那可是——把您顶在脑袋瓜儿上，怕摔着／把您含在嘴里头，怕化了／把您抱在磕膝盖上，又怕把您给硌着／——您瞧不上我呀，您另外找主儿／老天爷保佑，他要是赛得过我去／算您的福气。"③这事实上与普希金的那首爱情诗已毫无关系，它成了典型的北京痞子调戏女性的"顽主宣言"。第四，"空气"。像北宋大儒张载的名言："为天地立心，为生民立命，为往圣继绝学，为万世开太平。"虽然一直受人称道，但正如胡适所批评的那样，只是自视过高的文人墨客的一种用来自慰的大话而已。这样的想法多了不仅于国于民无益，还会把自己真当成救世主般的人物弄成神经病。第五，"邪气"。就像前面曾举到的王兆山《江城子，废墟下的自述》。第六，"酸

---

① 北京大学哲学系美学教研室编：《中国美学资料选编》上册，北京：中华书局，1981，第136页。

② 北京大学哲学系美学教研室编：《中国美学资料选编》下册，北京：中华书局，1981，第378页。

③ 崔道怡：《我曾经爱过你》，《湘泉之友》第295期。

气"。如晴雪照梅的《妈妈，我告诉你一句话》。第七，"俗气"。比如曾经红极一时的汪国真的诗歌，像《过去了的》："过去了的，就让它过去，不必遗憾，不必叹息。未来的路还很长。我们还可以加倍努力。虽非英雄少年，还可晚成大器。晨璨璀灿，晚霞壮丽；在你在我，都该十分珍惜。"汪国真之作名义上是诗，其实是以诗的形式出现的韵文，其根本缺点是从词句到意思均无作者本人的创意，作者犹如文字作坊里的一名技术娴熟的装配工，不过是将从"诗库"中现成取来的语词重新排列组装，把一点基本的人生道理配上韵律，形成一种"浅入浅出"的效果。对这样的诗的贴切评价就是一个字："媚"。第八，"淫气"。比如英国诗人堂恩在情诗《爱的进展》的结尾部分赤裸裸的写道："富有的自然之神睿智地在女人身上/制造了两个钱袋，而使袋口彼此反向/那么，有义务从下面朝贡的人/必须走那国库所朝向的途径/不这样做的人，他犯的错误/大得就像用灌肠法给胃里输送食物。"①在这里，这位所谓的"神学诗人"居然能以"上帝"的名义，为花花公子们寻欢作乐提供冠冕堂皇的说法。这是堂恩此诗之所以能闻名遐迩的原因。

如上所述，中国诗学的基本原则是"修辞立其诚"。元好问曾指出：唐诗所以绝出于《三百篇》之后者，知本而矣。"何谓本？诚是也。"古人有"景为诗之媒，情为诗之胚，诚为诗之本"的说法。用元好问的话讲："由心而诚，由诚而言，由言而诗也。三者相为一。"②但"诚"是内在的东西，它需要转换为外在的效应。就像好酒得先有好水，真正的诗词大作得有相应的好气，这种"气"的一大特点，就是中国南齐画家谢赫在《古画品录》序中提出的"六法"的核心概念"气韵生动"，不妨简称为"生气"。需要补充的是，这种"生气"的根基在于"性情"。袁枚《随园诗话》中记载：尹文端曰，曹操虽成就霸王之业，但"颇有性情，宜其诗之佳也"。比如曹操《短歌行》："对酒当歌，人生几何？譬如朝露，去日苦多。慨当以慷，忧思难忘。何以解忧？唯有杜康。青青子衿，悠悠我心。但为君故，沉吟至今。呦呦鹿鸣，食野之苹。我有嘉宾，鼓瑟吹笙。明明如月，何时可掇？忧从中来，不可断绝。越陌度阡，枉用相存。契阔谈宴，心念旧恩。月明星稀，乌鹊南飞。绕树三匝，何枝可依？山不厌高，水不厌深。周公吐哺，天下归心。"有真性情才谈得上"气的诗学"。从实践中总结，大体可分为以下十四种。

第一，"正气"。比如明代于谦《石灰吟》："千锤万凿出深山，烈火焚烧若等闲。粉骨碎身浑不怕，要留清白在人间。"读这样的诗歌只有一个自然而然的联想：孔子的"君子坦荡荡"。第二，"义气"。比如文天祥《过零丁洋》："辛苦遭逢起一经，干戈寥落四周星。山河破碎风飘絮，身世浮沉雨打萍。惶恐滩头说惶恐，

---

① ［英］约翰·堂恩：《艳情诗与神学诗》，傅浩译，北京：中国对外翻译出版公司，1999，第112、182页。

② 北京大学哲学系美学教研室：《中国美学史资料汇编》下册，北京：中华书局1981，第86页。

零丁洋里叹零丁。人生自古谁无死，留取丹心照汗青。"末尾最后一联早已成千古名联，不知激励过多少真英雄大豪杰。第三，"大气"。比如《古诗十九首·行行重行行》："行行重行行，与君生别离。相去万余里，各在天一涯。道路阻且长，会面安可知！胡马依北风，越鸟巢南枝。相去日已远，衣带日已缓。浮云蔽白日，游子不顾反。思君令人老，岁月忽已晚。弃捐勿复道，努力加餐饭。"清人牟愿相评价说："《十九首》万愁万苦，古今读者万辈各有愁苦处，恰好触着。"①这话听上去似乎不无道理，其实反映出论者本身的精神视野的局限。事实恰恰相反，此诗好在既如实道出人生之哀，又在哀中显出一种自勉自立的达观。正如叶嘉莹所评价的：《古诗十九首》所说的都是极为普通、寻常的话，可是如果反复吟诵，就越来越觉得它有深厚的味道。就在于其真正体现了"返朴归真"的精神。比如"这平平常常的'努力'两个字中，充满了对绝望的不甘心和在绝望中强自挣扎支撑的苦心"。② 第四，"勇气"。比如北魏诗人斛律金的名作《敕勒歌》："敕勒川，阴山下。天似穹庐，笼盖四野。天苍苍，野茫茫，风吹草低见牛羊。"仅以二十七个字就将"天空、高山、草原、牛羊、大地"一笔收进，形象生动地呈现了一幅令人心旷神怡的风景画。元好问赞美道："慷慨歌谣绝不传，穹庐一曲本天然。中州万古英雄气，也到阴山敕勒川。"不愧为行家之言，句句属实。第五，"豪气"。比如苏东坡《念奴娇·大江东去》："大江东去，浪淘沙，千古风流人物。故垒西边，人道是，三国周郎赤壁。乱石崩云，惊涛裂岸，卷起千堆雪。江山如画，一时多少豪杰。遥想公瑾当年，小乔初嫁了，雄姿英发。羽扇纶巾，谈笑间，樯橹灰飞烟灭。故国神游，多情应笑我，早生华发。人间如梦，一尊还酹江月。"词中所呈现出的这种气概已不能视为一种"豪放"的风格，而是"大英雄"的本色和"真名士"的风流。第六，"底气"。比如陶渊明《杂诗十二首·之一》："人生无根蒂，飘如陌上尘。分散逐风转，此已非常身。落地为兄弟，何必骨肉亲！得欢当作乐，斗酒聚比邻。盛年不重来，一日难再晨。及时当勉励，岁月不待人。"叶嘉莹曾指出：在中国所有的诗人里面，真正能够不雕琢、不修饰、不逞才、不使气，以最真诚的态度来写诗的，也就要数陶渊明了。这个评价无疑很中肯，但通过这四个"不"的概括，道出了陶诗超越常人的品质，赢得了许多优秀同行至高无上的尊重。就像元好问《论诗绝句》中所写："一语天然万古新，豪华落尽见真淳。"③第七，"志气"。比较如曹操《龟虽寿》："神龟虽寿，犹有竟时。腾蛇乘雾，终为土灰。老骥伏枥，志在千里。烈士暮年，壮心不已。盈缩之期，不但在天。养怡之福，可得永年。幸甚至哉，歌以咏志。"第八，"硬气"。比如郑板桥《竹石》："咬定青山不放松，立根原在破岩中。千磨万击还坚劲，任尔东西南北风。"这样的"士人风骨"虽

---

① 轻言：《历代诗话小品》，武汉：湖北辞书出版社，1994，第405页。

② ［加］叶嘉莹：《叶嘉莹说汉魏六朝诗》，北京：中华书局，2007，第77、85页。

③ ［加］叶嘉莹：《好诗共欣赏》，北京：中华书局，2007，第49页。

说早已一去不返,但它为后世中国知识分子立下了一个标尺。第九,"才气"。比如李商隐的《锦瑟》:"锦瑟无端五十弦,一弦一柱思华年。庄生晓梦迷蝴蝶,望帝春心托杜鹃。沧海月明珠有泪,蓝田日暖玉生烟。此情可待成追忆,只是当时已惘然。"第十,"灵气"。比如叶绍翁《游园不值》:"应怜屐齿印苍苔,小扣柴门久不开。春色满园关不住,一枝红杏出墙来。"第十一,"秀气"。比如秦观《春日》五首之一:"一夕轻雷落万丝,霁光浮瓦碧参差。有情芍药含春泪,无力蔷薇卧晓枝。"第十二,"稚气"。比如汉乐府《江南》:"江南可采莲,莲叶何田田。鱼戏莲叶间。鱼戏莲叶东,鱼戏莲叶西。鱼戏莲叶南,鱼戏莲叶北。"在一片童稚之气中,让人重温单纯的美好。第十三,"怒气"。比如杜甫《将赴成都草堂途中有作先寄严郑公五首》其四:"常苦沙崩损药栏,也从江槛落风湍。新松恨不高千尺,恶竹应须斩万竿。生理只凭黄阁老,衰颜欲付紫金丹。三年奔走空皮骨,信有人间行路难。"第十四,"生气"。白居易《赋得古原草送别》:"离离原上草,一岁一枯荣。野火烧不尽,春风吹又生。"短短四联二十个字,以"草"比喻"人",强劲有力地呈现出了一种拒绝向死神妥协的生命力。

由此可见,"气的诗学"的奥秘归根到底在于一种积极向上的精神追求。不妨通过四首同类题材作品的比较,来做进一步的阐释:(1)孟浩然《自洛之越》后两联:"遑遑三十载,书剑两无成。山水寻吴越,风尘厌洛京。扁舟泛湖海,长揖谢公卿。且乐杯中物,谁论世上名。"(2)王维《酌酒与裴迪》:"酌酒与君君自宽,人情翻覆似波澜。白首相知犹按剑,朱门先达笑弹冠。草色全经细雨湿,花枝欲动春风寒。世事浮云何足问,不如高卧且加餐。"(3)元好问《鹧鸪天》上阕:"总道忘忧有杜康,酒逢欢处更难忘。桃红李白春千树,古是今非笑一场。"(4)元好问《满江红》下阕:"人易老,时难得。欢未减,悲还及。身前与身后,杳无终极。一笑何须留故事,千年谁复知今日。拌醉来,横卧陇头云,林间石。"这四首以"酒与人生"为主题的诗篇,文字所表达的"内容"上意思相差无几。相对而言,王维这首表达的意思更丰富,但元好问《满江红》更有味道。此诗的显著特点似乎在于篇幅上"多"。决非单纯的数量,它形成了一种回旋往复的语流场,为作者的情绪调动提供了充分条件。但诚如余光中所说,"这种差异不具有实质性的意义"。①

中国文人两大嗜好:美女与好酒。就连在人们印象中向来显得"理性"的杜甫也不例外。他的《醉时歌》中写道:"得钱即相觅,沽酒不复疑。忘形到尔汝,痛饮真吾师。"②所以"咏酒"之作也成中国古人的偏爱。在这类题材中真正不同凡响的,无疑是李白那首以古乐府诗题为篇名的《将进酒》。全诗25句释放出一种豪放之气,就像清代学者廖燕所说:"凡事做到慷慨淋漓激荡尽情处,便是天地间

---

① 余光中:《余光中选集》第三卷,合肥:安徽教育出版社,1999,第270页。

② [加]叶嘉莹:《叶嘉莹说诗讲稿》,北京:中华书局,2008,第168页。

第一篇绝妙文字。"①《将进酒》做到了："君不见黄河之水天上来，奔流到海不复回。君不见高堂明镜悲白发，朝如青丝暮成雪。人生得意须尽欢，莫使金樽空对月。天生我材必有用，千金散尽还复来。烹羊宰牛且为乐，会须一饮三百杯。岑夫子、丹邱生，将进酒，君莫停。与君歌一曲，请君为我侧耳听：'钟鼓馔玉不足贵，但愿长醉不愿醒。古来圣贤皆寂寞，惟有饮者留其名。陈王昔时宴平乐，斗酒十千恣欢谑。主人何为言少钱，径须沽取对君酌。'五花马，千金裘，呼儿将出换美酒，与尔同销万古愁。"从纯粹的"气势"方面讲，这首作品无疑达到极致。末尾"呼儿将出换美酒，与尔同销万古愁"，将大丈夫气概宣泄得淋漓尽致的同时，将全诗推向高潮。

但这是否意味着它就是诗中之诗呢？恐怕不能。就像李白自己《宣州谢朓楼饯别校叔云》中说："抽刀断水水更流，举杯消愁愁更愁。"借美酒一醉只是搁置问题而非真正面对问题，"销万古愁"只是趁酒性的酣畅而发出的一时之豪言壮语。充其量博得几声喝彩声，解决不了真问题。就像《宣》诗的结尾同样留有类似不足："人生在世不称意，明朝散发弄扁舟。"这属于"青春诗学"，而非真正深刻的人生态度。根源仍在于作者的精神视野有限，满足于在"诗仙"的名称下做出潇洒之态。对此，前辈诗论家中早已有人看出破绽。比如宋人黄彻曾指出："世俗夸太白赐床、调羹为荣，力士脱靴为勇。愚观唐宗渠渠于白，岂真乐道下贤者哉？其意急得艳词蝶语以悦妇人耳。白之论撰，亦不过玉楼、金殿、鸳鸯、翡翠等语，社稷苍生何赖？……况黄屋既为之屈乎？说者以谋谟潜密，历考全集，爱国忧民之心如子美语，一何鲜也！……余窃谓：如论其文章豪逸真一代伟人；如论其心术事业可施廊庙，李杜齐名，真忝窃也。"②此话或许有些过，可谓但基本不差。不妨仍通过比较之法来说明问题。比如由飞白所译法国诗人艾吕雅这首《自由》③：

> 在田野上在地平线上
> 在飞鸟的翅膀上
> 在影子的风磨上
> 我写着你的名字
>
> 在每一阵扑面的曙光上
> 在海上在船上

① 北京大学哲学系美学教研室编：《中国美学资料选编》下册，北京：中华书局，1981，第338页。

② 轻言：《历代诗话小品》，武汉：湖北辞书出版社，1994，第376页。

③ 飞白：《诗海：世界诗歌史纲》现代卷，桂林：漓江出版社，1989，第1395页。

在神志错乱的山上
我写着你的名字

在云的白沫上
在暴风雨的汗上
在稠而烦腻的雨上
我写着你的名字

在闪光的形象上
在彩色的钟声上
在自然的真理上
我写着你的名字

在苏醒的小路上
在展开的大道上
在泛滥的广场上
我写着你的名字

在点燃的灯上
在熄灭的灯上
在我所有联合的住宅上
我写着你的名字

在一剖两半的苹果上
一半是镜子一半是我的卧室
在我的空贝壳床上
我写着你的名字

在我的虽挑食而温驯的狗上
在它竖起的耳朵上
在它笨拙的爪子上
我写着你的名字

在我家门的跳板上
在熟悉亲昵的物件上
在受祝福的火之波浪上

我写着你的名字

在一切和谐相配的肉体上
在我朋友们的额上
在互相伸出的每只手上
我写着你的名字

在透入惊奇的窗玻璃上
在聚精会神的嘴唇上
超出一片寂静之上
我写着你的名字

在我被毁的避难所上
在我崩塌的灯塔上
在我烦闷垒成的墙上
我写着你的名字

在失去希求的失神上
在赤裸裸的孤寂上
在死亡的梯级上
我写着你的名字

在恢复的健康上
在逝去的危险上
在无反顾的希望上
我写着你的名字

凭着一个词儿的力量
我重新开始我的生活
我生到世上来就为了认识你
为了呼唤你的名字

自由。

如果仅仅从"**气势**"上讲,它与李白的《将进酒》各有特色,且都是激情与豪情并举的好诗。但就"**气度**"而言就有高下之分:李白之作与之相比并不在一个层次上。前者只是名家之作中的杰作,后者乃真正的大家手笔。分析起来我们可以说:前者仍在"气的诗学"范畴,后者属于"思的诗学"。与"趣的诗学"与"气的诗学"之间呈现出"断裂"的关系不同,"思的诗学"是"气的诗学"的一种升级。所以我们可以从中分析出诸种"气的元素"。比如正气、大气、血气、勇气、豪气,等等。但需要强调的是,"思的诗学"并不意味着这些元素的简单相加,而是以它们为基础而生成的一种新"气",即"神气"。这种气的另一种命名就是"境界"。如果以中国诗歌为例,迄今为止最具代表性之作仍非李清照的《乌江》莫属:"**生当作人杰,死亦为鬼雄。至今思项羽,不肯过江东。**"虽然只有短短四句二十字,唱出了中国诗歌的最高音。就像"有理不在声高",身为女儿家的李清照雄辩地告诉我们:"'神气'不在话多。"不难发现,如果说"气的诗学"的最大特色是超越了技巧,那么"思的诗学"的根本要旨是直指精神。由于这个缘故,"神气"之作最终会以一种"否定之否定"的方式,走向貌似"无气"的状态,从而呈现出"境界"的本色。

举例来讲,气的诗学虽说超越技巧,但并不表明因此而能达到诗歌艺术的巅峰。名副其实的"大气"之作还需要"更上层楼",实现"诗与思"的融合。陶渊明作品堪称代表。就像叶嘉莹教授所说:陶渊明是不用技巧的,那是最高的境界,他写的根本就是他的心思意念。这意念"不只是单纯的感情,还有思想的反省"。① 陶渊明诗作的特色由于其平淡如水,甚至可以"无趣"来形容。但正是这种无趣化,让陶渊明的诗歌成为中国诗史上唯一的"诗中之诗"。比如《杂诗十二首》之一:"人生无根蒂,飘如陌上尘。分散逐风转,此已非常身。落地为兄弟,何必骨肉亲。得欢当作乐,斗酒聚比邻。盛年不重来,一日难再晨。及时当勉励,岁月不待人。"②不妨同杜甫的《秋兴八首》做些比较,诗中的"香稻啄余鹦鹉粒,碧梧栖老凤凰枝",于理不通(应为"鹦鹉啄余香稻粒,凤凰栖老碧梧枝"),这是"诗圣"为了证明自己而过于追求技巧的原因,但结果却是适得其反。处于南北两宋间的文人陈善《扪虱新话》上集卷一写道:"读渊明诗,颇似枯淡。东坡晚年极好之,谓李杜不及也。"林语堂在《苏东坡》中称赞苏轼为古往今来"中国第一人"。而在这第一人眼里,陶渊明的作品是两位"诗仙诗圣"所不及的第一家。

叶嘉莹教授认为,在中国所有的作家之中,只有陶渊明一个人可以说是没有一篇作品不好。如此之高的评价显然只有真正的"道中人"才能给出。清人张谦宜也曾如此评价陶渊明的作品:"陶诗句句近人,即字字高妙。不是功夫,亦不是

---

① [加]叶嘉莹:《古典诗词讲演集》,石家庄:河北教育出版社,2001,第27页。
② 陶渊明:《陶渊明全集》,上海:上海古籍出版社,1998,第23页。

悟性，只缘胸襟浩荡，所以矢口超绝。"①由此也就不难理解，何时以据说杜甫不喜欢陶渊明的诗。这是"求技派"与"为人派"两种不同诗学观的差异。宋人陈师道《后山集·后山诗话》："渊明不为诗，自写其胸中之妙尔。"不过这里提到的"胸中之妙"却另有奥秘。它是指陶渊明对人世认识的透彻。诗人在"采菊东篱下"时对"真意"的领悟，换句话说也就对"存在之所以为存在"的终极之问的"解密"。由此也让我们对优秀诗歌所拥有的美育功能有进一步的认识。小说家昆德拉说过："一些著名的形而上学问题，比如我们从哪里来，到哪里去，在艺术中都有着具体、清晰的意义。"②这种意义并不能表现为抽象的概念形态，而只能呈现为苏珊·朗格所说的，作为"艺术符号"的情感意象。"对于它所表现（传达）的东西，我们不是称它为'意义'，而是称为'意味'。"③

但意义也好，意味也罢，它们实质上就是一种"人文关怀"。让我们再引用一段叶嘉莹教授的话，来结束关于"谁需要美学"这个话题：尽管说教和受教并不是写诗与读诗的目的，但为了创造出并领悟到真正优秀的诗歌作品，我们必须"把诗歌中的感发作用与诗歌的伦理价值关系，特别提出来做相当的讨论。"④借用清人乔亿的话讲："诗中有画，不若诗中有人。"⑤明末清初文人周亮工在其所纂的《尺牍新钞》中也有类似的见解："人即是诗，诗即是人，古今真诗，一人而已。"⑥什么是"诗中有人"？怎么理解"古今真诗，一人而已"？在我看来，中国古人以言简意赅的表述所强调的，也就是诺贝尔文学奖获得者布罗茨基这句话的意思：文学的存在就意味着关怀的存在。⑦ 由此来看，"境界"即"关怀"，所谓"思的诗学"也就是"德性诗学"。艺术的美育实践之路径，也就是从"趣味"到"气势"至"诗思"而"伦理"的层层递进。艺术之于美育的意义也由此得以昭示，一言以蔽之：成为一个有德性的人！这是经常欣赏优秀艺术作品给予我们的回报。只要我们希望从"生不为人"的状态中解放出来"成为人"，我们就离不开艺术修养的提升，就必须自觉地接受审美教育。所以，成为一个精通艺术优劣之道的合格的美育学家，就是美学家的目标。这样的美学家才是芸芸众生所需要的。

---

①　轻言：《历代诗话小品》，武汉：湖北辞书出版社，1994，第 164 页。

②　[捷]米兰·昆德拉：《帷幕》，董强译，上海：上海译文出版社，2006，第 4 页。

③　[美]苏珊·朗格：《艺术问题》，滕守尧等译，北京：中国社会科学出版社，1983，第 129 页。

④　[加]叶嘉莹：《我的诗词道路》，石家庄：河北教育出版社，2000，第 35 页。

⑤　轻言：《历代诗话小品》，武汉：湖北辞书出版社，1994，第 411 页。

⑥　北京大学哲学系美学教研室编：《中国美学资料选编》下册，北京：中华书局，1981，第 250 页。

⑦　[美]约瑟夫·布罗茨基：《文明的孩子》，刘文飞等译，北京：中央编译出版社，1991，第 37 页。

三、美学基本范畴

何谓范畴（category）？这个词的中文表述源于《尚书》中的"洪范九畴"。"九畴"中的第一畴即所谓的"五行"，包括"水、火、金、木、土"。另外八个畴包括政治、天文、气象、修养、道德和人生幸福等诸方面。这是中国古人对天地宇宙世界的基本分类，强调了其中所具有的"相生相克"的关系。在由这五行构成的体系里，最为关键的概念体现于"行"字，反映了古代中国对变化不息的宇宙的认识。但现代话语中所运用的"范畴"一词，源自希腊文（希腊文为 κατηγορια），现代英文（category：类别、分类）所表示的意思，是指已经过无数次实践的证明，随着时间的积淀而逐渐内化为人类思维成果的高级形态中，一种具有高度的概括性和稳定内涵的，被认为反映了客观存在的事物的**本质属性**和**普遍联系**的基本哲学概念。"范畴"被用于对所有存在最广义的分类，是最高层次的类的统称。

从哲学史讲，通常公认亚里士多德是范畴论的开山祖师。他著有《范畴篇》一书，在其中列举并且论了十大基本存在，分别为：实体、数量、性质、关系、场所、时间、姿势、状态、动作、承受，亚里士多德将它们一概以"范畴"来命名。由此可见，一个范畴是指对事物的最大分类。"事物"在此是指虽然可被"称谓"但不能"还原"成其他类的任何具体对象的现象。亚里士多德的范畴论中的核心概念是"存在"，他对其作了这样的界定：一个存在是任何一个可以用"是"或"有"来描述的对象。现代哲学据此从"存在论"上区分两种存在：即**可被称为"是"的存在和可被称为"有"的存在**。前者通常指的是有形的物质事物，后者指的是无形的抽象现象。无论如何，范畴是一种辅助概念，每一个范畴都是人为创造的哲学术语，它作为一种思维活动的技术性工具，为我们提供分类样式，以便于我们对相关主题展开有效的讨论。

根据康德的理解，范畴属于人类先验理性领域，正是通过范畴这个概念，我们才能够将经验转化为知识。他的这个解释为现代认识论奠定了基础。任何一门学科的诞生，一个重要标志就是拥有属于自己的学术范畴，它们构成了这门学科作为一种"知识系统"的存在。不同学科都有属于自己特有的一些基本范畴。除了上面提到的"现象与本质"、"存在与虚无"、"时间与空间"等哲学基本范畴，还有比如政治经济学领域中的"商品价值、抽象劳动、具体劳动"，以及化学中的"化合与分解"和物理学中的"场"等。所以要进一步澄清"美学是什么"的问题，我们需要对美学的基本范畴有大致认识。这些基础性范畴主要包括这么四组：喜剧与悲剧、高雅与通俗、优美与崇高、奇异与怪诞。我们从对这些美学范畴的认识入手，进入美学的知识系统。

1. 喜剧与悲剧（comedy and tragedy）

相对而言，传统美学一直存在着轻视喜剧偏爱悲剧的观点。比如尼采说过：**肯定生命的最高艺术即悲剧**。他的观点是：艺术精神随着悲剧的兴盛而兴盛，随着悲剧的消亡而消亡。因为只有在悲剧中，最能体现艺术精神的两大基本元素酒神与日神达到一种联盟："酒神说着日神的语言，而日神最终说起酒神的语言来。这样一来，悲剧以及一般来说艺术的最高目的就达到了。"①于是，诸如"**艺术中浸润的是悲剧主义，它与喜剧无甚姻缘**"；②以及在某一点上，"**悲剧的戏剧正是所有艺术的样板**"，③这样的观点渐渐流行起来，最终得到学界的默认。但以现在的视角来看，这样的观点显然是一种美学偏见。

当然，不能以后现代反传统习惯，盲目地否定这个几成"定论"的观点。而应该承认它事出有因，是有其道理的。用哲学家雅斯贝尔斯的话讲，**悲剧是真实的，**④因为正是悲剧"代表人类存在的终极不和谐"⑤。这句话是什么意思？悲剧的"真实性"指的是什么？简单讲有两点：其一，我们所有人的生命存在本身就无时无刻不蕴涵着一个悲剧性的命运：必须面对死亡的事实。其二，人类的梦想是孕育理想的胎盘。我们渴望"仰望星空"，并非是想有泰勒斯那样的能力和幸运，通过观察星象来通过橄榄油生意发财；也不完全是出于当天文学的志向拥有"科学家"的身份。而就是因为我们是人，我们有想象力，我们先天地向往着美丽的事物，对遥远天际茫茫宇宙的神秘，保有一份审美的好奇。问题是，这既是人类之幸，同时也是一种不幸。现实生活不仅往往令人失望，理想之事难以成真；而且从哲学上讲，名副其实的"理想"只能像美丽的星星和耀眼的太阳那样，悬挂在遥不可及的地方，而不能拿下来当作书桌上的台灯使用。在理想与现实之间的距离，总是难以逾越。"我看到一个往日的梦在自己的眼前变为现实，可它带给我的却是悲哀。"⑥西班牙一代电影大师布努艾尔在自传中的这声由衷的叹息，道出了人世间的一种残酷的真相。

以上是从艺术与生活的关系着眼。其次同样也还能从具体的艺术实践来检验。许多杰作甚至堪称伟大之作，同样提供着这方面的证据。比如歌德在谈到

---

① ［德］弗·尼采：《悲剧的诞生》，周国平译，北京：生活·读书·新知三联书店，1986，第 95、346 页。

② ［德］赫伯特·马尔库塞：《审美之维》，李小兵译，北京：生活·读书·新知三联书店，1989，第 216 页。

③ ［匈］阿诺德·豪塞尔：《艺术史的哲学》，陈超南等译，北京：中国社会科学出版社，1992，第 59 页。

④ ［德］卡尔·雅斯贝尔斯：《悲剧的超越》，亦春译，北京：工人出版社，1988，第 102 页。

⑤ ［德］卡尔·雅斯贝尔斯：《悲剧的超越》，亦春译，北京：工人出版社，1988，第 11、30 页。

⑥ ［西］路易斯·布努艾尔：《我最后的叹息》，北京：中国广播电视出版社，1992，第 162 页。

法国著名喜剧家莫里哀时指出:"莫里哀是伟大的,他的喜剧作品跨到了悲剧界限边上。他的《悭吝人》使利欲消灭了父子之间的恩爱,是特别伟大的,带有高度悲剧性。"①也许,最具说服力的案例是西班牙塞万提斯的名著《堂吉诃德》,一位"疯子"式的主角的充满滑稽可笑的叙事。但无论如何,事情并不能这么简单地去看。从美学的方面讲,不存在一种"类型歧视"。如果说"伟大的喜剧总不能摆脱它欲以消除的悲剧"性因素,②那么我们同样也能反过来讲:伟大的悲剧之所以伟大恰恰在于其不同于通常那种"纯粹悲剧",而融入了喜剧元素。这也可以从理论和实践两方面来讲。小说家昆德拉提出:小说并非诞生于理论精神,而是诞生于幽默精神。③ 这个结论首先符合西方小说的发生学。比如在西方小说起源中扮演过重要角色的几部作品:拉伯雷《巨人传》,塞万提斯《堂吉诃德》,哈谢克《好兵帅克》等,读后都能让人发笑。

除此之外,这个观点也能成功阐释中国小说的经典。比如《西游记》。作为一种美学范畴的喜剧的核心所在,是"去严肃化",因而在某种意义上,这个观点也就是王小波所倡导的"小说即使坏论"的另一种表述。在王小波看来,好小说都有点"不正经",因为"有趣的事多少都带点毛病"。④ 这是实话实说。以当代中国小说家为例,就有像王小波的《黄金时代》,王朔的《顽主》和《千万别把我当人》等经典案例。所以,出现与之完全相反的观点也就不足为奇。比如英国小说家乔伊斯就认为,喜剧高于悲剧,是艺术的最高形式。用他在《巴黎笔记》中的表述:**悲剧是不完美的艺术风格,喜剧才是完美的艺术风格**。这个见解和乔伊斯本人喜欢别出心裁的创作一样,有点故作姿态之嫌。比较起来,巴尔加斯·略萨的这个说法或许更能让人接受:"有些故事只能面带微笑地讲出来。"⑤事实上,这样讲故事的方式并不容易。因为这种方式通常出现于"通俗文化"中。相比于屡见不鲜的"伟大的悲剧",评论家眼中的"伟大的喜剧"似乎难以寻觅。

所以昆德拉悲观地表示:《好兵帅克》可能是最后一部伟大的通俗小说。⑥昆德拉的这个结论妥当与否暂且不论,首先在理论层面上,我们无法否认真正优秀的"悲剧与不幸、痛苦、毁灭,与病患、死亡、罪恶截然不同"。⑦ 换言之,悲剧艺术终究是"艺术的虚构"而并非"真实的生活"。王尔德说得好:生活中真正的悲

① [德]歌德:《歌德谈话录》,朱光潜译,北京:人民文学出版社,1978,第88页。

② [德]赫伯特·马尔库塞:《审美之维》,李小兵译,北京:生活·读书·新知三联书店,1989,第239页。

③ [捷]米兰·昆德拉:《小说的艺术》,董强译,上海:上海译文出版社,2004,第201页。

④ 王小波:《沉默的大多数》,北京:中国青年出版社,1997,第248、245页。

⑤ [秘]巴尔加斯·略萨:《谎言中的真实》,赵德明译,昆明:云南人民出版社,1997,第36页。

⑥ [捷]米兰·昆德拉:《小说的艺术》,董强译,上海:上海译文出版社,2004,第12页。

⑦ [德]卡尔·雅斯贝尔斯:《悲剧的超越》,亦春译,北京:工人出版社,1988,第107页。

剧往往以毫无美感的形式出现，它们给我们的感受无异于一切鄙俗的事物。①从中蕴涵一个美学原则：尽管"在艺术的天地中虽然弥漫着死亡，但是艺术不屑于给死亡以意义的诱惑"。② 所以，雅斯贝尔斯在给予悲剧在美学中以崇高位置时没有忘记强调："悲剧知识有它的局限性：它没有完成任何对于世界的综合诠释。"比如，在悲剧特有的那种震撼性中，其实付出了一个沉重的代价：生活世界的复杂性变得简单。③ **喜剧的美学特点是谐趣之乐，而这种乐趣往往偏重于所谓"下体文化"**，总是会从诸如性与排泄等现象入手来营造其特有的效果。

就像老舍短篇小说《赵子曰》里，描述故事中的书生气主角的这段文字："他从桌上拿起一本书，嗽了两声，又耸了耸肩，面对着墙郑重地念起来：'A boy, A peach'，他又嗽了两声，跟着低声地沉吟：一个'博爱'，一个'屁吃'。"只要将这段文字里的"屁"字作一改换，其现有的那种喜剧意味便会大打折扣。喜剧为此而容易招致那些热衷于作道貌岸然状的文人墨客们的鄙视与排斥。但这除了说明持这种立场者自身的可怜与可笑外，并不能遮蔽真正的喜剧杰作的价值。比如美国小说家塞林格的《麦田里的守望者》中的这段叙述：

> 他演讲最精彩的部分是在半当中。他正在告诉我们他自己有多么了不起，多么出人头地，坐在我们前面一排的那个家伙，爱德加马萨拉，突然放个响屁。干这种事确实很不雅，尤其是在教堂里，可也十分有趣。老马萨拉，他差点没掀掉屋顶。可以说几乎没一个人笑出声来，老奥森贝格还装出压根儿没听见的样子，可是校长老绥摩也在讲坛上，正好坐在他旁边，你看得出他已经听见了。嘿，他该有多难受。他当时没说什么，可是第二天晚上他让我们到办公大楼上必修课的大教室里集合，他自己就登台演讲。他说那个在教室里扰乱秩序的学生不配在潘西念书。我们想叫老马萨拉趁老绥摩正在演讲时再来一个响屁，可是他当时心情不好，放不出来。④

在这段足够长的叙述里只有一个关键词：放屁。看得出来，作者之所以如此津津乐道是因为很享受这段叙述，而我们不厌其烦地照本转摘于此，不可否认同样是认可并且分享着作者的这番乐趣。但这同弗洛伊德的所谓"肛门快感"无关。无须擅长微言大义的理论家们的告知人们足以清楚，诸如此类的行径在日常生活里属于标准化的"不正经"之举。但决不能想当然地以为凡放屁皆不正

---

① ［英］王尔德：《道连·葛雷的画像》，荣如德译，北京：外国文学出版社，1982，第 114 页。

② ［德］赫伯特·马尔库塞：《审美之维》，李小兵译，北京：生活·读书·新知三联书店，1989，第 254 页。

③ ［德］卡尔·雅斯贝尔斯：《悲剧的超越》，亦春译，北京：工人出版社，1988，第 107、109 页。

④ ［美］塞林格：《麦田里的守望者》，施咸荣译，桂林：漓江出版社，1983，第 21 页。

经,这取决于维特根斯坦所一再强调的"语境"。这里的屁之所以有趣,是因为它是以一位渴望真诚的中学生为代表的,那些善良且处于弱势中的人们,对由那位靠殡仪馆生意发了横财的老板为象征的,对那些道貌岸然的强权势力的一种无声但有力的抗议。

其次再从具体作品讲,似乎也存在着相对单纯的优秀喜剧杰作。比如捷克新旧两作家哈谢克的《好兵帅克》与卡尔巴拉的《我伺候过英国国王》,还有现代中国小说第一人鲁迅的《阿Q正传》等。这些作品除结局处少许有那么点悲剧意味,从总体讲整个过程以喜剧为主导。在某种意义上我们不得不承认,它们的成功呈现出了喜剧美学的独特魅力。并且,如果我们细细体会那些从众多庸俗低级不堪回味的所谓喜剧文化脱颖而出的优秀喜剧杰作,就不得不赞同伟大的俄国文学家契诃夫的那句名言:对于一位艺术家来说,"**再也没有比写一个好的通俗喜剧更难的事了**"。① 并不夸张地说,在很大程度上,这要求有比创作一出通常意义上的悲剧更大的智慧和才华。悲剧只是沿着艺术一以贯之的情感轨道前行,喜剧则相反朝智性的方向前进。如果说好的悲剧以感染力强著称,那么优秀的喜剧则是对智慧的挑战与考验。前者是"常规"形态的"审美",后者则是超常性的"审智"。

换言之,喜剧的美学优势不仅在于优秀艺术有义务以酣畅淋漓的欢笑,向那些不甘心向剥夺人性的严酷现实俯首帖耳的人们提供一点帮助;而且还应该提供那些成熟的艺术观众和审美受众更高的精神需求,满足他们在透过表象洞察真相的基础上,进一步地超越当下面向未来的审美向往。也正是在此意义上,20世纪意大利电影大师费里尼将他的一部杰作命名为《生活的甜蜜》而不是《甜蜜的生活》。因为后者并不存在,现实生活常常并不如意。回避这个事实而制作一种乌托邦式的生活场景,这无法产生优秀的艺术;但简单地承认这个事实的所谓"现实主义"创作,同样也会由于向现实屈服而难以让饱受困苦的艺术受众感到满意。费里尼以他的才华成功地实现了对苦难的现实的"否定之否定"。在他讲述的这个故事里,我们既看到了以女主角为代表的生活世界的艰难困苦,更看到了她勇敢面对这种生活、努力捍卫自己的幸福生活的权利的精神。正是在这种精神的照耀下,我们感受到了即使在如此艰难的情形下,对于永不放弃的善良的人们来说仍然存在的一种甜蜜。

现在,让我们来回答契诃夫的命题:创作好喜剧何以难? 相对于悲剧的"正儿八经",作为"幽默"美学的代表的喜剧,总是以"有趣"甚至"好玩"为特征。因此喜剧之为喜剧,不仅容易被贴上"不正经"的标签,而且一不当心的确也容易落入油腔滑调的陷阱。对此,老舍先生当年曾做过淋漓尽致的剖析,我们不再重复。文艺复兴时期的英国学者锡德尼,是最早为喜剧的艺术价值进行辩护的著

---

① [俄]安东·契诃夫:《契诃夫论文学》,汝龙译,合肥:安徽文艺出版社,1997,第380页。

名人士之一。但他虽然强调"喜剧的正当使用是不会为任何人所谴责的"，但仍不无担心地表示："喜剧，它确是被胡闹的编剧人和舞台老板搞得令人厌恶了。"①事实表明这样的担心未必多余。在商业利润和政治欺诈的双重负荷下，作为凡夫俗子的艺术家们早已不堪重负，优秀喜剧也就越来越少。

当今时代，如同狂热代替了激情，"肉麻"被当作了"有趣"。其结果是"媚俗艺术"的盛行。但我们知道，如果说感染力是艺术的基本要求，那么深刻性无疑是好艺术的门槛。事实上任何艺术多少都具有对生活世界的揭示，因而拥有一定的深度。这是充满"游戏精神"的艺术与仿真游戏活动的娱乐之间的根本差异。也就因为这个原因，专制独裁社会欢迎平庸的悲剧，但决不能忍受好喜剧。对此，再没有比俄国评论家别林斯基的这段名言说得更到位了："人们明白，伪善和欺骗从来不笑，而且戴着一副严肃的假面具，笑不会制造教条，也不会变得专横行道，笑标志的不是恐惧，而是对力量的意识。"②在当今社会，面对形形色色的"影帝"们的作秀，艺术如何承担起伦理之责与道德之任？最佳的艺术手段就是通过优秀的喜剧作品。

对此，独裁者和他们身边拥有高学历、出身于世界名牌大学的奴仆们当然不是不明白。他们的有效对策就是化艺术为娱乐，变娱乐为宣传。在载歌载舞的歌舞升平之中，将所谓的艺术一网打尽成为歌功颂德的道具。但这也足以说明，如果说已让人耳熟能详的"苦难是艺术的源泉"道出了美学的一个事实，那么当小说家昆德拉提出，"小说是从幽默的精神中诞生的"③，其实也是强调喜剧精神同样是艺术的根据地。正是在这个意义上，喜剧与悲剧一起在美学范畴中占据了一个重要位置。不过，这还并非事情的全部。还须补充两点：

其一，作为一对美学范畴的悲剧与喜剧，虽说各有价值，但实践中却往往呈现出相互依赖的特点。就像一位俄罗斯学者所说的，"莎士比亚把喜剧场面和悲剧场面结合在一起，契诃夫是把喜剧性和悲剧性结合在同一个场面里"。④ 这两个案例已有足够的代表性，它是我们进入一切伟大艺术的不二法门。其二，在这个"悲喜相提，两剧并重"的前提下，我们最终还得给予悲剧艺术以小小的特殊性：在充分意识到喜剧艺术的价值并给予相应尊重的前提下，给予伟大的悲剧作品以更多的珍惜。因为艺术与游戏的结盟，使得艺术很容易被娱乐化而消亡。所谓"媚俗艺术"就是这种现象的典型案例。

这种艺术被评论界也称为"庸俗艺术"，是因为它一方面保留了艺术在审美

---

① ［英］锡德尼：《为诗辩护》，北京：人民文学出版社，1998，第33—34页。

② ［俄］普罗普：《滑稽与笑的问题》，杜书瀛等译，沈阳：辽宁教育出版社，1998，第155页。

③ ［捷］米兰·昆德拉：《小说的智慧》，艾晓明编译，长春：时代文艺出版社，1992，第122页。

④ ［俄］叶尔米洛夫：《论契诃夫的戏剧创作》，张守慎译，北京：中国戏剧出版社，1985，第231页。

上的形式特征,但彻底清除了其内在的超越性和批判性精神。另一方面由于其内容的苍白事实上也会在形式上显露出来,对于有经验的艺术受众缺乏真正的艺术魅力。为了弥补,这类艺术往往以迎合大众的姿态采取将其内容完全消费化的策略。"平庸艺术"的问题并不在于其缺乏创新性和思想性的平庸,而在于这是"一种虚假的艺术创作,它通过内容易上的(性爱、政治的、宗教的和感伤的)幻想刺激来弥补形式力量的匮乏"①。所以卡林内斯库强调:"媚俗艺术的世界是一个审美欺骗和自我欺骗的世界,媚俗艺术的危险再怎么说也不算夸张。"②

沈从文先生的名言**"美丽总是愁人的"**,道出了问题的本质。真正的美之所以总是与忧伤相随,是因为经历了人世沧桑的人们最终会领悟一个道理:**遗憾即完美**。这就是那尊名垂青史的米罗的《维纳斯》雕像留给我们的启示。生命只有今生今世,我们当然不是为了忆苦思甜来到这个世界,不能愁眉苦脸地生活。追求幸福是每个人的权利。但正是为了能真正品尝这份幸福,我们的生命中不能过早地淘汰那种与生俱来的悲剧意识。这是那些好艺术不断提醒我们的道理,也是它们让我们永远感恩的原因。因为只有经历过风雨和沧桑人世,才能真正懂得"珍惜"这个词究竟意味着什么。曾几何时,20世纪最杰出的剧作家阿瑟·米勒曾不解地发出疑问:"难道现在人人都这么快乐?"他这话的意思当然不是不愿意世界上充满欢声笑语,而只是不希望人们轻易地陶醉于温柔乡,却让真正的幸福从身边走过。

在如今已名扬四海的《娱乐至死》一书里,美国学者尼尔·波兹曼曾以两位英国小说家奥威尔和赫胥黎的名著《1984》和《美丽新世界》为例指出,有两种方法可以让文化精神枯萎,一种是奥威尔式的:让文化成为一座监狱;另一种是赫胥黎式的:让文化成为一场滑稽戏。但最终的经验表明,比较起来,对人类文明更具毁灭性的是后者。因为人的本性使他们会反抗专制独裁,最终摧毁监狱获得自由。问题是:"谁会拿起武器去反对娱乐?当严肃的话语变成了玩笑,我们该向谁抱怨,该用什么样的语气抱怨?"显而易见,这真的是个好问题。人间地狱的日子虽然难以承受,但还能激励我们心怀对未来的憧憬去追逐光明,最终恢复人性。但在举国上下普遍陷入节日般的"High"的氛围里时,有多少人会去费心理解《美丽新世界》的作者的这番良苦之心:"人们感到痛苦的不是他们用笑声代替了思考,而是他们不知道自己为什么笑以及为什么不再思考。"③这也是香港

---

① [德]古茨塔夫·勒内·豪克:《绝望与信心》,李永平译,北京:中国社会科学出版社,1992,第193页。

② [美]马泰·卡林内斯库:《现代性的五副面孔》,顾爱彬等译,北京:商务印书馆,2002,第245、283页。

③ [美]尼尔·波兹曼:《娱乐至死》,章艳译,桂林:广西师范大学出版社,2004,第203、211页。

作家陈冠中的小说《盛世》中所描绘的情形。

所以许多年前，诺贝尔文学奖获得者、诗人聂鲁达在对另一位同样杰出的同行诗人保罗·艾吕雅给予评论时说道："他总是在心灵中为悲哀保留一个宁静的角落。"细细咀嚼这番耐人寻味的话我们不难发现，简单地比较悲剧与喜剧在美学领域中的地位，没有实际意义。如果说在伟大的悲剧作品中有时也有喜剧的元素，那么即使在伟大的喜剧艺术里，我们同样能够发现一种悲剧性。比如在《堂吉诃德》里，主人公受传奇文化的影响过深，对现实世界里的平凡生活不适应。小说的喜剧效果来自这位同名主角将幻想当现实、把错觉当真相而导致的种种荒诞之举。但在小说结尾，当这位不合时宜的落伍者终于咎由自取走向其人生的终点时，读者却会莫名地为之感动，这个看似充满喜剧气氛的故事，似乎于不动声色之中体现了一种悲剧意味。堂吉诃德的行为看似愚蠢，但他身体力行地努力试图体现不甘平庸坚守理想的精神是可贵的。这就是当年屠格涅夫在《哈姆雷特与堂吉诃德》一文中提出，在美学价值上后者较前者更为杰出的原因。我们需要喜剧式的幽默精神，但更不能缺少悲剧性的英雄气概。

2. 优美与崇高（beautiful and sublime）

优美与崇高是审美实践的历史传统。在《论优美与崇高感》一文中，被黑格尔赞扬为"现代美学第一人"康德不仅提出：崇高使人感动，优美则使人迷恋。而且还以此类推至人类，认为女性是"美丽的性别"（fair sex），具有和男人一样的理智。只不过那是一种优美的理智，而男人的则是一种深沉的理智，"这后一个用语意味着它和崇高是一回事"。① 尽管这样的评论在今天的一些"女性主义"看来属于"男权主义"话语，但从审美实践来讲，以然有其效用。如同提香的《沉睡的维纳斯》和安格尔的《泉》等女性裸体作品，和凡·高与高更的一些田野风景画，可以作为"优美"范畴的形象解释。达维德·弗里德里希的《海洋上的月亮初升》与《雪山风景》，以及《登高远望》和《海边的岩石礁》等所谓"北方浪漫主义画家"的作品，则可作为崇高美的呈现。正因如此，艺术实践中"崇高精神"的兴盛与衰落，划出了现代与后现代的界线。从"后现代"的视野出发，会认为"19世纪和20世纪艺术的赌注是利用崇高美学来使自己成为不确定性的见证者"②。但深入地看，这种借助所谓"一切都不确定、什么都可以"的后现代观念推出的新美学，与其说代表了时代精神，不如说体现了市场意志。从审美体验来看，不能否认"崇高不是一种乐趣，而是一种苦痛的愉悦"③。

由此来看，利奥塔的这个观点值得尊重："崇高也许是构成现代性特征的艺术感觉模式"，因为事实上"正是在这个名词的范围内，美学使其对艺术的批评权

---

① ［德］康德：《论优美感和崇高感》，何兆武译，北京：商务印书馆，2001，第28、30页。

② ［法］让-弗朗索瓦·利奥塔：《非人》，罗国祥译，北京：商务印书馆，2000，第113页。

③ ［法］让-弗朗索瓦·利奥塔：《非人》，罗国祥译，北京：商务印书馆，2000，第139页。

有了价值,浪漫主义,也就是现代主义取得了胜利"。① 后现代艺术的崛起意味着崇高精神的颠覆。艺术中的崇高随着英雄们的消亡而消亡,"我们对伟大的敬重,一个时代接一个时代地连续在减弱"。② 在消费主义一统天下的当今社会,那种胸怀天下忧国忧民的"大写的人",早已被奉行"好死不如赖活着"主义的"小写的我"给替代。于是,躲避崇高、颠覆神圣、解构伟大,这成了现代主义以降的文学艺术实践的基本轨迹。随着王朔"痞子腔小说"和周星驰"无厘头电影"等的崛起,搞笑逗乐蔚然成风。时至今日,艺术天地不仅成了曲艺杂耍的竞技场,而且演绎为装疯卖傻的大舞台。现代美学所面临的问题是,如何对此进行重估?从美学视野来看,对现代主义崇高美学的颠覆不仅有着"政治正确"性,同样还有诗学方面的合法性根据。不可否认,"情感和趣味是我们美学评价的基础"③,而以"趣味"为核心的艺术实践,必须为快乐留下重要位置。所以,就像瓦莱里曾经谈到的:某一天诞生于哲学家的某种渴望的美学,"在其视为自己领域内的那些问题的根本上,考虑到了某种类型的快乐"。④ 而这份快乐不仅无须得到种种思想观念的赞助,在某种意义上甚至只有在与之脱离时才显出更为纯粹的意味。

以语言文字为例,经验表明,语言具有两种互相对立的情形,一方面在日常生活里,人们的谈话可以合乎逻辑并充满意义,但却没有任何节奏和韵律,因而也就没有什么味道。另一方面在文学艺术中,它可以悦耳动听,但却显得荒诞不经;它可以既清楚又空洞,既空泛又微妙。⑤ 有一个典范案例来自汪曾祺。在一篇文章里他谈到自己曾在某个场景听到有孩子在念叨这样一首儿歌:山上有个洞/洞里有个碗/碗里有块肉/你吃了,我尝了/我的故事讲完了。孩子反复地唱着,"分明从这种语言的游戏里得到很大的快乐。"而听的人不仅"也能感受到他的快乐",而且同样也能从"这首几乎是没有意义的儿歌"中"产生一种很好玩的音节感"。⑥ 正如小说家所强调的,这种感受同样具有艺术的意味。其实只要对生活世界有所留心,类似的经验我们每个人都会有所发现。比如这样一串句子:如果不是冬瓜就是西瓜/如果不是西瓜就是青蛙/如果不是青蛙就是翠花/如果不是翠花就是喇嘛。这段由四句话构成的话语是对一段广告词的改写,它不仅朗朗上口能让你下意识地一遍遍重复念叨下去,而且里面起先由"冬瓜"到"西瓜"的顺序延续,经"青蛙"的转折而跳跃到能给人以下意识想象的美丽"翠花"与

① [法]让-弗朗索瓦·利奥塔:《非人》,罗国祥译,北京:商务印书馆,2000,第 103、105 页。

② [英]托马斯·卡莱尔:《英雄和英雄崇拜》,张锋等译,上海:上海三联书店,1988,第134 页。

③ [斯]阿莱斯·艾尔雅维茨:《图像时代》,胡菊兰等译,长春:吉林人民出版社,2003,第 214 页。

④ [法]保罗·瓦莱里:《文艺杂谈》,段映虹译,天津:百花文艺出版社,2002,第 259 页。

⑤ [法]保罗·瓦莱里:《文艺杂谈》,段映虹译,天津:百花文艺出版社,2002,第 291 页。

⑥ 汪曾祺:《汪曾祺文集·文论卷》,南京:江苏文艺出版社,1993,第 12 页。

让人没什么想法的"喇嘛"之间产生一种对比；在韵律的作用下，其中由"性别和谐"（女人／男人）与"文化紧张"（入世／出世）所建构的一种张力，无疑蕴含有某种虽说不明也道不出、但却能让人有所感觉的意味。面对这类文本很能让人想到这样的说法："诗行反复咀嚼声音，欣赏这些声音的美味。"①

诗人艾略特说过："假如一首诗感动了我们，它就意味着某种对我们非常重要的东西；假如没有感动我们，那么作为诗，它便没有什么意义了。"②清人黄宗羲写道："诗以道性情，夫人而能言之。然自古以来，诗之美者多矣，而知性者何其少也。盖有一时之性情，有万古之性情。夫吴歈越唱，怨女逐臣，触景感物，言乎其所不得不言，此一时之性情也。孔子删之，以合乎兴、观、群、怨、思无邪之旨，此万古之性情也。"③这段话虽仍未免道貌岸然之气，但指出了人的情感世界有着不同层次的区分很是有意义的。所谓一时与万古之性，也即个体私情与普世情怀的差异。趣味主义就是"一时之性与一念之意"主义，它满足于营造讲究心智和机巧的趣味迷宫，使人生中那些原本"尖锐的不可调和的痛苦，还有崇高壮美的欢乐，全都温和化、委婉化、享受化了"。因而指控趣味主义"就像是蛀虫，蛀空了感情的肌体，使它坍塌下来"。④

别尔嘉耶夫曾严厉地指出，人类不仅会受政治与宗教等的欺骗，同样也会受美感的诱惑与奴役，这些对象主要是少数的文化精英分子。他认为"只有文化精致了的时代才造就审美型的人"这或许并不准确，但他强调这种所谓的审美者"他们并不怀持真正的美感"很深刻。因为"审美型的人是消费者不是创造者"，他们"对革命或反革命的极端形式不加任何区分，会习惯地依附于它们"。他指出，"当人纯粹以审美态度观照生活时，是在主体的之中而不是在客体的之中"。在此意义上，"任何伟大的艺术创造者都不是审美者，甚至也很少以极端的审美态度来观照生活"。因为"美感诱惑使人做旁观者，不使人做参与者"。⑤ 所以我们看到，"崇高之后"的艺术悖论是，艺术转向了一种不转向精神的物。⑥ 这是因为在崇高美学的背后，存在着一种神圣性。海德格尔："诗人的本质并不在于对神的接受，而在于被神圣所拥抱。"⑦施勒格尔："成为艺术家，这句话的含义不是

---

① ［俄］维·什克洛夫斯基：《散文理论》，刘宗次译，南昌：百花洲文艺出版社，1994，第311页。

② 潞潞：《准则与尺度》，北京：北京出版社，2003，第221页。

③ 北京大学哲学系：《中国美学史资料选编》下册，北京：中华书局，1980，第210页。

④ 王安忆：《重建象牙塔》，上海：上海远东出版社，1997，第23页。

⑤ ［俄］尼古拉·别尔嘉耶夫：《人的奴役与自由》，徐黎明译，贵阳：贵州人民出版社，1994，第211页。

⑥ ［法］让-弗朗索瓦·利奥塔：《非人》，罗国祥译，北京：商务印书馆，2000，第156页。

⑦ ［德］马丁·海德格尔：《海德格尔选集》，上卷，孙周兴等译，上海：上海三联书店，1996，第349页。

别的,只是把自己献祭给尘间的神性。"①对这份"神圣性"的抛弃,是艺术上的现代派与后现代主义的分界点。

法国古典派文论家布瓦洛说得好:"从本来意义上说,崇高不是某种自我验证和自我显示,而是一种神奇,它使人震撼,使人惊讶,使人感觉。"②崇高意识是主体的,但这个主体并不是纯粹个体,而是代表"我们"的"我"。崇高体验的实质是自恋的超越。所以利奥塔宣称:"崇高只不过是美学领域中伦理的牺牲征兆。"③这话看上去不算错,但容易混淆视听。因为它遮蔽了这个事实:没有崇高感的艺术世界不仅平庸,而且已经走向没落衰败的途中。小说家王安忆曾经谈道:有时候对着氤氲般充满空气的轻薄的情感,那些小哭泣和小乐子,我想,我们放弃了多少大欢乐啊!这话说得不由你不为之叫好。作为小说家的王安忆或许已难有更大作为,但其对中国人生命状态的洞察力令人敬佩。正如她所说:我们得重视这几乎从未进入芸芸众生眼帘的大欢乐,因为"这大欢乐是一架云梯,引我们攀上天国的境界,它使我们可以真正勇敢地直面我们的有限,它用它的无限,托住了我们的命定的坠落,划定了消失。它是用来解答一些生与死的大问题"。④

对优秀作品的接受总是在提醒我们,处于共同生活境遇中的个体生命有承担伦理责任的义务。但对这份责任的无视乃至否认已成消费时代的一种社会景观。就像卡夫卡所言:"大多数人活着,却没有意识到超越个人的责任。"⑤诗人拉马丁曾称人为"落在地上而又无时不在怀念天空"的生命,而法国小说家莫洛亚则认为:如果说人的一大错误是拒绝承认人的动物本性,那么人的另一个更大的错误便是拒绝承认人的天使本性。⑥小说家略萨写道:我一向认为,一个作家不能仅仅局限于艺术创作之中,他在道义上有责任关心周围的环境,有责任关心他所处的时代,有责任关心社会上重大的政治和文化问题。我认为,我的写作就是这一信念的最好反映。⑦画家康定斯基也同样表示:一个艺术家千万要正确估量自己的位置,明白对艺术和自身所负的责任,懂得他不是一位君主皇上,而是一个为崇高目的服务的仆人。⑧经验表明,"不能被对正义的激情所激发的艺

① [德]施勒格尔:《浪漫派风格》,李伯杰译,北京:华夏出版社,2005,第1、20页。
② [法]让-弗朗索瓦·利奥塔:《非人》,罗国祥译,北京:商务印书馆,2000,第108页。
③ [法]让-弗朗索瓦·利奥塔:《非人》,罗国祥译,北京:商务印书馆,2000,第151页。
④ 王安忆:《重建象牙塔》,上海:上海远东出版社,1997,第26页。
⑤ [捷]古斯塔夫·雅努施:《卡夫卡对我说》,赵登荣译,长春:时代文艺出版社,1991,第147页。
⑥ [法]安德烈·莫洛亚:《从普鲁斯特到萨特》,袁树仁译,桂林:漓江出版社,1987,第105页。
⑦ [秘]巴尔加斯·略萨:《谎言中的真实》,赵德明译,昆明:云南人民出版社,1997,第1页。
⑧ [俄]瓦·康定斯基:《艺术的精神》,查立译,北京:中国社会科学出版社,1987,第69页。

术是微不足道的"①，这是因为归根到底"艺术不是安慰的方法"②。

　　崇高精神的缺席意味着体现艺术最高价值的神圣精神的消亡。这种精神虽然能够为小夜曲和安魂乐所分享，但归根到底只能在具有崇高品质的作品中得到淋漓尽致的发挥、被最大限度地予以弘扬。就像孔子所说，诗固然能够"怨"，但这只是诗的底线；唯有"兴"才是诗之品质的上限。毫无疑问，"一个人潦倒愁穷，全靠'诗可以怨'，获得了排遣、慰藉或补偿"③。这的确是艺术意义的一种体现，但并非其最高价值之所在。所以古人早有"怨与忿失诗之旨"的批评，倡导"乐之本在诗，诗之本在兴"④的见解。这与尼采将艺术本质归之于酒神精神是相通的，换言之，也即"艺术是生命的伟大兴奋剂"。⑤ 在这个意义上我们才能理解尼采的呼吁："**让我们固守崇高**"，⑥这不是故作悲壮的姿态，而是艺术精神的要求。崇高其实无从躲避，就像人生无法真的以游戏的态度来对待。

　　王蒙在《躲避崇高》一文中指出，一度被当代评论家以"痞子文学"命名的王朔小说，其锋芒所向的其实是那些自命不凡的说教文学，他以玩世不恭的话语姿态"撕破了一些伪崇高的假面"。这是王朔写作的意义所在。尽管他一再自称"哄"与"玩"，但"玩着玩着就流露出一些玩不动的沉重的东西"，在王朔最具代表性的小说里同样"也有血泪"。⑦ 我们要反对"大词"，警惕借大词来煽动民情、蛊惑人心的高谈阔论；但我们不能不关心生活中的重大问题，不能仅仅只为自己活着。无可否认，"人格的力量最终还是表现在关怀巨大的事物上"。⑧ 在美学视野里，崇高与优美构成了审美体验的基本类型。通常说来，"崇高令人激动，美令人陶醉。充满崇高感的人的表情是严肃的，有时凝然不动，并令人惊异。反之，强烈的美感使眼神流露出快乐的光芒，笑口常开喜气满面"。⑨ 在《论优美感的崇高感》一文里，康德曾形象地将之落实于性别文化中，以阳刚与阴柔之美来予以区分。

　　寻根溯源起来，西方美学思想史上关于这个命题的讨论，得追溯到公元前 3

---

　　① [美]阿兰·布鲁姆：《巨人与侏儒》，秦露等译，北京：华夏出版社，2003，第 117 页。

　　② [俄]维·什克洛夫斯基：《散文理论》，刘宗次译，南昌：百花洲文艺出版社，1994，第235 页。

　　③ 钱锺书：《七缀集》，上海：上海古籍出版社，1985，第 124 页。

　　④ 北京大学哲学系：《中国美学史资料选编》下册，北京：中华书局，1980，第 51 页。

　　⑤ [德]尼采：《悲剧的诞生》，周国平译，北京：生活·读书·新知三联书店，1986，第 325 页。

　　⑥ [德]弗里德里希·尼采：《哲学与真理》，田立年译，上海：上海社会科学院出版社，1993，第 13 页。

　　⑦ 王蒙：《逍遥集》，北京：群众出版社，1993，第 106、110 页。

　　⑧ 张炜：《随笔精选》，济南：山东友谊出版社，1993，第 68 页。

　　⑨ [德]康德：《对美感和崇高感的观察》，曹俊峰译，哈尔滨：黑龙江人民出版社，1990，第 3 页。

世纪的古罗马学者卡苏斯·朗吉努斯所著的《论崇高》。这本著作不仅具有开创性意义,事实上已经揭示了作为一种审美现象的崇高的基本特征。按照朗吉努斯的看法,崇高通常表现为一种拥有恰到好处的激情的雄浑的风格,但决定这种风格的关键是人的精神。所以他明确给出了**"崇高的风格是一颗伟大心灵的回声"**这个界定,强调这是一种朴素的思想"凭它本身固有的崇高精神"的结果。所谓这种精神的实质,简单说就是不同凡响。比如他指出,虽然同为荷马史诗,但由于其中缺少了"那永远不会流于平凡的崇高",作为诗人暮年之作的《奥德赛》就不如壮年之作《伊利亚特》。①

但真正对现代"崇高美"做出完整的思想建构的思想家非康德莫属。他在《判断力批判》里通过"大"与"伟大"的概念辨析,强调"我们称之为崇高的,就是全然伟大的东西"。明确了"崇高不存在于自然界的任何事物,而是内在于我们的心里"这个核心观点。因为"大"可以属于自然事物,而伟大只能属于一种主体意识。比如仅仅自然界中的狂风暴雨以及被风暴激怒的海洋等现象都不能称作崇高,而只是可怕。这种可怕可以转变为崇高体验,前提是观赏者意识中必须拥有某种人类观念。自然界的崇高美只是我们内心的崇高意识的外化。再进一步而言,这种意识就是一种超越个体利益的使命感。"所以那对于自然界里的崇高的感觉就是对于自己本身的使命感的崇敬,而经由某一种暗示赋予了一自然界的对象。"而我们称这些对象为崇高,因为它们"提高了我们的精神力量越过平常的尺度,而让我们在内心里发现了另一种类的抵抗能力",这赋予我们勇气来和自然界的全能威力的假象较量一下。从中我们意识到,崇高意识的核心是人类道德感的生成,是一种理性能力下的思想能量与精神境界的体现。因为"事实上,若是没有道德观念的演进发展,那么,我们受过文化熏陶的人所称为崇高的对象,对于粗陋的人只显得可怖"②。

一言以蔽之,崇高体验意味着一种由道德意识所激发的勇气与力量。崇高精神的实质不是外在的"大事物"所具有的"大现象"的影响,而是我们内在的"大观念"所产生的"大力量"的结果。这种大观念一言以蔽之,也就是一种以某种理念为基础的理想精神的感召,所以"崇高精神"与"英雄本色"常常相联,理想主义的旗帜通过总是由这样的角色高高擎起。但是在某种意义上,现代主义以来的艺术之所以呈现出一种"去优美性"和"反崇高化"倾向,其目的与其说是完全排斥传统的标新立异,不如讲是对传统的一种积极的补充。因为不得不承认,在传统艺术对优美和崇高的推崇中,有意无意地存在着一种"隔离":与缺乏艺术修养的芸芸众生的距离感。这使艺术价值的受众面被限制,让艺术文化成为少数人的权力体现。而现代主义艺术所要做的就是修补工作。用塞尚的话说:"我画

① 缪灵珠:《缪灵珠美学译文集》第一卷,北京:中国人民大学出版社,1987,第87、91页。
② 章启群:《新编西方美学史》,北京:商务印书馆,2004,第385—388页。

画，为的是那些坐在爷爷膝盖上的孩子们能一边看画，一边喝汤，一边唧唧喳喳地说话。"①小说家普鲁斯特也说过："在看到夏尔丹的绘画作品之前，我从没意识到在我周围、在我父母的房子里、在未收拾干净的桌子上、在没有铺平的台布的一角，以及在空牡蛎壳旁的刀子上，也有着动人的美存在。"②

　　作为美学范畴的优美与崇高相结合的"高贵"，体现了以"神圣性"为核心的古典审美实践的价值。最具代表的是米罗的断臂的《**维纳斯**》和文艺复兴时期的伟大雕塑家米开朗基罗的作品《**大卫**》。这两个作品超越了性别界线，统一于一种"神圣性的高贵"。但时过境迁的今天，审美实践发生了根本性的变化。在保持这两种审美范畴的同时，我们需要将"审美"推向"日常生活世界"，在日常生活的"世俗性"中去发现来自对生命本身的尊重的"神圣性"。这样的例子并不仅仅属于希腊罗马和文艺复兴时期的艺术，它同样也在许多现代艺术家笔下得到进一步的发扬光大。比如凡·高的《田野之花》和马蒂斯的《圈之舞蹈》等等。当然，最能体现"世俗化的神圣性"的绘画作品，是以法国画家夏尔丹晚期画作为代表。这些作品大都以家庭风俗画为主，表现所谓"第三等级小人物"也即下层普通大众的日常生活，在平易、朴实，给人以平和亲切之感中，表达出了一种对日常生活的热爱和普通人饮食起居日子中的人生味道。比如《午餐前的祈祷》、《洗衣妇》和《厨娘》等。

　　3. 高雅与通俗（elegant and popular）

　　与以上两组美学范畴不同，"高雅与通俗"这对美学范畴由于其内涵上的模糊，一直存在着争议。从学术史上来讲，这种区分也仅限于近代也就是 19 世纪以来，随着所谓"俗文学"的广泛传播而渐渐引人注目。何谓"俗文学"，按照我国五四时期著名学者郑振铎的解释，这个概念指的是民间的文学，也就是大众的文学。换句话说，"所谓俗文学就是不登大雅之堂，不为士大夫所重视，充行于民间，成为大众所嗜好的、喜悦的东西"。③　这与中文的语源有关。在中文语境里，"高雅"的意思通常解释为"高尚雅致"，指的是高尚举止或情趣，与"平庸邪恶"和"猥琐粗俗"相对。在词源上讲，最早语出《三国志·魏志·崔林传》："禀自然之正气，体高雅之弘量。"唐代诗人王勃在《釪鉴图铭》序中写道："句读曲屈，韵调高雅。"《老残游记续集遗稿》第五回也有这样的句子："他同尘俗人处，他一样的尘俗；同高雅人处，他又一样的高雅。"

　　今天来看，这个划分显然存在可以商榷之处。英语中关于"大众文化"与"大众艺术"的翻译，常常呈现出某种"通用"性或者说"互换"化现象。比如"mass art"（大众艺术），"popular culture"（大众文化），而后者的意思同时也指"流行文

---

① ［法］约阿基姆·加斯凯：《画室》，章晓明等译，杭州：浙江文艺出版社，2007，第 14 页。

② ［美］拉塞尔：《现代艺术的意义》，陈世怀等译，南京：江苏美术出版社，1992，第 4 页。

③ 郑振铎：《中国俗文学史》，北京：东方出版社，1996，第 1 页。

化"和"通俗文化"。这其实并不难以理解：通常说来，被称之为"大众文化"或"大众艺术"的事物，往往也就是受众面相对广泛，因而比较而言具有"通俗"与"流行"的特点。关键在于，这意味着在受众方面突破了"阶层"的区分。就像穿着"牛仔裤"的人不分男女老少和族群与身份。由此看来，高雅与通俗的划分主要来自于那些偏爱"做理论"的美学家们的需要。当代美国学者卡洛尔于1998年出版的《大众艺术哲学论纲》中写道："具体说来，二十世纪艺术哲学家建构理论的实例，主要来自于常常所称的高雅艺术领域。"并且，当他们"关注大众艺术论题时，他们的研究成果时常是排斥性"。因为在他们看来，大众艺术不是真正的艺术，而是"被称为媚俗艺术（kitsch）或伪艺术"的东西。[①] 毋庸置疑，这种论调迄今来看属于十分落后的陈见。

首先，关于高雅与通俗的划分方面就存在问题。比如通常认为，人们很难确定大众艺术时代的发生日期。只能大致地判断它是与信息的大众传播技术有密切关系。在此意义上，印刷机的实际使用以及随之而来的报纸媒体的诞生，可以作为一个参考。由此推断，第一种大众艺术的形式就是小说。随之而来的，分别是电影和电视。因为与小说相比，电影可以让不识字的文盲欣赏，大大普及了受众的人数。而与需要去一个特定的电影院里坐在那里才能观看相比，在家中随时随地都能随自己的意愿观看节目挑选内容的电视，则在大众艺术中更是后来居上。由此不仅可以界定，"大众艺术是利用大众生产和传播的流行艺术"，[②]而且还能够推断，随着传播媒介的不断更新与改进，新的大众艺术明星还将源源不断地产生。以当下的状况而言，迷你型的"平板电脑"和"智能手机"等新一代电子产品的出现，就已经像当年电视取代电影那样取代了电视的位置，成为大众文化的翘楚。

但这仅仅是问题的一个方面，事情的另一面也是更重要的在于，无论是小说和电影，还是电视与电脑，都只是一种表现方式或载体，本身并不就意味着拥有不变的品质，无法在"高雅与通俗"这两种分类中，被评论家给出绝对的归属。比如与诗歌相比，小说似乎显得较为"大众化"。诗人雪莱曾有一比：如果说流行小说家总是处于被"粉丝"们包围的喧嚣与骚动之中，"诗人是一只夜莺，栖息在黑暗中，用美妙的歌喉唱歌来慰藉自己的寂寞"。[③] 但我们并不能因此就论定，凡是小说就必定"通俗"而"流行"。比如英国作家乔伊斯的《为芬尼根守灵》。这本被归属于"小说"的文本之难读，被广大读者公认为"天书"。因为作者并不是为

---

① ［美］诺埃尔·卡洛尔：《大众艺术哲学论纲》，严忠志译，北京：商务印书馆，2010，第15页。

② ［美］诺埃尔·卡洛尔：《大众艺术哲学论纲》，严忠志译，北京：商务印书馆，2010，第3页。

③ ［英］雪莱等：《十九世纪英国诗人论诗》，缪灵珠等译，北京：人民文学出版社，1984，第127页。

"小说读者"写的，而是为那些"专业评论家"而创作。乔伊斯曾夸口说，他要让大学教授们忙活几百年，对他作品里的谜团猜来猜去，对他的意图争论不休。他做到了。不仅普通读者读不下去，正常且负责任的文学研究者同样不愿读。就像有论者所说：与其说《为芬尼根守灵》是创新之作，不如说是某种类型的集大成之作，不过，这种类型在其中被发挥到了极致，以至于令人生厌，不忍卒读。①

但乔伊斯的目的也多少达到了：他成功地让一些满腹经纶的"职业读者"们为他这堆"乱码"乐此不疲地做着"破案"工作。这种情形就像乔伊斯的前辈叶芝在《学究》一诗中所写："年迈、博学、可敬的秃头们/他们编辑注释的那些诗歌/不过是爱情失意的年轻人/为奉承美人儿无知的耳朵/在床上辗转反侧时的杰作。"②不过值得一提的是，从全球的整个文学读者与受众的范围内看，这样一些走火入魔者只是少数。多数人的态度会与诺贝尔文学奖获得者奈保尔的观点产生共鸣，奈保尔认为，**乔伊斯的作品毫无意思，他不会像乔伊斯那样像个瞎子似地去感觉世界**。在奈保尔看来：**创作越自然越好，语言应该明白流畅**。③ 但另外还值得注意的是，高雅艺术与通俗艺术这对范畴，在美学中与崇高的概念有着某种暧昧关系。自弗洛伊德学说诞生以来，曾经傲居宇宙的人类在精神上遭受了三重毁灭性的打击：人不在宇宙的中心（哥白尼）、人不是神的宠儿而是动物的近亲（达尔文）、人不是作为思想者的自身命运的主宰，而受到盲目的本能支配的非理性生命（弗洛伊德）。因此，以理想主义为参照点、以人类精神的弘扬为特征的崇高意识，就失去了能量的来源。

弗洛姆精辟地指出：理想主义总是要求我们为某个高于自我的目标献身，但人们在做这种选择时常常很难意识到，"他可以献身于种种非常不同的目标和偶像"，比如他可以献身于生命的成长，也可以献身于破坏生命。在这里起决定性作用的不是献身的目的，而是"'献身'这件行为本身"。④ 真实的思想总是"借用并献身于一个失去了天真的但是生活在地球上的人之肉体的、感觉的、情感的和思辨的经验"。⑤ 因而，率先将"后现代"这个概念提高到一种思想范式的利奥塔，在认真地讨论了"无身体能否思维"这个问题后，明确提出了"思维与躯体现象学的不可分"这个立场。这些隐身主体也就是诸如"国家"、"民族"、"东方"、"集体"等抽象主体，以它们的名义颁发的豪言壮语与高谈阔论，概不例外都是拉大旗作虎皮的信口雌黄。比如"为了迎接明天的战斗，只能用新的战斗"、"革命

---

① 见北京：《文艺报》，2012年12月10日，傅浩：《〈为芬尼根守灵〉印象点滴》。

② 见北京：《文艺报》，2012年12月10日，傅浩：《〈为芬尼根守灵〉印象点滴》。

③ 《环球时报》，2002年10月10日第十五版，石海峻：《奈保尔：失望的理想主义者》。

④ ［美］艾利克·弗洛姆：《人类的破坏性剖析》，孟祥森译，北京：中央民族大学出版社，2000，第287页。

⑤ ［法］让-弗朗索瓦·利奥塔：《非人》，罗国祥译，北京：商务印书馆，2000，第9页。

者失去的只有锁链,赢得的是自由"、"从胜利走向胜利"等等。

这些华丽辞藻的共同特点是空洞不明,这为别有用心者的偷梁换柱活动提供了极大方便。当人们为"明天"、"战斗"、"胜利"等大词所迷惑激动时,早已不再过问诸如前进的方向、谁的胜利、为什么战斗等这些实际问题。这是造成无数人类悲剧的一大根源。不难发现,从美学的视野来看,这些冠冕堂皇、道貌岸然的说法的共同性即"重",这为一种"轻盈诗学"对"沉重美学"的解构开辟了道路。犹如"是真佛只说家常",人世间**"一切神圣的东西都是轻轻地走"**。① 近代以来,西方美学纷纷强调:所谓**"诗人",就是"作为使人生变得轻松的人"**。② 因为生命存在的最基本的状态,就是摆脱任何干扰后的自由自在地呼吸。这个观点尤其得到了一些"后现代作家"的倡导。比如被奉为后现代小说家首席代表的卡尔维诺就明确表示:如同在科学中一切沉重感都会消失,"我的写作方法一直涉及减少沉重,我认为轻是一种价值而并非缺陷"。③ 法国诗学家巴什拉也写道:"为什么心理学家并未考虑建立有关这种轻盈的存在的教育学呢? 因此,诗人承担起教育我们的职责,将轻盈的印象结合到我们生活中,并使常被过分忽略的印象实现。"④

不过,有必要补充的是,当他们这样强调时,并不意味着对生活世界的真实状况的逃避,而是对艺术世界对"可能生活"的张扬。因此,某种"沉重"体验在这里仍然以隐身的方式"在场"。因为"如果我们不能体味具有某种沉重感的语言,我们也就不善于品味语言的轻松感"。⑤ 换句话说,我们不能对当代艺术对"崇高"的"躲避",一以概之地予以否定。必须区别真与假两种崇高。经验表明,生活中更多的是故作姿态的"伪崇高",这种现象利用一些冠冕堂皇而又空洞无物的"大词"蒙骗善良的人们,使之充当意识形态的牺牲品。因此,我们应该再次重申维特根斯坦的这番话:**生活是严肃的,而艺术是欢快的**。⑥ 但值得一提的是,"艺术的欢快"不同于日常经验里的平庸的愉悦。举例来讲,日常生活中的笑话大都与"性"有关。比如说美国学者阿瑟·伯格在他的书里引述的这则《迈阿密沙滩》:

① [匈]阿诺德·豪塞尔:《艺术社会学》,居延安译,上海:学林出版社,1987,第239页。

② [德]尼采:《上帝死了》,戚仁译,上海:上海三联书店,1997,第155页。

③ [意]伊塔洛·卡尔维诺:《未来千年文学之梦想》,杨德友译,沈阳:辽宁教育出版社,1997,第1、5页。

④ [法]加斯东·巴什拉:《梦想的诗学》,刘自强译,北京:生活·读书·新知三联书店,1996,第261页。

⑤ [意]伊塔洛·卡尔维诺:《未来千年文学之梦想》,杨德友译,沈阳:辽宁教育出版社,1997,第11—12页。

⑥ [奥]维特根斯坦:《战时笔记(1914—1917)》,韩林合译,北京:商务印书馆,2005,第244页。

有个男人到迈阿密度假。晒了几天日光浴后他注意到，自己全身都已变得黝黑，除了阴茎。于是他来到一处无人沙滩上用沙埋住全身，只剩阴茎竖起在外面的阳光下。不一会来了两位有点上年纪的妇女。她们注意到了这奇特的现象，两人共同感叹：在她们 20 岁时见了这东西一度害怕，到 40 岁时又十分想它，到 60 岁后为找不着它而犯愁，没想到现在这东西却有了野生的。

这是个典型的色情笑话，虽然其中仍然不乏一些涉及两性关系的社会内涵，但仍不能与真正的幽默艺术相提并论。因为"笑话是形式的游戏"，①而货真价实的幽默文学，作为语言艺术蕴含着更为深入的东西。对此，只要将之同一度被当作黄色小说的王小波的《黄金时代》相比较就很清楚了：

1.这个年级的学生全是三年困难时期坐的胎，那年头人人挨饿，造他们时也难免偷工减料。我看过一个材料，犹太孩子特别聪明、守规矩，全是因为犹太人在这种事上一丝不苟。事实证明，少摸一把都会铸成大错（P58）。2.我最不爱吃炸酱面，因为我正是炸酱面造出来的。那天晚上，他们用的那个避孕套破了，把我漏了出来（P84）。3.小转铃也和我装丫挺。每次我要和她做爱，她就拿个中号避孕套给我套上。我的小和尚因此口眼歪斜，面目全非，好像电影上脸套丝裤去行劫的强盗（P162）。4.我过二十一岁生日那天正在河边放牛。亚热带旱季的阳光把我晒得浑身赤红，痛痒难当，我的小和尚直翘翘地指向天空，尺寸空前。（P7）②

从"色彩学"方面讲，王小波这段文字的确足够"黄"，但我们显然不能将它与阿瑟·伯格所列举的那个段子相提并论。因为后者中有着十分严肃的思考，它是对现代中国一段畸形的历史时期的重新思考。就像一位网友读者在《狂笑着流泪》一文中所说，读王小波这本书"总体感觉在阅读中时常会让你狂笑几声，又会伴随着莫名的心酸和压抑。作者在序言中说，'这是一本关于性爱的书'，其实我看它不是关于性爱的书，而是说出了我们对于那个年代的一些真实的记忆和想法罢了，今天我们一样有类似的'难言之隐'，但是依然没有人敢说、愿意说，这也就是这个年代的人更加怀念小波的原因吧"。③ 而有意思的是，王小波的这部《革命时期的爱情》毫无疑问地被归属于"高雅文学"范畴。就像没有人对把金庸

① ［美］阿瑟·伯格：《通俗文化、媒介和日常生活中的叙事》，姚媛译，南京：南大学出版社，2000，第 184 页。

② 王小波：《黄金时代》，广州：花城出版社，1997，第 58、162 页。

③ http://blog.sina.com.cn/s/blog_477629680100t2f9.html.

先生的武侠叙事视为"通俗文学"有异议。

由此可见,在艺术文化中提出"高雅与通俗"这对范畴本身,就已经是一种"扬雅抑俗"的立场。在这个问题上,文学知识分子分裂成赞成与否定的两派,比如英国表现论美学家科林伍德对大众文化持否定态度,而俄国的巴赫金则持强烈的肯定立场。此外,"法兰克福学派"中的阿多诺与本雅明两人分别能够作为这两派的代表角色。在阿多诺看来,就像电视迟早要产生巨大的影响,它会使审美迅速陷入极端贫困的状态。随着后工业社会到来,文化工业也成为流水线上出来的产品。这种东西只能传播主流意识形态的价值观。"整个世界都要通过文化工业的过滤",此时,"为大众的艺术已经粉碎了人们的梦想"。① 在文化工业的流水线上,不仅有生拼硬凑的廉价传记、胡编乱造的通俗小说和无病呻吟的流行歌曲,还有无处不在的广告。在大众文化时代,广告事实上就是社会权力的纯粹表现,这种面向大众的"广告变成了纯粹的艺术"。② 它利用自己的审美魅力把社会大众全都变成了消费者。但与阿多诺对大众文化这种鲜明的否定态度不同,本雅明给予了乐观主义的肯定。理由是大众文化意味着艺术摆脱少数以精英身份自居的控制,走入芸芸众生之中,从而以"返祖归宗"的路径和"否定之否定"的方式,让起源于民间的艺术重新回到人民的怀抱。

从今天的事实出发,"否定论者"已被历史所否定。就像艺术中不存在"主义"的高低,作为美学范畴的"高雅与通俗"的划分没什么意义。它甚至不存在"体操"与"杂技"间的可比性。就像"莎士比亚所表现的是一个地地道道的世俗生活的场景",③我们不能忘记"伟大的文学在其源头上是集市性质的"。④ 有些评论者之所以津津乐道于这两个范畴,是因为受到个人口味的限制,对通俗作品的"世俗"性所具有的独特的艺术价值和审美风格缺乏深刻的认识。时至今日我们有必要大声疾呼,与经典美学不恰当地给予所谓"高雅艺术"以过度有评价相反,"未来美学"必须给受众广泛的所谓的"通俗艺术"和"大众文化"以高度重视。因为大众艺术或者说大众文化从来都是"审美经验最普遍的形式"。⑤ 有学者提出,大众艺术之所以又可以称之为大众文化,就在于它的"易理解性"。这并不错,但却是不够的。除此之外还存在着"多情感性"和"去苦难化"。与热衷于"零度写作"和"客观叙事"的所谓"纯文学与艺术"相比,大众文化的艺术品具有强烈

① [德]霍克海默、阿多诺:《启蒙辩证法》,渠敬东等译,上海:上海人民出版社,2006,第112页。

② [德]霍克海默、阿多诺:《启蒙辩证法》,渠敬东等译,上海:上海人民出版社,2006,第148页。

③ [德]卡尔·雅斯贝尔斯:《悲剧的超越》,亦春译,北京:工人出版社,1988,第10页。

④ [俄]维·什克洛夫斯基:《散文理论》,刘宗次译,南昌:百花洲文艺出版社,1994,第1、20页。

⑤ [美]诺埃尔·卡洛尔:《大众艺术哲学论纲》,严忠志译,北京:商务印书馆,2010,第1页。

的情感性和鲜明的价值观，多为"有情人终成眷属"的结局。这是它能够较"纯艺术品"更能吸引受众的原因。

如果说以往的文学与艺术各种形式，由于受到教育普及度的影响而能为自己将目标受众定位于相对少数的人群，成为某种特殊阶层的"文化福利"，那么在教育事业已经相当发达的现代，这个定位必须彻底改变。事实表明，在很大程度上，大众艺术品的"易理解性"与"情感诉求"，不仅引起并且构成受众对作为大众文化的通俗艺术的兴趣，而且能连带着让所有形式的文学艺术都得到优惠，从而在客观上给予了整个艺术文化以促进。而它饱受诟病的"快乐大团圆"的结尾，如果处理得好也能起到一个非常重要的作用：为饱受挫折处于困境中的芸芸众生，提供一种能让他们重新振作起来面对苦难、接受挑战的"正能量"。从这个意义上讲，仅仅指责大众文化"逃避现实生活"是没有道理的。问题并不在于"逃避"，这恰恰是许多艺术杰作的共性；而在于如何逃避和逃避什么？换句话说，这种逃避带来的是怎么样的后果？这正是区别通俗艺术与大众文化中的作品之优劣高低之处。和所有文化形态一样，大众文化并不是一种单质性的事物，其中存在着鱼龙混杂、良莠不齐的现象。比如"狂欢节"是典型的大众文化，但就像约翰·费斯克所指出的，**"狂欢节未必总是破坏性的，但破坏的因素总在那里；它也并非总是进步的或解放的，但进步与解放的潜能一直在场"**。①

我们肯定大众艺术并不是全盘否定小众艺术，更不是笼统地对凡是贴着"大众艺术"标签的作品一概予以赞扬。尤其是从政治方面讲，"大众文化的政治是充满矛盾的，而且其中若干政治在某些历史与社会条件下，还可能是反动的"。问题是意识到这一点没什么可奇怪的。这就像"快感的领域与意义的领域一样充满着矛盾"。② 在这个方面，重点在于承认：不能因为大众文化通过让广大普通人喜闻乐见而常常带有某种乌托邦色彩，就以"脱离现实生活"的名义贬低其艺术价值。英国学者克莱夫·贝尔说得好：伟大艺术的价值不在于能否变成日常存在的一部分，而在于它能"把我们从日常存在中解脱出来"。在他看来，艺术在这一点上可以与宗教相提并论：如同善男信女们到庙宇和教堂里去寻求一种与辛勤劳动的人类活动格格不入的精神状态，"他们也同样可以暂时离开这个世界，到艺术的庙堂去体验一下另外一种类型的情感"。③ 与其说这是对生活世界的逃避，不如讲这是人们能够以健康正常的心态，在不尽人意的现实世界中努力前行所必需的"吸氧"，对丑陋现实的暂时脱离只是一种"能量补充"。但更重要

---

① 〔英〕约翰·费斯克：《理解大众文化》，王晓珏等译，北京：社会科学文献出版社，2001，第124页。

② 〔英〕约翰·费斯克：《理解大众文化》，王晓珏等译，北京：社会科学文献出版社，2001，第209页。

③ 〔英〕克莱夫·贝尔：《艺术》，周金环等译，北京：中国文联出版公司，1984，第180页。

的是,对大众文化持有偏见的人常常意识不到,通俗易懂与情感饱满,这常常是创作伟大艺术作品的必要条件。

由此来看我们也就不难理解,金庸先生的《鹿鼎记》堪称一绝:它毫无疑问是"世俗"的,但同样没有异议是20世纪中国真正的伟大小说。再进一步讲,这就不难解释所谓"雅俗共赏"和"雅俗相通"的道理,和**"大俗即大雅"**的现象。比如在小说《红楼梦》里,既有第七十九回贾宝玉为搬出大观园的迎春的未来担忧,而做的《紫菱洲歌》这样的雅作:"**池塘一夜秋风冷,吹散芰荷红玉影;蓼花菱叶不胜愁,重露繁霜压纤梗。不闻永昼敲棋声,燕泥点点污棋枰;古人惜别怜朋友,况我今当手足情!**"也能见到薛蟠写的俗不可耐之酒令:"**女儿悲,嫁了个男人是乌龟。/女儿愁,绣房里窜出个大马猴。/女儿喜,洞房花烛朝慵起。/女儿乐,一根鸡巴往里戳。**"这就《红楼梦》之所以是中国古典小说中伟大作品的特色所在。

4. 奇异与怪诞(strange and grotesque)

在美学范畴中,以上所述三组概念早已耳熟能详。这是因为它们通常被运用来描述和形容传统类型的美学现象。与此不同,奇异和怪诞虽然在艺术创作中出现已有一个多世纪,最初主要表现于诸如英国小说家狄更斯的《匹克威克》、《远大前程》和《雾都孤儿》等作品里的男女形象,和法国作家雨果《巴黎圣母院》里外貌丑陋但内心善良的敲钟人卡西莫多对美丽的吉普赛姑娘的爱情。但它们正式进入到美学范畴之中,却是近半个世纪以来的事。首先是随着一些反现代主义画家的声名鹊起(比如雷内·马格利特和萨尔瓦多·达利)而得以进入人们的视野,渐渐地以一些影视作品(比如获2008年度奥斯卡最佳影片、最佳导演、最佳男配角、最佳改编剧本等4项大奖,同时也获得3项英国影艺学院奖和两项金球奖的,由好莱坞著名的"科恩兄弟"共同主导的《老无所依》)的广泛影响力,而终于成为后现代艺术的基本美学特征。

在汉语里,"奇异"与"奇妙"只有一字之差,但意思明显有别。后者作为一个正面的评价词表示一种赞赏。但也因此,在美学范畴内显得相对"平庸"。事情很明显:凡是美的事物往往都能博得一个"奇妙"的赞叹。所以,在英语里,"美丽"这个词(beautiful)与"奇妙"(wonderful)和"巧妙"(artful)的押韵,似乎也在情理之中。在某种意义上,"美"和"奇妙"是近义词。也因此缘故,作为"奇妙"的近义词的"奇异"多少有点"沾光",具有一定的美学意义。在一定程度上,"奇异"也可以解释为"奇妙的变异",强调的是一种"陌生感"。虽然让人惊奇,仍属于经典美学的范畴。在现代绘画中,最有代表性的例子就是毕加索1932年的作品《梦》,马蒂斯1935年创作的《斜卧的大裸女》,凡·高的《星空》与《田野》。前者虽是一幅带有抽象派风格的作品,但将做梦少女的美好憧憬的"神韵"呈现得十分鲜明,给人一种独特而优美的意味。马蒂斯的作品将西方绘画中传统的女性裸体画,进行了大胆而夸张的抽象性处理,突出了女性人体的特点却又呈现出别具一格的韵味。至于凡·高的《星空》就更耀眼了,画面上呈现的是夜晚的风景,但整幅作品以深蓝色为背景,尤其是那些犹如风暴中翻卷不息的星团,使得这个"星空"给人以强烈的神秘色彩。当我们学会欣赏具有鲜明奇异色彩的作品时,常常让人想起一位评论家的这番话:**"艺术家从我们手中夺走了'熟悉'这一拐杖,使我们张开眼睛去观察。"**①

与"奇异"比较起来,"怪诞"显得有所不同。如果说作为一个美学范畴的"奇异",表示美学中某种带有"奇特"性的现象,而处于审美实践的"常态"范围;那么"怪诞"这个范畴已处于美学的边缘地带,甚至可以说是临界线。与"奇异"在词义内涵上的相对单纯和明确不同,"怪诞"的词义内涵显得十分复杂。这在英语中尤其突出。包括 singular, strange, queer, bizarre, odd, unusual, fantastic, peculiar,等等。也因此,尽管在某些场合里,我们视为"怪诞"的事物在某些时候由于其内涵是指"怪异",而能被审美地运用。从字面词主上讲,"怪诞"的意思是指"荒诞不经"、"古怪离奇"。从词源学上讲,大多用在野史杂文等中。如唐刘知几的《史通·古今正史》中写道:"发言则嗤鄙怪诞,叙事则参差倒错。"宋代李上交的《近事会元》卷四:"又小说云,术士罗公远导明皇入月宫,闻之尤甚怪诞,不足为证。"明代王琼的《双溪杂记》中说:"甚至杂以诙谐之语、怪诞之事者亦有之矣。"与"奇异"已经逐渐被纳入现代主义艺术范畴不同,在更多的情形下,被描述和形容为"怪诞"的现象,往往已超出了"常态",属于"异常"和"反常"的现象。

从艺术史的发展历程讲,作为美学范畴的"怪诞"其实有着悠久的历史,中国古代青铜器皿上的许多雕刻和西方神话传说中的叙事内容,表现出各种狞厉丑陋的形象。事实上这就是作为审美范畴的怪诞风格的源头。但它这种意识的自觉地呈现发生于 19 世纪。1827 年 10 月,法国伟大的文学家雨果为自己的剧本《克伦威尔》写了长篇序言。这部戏剧虽然因受到舞台表演的限制而未能上演,但这篇著名的序言不仅成了浪漫派文艺的宣言,而且也是第一篇为"怪诞之美"出场提供了雄辩的理由的论著。在文章中,雨果敏锐地提出,古典主义那种以优美为标准的和谐统一之美已经衰竭,一种新的审美风格已经产生,这就是"滑稽丑怪"。雨果以"戏剧的特点就是真实"的命题为这种前所未有的艺术风格辩护,将其审美合法性建立在与时代生活的同步上。他强调:近代的诗神早已发觉,"丑就在美的旁边,畸形靠近着优美,丑怪藏在崇高的背后,美与恶并存,光明与黑暗相共"。② 在这些排比句中,已经道出了怪诞美学的基本要素和作为一种艺术类型的主要特点。堪称"标准"的怪诞现象,往往不仅在感觉形态上显得丑陋古怪,甚至在内涵中蕴涵着让人反感的丑恶。

尽管这样,它之所以仍能作为一种美学范畴在艺术文化中占据一席之地,在

---

① [美]卡斯顿·海雷斯:《现代艺术的美学奥蕴》,李田心译,长沙:湖南美术出版社,1988,第 165 页。

② [法]雨果:《论文学》,柳鸣久译,上海:上海译文出版社,1980,第 44、30 页。

于它通常是后现代主义"审丑"倾向的主要呈现。如果说经典艺术的关键词是 beautiful and sublime(美丽与崇高),那么形容后现代"新艺术震撼"的关键词,则多为 interesting(令人感兴趣、引人关注的)、amusing(有趣、好玩、滑稽的)、fun(乐趣、玩笑在、娱乐)、fascinating(迷人引人入胜)等等。在这方面最具代表性的作品就是西班牙画家达利创作于 1931 年的《**记忆的永恒**》(*persistence of memory*)。达利这类作品是他的特色,用他本人的话讲,目的在于揭示"由弗洛伊德所揭示的个人梦境与幻觉"。不过这类绘画并非作为一种主义的"怪诞艺术"的最大特色。怪诞之所以能成为后现代主义艺术的主流,就在于不同于古典派艺术的和谐论,"怪诞所具有的最稳定、最显著的特征就是不和谐(disharmony)这一基本特征"①。因为怪诞之为怪诞,就意味着"过分"(extravagant)、"夸张"(exaggeration)和"极端"(extremeness)与"反常"(abnormality)。正是根据这些特点,美国学者菲利普·汤姆森给怪诞下了这样的定义:怪诞乃是作品和效应中的对立因素之间不可调解的冲突,体现着"矛盾内涵"。② 如果以推崇"和谐论"的古典美学为标准,怪诞似乎只能作为审美对立面;但从中国古代"一阴一阳之为道"的之说来讲,这看似离经叛道的现象并未脱离艺术创作一以贯之的原则:通过冲突达到新的平衡。

因此,如何界定这种审美现象成为美学家们的难题。已故美国哈佛大学教授、著名美学家乔治·桑塔耶纳在其《美感》一书里有过专门的讨论。他把"怪诞"放在崇高、滑稽、机智、幽默之后,很简单地提出:类似幽默的某些东西出现在造型艺术上,我们就称之为怪诞。显然,这个界定有一定道理但实在过于简单了。为此他又进一步补充说:怪诞是有形非形、混乱不清,仿佛畸形的东西。这个补充对我们认识怪诞有所帮助,但仍然是含糊的。唯有当他区分存在着本质上劣于或高于正常事物的两种怪诞,并且强调,"正如出色的机智是新的真理,出色的怪诞孔雀新的美"③时,这才给予我们一些启示。讨论的深入必须从具体现象出发。怪诞之美的"冲突"大多表现为"令人厌恶或感到恐怖"的内容,与表达这种内容的"滑稽可笑的手法"之间。构成"怪诞美"的前提的关键在于两点:首先,由于怪诞性是"由形式与内容之间产生的一种强烈冲突和对照而构成的",因此,作为表现手段的形式必须"大于"内容。换句话说,表现手段的滑稽可笑必须能足以压制住让人厌恶与恐怖的体验。其次,这种由本质上自相矛盾的东西而激发的强烈的冲突,往往超越了常规性的接受心态,因此它所达到的目标必须是有价值的。换言之,这种冲突应能被看作是"**对人类生存本身面临的困境所作的**

———————

① [美]菲利普·汤姆森:《论怪诞》,孙乃修译,北京:昆仑出版社,1992,第 27 页。

② [美]菲利普·汤姆森:《论怪诞》,孙乃修译,北京:昆仑出版社,1992,第 37 页。

③ [美]乔治·桑塔耶纳:《美感》,缪灵珠译,北京:中国社会科学出版社,1982,第 175、176 页。

恰如其分的表述"。①

前面的案例可以英国著名作家斯威夫特的讽刺短篇《一个平凡的建议》为代表。作品中的叙述者以经济学家的身份和一种学究气的口吻，对一大批失业无助的爱尔兰流浪汉表示同情。尔后他给出一个解决问题的建议：

> 一个喂养精心、身体壮壮的婴孩，到了一周岁时那才是最可口、最有营养的美味佳肴，煨、烤烘、煮均宜；我毫不怀疑，这种婴儿做成油煎重汁肉丁或浓味蔬菜炖肉片味道亦颇佳。因此，我不揣冒昧提出的拙见恳请诸位明察。据计算，在12万婴儿中，可留2万作种，公童占四分之一即可，这个数字已超过我们所允许的绵羊、水牛、家猪的头数。我的理由是，这些孩子大都不是婚姻之果实，这种情况未能得到我们野蛮人的重视。因此，一个公童足以交配四个母童。剩下那10万，满周岁时，可以出售给整个王国那些有权有势的达官显贵们。所以要时时叮嘱各位母亲，最后一个月要喂足奶，以便长膘，好做肥美佳肴。宴请宾客，一童可做两菜，家人用餐时，前后肘子做一个菜也就足矣。若撒上一点胡椒面或是盐，四天后再煮，效果极好，冬季尤宜。

这段文字中，"形式与内容的冲突"表现在斯威夫特的叙事者的口气显得十分"正经"，以一种"公文"的语调给人以似乎在谈一件科学般准确的报告。而这种公文式的冷漠所表达的内容，却是让人惊愕的吃人事件。由于语气中明显流露出调侃与讽刺的意味，"减轻"了内容给人的恐惧感。反而因作者的酷虐式的机智的笔锋而产生一种快感。第二个案例的最佳代表是卡夫卡最著名的短篇小说《变形记》。主人公格里高尔·萨姆沙是一个公司的普通职员，但身心疲惫。在这天一早醒来，意外地发现自己成了一只巨大的甲虫。"他朝天躺着，那坚硬的铠甲似的背贴着床，他稍微抬了抬头，看见自己那穹顶似的棕色肚皮分成一块块弧形的硬片，被子简直盖不住肚子，眼看就要滑下来了。那么多的腿与身躯一比，真是细得可怜，都在他眼前无可奈何地挪动着。"在小说开头这段著名描述中，读者同时能感到恶心和可笑、既让人厌恶又令人同情的两种冲突矛盾情感的并存。

作为一种美学范畴的"怪诞"，通常都以丑陋的形象呈现，但其中存在着善与恶两种截然不同的意象。主要体现于后现代主义画派中。体现出善意的怪诞性作品，可以以两位超现实主义画家，比利时的雷尼·马格利特的《强奸》和西班牙的萨尔瓦多·达利创作于1940年的《战争的面貌》为代表。两者机智地利用了怪诞风格的美丑并存、丑中显美的手段，捍卫女性的权利与世界和平。事实上在

---

① ［美］菲利普·汤姆森：《论怪诞》，孙乃修译，北京：昆仑出版社，1992，第14页。

这之前,尼德兰画派的彼得·布鲁盖尔的油画《农民的婚礼》和《盲人》,法国小说家拉伯雷的《巨人传》等,都已有类似的表现。但怪诞美学风格上的这种矛盾性,同样也为以艺术的名义追求丑陋与恶俗效果而刺激眼球的作品,提供了一个网开一面的平台。这在达利的创作中屡见不鲜。由此可见,随着怪诞美学的出现,审美已经走到了它的边界线。只要作者被自己的猎奇心和暴力嗜好等病态心理所控制,其创作就会越界,只有丑陋恶俗而毫无任何审美价值。或许正是这个原因,作为一种美学范畴的怪诞往往受到一些后现代主义艺术家的青睐。

　　同时,对怪诞艺术和审美特色的研究,也就显得尤为必要。或许这是在西方国家,仅英文著作就出版了多达三百多部的原因。正如国内对这个论题做了最出色研究的刘法民教授所指出的:由于它是一种滑稽的恶、可笑的恐怖、反常的正常,因此有使人注意丑恶、醒悟丑恶的抗恶价值,促进反向思维的益智价值,强迫注意铭刻记忆的震撼价值,引发独特快乐享受的快感价值,驱散邪恶吓退侵犯的威慑价值。① 这段话对怪诞美学范畴在艺术创作中的现代意义,做出了最为全面的总结。毋庸讳言,奇异与怪诞之美已经取代优美与崇高的位置,在当代艺术与审美实践中独领风骚,这是我们必须认真对待这对美学范畴的原因。因为随着后现代主义潮流如海啸般地席卷全球,一种走向邪恶与丑陋的风气,似乎正在成为一种新的"美学时尚"。这使我们必须保持必要的警惕。

---

① 刘法民:《怪诞的本来面目》,北京:社会科学文献出版社,2012,第2页。

第二章　继往开来

一、美学的学科史

1. 来自神学的美学

让我们从两部学术著作讲起：著名瑞士神学家巴尔塔萨的《神学美学导论》和前北京大学中文系阎国忠教授的《美是上帝的名字：中世纪神学美学》。顾名思义，这两部书的主题都是关于"神与美"，并且写得不错。尤其是巴尔塔萨的作品思想深邃，给人许多启示。有研究者统计，仅从 1970 年至他去世的 1988 年间，就有 40 多部关于他的博士学位论著。但尽管如此，多少会给人以某种难以言说的怪异感。这种怪异感的产生却并不奇怪。正如艺术与宗教的关系虽然错综复杂，但在根本上貌合神离。将世俗化或者说强调"在世性"的美之欣赏，与注重"彼岸性"的神之崇敬如此这般地紧密联系在一起，似乎需要些解释。这种解释事实上意味着对美学理论的起源的重新认识。

通常说来，人们心目中的"美学"是人文研究领域里的"老字号"。众所周知，尽管包括中国在内的世界各民族，自古以来皆有关于美的自觉或不自觉的思想；但在作为一门"学科"意义上的美学，起源于西方世界的思想源头：爱琴海畔的古希腊。虽说就像美学家托马斯·芒罗所指出的，"现代意义上的作为哲学或科学的一个有机分支的'美学'，在古代东方与西方都是不存在的"。[①] 但当我们沿着西方美学史的轨迹回溯其整个发展历程就不难发现，这个发生于古希腊哲人的思想活动，其实与现代意义上以大写的"艺术"为中心的人文思考相去甚远。因为它原本只是早期基督教神学的一个组成部分。如果说西方美学源于柏拉图笔下的苏格拉底，那么我们可以说：在柏拉图借苏格拉底之口道出的那些关于"美"的论述，其初衷完全与艺术无关，而只是为了替作为一种超验性的上帝的存在而展开的一种雄辩的论证而产生。唯其如此，直到中世纪结束和随之而来的"文艺

---

① ［美］托马斯·芒罗：《东方美学》，欧建平译，北京：中国人民大学出版社，1990，第 73 页。

复兴"运动的崛起,西方美学一直是汲取神学的养分在发扬光大。那些有影响力的所谓"美学家"基本上都属于基督教思想阵营的神学家。

何谓"神学"(theology)?在思想史上专家们的观点不尽一致。在此我主要引用两位学者的观点。其一是20世纪苏格兰神学教授麦奎利的话:"神学可以定义为这样一种学问,它通过参与和反思一种宗教信仰,力求用最明晰和最一致的语言来表达这种信仰的内容。"①其二是美国波士顿大学神学院院长罗伯特·诺维勒教授(南乐山)的观点:"作为一门知识学科的神学是对要求理解宗教本质的好奇心和其他需求的一种理性回应,它是宗教的自我反思并有能力从学说上给关于神的观念以真理的根据。"②两位学者的见解或许并非"定论",但基本上能够澄清我们的问题。换句话说,神学也就是作为宗教文化的一种系统化的反思性思想学说。古希腊的色诺芬被认为是历史上最早的"思辨神学家",他的特色在于,在盛行多神论的时代果断提出了神的统一性和不变性,明确地将神确立为万物存在于其中的宇宙的永恒基础。他之所以强调"神学家必须是逻各斯——圣言——的首要仆人"③,是因为他意识到只有形成这样一个无可置疑的绝对中心,才能落实作为万物归一之"一"的上帝的位置。所以海德格尔在其《林中路》中直截了当地指出,"基督教神学乃是形而上学"。美学史家们早已认识到,对于古希腊,就像"只有在宗教里才存在真正的美,那种把美的原始表象世界远远抛到脑后的震惊,即是对这种唯一真正的美的观照"。因而"从美的哲学的基本命题中,一定可以寻找到神学同样也能胜任的一切蛛丝马迹"。④

但在神学与美学间率先建立起相应关系、从而为"神学美学"日后的诞生作出奠基性贡献的,是以"理念论"为核心的柏拉图学说。在柏拉图思想中,"理念"的位置堪比于孔子的"仁"。这个抽象概念是总是处于变动状态的具体事物和现象世界后面永恒不变的东西。比如柏拉图在《巴曼尼得斯篇》里阐述:和存在于个体心灵里的观念意识不同,"理念是原因,它是事物的模型,其构造具有永恒的性质"。所以就像美国哲学史家梯利所说的:"柏拉图的体系对基督教哲学与神学有很大影响",当日后的"基督教力图使它的教义被有教养的罗马人所理解时,柏拉图的体系乃成为它的思想宝库"。因为正是在柏拉图的学说里,"善的理念是逻各斯,即宇宙的目的"这个思想得到强有力的倡导;"它断言理想的世界超越经验世界,宣扬超验论,承认造物主",并力图从善这个"终极原因或目的方面对

---

① [美]麦奎利:《基督教神学原理》,香港:汉语基督教文化研究所,1998,第36页。

② [美]南乐山:《在上帝面具的背后》,辛岩译,北京:社会科学文献出版社,1997,第35页。

③ [美]汉斯·昆:《基督教大思想家》,香港:汉语基督教文化研究所,1995,第2页。

④ [美]巴尔塔萨:《神学美学导论》,曹卫东等译,北京:生活·读书·新知三联书店,2002,第12、16页。

宇宙作最根本的解释"。这使得柏拉图的整个学说"在根本方面有伦理色彩"。①
这同时意味着对于柏拉图而言,他关于"美"的阐述只是为了强调"理念世界"的
"超现实的现实性"提供一种论证。

比如柏拉图在《会饮篇》里提出,"美"虽然呈现于现象,但其"本体"却是一种
超感觉的东西。因此才有"一种最值得人过的生活,这就是对绝对美的沉思"这
样的说法。正是通过对美的论述,柏拉图为作为一种终极本源的善的理念的实
体性,提供了一种自圆其说的论证。因为"事物可见不可知,理念可知不可见"。
人们无法以"眼见为实"这样的理由来怀疑"理念"的实体性。在这个意义上,尽
管我们必须承认柏拉图本人并没有直接着手营造基督教神学体系,但他赋予超
验的善的理念以最高实体性的强有力的论证,为以上帝为中心的"基督教神学"
的诞生提供了不可缺少的形而上学基础。有研究者指出,柏拉图还是历史上正
式使用"神学"的第一人。② 所以梯利的这个观点是成立的:不是柏拉图本人的
意图而是"柏拉图的体系成为宗教世界观或通神学的构架"。同样只有在这个意
义上,我们才能理解,何以在吉尔伯特和库恩在他们合著的《美学史》里,认为"柏
拉图的著作与其说是美学著作,不如说是反美学的著作"。只是有必要补充一
点:"反美学"其实正是一种美学思辨。正是出于这个考虑,克罗齐在其《美学的
历史》中毫不犹豫地提出,"美学问题正是和柏拉图一起产生的",波兰著名美学
史家塔塔科维兹也得出"柏拉图是艺术批评和美学思辨的创始者"③的结论。

但确切地讲,由柏拉图所开创的这种美学,就是"作为一种神学"的美学,柏
拉图只是在用其理念论来替基督教"自然神学"奠定思想基础的同时,"顺便"地
为神学美学打开了一扇门。将这种思想真正演绎为一种学说的,是被思想史家
们看作"新柏拉图学派创始者"的,出生于埃及的罗马帝国时代最伟大的哲学家
普罗提诺。在他之后的两位主要的思想家是奥古斯丁和托马斯·阿奎那。普罗
提诺沿着柏拉图开辟的道路再进一步,强调将思想从对感觉与物质世界的关注
转向对超感觉的非物质实在的认识:一个人观看具体的美时不应该让自己沉湎
其中,而应当超越它,努力"飞升到美的本源那儿去"。所谓"美的本源",也就是
身处我们的感官—经验世界之外、作为"绝对的善"的神。在《九章书》第一部第
六卷的《论美》篇,普罗提诺明确提出:"如果要得到美本身,那就得抛弃尘世的王
国以及对于整个大地、海洋和天空的统治。"整个审美过程就是通过"爱"的体验
回返神的国度。比如,"想一想绘画的情形吧:凡是以肉体的感官看见了绘画艺
术作品的人,决不是以唯一的一种方式在看见这种东西的;他们从眼前被勾画出
来的事物里面认识到深藏在理念之中的事物的表现,因而深深地被感动,并这样

---

① [美]梯利:《西方哲学史》,葛力译,北京:商务印书馆,1995,第 67 页。
② 陈中梅:《柏拉图诗学和艺术思想研究》,北京:商务印书馆,1999,第 105 页。
③ [波]塔塔科维兹:《古代美学》,杨力等译,北京:中国社会科学出版社,1990,第 154 页。

被唤起了对于真理的回忆,这正是'爱'所由以产生的经验"。自此,神学美学才真正启程。

美的历程也就是芸芸众生重返天国的朝圣,对美的热爱表明了人们对一个超越经验世界的精神故园的怀念。所以审美主体的自我修养就举足轻重。因为唯有"通过这个自我修养的过程,我们便可以获得那种'独一无二的眼睛':它可以观看'太一'伟大的美"。从柏拉图提出的美的超验性,普罗提诺进一步明确了美的彼岸性。这个作为"太一"的美也就是存在于彼岸的"神"。因此,"为了能够看到那个神,我们必须凝神屏气宛如在神庙中一样,我们必须对此岸的事物不置一词,宛如在观看神像"。由此可见,普罗提诺通过对纯粹精神、灵魂、物质等三种形态的区分,确立了上帝的至高无上性。但在经过奥古斯丁和阿奎那的发扬光大,神学美学才得以趋于成熟。奥古斯丁的贡献在于将美学融入"系统神学"之中。不同于普罗提诺的柏拉图主义,"奥古斯丁倾全力于神学,即使联系到哲学问题,其主要目的也是调和《圣经》的教导与柏拉图派的哲学遗产"。① 所以在奥古斯丁这里,普罗提诺的"神"已明确转换为"天主"和"上帝"。至高无上的美就是上帝,上帝即"美本身"。一部人类史就是作为"上帝之城"的美之天国同世俗之国的凡界之间的较量。芸芸众生所要做的,无非就是认清虽然"天空是美的,但看不见的创造物则更为美",那虽然无形但又有实体性的上帝才"是无可匹敌的、真正的美"。奥古斯丁由此排出了一个关于美的四层阶梯,即:肉体之美、经由肉体之美趋向灵魂之美、灵魂内在之美、趋向上帝之美等。他也因此而获得了"西方基督教美学的创立者"的名声。

从美学的立场来看,奥古斯丁的主要贡献有三点。首先是通过以美决定快感,明确了美作为一种精神实体的客观性。也即"快感仅生于美,而美取决于形状,形状取决于比例,比例取决于数"。而这个通过尺寸、形式与秩序三者体现出来的数,则"是上帝所创造的无论精神的还是物质的事物的基本完善性"。因而对于这种作为完善的理念的美,我们只是观看它而并没有创造它。其次是肯定了象征与想象力在审美活动里的重要性。即"以上帝的一个'神圣的名字'出现的、严格说来仅仅属于上帝的美,借助于象征主义这一茫茫无际的绳索,从天国降到大地。想象力常常被称为一只小船,往返于天国和大地之间"。② 第三也是最重要的就是对上帝作为绝对美的确定。在《忏悔录》里他以自身的经历为担保,表示"我为达到至高的美的相等(equality)而欣喜,对此,我不是凭肉眼,而是凭心灵去认识。因此,我相信我以肉眼所见之物愈是接近我以精神领悟之物,它便愈加完美。但无人能够解释为何如此"。

如果说奥古斯丁的贡献在于将柏拉图学说彻底"基督教化",那么将亚里士

---

① [英]罗素:《西方的智慧》,崔人元译,北京:世界知识出版社,1992,第169页。

② [美]吉尔伯特等:《美学史》,夏乾丰等译,上海:上海译文出版社,1989,第199页。

多德诗学理论的基督教化,则是托马斯在美学史上的主要意义。他通过把理性引进神学而实现了基督教思想的一次转型,在这种新的思想背景下,托马斯给美学带来了新内容,即给了超验的美的理念以经验的基础。亚里士多德虽然接受了柏拉图提出的作为事物之形式(理念)的永恒性,但却扬弃了其超验性。在他看来,形式并不脱离事物,而在事物之内;理念作为目的因固然是最本质的东西,但它不具有自在性。感官世界与现象世界不单纯是实在世界的模仿或影子,它就是实在的世界。依托于亚里士多德的这一观念,托马斯提出了他关于美的著名定义:美的事物是一种在人们看见它时能给人以快乐的事物。需要特强调的是,这是西方美学史上第一个真正意义上的"关于美"的界定。托马斯也以这种方式间接地"回应"了苏格拉底在《大希匹阿斯》中做出的"美是难的"这个结论。借助这个定义,托马斯对美提出了新的认识:首先是强调了美与现象的联系,因为"观看"行为有一种直接性,总是同具体事物联系。其次是明确了人作为审美主体的意义,因为"只有人才对如此这般的感性事物的美感到喜悦"。再则是触及了审美活动本质上的超越性。用他的话讲,"狮子在看到或听到一只牡鹿的时候感到喜悦,是因为这预示了一顿佳肴。而人却通过其他感觉体验到愉悦,这不仅是由于可以美餐一顿,还由于感性印象的和谐。因此,这种愉悦也就不再同维持其生存相联系"。[①]

　　需要进一步说明的是,这与神学美学有什么样的密切关系? 关键在于,在西方哲学传统中"实在何在"这个根本性问题上,托马斯借助于**"共相既在先又不在先"**的思想,调和了柏拉图的先验论与亚里士多德的经验论之间的间隔,为美的神圣性留下了坚实的基础。换言之,神学之所以为"神之研究",在于必须为一种"不可见"的"超验存在"留下位置;因此作为神学的美学则必须给予人的经验生活留下一席之地,否则的话它就只能是神学而称不上美学。托马斯的上述见解正体现了对这两者的包容。虽然这个问题从普罗提诺开始便已被诸多思想家们讨论,但只是在托马斯这里,事情才有了一个较为明确的转变。唯其如此,像塔塔科维兹这样的美学史家给了托马斯以高度评价,在他看来,"圣托马斯的定义虽然简单,却具有伟大的历史意义"。[②] 因为他不仅为经院论哲学争了光,而且也为现代美学的诞生作出了重要贡献。但归根到底,所有这些仍然只是希腊精神的延续。"对于希腊人来说,宗教是借助乞求神的降临、排演神的故事、移情地感受神至高无上的光辉、把神用美和人的形式不断置于自己眼前的种种手

---

　　① [波]塔塔科维兹:《中世纪美学》,褚朔维等译,北京:中国社会科学出版社,1991,第316 页。

　　② [波]塔塔科维兹:《中世纪美学》,褚朔维等译,北京:中国社会科学出版社,1991,第301 页。

段。"①换句话说,希腊人对"神"的态度完全是世俗化的和工具性的。他们在意的是以身体性为本的"美",而不是抽象的形而上之"神"。

回到中国思想传统,上述观点就显得完全不同。以孔子和老子为代表的早期思想家的美学言说与神学的关系,与西方思想家们的路径显然不同。认识中国古代美学与神学之关系的关键所在,是怎样评估作为中国传统思想文化两大主潮的"儒与道"的宗教性。一般说来,中国思想尤其是孔门儒学同基督教意义上的宗教文化相去甚远。也正因如此,对于中国思想的宗教性长期以来人们总是有些怀疑。比较起来,一种介于明确的否定与肯定之间,将中国思想视之为一种能够被以宗教式地对待的"仿宗教"的观点,因其显得较为"中庸"而得到了不少学者的赞同。其中最有代表性的是英国人肯尼迪所提出的,儒学可以被作为一种宗教体系来对待,但它不能被称为宗教。② 林语堂虽然曾认为,普通中国人"依赖道家的神学以解释自然界的神秘";但也基本认可这一说法,承认"孔子学说干脆些说,它有一种对待人生与宇宙的思想,接近宗教而本身不是宗教"。③

分歧的关键,在于究竟怎样理解人类的宗教文化。事实表明,任何试图以某个单一特征来将所有的宗教现象一网打尽,这种做法既不现实也无必要。当代英国学者约翰·希克曾建议,采纳维特根斯坦当年以游戏为例提出的"家族相似说",将整个宗教活动看作一个既有某种联系又不尽一致的现象。人类文化的多元化决定了宗教现象的多样性,驻足于基督教传统来制作宗教文化的范本并不合适。但另一方面,也正是"家族理论"本身提醒我们,正如基因与血缘最终将一个家族联结成一体,在文化现象的多样性里同样也存在着某种最为根本性的东西。汤因比曾经提出,如果我们对不同时代和地区的各种宗教做出总体性概览,所产生的第一个印象是无限的多样性。但一旦经过进一步考察便能发现所有这些多样性都可以分别被归纳为三类崇拜对象:自然界、人本身和既非自然亦非人而又存在于自然和人之中并超越于它们之上的绝对实在。这个见解是深刻的,可以再作补充的是,三者之中又属"绝对实在"更为基本。

汤因比指出:归根到底,作为一种文化现象的宗教活动是人类需求的产物,是"寄寓在我们每个人之中的人类精神不得不为我们生存于其中的宇宙寻求一种解释"。④ 在这个意义上,宗教是具有自审意识的人类生命所特有的,人类通过对某种"绝对实在"的确认而给已经不再满足于只是盲目地活着、而渴望知道应如何活的自身一个说法,以使其能够从容地接受某种安身立命的方式。所以

① [美]桑塔亚那:《诗与哲学》,华明译,北京:北京大学出版社,1991,第51页。
② [美]肯尼迪:《东方宗教与哲学》,董平译,杭州:浙江人民出版社,1988,第153页。
③ 林语堂:《吾国与吾民》,北京:中国戏剧出版社,1990,第95页。
④ [英]汤因比:《一个历史学家的宗教观》,晏可佳等译,成都:四川人民出版社,1990,第27页。

希克指出,正如在"游戏"的例子中我们需要一个出发点,从这个出发点去说明这一系列的现象;在宗教领域内,由保罗·蒂里希率先提出的"终极关怀"的概念能有效地给予一种出路。这样的关切最终将我们引向某个绝对实在。正如他所说:"绝大多数宗教形式都肯定超越于人类和世界的拯救性实在,人们把这个实在不同地想象成人格的上帝或非人格的绝对者,或者想象成宇宙的普遍有序的结构或过程或基础。人们可能会把对这一主题的系统讨论称为'神学',除非这一概念把超越者的概念限于神这个含义。"①

　　以此来讲,任何一个经历了文明演进历程的民族都不可能没有属于自身的宗教文化并因此而拥有其相应的神学思想,区别只是在于各自所认同的绝对实在不尽一致。如同古希腊的柏拉图和亚里士多德的形而上活动对"逻各斯"的建构,为基督教神学的创立奠定了基础;作为中国思想传统之源的老子和孔子之学则凭借着对抽象的"道"的认同,在开创了中国哲学之源的同时,也催生出了一种属于汉文化的神学。迄今为止不仅许多研究中国思想史的学者,都已对"道"这个概念作为古代中国思想的"绝对实在"基本达成共识;而且已有学者从比较文化的视野入手,进一步指出了这个东方之"道"同西方之"逻各斯"的相通:两者都同时拥有作为一种"存在"的理性和作为其表达的言说的意思。② 如同后者在西方早期文化中所具有的意义一样,它在汉文化思想里是一个"关键词"。老子《道德经》的书名本身就已体现出这个特点,而马克斯·韦伯指出,"'道'本身是个正统的儒教概念"。③ 这个见解不仅独特并且深刻。孔子的"朝闻道,夕死可矣"的论述,让人们看到"道"在孔子思想中的至高无上性。

　　德国古典思想家谢林认为,在中国的全部学说和智慧中,根本不存在西方思想里的"上帝"的概念,唯一在格局上相近的字是"天"。④ 这个见解同样值得重视。儒家对"天"的顶礼膜拜并非什么秘密:天就是命,对它的敬畏被孔子列为君子的"三畏"之首。道家更是如此,将它视为唯一能对世俗君主具有某种制约作用的力量:"天有六极五常,帝王顺之则治,逆之则凶。"(《庄子·天运》)甚至墨家也有言:昔三代圣王禹汤文武,"其事上尊天,中事鬼神,下爱人,故天意曰:此我所爱兼而爱之"(《墨子·天志上》)。这样,如果我们承认,"宗教是用神圣的方式来进行秩序化的活动,在此,神圣意指一种神秘而又令人敬畏的力量之性质,它不是人然而却与人有关联,人们相信它处于某些经验对象之中"。⑤ 那就不难看到,中国思想里的"天"同西方文化中的"上帝"一样具有宗教意义。因为在标举

---

① ［美］希克:《宗教之解释》,王志成译,成都:四川人民出版社,1998,第7页。
② 张隆溪:《道与逻各斯》,成都:四川人民出版社,1998,第72页。
③ ［德］韦伯:《儒教与道教》,洪天富译,南京:江苏人民出版社,1995,第208页。
④ 夏瑞春编:《德国思想家论中国》,南京:江苏人民出版社,1995,第149—150页。
⑤ ［美］贝格尔:《神圣的帷幕》,高师宁译,上海:上海人民出版社,1991,第33页。

"天人合一"的汉文化中,这个以"天"来命名的伟大力量虽然主宰着一切却又是神秘而不可知的。所以无论是《孟子·尽心下》里所言的"圣而不可知之之谓神",还是《易传·系辞传》里的"阴阳不测之谓神",其内涵都反映出中国古人对一种以"天"来命名的某种神秘存在的认识。德国汉学家孔汉思以此断言,"中国人畏天命,是中国宗教的主要特征"①,这是有识之见。而进一步来看,笔者同意这样的观点:就像基督信仰是"上帝神学",可以认为"儒、墨、道三家的天命观已不是简单的天帝崇拜和天命迷信,而是理论化了的天命神学"。②

这种崇"天"的宗教也即尊"道"的宗教:"道"乃"天"之本。所谓"天命之谓性,率性之谓道"(《中庸》第一章),所谓"人法地,地法天,天法道,道法自然"(《老子》第二十五章)。显然,在"道生一,一生二,二生三,三生万物"的中国思想中,"道"就是作为终极者的绝对实在。借用一下南怀瑾先生的话说,"中国过去的观念,称宇宙万有的本体为'道',另外还有'大'、'逝'、'远'、'反'等名称,甚至于儒家所讲的'天'或者'帝',也都是'道'的代号"。③ 唯其如此,老子才一再强调"道"的"不可道"性。无非因为这个"可以为天下母"而"先天地生"的东西,就是终极实在。在这个意义,"道"与"逻各斯"之间拥有了一个最具根本性的相通性:两者都具有形而上特性,而这种立场是任何宗教文化的出发点。此外,中国古代思想的宗教性也在于其鲜明而浓厚的伦理性。人类学家泰勒根据其对世界原始文化的多方位研究,曾得出"宗教的一个极为重要的因素是道德因素,它是较高级部族宗教中的最重要部分"的结论。④《道德是一种宗教》一书的作者姆泽依也认为:"道德宗教的第一点要求是,道德存在于宇宙之中,它像自然界的物质规律一样贯穿于一切之中,而且是不能废除的。"⑤所有这些论述都说出了一个重要的道理。因为宗教文化是从价值论的立场出发给出宇宙世界的秩序,其意义主要在于最终为人类的现世生活提供一个行为规范和伦理依据。因而在某种意义上讲,所有宗教的根本差异主要也表现于其所认同的道德立场上。

中国古代思想的宗教性也同样体现在这里。不仅儒家明确地将"道"归结为一种人伦法则(如《中庸》里所言:"诚者,天之道也;诚也者,人之道也"),以至韦伯认为儒家所说的"道"就像佛教一样,"只不过是一种伦理"⑥;而且道家倡导"道"同样也是出于一种伦理立场。因为在持"心物一元"论立场的中国传统里,道所效法的"自然"并非一种事物(大自然),而是一种状态(自然而然)。所以,南

---

① [加]秦家懿、孔汉思:《中国宗教与基督教》,吴华译,北京:生活·读书·新知三联书店,1990,第 93 页。

② 朱天顺:《中国古代宗教初探》,上海:上海人民出版社,1982,第 272 页。

③ 南怀瑾:《老子他说》,上海:复旦大学出版社,1996,第 351 页。

④ [英]泰勒:《原始文化》,连树声译,上海:上海文艺出版社,1992,第 415 页。

⑤ [美]斯特伦:《人与神》,金泽等译,上海:上海人民出版社,1991,第 110 页。

⑥ [美]韦伯:《儒教与道教》,洪天富译,南京:江苏人民出版社,1995,第 110 页。

怀瑾先生用"法尔如是"来解释"道法自然"是准确的。其实公元 3—4 世纪的郭象就曾表示："天地以万物为本，万物又以自然为正。自然者，不为而自然者也"；认为"自然即物之自尔耳"。① 以此观之，则正如南先生所言："老子的本意是使我们的人生自然与天然法则相吻合。"②这也意味着老庄对"道"的强调本质上也是通过对"顺其自然"的生存方式的推崇，确立起一种有别于儒家人伦规范的道德宗教。

所以，与世界文明史相同步，中国的思想传统同样曾处于一种以宗教文化为主导的历史格局。海外华裔学者秦家懿教授说得好：以中国传统词汇里没有"宗教"这个词来推论中国没有宗教传统的语言学决定论，是站不住脚的，"历史上的儒学曾经在宗教与非宗教两方面都有其功用"。虽然"随着祭天礼仪的终止和公众的祭祖活动日渐息微，儒学在宗教礼仪方面作用不大，但其内涵深处，仍然具有浓厚的宗教性"。③ 一代哲学泰斗黑格尔在其百万言的《宗教哲学》里早就认定："中国的宗教应称为道德的宗教。"④迄今来看这个概括仍具有学术生命力。如果要作出区别的话，也就是以儒与道为主体的中国宗教由于受中国文化的"生存本位"和"在世主义"的影响，在本质上属于一种"救世宗教"。与此相应，"正是在救世神学方面，中国传统做出了它最突出的贡献"⑤。这个观点已受到当今海内外汉学界的重视。虽然也有学者试图在这个方面将儒与道分而论之，把儒学排斥在外，但说服力显得不够。⑥ 概而言之，两者的区别在于着眼点：儒家侧重于调和人伦关系来使门徒们在当下社会安身立命，通过建功立业来实现生命的意义；道家则主张奉道者借助于对终极原理的皈依来延年益寿，最终体会到生命的乐趣。

这也正如南乐山教授所言，尽管神学之名来自西方的宗教传统，它却不能仅仅为这个传统所独占，而具有一种开放性。也即是说在每一种不同的宗教文化里都存在着属于自己的神学："神学可以是基督教神学、犹太教神学和佛教神学。"⑦凡是存在着宗教自觉之处，也就存在某种关于这种宗教的神学。但问题依然存在：由儒道二教为主体所构成的古代中国神学，对中国美学思想的历史发生究竟具有怎样的意义？困惑是显而易见的：时至今日人们早已接受了关于汉

---

① ［日］沟口雄三：《中国的思想》，赵士林译，北京：中国社会科学出版社，1995，第 39 页。

② 南怀瑾：《老子他说》，上海：复旦大学出版社，1996，第 42 页。

③ ［加］秦家懿、孔汉思：《中国宗教与基督教》，吴华译，北京：生活·读书·新知三联书店，1990，第 87 页。

④ ［德］黑格尔：《宗教哲学》上册，魏庆征译，北京：中国社会出版社，1999，第 260 页。

⑤ ［美］南乐山：《在上帝面具的背后》，辛岩译，北京：社会科学文献出版社，1997，第 82 页。

⑥ ［加］秦家懿、孔汉思：《中国宗教与基督教》，吴华译，北京：生活·读书·新知三联书店，1990，第 133 页。

⑦ ［美］南乐山：《在上帝面具的背后》，辛岩译，北京：社会科学文献出版社，1997，第 25 页。

语"美"的这么一种词源学解释:羊大则美,美意味着肥大的羊肉给人的味道甘甜可口,这种口腹之乐同作为一种神圣的精神活动的宗教追求似乎相去甚远。虽然也已有学者曾提出,上述"羊大则美"中的"羊大"不应简单地理解成羊的肥大,而应解释为"羊人为美"。因为古代文献里的"大"呈"人"形,汉代许慎在《说文解字》中对"美"字的解释是"从大;大,人也"。所以"美"意味着以羊这类动物为图腾崇拜的古人头戴羊角进行祖先朝拜活动。① 但迄今并未能受到学界的真正重视。

但分析起来,其实无论是"羊大则美"还是"羊人为美",都涉及"羊"与"人"的关系,关键之处首先是对这种关系的定位:是指满足人的基本生理需要还是指满足人的社会礼仪需要。"羊大说"倾向于前者,是因为肥大的羊味道可口。问题在于这样的羊并非一定是给活人享受的,也可能是特意挑选出来做祖先朝拜之用,这同样也是人的一种需要。从有关信息来看,后一种情形不仅曾确实存在,而且更为重要。比如《论语·八佾篇》第 17 条记载:"子贡欲去告朔之饩羊。子曰:'赐也! 尔爱其羊,我爱其礼。'"这清楚地表明,每逢初一的日子宰一只羊祭于祖庙这项活动,这在早期中国社会是十分普遍的。很难想象作此用途的羊不是一只肥大出色的羊,而且它最终很可能并不再被取回给人享受,否则子贡也不至于为之可惜。以此来讲,"羊大说"与"羊人说"并不龃龉:两者都可以表示古代中国的一种宗教礼仪活动,其意义在于提供一种精神方面的满足。用冯友兰先生的话说:"儒家对于祭祀之理论亦全就主观情感方面立言,祭祀之本意依儒家之眼光观之,亦只以求情感之慰安。"②

日本美学家今道友信曾提出,古代汉语里的"羊"同"义"与"善"等字有密切关系,因为古汉字"义"由"羊"在"我"上所构成,而"善"字则表示"羊"置于一只形如盘状的古代食器"豆"上。这个意见无疑是成立的。这也表明,在当时的汉文化传统里,羊这种动物的主要用途不同于今天这样以"烤羊肉"闻名,更多的是被当作一种牺牲的象征以满足人们的宗教礼仪之需。当然我们也可以认为,当时的人们之所以会选择以羊而非其他动物作为祭祀物品,是出于对羊的食用效果的考虑。用许慎在《说文》里的解释是:"羊在六畜主给膳也,美与善同意。"但羊肉能满足个人温饱固然是一种善,以羊讨得祖先的欢心以保障家族与百姓的生存无疑是更大的善。显然正是出于这样的理路使今道友信教授从对汉字"美"的语义拆解中,得出了"美相当于宗教里所说的圣,美是作为宗教里的理想道德而存在的最高概念"这一结论。③ 这虽然带有一定的理论设定性,但就其逻辑推断而言不无道理。之所以让人一时还难以作出最后的定夺,是由于"美"字同"甘"

① 　肖兵:《从"羊人为美"到"羊大则美"》,《北方论丛》1980 年第 2 期。

② 　冯友兰:《三松堂学术文集》,北京:北京大学出版社,1984,第 139 页。

③ 　[日]今道友信:《关于美》,鲍显阳等译,哈尔滨:黑龙江人民出版社,1983,第 176 页。

字在古时能够通释。如《说文》中许慎不仅认为"美"即"甘也"，而且将"甜"的异体字明确地释为"甘舌，美也，从甘从大，舌知甘者"。由此很容易让人觉得，中国古人对"美"的认识，起源于对口腹之乐的体验。如果由此而进地联系到在现代汉语里依然通用的诸如"美食"、"美味"、"美餐"等，以及中国古代诗人里曾十分盛行的以"味"论诗的现象，这一结论似乎显得十分牢靠。

无须赘言，在我们祖先的美感生成历程上，感官享受无疑曾是一条十分重要的途径。一些国外汉学家认为"中国人最初的美意识起源于味觉美的感受"，这也能够成立。① 问题是这是否就意味着同宗教文化的分道扬镳呢？在我看来并非如此。"食必求饱，然后求美"，墨子的这句名言提醒我们注意"美味"同一般食欲满足的本质区别。《中庸》里说得更明白："人莫不饮食也，鲜能知味也"。作为"美"的"味"虽在食中，但食毕竟并不就是味，它只是善品者从佳肴里所获取到的一种东西。这究竟是一种什么样的东西？许慎其实已在解释"甘"字时道出："甘，美也，从口含一，一，道也。"这就是说，只有当人们能够从看似最平常不过的饮食活动中品尝出一种"道"来，他才能拥有一种"美"的体验，这样的食品也因此而被视为美食。所以，"美"即"道"，这个位居中国文化传统之首的"道"也就是"美"，美同甘的通释归根到底向我们拓开了一扇通往"道"之门。如果说单凭古时的"妙"有"好也"之意（《广雅·释古一》），而按《说文·女部》里的解释，"好，美也"，便推定"'道'正是众'美'之门的枢机"②，这或许仍有点勉强；那么参照一些早期道家经典来看，"道"与"美"的同一性关系是昭然若揭的。

比如被一再形容为"无形无声，视之不见，听之不闻。是谓微妙，是谓至神。绵绵若存，是谓天地之根"的无为之"大道"（《通玄真经·精诚》），有一种既无以名状但却能有所体验、虽无法言传但仍可心领神会的特点，否则我们也就不会知晓其存在。所以说："道者，神异之物，灵而有性，虚而无象，随迎不测，影响莫求。不知所以然而然。"（司马承桢《坐忘论·序》）正如许地山所指出的，老子并没有完全否定道的可感知性，只是强调了"道是感觉器官不能完全理解的实体，所以名之为恍惚"。③ 也正是在这个意义上我们得以发现"美"与"道"的一致性，所谓"天地有大美而不言，四时有明法而不议，万物有成理而不说"（《庄子·外篇·知北游》）。两者的不同在于：道作为终极实在是一种类似于柏拉图"理念"的抽象实体，而美作为道的体现却具有感性。美因此而成了道的最佳代言者，因为美既与道同在，又能作用于我们的身心。所以老子曾表示，道虽不可道，却可以通过"致虚极，守静笃"的方法来"观复"，后人宗炳从中进一步提出了"澄怀味象"和"澄怀观道"的命题。

---

① ［日］笠原仲二：《古代中国人的美意识》，魏常海译，北京：北京大学出版社，1987，第5页。

② 潘显一：《大美不言》，成都：四川人民出版社，1997，第13页。

③ 许地山：《道教史》，上海：华东师范大学出版社，1996，第31页。

凡此种种揭示出这么一个事实：美的世界是道的家园，审美体验是抽象之道能够以一种具象的方式从容显现的最佳舞台。对此，哲学家怀特海曾作过一番生动的描述："当我们认识到欣赏花朵的美就不能把花朵的细胞和它的脉动分割开来时，我们就会开始意识到，我们对整体中细节的了解是多么有价值。这是神圣的直觉，这是宗教的直觉，这种直觉是一切宗教的基础。"①所以，求"美"是为了得"道"，人类在从事宗教文化的活动中真正发现到美的存在与价值，美的魅力成了人们领悟终极实在的桥梁，曾几何时，自觉的神学思考成了孕育美学思想的胎盘。这既是西方美学的一道发生学背景，同样也是中国美学的一条历史轨迹。众所周知，孔子由于有过闻《韶》而"三月不知肉味"的经历，而有"知之者不如好之者，好之者不如乐之者"的主张。但这并不意味着他有"唯美主义"的立场，恰好表明他已清楚地认识到"乐所以成性"是由于"乐中有道"的奥妙。所以，在倡导"夫子之道，忠恕而已矣"的儒学礼教中，对道的强调最终被"仁"所代替（如"人而不仁，如乐何？"）；在孔子的思想里，仁即爱人，就是天地万物的根本之道。

概而言之，儒道二家共同的生存本位和在世倾向，使他们在取道于形而下的感官享受来获取形而上的终极之道这一点上握手言和，最终殊途同归于以"味"求"道"的享乐主义美学。在这里，虽然以"饮食男女之大欲"为主体的感官欲望的满足是其前提，但其内涵并不仅仅范围于单纯的生理层面。日本学者笠原仲二对"羊大"所引起的美感的分析颇能给人以启示。他认为在此至少包含着这样一些内容：第一是视觉上对于羊的肥壮姿态的欣赏，第二是味觉上因大羊肉厚油多的感受，第三是触觉上由羊的毛皮柔软引起的舒适感，第四是羊所具有的经济价值等。而美感的最终产生则在于所有"这些感受归根到底来源于生活的吉祥，包含着心理的爱好、喜悦、愉快等可以叫作幸福感"的一切。②这种"在世的幸福感"便是所谓中国式"乐感文化"所依据的道，它体现了汉文化里的庇护神与其信仰者的关系。

著名社会学家涂尔干指出过，那种将"神"理解为恐惧的产物的说法没有任何根据，"原始人并没把他的神视为陌生人、敌人，或者是必须不惜任何代价让它满意的名副其实的恶毒的东西。恰恰相反，诸神是朋友，是亲戚，是他天然的保护者"。③作为一种超越的全能力量的"神"既由其信仰者的想象力所构建，也是其主观愿望与意志的某种体现。而它们的诞生又反过来向其创造者实施控制，铸造出与其相应的文化。这就是所谓的"宗教异化"：即一方面，任何形式的宗教都是作为人类意义的建构被投射进空旷浩瀚的宇宙之中；另一方面，"这种投射

---

① ［法］怀特海：《思想方式》，韩东晖译，北京：华夏出版社，1999，第108页。
② ［日］笠原仲二：《古代中国人的美意识》，魏常海译，北京：北京大学出版社，1987，第3页。
③ ［德］涂尔干：《宗教生活的基本形式》，渠东等译，上海：上海人民出版社，1999，第294页。

又作为异己的实在返回来缠住它的创造者"。① 所以，一旦我们明确了美学的神学之源，那就不难理解何以早期西方美学表现出了一种超越感官之乐趋向彼岸的特点，而传统中国美学里则一直存在着一种鲜明的返回躯体固守当世的倾向。对于两者的这种反差，我们只能从它们各自所属的宗教背景中去寻求解答。

2. 走向科学的美学

凡是对美学史略有所知者，对德国学者亚历山大·戈特里布·鲍姆嘉滕这个名字并不会感到陌生，因为他有一个"现代美学之父"的响亮称号。现在看来，这个称号显得不太合适，或许改动一个字为美学"教父"更恰当。但"之父"也好，"教父"也罢，无论如何，鲍姆嘉滕在美学史上的位置一直来受到轻视，这个现象同样并不合适。因为正是他率先以《关于诗的哲学默想录》之名，出版了第一部真正意义上的美学著作。而那一年（1735 年），被黑格尔等后来者共同供奉为"现代美学第一人"的康德，才只是一个 11 岁的孩子。但如果仅仅只是为"美学之父"的名誉究竟应该归属于谁而大费笔墨，这没太大意义。重要的是，倘若我们认真对待鲍姆嘉滕为美学事业所作出的贡献，那么就会对西方美学发展轨迹有一种重新认识。

比如，在鲍姆嘉滕于 1750 年出版的《理论美学》一书中，不仅首先以"感觉学"的概念为美学命名，而且还做出了第一个"美学"定义：美学作为自由艺术的理论、低级认识论、美的思维的艺术和与理性类似的思维的艺术是感性认识的科学。对这个定义人们同样并不陌生，耐人寻味的一件事是，一直来史家们的注意力基本都聚焦于"低级的感性认识"这方面，而忽略了"科学"这个概念。但这种忽略的结果却有着重要的后果：现代美学与现代科学的特殊关系的无视。事实上从发生学视野看，就像戏剧艺术产生于宗教仪式，古典美学起源于神学。现代美学是在经过了漫长的中世纪之后，在文艺复兴和随之而来的启蒙运动之后，才真正以一门独立学科的身份在人文学领域里安营扎寨。但这种现象有个重要前提：科学。换句话说，从神学中独立出来自立门户的美学，最初仍然不具有名副其实的自主身份，而只是依附于科学之力并栖息于科学的地盘。因为鲍姆嘉滕之所以能成功地为美学命名，从而为它在日后走向鼎盛奠定基础，完全得益于将它归之于科学的名下。这在鲍姆嘉滕《美学》的英译者阿什布鲁纳·霍尔特的"导言"中，有着清晰的反映。他不仅呼吁人们给予鲍姆嘉滕公正评价，而且还特意强调了这位美学教父的科学美学思想。他写道："美学是这样一种科学：它审查感觉，以达到说明那种适用于它的完善。"②

只有重新认识到这个被忽略的事实，我们才能理解何以在康德与黑格尔等一代美学大家纷纷退场之后，已经在启蒙运动之后的浪漫主义思想家手中借助

---

① ［美］贝格尔：《神圣的帷幕》，高师宁译，上海：上海人民出版社，1991，第 1、20 页。

② ［英］鲍姆嘉滕：《美学》，简明等译，北京：文化艺术出版社，1987，第 178 页。

哲学之力而真正独立自主的美学,一度又重新踏上了走向科学之途。比如在泰纳的《艺术哲学》的开篇就写道:"当今科学研究的总趋向是人文科学向自然科学靠拢,并通过将自然科学原则和批判方式赋予人文科学的途径,使人文科学的地位得以稳固和获得进步。"若干年后,美国学者托马斯·门罗分别出版于 1928 年和 1956 年的《美学的科学方法》与《走向科学的美学》等著作里也同样提出,现代美学之所以让人失望,是"由于科学还没有对美学领域进行勘察"。直到 20 世纪80 年代,希望跻身于科学家阵营、让现代美学依仗科学的力量再创辉煌的"科学主义情结",在美学家当中依然十分强烈。当代法国美学家于斯曼的观点颇有代表性。他所著的《美学》问世于 1954 年,但到 1992 年已陆续再版达 11 次。在这部书里他明确表示:"现实的美学当前只有两条道路:要么沉入浮夸之中,要么变成为一门科学。"在他看来,"如果美学拒绝成为严密的、精确的、实证的,它就不能存在下去"。①

科学对于美学的巨大诱惑事出有因。人类社会是一种文化的存在,但如果说在文艺复兴以前宗教文化是唯一的至尊女皇,那么自英国工业革命以来,科学早已取而代之成为当今时代的龙头老大。《两种文化》一书的作者斯诺早已指出,当今时代,科学家与人文学者在社会地位上存在着巨大反差这早已不是什么秘密:"无情的事实是:年青科学知道他们可以轻而易举地找到舒适的工作,而他们同时代的英语或历史专业的对手们却只能有幸挣到他们收入的百分之 60。"②今天的差异比起斯诺当年无疑更大,这反映出社会对于两种文化之间的价值评估。正如英国科学史家罗杰·琼斯所说:"在我们的生活中,科学已不再只是一个研究领域,它已经成为一种生活方式和人们的信念,至少已经成为一种盲目崇拜的形式"。③ 随着科学技术在我们生活的各个领域取得全面胜利,以为只有自然科学才是"硬道理"的观念早已在当今的思想文化界悄然形成。当人文领域里充满见智见仁的争吵与喧哗,自然科学不断地以其胜过一切雄辩的产品征服着世界,当仁不让地塑造了当今时代的知识理想。身处这样的文化环境,让科学全面进驻自己的研究领域,这似乎成了美学的一个明智选择。

当然,美学科学化主张的主要动因,还在于一种对科学品格自觉的认同心理,这种心态首先由于对美学能够真正具有实践意义的期待而得以强化。一般说来,滥觞于柏拉图理念论思想、汇总于黑格尔"绝对精神"的审美论,构成了西方美学的"古典时代"。用杜夫海纳的话说:"古典主义就是这样:它借助于柏拉图主义,在确实存在着一种美的理念或美的本质这个观念的基础上,建起了一种

---

① [法]于斯曼:《美学》,栾栋等译,北京:商务印收馆,1995,第 141 页。

② [美]斯诺:《两种文化》,纪树立译,北京:生活·读书·新知三联书店,1995,第 17 页。

③ [美]琼斯:《普通人的物理学》,明然等译,南京:江苏人民出版社,1998,第 275 页。

规范的美学。"①但进一步来看，这种"规范美学"就其实质而言，其实便是以形而上学方法为基础的"神学美学"；所谓美学的古典时代，也即以形而上学为根基的神学思想在美学领域独步天下的一段日子。狭义上的形而上学指的是以某个抽象的观念实体为最终存在依据的思想体系，它热衷于以逻辑的设定来取代经验、规范现实，以发现万物存在的终极本原为使命。由于柏拉图的"理念说"代表了这种思想的最高水平，所以海德格尔曾提出："形而上学就是柏拉图主义。"②但这种主义当初并非只是一种单纯的哲学思辨活动：当柏拉图从作为一种"逻各斯"的完善的理念出发创造了自己的理想国，他事实上也为以上帝为本位的基督教神学的创立奠定了基础。

卡西尔指出："所有伟大的宗教都把它们的宇宙演化学说和道德学说建立在这样一个论点上：它们一致认定造物主当兼有双重身份并负有双重职责，即同为天文秩序和道德秩序的奠基者，同将这两种秩序从混乱的魔力下拯救出来。"③对于宗教神学而言，关于天文方面所作的种种设定具有的重要意义，就在于其能够被利用来确立一种伦理依据和道德规范，而上帝则是这一切的终极裁决者。以追究美之本源为己任的神学美学，诞生于宗教文化论证上帝之存在的需要，因而在这里，体系的严密与完整具有举足轻重的意义：因为作为宗教文化的组成部分，它所看重的是能够影响我们信仰的雄辩性，而并非冷静地实现对真理的追求。在这个意义上，当尼采在其《悲剧的诞生》里郑重宣称："我不相信并尽量避免一切体系，对体系的追求是缺乏诚实的表现"；以及若干年后，当波普尔给予回应说："那些伟大的哲学家并不肩负着美学追求，他们并不想当精心构筑体系的建筑师"时，④这不仅意味着一直在接受形而上学本体论的垂帘听政的美学的古典时代的终结，而且也昭示着美学在思想形态上的一次根本性转折。

康德早已发现，在形而上学的天地里你"可以说任何胡话而不用担心谎言会被揭穿"，因为一切都无法、也不需要被证明。其结果便使得美学苑地成了各种谬论的收容所。"形而上学犹如没有边际、没有灯塔的黑色海洋，堆满了哲学的沉船。"⑤康德的此番概括形象而中肯。在这样的情形下，以注重实际的形而下科学美学来取代空洞乏味的形而上神学美学，便成了一种历史的必然：它标志着美学的"现代"时期的到来。因为众所周知，"现时代一直被这种最高的信念所支配，它认为世界是一个整体上可知的系统，由有限的几条普遍规律支配着，人们

---

① ［法］杜夫海纳：《美学与哲学》，孙非译，北京：中国社会科学出版社，1985，第 11 页。

② ［德］海德格尔：《面向思的事情》，孙周兴译，北京：商务印书馆，1996，第 59 页。

③ ［德］卡西尔：《人文科学的逻辑》，沉晖等译，北京：中国人民大学出版社，1991，第 32 页。

④ ［英］波普尔：《通过知识获得解放》，李本正等译，杭州：中国美术学院出版社，1996，第 395 页。

⑤ ［美］杜兰特：《哲学的故事》，朱安等译，北京：文化艺术出版社，1991，第 273 页。

能够把握这些规律并为他自己的利益理性地运用这些规律"。这个时代启动于文艺复兴,"从工业革命发展到信息革命,其特征就是理性的认知思维的急剧进展"。① 在此意义上说,如果我们承认"现代性"的全面登陆首先意味着科学的胜利,那么美学在其形态上的科学化转变,则无疑标志着以"认知美学"为特征的现代美学的正式开张。随着那些中看不中用的美学体系的纷纷倒塌,向来注重于实践效用的科学形态成了一种有力的召唤。

除此之外,美学对于科学的认同也在于一般地来看,这项活动似乎如同科学一样,是一项知识活动。这不仅仅是由于美学的思辨之舟似乎同样启动于"问题"的码头驶往答案的港湾,以完成一次"求知"之旅;还在于人们发现无论是对于美学还是对于科学,都有一种对于客观性的要求。科学的客观性表现为其理论概括的普遍有效性。李凯尔特指出:"我们可以把自然科学的方法称为普遍化的方法",因为"自然是在普遍化过程中被认识的,这就构成了自然科学知识的逻辑本质"。② 美学的客观性要求则在于其所面对的审美体验具有一种"公有性":尽管审美反应总是以个体心理为基础,但真正的审美体验从来都不是一种孤芳自赏的行为;不仅能够超越于时空边界,而且还能突破民族文化的心理樊篱,这是所有伟大艺术的共同特征。所以卡西尔精辟地写道:"将自然科学的'普遍概念'与历史(人文)科学的'个体概念'对立起来并不是令人满意的解决问题的方法",因为事实上"客观性问题不仅包含了自然世界,而且也包含了人文世界"。③

对于美学来讲,对客观性的此番确认仿佛最终为它架起了一座通往科学的桥梁。波普尔说得好:知识是对真理的追求,获取真理才是人们求知问道的真正目的。而真理的本色是一种客观确定性,正是由于有客观性为保障,科学才能向我们作出提供真理的承诺,并因此而替自己赢得了无上光荣。这种承诺对于美学同样事关重大。事情看来别无选择:"美学必须以真理性为目标,否则就会被贬得一无是处、一文不值,或者更糟,即被贬为一种烹饪术。"④所以通过客观性这座桥梁向科学靠拢,这似乎成了美学捍卫自尊的一种宿命。这使得我们不仅能够从著名的鲍桑葵的《美学史》里,看到"美学仅仅作为一种知识而存在"这样的结论;而且还可以从拥有"现象学美学之父"头衔的盖格尔笔下读到:"美学是关于价值的科学。它是一门科学,这意味着知识是它的目标。"⑤

从以上所述来看,美学的科学化不仅可以理解、令人同情,而且似乎也颇有些道理。问题是所有这一切并不能遮蔽这样一个事实:无论美学如何向科学献

---

① [美]霍尔顿:《科学与反科学》,范岱年等译,南昌:江西教育出版社,1999,第2、20页。

② [德]李凯尔特:《文化科学和自然科学》,涂纪亮译,北京:商务印书馆,1991,第43页。

③ [德]卡西尔:《人文科学的逻辑》,沉晖等译,北京:中国人民大学出版社,1991,第55页。

④ [德]阿多诺:《美学理论》,王柯平译,成都:四川人民出版社,1998,第230页。

⑤ [德]盖格尔:《艺术的意味》,艾彦译,北京:华夏出版社,1999,第36页。

媚,迄今为止试图让美学与科学联姻的努力仍只是一些美学家们的一厢情愿。人们看到,自人们为美学通过强化认识功能而实现的现代转型欢呼雀跃早已过去了不少日子,但事情显然并未有什么根本性的改变。泰纳本人的例子便是如此。读着他标榜以科学方法完成的《艺术哲学》,你会感到卡西尔的这段评语十分贴切:"泰纳以自然科学家的言词和语气作为开场白,但是却让我们感到他的这些语言讲得并不得心应手。他的论述越是随着发展和接近具体的问题,就越令人感到他不得不用另外一种概念语言来思考和陈述。"①更能说明问题的,是心理学美学的历史命运。

这门学科不仅是真正在科学的旗帜下推出的现代美学的第一波,事实上迄今为止仍足以代表以科学美学的名义登记注册的新美学所取得的最高成就。或许也唯其如此,率先于1876年运用实验与测定等手段来研究人的审美反应的费希纳,被世人公认为是"20世纪科学主义美学的奠基人"。同样地,毕生倡导"走向科学的美学"的门罗,其所身体力行的主要也就是审美心理学。为此他曾明确提出,"在科学的心理学为我们成功描述人类本质的总轮廓之前,美学不可能靠自身的力量成为一种可以理解的学科"。② 但一个显而易见的事实是,这种越过外在的审美客体、主要以内在的审美心理为基本研究对象的学问,不仅在经过了一段并不长久的鼎盛之后,如今早已陷入疲软状态;而且它并未能为自己带来能够同古典形而上美学相媲美的资本。问题自然不在于美学家们不够努力,而在于恐怕再怎么使劲也是事无补。时至今日,当人们对心理美学的成绩进行一番盘点,虽然能为其对主体审美反应别开生面的研究留下深刻印象;也还是会对其关注视野的相对狭窄和成果内容的相对单薄,感到遗憾与失望。

经验表明,虽然并不存在能独立于主体审美经验之外的"美",但毕竟,受某种审美心境制约的审美态度充其量只能影响主观的审美反应的成败得失,并不能决定客观的审美情境的有无存亡。这就像通过某种努力我们甚至可以将某个数学公式视作审美对象,也无法将肉麻当有趣地把一出流氓行径视为一幕爱情故事来欣赏。这也就意味着对于人类的审美活动,客观的审美存在总是第一位的,主观方面的审美态度只有在此基础上才能具有意义。概括起来看,心理学美学的根本缺陷在于过于怠慢了审美对象,在其对主体审美反应的描述与分析中并没有把审美对象真正当回事。而问题是,公共性的审美趣味与一般私有性的生活口味的差异就在于,后者是自足的、不受对象的性质所转移,而前者则是对象性的。用康德写在《判断力批判》第九节里的一段话说,也就是:"审美判断恰恰在于,在对象的性质适合了我们对待它的方式时,我们才按照这种性质称之为

---

① ［德］卡西尔:《人文科学的逻辑》,沉晖等译,北京:中国人民大学出版社,1991,第127页。

② ［美］托马斯·门罗:《走向科学的美学》,石天曙等译,北京:中国文艺联合出版公司,1984,第139页。

美。"因而,对审美经验的把握并不能代替对审美对象的分析,缺少了后者的美学无疑也就像失去了那位多愁善感的丹麦王子的《哈姆莱特》,是难以想象的。

所以,当盖格尔提出,"我们必须拒斥作为心理学的美学",他的意思其实是认为,在心理学美学的苑地里原本就没有什么真正有意思的问题。这个观点的偏激显而易见。当代英国美学家安妮女士说得好:"如果我们想要回答为什么我们发现某些自然对象具有表现性这样一个问题,那么我们就必须研究我们自己,而不是去研究大自然。正像就艺术作品而言所出现的情况那样,这种答案将在某种程度上是一个心理学问题。"①应该承认心理美学为现代美学的正式开张所立下的汗马功劳,只是同时也有必要清楚地看到其所适合的舞台,主要在于审美主体对具有突出的形式感的作品的欣赏。这可以解释本世纪两位最负盛名的心理美学家贡布里希和阿恩海姆,为何不约而同地都选择了视觉艺术作为其学术主战场;以及也正是在这个领域,现代心理美学从曾经威风八面的形而上神学美学那里,确立起了一个真正属于自己的品牌。

但即便在此人们也仍然可以看到它所面临的挑战与阴影,克莱夫·贝尔当年关于"有意味的形式"所作解释最终以语焉不详而宣告失败,事实上就意味着这种以心理学为方法的美学的困境。正如安妮所分析的:"假定我们可以训练自己把各种绘画完全只当作由二维的形式组成的图案来观看,这样做的结果就可能是,我们将不再对这些绘画之中的大多数作品感兴趣。"这表明即使在审美欣赏领域,要想"从心理学方面孤立地考虑视觉艺术的形式特征也是极其困难的"。② 审美活动有其语义学前提,因为审美体验不是从自身得到满足,它是由对象所唤起的。因而对于美学思辨,重要的不仅仅是对我们的体验方式的研究,还在于对所体验的具体对象的把握。以此来看,当弗洛伊德表示,美学通常的失败"在于层出不穷的、响亮而空洞的语词。不幸的是,精神分析学对于美几乎也说不出什么话来",③不能认为这仅仅是对一门学科所作的谦逊的姿态和必要的反省,在某种意义上,这似乎也可以看作是对现代美学之所以最终走出了心理学美学的一种注解。

而进一步来看,这同样也意味着知识论美学的终结。审美实践虽然包含有独特的认识内涵,但并不因此而属于知识论的领地。因为虽然审美体验是一种对象性的活动,但它是一种不具有实在性因而也就无所谓真假的对象。历史上曾经屡次发生因将扮演角色的演员与实际情形混为一谈而酿成悲剧的事件。这

① 〔英〕安妮·谢泼德:《美学:艺术哲学引论》,艾彦译,沈阳:辽宁教育出版社,1998,第87页。

② 〔英〕安妮·谢泼德:《美学:艺术哲学引论》,艾彦译,沈阳:辽宁教育出版社,1998,第71页。

③ 〔奥〕弗洛伊德:《弗洛伊德论美文选》,张唤民等译,上海知识出版社,1987,第172页。

些案例突出地表明，在审美领域内首先必须认可虚拟原则，接受"艺术从不要求将它当作事实"这一戒律。因此，能否暂时搁置对对象的真伪判断而仅仅关注于其所呈现的现象，对于审美活动的顺利进行具有举足轻重的意义。由此可以见到美学同科学的龃龉：如果说科学的对象是一种具有本原性的事实，那么美学的对象则是一种符号化的现象；对于审美主体来讲，对象已不再是一种原态的存在，而仅仅是这种存在的一个代替物。正是在这个意义上，康德曾经写道："自然在它具有艺术的特征时才是美的，而艺术只有在我们意识到它是艺术，并且通过自然的外表呈现出来时才能称之为美。"①所谓"意识到艺术是艺术"，也就是意识到艺术的非本态的符号性，它所具有的仅仅只是"自然的外表"。这种符号化过程同样也是自然美的存在方式。

由此可见美学的非知识论的特性所在：人们可以对一种关联着原在事物的表达作出真与伪的甄别，而无法一视同仁地施之于一个符号；对于后者我们只能追究其是否有意义，而不能去审核它的真伪。因为知识之所以为知识便在于它是真实的，也就是说能够为经验事实来予以验明正身。这是无论怎样拐弯抹角最终总是会指向某个实在事物的"知识"，与仅仅只是一种主体态度的"意见"的区别。以此来看，要求主要针对一种符号现象的美学为我们提供关于审美对象的种种知识，这是一种非分之想。在实际事务里，美学与科学一直是在各司其职。这就像卡西尔所说："自然科学教我们如何打破现象，以便将它们看作是经验；而文化科学则教我们去诠释符号，以便将其中隐藏的意义揭示出来。"②所以曾几何时，就在一些美学家天真地以为只要美学能够弃暗投明地追随科学便将万事大吉时，盖格尔就已清醒地看到，"人们在美学的开端就首先必须面对一个矛盾：美学作为一门科学只能处理那些一般概念，但是人们却只有通过那直接的、非概念的体验才能理解这门科学的研究对象。所以人们必然会提出这样的问题：难道这个矛盾不会使作为一门科学的美学成为不可能吗？"③

世纪之隔的历程已经表明，盖格尔的此番疑惑已成事实，美学与科学的分道扬镳在所难免。这在一般意义上自然无损于科学的利益，但对于美学而言似乎就有些情况不妙了。一度声名显赫的分析哲学就曾以此为据，对作为一门学科的美学作出破产判决。比如维特根斯坦。在他所作的诸如"关于哲学大多数命题并不是虚假的，而只是无意思的，因之我们根本不能回答这类问题，而只能说它们荒唐无稽"这样的陈述里，美学便首当其冲；在他所说的，"要是你问问自己，一个孩子是如何学会说'美的'和'好的'等等，你就会发现，他只是简单地把它们

---

① ［法］于斯曼：《美学》，栾栋等译，北京：商务印书馆长，1995，第 136 页。

② ［德］卡西尔：《人文科学的逻辑》，沉晖等译，北京：中国人民大学出版社，1991，第 139 页。

③ ［德］盖格尔：《艺术的意味》，艾彦译，北京：华夏出版社，1999，第 38 页。

当作感叹来学的"①这样的话里,"审美取消主义"的立场昭然若揭。另一位分析学者艾耶尔的态度更明白:"美学的蠢笨就在于企图去构造一个本来没有的题目,事实也许是,根本就没有什么美学,而只有文学批评和音乐批评的原则。"在他看来,"像'美的'与'丑的'同伦理学词汇一样,并非对事实的陈述,而只是表现某种感情和引起某种反应而已"。②

　　面对这些学术泰斗的振振有词,美学能否为自己作出辩护?现代美学因与知识论相排斥而导致的同科学的同床异梦,是否就意味着它在当代人文思想界将无所作为?毋庸讳言,现代美学之所以在走出了神学美学的苑地之后不久,便处于一种裹足不前的状态,一个重要原因便在于,时至今日其对于自身"既是哲学的过继子女又是科学的过继子女"③的角色仍感到无所适从。在我看来,问题的症结主要在于美学一直未能打消成为一门"准科学"的念头,现在看来已是作出最终了断的时候了。首先要做的是,终止那种将科学视为真理的法定代理者的现代神话。这种观念虽然由来已久,但却是幼稚而荒谬的。因为"真理"并非某个自在实体,只是意味着所作的陈述同事实相符。因而,真理既是"存在"的,因为在终极意义上存在着这种"相符"的可能性;但又并非"现实"的,因为在实际情境里并不存在无需质疑的确定性。在当今时代,再没有比科学思想的发展变化更为频繁的事物。这本身便已表明,任何科学知识都不过是以种种人为的设定与猜想对真理的一种逼近,它们不仅能够、事实上也总是期待着被充实、改进和颠覆。宽容与批评对于科学事业因此而显得尤为重要:只有在这样一种情景里,真理才有可能获得显山露水的出场机会。

　　从这个意义上讲,如果把远古神话看作是充满了各种主观臆想的故事的话,那么科学在某种意义上确实就像波普尔所说,不仅是从神话里诞生,而且迄今仍在与其调情。即便我们不能因此而将科学当作准神话,至少可以发现在它与神学之间依然存在着一种暧昧关系。那种"科学至上"论者、认为科学叙述便是真理的观念更是如此,无非"神学的决定论被自然的决定论取而代之,即上帝的全知全能被自然科学的全知全能取而代之"。④康德早就说过:我们的理智不是从自然引出定律,而是把定律强加给自然。因而,透过科学与神学在形态上的分庭抗礼,人们渐渐发现两者之间其实"有惊人的相似":它们都建立在经验之上,并试图以一种决定论的模式来一统天下。所以琼斯的这一见解不无道理:"科学已经取代现代文明中'国教'的作用,并且成为一种十分有影响力的'宗教'。"任何

①　刘小枫:《人类困境中的审美精神》,上海:知识出版社,1994,第525页。

②　[美]艾耶尔:《语言、真理和逻辑》,陈启伟译,上海:上海译文出版社,1987,第114页。

③　[德]盖格尔:《艺术的意味》,艾彦译,北京:华夏出版社,1999,第41页。

④　[英]波普尔:《通过知识获得解放》,李本正等译,杭州:中国美术学院出版社,1996,第196页。

人只要能正视，当今公众对科学的态度犹如一千年前的教会长老倍受世人爱戴，谁若怀疑科学的权威就像中世纪俗人向罗马天主教皇叫板，他便得承认"科学权威人士已成为'现代教士'"。① 由此来看，虽然当波普尔说出"我们不能认为科学就是真理"②这句话时，他似乎为我们充当了一次《皇帝的新衣》里的那位孩子。但却意义重大：这不仅有助于我们终止对于科学的盲目崇拜，而且也能让美学不再为其充其量也只是真理的二道贩子的身份，感到无地自容。

替美学辩护的再一个根据，是指出科学方法的局限性。这首先表现于它所关注的领域方面。对此，除了那些徒有虚名的科学从业人员外，真正杰出的科学家从来都十分清醒。正是他们在不断地提醒着我们："虽然自然科学具有如此鲜明的特点，它带来了神奇的技术和光辉的成就，但对人类存在方面的问题却无能为力。自然科学在很大程度上改善了人们的生活，但从探询精神和生活的意义方面来看，它几乎起不到什么作用。"③构成科学方法的核心是数学，"为使科学家能准确地表达他们对自然界的抽象，数学方程式是必需的工具"。④ 李政道教授的这番话无疑是经验之谈。所以，化繁为简、化模糊为精确，这是科学方法的本色所在，但也恰恰是以丰富多彩的精神领域和生命本体为对象的人文研究的大忌。"复杂的情感态度和具体的研究方法绝不能归结为少数几条简单的公式，如果过多地运用逻辑方式来研究美学问题，那么这种研究就会变得虚假造作。"⑤门罗当年的这个见解很中肯，只是他似乎有意无意地回避了这样一个事实：他的这番批评不仅能针对形而上的神学美学，同样也适用于美学的科学化道路。琼斯说得好："没有人否认科学在其自身领域的精确性，然而神秘事物的特点是不能用已知的科学法则来判断的。"⑥只要我们还愿意承认，美便是大千世界里最大的神秘现象，那么就没有理由不为美学留下一条属于自己的通道。

但更耐人寻味的是，科学方法的局限性如今在被认为是其大本营与根据地的研究领域里，也渐渐开始浮现。早已有学者提醒我们，就在一些人文学家在心理上向科学方法俯首称臣之际，一种反其道而行之的、通过参照传统人文学方法来取得学术思想的新发展，正渐渐成为当今科学界的一大景观。"自然科学一直都在朝着一个新方向转变，它日益地将宇宙看成是不稳定的、不可预测的。于是，宇宙便被设想成是一种能动的实在，而不再是一架受处于自然之外的人操纵

---

① ［德］琼斯：《普通人的物理学》，明然等译，南京：江苏人民出版社，1998，第 113 页。

② ［英］波普尔：《通过知识获得解放》，李本正等译，杭州：中国美术学院出版社，1996，第 424 页。

③ ［美］琼斯：《普通人的物理学》，明然等译，南京：江苏人民出版社，1998，第 271 页。

④ ［美］李政道：《艺术和科学》，《文艺研究》1998 年第 2 期。

⑤ ［美］托马斯·门罗：《走向科学的美学》，石天曙等译，北京：中国文艺联合出版公司，1984，第 163 页。

⑥ ［美］琼斯：《普通人的物理学》，明然等译，南京：江苏人民出版社，1998，第 274 页。

的自动机器。"①以华勒斯坦教授为首的一个研究小组,在不久前向古本根基金会递交的一份报告中如此说道。其权威性自然并不仅仅取决于它的十位作者均是当代不同领域的知名学者,主要在于他们所说的早已既成事实。诸如"混沌学"这样的新学科的崛起以及在向来被视作科学之首的现代物理学中引入东方神秘主义思想,凡此种种都在不断地昭示着发生于现代科学中的新变化。其实质是对"机器论"的放弃。普里戈金曾经指出,每个伟大的科学时期都会以一种机器模型来标志自然界,对于经典科学它是钟表,在工业革命以后它是发动机。所以拉普拉斯说道:只要给出充分的事实,我们不仅能够预言未来,甚至可以追溯过去。显然,在某种意义上所谓"科学观"其实也就是"机器观"。

但自从爱因斯坦的"相对论"思想彻底解构了以牛顿学说为基础的绝对论观念,以及随着"熵"概念与"耗散结构理论"等的发展;当人们终于承认只有人为的过程是可逆的和决定论的,自然界则包含着随机性和不可逆性,以往那种机械观也就走到了头,科学方法的"仿制性"也终于露出了马脚。再高明的科学理论都只是对实际世界的抽象,时至今日人们终于认识到:虽然我们得承认"科学的抽象方法非常有效和强有力,但是我们必须为之付出代价。当我们更加精确地定义我们的概念体系,使它成为一个整体,并且使那些联系越来越严格时,它们也就变得越来越脱离实际的世界"。② 这个世界究竟是什么样子?李政道说,"科学的目的就是研究一切物质的基本原理"。③ 但现代物理学的"波粒二像说"从一个侧面揭示出,物质在其最终意义上并非能够被我们以非此即彼的方式来把握的某种实在的东西,它只是一种充满了各种亦此亦彼的佯谬性的过程而已。所以,当人们突然发现,在科学巨匠奥本海默所说的:"如果问,电子是否静止,我们应当回答'不';如果问,它是否在运动,我们应当回答'不'",与古印度《奥义书》中的"它动,它不动。它既远又近。它既在一切之内,又在这一切之外"之间,有一种遥相呼应;当一些科学家不仅感到,"现代物理学看上去更像是一种艺术和想象",而且也公开表示说:"转变自然科学的研究方法,并使其具有人文学科的特点,是当今社会面临的主要任务",④科学的人文学化也就拉开了帷幕。

诚然,凡此种种并不意味着科学的终结,而只是表明美学再也无须为其在研究方法上不够精确而缺乏自信。波普尔说得好:"精确性和准确性其本身并没有价值,我们决不应该追求超过问题所要求的精确性或准确性。"⑤从现代科学的

① [美]华勒斯坦:《开放社会科学》,刘锋译,北京:生活·读书·新知三联书店,1997,第84页。

② [瑞典]卡普拉:《物理学之"道"》,赵清译,北京:北京出版社,1999,第20页。

③ [美]李政道:《艺术和科学》,《文艺研究》1998年第2期。

④ [美]琼斯:《普通人的物理学》,明然等译,南京:江苏人民出版社,1998,第268页。

⑤ [英]波普尔:《通过知识获得解放》,李本正等译,杭州:中国美术学院出版社,1996,第396页。

此番"逆向行进"，美学至少能够获取一些自立的力量。当然，这种力量不仅来自于美学在方法论上对科学的扬弃，更来自于其在价值论方面对科学的超越。在一度十分出名的《科学的终结》的结尾，作者约翰·霍根告诉我们，他写作此书的一大体会是：虽然科学如今已形成了一个真正的创世神话，让我们获得了驾驭自然的可怕力量，但它却"迫使我们去面对毫无意义的生活"。① 对科学的这番指控虽然很重，但并不新鲜。一部科学史表明，科学原本就是在严峻的反对声中发展起来的，但它同样也从不缺少坚定不移的支持者。作为针对霍根的一种反驳，哈佛教授霍耳顿著书宣称："即使科学文明在某种深刻意义上最终衰退了，而某些其他的文化取代了它，仍可以有把握地打赌，在回到全面的原始主义不久，新的学校又将讲授欧几里得几何、哈维的血液循环、牛顿的力学、爱因斯坦的时—空、维纳的控制论和沃森-克里克的双螺旋。"②

今天所要做的并非是简单地在否定或肯定之间作出选择，而是给科学的功能一个恰如其分的评估，以让其发挥最佳作用。应该承认，虽然科学无权自认是真理的全权代表，但它确实称得上是真理的热诚仰慕者。唯其如此，屡犯错误的科学迄今依然是我们获取真理的一条基本途径。但问题的关键是，我们不仅需要有关于我们"从哪里来"的准确解释，更想得到关于我们"往哪里去"的理由。前者关涉的是事实，因而属于"真理"界面的问题；后者只涉及一种可能性，因而属于"意义"方面的事情。后者虽不如前者更为"基础"，但却显得更为重要。或许也正是在此意义上，石里克将哲学称为"科学的女王"。这位女王本身并非科学，它只是从作为科学主体的人的立场，通过目标的选择与确定等来支配科学的实际进行。即便我们不能据此将科学视为人类学术王国的二等公民，至少也可以看到，在科学之外还存在着别的思想空间，足够其他人文形态大显身手。美学理当列队其中。这就像康德所说："美学是花朵，科学是果实。"③尽管果实的重要性不言而喻，花朵的意义也不能被无视。两者既殊途同归：满足人的需要，也因这需要的不同而各自为政。而无论怎么说，美学都没有理由让自己的苑地成为科学的又一实验场。

所以，在经历了上述的思想跋涉之后我们理当认同这一结论："严格说来，科学的诗（美）的概念就像诗（美）的科学概念一样，是荒唐的。"④这并不排斥在科学与美学之间常常会有一种联系。斯诺认为，一个人在科学的实际活动中作出一种发现时，不能不意识到一种美的存在。"这种美的满足的主观经验，似乎同

---

① ［美］霍根：《科学的终结》，孙拥军等译，呼和浩特：远方出版社，1997，第 356 页。

② ［美］霍耳顿：《科学与反科学》，范岱年等译，南昌：江西教育出版社，1999，第 168 页。

③ ［俄］古留加：《康德传》，贾泽林等译，北京：商务印书馆，1981，第 274 页。

④ ［德］施勒格尔：《雅典娜神殿断片集》，李伯杰译，北京：生活·读书·新知三联书店，1996，第 29 页。

写一首诗或一篇小说或作一支曲子所感得到的满足是完全一样的。"琼斯甚至提出，"在物理学中发现文学与戏剧的成分并不是令人吃惊的事"。① 如此这般的观点与证据迄今已可以举出许多。但有一点：它们所显示的只是世界在根本上的审美性，都可以被纳入到诸如"通往美学的科学"这样一个题目下面进行阐述，而这则显然已不属于本文的范围。就让我们暂且先在此打住。

3. 作为人学的美学

众所周知，谈到现代化美学，其实指的是"哲学美学"。也就是以"艺术是什么"的审美本体论追问为主体的美学研究。但它的性意味着什么？最终又走向哪里？对这类问题长期来缺乏必要的认识。毋庸讳言，在当代思想文化领域，美学的无所事事已有些日子了。那些无以计数的关于美的高头讲章和以美的名义展开的长篇大论，迄今越来越空洞乏味。这一现象不仅正吞噬着人们对于美学研究的兴趣，也使作为一种知识形态的美学的学科形象，变得更为形迹可疑。美学究竟是怎么回事？它想做什么又能做些什么？美学如何才能从目前这种失语状态里摆脱出来？显然，对于美学，上述问题已经绕不过去。而如何重新确立一个思想的"阿基米德点"，这无疑已成为其当务之急。

通常认为，美学的问题，主要表现为其一直受困于"说不可说"这个话语陷阱无法脱身。所谓"天地有大美而不言"，所谓"如果你有意地去寻找美，那美就离你而去；它仅仅是一个你从勤奋的窗户向外看时所看到的一种转瞬即逝的景致"；②等等。这些经验之谈无不是说，审美对象有一种神秘性作屏障，这使得美学思辨常常无功而返。分析起来，造成这种神秘性的一个重要原因是，在审美活动中"审美对象"其实也就是一种"审美现象"，它同事物的物质实体性无关。这意味着"美"虽然是我们的感受对象，但却又并不在体验之外。故而它不仅不能被我们抽象地谈论，甚至也很难正面地加以描述。英国学者阿·布洛克曾以音乐会为例子：请许多不同的专家一起参加一场演奏莫扎特钢琴协奏曲的音乐会，他们中间有建筑师、音响师、物理学家和心理学者，在听完了演出之后请他们作出尽可能详细的描述。无论他们的工作多么认真而尽责，也还是会将最重要的东西即音乐本身给漏掉。因为"音乐是感觉，而不是声音"。③ 它不仅看不见，甚至也"听"不到，它只是"借"旋律而存在的一种生命运动。

所以在谈到"美"时，诗人纪伯伦向其读者发出如此呼吁："请你们仔细地观察地暖春回、晨光熹微，你们必定会观察到美。请你们侧耳倾听鸟儿鸣啭、枝叶窸窣、小溪淙淙的流水，你们一定会听出美。请你们看看孩子的温顺、青年的活

① ［美］琼斯：《普通人的物理学》，明然等译，南京：江苏人民出版社，1998，第265页。

② ［美］爱默生：《自然沉思录》，博凡译，上海：上海市社会科学院出版社，1993，第15页。

③ ［法］马里坦：《艺术与诗中的创造性直觉》，刘有元等译，北京：生活·读书·新知三联书店，1991，第218页。

泼、壮年的气力、老人的智慧，你们一定会看到美。请歌颂那水仙花般的明眸，玫瑰花似的脸颊，罂粟花样的小嘴，那被歌颂而引以为荣的就是美。请赞扬身段像嫩枝般的柔软，颈项如象牙似的白皙，长发同夜色一样黑，那受赞扬而感到快乐的正是美。"①在这段文字里，伟大的诗人并没有就"美是什么"的问题直接发表意见，而只是通过指点我们"美在哪里"间接地就这个问题表示了自己的看法。这无疑是一个很好的"说不可说"（即既"说"了又"没说"出）的例子：说诗人"没说"是指其并没有直接针对美进行言说，说诗人其实还是"说"了是指，那番话不仅告诉了我们"美在哪里"，而且也使我们迂回地对"美是什么"的问题有了某种认识。

但尽管如此，罗兰·巴特当年的这一见解在此依然适用："美是无法解释的"，美"缄默不语，它拒绝任何直接谓语，只有像同语反复（一张完美的椭圆形的脸）或比喻式（美得像拉斐尔的圣母像，美得像宝石的梦等）那种谓语才是可能的"。② 所以对于美学，"说什么"的问题一直成为问题。进一步来看，一部美学史其实已表明，"美学始终是一个矛盾的、自我消解的工程，在提高审美对象的理论价值时，有可能抽空美学所具有的特殊性或不言而喻性"。③ 美学的悖论在于：一方面，美学作为关于美的言说，必须化整体的神秘为局部的清晰，否则它就显得徒有其名；但另一方面，美学的此番承诺看来是无法兑现的，因为这种谈论是对美的去魅，故而在这种话语系统中美已不复存在。罗丹曾经说道：美需要神秘就如同人离不开空气，"使我感动的就是这份神秘"。如果我们对此没有异议那就不能不承认，生动形象的艺术作品较之于逻辑化的美学话语，更能赢得神秘而高贵的审美女神的青睐。因为归根到底，"被感受为美的那种现象不需要也不可能解释，不能被它与别的东西的逻辑联系所确定"。④ 而这也就是说，只要美学一如既往地以"探索美的奥秘"为己任，那它就注定得像西绪福斯那样，在人文思想界里继续出演悲剧。

那么，如何才能从这种境地里摆脱出来？英国当代美学家伊格尔顿提交的方案，似乎有点耸人听闻：在他看来，美学从来不是名副其实的"审美"之学，而是以人类解放为主题、以社会乌托邦为参照的诗性政治学。他认为，现代美学发育于启蒙运动时期并非偶然，这意味着美学有其强烈的政治背景。也就是说，"美学著作的现代观念的建构与现代阶级社会的占统治地位的意识形态的各种形式的建构、与适合于那种社会秩序的人类主体性的新形式都是密不可分的。正是由于这个原因，而不是由于男人和女人突然领悟到画或诗的终极价值，美学才能

---

① ［黎巴嫩］纪伯伦：《纪伯伦散文精选》，伊宏等译，北京：人民日报出版社，1996，第19页。

② ［法］巴特：《罗兰·巴特随笔选》，怀宇译，天津：百花文艺出版社，1995，第174页。

③ ［英］伊格尔顿：《美学意识形态》，王杰等译，桂林：广西师范大学出版社，1997，第2页。

④ ［俄］弗兰克：《实在与人》，李昭时译，杭州：浙江人民出版社，2000，第73页。

在当代的知识承继中起着如此突出的作用"。总之,美学之所以一度能有重大影响,是由于"美学对占统治地位的意识形态提出了强有力的挑战,并提供了新的选择"。① 像这样干净利索地将美学与政治学一视同仁,这是否有些矫枉过正可以再作争鸣;但承认美学的意义其实在美之外,在于揭示我们内在的生存困惑与生命追求,这并非无稽之谈。

回过头来看,一部美学史其实也是思想史的相关部分,在许多思想家那儿,他们所提出的审美观常常也就是他们的社会理想,各种美学主题也便是一些社会政治领域的主导思想。比如柏拉图—黑格尔的"理念显现说"、叔本华—弗洛伊德的"欲望解脱说"、席勒—马克思的"自由解放说",以及尼采—福柯的"权力意志说"和海德格尔的"存在解蔽说",等等。由此来看,如果将鲍姆加登对美学的命名视作对现代美学的正式洗礼,那么我们可以看到事情的确正像伊格尔顿所说:"从鲍姆加登开始,美学有如一种最温和的主张,探究的是基于某种抽象的理性之上的生活世界。"②不能以为这是美学家们在多管闲事,这只是由于我们的审美存在其实也是蕴含某种真理性的人类社会价值取向的生动体现;无非是由于审美实践与社会实践一样,都源自于人类生命的存在之根,体现着我们的生命理想。

沿此思路而进,我们还能发现这样一个令人诧异的现象:美学其实从未真正属于过它自己。比如:美学曾是诗学的一种"别称",以"艺术哲学"的名义当仁不让地进驻过艺术活动的地盘;美学曾经也同科学调过情,一厢情愿地渴望成为其最亲密的同盟军;而在其发生学源头,美学则是神学的一个主要组成部分。无论在西方还是东方,神学都是作为一种思想系统的美学之母,是繁殖、培育现代美学的胎盘。这一历史事实的深刻背景在于,"神学"在本质上乃是"人学":人类通过编织各种关于神的故事来张扬人性,实现人性的催化与生成;人在通往神的过程中成为人。因为人性并非一个已经设置完毕的东西,而是一种以"不可能"为临界线的"可能性"。所以,即使我们不能对费尔巴哈的"神的本质不是别的,正是人的本质"表示认可;也会赞同荷尔德林的这一说法:"人一旦成其为人,也就是神;而他一旦成了神,他就是美的。"这反映了人的自我超越的内在愿望与能力,这种愿望的不可扼制的终极性不仅具有一种神圣性,而且也拥有一种审美感。

所以,通过对这一人类普遍特性的张扬,宗教文化在为自身奠定了牢固的人类学基础的同时,也在某意义上与审美文化建立起了一定的联系。因为"宗教是把整个宇宙设想为对于人来说具有意义的尝试",因而在某种意义上我们可以同意这一说法:"一切真正属于人性的东西,事实上本身就具有宗教性;在人的范围

---

① [英]伊格尔顿:《美学意识形态》,王杰等译,桂林:广西师范大学出版社,1997,第 3 页。

② [英]伊格尔顿:《美学意识形态》,王杰等译,桂林:广西师范大学出版社,1997,第 398 页。

内，只具有非宗教性的那些现象则都是以人的动物性为基础的。"①而这也就意味着以神学为源的美学，在其诞生伊始便承担着人类自我揭示的使命，其学科意义就在于其内在的"人学"根基。正是这一人学之本，使美学与神学既相合又相离：即美学虽然一方面能够借神学的土壤而降生，另一方面也只有在摆脱了神学的束缚之后才能够顺利地成长壮大。因为宗教毕竟是以一种异化的方式使人走向"人"的意识，宗教文化的神圣性的前提，是将作为人自身力量之投射的产物，外化为一种非人的存在。正是在这个意义上，人们有理由把宗教看作为一种"虚假意识"；也同样是由于这个缘故使我们难以否认，"在传统的宗教艺术的氛围里，艺术家总是不得不失去自己的个性，以便使自己完全变成神的自我表现的工具"。②

在此意义上来讲，美学的自立门户其实也就意味着真正意义上的"人学"的开张。这构成了美学作为一门学科的价值依据。因此，面对美学的"说不可说"这一悖论，我们能否如此坦然地承认："美学"其实是一种"人学"，美学家们对美的关注其实只是借花献佛地借助于对美的谈论，来曲径通幽地洞悉人性深处的隐秘奥秘？是取道于对审美现象的穿越，来澄清人类存在的生命困惑，寻找意义的停泊地？或许，在回答这一命题之前，我们首先得面对这么一个问题：美学何以能如此这般地，成为我们全面进入"人的世界"的一条通道。换言之，也即：关于人类的家园意识，我们何以能借助于关于美的言说。

现代启蒙思想的成果之一，是对人类妄自尊大的自我中心立场的无情解构。但这并不意味着改变这一事实："除了人之外，没有什么东西能够真正令我们感兴趣。"③而古往今来，人类的这种自我关注最终殊途同归于这么一个主题：人是什么，人生何为？"遍历痛苦之万劫，人渴求知道：他是谁？他从哪里来？他将归依何方？"④杰出的俄国人文思想家别尔嘉耶夫的这番话，之所以让我们感到耳熟能详，不仅仅是伟大的印象派画家高更也曾以此为题创作过一幅举世闻名之作；而是因为它源远流长，曾经被铭刻在古希腊阿波罗神庙的圆柱上。不是认识宇宙自然而是"认识你自己"、不是征服世界而是通过自我体认来征服自己，这是上帝在创造人的同时赋予了人的永恒使命；对这个主题的不尽的困惑，是人类为能享受文明的成果所必须承受的代价。

困惑在很大程度上来自于人类生命本体的建构性："对动物而言，世界就是它现在的样子；对人来说，这是一个正在被创造的世界，而做人就意味着处在旅

---

① ［美］贝格尔：《神圣的帷幕》，高师宁译，上海：上海人民出版社，1991，第 203 页。

② ［美］斯特伦：《人与神》，金泽等译，上海：上海人民出版社，1991，第 240 页。

③ ［美］爱默生：《爱默生集》下册，赵一凡等译，北京：生活·读书·新知三联书店，1993，第 1236 页。

④ ［俄］别尔嘉耶夫：《人的奴役与自由》，徐黎明译，贵阳：贵州人民出版社，1994，第 3 页。

途中。"①"人"诞生于试图以一种"可能性"取代这种"必然性"之际。故而对于人类,"安身"之后还需"立命":为我们的精神营造一个可以暂且停泊的港湾。我们无疑得承认安身的重要性,一味地发表貌似高论的"人文精神"理论,这肯定是虚伪的说教。无法安身何言立命,持如此浪漫情怀者有必要读读元稹的名诗《遣悲怀》,体味一下"尚想旧情怜婢仆,也曾因梦送钱财。诚知此恨人人有,贫贱夫妻百事哀",这样一种悲凉之言的言外之意。但倘若将人生就此定格于物质的地平线,以为存在就是为面包而奋斗,这无疑是更大的悲哀。那些杰出的思想家们早已提醒过我们:"富足,无忧无虑的享乐生活并不足以使我们幸福,当我们制服了一个敌人(悲哀和不足)时,另一个更坏的敌人(空虚和无聊)又出现了。"②享乐主义的问题并非是它让人们去寻求欲望的满足,恰恰相反,而在于按照它的主张,我们永远也得不到我们最想要的东西。

　　为什么我们总是在向往着远方?为什么我们总有一种"生活在别处"的幻想?为什么我们都有一种"流浪情结"?因为人类生命除去"面包"还需要"意义",但"意义"并不是一个可以被占有的具体事物,而是一种自由自在的生存状态和境界。生命在于运动,自由就是漂流,就像诗人里尔克所说:"尝试,可能是人类生存的意义,而远离确实的范围,更是人类的悲哀及光荣。"当他在一封信里写道:"不被允许拥有一个家,也不被允许常住在一个地方。等待流浪,这就是我的命运。"③在某种意义上,这其实也正是人类普遍命运的象征。一代枭雄曹操之所以不同凡响,并非在于他有"老骥伏枥,志在千里;烈士暮年,壮心不已"这种一统天下完成霸业之鲲鹏之志;而在于其除此之外还有"对酒当歌,人生几何?譬如朝露,去日苦多。慨当以慷,忧思难忘。何以解忧,唯有杜康"这样的生命意识。无论是帝王将相达官贵人,还是布衣大众草根百姓;无论自觉不自觉、承认与不承认,都难逃"家园意识"的纠缠,在"生命困惑"前人人平等。但如果说,存在着一条能够引导我们走出欲望的迷津的"阿里阿德涅彩线"的话,那这就是我们与生俱来的审美需求。

　　在我们的日常生活里,审美需求一直十分活跃。著名德国美学家玛·德索曾经指出:"审美需要强烈得几乎遍及一切人类活动,我们不仅力争在可能的范围内得到审美愉快的最大强度,而且还将审美考虑愈加广泛地运用到实际事务的处理中去。"④最能说明问题的,或许便是审美意识对向来被认为是严谨枯燥的当代科学殿堂的成功进驻。美国物理学史家阿·热在回顾现代物理学历程时写道:"对自然的考察越深入她就越显得美,这一深刻的事实深深震撼了自爱因

　　①　[德]赫舍尔:《人是谁》,隗仁莲等译,贵阳:贵州人民出版社,1994,第38页。

　　②　[美]奥伊肯:《生活的意义与价值》,万以译,上海:译文出版社,1997,第34页。

　　③　[奥]里尔克:《里尔克如是说》,冯至译,北京:中国友谊出版公司,1993,第90、144页。

　　④　[德]德索:《美学与艺术理论》,兰金仁译,北京:中国社会科学出版社,1989,第53页。

斯坦以来的物理学家。"在他看来，"审美事实上已经成了当代物理学的驱动
力"。① 只要我们重返那段历史、走近那些曾经给世界以巨大影响的人们，那就
会发现热的这番话并非空穴来风。牛顿的传记作者沙利文在整理了许多物理学
史料后也曾指出："指引科学家的动机从一开始就是美学冲动的显现。"而当代著
名天体物理学家彭加莱甚至表示："科学家不是因为有用才研究自然的。他研究
自然是因为他从中得到快乐，他得到快乐是因为它美。若是自然不美，知识就不
值得去追求，生活也就不值得去过了。"②

诚然，这样的景象在今天已大为改变。如今"科学与其说是求知欲的副产
品，倒不如说是权力欲的产物"。诸如"科技是第一生产力"这样的口号清楚地表
明，科学在当代社会之所以让人顶礼膜拜，一个秘而不宣的秘密就在于：它其实
已加入到了向来为政治与经济所把持的权力游戏之中，成了社会集团占据权力
制高点的有效手段。正是这种转变让霍根得出了"科学在走向终结"的结论。③
对于这个结论人们或许还可讨论，但有一点可以肯定：就在人们悲叹当今时代已
不再有真正的诗人时，一些怀有真诚的科学情怀的有识之士也在提醒人们，放眼
今天的科学界同样也难觅堪称大师的科学人士，取而代之的只是一些眼界狭窄、
受世俗功利动机支配的科技武士。逐渐放弃了曾为它带来过无上光荣的人文关
怀，这形成了当代科学同经典科学的最大差异。

这并不是指当代科学置人们的需要于不顾，谁都看到它正是凭借一味地开
发并满足我们的需要而得到迅猛发展。问题正在于，"那些看起来是为满足人类
需要的工具，结果却制造出无数虚假的需要。技术的每一件精致的作品都包含
着一份奸诈的礼品"。④ 这清楚地表明了科学技术的工具本性。20 世纪的科学
巨人爱因斯坦早就提醒过我们，当人们为科学所取得的伟大成就而欢呼雀跃时，
千万不要忘了它毕竟只是一种工具。"这个工具在人的手里究竟会产生出些什
么，那完全取决于人类所向往的目标的性质。只要存在着这些目标，科学方法就
提供了实现这些目标的手段。可是它不能提供这些目标本身。"⑤对于人类，科
学技术永远只是一种"他律"而无法成为一种"自律"。正是出于对科学的这一特
点有清醒的认识，从科学阵营里也曾传出过这样的呼吁："美学性的揭示应该出
现于同计划和技术制作有某种关系的所有个人和力量之间的和谐发展之中。"⑥
尽管迄今为止，这样的见解仍未得到人们的普遍回应，但的确触及了问题的

① ［美］阿·热：《可怕的对称》，荀坤等译，长沙：湖南科学技术出版社，1992，第 10 页。
② ［美］钱德拉塞卡：《真与美》，朱志方等译，北京：科学出版社，1992，第 73—79 页。
③ ［美］霍根：《科学的终结》，孙拥军等译，呼和浩特：远方出版社，1997，第 356 页。
④ ［美］舒尔曼：《科技文明与人类未来》，李小兵等译，北京：东方出版社，1995，第 375 页。
⑤ ［美］爱因斯坦：《爱因斯坦文集》第一卷，许良英等译，北京：商务印书馆，1994，第 337 页。
⑥ ［美］舒尔曼：《科技文明与人类未来》，李小兵等译，北京：东方出版社，1995，第 367 页。

关键。

著名学者乔姆斯基曾提出过一个观点：我们对人类生活、对人的个性的认识，可能更多地是来自于小说，而不是科学的心理学。[①] 事实确是如此，有许多文学经典正是凭借着其对复杂人性的洞幽烛微，而让人流连忘返。所谓"文学是人学"也是这样意义上的一种比喻：在作家们为写好一个故事而殚心竭虑的活动中，他对人的本性进行了观察和研究。这为我们借助于那些伟大小说家的才华来把握人的欲望提供了某种可能，比如像歌德的《浮士德》。在这部凝聚了作者六十余年生命精粹的小说里，主人公浮士德的经历无疑具有一种普遍的人类意义。这位中世纪的博士前后经历了知识、爱情、政治、家庭、事业等五类悲剧，将世俗人生的方方面面一网打尽，而一以贯之的是主人公对快乐人生的追求。这种追求虽然始自于对僵硬的书斋生涯的摆脱，但却既无法停泊于动人的爱情和威严的政治，也不能满足于对天伦之乐的享受和为事业功名的奋斗。而在于本着一种生生不息的信念对"意义"的寻找，但这种意义只能在我们的审美体验里"出场"。所以，浮士德的欲望之旅最终随着一声"你真美啊，请停一停"的感叹而宣告结束。

这声千古之叹除了再次提醒我们，如同爱默生所说："即便是这个最最讲求实用的世界上的最最讲求实用的人，只要是人们给他提供商品，他也就仍然不会感到满足。相反，一俟他看见美，生活就具有了一种非常高的价值"；还能使我们对艺术活动所具有的"生命认识论"的功能，有更进一步的认识。这种功能并非是指对生命构成的解剖学意义上的了解，而是对作为一种实际存在的生命现象之目的与意义、追求与道路等等的把握。对于这种认识，艺术作品是最佳途径。经验一再表明："艺术情感有助于人们发现这些原本就存在于人类深层存在之中的人类存在的结构。"[②]这虽然并非一个可以被科学手段予以证明的事实，但却能被每一个具有真正的生命意识和精神追求者，在他们对现实人生的体验中所反复领悟。那些艺术杰作正由于其在为方面所具有的无可匹敌的作用，而受到我们永远的推崇。分析起来，艺术活动之所以能成为美学的关注中心，也正是基于艺术与人的这种特殊关系。真正的艺术活动同日常生活里的游戏行为貌合而神离：一般的游戏仅仅只是娱乐，而在艺术的娱乐里，总是存在着对我们生命价值的一种人文关怀。

曾几何时，凡·高在一封写给弟弟的信里说道："这天清晨，我访问了街道清洁工人倾卸垃圾的地方，天呀，它多美！"这句朴实无华的言语说出了一个深刻的道理：艺术之根，来自于实际的人生；艺术之美，在于生命的回味。就像普鲁斯特所说："在看到夏尔丹的绘画作品之前，我从没意识到在我周围、在我父母的房子

---

① [美]霍根：《科学的终结》，孙拥军等译，呼和浩特：远方出版社，1997，第 221 页。

② [美]盖格尔：《艺术的意味》，艾彦译，北京：华夏出版社，1999，第 195 页。

里、在未收拾干净的桌子上、在没有铺平的台布的一角,以及在空牡蛎壳旁的刀子上,也有着动人的美存在。"① 虽然我们承认,如同克莱夫·贝尔所说,伟大艺术的价值不在于能否变成日常存在的一部分,而在于它能把我们从日常存在中解脱出来。但这并不能改变这一事实:人们需要艺术不是为了从现实世界作出自欺欺人的逃避,而是为了更好地拥抱生命,领悟常常被各种偏见所遮蔽的存在意义。所以,当英国作家毛姆在其《随感录》中说道:"在我愚蠢的青年时代,我曾经把艺术视为人类活动的极致和人类存在的理由,如今这种想法早已被我抛弃。"这并非是表示对艺术活动的轻蔑,而只是他对艺术作为展示人类意义空间的手段的使命,有了清醒的认识。用著名文学史家勃兰兑斯的话来讲,也就是:"艺术的美是不朽的,这是真的;然而有一种更加确实不朽的东西,那就是人生。"②

当然,艺术依然是表现这种东西的最佳形式,只是有必须强调,在其中具有举足轻重的意义的,是我们的生命存在。事实正是这样:"如果我们发展了对艺术作出反应的能力,我们也就可以使我们作为人所具有的潜能发挥出来。"③"诗"以"人"为本,种种诗作正是在这一点上形成伟大与平庸之分和优秀与拙劣之别。就像"喜欢诗歌的人总爱关上自己的房门,取出一部密尔顿的作品,旨在把自己从一个世界带到另一个世界"。④ 除了现实世界之外还能够拥有一个超越的世界,这才是人类生命的骄傲;以经验的日常世界为框架构筑起一个超验的可能世界,这是艺术的独一无二的品质。所以,美学之所以总是要与艺术为伴,只是由于艺术既是展示我们生命困惑的大舞台,和表现人类家园意识的主渠道;也是培植意义之花、呈现诗性存在的"可能世界"。只有借助于艺术这个媒介,美学才得以从容地深入我们的生命深处。"在艺术的天地中虽然弥漫着死亡,但是艺术从不给死亡以意义的诱惑。"⑤因为艺术在本质上就是对生命的绝对肯定,艺术以此来为其存在挣得一种名分。唯其如此,美学有权声称,不对具体的艺术实践之成败得失负责,而是与后者一起,共同保卫诗性存在的存在:使其由"隐"而"显"地从我们的生命海洋深处浮出,为我们作人性的深呼吸营造一处明净的空间。

因而,美学的"诗之思",与侧重于艺术创造工艺的"诗之学"之间长期以来的

---

① [美]拉塞尔:《现代艺术的意义》,陈世怀等译,南京:江苏美术出版社,1992,第4页。

② [丹]勃兰兑斯:《十九世纪文学主潮》第5册,张道真译,北京:人民文学出版社,1982,第121页。

③ [英]安妮·谢泼德:《美学:艺术哲学引论》,艾彦译,沈阳:辽宁教育出版社,1998,第230页。

④ [英]贝尔:《艺术》,周金环等译,北京:中国文艺联合出版公司,1984,第180页。

⑤ [德]马尔库塞:《审美之维》,李小兵译,北京:生活·读书·新知三联书店,1989,第254页。

同床异梦,是理所当然的。因为美学其实并非是真正针对作为一种文本的"艺术"的言说,而是面向生命自身的"存在"之思。是对蕴含于"诗"中作为一种"可能世界"的"诗性存在"进行开采,使其得以向我们显山露水,成为一种"意义的景观"。所以美学的足迹不仅更多地遍布于那些经典之中,期待同大师的遭遇中觅得真经,而置当下的艺术思潮于不顾;甚至于要走出文学而走向文化,走出"诗"而走向"思"。但显然,这不是美学的傲慢与偏见,而是其无奈与宿命。因为如此完美的艺术理想总是难以从大量的平庸之作中出场。美国学者卡勒不久前曾指出:自 1960 年以来,欧美许多从事传统文学理论研究的人,渐渐都转向面对语言、历史、思想、哲学或社会风俗等的思考。究其原因其实很简明:一如既往地以"诗学"的名分从事创作工艺的研究,这只能让自己一事无成。相反,那种从文化方位出发的,"没有边界的、评说天下万物的各种著作",倒有助于对艺术文本的分析。① 但显然,这样的分析已并非传统意义上,以作品的生产—消费为本位的技术层面的分析,而是已转换为一种从精神—观念维度切入的文化方位的阐释。

凡此种种都昭示出,如同一位伟大的艺术家必定也是一位杰出的思想家,而并非一个技巧熟练的工匠或精通文法的码字儿高手;一位称职的美学家更得是一位真正的人文学者,而不能仅仅是一个专业精通的知识分子。因为美学与审美现象的关系,其实也就是借鸡下蛋。作为一种思想话语,美学的可能与所能是借对各种审美实践的谈论来实施人文言说,将人文关怀进行到底。"美之所以为美,是因为它在一定的感觉材料之外,还'表现'某些东西,'告诉'我们某些东西。它意味着某种特别重要的东西,这种东西在客观现实的日常经验的内容中是没有的。"②这究竟是什么?概而言之,也就是作为一种精神品质的"高贵",这是一个"人"区别于一头"动物"的徽标:自从人类拥有"文明"以来,"人的尊严是否还可能的问题,是与高贵是否还可能的问题同一的"。③ 契诃夫在《一个小公务员之死》里生动地表明了,当人们丧失审美兴趣之际,也就意味着他已经失去了作为一个"人"的资格。让人真正成其为人,这也正是审美教育的意义所在。

当然,最能够反映出美学的人学本色的,莫过于这一现象:彼此所拥有的是同一个主题:自由。众所周知,自从席勒在其著名的《美育书简》里明确提出:"事物的被我们称之为美的那种特性,与自由在现象上是同一的","美"与"自由"的关系便成为现代美学的一个关注焦点。我们看到,无论是别尔嘉耶夫的"美不属于决定化世界,它脱出这个世界而自由地呼吸",④还是海德格尔"心境越是自

① 〔美〕卡勒:《文学理论》,李平译,沈阳:辽宁教育出版社,1998,第 4 页。

② 〔俄〕弗兰克:《实在与人》,李昭时译,杭州:浙江人民出版社,2000,第 71 页。

③ 〔德〕雅斯贝尔斯:《现时代的人》,北京:社会科学文献出版社,1992,第 123 页。

④ 〔俄〕别尔嘉耶夫:《人的奴役与自由》,徐黎明译,贵阳:贵州人民出版社,1994,第 214 页。

由,越能得到美的享受",①以及马尔库塞所说的"美学的根基在其感性中,人类自由就植根于人类的感性之中。"②以自由来界定审美体验,基本上已成为美学家们的一种共识。在某种意义上,不仅整个现代美学差不多可以看作是自由论美学的不同版本与注解,而且未来美学仍将就这方面的思索继续下去。因为关于这一命题迄今仍然语焉不详。用诗人桑德堡的话说:"自由是令人迷惑的/它首先载入谜语的入门课本。"

但这个困惑无疑也同样是现代人文思考的真正中心。弗洛姆曾指出:"我不知道还有哪个问题比自由问题更值得研究,还有哪一个问题比这个自由问题能为奋发有为的天才开辟一个新天地,提供更好的机会。"③事实正是如此,道理似乎同样很明白:自由与人同在。就像夏多布里昂所说:"如果没有自由,世间便一无所有,自由赋予生命以价值。"④因而以此来看,当盖格尔提出,"对于有关人的存在的知识来说,美学比伦理学、逻辑学或者宗教哲学更为重要。与美学相比,没有一种哲学学说和科学学说更接近于人类存在的本质了。它们都没有更多地揭示人类存在的内在结构,没有更多地揭示人类的人格"。⑤这无疑触到了问题的实处。人类在对美的体验中诞生关于自身生命的自觉,通过审美这座桥梁我们走向属于自己的家园。所以,走向人学,通过实施人文关注来拥有一种独特的人文意义,这应该是当代美学重新确立自身价值的一条基本途径。借助于对审美现象的生命体悟向我们作永远的启蒙,这是"美学"所真正担负的"人学"的使命。

毫无疑问,我们可以要求美学言说尽力做得好些,为这门古老的学科赢得理所当然的荣誉;但我们无法因这类言说中有太多似是而非的信口开河,而断定其将终结。因为没有人能拒绝这样一种永恒的召唤:认识你自己;也因为我们仍然认可这一说法:"真理不会使我们发财,却会给我们以自由。"⑥真理性构成了艺术文化的本质,也同样为美学的存在提供了一份价值担保。正如阿多诺所说:"美学必须以真理性为目标,否则就会被贬得一无是处、一文不值,或者更糟,即被贬为一种烹饪观。"⑦但承认这一点也就意味着,当代美学必须尽快摆脱各种**知识论**的诱惑,回归**智慧论**的营地。因为在"真理"这个金字招牌下,其实存在着两大不同的类型。

①　徐复观:《中国艺术之精神》,长春:春风文艺出版社,1987,第53页。

②　[德]马尔库塞:《审美之维》,李小兵译,北京:生活·读书·新知三联书店,1989,第123—143页。

③　[美]弗洛姆:《人心》,北京:商务印书馆,1989,第6章。

④　[俄]别尔嘉耶夫:《人的奴役与自由》,徐黎明译,贵阳:贵州人民出版社,1994,第1页。

⑤　[德]盖格尔:《艺术的意味》,艾彦译,北京:华夏出版社,1999,第194页。

⑥　[美]杜兰特:《哲学的故事》,朱安等译,北京:文化艺术出版社,1991,第3页。

⑦　[德]阿多诺:《美学理论》,王柯平译,成都:四川人民出版社,1998,第583页。

　　俄国学者索洛维约夫曾提出："假如有人对'什么是真理?'这个永恒问题作如是回答:真理是三角形三个角之和等于两个直角,或者氢氧化合成为水,这难道不是拙劣的笑话?"①身处索氏的语境,我们无疑会表示认同。因为通常当我们谈到真理,所指的并非只是可信的,而且还有珍贵性。但对于一位科学家而言,结果正好相反。1930年7月14日,20世纪的两位伟人爱因斯坦和泰戈尔相聚会面。对于后者提出"真和美都不是离开人而独立的东西"这一说法,爱因斯坦不以为然。他坚持这样一种立场:"真理具有一种超乎人类的客观性",它是一种"离开我们的存在、离开我们的经验以及离开我们的精神而独立的实在"。②显然,在此存在着两种真理观。索洛维约夫所代表的人文主义真理观,指的是对一种我们内在的生命可能性的开拓与呈现;爱因斯坦所代表的科学主义真理观,指的是以事实为本、同事实相符。前者则是从"智慧学"方位着眼;后者是从"知识论"立场出发。

　　根据法国人文学家马利坦的概括,"知识"一词主要有三种用法:其一是指一种遵循严格稳定方法的人类意识,在此意义上,知识不仅包括智慧在内,而且以其为最高领域。其二是指与我们所理解的最高领域相对立的,属专门性和具体性的认识。其三是指一种力求了解事物细节的认知方法。③ 显然,通常语境里的所谓知识,主要属于与智慧相区别的第二与第三类用法。虽然一般地说来,将知识与智慧绝对地区分开来是荒谬的。比如,在俄国著名学者弗兰克的"任何人类知识都在回答这样的问题:真正存在着的是什么? 实在的内容是什么?"这段话里,知识的涵义就意味着以智慧为归宿的人类求知活动。但相对的差异仍存在于我们的认识活动中。就像弗兰克所说:"对我们来说最重要的和最关键的知识不是思想知识,不是作为对存在的淡漠的外在观察的结果的知识,而是产生于我们自身、由我们的生命经验的深处孕育的知识。"④这里所说的作为"外在观察"的知识与作为"内在体验"的知识之差异,也就是科学与哲学意义上,对"真理"的两种形态的区分。用西班牙哲学家加塞尔的话说,"科学的真理是精确的,却是不充分的;与此相反,哲学的真理尽管不精确,却是充分自足的"。⑤

　　而进一步来看,对真理的此番区分,归根到底取决于我们认识活动在对象上,存在着局部与整体、外在与内在的不同。通过柏拉图对观念实体的强调和笛卡尔所作的身与心的分离,人类文明确立起了外在于主体的物质实体世界的存在,和以主体的生命存在为轴心的意义实在的存在。在一般意义上,知识

①　[俄]索洛维约夫:《西方哲学的危机》,李树柏译,杭州:浙江人民出版社,2000,第250页。
②　[美]爱因斯坦:《爱因斯坦文集》第一卷,许良英等译,北京:商务印书馆,1994,第271页。
③　[法]马利坦:《科学与智慧》,尹今黎等译,上海:上海市社会科学院出版社,1992,第8页。
④　[俄]弗兰克:《实在与人》,李昭时译,杭州:浙江人民出版社,2000,第1—15页。
⑤　[西]加塞尔:《什么是哲学》,商梓书译,北京:商务印书馆,1994,第41页。

是以一种"化整为零"的方式，对局部的事实世界所作出的把握；与此不同，智慧则是以一种"还零为整"的方式，以作为整体性存在的绝对事物为对象的把握。显然，通常意义上的知识之所以能与科学相提并论并以真理的常驻代表自居，就在于它有事实为凭据，以"判断"为中介而进行，因而是客观的、精确的、可验证的。它以此而超越了主观随意的个人性"意见"，也区别于总是处于一种神秘性之中、借助于"领悟"的渠道而获得的"智慧"。但知识在拥有一种科学性的骄傲之际，也付出了相应的代价：不仅有片面性和时效性，还有局部性。所以尼采指出："关于整体的绝对知识是不存在的"，因为"一切知识都来源于分离、界定和限制"。这意味着对于作为我们生命活动的意义之体现的"生活世界"，知识论的把握无所作为。因为这是一个整体性的、一体化的世界，那种局部的分割在此没有意义。

正是在知识的这种露拙之处，我们能够看到智慧的闪光。因为正如尼采所言，智慧最重要的特性就在于"使人不必受'一时'的支配，不具有'新闻价值'"。① 智慧具有永恒性，它不仅以此来让自己与同样不具有"可证伪性"的意见相区分，而且还拥有较之于不断地淹没于时间之流的知识更高的价值。因为不管怎么说，"一切有价值的东西如果不是永恒的，也就失却了自身的价值"。② 因为不同于判断对细节材料的依赖和对前提条件的设定，领悟是对对象的一种直观把握，它虽无真与假可言，但却存在着深与浅的差别，能越过各种局部枝蔓对事物实质作出把握。智慧作为这种把握的结晶，具有鲜明的超越时空的概括性和绝对性。故而它不仅能以其宏观把握的能力，通过一种方向感和目标性的调控，来为各种具体的知识活动提供帮助；而且还能够以其整体把握的特点，来对建立在价值基础上的生命活动本身作出某种理性审视。唯其如此，使得一些哲学家们得出了"知识不是最高的智力产品，理解以及超越理解的智慧具有更高的价值"③这样的结论；也让尼采说出了"不加选择的知识冲动正如不分对象的性冲动，都是下流的"和"知识为人类展开了一条美妙的穷途末路"④这样一些貌似大逆不道的话。

这当然不能理解为是对知识论的彻底否定，而应看作是以智慧的名义，对总是对之进行排斥与挤压的知识崇拜的一种反击。"现代世界已经不是一个智慧的不同形式间保持和谐的世界，而是一个智慧和科学相冲突的世界，而且科学在这个世界上已经取得了对智慧的胜利。"⑤马利坦当年所指出的此番情形，如今

---

① ［德］尼采：《哲学与真理》，田立年译，上海：上海社会科学院出版社，1993，第60—136页。

② ［俄］别尔嘉耶夫：《人的奴役与自由》，徐黎明译，贵阳：贵州人民出版社，1994，第241页。

③ ［美］阿德勒：《哲学的误区》，上海：上海人民出版社，1992，第85页。

④ ［德］尼采：《哲学与真理》，田立年译，上海：上海社会科学院出版社，1993，第9—66页。

⑤ ［法］马利坦：《科学与智慧》，尹今黎等译，上海：上海市社会科学出版社，1992，第28页。

无疑已更为突出。但这并非智慧的失败,而是由于我们过于信赖事实,没有看到其巨大的欺骗性。爱因斯坦说得好:"凡是涉及实在的数学定律都是不确定的,凡是确定的定律都不涉及实在。"①任何事实都是依托于一定时空条件的设定,而并非"实在"自身。所以,以此为出发点的科学知识总是相对的,有待于不断的修订。虽然必须承认,尽管如此,知识论对于认识身外的物质世界仍具有不可替代的作用;但我们应该看到,对于被知识论所遗忘的人类生命追求和生活世界,智慧性的把握具有不可缺少的价值。因为唯有它才能有效地逼近,处于神秘性包围之中的生命本身的运动。岁月荏苒,往事不再,但那些闪光的思想依然闪亮,它们超越了事实的羁绊、摆脱了逻辑的纠缠,为我们的现实人生提供照明。所以,那些体现着智慧的格言警句,在它们被视作"思想的黄金"之际,也拥有了"真理之中的真理"的荣誉。

所以,人类文明的建设不能仅仅依靠知识,还得依赖智慧,这不应该成为问题。只是很久以来,这一直被认为是哲学的份内事,人们认可了哲学的"求智"目标,认可了"科学给予我们知识,只有哲学才给予我们智慧"②的说法。但现在,我们无可置疑地有必要给予美学以同样的礼遇。因为正如美学意味着"诗之思"(或对"诗"的"思"),哲学其实也就是"思之诗"(或"诗意"地"思");如同美学可以看作一种诞生于哲学的思想活动,反之亦然,哲学也能够被看成为来自于美学的观念运作,就像弗·施勒格尔所说:"诗和实践在哪里互相彻底渗透、融为一体,哲学就在那里产生。"③或许正由于这个缘故,正如哲学离开美学而沦为概念体系的僵尸,就会失去意义;美学离开哲学而成为科学知识的代销店,则同样会没有价值。因为审美存在不属于知识论的把握范围。曾几何时,在参观了著名的布卢瓦大教堂后现代雕塑之父罗丹感到,"有一个更可贵的神秘值得深入了解,这便是艺术的神秘、美的神秘。"④艺术的神秘来自于其所表现的那种美,而美的神秘则来自于我们的生命。因为它不仅是一个有机的整体,而且也是一个充满矛盾性、具有悖论色彩的张力结构。所谓的"神秘",也就是指这种对象超出了以条分缕析的知性方法为主导的科学把握能力后,而产生的一种心理感觉。这儿的"非理性"其实也就是"非逻辑性"。

所以,维特根斯坦指出:"即使一切可能的科学问题都能解答,我们的生命还是没能触及到。"⑤因为生命渗透于天地万物之中,超越主客之分、没有边界之

---

① [美]卡普拉:《物理学之道》,朱润生译,北京:北京出版社,1999,第 27 页。
② [美]杜兰特:《哲学的故事》,朱安等译,北京:文化艺术出版社,1991,第 4 页。
③ [德]施勒格尔:《雅典娜神殿断片集》,李伯杰译,北京:生活·读书·新知三联书店,1996,第 109 页。
④ [法]罗丹:《法国大教堂》,啸声译,上海:上海美术出版社,1993,第 233 页。
⑤ [奥]维特根斯坦:《逻辑哲学导论》,郭英译,北京:商务印书馆,1985,第 96 页。

隔；所谓"峰峦山巅沉默不语/整个世界辉煌壮丽/每朵鲜花都吐露爱的芬芳"。但对于这种生命现象，艺术可以凭借其形象化手法来具体地呈现之，美学也能够借助于智慧的抽象概括性，来借助于对艺术的把握而本质性地逼近它。比如张若虚的《春江花月夜》，读着诸如"人生代代无穷已/江月年年只相似/不知江月待何人/但见长江送流水"这样的诗句，我们可以真切地感受到这首诗的魅力所在，就在于贯穿其中的那种对生命神秘的追溯。就像闻一多先生所说："这里一番神秘而又亲切的如梦如境的晤谈，有的是强烈的宇宙意识，被宇宙意识升华过的纯洁的爱情。"①尽管这些言辞依然充满一种模糊与含混，但它并不妨碍真正的诗读者透过这些话语的帷幄去理解作品的真谛；就像张若虚的这首名作里所盈满的朦胧之美，恰到好处地传达出了一种与天地相始终的生命意识。它再次让我们感受到："正是通过美的这种超然性，所有伟大的诗作才以种种方式在我们心中唤起神秘的同一之感，而把我们引向存在之源。"②

美学所面对的，正是这种植根于我们生命存在的神秘，美学所能采取的，便是以一种充满佯谬与悖论的"不说之说"的方式，来揭示这份神秘。因而，不是知识的天地而是智慧的时空，才是美学展示其英雄本色之处。努力让自身成为一种智慧形态，这是当代美学的追求目标；通过追寻生命的奥秘来实现一份人文关怀，这便构成了美学的基本价值坐标。

二、美学的学术史

1. 从理念论到经验论

从比较文化史来看，无论是东方还是西方，人类文明殊途同归地诞生于宗教的摇篮，传统美学滥觞于古代神学的胎盘。而透过这道神学的帷幕，我们却能够发现人学的秘密。在文艺复兴时期，人们以"人的尊严"来罢免"神的权威"，人类世界为神坛的坍塌而庆祝。但时过境迁之后人类意识到，人与神处在一种同舟共济的命运。就像在卡夫卡的小说《变形记》里，随着"神"的出局，"人"也同步地沦为了一只臭虫。所以，需要重新审视"人与神"的关系。

由索洛维约夫、别尔嘉耶夫、舍斯托夫等为代表的俄罗斯思想家们曾一再指出，在人身上存在着一种"神人性"。事实上，神对于人类与其说是不可理喻的"异物"，不如讲是一种以异化的方式呈现的"超人"。在《基督教的本质》一书的"结束语"里，哲学家费尔巴哈指出：宗教根源于人与动物的本质区别，是人类的

---

① 闻一多：《闻一多全集》第 3 卷，北京：生活·读书·新知三联书店，1982，第 20 页。

② ［法］马利坦：《艺术与诗中的创造性直觉》，刘有元等译，北京：生活·读书·新知三联书店，1991，第 139 页。

精神之梦,是人的第一个自我意识。因而,神学作为对宗教文化的反思,其秘密就是人本学,透过神的本质我们可以看到属人的本质。柏拉图在《斐德若篇》说,人性作为一种有待实现的可能性,在于其蕴含着的神性。"因为神性是美好、睿智而又善良的。"在历史上长期作为哲学一个分支的美学的古典时期,也就是美学的形而上学时代。"形而上学"(metaphysics)一词最早是亚里士多德的一部哲学著作的名称,在这部书里他创立了一门有别于以物质世界为研究对象的"物理学"(physics)的新学科,试图对作为感觉世界的存在依据与构成原因的超感觉的东西进行专门的思考和探讨。这些超感觉的东西在柏拉图学说中被命名为"理念"。它是"现象"后面一种不可见的抽象的本质。所以概括地讲,"形而上学"就是以"现象/本质"的"二元论"切分对世界的一种认识,是以"理念"为核心的世界观。而理念论就是柏拉图主义的基本立场,所以海德格尔直截了当地表示:一切形而上学都说着柏拉图的语言。

但何谓"理念"?多少年来一直众说纷纭。把握这个词语所表达的内涵的困难,在于它常同"概念"相混淆。理念与概念的相近在于彼此都属于一种非物质的、超验的"共相",两者的区别在于:概念是现象的否定和一种关于该现象的观念性说明,比如"马"这个词作为一种概念它本身不是真实的马;而理念却是现象所体现的那个实在,概念只是我们认识这种实在的一种媒介。除此之外理念常常通过具体事物,以一种相对感性的方式被我们所领悟。两者间这种似是而非的纠缠关系,能够从同属于共相的"普遍"与"一般"两个范畴既相似又不同上体现出来。比如,一般与普遍虽都是一种共相,但前者是一种观念抽象物而后者则是具体现象中的一种内在品质,彼此常常呈现出一种"共生同在"的现象。就像在公孙龙著名的"白马非马"这个案例里,"马"既指称一个概念,同时也反映着一种理念,呈现出一种错综复杂性。所以黑格尔一方面表示"理念不是别的,就是概念",另一方面又强调"单就其本身而言,概念还不是理念"。把握理念这个概念的关键在于认识到,作为共相的理念是一种殊相化的抽象,也就是说,它"提示给我们一种共相,但同时这共相又被看成一种本身具体的东西"①。

理念代表着在总是变动不居的表象下那常驻不变的事物的本质,是个体事物的**"理想模型"**,它虽超越于具体事物(无法为任何一种个别存在者所拥有),却归属于现实经验世界;而概念却是事物所归属的**"一般类型"**,它作为我们对事物性质的逻辑概括已脱离具体事物,落实于虚拟的观念领域。换言之理念是"殊相"中的共相,而概念是"抽象"的共相。前者虽然也具有一种抽象性,但仍以事物的"典型"代表的身份留驻于客观的经验世界。而抽象概念却是我们运用知性思维对世界的构造,它们只是实际事物的"观念等价物",本身已不再具有现实性。换言之,成为抽象就是超越实际的"具体事态"。所以康德在《纯粹理性批

---

① 〔德〕黑格尔:《小逻辑》,贺麟译,北京:商务印书馆,1981,第144页。

判》里强调：不能由一个概念中导出实在来。与此不同，柏拉图的理念归根到底也就是费尔巴哈在《基督教的本质》里论述"上帝实存的矛盾"时所提出的，一种"非感性的感性存在"，一个缺乏"经验特征"的"经验事实"。

医用教学模具的那些男女塑形是概念的形象展示，米开朗基罗的《大卫》是青年男性之美的理念的一种生动呈现。早期犬儒派思想家安提斯泰纳曾嘲讽柏拉图：我确实看见了一匹马，但我可没有看见"马的理念"！但这样的批评根本不起作用。因为在柏拉图看来，实际事物的特点是"可见不可知"，而作为共相的理念的特点，则恰恰是"可知不可见"。可见事物的相对性意味着变动不居，因而不可知；不可见的理念的绝对性意味着"一切是一"，它是唯一真正深刻的知的对象。理念的可知性不依赖于逻各斯的知性推理，而是心灵的感悟与领会。理念的这种可（感）知难（眼）见的神秘性，以及其作为实际事物的根本的绝对性，充分体现了形而上学思想的特点，也深刻反映了宗教文化的逻辑起点。上帝的绝对权威不仅需要最终裁决的能力，同时也需要与人为善的伦理性。只有具备这种既让人敬畏又让人想亲近的双重性，才能成为让芸芸众生顶礼膜拜的真神。而这一切都能够很好地统一于美的理念。在这个意义上看到古希腊的哲学、神学、美学的三位一体。关于上帝的美以及神圣领域、理念世界、宇宙逻辑、太一的内心灵之光等的陈述殊途而同归。这种思想的创始人非柏拉图莫属。当代宗教学家普遍将柏拉图视作神正论的奠基者，不仅因为柏拉图被认为是历史上正式使用"神学"（theology）这个词的第一人，更主要的是，理念论美学对"美的本体"的推崇为基督教神学对上帝的推崇开辟了道路。

作为现象界实际事物的主宰的理念的那种"可知不可见"的特性，能够给对天地万物进行垂帘听政的上帝的"在场"以最好的辩护。柏拉图美学的实质是通过对"美的理念"的把握，实现对整个审美世界里所有美的现象共同拥有的"同一性"的认识。用柏拉图在《理想国》里的一段话说：我们肯定美自身、善自身的存在，我们说每一事物都有与之对应的理念，它是一个统一体，我们称之为它的本质。柏拉图美学不追问"什么是美"而关注"美是什么"。前者的重心在于那些具体的美的事物，后者的焦点在于所有这些审美现象中的同一性。"看起来，柏拉图之前的希腊思想家几乎不关心美。美之闯入形而上学之中，是通过柏拉图。"①因此，以形而上学理念论为核心的古典美学正是柏拉图主义的典范，由柏拉图率先提出的审美哲学的基本命题同样也是基督教神学的根本问题。它以"神性"的名义为"人性"开路，使希腊神学成为现代美学的生成之源。如果说它的功绩在于顺利启动了美学的知识之舟，那么它的缺陷在于并不能解决美学的思想之惑。因为形而上学并不是一般意义上的本体论（ontology），而是别尔嘉

① ［法］雅克·马里坦：《艺术与诗中的创造性直觉》，刘有元等译，北京：生活·读书·新知三联书店，1991，第135页。

耶夫所批评的"本体论主义"。它从"事物的理念是现实的,而事物本身则是虚假的"这种立场出发,视具体的感性存在如无物,将概念所反映的抽象的观念存在为唯一对象。这样,它固然能在逻辑世界里对美的本质进行体系的建构,却无法面对实际的审美实践给予有效的理论诠释。

对于美学理论家而言,兴趣所在是事物的抽象同一性的逻辑论证,但在审美体验里,真正有意义的事不是审美对象的"同一性",而是其不可复制的"差异性"。这种与众不同的独一无二性所构成的丰富多彩,形成了审美天地的最大魅力。那些文学经典之所以一再被改编搬上银幕,我们之所以对由不同的导演和演员对同一个故事的不同演绎有兴趣,这些都是审美差异性的价值的最好诠释。美的苑地里总显得一派千姿百态缤纷绮丽而不可能千部一腔单调划一,"美"其实就是"丰富多彩"的同义词。比如在金庸小说世界里,从萧峰、郭靖、杨过、段誉,到陈家洛、张无忌、令狐冲,这些顶天立地的男子汉身上都有一种作为"大侠"的共同的英雄本色。但显然,读者们所迷恋的并非这种"同一性",而是这些大侠的"差异性",他们是独一无二的生命个体。让令狐冲成为令狐冲的不是他拥有千千万万个候补令狐冲的"本质",而是他呈现在我们眼前的这个具体"形态"。所以,美学的任务并非是如何"穿越现象认识本质",而是要想方设法"通过本质领悟现象"。因为每一种审美现象所具有的审美价值都在于这种独一无二性,美之为美的意义并不在审美对象的那个可知不可见的同一性"本质",而在于体现着差异性的那个能被感同身受的审美对象"本身"。

所以法国美学家杜夫海纳在《美学与哲学》一书中指出:形而上学思想把美的理念推崇到了不可思议的地步,结果反而把它从美学那里夺走了。这个批评很恰当。形而上学的症结所在,是对生动具体的经验世界的轻蔑。它的失败提示人们,要想使美学研究取得进展,就必须认真地对待那些具体的审美现象。在哲学上,这也为"从现实经验中得出全部认识"的"形而下学"(physicalism)的崛起提供了机会。与形而上学对思辨的推崇不同,这种思想强调"向生动经验的回复"。思想史的这次重大转折,在美学方面翻开了由"理念论"向"经验论"转型的新篇章。

2. 从实在论到存在论

理念论美学的中心是作为一种理念的"审美本体",经验论美学的焦点是"审美体验",其中的核心是"审美价值"。理念论美学强调"美"与"美感"的分离,无视审美主体与审美对象的紧密联系;经验论美学则坚持"美"与"美感"的统一性。桑塔耶纳的《美感》中提出:无论如何,在审美实践中"美"只存在于"美感"之中,"一种不曾感知的美如同一种不曾感觉的快感,那是自相矛盾的"。[①] 这种从"审美客观论"向"审美主观论"的转变,意味着美学不再从审美对象的"本体存在"出

---

① [美]乔治·桑塔耶纳:《美感》,缪灵珠译,北京:中国社会科学出版社,1982,第30页。

发，而是从审美主体的"经验实践"出发。从研究方法上讲，这个过程表现为由本质论美学—心理学美学—现象学美学的三大迁移；它的突出业绩，是完成了美学研究由"实在论"（realism）向"存在论"（existentialism）的转型。对经验论美学而言，美学的问题不再是"美的事物的本质是什么"，而是由审美体验提供的"审美价值到底是什么"。问题的实质在于澄清一对范畴："审美实在"与"审美存在"。

所谓"实在"，通常是指任何能够不依赖于我们的观察与思维而存在的东西。用一位科学家的话说：实在是指某种独立于被知晓而存在的东西，我们也许知道它，但**它并不需要我们知道才存在**。① 所以"实在"的典范就是具有物质形态的东西（中国民间有"眼见为实"的说法），是一个"自在物"，代表着一个由各种"实体"（entity）所构成的事实世界。实在论的一种朴实表述就是："月亮在无人看它时依然在那里。"所以实在论也即对自在物的研究，它坚持：这种自在之物是世界的根本。爱因斯坦曾表示：相信独立于感知主体的外部世界，是所有自然科学的基础。尽管这个外部世界的存在，有时需要借助天文望远镜或高倍显微镜才能被我们所发现，但无论如何，它具有某种超主体的确定性。所以，"实在"首先是一个物理概念，波普尔曾把科学家的工作概括为"尽可能地说明实在"。对那些伟大的科学家们来说，对"运动着的物质是自然界中具体的实在"的坚信，是他们工作的基础。但一部现代物理学史几乎可以看作是这种"物质实在论"的不断修正过程。爱因斯坦指出，在麦克斯韦之前，物理学上的实在被想象为物质的点，它的变化仅仅是由运动组成。在麦克斯韦之后，物理学上的实在被想象为不能用力学解释的连续的场。但事情显然还没有完，对实在所要求的物质确定性形成更大冲击的，是量子力学著名的"波粒二象性"原理。根据这一学说，不仅光和电子，在亚微观水平上，天下所有事物都既像粒子又像波流。

一个以确定性为基础的实体世界就此瓦解。著名学者玻尔更是提出："实在性"只是一个我们必须学会正确使用的"一个词"而已，不代表如其所指的事物。② 但这种科学表述不能取代日常经验。从常识上看我们无法否认，我们脚下的土地、身边的桌椅以及行走其间的街道等等可触可见的事物与景象，都是实际地存在着的。这为实在论提供了一个强有力的庇护："我不知道在我看不到的那个地点和时间究竟有什么，但是我显然知道，在那个地点和时间总是有某种东西，我所不知道的某种东西。"③所以来自现代物理学的挑战，与其说是对实在论的彻底颠覆，不如讲是对物质论实在观的解构。它表明，实在的自在性并不只是指物质（substance）性，而是强调"客体"（object）性，这是实在的自在性的根本体现。通常说来客体是分成两部分的：知觉客体（诸如一只杯子、一张桌子、一座山

---

① ［德］玻姆：《论创造力》，洪定国译，上海：上海科学技术出版社，2001，第1、19页。

② ［德］牛顿：《何为科学真理》，武际可译，上海：上海科技教育出版社，2001，第180页。

③ ［俄］弗兰克：《实在与人》，李昭时译，杭州：浙江人民出版社，第42页。

等有形的物质实体）和认识客体（诸如自由、平等、博爱等无形的精神客体）。归根到底"实在"是一个认识论概念，所谓"**客体**"也即作为"**意识对象**"的东西。关于"实在"的这种两类区分有助于认识审美活动的特点。比如当人们谈到审美对象时，言下之意不就是认为那些对象美吗？人们之所以全神贯注于享有悠久传统的优秀艺术作品，难道不是因为知道这些作品美吗？杜夫海纳在《审美经验现象学》中如此提问。

这是好问题。在日常经验中，当我们把美归因于客观对象时，这种赞美当然应被看作是对象迫使我们做出的，我们不能随意把什么东西强加于它，去抑制或改变它。哲学家波普尔强调：我知道伦勃朗自画像的美并不是由于我的眼睛，巴赫圣曲的美也不是由于我的耳朵。正相反，通过开闭我的双眼和两耳，我可以作出使自己满意的证明，即我的眼和耳不足以包容那全部的美。此外，还有其他更好的鉴赏者能比我更地欣赏图画和音乐的美妙。① 总之，审美活动中的一种愉悦性确实是由对象所唤起来的。因而如果认为一个人是因为对象本身存在着美而做出相应的美的判断，这并没有说错什么。但问题在于，从这个判断中，我们能否得出"美就是美的客体"的结论？这个逻辑看似有理，但经不起推敲。"审美判断"（aesthetic judgments）的实质是对审美价值的判断，审美价值虽然与审美对象有关（比如"西湖风景很美"，"电影《英雄》很丑"），但并不就是那个"充当"审美对象的"客体事物"。

京剧大师梅兰芳擅长男扮女装创作出了许多艺术经典，对于真正的京剧观众，他真实的男性身份对于他所创造的艺术角色没有任何妨碍，因为我们欣赏的不是那个真实的梅兰芳本人，而是他在舞台上的绝妙的演出。这说明，审美价值的客观性属于一种"**现象的客观性**"而不是实际"**事物的客观性**"，在这里真正重要的是由形式要素建构的一种外表形态，而不是这种形态所依附的实在客体。关键在于：现象的客观性意味着对客体的双重否定：不仅仅是对其物质**实体性**的否定，它同时也是对其作为对象的**客体性**的否定。盖格尔在他的《艺术的意味》一书里也谈道：比如在演出《罗密欧与朱丽叶》的舞台上，如果说剧中扮演朱丽叶的女演员并非一位妙龄女孩而是一位年老丑陋的妇女，这从审美角度讲并不是问题，只要她能成功地塑造出一个年轻而充满朝气的角色。一位伟大演员的能力并不体现于外在形象的打扮，达到一种瞒天过海让我们受到"欺骗"；而在于以一种感染力在"效果上"打动我们，从而使观众"无视"其不再年轻的真实形体。德国美学家希尔德勃兰特："即使我知道发出哀婉动人之声调的人并不悲伤，但那声音还是能够打动我。"② 在这个意义上，艺术形象"既是"一种符号（舞台上演坏人的那个演员并不是一个真的坏人），同时又"不是"一般的符号（舞台上所表

① ［德］波普尔：《客观知识》，舒炜光等译，上海：上海译文出版业，1987，第44页。

② ［德］希尔德勃兰特：《形式问题》，潘耀昌等译，石家庄：河北美术出版社，1997，第87页。

演的这个坏人就是一个坏人）。

审美实践中的"审美对象"实质上是一种"审美意象"，这个对象本身不仅"在"审美意识中，而且它就是由审美意识而"生"的。老子曰："道之为物，惟恍惟惚。惚兮恍兮，其中有象；恍兮惚兮，其中有物。"（《道德经》第二十一章）这段话之所以费解，是因为我们习惯于以一种"实在论"的立场去对待它。但"道"的实质在于它并非一种对象化的"物"，而在于主体性的"象"；这种象之所以无法看得太清，因为它其实并不"外在于"观看主体。它与我们的体验不可分割地融为一体，它不属于知觉对象，它就是"体验本身"。任何知觉都是对着我们身外的某种客体对象的，让我们意识到知觉以外的东西。在知觉中我们充其量只能拥有诸如"一位不再年轻的女演员"的意识，而不可能得到"一个可爱动人的形象"这样的观念。知觉意识是面向客体的，而体验是属于主体的。

"审美意象"一词容易导致一种错觉：以为它指向一种客体。事实上它归属于主体，是一种心理现象。这正是审美差异性的根源。英国哲学家休谟说："美不是事物本身的性质，它仅仅存在于观照它们的心灵之中，每一个心灵知觉到一个不同的美。"①因为"美的事物"的美本身并不属于事物的物理效果，而属于其形式特征所产生的效应。但这种效应的有与无得归功于审美意识的"建构"作用。正是通过审美意识将其自身的理解引入这个对象，从而把那些它实际上并不具有的特征归之于它。就像要想很好地欣赏米罗的《维纳斯》雕像，不能将它视作一个丰满漂亮的欧洲白种女人。要真正欣赏漂亮女孩，而不是为她们散发出的性魅力所诱惑时，是通过一种"审美态度"而运用"艺术眼光"所产生的结果。在这种视野里，关键在于对观看对象的实在性的摆脱。对于不具备这种建构能力的那些"色狼"而言，一位姑娘的美只是其性诱惑的表现，最终招致的是对当事者的损害而不是呵护。

实际的性吸引单方面地来自于对象，而对象体现着的审美意象却是由审美主体"帮助"建构的。从科学立场和从生活实践方面来看，这种创造物完全是一种"幻相"。但不同于"幻觉"。审美价值不是一种"实在"，因为它既不是一种有形的"物质实体"，也并非一种无形的"观念客体"，而是一种"精神存在"。盖格尔说道："再也没有任何事情比把艺术描述成一个幻觉的世界更浅薄了。"因为"幻相"是本体论性的，而"'幻觉'是一个认识论概念。幻觉假装是某种它实际上所不是的东西，把它自身当作某种它实际上所不是、但人们的直接观察又认为它是的东西。从这种意义上来说，任何艺术作品都不是幻觉"。② 苏珊·朗格在《艺术问题》中表示：当你在欣赏舞蹈的时候，你并不是在观看眼前的事物——往四

---

① ［美］门罗·比厄斯利：《西方美学简史》，高建平译，北京：北京大学出版社，2006，第165页。

② ［德］莫里茨·盖格尔：《艺术的意味》，艾彦译，北京：华夏出版社，1999，第267页。

处奔跑的人、扭动的身体等；你看到的是几种相互作用的力所形成的一种形象，"也可以称之为幻象"。①

归根到底，审美意象的实质不仅在于其"非物质性"，同样在于其**非对象性**。因为这种意象并不是"作用于我们感官"后我们才感知到它的存在，而是与审美感知同步地产生的。它不是"存在"于审美体验之中，而是就"属于"这种体验。审美意象不是"通过"体验而对外在的审美对象的再现，它"就是"审美体验本身。"审美意象"不是作为审美客体的再现的心理"现象"，而是这种现象的一种情感"效果"。但是，戏剧与电影的美学区分意味着什么？"在舞台上，演员努力使自己进入角色；而在银幕上，表演家让角色融入自己。""舞台上有两个存在，角色的存在袭击演员的存在；演员只有退让才能生存。"而在银幕上，只有一种"二合一"的存在。角色"成为"演员本身。"模范的舞台表演是在一段时间内最充分地创造了一个角色。模范的银幕表演是诞生了一位明星的一次表演。"②

经济学家维塞尔在《自然价值》一书中谈道：我们对于财物的欲望并不是为了财物本身，而是为了它所给予的满足，我们只是为了那种满足才认为它们有价值。所以，价值关系无法朝着实在论的维度还原，因为它表示的是"物为人而存在"，并非代表实际的客体对象。价值的这种非实在性在审美实践中体现得最为清楚鲜明。审美实践围绕审美价值而展开，"审美价值"的特点恰恰在于，它并不属于被作为审美对象的那个客体，而只是借这个客体而呈现的某种现象，它的非客体性在于它最终是在和感觉的联系中形成。所以，法国哲学家梅洛-庞蒂指出，"通常的实在论应该受到怀疑"③，因为在审美实践中我们所面对的便不再是某种物质实体，也不是某种精神实体，而是一个有意义的整体；即一个既不专门属于外部世界，也不专门属于内心世界的结构。就像当那些探险家们在广袤的非洲大草原上欣赏壮观的落日时，这种审美体验的获得决不能仅仅归于在他们身外存在日落这个事实。只有这个事实与他们的审美视觉相遇时才存在真正的日落之美，否则只有无所谓美与丑的作为一种气象状况的日落现象。

这里的关键是认识到：**美并不属于一种自然事实，而意味着一个文化事件**，它是审美主体对审美对象的具体反应，审美客体只是在审美实践中能让我们产生审美反应的一种媒介（条件）。美的客体在这里只是产生愉快的机会，愉快的原因取决于我们自身。"你理解了太阳、大气层和地球运转的一切问题，你仍然可能遗漏了太阳落下时的光辉。"④首先，太阳的光辉不是单纯的天体物理现象，

---

① ［美］苏珊·朗格：《艺术问题》，滕守尧等译，北京：中国社会科学出版社，1983，第4页。

② ［美］斯坦利·卡维尔：《电影本体论》，齐宇等译，北京：中国电影出版社，1993，第33—34页。

③ ［法］保罗·富尔基埃：《存在主义》，潘培庆等译，上海：上海译文出版社，1988，第56页。

④ ［法］怀特海：《科学与近代世界》，何钦译，北京：商务印书馆，1997，第191页。

而是源于我们神经细胞的相互作用的一种**心理反应**；其次，这种反应也并非就是美，美是在这种反应的基础上进一步产生的**文化体验**。所以在审美意识中不仅不存在"物质"成分，同样也不存在"客体"元素。价值的这种非实在性让审美实在论无所作为，也让美学研究成了人文领域里最不关心其客体对象的实际存在的一门学科。以"审美关系说"为标志的现代美学，是从"审美价值的存在方式"这个问题入手的，但这种研究却以步入神秘主义而宣告了审美认识论的终结。经验论美学对理念论美学的超越，意味着审美存在论对审美实在论的取代，这种超越同时也标志了美学研究从"审美认识论"向"审美理解论"的转型。尼采说得好："'自在之美'纯粹是一句空话，从来不是一个真实的概念。人相信世界本身充斥着美，他忘了自己才是美的原因。"①美学史揭开了从"审美实在论"向"审美存在论"转型的新的一页。

在《存在的勇气》一书里，保罗·蒂利希曾指出：柏拉图主义和经典的基督教神学都有存在主义观点。海德格尔在《尼采》一书里也认为：柏拉图的美学之思同样也是"在关于人与存在者本身的关系这样一个原始问题的范围内来探讨'美'的"。如果不进入存在论的范畴，那就无法建立起真正的美学视野。正如俄国思想家弗兰克在《实在与人》一书里所指出的那样：现代存在论的一项功绩，就是它让一直为理念论所否定的那种我们直接面对、由具体事物所构成的现实经验世界，重新拥有一份客观真实性。需要补充的是，对这种真实性不能从认识论的角度来把握，而只能从理解论的视野予以领悟（percipience）。存在论美学的崛起意味着审美理解论对审美认识论的取代。

3. 从认识论到理解论

认识论（epistemology）的基本问题是"知"的可靠性，也即对"怎么知"与"知什么"的探讨，侧重于"命题的真假"与"判断的根据"。就像本体论探究的是"什么是存在"，认识论探究的是"什么是思考"。柏拉图通过建构"本体论美学"而开创了"**审美之思**"；康德则通过为"认识论美学"奠基而奠定了"**审美之学**"。从哲学史看，康德哲学面临的基本问题是认识问题。也即"什么是认识？能不能以及怎样才能认识现实存在物？"这番思想在哲学史上掀起了一场"哥白尼革命"。在康德看来，认识能力是一种主观天赋，它以"时间与空间关系"的建构为我们的认识行为提供了先验"形式"。正是通过这种形式，认识活动为我们形成关于客观事物的知识。

认识并不是一种以客体对象为中心的"接受"行为，而是以认识主体为中心的"建构"活动，我们的认识内容以认识主体的认识能力为前提。所以，由康德发起的这场认识论革命意味着主体论思想的崛起。在康德的语境中，旧形而上学的弊病在于错误地推定，对象的性质能够不依赖于认识者的心灵而得到确立，忽

---

① ［德］尼采：《悲剧的诞生》，周国平译，北京：生活·读书·新知三联书店，1986，第322页。

略了心灵的先验原则在思维中确定对象所起的作用。康德的"哥白尼革命"可以概括为对这一"先验综合判断"原则的确认。如同哥白尼以随地球一起运动的观察者来解释天体运动,康德将心灵对经验的能动作用确立为知识的基础,视经验的客观性为主体组织结构的先验普遍性的结果。康德的贡献有目共睹,但由他而来的审美认识论并未能力挽狂澜使美学就此改变步履维艰的命运。俄国思想家舍斯托夫曾批评说:有关我们的思维可以做什么而不可做什么的"认识论争辩",在我们后代眼里会变得如中世纪经院哲学论战一样可笑。**美学的难点**事实上并不在于"怎么认识",而是它在知识论方面,面临着一个"说不可说"的尴尬。美学由"思"为"学"的转型,面临着一种自我否定的困境:一方面,任何研究都以提供相关知识为目标,这需要美学运用一般的概念;但另一方面,作为美学的研究对象的审美价值却抵制人们运用概念来领会它(因为审美现象的魅力而呈现出来的审美价值在于其差异性)。

艺术大师之所以成为大师,就在于他们对那些模式的超越,让种种成规服从于其艺术个性的支配。康德的《逻辑学讲义》里就明确谈到,美学作为鉴赏与趣味判断没有(从规律中提取出来的)法规,而只有(能被视作代表的)规范;只能是一种经验的总结而决不能成为知性科学。洋洋百万言的黑格尔《美学》正是从"知性不能掌握美"这个定理出发的。这同时也表现出美学对于知识论的超越。以知识论为核心的**认识论美学的弊病**,在于"使审美感知过分地接近了理智知识,以至于使审美的东西失落在知识之中了"。① 但知识论的实质是实在论,知识的确定性总是关于实在事物的,任何知识都是关于实在事物的概念的解释。美学的出路在于超越"审美认识论",这正是"存在论美学"崛起的文化背景。从现代存在论的视野看,形而上学美学的问题在于,它们无论是从本体论出发追问"美是什么",还是从认识论出发探讨"美在哪里",都将美定位为一种"审美实在"。而根据存在论立场,审美实践的核心不是自足地呈现出于审美视野的"审美客体",而是通过审美体验而呈现的"审美存在",这种东西无法被"认识",只能被"理解"。

本体论是关于事物的存在依据也即其"本质"(essence)的哲学把握。这种依据在形而上学中也就是作为"本体"(noumenal)的"理念"(noumena)。这种东西的性质通过"是"(being)而被认识。哲学上的"存在"(existence)一词,不是对事物的性质的辨析而是对其本身的真实性通过"在"而得到确认。在此意义上讲,也可以称本体论为"关于'是'之论",而存在论则能够被看作"关于'有'之论"。前者通过"是什么"的提问来探讨事物的性质,后者通过"有或无"的问题来确认事物自身的存在。本体论的基本关系乃"是与在"的关系,存在论的基本关系乃"在与有"的关系。在词源上讲希腊语中的存在(exister)本身便是"有"(ex)

---

① ［德］盖格尔:《艺术的意味》,艾彦译,北京:华夏出版社,1999,第198页。

与"在"(sistere)的重组。比如"人存在而神仙不存在"。这是关于"人与仙"的"有无之辩"，而并非"性质之析"。"是论"即对象论，是关于"对象的同一性"的认识。而"在论"则属于主体论，是关于主体自身的确认。存在论向我们表明，事物之"在"不仅是指**"真实之物的本质"**，还可以是指**"真实之物本身"**。这对于我们认识客体世界用处不多，但对于把握"主体"的特点却意义重大。主体作为主体就在于其不能被"对象化"地来认识。根据逻辑实证主义的研究，笛卡尔经典的"我思故我在"判断是一种错误。就像从"我是一个欧洲人"的句子得到结论不应是"我存在"，而是"一个欧洲人存在"；从"我思"得到的结论也不是"我在"，而是"存在着思维的东西"。① 因为"我"作为主体只能是认识行为的承担者，不能被作为客体来认识。所以，存在论的特征清楚地体现于其与实在论的差异，也即对客体的拒绝。由于这个缘故，作为一种哲学视野的存在论最适用于美学的领域。

审美价值不是一种既成的客观"事实"，而是通过一个"事件"来实现的经验现象。归根到底，价值只能**存在于**一个人在一定时刻与客体发生联系时所体验的价值**感受中**。所以，价值的实质在于它的"有效"性，而不在于它的"事实"性。价值与感受"同在"。作为"需求关系"的体现，价值表现的既非人的存在，也非世界的存在，而是人与世界之间不可分割的纽带。如何理解"纽带"的比喻？英国哲学家罗素在《哲学问题》一书里对此作过极好的分析。他以"爱丁堡在伦敦以北"这个句子为例指出："在……以北"这个句子所表示的一种"关系"既非物质也非精神，然而我们不能否认"它却是某种东西"。但这种"东西"既不同于实际可见的物质事物，也不同于理智可辨的观念对象，它不具有自在性。价值同样是类似于这样一种现象，它意味着一种需求，任何需求作为需求总是处于一种"有待满足"的状态，这种状态随着满足的实现而消失。所以，"价值对象"是一种对相应的需求主体"含有意义"的东西，而价值本身也就是意义。任何"意义"都是针对"价值"，而不是指称某种"实在"。所以从本体论的视野看，意义也即价值呈现一种悖论性，即它属于**"不在之在"**、具有一种**"既在又不在"**的特点。说它"不在"是指它不具有物质方面的**"本质之'是'"**的确定性，说它"在"是指它具有精神方面的**"意义之'有'"**的确定性。这种"不在之在"也就是"不确定的确定"，它的不确定指的是在事实方面它并非一个实体，它的确定性表现为它具有一种能被我们感知到的效应。

审美实践从主体方面讲是一种意义，在客观性上讲是一种价值，它是一种不"实"而"在"的现象，不能被称为"审美实在"，但却能被命名为"审美存在"。因为存在指一种"有"，它既是一种确定的"在"，因为一方面"存在"总是"有"，任何时候都不可能让它"没有"。另一方面对存在的这种"有"的确认无须接受"是"的判定，无须明确地落到"实"处。比如在汉语中，我们可以作出诸如"你看见这只狗

---

① 　洪谦：《逻辑经验主义》，北京：商务印书馆，1989，第28页。

了吗?""你来过这里吗?""你吃了吗?"这样的提问,而所有这些都可以用一个字"有"来回答,表示"看见了"、"到过"、"吃过"。这表明"有"是对某种**现象者**的"呈现"与"发生"的确认,所以它意味着一种"在";但它并非进行性质判断的"是",因为它不关心这种现象到底是怎样的东西。这种东西的典范就是审美现象。比如,当我们无论是面对一处美丽的风景还是动人的音乐演奏,都会本能地发出"真美"的感叹。意思是指这里"有美存在"。但这种"审美存在"不具有物质形态性,因而"不可见"。法国象征派诗人马拉美曾经指出,诗歌和音乐的一大奇迹就在于它们能让一种"并不存在的东西的存在",这里前后两个"存在"所构成的悖论,指的是作为一种"非实在的存在"的审美现象。音乐的本质在于它是一种感觉而不是声音,这感觉虽然"依赖"物理的声音而发生,但却是"作为"体验而存在。问题是可感的东西常常会同时给予我们一种"隐约可见"之形,让我们觉得"仍然有某种与可见的东西有关的东西被表现出来"。① 对于这样的东西,我们无须对它们做出"是什么"的性质判断,只需要进行"有与无"的形态确认,并进而做出"好与坏"的价值评价。

将以上所述做个归纳:其一,**存在具有客观性**。比如审美活动首先意味着存在一种"审美需要",这种需要甚至可以"脱离"实际审美对象而存在。不管我们是否意识到,也不管我们实际上是否欲求我们所需要的东西,需要总是存在着的。存在的意义表现为它激发人去做这种意义的"见证者"而"非创始人"。其二,**存在具有主体性**。存在论也就是"意义论",存在之为存在的实质是"意义"的兑现。审美需要满足了我们一种意义的需要,意义最终只是"为我们而存在",人才是意义所体现的价值关系最终承担者,意义是属于人的。这不是指意义单方面地由人一手"构成",而是指它要通过人来"实现"。萨特在《什么是文学》中写道:当我欣赏一处风景的时候,我很明白不是我创造出这处风景来的;但是我也知道,如果没有我,树木、绿叶、土地、芳草之间在我眼前建立起来的关系就完全不能存在。"存在"归根到底是指"主体存在"。丹麦思想家克尔凯郭尔有"存在就是意识"之说。这不是说"存在即观念客体",而是指"存在通过人发生"。其三,存在不是一个"既成"现象,而是"生成"的。存在"在"过程中。怀特海《过程与实在》:"存在"是由它的"生成"(becoming)所构成的。如果说实在之在是一种"既在"(being),那么存在之在是一种"使在"(be-ing)。所以,存在所指称的事物不能被我们去"认识",因为它不是一个具有相对边界的"客体"。而是一种绵延不绝的"现象",对这种东西我们只能通过体验去理解。

在此意义上,**"存在论"也即"体验论"**。贝克莱《人类知识原理》:事物的"存在"(esse)就是它们的"可感性"(percipi)。"存在"所指称的,其实就是人的生命存在。从词源上讲,古希腊语里的"存在"的原义就是指"呼吸"。所谓"体验"的

---

① [德]盖格尔:《艺术的意味》,艾彦译,北京:华夏出版社,1999,第 158 页。

意思也就是"感同身受"，但与其说这是我们认识世界的一种方式，不如说它就是我们本身的确认。海德格尔说得好：我们并非"拥有"一个身体，而是"身体性地'存在'"，所谓"存在"只不过就是说：我们通过我们的肉身存在而生活着。① 法国思想家马塞尔在《存在与客观性》中直截了当地写道：我就是我的身体。这不是否定精神对于人类生命的意义，而是强调这种意义不能脱离我们的肉身感受而存在。从审美实践来看，正是那种最为基础性的日常世界中的"生活经验"构成了审美价值的本质，对它们的生动呈现成就了古往今来的那些优秀艺术。艺术中最重要的因素就是那一点点"肉体感觉"。比如沈从文描述过的湘西田野里那些死蛇的气味，腐草的气味，屠户身上的气味，烧碗处土窑被雨淋以后放出的气味；普鲁斯特津津有味地叙说的"莱姆花茶"和"玛德琳蛋糕"的美好味道；陀思妥耶夫斯基对"彼得堡恶臭"的描绘令人难忘；还有像伍尔芙与乔依斯分别对现代大都市与婴儿尿液气味的描写等等。

苏联著名散文家巴乌斯托夫斯基在《面向秋野》一文里，通过嗅觉而不是视觉让我们对卢浮宫的冬天留下深刻印象："……这是一个奇怪的冬天，街头小贩摊上堆积如山的牡蛎发出一阵阵海水的腥味，还有炒栗子、咖啡、葡萄酒、汽油和鲜花的气味。"著名小说家张爱玲在一篇散文里写道："不知为什么，颜色与气味常常使我快乐。……颜色这样东西，只有没颜色的时候是凄惨的；但凡让人注意到，总是可喜的，使这世界显得更真实。气味也是这样的。别人不喜欢的有许多气味我都喜欢，雾的轻微的霉气，雨打湿的灰尘，葱，蒜，廉价的香水。像汽油，有人闻了要头昏，我却特意要在汽车夫旁边，或是走到汽车后面，等它开动的时候'布布布'放气。"② 如果没有这些"生命意识"也就无所谓"审美体验"。由此而言，所谓**"审美存在"**指的也就是这种**"生命体验"**。一位 19 世纪的美学家早就指出："深深地呼吸，感觉血液怎样通过与空气的接触得到净化以及整个循环系统怎样呈现新的活力，这差不多是一种真正令人陶醉的快乐，其审美价值是绝不能否定的。"③ 事实上，构成"审美价值"的那种"审美愉悦"并不是什么神秘莫测的东西，就是我们在审美活动中被激活的这种生命意识。这种东西拒绝认识论，因为它不具有客体性。

认识论属于知识论，知识论是对事物的客体化、局部化、逻辑化。这些适用于物质世界，不适合主体的生命世界。尼采曾说道："知识论方法是对具体事物的分离、界定和限制，一切知识都以逻辑形式为其界限，通过概念的抽象同一性对事物性质进行界定。"维特根斯坦在《逻辑哲学导论》中也表示："即使一切可能的科学问题都能解答，我们的生命还是没能触及。生命不仅复杂而且流动，它超

---

① ［德］海德格尔：《尼采》上册，孙周兴译，北京：商务印书馆，2002，第 109 页。

② 张爱玲：《张爱玲文集》第四册，合肥：安徽文艺出版社，1992，第 163—164 页。

③ ［美］舒斯特曼：《实用主义美学》，彭锋译，北京：商务印书馆，2002，第 350 页。

越了满足于逻辑原理的理性法则。"马尔库塞认为:美学确立了与理性秩序相反的感性秩序,"这门学科的特征就是反对理性的不可一世"。① 海德格尔的"人的本质就是存在"的命题很是深刻:存在只有通过人才能被揭示。生命哲学的根本缺陷在于"生命"本身并没有作为真正被以合适的方式提到哲学的议事日程。它仍将生命现象纳入了传统认识论的视野中,将它作为一种客体对象。"生命哲学"的不足推动了"生命认识论"的发展,这就是哲学史上一度以"直觉说"命名、最终被落实为"审美体验"的思想方式。别尔嘉耶夫认为,哲学家们寻找直觉其实是寻找这样一种独特的认识:它不是进行客体化,而是向存在深处的渗透的对存在的参与。② 它是对存在的体验,"体验"与"认识"虽然"等值",但不"等同"。

容易产生疑惑的,首先在于审美意识的对象性。任何心理意识都具有"意向性"特点,总是关于某个对象的,在意识中总是有被意识到的东西。正是这种特点使得我们在听音乐时也能产生一个视觉效果。所以"意识"总是表现为"意象",这是人们习惯于将体验归之于某种外在客体的原因。但事实上体验在发生学方面的"非自在性"不等于它在本体论方面的"自足性"。从意识活动来看,"感觉"是意识同现实之间的最终接触点。但诚如怀特海在《思想方式》里所指出的,人的感觉—知觉的特征具有这样一种二重性:一部分与身体无关,另一部分与身体相关。它一方面能让受感对象向主体"呈现",使我们通过意识活动对其作出观察;另一方面,它同时也阻止意识完全消失,使意识始终感到自己的存在。

"感觉"(sensation)是指向客体的觉知,而"感受"(sentiment)则是指向主体对某种作用于自身的对象的主观反应。通过感受形成主体的意识空间,但在其中不仅有关于外在事物的把握,也有关于主体自身反应的把握。比如我们的感受中有着通过感官而对某物的香、味、形、色、音等特性的知觉,虽然它们也属于意识的"涌现"现象,但我们仍能够习惯性地将它们看作"事物的性质",因为它们不属于主体自身的建构。除此之外,在感受中我们还能意识到诸如悲伤、希望、愉快、憎恨等情感反应。我们不会把这些东西归于事物的属性,我们称杜甫的名句"感时花溅泪,恨别鸟惊心"运用了拟人手法,是因为我们认为情感现象不属于诗人所描绘的这些事物。在(以感觉为基础的)感受活动中,人的心理中不仅拥有关于外在事物的"经验",同时还拥有关于主体本身的"体验"。两者的共同性在于,都让我们意识到"某种东西";不同点在于经验提供的是关于"客体对象"的认识,而体验提供的则是关于"主体自身"的把握。正是体验的这种"内在性"表明,我们所置身其间的"世界"并不只是指外部的物质世界,它还包括一个内在的精神世界。因为体验无须外界事物的直接作用,单凭想象和思想也能形成。但它所指向的只能是一个无形而"在"的"意义世界"。

---

① [美]马尔库塞:《爱欲与文明》,黄勇等译,上海:上海译文出版社,1987,第 133 页。
② [俄]别尔嘉耶夫:《论人的使命》,张百春译,上海:学林出版社,2000,第 16 页。

恰恰在这里，出现了试图超越审美认识论的**存在论美学一大难点**：意义在根本上属于认识范畴，意义之为意义在于被我们所把握。意义的这种特性也表明了主体与客体的认识关系是我们生活世界里最基本的关系，物质世界对于我们生存活动具有第一性的意义，一个主体只有首先把握了这种关系才有可能在世界中立足。所以亚里士多德在形而上学中将明确地将"求知"为人的本性。这也意味着在真正重要的人类文化形态中，都不可能让认识论缺席。审美实践当然也不例外。"音乐好似明灯，驱赶着心中的黑暗，照亮了心房。"为我们提供精神的照明，这正是伟大艺术的基本品质。"发现真理"不仅是科学活动的崇高宗旨，同样也一直是审美实践的基本主题。将审美体验看作是收获真理之旅，这事实上成了存在论思想家们的共同立场。

这意味着，审美存在论对审美认识论的超越不是对认识本身的排斥，而是对一种以概念为工具的逻辑认识论的驱逐。这种新的认识论美学也就是审美理解论。问题的关键在于，必须承认存在着一种以感同身受到的方式出现的，先于一切理性反思的、非语言的"身体的意识"。纪伯伦写道："人听不懂枝头小鸟说的是什么，也听不懂鹅卵石上轻轻流淌的泉水叮咚和缓缓推向岸边的阵阵涛声。人不解雨水不住地滴落在树叶上讲述的故事，不懂其用轻柔的指尖敲击玻璃窗时讲述的故事。人也不懂微风对田野上花朵诉说的是何种情愫。不过他感到他的心知晓并理解所有这些声音的意义，因此才时而高兴为之震颤，时而又因忧愁和烦恼为之悸动。一些声音用一种隐幽的语言呼唤他，智慧将之置于他的自然天性面前，于是他的心同自然频频交流，而他自己却默默无言。"[1]

这段长长的抒情可以被陶渊明的《饮酒二十首》的第五首所概括。所谓"采菊东篱下，悠然见南山。山气日夕佳，飞鸟相与还。此中有真意，欲辩已忘言。"它们都表明，"认识"并非"知性"的同义词，我们永远不能"谈论"或清楚地"思考"没有以某种方式被语言媒介所指称的事物，并不意味着我们因此就不能非语言地"经验"或感性地"理解"它们；更不表明这些东西倘若不在语言中，也就不能为我们有意义地存在。因为这些东西属于我们"以身体为依托"的生命意识。对它们的把握既无须、也不能够凭借概念，而只能以感同身受的途径。这里的关键在于，从存在论的立场给予身体以本体论的位置，这么做的可能性在于，与其说"身体"是"肉体"的同义词，不如讲它是"存在"的栖息地。就像灵魂之所以为灵魂，是因为它也是肉体。

在《作为意志与表象的世界》中叔本华强调：现代哲学的最大错误是没有意识到，"**身体经验**"不仅也构成了进入真正现实的大门，而且这种真正现实就是事物的内在本质。这个本质指向同我们的生命体验融为一体的那个"**意义世界**"。这个主体世界与事实世界分属不同的认识活动。苏格拉底提出了主观的"看法"

---

① ［黎］纪伯伦：《纪伯伦散文精选》，伊宏等译，北京：人民日报出版社，1996，第5页。

（我认为）与客观的"知识"（我知道）之间的区别。审美理解具有认识论的等价功能，它提供的虽然不属于"我知道"而是"我明白"和"我懂得"，但这并不是一种类似于"看法"的主观意见，而是从具体经验中提取出来的"智慧"。其一，它能与"知识"相提并论之处在于它的"有效性"：我们通过知识来认识世界，通过智慧来把握人生。其二，它与后者的不同在于：知识具有"可证实"性，任何知识作为知识都需要提供证据；而智慧是自明的，它需要的是由主体自我掌握的根据，无须依靠任何外界证据。智慧并不提供我们对外在客体世界的认识，而是对于"生命自身"的把握。

审美体验是智慧的这种自明性的生动呈现。参照孔子关于"知者"与"仁者"的关系。孔子知与仁并重，一方面以仁为宗（《里仁》："里仁为美，择不处仁，焉得知。"《雍也》："知者乐水，仁者乐山。知者动，仁者静。知者乐，仁者寿。"此"知"为"良智"非"才智"），但另一方面，两者中更强调"知"。有人统计"知"字在《论语》里前后共出现了 111 次之多。钱穆认为，总体而言孔子在智者与仁者间选择前者。其一，《子罕》："子在川上，曰：'逝者如斯乎！不舍昼夜。'""此即孔子之志在流水也。孟子曰：'登泰山而小天下。'此则孟子之志在高山也。"[1]其二，《荀子·宥相》：子贡问孔子，"君子之所以见大水，必观焉者，是何？"子曰："夫水，大遍与诸生而无为也，似德。其流也埤下，裾拘必循其理，似义。其洸洸乎不淈尽，似道。若有决行之，其应佚若声响，其赴百仞之谷不惧，似勇。主量必平，似法。盈不求概，似正。淖约微达，似察。以出以入以就鲜絜，似善化。其万折也必东，似志。是故君子见大水必观焉。"

马里坦说得好："正是通过审美的这种超然性，所有伟大的诗用才以种种方式在我们心中唤起神秘的同一之感而把我们引向存在之源。"[2]存在之源也即生命之源，是水。东山魁夷说道："每个人的心中都有一股清泉。但这泉声却往往在日常生活的繁忙中消失了。"[3]智慧即领悟存在之谜，即领悟生命之谜，即领悟生与死的体验。所以"花"在美学天地中具有特别意义。"倘使花儿永不凋谢，我们也永存于地球上，那么两者的邂逅就不会引起什么感动了吧。花儿行将凋谢时才显出其生命的光辉。在体会到花儿很美的心灵深处，爱惜着彼此的生命，感受着在地球上的短暂期间得以邂逅的这份喜悦。"[4]从对事实的观察而提取的证据虽然确凿但永远是不充分的，只要一个新的例外就全盘消解；而从体验的概括中形成的根据尽管缺乏确凿事实的支撑，但却是充分的。所以"知识论"与"智慧

---

① 钱穆：《中国文学论丛》，北京：生活·读书·新知三联书店，2002，第 193 页。

② ［法］雅克·马里坦：《艺术与诗中的创造性直觉》，刘有元等译，北京：生活·读书·新知三联书店，1991，第 139 页。

③ ［日］东山魁夷：《美的情愫》，唐有梅译，桂林：广西师范大学出版社，2002，第 105 页。

④ ［日］东山魁夷：《美的情愫》，唐有梅译，桂林：广西师范大学出版社，2002，第 13 页。

学"各有其适用的空间,前者指向物质客体,后者指向精神主体。自明的智慧无法让我们去认识生命的"物质构造",但却能实现对"存在本质"的揭示。达到孔子所说的对人之本的"仁"的"知"。人的存在不是生理意义上的"活着",而是有"尊严"地生活。荀子的《劝学》里说:君子之学也,以美其身。美学能够给我们以智慧的启示。

所以,与美学相比,没有一种哲学学说和科学学说更接近于人类存在的本质。美学之所以能做到这点,是因为"审美体验"与"生命存在"拥有一种同一性,名副其实的"艺术体验"就是一种"存在体验"。所以,存在论美学也就是一种以"身体美学"(somaesthetics)为核心的审美理解论。在这个意义上我们可以看到一个由"历史"为中介的三位一体:世界—存在—体验。我们不仅得承认,"我们的希冀和奋斗、我们的希望和愿望构成了一个内在的世界";①而且还得进一步看到,正是这个内在世界通过赋予我们以存在的意义而对生活世界起着举足轻重的作用。就像不具有生命意识的植物人已不再能算是名副其实的人,失去了充实的精神世界的生活不能是真正属于人的生活。美学由此昭示出它在人类文明中的重要价值:存在就是体验,体验就是历史,历史就是世界。通往这个世界的主要途径就是审美实践,美学让我们更好地行走于这个旅途。审美判断可以有充足的**"根据"**,但却不具有(也不必要拥有)充分的**"证据"**。②所以卡西尔说:"美学这门新学科不仅在逻辑上得到了肯定,而且可以说是伦理学所要求和证明了的。"因为"美的问题不仅导致了系统美学的创立,而且还导致了一门新的'哲学人类学'的创立"。③

三、美学的理论史

所谓"理论史",通常是指一门学科内以"学术"(academic)命名的相关知识的累积活动。这是它通常与"研究"(research)一词在使用中一起出现所有的原因,归属于一定学科的理论史。以西方美学史为例,在通常"共识"上的美学,不言而喻就是逐渐聚焦于"艺术的本质"的、"关于美"的各种"言说"。不妨以较近一部得到广泛好评的美国学者门罗·比厄斯利的《美学:从古希腊到现代》为例。中译本译者高建平教授根据实际情况,命名为**《西方美学简史》**。两个题目虽略有不同,但基本内涵一致:让读者觉得所谓"美学历程",就是面对苏格拉底"美是

---

① 〔德〕威廉·狄尔泰:《精神科学引论》,童奇志等译,北京:中国城市出版社,2002,第289页。

② 〔德〕莫里茨·盖格尔:《艺术的意味》,艾彦译,北京:华夏出版社,1999,第135页。

③ 〔德〕卡西尔:《启蒙哲学》,顾伟铭等译,济南:山东人民出版社,1988,第349页。

难的"这个结论从不同方面展开的,关于"美之本质"在认识论上的视野不断扩大、见解不断丰富、认识也随之而不断深入的讨论。这样的理解并不能说错,但却并不全面,甚至导致对美学史的误解。再举两本著作为例。其一,由法国学者让·贝西埃牵头,包括一位加拿大学者伊·库什纳和两名比利时学者罗·莫尔捷与让·韦斯格尔伯所合编的上下两卷本《**诗学史**》,其二,英国学者拉曼·塞尔登编的《**文学批评理论:从柏拉图到现在**》。这两部书的名称上,虽然存在"诗学"和"文学批评理论"的概念差异,但有一点是同样的。即与比厄斯利的著作一样,它们各自都能言之确凿地追溯到古希腊时期、从柏拉图对话中的苏格拉底谈起。

这就产生一个问题:它们(三部名称不同的书)所叙述和讨论的究竟是一回事,还是多少具有实质性的区分? 在我看来是:**既相同,又相异**。所谓"相同",是指它们所讨论的内容,基本上仍属于我们围绕"艺术"为核心、以"美学"命名的范围内。所谓"相异",是指它们之所以需要用不同的名称以示相互间的区别,在于各自所讨论的问题在采取的研究路径和视野等方面,确实存在着让它们自立门户的必要性。这意味着,虽说在宽泛意义上,我们可以用"美学"这个概念将所有这些讨论"一网打尽",但其结果并不利于我们对这门学科的实质的清晰认识,反而会导致种种不必要的混淆和误解。换句话说,在我们"常识"意义上的"美学",不仅在时间维度上存在着由神学、科学、人学所构成的三大阶段;而且同时在思想空间的维度上,也包含着三种各有侧重的理论形态。 概括地说,也就是**"诗学"、"艺术哲学"、"批评理论"**。但需要强调的是,这三大形态不仅共同构成了迄今为止主要的美学研究的学术研究格局,而且同样也从另一个侧面构成了美学史的"古典、近代、现代"三大阶段。

1. 作为诗学的美学

英国著名美术史家赫伯特·里德曾经抱怨:"艺术是像空气或土壤一样的东西,在我们周围各处,但我们却很少静下来加以思考。"[①]此话虽然针对的是一个多世纪来人们对艺术文化的轻视,同样适用于作为这种"文化"的重要部分和艺术实践唇齿相依、荣辱与共的美学研究。无须赘言,西方美学思想滥觞于柏拉图《大希匹阿斯篇》中苏格拉底与大希匹阿斯讨论"美是什么?"但这次讨论固然意味着西方**"美学思想"**的开端,却并不代表正式的**"美学研究"**的确立。这不仅仅是因为在篇幅上只有为数不多的探讨,也在于这番讨论以苏格拉底一贯的"不了了之"收场,定格于"美是难"这个著名结论。但就作为一门学科来讲,美学正式的开张营业,是由亚里士多德所开创的、作为诗学的艺术研究。

那么何谓"诗学"? 从知识论方面讲,有一种表述为"文学形式通论"。其具体内容有不同的表述方式。在方法论方面看,若以时间的先后区分,则包括"摹

---

① 〔英〕赫伯特·里德:《通过艺术的教育》,吕廷和译,长沙:湖南美术出版社,1993,第20 页。

仿诗学"、"接受诗学"、"表达诗学"、"客观诗学"等。从艺术形态上看,则有"散文诗学"、"绘画诗学"、"电影诗学"、"舞蹈诗学"、"建筑诗学"等等。再进一步,从跨学科方面看,则有"历史诗学"、"人类学诗学"、"空间诗学"、"时间诗学"等等。上述种种例子仍不足以对"诗学"概念做出终极的"盖棺论定"。但有一点可以明确,那就是**"诗学"决非"诗歌学"**,而是**"诗性学"**。海德格尔在讨论"艺术的起源"问题时提出:**"艺术家是艺术品的起源,艺术品是艺术家的起源。"**而这就意味着,艺术家和作品都通过一个最初的第三者而存在,那就是艺术。换言之,"艺术是艺术品和艺术家的本源"。① 那么,这个最终的本源又该如何命名呢?除了"诗性"别无选择。用海氏的话讲:"艺术发生为诗。"这个"诗"的意思乃赠予、建基、开端"三重意义上的创建"。②

随之而来的一个棘手问题就是:究竟什么是"诗性"?怎样把握这个概念?借用法国象征派诗人瓦莱里的话说:我们会惊叹某道风景充满诗情画意,会形容某段生活诗一般浪漫,有时还会说某个人很有诗意。从这番描绘中我们能够明白,"诗性"与"诗意"的相通,而后者通常意味着具有一定"审美价值"的现象。由于这位诗人曾是法国公立高中第一位诗学教授,为便于授课,他在其教学计划的文稿中这样写道:"从词源学的角度看,即把诗学看成是与作品创造和撰写有关的、而语言在其中既充当工具且还是内容的一切事物之名,而非狭隘地看成是仅与诗歌有关的一些审美规则或要求的汇编,这个名词还是挺合适的。"③在此意义上,诗学就是指作为语言艺术的"文学的整个内部原理"。这也符合"诗学"这个概念的缔造者亚里士多德的含义,在他的相关著作中,指的就是关于语言艺术创作的理论。这个精神形成了一种传统得到后来者的继承。比如俄罗斯语言学家雅各布森在一份报告中明确表示:"诗学的目的首先就是要回答这样一个问题:是什么使包含信息的字句变成了一件艺术品的?"④从中人们不难意识到,诗学关心的不是作为一个文本作品的"文学",而是呈现出诗性意义的**"文学性"**。也就是把某一件作品变成为文学作品的东西。

沿着这样的路径展开,关于诗学的界定不仅显然呈现出一种神秘色彩,而且也存在极大的局限性。换言之,它似乎是一门介于美学与语言学的交叉点上的学科。这多少有点走火入魔的味道,与瓦莱里关于"诗学"的解释不尽一致。事实上,诗学之所以能够构成广义上的美学的重要格局并成为西方美学史上最早

① ［德］海德格尔：《林中路》,孙周兴译,上海：上海译文出版社,1997,第41页。

② ［德］海德格尔：《林中路》,孙周兴译,上海：上海译文出版社,1997,第61页。

③ ［法］达维德·方丹：《诗学：文学形式通论》,陈静译,天津：天津人民出版社,2007,第2页。

④ ［法］达维德·方丹：《诗学：文学形式通论》,陈静译,天津：天津人民出版社,2007,第5页。

的学科形态,关键在于虽驻足于"语言艺术"但却又能超越这种限制走向跨类别的艺术研究。归根到底,"诗学研究的是文字信息中的美感,是能让读者留下深刻印象的东西"。①而在这里使用的"文字"与"读者",并不能拘泥于字面意思,更准确地讲可以用"符号"与"受众"来替代。唯其如此有学者敏锐地提出:今天我们对诗学所下的定义与亚里士多德最初的定义殊途同归。在古希腊,"诗学"(poietike)这个希腊词,是"poietike techne"(作诗的技艺)的一词的简化,关注的是创作规则和表达技巧等。用俄国学者巴赫金的话说:"**诗学关注的是审美客体是用什么形式什么材料创造出来的**。"②从这个意义上来看,所谓诗学其实是"**艺术工艺学**",它所关心的并非艺术的价值与使命,而在于通过总结和梳理那些艺术杰作的法则而掌握"**创造艺术的艺术**"。

任何体现出这个特点的研究即使没有明确给出诗学的命名,同样属于诗学范畴。比如瑞士学者沃尔夫冈·凯塞尔的《语言的艺术作品》一书,该书的主旨重在讨论由抒情诗、史诗、小说和戏剧等形态为主的作品的语言形式、情节结构、风格概念、戏剧种类等典型地属于"文学的内部原理"的问题。而这就是一部关于语言艺术的规范的诗学研究著作。但如上所述,诗学的实质即"诗性学",但诗性并不局限于"文学性",而涉及整个"艺术文化"领域。因此而有"语言艺术"之外的种种"诗学",它们中的一些研究能够与凯塞尔的著作一样,即使不打上"诗学"的标签也仍然能被认同为诗学研究。一个突出的例子是英国杰出的美术评论家罗杰·弗莱的名作《视觉与设计》。随意翻开这部书,我们就不难发现,书中有些部分的标题貌似很宏大。比如"艺术与生活"、"艺术与科学"、"艺术与社会主义"以及"论美感"等。但只要读者不让自己粗心大意地被这些标题所误解产生一种先入之见,而能够排除主观印象深入进去展开"文本细读",很快就能意识到,在这些标题后面所呈现的是作者对以架上绘画为代表的视觉艺术的一些规律性现象的探讨,其目的在于尽可能地让绘画艺术的门外汉们懂得欣赏绘画的"门道"。

按照弗莱的观点,领悟绘画作品之奥妙的关键在于明白:真正的艺术是"自然的代码"而不是"自然的摹本"。他由此而对克莱夫·贝尔提出的"艺术是有意味的形式"这个聚讼已久的命题,给予了一种指点:具有这样"形式"的作品"是努力表现一种思想而不是创造一个令人愉快的对象的结果"。③为此,与人们通常的认识不同,弗莱一方面强调,人们应该承认"对艺术家来说,他们有些古怪的异

---

① [法]达维德·方丹:《诗学:文学形式通论》,陈静译,天津:天津人民出版社,2007,第6页。

② [俄]塔马尔钦科等:《关于俄罗斯当代文论的对话》,《中华读书报》2004年10月27日第19版。

③ [英]罗杰·弗莱:《视觉与设计》,易英译,南京:江苏教育出版社,2005,第197页。

乡情调的生活趣味似乎是正常的"；评价说："雷诺阿是一个多么热爱平凡事物的人！这在艺术家中是少有的。"但与此同时，另一方面他又十分重视优秀艺术家应拥有"普通人的趣味"。否则，"不具备普通人趣味的艺术家和作家，一个明显的例子是狄更斯，就不是十分完美和十分纯粹的艺术家"。①弗莱这种立场之偏颇和自相矛盾显而易见，但这并不妨碍他跻身于优秀美学家的阵容，更不妨碍他的著作属于"绘画诗学"范畴。无论是凯塞尔还是弗莱，我们分析他们著作的目的在于澄清"诗学"的内涵与外延。但关键所在是要强调，所有这些"后来者"的诗学著作都源自于一个人：亚里士多德。

中国清代文人龚自珍《己亥杂诗》共有短诗 315 首，其中第 104 首末句是：**但开风气不为师**。如果说这是对柏拉图在西方美学史上的地位的准确描述，那么接着这风气之后正式"作为师"的，则是亚里士多德。这不仅是因为"柏拉图并非一个真正的诗学理论家"，②更在于亚里士多德为了反驳其老师柏拉图对诗歌尤其是对观众极具感染力的戏剧魅力的激烈攻击，而付出了大量的工作。不仅写出了由分别论述"悲剧"和"嬉戏"上下两编构成的《诗学》，而且在此之前还专门以对话体方式撰写了《诗人论》一篇和《荷马问题》中的至少六篇。但这种形态的艺术研究早已一去不返，经验表明，"世上没有同样的作品，凡真正的艺术品都是独特的"。③ 如果说"每一个诗人都是用他自己的方式重新表现宇宙，每一首诗都是一个新的和独立的表现"这样的观点略有夸张，那么这个见解无疑是成立的：古往今来，那些艺术大师成功的原因，"恰恰在于他们既不追随某种模式，也不遵循某种规则，而是克服了这两者，让它们服务于个人经验的扩大"。④ 从这方面讲，作为诗艺规则的知识提炼的诗学研究其价值究竟如何，不能不让人心存疑虑。

现代画家康定斯基说过："如果我懂得家具工人工作的规律，我就可以自己动手做张桌子。但是即使一个人晓得了一些画家作画的所谓规律，也不敢保证自己就能创作出一件艺作品来。"⑤海德格尔认为，从"创作论"的角度认识诗学，这个传统建立在一种误解上。古代希腊思想中一直用同一个词来表示"技艺"与"艺术"，从而渐渐形成一种观点："在古希腊人和罗马人那里，没有和技艺不同而我们称之为艺术的那种概念。"⑥从而给了后人一种对两者能够相提并论、一视

---

① ［英］罗杰·弗莱：《视觉与设计》，易英译，南京：江苏教育出版社，2005，第 173 页。

② ［法］让·贝西埃等：《诗学史》上卷，史忠义译，天津：百花文艺出版社，2002，第 22 页。

③ ［美］吉尼·布洛克：《美学新解》，滕守尧译，沈阳：辽宁人民出版社，1987，第 380 页。

④ ［德］斯宾根等：《现代美英资产阶级文艺理论文选》下册，刘若端等译，北京：作家出版社，1962，第 352 页。

⑤ ［俄］瓦·康定斯基：《艺术的精神》，查立译，北京：中国社会科学出版社，1987，第 87 页。

⑥ ［英］乔治·柯林伍德：《艺术原理》，王至元等译，北京：中国社会科学出版社，1985，第 6 页。

同仁的印象。但海德格尔提出,这是一个颇为严重的误解。他强调,"不管我们多么普遍、多么清楚地指出希腊人常用相同的词来称呼技艺和艺术,这种指示依然是肤浅的和有失偏颇的"。根据他的分析,那个关键词从来不是指制作活动,在根本上它从来不是指某种实践活动。确切地说是表示"知道"的一种方式,也即对某个存在者作为存在的"觉知"。因为对于希腊思想来说,"知道的本质即存在者之解蔽"。这意味着当人们用它来表示艺术时,"这绝不是说对艺术家的活动应从手工艺方面来了解"。恰好相反,表明诗学的目标在于"艺术之为艺术的那个根本性的东西"。①虽说海德格尔的思想总给人以故弄玄虚之嫌,但他的这番见解无疑值得注意。

有个问题值得一提:在某种意义上,关于艺术的工艺学知识其实无关紧要。诚如英国学者道金斯所说:**"你完全可以成为一个优秀的音乐鉴赏家,而并不需要学会演奏任何一种乐器。"**②决定艺术作品总终命运的,在于作品被受众的欢迎程度。所以货真价实的关于艺术的学术研究,不应范围于"艺术生产"的工艺层面,而应"把建立有关诗作本质的学问作为自己的任务。"③相关的研究既非一门事关艺术生产的"授艺之学",也不同于针对具体作品的"批评之论",只能是一种关于艺术的"求道之思"。但这并不表明,这样一种依托于实践经验、侧重于艺术创造的工艺方面的"诗学",在美学领域完全没有其立足的一席之地。恰恰相反,诗学的"落地"性使它试图在今天仍期待着东山再起。西班牙画家塔比亚斯曾在文章里写道:在艺术领域,那些盘踞在大学校园和研究机构的所谓"专家",其实是艺术的外行,真正的"行家"往往是那些具有艺术创作经验的杰出艺术家。④但他的这个立场并非毫无争议,首先受到艺术家同行内部的抨击。比如英国作家王尔德就认为:那些真正伟大的艺术家根本就不能评论别人的作品,因为他们所具有的眼光"由于高度集中而局限了其精湛的鉴赏力",因而除了"能认出自己的崇拜者"外不再能认真对待别人的艺术。⑤美国诗人奥登也曾表示:对于作家发表的批评议论,听取时应当大打折扣,因为这些议论主要表明他在捉摸自己下一步应当如何写或者应当避免什么。他以一种现身说法的姿态指出:作家们其实"往往蒙在鼓里,不知道自己的同行在干什么,甚至比一般人更闭

---

① [德]马丁·海德格尔:《林中路》,孙周兴译,上海:上海译文出版社,1997,第42—43 页。

② [英]理查德·道金斯:《解析彩虹》,张冠增等译,上海:上海科学技术出版社,2001,第 43 页。

③ [瑞]埃米尔·施塔格尔:《诗学的基本概念》,胡其鼎译,北京:中国社会科学出版社,1992,第 196 页。

④ [西]塔比亚斯:《艺术实践》,河清译,杭州:浙江摄影出版社,1989,第 118 页。

⑤ [英]王尔德:《评论家也是艺术家》,见《英国作家论文学》,北京:生活·读书·新知三联书店,1985,第 299 页。

塞"。①

两位杰出文学家的这番话无疑是有道理的。比如雨果的《巴黎圣母院》堪称浪漫主义小说代表作。但歌德曾对爱克曼表示："真要有很大的耐心才忍受得住我在阅读中所感到的恐怖。没有什么书能比这部小说更可恶了。"②但塔比亚斯的观点仍然值得我们重视。这话的意思当然不是指，我们能够无视行家批评的偏颇；而在于我们应该尊重，优秀的艺术家往往能以一种"片面的深刻"的方式，道出艺术的奥秘。就像托尔斯泰对莎士比亚戏剧厌恶和对以贝多芬为代表的古典交响乐的幼稚否定，并不妨碍他的艺术论加深了我们对艺术的理解。许多优秀艺术家关于艺术的谈论，不仅能给予我们对艺术的宝贵启迪，而且让我们享受到艺术杰作的乐趣。比如德国作家歌德的《说不尽的莎士比亚》，法国作家雨果的《论拜伦》和俄国作家屠格涅夫的《哈姆雷特与堂吉诃德》。比如英国小说家毛姆《巨匠与杰作》中对奥斯丁小说的谈论，奥地利作家茨威格以巴尔扎克、狄更斯、陀思妥耶夫斯基为主人公的《三大师》，纳博科夫的《文学讲稿》里对福楼拜作品的阐述，读来不仅给我们以智慧，还有乐趣。

2. 美学与艺术哲学

所以，作为"技艺研究"的诗学并没有彻底没落，只是在一段时期内将话语权交给了"艺术哲学"（philosophy of art），成了近代形而上学哲学家们建立其思想体系的一个组成部分。两者的区别在于：诗学侧重于"艺术作品的制作"，艺术哲学侧重于"艺术本质的认识"。在这个阶段，美学一方面凭借"形而上学"思想走向了成熟，但同时也宣告了它同具体艺术实践的脱离，成了学院派知识分子的自言自语和自娱自乐。所谓"形而上学"（metaphysics）也即"思辨哲学"，其目标"就是努力构建一个连贯的、逻辑的、必然的观念体系，基于这个体系，我们经验的一切要素都能够得到解释"。③ 以此而言，"形而上学乃'一切即 X'之一般形式"，是"一种试图言说某种与'一切'有关之事物的系统的方式"。④ 通常意义上，形而上学就是将一个"感性世界"与一个"超感性世界"区分开来。⑤ 根据这个观点，事物不仅被"一分为二"地分成外部"表象"与内在"本质"，而且相对于外在表象的变幻不定，唯有内在本质才是事物之所以是该事物的真正根据。

唯其如此，所谓"形而上学"一言以蔽之就是：竭力想在永远变动不居的表象

---

① ［美］奥登：《论读书与批评》，《文艺理论研究》1984 年第 1 期。

② ［德］歌德：《歌德谈话录》，朱光潜译，北京：人民文学出版社，1980，第 247 页。

③ ［美］格里芬：《超越解构》，北京：中央编译出版社，2002，第 229 页。

④ ［美］戴维·玻姆：《论创造力》，洪定国译，上海：上海科学技术出版社，2001，第 98 页。

⑤ ［德］马丁·海德格尔：《在通向语言的途中》，孙周兴译，北京：商务印书馆，1997，第 85 页。

下找到那常驻不变的本质。① 不言而喻，形而上学倡导的这种"现象/本质"的"二元论"立场有很大弊端，其症结在即所谓"存在的遗忘"。用海德格尔的话来表述，叫做"超越存在者去思索什么使存在者成为存在"。说得明白些，形而上学将事物的"本质"命名为"可知不可见"的"理念"。用柏拉图的话说："每一事物都有与之对应的理念，它是一个统一体，我们称之为它的本质。"② 以现实中的一匹马为例，经验告诉我们，岁月的流逝会让这匹马的颜色与形态随之发生变化。但在柏拉图看来，这种改变之所以不会影响我们做出这是"同一匹马"的判断，是由于在事物的变化着的外表之内，还存在着一种稳定不变的"质"的东西。"尽管这种'质'是看不见、摸不着的，我们却认定它才是那一匹马的'本身'。"③ 因此，从"事物的理念是现实的，而事物本身则是虚假的"这种违反常理的立场出发，形而上学无视具体感性的实际事物和被称为现象界的生活世界，而将通过概念所反映的抽象观念作为实际对象。使得哲学"不知道某个具体的人是什么，而只知道一般的人是什么"。④ 这个结果是对热衷于"高空作业"的思辨哲学的批判。哲学家冯友兰曾讲过一个故事，对形而上学的这种毛病作了生动的揭示：

> 柏拉图有一次派弟子上街买面包，此人在外面转了一大圈结果空手而回，说是没有看到老师讲的"面包"，只有或方或圆或长或短的面包。柏拉图说道，就买一个长面包，弟子去而又回说还是没有"长面包"，只有黄的白的棕色的等面包。柏氏又说，那就买个白的长面包吧。但弟子还是空手而回说没有"白的长面包"，只有冷的热的温的烫的等白而长的面包。如此来回折腾不休，最后使得这位鼓吹事物的"理念"的形而上学家饥饿而死。⑤

形而上学的弊病提示我们，思想活动必须警惕陷入抽象的困境。西班牙哲人加塞尔说得好："生活是这样具体实在，一切抽象都结束了。宇宙的基本实在就是'我的生活'。"⑥ 在日常的生活世界，我们感受着风吹树动，体验着冷暖变化。与所谓的"**事物本质**"相比，实际的"**事物本身**"才真正值得我们关注。但形而上学恰恰显得舍本逐末，它的高谈阔论不仅空洞苍白，而且远离事物的真实面貌。康德曾经表示：在哲学的海洋里早已沉没了太多的形而上学之舟。这话同样适用于艺术哲学。半个多世纪前，美学界人士就无奈地感叹，"如同哲学体系

---

① ［俄］舍斯托夫：《无根据颂》，张冰译，北京：华夏出版社，1999，第 34 页。
② ［法］布兰：《柏拉图及其学园》，杨国政译，北京：商务印书馆，1999，第 54 页。
③ ［西］加塞尔：《什么是哲学》，商梓书译，北京：商务印书馆，1994，第 105 页。
④ ［俄］别尔嘉耶夫：《末世论形而上学》，张百春译，北京：中国城市出版社，2003，第 140 页。
⑤ 冯友兰：《三松堂自序》，北京：人民出版社，1998，第 270 页。
⑥ ［西］加塞尔：《什么是哲学》，商梓书译，北京：商务印书馆，1994，第 114 页。

或道德哲学这种观念一样，哲学美学这一概念看来已经非常过时陈腐了"。① 法国哲学家杜夫海纳的话一语中的："形而上学思想把美的理念推崇到了不可思议的地步，结果反而把它从美学那里夺走了。"②经验反复证明，"如果把哲学美学与审美经验的实际分割开来，哲学美学就会面临徒劳无益、枯燥无味的危险"。③因此"对美学而言，在有限理解的需要所允许的情况下，必须尽可能与具体事物保持密切关系"。④ 卡西尔强调，"艺术并不想追溯到现象的开端，而是想把握现象的直接内容"。所以美学要让自己"沉湎于感觉现象"，而不是超越现象"去研究一切现象的根据"。因为虽然"现象的效果并不构成其形而上学的本性，但却包含了现象的纯审美方面"。⑤

但从形而上学的二元论来看，"所有一切通常所认为的特有的哲学问题，都超越纯粹事实的世界"。⑥ 从柏拉图在《大希匹阿斯篇》里提出："人们应该观察的并不是那些被称之为美的个别对象，而是美本身"，到黑格尔的《美学》中的"美是理念的感性显现"的命题，受二元论形而上学主宰的美学，一直与具体的审美实践背道而驰。所以形而上学的崛起虽然一度为哲学带来了繁荣，但最终也葬送了哲学作为思辨之王的前程，也让美学沦为了一种与丰富多彩的艺术世界无关的智力游戏。19世纪德国批评家施勒格尔断言："想要从哲学中学到些有新艺术的东西，乃是不明智的非分之想。"⑦歌德同样也表示："我对美学家们不免要笑，笑他们自讨苦吃，想通过一些抽象名词，把我们叫做美的那种不可言说的东西化成一种概念。"他赞同这样的观点："艺术如果完全离开哲学，单靠自由运用人的力量，就会做出更好的成绩。"⑧无可置疑，这些经验之谈道出了建立在形而上学基础上的所谓"哲学美学"的弊病，但却付出了把"理解艺术"完全建立在经验主义基础上、因而缺乏对艺术文化的更为深入的认识的片面性的代价。

关于美学的职能，德国学者阿多诺曾经这样阐释："美学必须以真理性为目标，否则就会被贬得一无是处、一文不值，或者更糟，即被贬为一种烹饪观。"⑨在身处后现代怀疑主义和消费社会的玩世不恭思想的包围之中，在今天的人们看

---

① ［德］阿多诺：《美学理论》，王柯平译，成都：四川人民出版社，1998，第557页。

② ［法］杜夫海纳：《美学与哲学》，孙非译，北京：中国社会科学出版社，1985，第33页。

③ ［英］安妮·谢泼德：《美学：艺术哲学引论》，艾彦译，沈阳：辽宁教育出版社，1998，第4页。

④ ［英］怀特海：《思想方式》，韩东晖译，北京：华夏出版社，1999，第55页。

⑤ ［德］卡西尔：《启蒙哲学》，顾伟铭等译，济南：山东人民出版社，1997，第339、341页。

⑥ ［德］胡塞尔：《欧洲科学危机和超验现象学》，张庆熊译，上海：上海译文出版社，1988，第9页。

⑦ ［德］施勒格尔：《浪漫派风格》，李伯杰译，北京：华夏出版社，2005，第54页。

⑧ ［德］歌德：《歌德谈论录》，朱光潜译，北京：人民文学出版社，1980，第132、179页。

⑨ ［德］阿多诺：《美学理论》，王柯平译，成都：四川人民出版社，1998，第583页。

来,这番话实在显得有些浪漫与天真。但无论如何,它反映了几代美学家多多少少具有一种"使命感"的真实心态。费尔巴哈指出:西方哲学之父泰勒斯的工作是由观察天空开始的,"天空使人想到自己的使命"。① 但在这个看似崇高的使命意识的召唤下,美学逐渐成了少数人炫耀其渊博知识的舞台,离大众的审美实践活动越来越远。形而上学的症结在于倡导现象与本质分离的"二元论",忽略因此被英国学者波普尔率先命名为"本质主义"。概括地说,"这种观点认为,纯粹知识或'科学'的任务是去发现和描述事物的真正本性,即隐藏在它们背后的那个实在或本质"。② 以此为本的古典美学,事实上也就成了关于美的定义之学。用科林伍德《艺术原理》中开宗明义的第一句讲:"什么是艺术?这就是本书试图回答的问题。"③从这种二元论思想出发,人们关注的并非**"事物本身"**,而且**"事物本质"**。这注定了形而上学美学总是以"美是难的"无功而返。问题是,我们能否因此而以"反本质主义"之名,彻底摧毁所有的形而上学思考? 事实证明,这种矫枉过正的做法不仅于事无补,恰恰走向了极端的取消主义。

法国著名学者马利坦说得好:这种对关于事物本质与本性的任何思考的摧毁与取消的做法,只是"显示了智慧的彻底失败"。④ 不能简单地把这话贴上一个"保守主义"的标签而不屑一顾。缺乏对事物本质最起码的抽象化,我们就会成为"没有思想的芦苇"而不堪一击。冯友兰先生在其《三松堂自序》里也讲过一个故事:孔子某日对一位学生讲解"吾日三省吾身",说这个"吾"就是"我"。学生到家回答其父的检查时复述说,"吾"是孔先生。受到一顿责骂,其父为让儿子明白这句话的涵义,指着自己表示:"吾"不是孔子而是"我"。于是第二天当孔子要这位学生对前日所学的"吾"字加以解释时,他便答道:"吾"就是我爸爸,弄得孔子无言以对。这当然只是一个不能当真的笑话,却道出了超越"反本质主义"的诉求。换个角度看问题,反本质主义坚持的是对事物的具体"描述"来取代抽象化"概括"。这话听上去很诱人,但经不起进一步的推论。德国学者施皮格伯格认为,反本质主义以对具体事物的描述作为手段来取消对本质的概括性陈述是无力的,因为就像文学中不存在绝对没有叙事元素的抒情,在思想活动中"描述已经包含了对于本质的考察"。⑤ 这也就并不奇怪,在独步全球思想界大半个世纪后,由反本质主义掀起的对任何**"本体论思想"**的讨伐终于偃旗息鼓。

迄今来看,维特根斯坦的哲学天才并未能拯救分析哲学。我们看到,"哪怕

---

① [德]费尔巴哈:《基督教的本质》,荣震华译,北京:商务印书馆,1995,第39页。

② [英]波普尔:《开放社会及其敌人》,杜汝楫等译,太原:山西省高校联合出版社,1992,第33页。

③ [英]乔治·科林伍德:《艺术原理》,王至元等译,北京:中国社会科学出版社,1985,第1页。

④ [法]富尔基埃:《存在主义》,潘培庆译,上海:译文出版社,1988,第1、20页。

⑤ [德]施皮格伯格:《现象学运动》,王炳文等译,北京:商务印书馆,1995,第937页。

是彻底的分析哲学，离开了本体论假设它将无法再宣称什么。"①美国坦普尔大学舒斯特曼教授曾撰文指出，虽然"艺术上的反本质论和对于明晰性的追求，也许就是分析美学最一般和最显著的特点"，但是人们依然能够发现，"潜藏于所有优秀批评中的那种观念，即存在着或必定存在着一个本质的或适当的阐述性逻辑，乃是分析美学难以摆脱的美学上的本质主义的遗迹"。② 当代"后哲学"的代表人物罗蒂在分析解构主义思想的特点时也写道："把德里达和德·曼对语言的有用的、创造性的描述，作为道德和政治的关键只是又一个例子。它表明，反本质主义通过虚构它自己的元叙说、它自己关于什么地方可以发现力量的终极杠杆的自私的故事，而在最后关头又推了本质主义一把，反倒使自己变得可笑了。"③这场以德里达的"解构主义"的兴起达到高潮的思想界的"革命"，为什么在短短半个世纪内就完成了从崛起到没落的过程？结论只能是：这种学说在争夺话语权和终身教职等的"校园政治"的幕后推动下，违背了作为"求智"活动的哲学实践的承诺。

西班牙哲人加塞尔说得好：所谓求知，就是不满足于事物向我们呈示的相貌，而要寻索它们的本质。④ 当代解释学家伽达默尔也曾指出："**在差异中寻找出共同的东西，这就是哲学的任务**。"⑤给混沌一体的世界以某种秩序，这乃是自然宇宙通过人类意识活动所要体现的一种力量。"反本质主义"等同于"确定性的终结"，这是一种曾经泛滥成灾的似是而非的说法，它的症结在于，把"形而上学"**等同于**"本体论主义"。而事实是，将事物的内在本质视之为一种具有"实在性"的存在的"本质主义"，才是成为一种"主义"的"本体论"。哲学中的本体论即探讨事物的"本质"即"共相"（universal），也就是事物间的"同一性"问题。这是哲学研究的根本与思想活动的核心。它与"本体论主义"的根本性区别在于：后者强调事物的固定的抽象共相，即绝对的同一性和脱离现象的本质。而对本体论而言，它注重的是"流动的个别"，也即呈现为过程的相对共相，换言之即"**差异中的普遍性**"。这里的关键所在，是意识到"普遍性并不意味着一般和抽象"。⑥因为"普遍"与"一般"有着很大的不同。⑦ 就像马尔库塞所说：普遍性是经验的基本要素，它不是作为哲学概念，而是作为人们天天与之打交道的世界的属性。譬如，我们经验到的是雪、雨或热；一条街道、一间办公室或一个工头；爱或恨。

---

① 赵汀阳：《走出哲学的危机》，北京：中国社会科学出版社，1993，第 13 页。

② ［美］舒斯特曼：《对分析美学的回顾与展望》，《哲学译丛》1990 年第 1 期。

③ ［美］罗蒂：《后哲学文化》，黄勇译，上海：译文出版社，1992，第 158 页。

④ ［西］加塞尔：《什么是哲学》，商梓书译，北京：商务印书馆，1994，第 38 页。

⑤ 刘小枫：《人类困境中的审美精神》，上海：知识出版社，1994，第 655 页。

⑥ ［俄］尼古拉·别尔嘉耶夫：《精神与实在》，张百春译，北京：中国城市出版社，2002，第 43 页。

⑦ ［美］约翰·杜威：《艺术即经验》，高建平译，北京：商务印书馆，2005，第 260 页。

并非特指的"这场雪"或"这个雨"等等。①

总之,"所有形而上学都是超越经验的,它用一种客观的和普遍内在的体系,来补充在经验之中给定的东西"。② 没有这种"补充"将会让我们的思想活动终止,我们对事物的认识也就无从谈起。就像法国学者富尔基埃所指出的:应该承认在我们有可能看见的存在事物的那些个别特性后面,有种类的典型,即它的一般本质。③ 所以,经济学家舒马赫强调:"我们这一代的任务,就是要重建形而上学。"④这句来自"行业外"的话,体现了旁观者清的特点。斯特劳逊也同样认为:"我们应为一种已被清洗过的形而上学保留一块地盘。"⑤形而上学的哲学意义在于其本体论,本体论的精神实质是对事物的本质的把握。因此,我们需要重新明确什么是事物的"本质"。按照海德格尔的观点,"使某物是什么以及如何是的那个东西,我们称之为某件东西的本质"。⑥ 由此可见,一个具体事物的本质之所以称之为本质,是对事物具有一定的"确定性"的肯定。但承认这种确定性并不意味着事物本质的绝对不变性。"重建形而上学"的可能性有两点。其一,化**"现象/本质"**的二元论的**"观念实体论"**,为**"存在/存在者"**的二维化的**"现象实在论"**。由此而来,通过对事物"本质"的关注也就回归到对事物"本身"的把握。其二,放弃关于事物永恒本质的设定,承认"构成事物的'同一性'的永恒本质观念,正如明晰边界的观念一样,只不过是可能在一定限度内适合的过于简化的抽象而已"。⑦ 这样"形而上学将变为一种手段",成为认识事物本身的一种方式而不是取代事物。

重建形而上学思想对于美学的继往开来具有重要意义。用"法兰克福学派"的主要理论家阿多诺的话讲:"虽然美学无法界定艺术作品是何物,但也抑制不住寻求这种界说的需求,否则美学就实现不了它所承诺的东西。"⑧比如,在海德格尔看来,"什么是艺术? 这应从作品那里获得答案。什么是作品,我们只能从艺术的本质那里获知"。所谓"艺术的本质",也就是"在作品中真正起支配作用的东西"。⑨ 正是海德格尔的这些话,让哲学史家们视其为以现代哲学家面貌出场的、最后一个古典主义学者。但这样带有某种含蓄的否定性的评价是否合理,

---

①　[美]赫伯特·马尔库塞:《单向度的人》,刘继译,上海:上海译文出版社,1989,第190页。

②　[德]威廉·狄尔泰:《精神科学引论》,童奇志等译,北京:中国城市出版社,2002,第213页。

③　[法]富尔基埃:《存在主义》,潘培庆译,上海:译文出版社,1988,第3页。

④　[英]舒马赫:《小的是美好的》,李华夏译,南京:译林出版社,2007,第76页。

⑤　[英]查斯沃斯:《哲学的还原》,田晓春译,成都:四川人民出版社,1987,第201页。

⑥　[德]马丁·海德格尔:《林中路》,孙周兴译,上海:上海译文出版社,1997,第2页。

⑦　[美]戴维·波姆:《论创造力》,洪定国译,上海:上海科学技术出版社,2001,第109页。

⑧　[德]阿多诺:《美学理论》,王柯平译,成都:四川人民出版社,1998,第486页。

⑨　[德]马丁·海德格尔:《林中路》,孙周兴译,上海:上海译文出版社,1997,第1页。

这可以再作商榷。有一点可以肯定：审美存在呈现出的生命深度让我们清楚地意识到："我们在对象征的体验中，实际经验了人的存在的两个层次：即可以说的层次和不可说的层次。对象征的体验使我们获得对不可说的真实的体验。正是在象征之中并且通过象征，在我们之间实际产生了对'**语言界限彼岸**'的理解。"①为了有别于古典二元论形式主义，我们不妨给这种重构的哲学活动命名为"后形而上学"（post-metaphysical），这并不是指"形而上学之后"（after metaphysics）的形而上学。而是一种前所未有的崭新的思想方法。其中最鲜明的区别在于，不同于一般形而上学对经验现象的怠慢与轻视，后形而上学总是以经验现象为根据。

杜威的观点是："既然一件艺术品是提升与强化了的经验的主体质料，对什么是审美上的本质性起决定性的目的恰恰是作为一个经验的构造。"②从日常生活的经验事实出发思考问题，这是杜威哲学的根本特色。依据这种立场我们看到，让后形而上学纠结的是事物的"同一性"与"差异性"的矛盾。一方面诚如爱默生在《论美》一文中强调：恰恰正是关于美的问题，把我们的思想从"事物的表面"带到了"事物的本质"。前英国美学协会主席卡里特也表示：我们并不否认一切美的事物都是个别的说法。我们的意思是说，被归之为所有美的事物的美，完全不是一个多义的名称，而是一种同一性。它能够在美的所有实例中，被作为不同于例如道德这另一种同一性的因素而辨认出来。③ 比如巴尔扎克的"上帝独白"式小说不同于普鲁斯特的"心理自白"式小说，陀思妥耶夫斯基的"复调"式小说不同于昆德拉的"反讽"式小说，托尔斯泰的"史化"小说不同于施笃姆的"诗化"小说，拉伯雷的诙谐小说不同于沈从文的风俗小说，如此等等。但尽管如此，昆德拉这个见解是精辟的："**在小说与回忆录、传记、自传之间，有着本质的不同。**"④

但另一方面，审美之所以为审美，其特色就在于在变动不居的现象层面，有一种"差异性"。正是这种特性，使优秀的艺术作品有别于平庸之作，在艺术实践具有决定性意义中真正有意义。因为是"差异"而非"同一"构成的丰富多彩，形成了艺术天地的最大魅力。所以在《启蒙哲学》中，"符号哲学家"卡西尔指出：艺术哲学应该沉湎于作为"事物本身"的感觉现象而非其抽象本质。在《思想方式》一书里，"过程哲学家"怀特海同样认为：对美学而言，真正重要的是如何尽可能地与具体事物保持密切关系。⑤ 从上述分析来看，作为艺术哲学的美学核心所

---

① ［瑞士］奥特：《不可言说的言说》，林克等译，北京：生活·读书·新知三联书店，1994，第44页。

② ［美］杜威：《艺术即经验》，高建平译，北京：商务印书馆，2005，第325页。

③ ［英］卡里特：《走向表现主义的美学》，苏晓离译，北京：光明日报出版社，1990，第24页。

④ ［捷］昆德拉：《被背叛的遗嘱》，孟湄译，上海：人民出版社，1995，第22页。

⑤ ［美］阿·怀特海：《思想方式》，韩东晖等译，北京：华夏出版社，1999，第55页。

在,是关于"艺术"的体系化的界定。这是一把双刃剑:体系化对逻辑完整性和自洽性的追求,适得其反地证明了"体系化是最无关紧要的"。① 但缺乏起码的逻辑自洽性的所谓后现代"碎片式思想",事实上也就不成其为思想。换言之,传统的"形而上学的问题,便是要发现终极的本原"。② 正是这种愿望让形而上学走火入魔,不自觉地从二元论陷入一元论的困境。

康德曾表示,虽然旧的形而上学对哲学造成了巨大伤害,但这不应该成为我们从思想王国里放逐形而上学的理由。他相信,哲学家们"迟早都要回到形而上学那里去,就像要回到同他们吵过架的爱人那里去一样"。因为归根到底,"如果对一个人的哲学思想穷根究底,最终可以把它归结为一系列基本的形而上学问题"。③ 而以对柏拉图主义展开批判性反思的海德格尔同样说过:现代思想需要克服形而上学的缺点,但"克服既不是一种摧毁,也不只是一种对形而上学的否定。想摧毁和否定形而上学,乃是一种幼稚的僭妄要求,是对历史的贬低"。④ 他明确肯定"只要人生存,哲学活动就以一定方式发生",并且承认:"只消我们生存,我们就总是已经处于形而上学之中的。"在他看来:"哲学就是把形而上学带动起来,在形而上学中哲学才尽性,并尽其明确的任务。"⑤我们有权对上述思想家的观点继续保持一种质疑的态度,但无论如何必须承认,艺术哲学作为哲学美学,有助于我们对审美现象进行深度把握。而这对于艺术杰作和大自然的审美存在,都是不可缺乏的。

由此我们可以理解,艺术哲学不仅是"美学"学术史的第二阶段,它和"作为诗学的美学"一样,在其呈现为历时态的价值之外,还具有共时态的意义。决定传统形而上学美学与现代后形而上学的根本差异的,是各自的目标不同:形而上学美学关心的永恒论题,是"什么是艺术?"而后形而上学美学关心的论题则是"什么是好艺术?"虽说只有一字之差,但实质相去甚远。前者只为专业人士的"稻粱谋"服务,而后者则是从艺术欣赏者的立场出发,为普天下芸芸众生过上"好日子"服务。

3.美学与批评理论

自 20 世纪来,艺术研究进入以"批评理论"命名的第三阶段,其代表性人物是发明了"解构主义"的法国人德里达。之所以这么讲,是因为在长达半个世纪

---

① [美]阿·怀特海:《思想方式》,韩东晖等译,北京:华夏出版社,1999,第 57 页。

② [美]梯利:《西方哲学史》,葛力译,北京:商务印书馆,1995,第 86 页。

③ [美]泰勒:《形而上学》,晓杉译,上海:上海译文出版社,1984,第 2 页。

④ [德]马丁·海德格尔:《在通向语言的途中》,孙周兴译,北京:商务印书馆,1997,第 91 页。

⑤ [德]马丁·海德格尔:《形而上学是什么?》,《海德格尔选集》上册,孙周兴译,上海:上海三联书店,1996。

的时期，一直有"一个理论家通常都是解构主义者"①的说法。在美学学术史的历时态上，作为一个专用名词的"批评理论"，之所以能够成为与"诗学"和"艺术哲学"分庭抗礼的"第三种形态"，在于通过"解构主义"的推波助澜，当下的美学研究早已成为"理论阐释"的同义词。举例来说，著名德国美学家沃·伊瑟尔曾以提出"接受美学"享誉学界。但他于 2005 年出版的最后一部书的书名，就叫《怎样做理论》。按照他的看法："理论的兴起标志着批评历史的转变，这一转变的重要性足可与 19 世纪伊始亚里士多德诗学为哲学美学所取代相提并论。"②他在解释这种转变的发生时，列举出了几方面的理由。

首先是哲学美学或者说艺术哲学将艺术看作呈现真理的媒介。这样，事实上它关注的并不是艺术作品本身，而是通过作品表述的、作品之外的东西。这就给了注重于作品本身意义的批评理论，有了在美学中登堂入室的机会。其次还有比如媒介的普及和跨文化关系进入世人的视野。除此之外，他认为最主要的推动力量还包括以下三方面：人们对"艺术本体"这个信念越来越怀疑，由印象式批评造成的混乱越来越大，以及对作为"文本"的作品意义的追寻和由此产生的阐释冲突。③ 对于伊瑟尔关于批评理论生成原因的解释人们或许会见仁见智，但对他关于到底什么是"批评理论"所作的阐释，不会有太多分歧。在他看来，作为艺术哲学的继承者的批评理论，在论题方面常常是先前美学问题的重复。区别在于：它们不会去界定艺术是什么，相反，它们关注的或是艺术如何产生，或是艺术什么时候才成为艺术，或是艺术发挥了怎样的功能，或是艺术有哪些特性，等等。作为"第三代"美学的"批评理论"的最大特色或许是多元化和开放性。所以有形形色色的各种理论：现象学、阐释学、符号学、社会学、受众学、精神分析学、马克思主义、解构主义、女权主义，等等。这些理论的共同点在于：每个理论都将艺术纳入到一种认知框架之下，而这一框架又必然对作品的理解加以限制。所有这一切归根到底就是一句话："理论将艺术体验变成认知。"④

不得不承认，伊瑟尔把"批评理论"的基本特点大致阐述清楚了。理论最根本和最重要的特点在于，它是以"概念"与"逻辑"两大元素并借助"修辞"手段而构成的一种思维工具，是一种知性思辨。从这个方面讲，以"批评话语"出现的各种当代理论，是形而上美学的"变异"后的延伸物。这么说理论是指两者间有承继关系。比如理论常常难以避免的教条性是形而上学的一种结果。就像意大利学者艾柯所说："在有关美学的探讨中总是存在这样的危险：只是将这些说法维

---

① ［美］莫里斯·迪克斯坦：《途中的镜子》，刘玉宇译，上海：上海三联书店，2008，第 301 页。
② ［德］沃尔夫冈·伊瑟尔：《怎样做理论》，朱刚等译，南京：南京大学出版社，2008，第 1 页。
③ ［德］沃尔夫冈·伊瑟尔：《怎样做理论》，朱刚等译，南京：南京大学出版社，2008，第 5 页。
④ ［德］沃尔夫冈·伊瑟尔：《怎样做理论》，朱刚等译，南京：南京大学出版社，2008，第 9 页。

持在纯理论的层面。"①所以说,"理论出现于伟大哲学体系的终结点"。② 但作为美学的变异,现代批评理论并不是经典美学的嫡传子弟,而是叛逆之徒,彼此在两个方面相去甚远。首先在于研究的出发点上,传统美学家吸吮着西方文艺复兴的乳汁成长,是启蒙运动思想的忠实弟子。他们大多是放眼宇宙胸怀大志的人文学者,其美学研究着眼于"人的解放"的远大目标。与此不同,当代理论家们虽然看似拥有指点江山的嗜好,但这其实只是一种"障眼法",骨子里就像前人所说,形形色色的理论家殊途同归于"著书都为稻粱谋"的路径。

所谓"理论的时代"(moment of theory)始于 20 世纪中期,其标志性事件是英国伯明翰大学(University of Birmingham)当代文化研究中心(Center for Contemporary Cultural Studies,简称 CCCS)的成立。美国学者迪克斯坦指出,其时,由于面临严峻的经济形势,最初使得一些"年轻理论家仅仅是要在桌子旁寻找一个座位"的考虑,有时还利用那些因为自己生长于比别人相对优越的条件而感到内疚的人们的怂恿,而把理论"作为攫取资源的手段"。③ 其特点就是以"标新立异"的方式同传统决裂。如果说以往的美学家继承了亚里士多德诗学对诗人创作活动的尊重,视艺术品为天才的结晶,而试图让自己的工作与艺术世界融为一体。那么普遍受"竞争的焦虑"所控制的当代理论家们,关心的是占山为王自立门户地争夺"话语权"。比如,以渴望让美国"变理论生产中心"的詹明信为例。他考虑的是,"要是我们只是在市场社会里随波逐流,认为自己的工作不过是制造新产品推销新产品,那我们为自己描绘的知识分子角色就不那么吸引人"。他关心的并非人文学科如何针对时代问题承担起自身的责任,而是担心:不要因"没有把自己的立场、观点发挥到淋漓尽致,因而在理论与意识形态的竞争中被淘汰出局"④。因此,如果说诗学、美学与艺术是一种同舟共济的关系,那么所谓的"批评理论"对于艺术已明显地具有喧宾夺主取而代之的性质。

美国学者爱德蒙森甚至把理论与艺术之间的这种"战争状况"追溯到柏拉图对诗的否定。他在其《文学对抗哲学》的书里开门见山地指出:"作为理论的文学批评在西方诞生之时就希望文学消失,从未有过哪一种知识探索像文学理论这样,起源于一种取消其探索对象的愿望。"⑤爱德蒙森的话讲得十分尖锐,但并不过分。缺乏实践体验的美学理论家对艺术文化常常具有消极影响,这不仅在历

---

① [意]安伯托·艾柯:《开放的作品》,刘儒庭译,北京:新星出版社,2005,第 252 页。

② [美]詹明信:《晚期资本主义的文化逻辑》,陈清侨等译,北京:生活·读书·新知三联书店,1997,第 4 页。

③ [美]莫里斯·迪克斯坦:《途中的镜子》,刘玉宇译,上海:上海三联书店,2008,第 296 页。

④ [美]詹明信:《晚期资本主义的文化逻辑》,陈清侨等译,北京:生活·读书·新知三联书店,1997,第 20、46 页。

⑤ [美]马克·爱德蒙森:《文学对抗哲学》,王柏华等译,北京:中央编译出版社,2000,第 1 页。

史上具有跨文化的普遍性，在全球化时代更具有现实性。换一种学术化的表述就是说："人们必须领会和**感受**审美价值，而决不是**认识**审美价值。"①关于艺术，重要的是感同身受的实际接触，而不是抽象的条分缕析。根据这个立场，任何以"艺术研究"的名义进行的"言说"其实都缺乏必要性，不具有学术的合法性。用德国学者弗施勒格尔的话说："我们本来只可能处在诗当中，而不可能谈论诗。"②于是，这带来一个问题：对艺术现象进行理性的思考和谈论，或许真的是人文学者的一厢情愿，毫无意义？这种疑惑的确事出有因。一部美学的学术研究史，不仅是从朴素的经验总结走向理论体系的建构的历程，也是其由受人膜拜到最终声名狼藉的历史。

如果说亚里士多德开创的诗学（poetics）的影响近 2000 年，由康德发扬光大的美学的魅力近 200 年，那么以德里达为旗帜的批评理论（theory）从迅猛崛起到寿终正寝只有 20 多年。就像同属理论家阵容的英国学者伊格尔顿所说："理论在已经解构了几乎其他一切之后，似乎现在终于也做到了把自己也给解构了。"③正是随着所谓"理论的终结"，从对美学研究价值的怀疑中，关于"美学取消主义"的思想卷土重来。相关的例子不胜枚举。比如：（1）狄尔泰："文学一直保存着对于自然界生命的伟大感受，这种感受是神秘的，因而是无法加以说明的。诗歌也每时每刻都在保护体验那不可能加以概念化的内容。"④（2）弗兰克："被感受为美的那种现象不需要也不可能解释，不能被它与别的东西的逻辑联系所确定。"⑤（3）杜威："哲学据说是始于惊奇而终于理解。艺术开始于所理解的东西，而最终达到惊奇。"⑥（4）什克洛夫斯基："正是为了恢复对生活的体验，感觉到事物的存在，才存在所谓的艺术。"⑦（5）艾姿碧塔："只有艺术不被了解的时候，它才能够发生作用。"⑧

没有必要否认，这些话说得都很有道理。必须承认艺术作品在艺术文化中所具有的举足轻重的位置。这不仅在于，在艺术实践中总是"先要有作品，然后有理论"，总是存在"有无评论的文学，但没有无文学的评论"⑨的现象。而且还

①　[德]盖格尔：《艺术的意味》，艾彦译，北京：华夏出版社，1999，第 245 页。

②　[德]弗·施勒格尔：《浪漫派风格》，李伯杰译，北京：华夏出版社，2005，第 170 页。

③　[英]伊格尔顿：《二十世纪西方文学理论》，伍晓明译，北京：北京大学出版社，2007，第 227 页。

④　[德]威廉·狄尔泰：《精神科学引论》，童奇志等译，北京：中国城市出版社，2002，第 255 页。

⑤　[俄]弗兰克：《实在与人》，李昭时译，杭州：浙江人民出版社，2000，第 73 页。

⑥　[美]约翰·杜威：《艺术即经验》，高建平译，北京：商务印书馆，2005，第 300 页。

⑦　[俄]什克洛夫斯基：《散文理论》，刘宗次译，南昌：百花洲文艺出版社，1994，第 10 页。

⑧　[法]艾姿碧塔：《艺术的童年》，林微玲译，合肥：安徽教育出版社，2005，第 150 页。

⑨　[德]马塞尔·拉尼茨基：《我的一生》，余匡复译，上海：上海译文出版社，2003，第 251 页。

在于,归根到底,艺术作品不是作为研究对象而存在,而是提供广大观众和读者的欣赏。就像日本当代学者佐佐木健一所说:"艺术,能否实际上愉快地去欣赏才是问题的所在。"①但恰恰从艺术接受方面来看,经验的确表明,"当人们看一幅画,听一曲音乐或读一首诗,并不是非得对这些作品作一番分析不可。观赏者接收到作品在他精神中激起的震动和反响,哪怕是模糊的就已经足够了"。② 这让作为"职业读者"的批评理论家处境更为尴尬。在某种意义上,这也是批评理论以对艺术作品的认知来取代对艺术体验的无意识动机。问题是,这样的取代看似"挽救"了理论之于艺术实践的作用,但其最终的成果却非但是毫无意义的,而且是反艺术的。有趣的是,对此,将美学研究纳入批评理论的伊瑟尔本人早已看到了。就像他在书的结束部分写道:"理论都使我们产生一种悖论的需要,即用认知的语言去理解某种在本质上无法认知的事物。"③换言之,在批评理论与艺术作品之间似乎存在不可调和的冲突:一方面,"理论将艺术体验变成认知。"每一种理论都将艺术创作纳入到一种认知框架之下,这个框架必然对作品的理解加以限制;但另一方面,"归根到底,艺术拒绝转变成认知"。④

理论家的优势在关于艺术的知识论,而在艺术实践中,事实一再表明,不仅"再多的知识都不能代替对作品的欣赏性体验"⑤。事实上,"面对作品所提供的生机无限的难以捉摸的快感,理论有时纯属多余,有时力不从心,有时反而阻塞或削弱了作品的意味"。⑥ 事情正是这样:"任何一位感受到卡夫卡作品之伟大的人都几乎得出这样的结论:艺术的概念不知怎地无法适用于他。"⑦这些例子足以说明,艺术不需要擅长"高空作业"的理论家,但需要关于艺术的智慧之言和富有建设性的思考。这样的思考有益于我们深化对艺术的理解,就像康定斯基所说,努力去感受艺术形式所具有的效果,然后"将自己的全部感受生动地告诉公众"。⑧ 以此来看,人们必然会产生疑惑:"理论之于艺术究竟有何用?"让我们把话说得再明白些:无论如何,诗学与艺术哲学都把艺术视为一种独立自主的审美存在,而所有的批评理论都把艺术看作一种社会文化现象。关键在于,"把艺

① [日]佐佐木健一:《美学入门》,赵京华等译,成都:四川人民出版社,2008,第40页。

② [西]安·塔比亚斯:《艺术实践》,河清译,杭州:浙江摄影出版社,1989,第23页。

③ [德]沃尔夫冈·伊瑟尔:《怎样做理论》,朱刚等译,南京:南京大学出版社,2008,第201页。

④ [德]沃尔夫冈·伊瑟尔:《怎样做理论》,朱刚等译,南京:南京大学出版社,2008,第9—10页。

⑤ [美]约翰·杜威:《艺术即经验》,高建平译,北京:商务印书馆,2005,第334页。

⑥ [美]马克·爱德蒙森:《文学对抗哲学》,王柏华等译,北京:中央编译出版社,2000,第29页。

⑦ [德]阿多诺:《美学理论》,王柯平译,成都:四川人民出版社,1998,第570页。

⑧ [俄]瓦·康定斯基:《艺术的精神》,查立译,北京:中国社会科学出版社,1987,第88页。

术当作社会、文化、经济或历史现象来研究和把艺术作为一种美学现象来研究之间确有很大的差别"。后一种做法的重点在于艺术的创作、作品的性质以及受众的体验，而前者"只是简简单单地把一种更为普通的社会理论用于社会经验"。① 在诺贝尔文学奖获得者马尔克斯看来，理论家的所作所为"总是把先入为主的理论置于现实之上并不顾一切地让现实服从他的理论"。② 与此不同，称职的美学家从不向理论的教条俯首称臣，而是能够"把所有理论的可能性转化为经验的可能性，并在此过程中随意检验所有艺术理论与实践和艺术感受的关系"③

　　事情很清楚，问题无关对艺术的思考和谈论，而在于怎么进行思考和谈论，在于具体的展开方式。什克洛夫斯基说过："诗是需要分析的，但要像诗人那样来分析，不要失去诗的气息。"④艾略特说："论诗就必须从根本上把它看作是诗，而不是别的什么东西。"⑤但早有业内人士指出，"**自亚里士多德以降，批评家们就一直在编造他们的理论，但是他们却极少关注人民怎样感受艺术，他们喜欢什么**。"⑥不论是意图谬见还是感受谬见，"这种似是而非的理论，结果都会使诗本身作为批评判断的具体对象趋于消失"。⑦ 用德国学者拉尼茨基话说："**研究者为研究者而写，文人为文人而写而已，而广大的读者则一无所获**。"⑧问题不只在于，理论充其量可以提供一种具有逻辑自洽性的解释，"它不能指导我们的感受"。⑨ 还在于理论的目的根本就不是为了加深我们对作品的感受，而是满足于对艺术作品的理智性认识。解释学理论代表伽达默尔在《论理解的循环》一文里明确表示："解释由前概念开始，并被更合适的概念所取代。"满足于抽象的逻辑运作，这是理论家们的兴趣所在和所擅长的。所谓"文学理论促成了文学的死亡"这样的怪事，就是这样发生的。因为所谓的"批评理论"，也就是"理论批评"

---

① ［英］乔纳森·弗里德：《美学与摄影》，王升才等译，南京：江苏美术出版社，2008，第29页。

② ［哥］加西亚·马尔克斯：《两百年的孤独》，朱景冬译，昆明：云南人民出版社，1997，第121页。

③ ［英］弗兰西斯·弗兰契娜等：《现代艺术和现代主义》，张坚等译，上海：上海人民美术出版社，1988，第11页。

④ ［俄］维·什克洛夫斯基：《散文理论》，刘守次译，南昌：百花洲文艺出版社，1994，第91页。

⑤ ［美］艾布拉姆斯：《镜与灯：浪漫主义文论及批评传统》，郦稚牛等译，北京：北京大学出版社，1989，第32页。

⑥ ［英］约翰·凯里：《艺术有什么用》，刘洪涛等译，上海：译文出版社，2007，第154页。

⑦ 赵毅衡编：《"新批评"文集》，北京：中国社会科学出版社，1988，第228页。

⑧ ［德］马塞尔·拉尼茨基：《我的一生》，余匡复译，上海：上海译文出版社，2003，第323页。

⑨ ［英］恩斯特·贡布里希：《理想与偶像》，范景中等译，上海：上海人民出版社，1989，第349页。

(theoretical criticism)，其意图根本不是为了让艺术更好地存在，而是相反为了借艺术说事而谋取自身的好处。

比如法国理论家巴尔特说过："在文学王国中，批评家仍'保持'警察般的作用。"①如果说，诗学与美学曾经渴望充当裁判与医生的角色，只不过有些自以为是，那么作为"警察"的当代批评则已有意地以艺术作品为敌。就像警察的职业特点使他们总是将芸芸众生视为潜在的罪犯，作为理论的批评的存在就是将艺术作品置于死地。已成为"大理论家"的美国学者詹姆逊就曾坦承："具体的阅读只有在它包含理论要旨的情况下才令我感兴趣。"②这些话意味深长。所以，难怪有学者指出：理论之所以往往无视作品本身的存在，"是因为害怕把权力让渡给伟大作品而引起的"。所有的批评理论虽然彼此攻讦互不买账，但殊途同归地都属于"剥夺艺术权力的理论"。③ 问题也不仅在于，"当理论家把每一件艺术品都用这些术语破译一遍以后，留下的就只是一种徒劳无功和索然寡味的感觉"。④ 更在于所谓的"批评理论"根本与艺术特性相违背。在这样的批评理论家眼里，"世界只是对于认知理智才作为'世界'而存在"。⑤ 所谓批评理论家，用小说家昆德拉的话说，就是"那些认为艺术只是哲学和理论思潮衍生物的教授"。⑥ 对于这样的理论家而言，理论的有效性并不在于接受作品的检验，而是相反让作品接受它的审判。英国喜剧作家萧伯纳曾诙谐地指出：凭着抽象教条吃饭的理论家无法欣赏艺术。"他们就像那些闻惯了大蒜味的农民，一旦你给他吃不带大蒜的食品，他们便硬说没味道，说那根本不是食品。"⑦

所以说**"拙劣的批评编织聪明的理论，出色的批评则为出人意料的直觉提供依据。"**⑧批评理论与传统的批评实践的差异在于：它已不再是一种尊重艺术实践的批评，而是一种凭借逻辑脚手架建构起来的、以理论为名的"主义"。这种主义就是曾经声名狼藉的"僵尸美学"的死灰复燃。19 世纪的俄国学者杜波罗留波夫曾指出："照这些令人起敬的理论家的意见看来，所谓批评，就是把这些理论

① ［法］巴特：《批评与真实》，上海：上海人民出版社，1999，第 6 页。

② ［美］詹明信：《晚期资本主义的文化逻辑》，张旭东译，北京：生活·读书·新知三联书店，1997，第 15—16 页。

③ ［美］马克·爱德蒙森：《文学对抗哲学》，王柏华等译，北京：中央编译出版社，2000，第 15、139 页。

④ ［美］韦勒克：《批评的诸种概念》，丁泓等译，成都：四川文艺出版社，1988，第 321、331 页。

⑤ ［德］卡尔·曼海姆：《意识形态与乌托邦》，北京：商务印书馆，2000，第 67 页。

⑥ ［捷］米兰·昆德拉：《小说的艺术》，上海：上海译文出版社，2004，第 41 页。

⑦ ［挪威］易卜生等：《外国现代戏剧家论戏剧》，北京：中国戏剧出版社，1982，第 55 页。

⑧ ［美］迪克斯坦：《伊甸园之门》，上海：上海外语教育出版社，1985，第 236 页。

家的教本中所叙述的一般规律套到某一个作品中去。"①所以，只要是稍有艺术常识和学术良知的理论家，都会对这种以"方法论"自居的理论主义不以为然。比如曾被封为"原型理论"宗师的弗莱就曾明确表示：从根本上讲，他不相信会存在如此众多的批评方法，也不相信今天存在着的不同的批评流派，在他看来，这种现状仅仅反映了文学批评理论的混乱现状。所以他宣告："我并不想墨守什么批评'方法'。"②这清楚地表明，批评理论的终结并不等于审美理性的终结，更不意味着艺术哲学的消亡，而只是"理论主义"的破产。

美国学者克里格曾指出：步"新批评"后尘而来的每一种理论，"都怀抱着自己的帝国主义雄心。开始时都牺牲其他作品，而占用那些使自己称心如意的作品"。③ 批评理论的这种普遍症状并非空穴来风。比如，现代所使用的"理论"（theory）一词的近亲，分别为拉丁文 theoria 和希腊文 theoros，既意指内心的沉思与想法，也表示供观众观看的某种景象。从此逐渐演绎为同实践相对的、作为假设和假说的一种思想体系，其作用是对实践提出解释。再由这个意思进一步演绎出代表指向某种"规律"（law）的东西。其中值得注意的是，这个词汇在演绎变化过程中，同源自意指观众的希腊文 theoros 有关的"剧场"与"戏剧"（theatre）一词的关联。因此在某种意义上，"理论"其实蕴含有作为一种观念表演的意思。并且在 17 世纪以来的某些英语语境中，这个词一度甚至与"投机的"（speculative）一词有些暧昧关系。所以在日常使用中，理论常常可以同"虚假"组合，并同"实用"（practical）的概念相对照。④ 这表明，理论原本不具有颐指气使君临天下的权势。

法国思想家莫兰说得好："一个理论不是认识，它只是使认识可能进行的手段；一个理论不是目的地，它只是一个可能的出发点；一个理论不是一个解决办法，它只是提供了处理问题的可能性。换句话说，一个理论只是随着主体的思想活动的充分展开而完成它的认识作用，而获得它的生命。"⑤在本源意义上，作为思想工具的"理论"不具有任"权威"地位。某种理论的成功与否不是对事实真相的揭示，而是能否通过巧舌如簧的自圆其说而具有说服力。所以，理论的更新换代不取决于如何超越随波逐流的，相反在于迎合市场需求。"正是由于变化不定的兴趣和时尚，才使得某些理论不时地占了对手的上风，而另一些理论则势头减

①　［俄］杜波罗留波夫：《杜波罗留波夫选集》第 2 册，上海：上海文艺出版社，1959，第336 页。

②　［加］弗莱：《弗莱文论选集》，北京：中国社会科学出版社，1997，第 30—31 页。

③　［美］克里格：《批评旅途：六十年代之后》，北京：中国社会科学出版社，1998，第 170、177 页。

④　［英］雷蒙·威廉斯：《关键词》，北京：生活·读书·新知三联书店，2005，第 486、490 页。

⑤　［法］埃德加·莫兰：《复杂思想：自觉的科学》，北京：北京大学出版社，2001，第 270 页。

弱。"①从这个意义上讲,理论不过是一种显得煞有介事的说法。我们对待它本可以像对待赵本山的小品那样,觉得有意思时将它视为一种艺术,感到没劲时就视其为纯粹的"忽悠",不必较真。用经济学家舒马赫的话说:"一盎司的实践经验通常比一吨的理论来得的价值。"②但在理论时代,这种轻松心态渐渐不复存在,它成了一种强制性的观念,释放出主宰天下的能量。造成这种改变的不是理论本身价值的增值,而是它将自己包装成了一种主义。没有人会为了一种作为工具的"理论"而赴汤蹈火,但却有许多人会为了"主义"而献出生命。所谓"砍头不要紧,只要主义真",作为"主义"的理论的能量由此可见。

但不能不看到,这其实并不是由于主义本身有多大的价值,而是它对信仰的冒名顶替的结果。"信仰靠真理来支持。"③它是由内外的、有身体基础。所以真正的信仰者会说:我不相信上帝,但我信仰它。因为"信仰的本质和信仰的最大最神奇的特权,就是它不需要证明,它生活在证明的'彼岸'"。④ 任何"主义"都是大脑的产物,是凭借概念人工搭建起来的体系化的观念。所以真正的信仰是可靠的,而主义则总是形迹可疑。这是因为就像笛卡尔所说,理论家是这样一些人:他们习惯于"关在书房里对思辨的道理进行推理,但思辨是不产生任何实效的,仅仅造成的一种后果就是离常识越远他由此产生的虚荣心就越大,因为他能将那些人为的道理打扮成像是真理"。⑤ 我们之所以如此重视对批评理论的批评,是因为我们知道这个世界对理论的需要是巨大的,理论的力量也是巨大的,因此,提防沉溺于任何特定理论就更加重要。⑥ 美术史家贡布里希曾经提出:**"我们必须有一种能成为指南的东西,但我们不能完全接受它。"**⑦理论本该被放置于这样的位置。但问题正在于,大多数"理论"内在地都具有一种自我膨胀为"主义"的趋势,使得你一旦采用某种理论就要受它的摆布。

问题的症结在于,"理论主义否认客观理解的可能性,而沉溺于一套策略"。⑧ 它有意抹杀理论的工具性,而将"关于事实的主观解释"当作"客观事实本身"。用建立于操纵资料的基础上的主观印象取代客观的观察。对一位理论

① [德]沃尔夫冈·伊瑟尔:《怎样做理论》,朱刚等译,南京:南京大学出版社,2008,第 7 页。

② [英]舒马赫:《小的是美好的》,李华夏译,南京:译林出版社,2007,第 24 页。

③ [俄]列夫·舍斯托夫:《旷野呼告》,方珊等译,北京:华夏出版社,1991,第 200 页。

④ [俄]列夫·舍斯托夫:《以头撞墙》,方珊等译,西安:陕西师范大学出版社,2003,第107 页。

⑤ [法]笛卡尔:《谈谈方法》,王太庆译,北京:商务印书馆,2000,第 27 页。

⑥ [英]卡尔·波普尔:《通过知识获得解放》,李本正等译,杭州:中国美术学院出版社,1996,第 84 页。

⑦ [英]贡布里希:《理想与偶像》,范景中等译,上海:上海人民出版社,1989,第 296 页。

⑧ [美]拉尔夫·史密斯:《艺术感觉与美育》,滕守尧译,成都:四川人民出版社,2000,第 264 页。

主义者来讲，"解释一个现象就是将它和比它更一般的原则相联系"。① 根据理论主义的立场："现实在我们有关它的理论之外没有独立的存在。"②理论主义强调作为事物本质的"一般性"，理性思考关心经验的"一般性"。在哲学上讲，"'普遍'与一般有着很大的不同"。③ 普遍性是具体的在个别之中，我们能从个别中看到普遍。一般性却是抽象的，我们只能通过概念与它相遇。所以，理论主义也即逻辑主义，它完全无视这样一个基本事实，"自然不产生概念，是人类后来把自然科学或历史哲学所编织的这件衣裳披在它身上。"④它更否认这个道理："这个世界所包含的并不仅仅是逻辑秩序，而是包含着更多不同的东西。"因为"自然界并不以逻辑主义为基础"。⑤ 由此可以看到真正的思想家与所谓理论家的本质差异：理论家无一例外是逻辑崇拜者，而在优秀的俄国思想家舍斯托夫看来，"逻辑思维和任何大小便一样，能给人以巨大快感。但要知道，真正的思考也就等于对逻辑说拜拜"。⑥

　　舍斯托夫此番言论虽然显得有些过激，但并不是戏言而是深刻的洞察。问题不仅在于，"逻辑不能有所发明，它必须不断的重说 A 就是 A。万一要附加上什么，那就得求助于经验与直觉，可是这都出了逻辑的范围"。⑦ 而且也还在于"我们从逻辑概念中，一般只能认识存在着的东西的可能性和必要条件，而不能认识真正存在着的东西。"⑧索洛维约夫表示："我们在逻辑概念中，一般只能认识存在着的东西的可能性和必要条件，而不能认识真正存在着的东西。"⑨维特根斯坦说过："必定存在着某种比逻辑更为基本的东西。"⑩这就是以时间为依托的真实的生活世界。而"逻辑真理是处在时间'之外'的"。⑪ 逻辑以"自治性"为

　　① ［美］诺曼·霍兰德：《文学反应动力学》，潘国庆译，上海：上海人民出版社，1991，第348 页。

　　② ［美］埃伦·迪萨纳亚克：《审美的人》，卢晓辉译，北京：商务印书馆，2004，第 295 页。

　　③ ［美］约翰·杜威：《艺术即经验》，高建平译，北京：商务印书馆，2005，第 260 页。

　　④ ［法］米盖尔·杜夫海纳：《美学与哲学》，孙非译，北京：中国社会科学出版社，1985，第 71 页。

　　⑤ ［德］威廉·狄尔泰：《精神科学引论》，童奇志等译，北京：中国城市出版社，2002，294 页。

　　⑥ ［俄］列夫·舍斯托夫：《无根据颂》，张冰译，北京：华夏出版社，1999，第 84,99 页。

　　⑦ ［法］安德烈·莫洛亚：《生活的智慧》，傅雷等译，西安：陕西师范大学出版社，2003，第 181 页。

　　⑧ ［俄］索洛维约夫：《西方哲学的危机》，李树柏译，杭州：浙江人民出版社，2000，第 97 页。

　　⑨ ［俄］索洛维约夫：《西方哲学的危机》，李树柏译，杭州：浙江人民出版社，2000，第 97 页。

　　⑩ ［奥］路德维希·维特根斯坦：《战时笔记》，韩林合译，北京：商务印书馆，2005，第 36 页。

　　⑪ ［西］费尔南多·萨瓦特多：《哲学的邀请》，林经纬译，北京：北京大学出版社，2007，第 183 页。

前提,不能有自相矛盾。但这在日常生活中并不少见,在艺术中更比比皆是。就像狄德罗所说:"人们说:'你画的轮廓要清晰。'又说:'你的轮廓要模糊。'这两句话有矛盾吗? 没有,但是只有在画(艺术)里才能够调和。"①不妨让我们面对若干具体例子来看看。比如英国诗人济慈《死亡》里有两句词:

"多少次他死去了/多少次他又活过来。"又如古典小说《西游记》里有不少这样的句子:第 59 回描述一位老者,"**但见他:穿一领黄不黄、红不红的葛布深衣;戴一顶青不青、皂不皂的篾丝凉帽。手中拄着一根弯不弯、直不直的暴节竹杖;足下踏着一双新不新、旧不旧的皮毛鞋子**"。第 81 回孙悟空对镇海寺众僧夸耀时的话里也说自己"**睁着一双不白不黑的金眼睛,天惨淡,月朦胧;拿着一条不短不长的金箍棒,来无踪,去无影**"。再如当代德国小说家格纳齐诺的近作《一把雨伞给这天用》里有一段文字,描述以第一人称出场的主人公的所见所闻:"**越来越多的人从各条小路过来,四散在广场上。这些人大概就是巴克豪森女士所谓的生活无产阶级。我看着这些人,又没看这些人;我认识他们,又不认识他们;我既对他们感兴趣,又对他们不感兴趣;我既了解他们,又了解不够。**"②如果从逻辑的尺度看,上述几段文字完全自相矛盾。但这并不妨我们超越日常经验而对领悟它所传达的意思。这些阅读经验原本属于常识,但在理论主义的干扰下却成为问题。因为"理论经常是通过向日常经验所提供的以及非知识阶层所拥的东西说'不'开始的"。③ 但这种行为固然能吸引眼球,却是不结果实的花朵。

由此可见在某种意义上,作为"主义"的批评理论,其实是古希腊智者学派的抽象智力游戏的复活。比如根据巴门尼德的学生芝诺的观点,如果让善于长跑的阿基里斯同一只慢吞吞的乌龟进行一场奥林匹克式较量,那么前者永远追不上后者,只要在比赛开始的时候让乌龟处于阿基里斯前面。问题是,"我们虽然知道阿基里斯实际上肯定会追上乌龟,但我们却无法令人信服地解释他是如何完成这一巨大业绩的"。④ 人们之所以对理论总持有一种敬重之心,其实是将理论与哲学视为一体。这是久远的误解。真正的哲学思考的始点是建设而非破坏,是肯定而非否定。因为"**生命不是'不'而是'是'**"。⑤ 我们不妨以将弗洛伊

① [法]狄德罗:《狄德罗论绘画》,陈占元译,桂林:广西师范大学出版社,2002,第217 页。

② [德]威廉·格纳齐诺:《一把雨伞给这天用》,刘兴华译,上海:上海人民出版社,2008,第 174 页。

③ [美]马克·爱德蒙森:《文学对抗哲学》,王柏华等译,北京:中央编译出版社,2000,第 145 页。

④ [西]费尔南多·萨瓦特多:《哲学的邀请》,林经纬译,北京:北京大学出版社,2007,第 182 页。

⑤ [西]费尔南多·萨瓦特多:《哲学的邀请》,林经纬译,北京:北京大学出版社,2007,第 207 页。

德的"文明诞生于性压抑"的学说为前提的精神分析理论为例，以加深对问题的认识。按照这个理论，文学作品最为奇妙的价值是，将我们一些"不登大雅之堂"的"力必多"幻想转化成一种能够堂而皇之呈现的东西。美国学者韦勒克关于"没有一个严格意义上的弗洛伊德批评家赢得过任何尊敬"①的话，在某种意义上适用于一切以某种"主义"作为营业执照的批评理论。

形形色色的理论家们的主张无论有怎样的不同，都具有其作为理论家的本色，那就是："他们在小说家的作品里找到的不是他们能够找到的东西，而是乐意找到的东西。"②这是伟大的印象派画家塞尚，之所以曾放出"再也不要理论了！要的是作品。理论是人类的祸根"③这样的重话的原因。这也其实是绝大多数杰出艺术家的共同心声。歌德早就说过："少一点理论，多一点实践，我们就可以得到一些拯救，用不着等待第二个基督出现了。"④马克斯·韦伯关于伦理的准则，认为我们"不可能从理论中找到答案，而只能不自于具体的情况"。⑤ 这话同样适用于美学。波兰诗人米沃什说过："我不再相信任何后来的'主义'，如果它们来自巴黎。"⑥作为1980年度诺贝尔文学奖获得者，他的这句名言不是对一度由萨特、巴特、德里达等人主宰的法国知识界的文化种族主义鄙视，而是对在文学艺术乃至整个人文思想领域造成极大危害的，那些以"批评"之名出场的形形色色的"理论主义"的否定。

时至今日，这样一种作为"主义"的理论已经走向没落。这意味着哲学的转折。在后理论时代，美学应该有所作为。首先得从哲学入手。许多年前，卢梭曾经这样问过："**什么是哲学？最有名的哲学家的著作内容是什么？这些智慧之友的教诲又是什么？我们听到他们说的话，难道不会把他们当作一群江湖骗子。**"⑦这番言外之意中，我们得以清楚地读出这位思想家对哲学的不信任。读着那些充满陈词滥调的汗牛充栋的美学著述，人们很容易产生卢梭式的疑虑。但作为一名美学研究的从业人员，我不接受"美学无用"的裁决。虽然我认同利奥塔所说的"恋爱中的人没有一个参加哲学家的宴会"这句话，在某种意义上我

① ［美］勒内·韦勒克：《批评的诸种概念》，丁泓等译，成都：四川文艺出版社，1988，第3、20页。

② ［哥］加西亚·马尔克斯：《番石榴飘香》，林一安译，北京：生活·读书·新知三联书店，1987，第104页。

③ ［法］约阿基姆·加斯凯：《画室》，章晓明等译，杭州：浙江文艺出版社，2007，第12页。

④ ［德］歌德：《歌德谈论录》，朱光潜译，北京：人民文学出版社，1980，第172页。

⑤ ［美］迈克·费瑟斯通：《消解文化》，杨渝东译，南京：北京大学出版社，2009，第55页。

⑥ ［波］切斯瓦夫·米沃什：《米沃什词典》，西川等译，北京：生活·读书·新知三联书店，2004，第113页。

⑦ ［法］卢梭：《论科学与艺术》，何兆武译，北京：商务印书馆，1997，第33页。

也赞同康德的说法:"哲学不是第一需要的事情,而是愉快的、消磨时间的活动。"①但在寂寞的书斋里呕心沥血毕竟不能与开碰碰车那样的游戏活动相提并论,让生命在自欺欺人的招摇撞骗中流逝,这样的勾当与名副其实的人文研究相去甚远。齐美尔认为:"文化是这样一条路,它从封闭的统一性出发,经过开放的多样性,最后走向开放的统一性。"②这个观点同样适用于美学研究。美学的出路在于自我改变,关键所在是两个基本点:其一,在话语形态上从当下盛行的"理论言说",返回到正在远去的"哲学思考";其二,在学科性质上从诗学走向人学,也就是从一门"关于诗的研究"转型为"关于人的思考"。

英国学者霍夫斯达特指出,海德格尔借用荷尔德林的诗句"人诗意地居住",是想表达这样的意思:"在我们的存在中如果没有诗意的因素,如果没有我们的诗人及其伟大的诗歌,我们将是野蛮的。"③这里将"诗意"、"诗人"、"诗歌"相提并论,显示了诗意对艺术活动的本源性。所以海德格尔在文章里赞同性地引用了画家丢勒的这番话:"艺术存在于自然中,因此谁能把它从中取出,谁就拥有了艺术。"不难发现,这里前后两个"艺术"概念的内涵不同:前者是指作为客观存在的"诗意",后者是指被艺术家创造的艺术品。用海德格尔的话说:"隐藏于自然中的艺术唯有通过作品才能显露出来。"④从这个意义上讲,美学与其说是对美的研究,不如说"是关于诗意在人类生活中创造性角色的基本思考"。⑤ 这就意味着,美学的研究对象:既不是通过物品而呈现的"艺术作品",也不是作为素材的现实生活,而是一种作为客观存在的"诗性现实"(poetic realities)。捷克诗人斯卡塞尔说:"诗人并不发明诗/诗在那后面某个地方/它存在于那里已很久很久/诗人仅仅只是将它发现。"⑥这是对"诗性现实"的一种感悟。

①　[德]康德:《对美感和崇高感的观察》,曹峻峰等译,哈尔滨:黑龙江人民出版社,1989,第103页。

②　[美]迈克·费瑟斯通:《消解文化》,杨渝东译,南京:北京大学出版社,2009,第57页。

③　[德]马丁·海德格尔:《诗·语言·思》,彭富春译,北京:文化艺术出版社,1990,第7页。

④　[德]马丁·海德格尔:《林中路》,孙周兴译,上海:上海译文出版社,1997,第54页。

⑤　[德]马丁·海德格尔:《诗·语言·思》,彭富春译,北京:文化艺术出版社,1990,第7页。

⑥　[捷]米兰·昆德拉:《小说的艺术》,艾晓明译,长春:时代文艺出版社,1992,第91页。

第三章　思想谱系

一、古典大师

1. 柏拉图审美正义论

在西方美学史上，柏拉图（约前 427—前 347）究竟有多重要？我们可从两位著名学者的评价中略见一斑。美国学者爱默生曾经表示："柏拉图就是哲学，哲学就是柏拉图。"因此他认为，只要有一本柏拉图的《理想国》，那就可以"烧掉所有的图书馆，因为它们的价值都在这本书里"。[①] 法国思想家怀特海也曾提出："两千五百年的西方哲学不过是对柏拉图的一系列脚注。"[②]也因此，产生出一种"思想疲劳"的负面效应。用一位学者的话说："人们对柏拉图感到厌倦，正是因为他完美无缺，因为他那永不衰竭的文学艺术具有优美的形式，因为他掌握了能够揭示必然性的辩证法，因为他的论辩完全合乎情理。"[③]当然厌倦归厌倦，在思想史上，柏拉图的言论永远是激活哲学思辨的一种能量之源。

史学家眼中的柏拉图，如同"天国所宠爱的孩子"：家世高贵、双亲富有、仪表漂亮、身体健壮且拥有一颗追求真理之心。为了实现这个愿望，他于二十岁时来到已是六十二岁的苏格拉底门下，跟随他穿街走巷，亲身感受这位思想巨人的智慧。尤其让他终生难忘的是导师对待生死的从容淡定。在目睹苏格拉底之死的整个过程后，柏拉图在《斐多篇》中写道："我可以肯定义地说，他是我曾经知道的人当中最有智慧、最高贵和最优秀的人。"由于这个经历，使得最初想以荷马为楷模、成为一名伟大诗人的柏拉图，彻底改变了初衷。社会普遍的麻木让他将毕生精力投入到关于"正义"问题的思考。因为苏格拉底认为："正义是唯一真正的幸福，只有非正义才是不幸。"在某种意义上，可以说柏拉图的所有《对话》，其宗旨

①　［美］杜兰特：《哲学的故事》，朱安等译，北京：文化艺术出版社，1991，第 22 页。

②　［美］巴雷特：《非理性的人》，杨照明等译，北京：商务印书馆，1995，第 79 页。

③　［美］约翰·彼得曼：《柏拉图》，胡自信译，北京：中华书局，2002，第 108 页。

就是确定正义的本质。① 在柏拉图的视野中,"人与政治"的主题乃真正的中心,他一切工作的目标都围绕着以"理想国"命名的城邦信仰的实现。以至于人们可以在这座城邦的大门上刻上:"这里是正义之城"。

我们知道,柏拉图认为,受"酒神精神"支配的诗人所热衷的"剧场政治",容易导致整个社会失去秩序。即使是荷马史诗,在亲自见证了社会性犯罪的柏拉图看来,它缺少的并不是美,而是善。荷马笔下的人都陷入一种以人与人之间冷漠无情的战争为法则的自然。史诗中的许多诗歌,都用冷静、客观、专家般的兴趣描写了残害和杀戮的各种各样的可能性。于是"因为它们愈美,就愈不宜于讲给要自由,宁死不做奴隶的青年人和成年人听"。② 因此,在这位曾经仰望荷马的思想家最终所设计的理想城邦中,居然没有诗人的位置。唯其如此,有美学史家提出:"柏拉图的著作与其说是美学著作,不如说是反美学的著作。"③ 即使这个指责有些严厉,但这样的批评无可否认:"他的文艺学还只是政治学的附庸。"④ 比如柏拉图曾这样评价古希腊悲剧家埃斯库罗斯《乞援人》:"我满意的是,借助于救赎,天堂的允诺,彼此冲突的各种权利,与我的乞求者一样,都应该参加正义的进程。"⑤ 在《国家篇》中柏拉图强调,最高的艺术创作就是完善一个理想的城邦治理。

毫无疑问,讨论柏拉图美学不能忽略以上这些前提。于是,有**三个问题随之而来**:首先,柏拉图**为何要涉及美学**? 其次,柏拉图**凭什么被视为西方美学思想的源头**? 再则,柏拉图美学思想中具有基础性价值的**核心学说是什么**?

回答一:对于柏拉图而言,政治与美学是相通的。因为柏拉图的政治学不同于中国传统儒法等思想,是以"君主本位"的"天下观"为主导。而是超越统治权的"正义论"。正因这种强烈的"现实性"和"道义感",使得柏拉图的哲学不同于一般的"关于永恒和一切存在"的理论思辨,而具有一种人文主义和理想主义精神。在这种精神支配下,柏拉图的思想将对客观世界的研究安置于心灵法则之上,聚集于人性的法则。因为柏拉图心目中的这个城邦不只是一种单纯自然的与经济的、生老病死的社会,而是拥有一切伟大而珍贵的东西的神圣空间,体现着一种通过美的秩序而呈现出来的和谐的生活理想。这样的生活需要由拥有以正义为前提的审美理念的公民,而非习惯于逆来顺受的奴仆化良民来维持。唯

---

① [美]亨利·托马斯等:《大哲学家的生活》,武斌译,北京:书目出版社,1992,第10页。

② [古希腊]柏拉图:《柏拉图文艺对话集》,朱光潜译,北京:人民文学出版社,1983,第36页。

③ [美]凯·埃·吉尔伯特等:《美学史》,夏乾丰译,上海:上海译文出版社,1989,第73页。

④ [意]托马斯·阿奎那:《亚里士多德十讲》,苏隆编译,北京:中国言实出版社,2003,第90页。

⑤ [美]古斯塔夫·缪勒:《文学的哲学》,孙宜学等译,桂林:广西师范大学出版社,2001,第25页。

其如此，对"何为美"的思考理所当然地被提到议事日程。因为就像一位学者所说："这三个词：美、正义、爱，在柏拉图的哲学中几乎是同义的。"①

回答二：柏拉图的"反美学"其实是试图倡导一种超越一般性"官能快感"的美学思辨。纵观柏拉图关于美的整个论述我们不难发现，他的意思并非否认美的存在，而只是认为，美不是人们通常所以为的那些驻足于现象界的感官享受，而是如同智慧一样，是一种超感觉的东西。美学问题的关键，就在于如何从感觉事物层面深入到作为一种不可见的理念的超感觉的"美本身"。正是在此意义上，意大利美学家克罗齐在其《美学的历史》中提出的，"美学问题正是和柏拉图一起产生的"。② 波兰美学史家塔塔科维兹也认为，"柏拉图是艺术批评和美学思辨的创始者"。③ 需要补充的是，柏拉图对诗人这也意味着由柏拉图开创的西方美学之思，在源头上就属于一种"政治美学"。因为按照柏拉图对美的思考，作为存在之终极理念的"美本身"，就是"致力于正义与哲学家所理解的那种智慧相结合的生活的善"。④ 所以，从柏拉图丰富多彩的思想交锋中，我们依然能够提炼出一个美学命题：**美就是善**。只是必须强调，这个"善"超越了通常意义上的伦理学范畴，蕴涵着政治学含义。

回答三：构成柏拉图美学思想基础的，主要有相互关联的两大学说：**"理念论"**与**"爱欲论"**。通常认为，柏拉图主要的美学思想，体现在著名的对话体文章《大希匹阿斯篇》中。在这篇对话里，柏拉图借苏格拉底与希匹阿斯的对话，将"关于美"的思考的艰难作了淋漓尽致的阐述，所以这场对话最终以"美是难的"这句经典之语作为结尾。在这篇文章中，柏拉图借苏格拉底之口，针对关于美的五种说法[美是具体的事物（年轻的女人、母马、竖琴、汤罐等）；美是使事物显得美的材质（黄金、白银、钻石）；美是某种对精神的满足；美是恰当、有用、有益的物质；美是视觉与听觉引起的快感]，逐一进行了反驳。强调了"具体表现着的美"与"这种现象中的美本身"的区分。从对话中，柏拉图特别强调了一个观点："我并不关心对于人们来说什么显得美，而只关心美是什么。"通过从"什么是美"到"美是什么"这个提问句式的转变，柏拉图将人们的关注视野从具体的"审美现象"引向抽象的"美的本体"，从而启动了关于"美"的形而上思辨。作为这个形而上学基础的，就是总是与"柏拉图"这个名字相提并论的"理念论"。

何谓"理念论"？柏拉图的哲学著作大都以对话形式写作，总共约 29 篇。另外十几篇除少量无法确定，大多属伪作。英国学者罗素曾给予概括，指出："柏拉

---

① [美]亨利·托马斯等：《大哲学家的生活》，武斌译，北京：书目出版社，1992，第15页。

② [意]贝尼季托·克罗齐：《美学的历史》，王天清译，北京：中国社会科学出版社，1984，第4页。

③ [波]塔塔科维兹：《古代美学》，杨力等译，北京：中国社会科学出版社，1990，第154页。

④ [美]凯·埃·吉尔伯特等：《美学史》，夏乾丰译，上海：上海译文出版社，1989，第73页。

图哲学中最重要的东西：第一，是他的乌托邦，它是一长串的乌托邦中最早的一个；第二，是他的理念论，它是要解决迄今仍未解决的共相问题的开山的尝试。"①也有学者幽默地对此给予赞同："在横渡柏拉图著作的大海时，很多人便以'理念论'为指南。"②无论如何，"理念论"是柏拉图思想的核心所在。该说将赫拉克里特的"万物皆变"的思想和巴门尼德的"无物在变"的理论融和一体，提出在感觉经验提供的变动不居的表象下面，存在着一种只能凭借理智才能认识的永恒不变的实在，这就是作为一种超验性存在的"理念"。所以，对于安提斯泰尼所批评的"我看见一匹马，但是我看不见抽象的马的理念"，柏拉图并不以为然，他在《巴门尼得篇》里明确宣称："事物可见不可知，理念可知不可见。"因为"理念是原因，它是事物的模型，其构造具有永恒的性质"。

对于这个贯穿整个柏拉图对话的学说，柏拉图曾在其《国家篇》里，以苏格拉底的名义用三个比喻来加以说明，即："日喻"、"线喻"和"洞喻"。在第一个比喻中苏格拉底指出，我们的眼睛要想能看清对象，除了主体视力和客体对象之外，还需要有第三种东西：来自于太阳的光。同理，人们要想拥有对实在事物的真正认识，除了作为知识对象的"真理"与作为求知行为之产物的"知识"之外，还需要有作为此两者之原因的"理念"。在第二个比喻里，苏格拉底将人类的精神生活划分成"可见的"与"可知的"上下两部分，其中各由两个层面构成，表现为从最下面的"影子领域"向第四层次的"善的理念"的直觉的上升。这个意思在"洞穴比喻"里得到进一步的阐明。在这个比喻里，人们心灵活动对事物的认识呈现出三个阶段，即：对作为影像的可见世界的模糊认识、对作为一般理型的外部世界的认识、对作为太阳的善的理念的直觉。

上述三大比喻的核心意思最终又可以通过柏拉图在《理想国》里阐述的"三张床比喻"，得到简明扼要的揭示。这三张床分别由画家、木匠和上帝提供：画家所画的是表面的床，木匠制作的是个别的床，唯有上帝为我们提供本质的床也即床之为床的理念。所以，高居于观念界的理念是遍布于现象界的万事万物之本源。"一个人如果学会了在正常的秩序和系列中看到美的事物，到达最高境界，就会突然看到一种奇妙无比的美。这种美首先是永恒的、不知生死的。其次，它不是在一种观点看来是美的而在另一种观点看来则是丑的，或在此时此地此方面是美的而在彼是彼地彼方面是丑的。它是绝对的、独立的、单纯的和永恒的美。它把美分给所有其他事物，这些事物的美是不断生长和消亡的，而它自身却不增不减，没有任何变化。"（《会饮篇》）

诚然，柏拉图其实明白，无论他如何在逻辑层面上对其"理念论"的阐释显得圆满，仍是无法达成普遍的共识。为了能进一步增加说服力，柏拉图提出了通

---

① ［英］罗素：《西方哲学史》上卷，何兆武译，北京：商务印书馆，1981，第143页。
② ［美］约翰·彼得曼：《柏拉图》，胡自信译，北京：中华书局，2002，第3页。

常以所谓"柏拉图式爱情"著称的"爱欲论"。试图通过对更具大众性的性爱主题的讨论，让总是处于思辨的云雾之中的"理念论"得以澄清。这个"爱欲论"常被理解为"精神之恋"，这其实似是而非。因为在柏拉图思想中，不仅确认性爱的意义，而且特别强调，由性爱激起的一种生命的"激情"，是一切真正的爱的起点。柏拉图与众不同之处在于，他认为这种由具体感官引发的欲望之爱，不会永远停留在单一的个别形体之中沦为一般的感官享受，更不会发展为受官能控制的无度的纵欲荒淫。而能够超越官能层面的欲望之需，走向更高层深的精神需要。在《宴饮篇》里，柏拉图让苏格拉底宣称，他传达玛尔提纳城的先知蒂欧提玛传授的一个秘密：爱神埃罗的真正本质，是对美的追求。因为希望永恒不朽，这是存在于所有真正相爱的人之间的爱情的本质。这种追求要求他们将"短暂的美"转向"永恒的美"。

换句话说，相爱者首先会被健美的身躯吸引，而后他会再在这身躯中发现一个高尚、正直的灵魂，意识到灵与肉两者所具有的美的魅力。但此时，爱情的驱动力不会停止不前，而会让他们领悟到，灵魂内部蕴涵着一种更高的美，这就是构成主宰肉身之美的灵魂之美的元素：道德伦理。这属于一种智性美，它通往最高层次的美即作为美的理念的"美本身"。所以，准确地讲，柏拉图之爱并不绝对排斥以肉身感官为基础的性爱，而只是将其置于一个有限的余地。其由"爱"而"美"的发展路径，也就是由"可见不可知"的经验世界向"可知不可见"的理念存在逐渐递进的过程。其路线图为：身体美、灵魂美、道德美、智性美、美本身＝美的理念。值得一提的是，作为性爱起点的身体美的主体对象，在柏拉图学说中明确指单纯可爱的男孩。这种"同性不同龄"之间的情爱，在某种意义上较异性爱，似乎相对蕴涵更丰富的精神因素，更易使避免爱情主体摆脱肉欲的纠缠，使其从欲望的沉溺之中获得升华。

由此可见，"'柏拉图式的爱'是和柏拉图的理念学说紧密连在一起的"。[①]从中我们也不难看到到柏拉图美学思想的复杂性。首先，他对"不可见"的美的理念强调，并没有因此而忽略那些实际的审美存在。比如他在《斐多篇》里曾写道："地上的树木、鲜花和果实都体现出合乎比例的绚美。还有高山——至于石头，它们平滑、透明、表现得那么匀称，更有那绝美的颜色。"还有人体本身："我们宣称整个人体都是美的，有时体现在奔跑的时刻，有时体现在摔跤之中。"并且在《大希匹阿斯篇》里他也同时承认："毫无疑问，美的人体，所有装饰用品、图画和造型艺术都能使我们开心，只要我们看见它们，而它们又以美的形象出现。此外，优美的音响，以及作为整体的音乐，还有谈论和充满想象的故事，这些都能产生同样的效果。"其次，虽然他认为"制度、法律带来的庄严和谐的美感，它们并不

---

① ［德］威廉·魏施德：《通往哲学的后楼梯》，李文潮译，沈阳：辽宁教育出版社，1998，第 39 页。

能带来视听上的快感",从而对"快感论美学"做出了驳斥了,但却仍以视听快感能够通过转向内在的理性认识而接纳神性之美的功能,而在审美体验中拥有特殊性给予了承认。

所以,研究者们通常认为,由于柏拉图并非专业的艺术家,他关于美的解说出现自相矛盾,以至黑格尔都曾表示:"柏拉图的美学世界是难以理解的。"[①]但这无疑有些夸大其词,但他表现出柏拉图作为一位伟大思想家不拘一格的特点。在某种意义上,这恰恰是孔子这个见解的最佳演示:无可无不可。审美体验当然离不开快感,柏拉图美学要想立足,当然不能反其道而行之。只是柏拉图将审美快感界定在思辨之中。而这种思想基础来自于他的二元论。柏拉图的著作中曾提出两个问题:"那没有起源而又永存的是什么? 那永远变化着、消逝着而又从未存在的又是什么?"他的回答是:前者为"理念",后者是"经验世界"。由此出发,柏拉图成了西方理性论美学传统的开创者。在《国家篇》中他这样表示:"哲学家能够感受到真正的快乐,除此之外是感受不到真正的美的快乐的。"由此而进,得出这样的结论就显得理所当然:真正的、最高的美不仅属于理念,而且"凡是感受理念之美,并能够分清官能世界的美的人,他绝对淡化官能世界之美而倡导理性世界的美,这便是世界中的唯一的清醒形式"。[②]

由此可见,柏拉图美学思想的一大特点是"客观等级论"。概括而言,他认为美不仅是一个独立于主体意识而客观存在的实体,而且是一个从低级向高级不断上升的目的系统。首先,处于第一层次的是属于自然界与物质器具的美。其次,是体现在个体的人的身上的美,比如由人创造的、表现出人的"好性情"的那些词语、歌曲、舞蹈等。在这个层次中也存在等级,最美的属于"心灵的优美与身体的和谐一致,融成一个整体"。第三级的美就是由个体美向社会的扩展。用柏拉图的话说,"最高最美的思想智慧是用于齐家治国的,它的品质通常叫做中和与正义"。[③] 这种"等级美"也意味着美的相对性,因而也就表明存在"绝对美"。它从个别形体之美为原点,上升到一切形态的抽象的美的"形式",再上升到无形的心灵美,并进一步扩展到更大范围的制度之美和学问之美,最终达到永恒自在的美的理念本身。这是只能在美的学问中呈现、只有理智才能观照到的、由真、善、美三位一体构成的最高的审美境界,这就是"本原自在的绝对正义、绝对道德、和绝对真知"。[④]

---

① [美]保罗·埃尔默:《柏拉图十讲》,苏隆编译,北京:中国言实出版社,2003,第204页。

② [美]保罗·埃尔默:《柏拉图十讲》,苏隆编译,北京:中国言实出版社,2003,第205页。

③ [古希腊]柏拉图:《柏拉图文艺对话集》,朱光潜译,北京:人民文学出版社,1983,第64、260页。

④ [古希腊]柏拉图:《柏拉图文艺对话集》,朱光潜译,北京:人民文学出版社,1983,第122页。

　　不言而喻，正是在此基础之上，柏拉图在人类思想领域开辟了一块被后人以"美学"命名的新空间，围绕"美（之本质）是什么"这个问题，开启了美学的"古典主义"阶段。"古典主义就是这样，它借助柏拉图主义，在确实存在着一种美的理念或美的本质这个观念的基础上，建起了一种规范美学。"①迄今来看，这种注重"美的共相"问题的审美形而上学存在许多弊病，但也并非一无可取。英国表现论美学代表人物卡里特指出：尽管每一位艺术家都在强调其审美创造的独特性，并且人们也都清楚诸如绘画的美不同于诗和音乐的美、伦勃朗作品的美不同于提香的美等，但凡是有过真切的审美体验的人都懂得，"在每一幅绘画、每一种艺术中，在可以发现美的任何一个自然现象中，在舞蹈、大海、悲剧日落和音乐中，美都明白无误地是美"。这就意味着，"美完全不是一个多义的名称，而是一种同一性，它能够在美的所有实例中，被作为不同于例如道德这另一种同一性的因素而辨认出来"。②

　　对柏拉图美学应作如何评价？波兰学者塔塔科维兹认为，在柏拉图的著作中"涉及了美学的全部问题"。③这或许尚可推敲。但认为柏拉图提出了最为重要的美学问题，这无可置疑。这个问题就是对"美的存在"的由衷崇敬。用柏拉图在《会饮篇》里的话说："如果有任何值得为其而生存的东西，那就是观照美。"只有承认审美存在的这种重要性，美学研究才能吸引无数的伟大思想家，从而使这门学科发扬光大。但我认为相对而言更值得注意的，是柏拉图思想的话语方式：以"讲故事"的方式展开一种"对话性"。这同现代哲学行业中，热衷于术语化和符号化，以便行使逻辑霸权的主流大相径庭。在后者中，论述呈现出专断蛮横性，而在前者中，突出了思考的多元化和可能性。正是在此意义上人们认为，"与其说柏拉图为我们提供了一些答案，毋宁说他帮助我们提出了一些问题。"④

　　但这正体现了以"思"为中心的人文研究的实质。首先，思想的意义不在于终结疑问，而是通过对问题的清理而获得生存的智慧。这样，让思想始终保持"运动状态"就是理所当然之事。同样对美学而言，重要的是通过对美的沉思保持对生活世界的兴趣，而不是以所谓的逻辑圆满来支撑某个自以为是的结论。其次也在于，通过这种话语方式，柏拉图不仅能够成功避免一般思想者难以避免的独断论陷阱，而且还能超越"非此即彼"式的机械理性，拥有真正的辩证思维。比如在《巴门尼德》篇中，柏拉图揭示了一种"确定的不确定性"与"不确定的确定性"的依存关系："这个奇妙的存在，这一时刻，存在于静与动之间，存在于一切时间之外，存在于从动到静的运动过程，以及从静到动的运动过程……但即使它在

---

　①　［法］杜夫海纳：《美学与哲学》，孙非译，北京：中国社会科学出版社，1985，第 11 页。

　②　［英］卡里特：《走向表现主义的美学》，北京：光明日报出版社，1990，第 24 页。

　③　［波］塔塔科维兹：《古代美学》，杨力等译，北京：中国社会科学出版社，1990，第 149 页。

　④　［美］约翰·彼得曼：《柏拉图》，胡自信译，北京：中华书局，2002，第 54 页。

动,也一定是在这一时刻中动,只有在这一时刻,它才脱离时间而存在,既不动也不静。"①

不同于迄今为止所有以"理论家"面目出现的那些空洞无物的高谈阔论,柏拉图对话中的思想"直接和鲜活"。唯其如此,有学者感叹,"读柏拉图首先意味着思想上独一无二的享受"。② 与其所思打交道的乐趣不仅来自于哲学戏剧在技艺上的完美,而且读者会感到,自己不是单纯的旁观者,而是以某种方式加入到活生生的论辩之中。从中我们还可以进一步明确一个常被遮蔽的问题:柏拉图为谁写作? 柏拉图之思中展示出,哲学之设问毫无前提地"从零点肇始"。这就给出了一个无可置疑的答案:尽管这些思想对话提出了对参与者心智的不同要求,因此,一个有教养的公共群体毋庸讳言是柏拉图著作的首要目标,但不可否认的一点是:"柏拉图为所有人写作。"③这体现了一位以平等姿态探讨严肃问题的真正的思想家的风范。在今天这种普遍以高谈阔论的所谓学院派美学为荣的时代,柏拉图的这种精神显得尤为重要。

总结起来看,就像重在提出形形色色的尖锐问题而不是自圆其说地终结思考的对话哲学,柏拉图的美学思想呈现五彩缤纷的多样性。在某种意义上,他以一种二元性的方式形成了一种具有巨大张力效应的思想空间。比如,就柏拉图为了突出理念实在而相对轻视物质世界来讲,他理所当然地可被视为朝向超越性的"彼岸"的代表;但另一方面,他的《理想国》不仅并没有劝告人们拒绝这个现实世界,恰恰相反,它强调对于道德与政治的目标进行正义的追求,这无疑表明了柏拉图对作为"此地"的现实世界的重视。唯其如此,这样的分析是有道理的:实际上,正是柏拉图的思想刺激了亚里士多德去对经验世界进行必要的研究。虽然没有证据表明,柏拉图实际鼓励了这类研究,但同样也没有理由假设,他阻碍了这类研究。④ 这是柏拉图作为一代宗师的伟大之处,同样也是我们把握其美学思想时所不能忽略的特点。

2. 康德与审美认识论

在美学史上,长久以来人们给予了康德(1724—1804)足够多的歌功颂德之词。"上帝赐给法国以土地、给英国以海洋、给德国以空中帝国。"在 19 世纪,一位名叫让·保罗·李希特的人有感于康德的伟大发出过如此感叹。"在哲学这条道路上,一个思想家不管他是来自何方和走向何处,他都必须通过一座桥,这

① [美]古斯塔夫·缪勒:《文学的哲学》,孙宜学等译,桂林:广西师范大学出版社,2001,第 25 页。
② [德]托马斯·斯勒扎克:《读柏拉图》,程炜译,南京:译林出版社,2009,第 3 页。
③ [德]托马斯·斯勒扎克:《读柏拉图》,程炜译,南京:译林出版社,2009,第 31 页。
④ [美]特伦斯·欧文:《古典思想》,覃方明译,沈阳:辽宁教育出版社,1998,第 140 页。

座桥的名字就叫康德。"①他的传记者古留加曾如此说。"在现代哲学史上，没有什么能比康德的成就更有资格被当作天才的化身了。"②这是美国著名学者比厄兹利教授，在他的《美学：从古希腊到现代》一书中对康德的评价。康德自己也自视甚高。他曾向一位来访者明确表示："我和我的著作早出现了一百年，再过一百年之后，人们才能正确地理解我，并重新研究和运用我的著作。"③

当然也并非没有严厉的批评。比如现象学大家胡塞尔的老师弗朗茨·布伦塔诺就曾表示："我认为康德的整个哲学是一团混乱，而且甚至是导致了更大错误的混乱。"④20 世纪的重要哲学家、解释学美学代表人物伽达默尔也曾接受黑格尔的观点，认为康德美学的核心概念"主观普遍性"的提出，导致了他的美学不再关心"艺术领域内的真理性问题"。⑤ 这种说法或许有待商榷。但有一点毋庸讳言：在某种意义，康德关于美的思考如今显得"史"的价值大于"论"的意义。就像一些美学史家所说，作为康德美论主要著作的《判断力批判》，"它所提出的问题比它所给出的答案更重要，它开拓的前景更多于它所得出的生硬的结论，它本身只不过是未来的所有美学的序论"。⑥ 但无论如何，作为一代"形而上学之王"，康德对于现代美学的决定性贡献无可置疑。

把握康德美学，有两个困惑必须澄清。其一，康德不仅没有像鲍姆嘉腾那样为美学命名，而且也并非现代哲学美学的开创者。美学史上通常认为，从哲学方面论述美学问题的第一篇现代论文，是英国启蒙学者哈奇森《我们关于美与道德的观念的起源研究》一书的前半部分。除此之外，还有埃德蒙·博克《对我们关于崇高与美的观念的起源的哲学研究》和休谟的著名论文《论趣味的标准》。正是在这篇文章里，休谟明确提出"美不是事物本身的性质。它仅仅存在于观照它们的心灵中"这个划时代的观点，开启了美学从以柏拉图理念说为基础的古典客观论向现代主观论的转向。但尽管如此，黑格尔却坚定地认为，康德在其《判断力批判》里说的，"一个对象是美的，如果它的形式被判定为我们表象这一对象时所感到的快乐的根据"非比寻常，因为"这是关于美所说过的第一句合理性的话"。⑦ 因此而将康德推上"现代美学第一家"的位置。时过境迁来看这恰如其分。这是为什么？

---

① ［俄］古留加：《康德传》，贾泽林等译，北京：商务印书馆，1981，第 121 页。

② ［美］门罗·比厄斯利：《西方美学简史》，高建平译，北京：北京大学出版社，2006，第 184 页。

③ ［俄］古留加：《康德传》，贾泽林等译，北京：商务印书馆，1981，第 215 页。

④ ［美］加勒特·汤姆森：《康德》，赵成文等译，北京：中华书局，2002，第 1 页。

⑤ ［德］奥特弗里德·赫费：《康德：生平、著作与影响》，郑伊倩译，北京：人民出版社，2007，第 246 页。

⑥ ［法］于斯曼：《美学》，栾栋等译，北京：商务印书馆，1995，第 37 页。

⑦ ［德］黑格尔：《哲学史讲演录》第四卷，贺麟等译，北京：商务印书馆，1981，第 299 页。

其二，与其锋芒毕露的同时代学者不同，康德给人的印象似乎是一位超脱人事的纯粹的书斋人物。与视哲学为"神物"的柏拉图大相径庭，康德明确表示"哲学不是第一需要的事情，而是愉快的、消磨时间的事情"。他所做工作的宗旨十分明确：把已经摇摇欲坠的旧形而上学体系，纳入可靠的科学轨道。因此其日常生活有条不紊地显得机械，以至于他的邻居们可以根据他每天傍晚的散步来核对时间。但就是这样的一位学者，不但将自己的哲学明确命名为"批判哲学"，而且事实上也成了思想领域里的一位"温柔的杀手"。诗人海涅曾描述道："康德这人的表面生活和他那种破坏性的、震撼世界的思想是多么惊人的对比！如果哥尼斯堡的居民预感到这种思想的全部意义，那么他们面对这人时所感到惊恐当真会超过面临一个刽子手。"①这又是为什么？

回答第一个问题并不困难。康德的时代既是思想家们纷纷热衷于构造各自的"思想体系"的时代，也是传统形而上学分崩离析的时代。因此，康德的目标很明确：以毕生精力，将陈旧的教条主义的形而上学改造成"科学的形而上学"。这个意图事实上是对苏格拉底精神的继承和发扬。在苏格拉底时代，盛行的是以所谓"智者"为中心的"诡辩术"，其首屈一指的代表人物高尔吉亚的观点是：**所有的陈述都是假的**。这意味着不再有任何"真理"，所以高尔吉亚以"修辞学"取代哲学研究，其意义在于以说服为手段，以达到某种具有实用价值的目的。这种极端怀疑论的后果不堪想象。苏格拉底意识到，真理的死亡意味着道德的死亡，道德的死亡意味着文明的死亡。为此，他要通过"审美追求"创造一个理性传统，以便为真理提供一个坚固的阿基米德点，这就是美。因为"美就是真理"。苏格拉底的这个做法无可非议，但事过境迁之后事情呈现另一方面：在思想王国中一统天下的理性，以一种"主义"的姿态君临一切，成为危害到思想健康发展的独断论。

所以，康德所面临的问题，是要颠覆理性主义独断论。他所采取的方法就是"批判"。用他的话说："批判，而且只有批判才含有能使形而上学成为科学的、经过充分研究和证实的整个方案，以至一切办法。"②在他看来，"我们这个时代特别是一个批判的时代，一切事物都必须接受批判"。这其实已清楚地表明，康德不同于大多数为学问而学问的哲学家，而是一位怀有强烈人文关怀的思想家。这是这位看似温文尔雅的书斋学者成为启蒙主义思想的精神领袖的原因。以一种"跨文化视野"来看，康德的思想堪称孔子所强调的"修辞立其诚"的楷模。诚如一位学者所言："读康德需要有他要求道德行为者所具有的那种纯洁的意图。"③因为康德思想所努力的目标，指向人类从野蛮状态中慢慢走出来，获得最终的自由解放。

①　[美]阿金：《思想体系的时代》，王国良译，北京：光明日报出版社，1989，第17页。
②　[德]康德：《未来形而上学导论》，庞景仁译，北京：商务印书馆，1978，第161页。
③　[美]丹比：《伟大的书》，曹雅学译，南京：江苏人民出版社，1998，第317页。

概括而言，康德的思想批判，锋芒所向的并非穷凶极恶的独裁政治，而是看似关爱臣民的"家长式政体"。比如他在《论俗语》一文里写道："一个建立在对人民——就好比父亲对子女般——关爱的原则上的政府，称为家长式政权。这种政府视臣民如同未成年子女一般。由于未成年子女尚无法辨别何者对他们有益，何者对他们有害，因此臣民就被迫相信统治者的善意，依照统治者所做的判断，来决定其追求幸福的方式。这种家长式政权乃是吾人所可能想象得到的最专制的政府。因为这么一来，臣民的所有自由就被剥夺得一干二净，他们也因此丧失了一切权利。"这段引文有点长，是因为它具有显然易见的当下性和现代感。正如一位研究者所说：这段引文何其感人，何其熟悉。感人的是康德的洞察力是如此敏锐，直戳家长式政权伪善的外表，熟悉的是他所批评的这种政权不也同样精确地在中国重演？① 不妨再予以补充，一部中国史在很大程度上，就是这种家长式威权统治的绵延不绝。这是导致中华民族精神长期缺钙的症结所在。

在《回答这个问题："什么是启蒙运动？"》一文里，康德针对法国人拉美特里《人是机器》说，提出了"人并不仅仅是机器而已"的批评，要求通过"按照人的尊严去看待人"，把人当作有自由意志的生命主体。由此可见，康德如果说柏拉图的关注焦点是理想政治，那么康德哲学的思想焦点则是"人的基本问题"。在此意义上，把康德美学纳入现代"哲学人类学"视野也不无道理。在《答复这个问题："什么是启蒙运动"》一文中，康德明确写道："通过一场革命或许很可以实现推翻个人专制以及贪婪心和权势欲的压迫，但却绝不能实现思想方式的真正改革；而新的偏见也正如旧的一样，将会成为驾驭缺少思想的广大人群的圈套。"② 因此，康德在思想史上第一次正式提出了**"只要是人，其本身就是目的"**的个体平等观念。这个在今天已被铺天盖地的诸如"科技以人为本"之类的口号让人逐渐麻木的思想，在当时具有开天辟地的意义。说得明白些，康德意在推行一场思想革命。这是这位看似安分守己的知识良民的英雄本色所在。

真正困难的，是对第二个问题的回答。众所周知，康德从休谟思想中获得了决定性的灵感。主要有三点。首先，休谟从西方的理性主义思想堡垒中率先突围，强调人类不是从理性，而是从道德情感中产生道德原则。从而**以情感而非理智给人性定位**。这使得康德的貌似抽象的思想中蕴涵着情感的温度。其次，休谟最大的思想贡献，在于他被后人贴上"怀疑论"标签，通过对貌似合理的"因果律"的否定，提出的"必然性就是可能性"的命题。概括而言，假设 B 跟着 A 发生，怎么证明 B 就是 A 的直接的和必然的结果？什么是 A 和 B 之间诸如 A1、A2、A3 等等的中间阶段？ 因此，我们如何确定，这些中间阶段不会产生某些因

---

① ［德］康德：《论俗语》，转引自朱高正：《朱高正讲康德》，北京：北京大学出版社，2005，第 8 页。

② ［德］康德：《历史理性批判文集》，何兆武译，北京：商务印书馆，1990，第 24 页。

素而对最终结果产生影响？这说明，事实上我们没有任何"确实"的知识，只有无限的推论，唯一能确定的只是我们所拥有的感觉经验，而它们总是处于一种暂时的、不确定的状态。

多年之后，休谟的这个著名阐述得到了维特根斯坦的热烈响应："因果联系根本就不是联系。"①但在当时却不受欢迎，他的周围只有少量的追随着和大量的敌人，甚至有人当面直言："有学问的人都痛恨你。"②但康德却独具慧眼，通过汲取休谟的"怀疑论"思想，而将他的知识论重建奠基于"有限性"之上。第三，休谟将人性划分为由"理智、情感、道德"三大部分构成的整体这个思想得到启发，康德对人的关注统一在三大著名问题中：（1）我能够知道什么？（2）我应该做什么？（3）我可以希望什么？由此而产生了康德著名的"四大批判"中的两大批判《纯粹理性批判》（1781）、《实践理性批判》（1788）[此外还有《判断力批判》（1790）和《历史理性批判文集》（1784—1797）]，以及《单纯理性界限内的宗教》（1793）。在这三大问题中，美学显然并不在最初构想的格局之内。

尽管早在1764年，康德就曾撰写了《论美和崇高的情感观察》一文，但奠定其美学家地位的著作《判断力批判》，却是出于其对自己的思想体系化的追求。用康德的话说："没有体系也可以获得历史知识，同样在一定程度上也可以获得数学知识，可是没有体系则永远不能获得哲学知识。"他认为，在思想领域里，"整体的轮廓应当先于局部"。③康德的这一论点在黑格尔那里得到全面弘扬："没有体系的哲学理论，只能表示个人主观的特殊心情，它的内容必定是带偶然性的。"④事实上在康德看来，哲学分为两个主要部分：理论哲学和实践哲学（后者包括法哲学、历史哲学、宗教哲学）。前者的研究对象是，通过纯粹知性的"自然概念"而呈现的规律；后者的研究对象是，通过纯粹理性的"自由概念"而呈现的法则。

但问题随之出现：两大领域，即分别属于感性（现象）世界的自然，和属于道德（理智）世界的自由，彼此间不可能相互没有联系。因为道德自由的实质，就是能够让自我在自然世界中得到表现。从人类学的视野看，"自然的人"怎样成为"自由的人"？从认识论的维度讲，人类的片面的知性活动是如何转化为深刻的理性活动？不解决这个中介环节，康德试图通过完备的逻辑体系来拯救形而上学的计划，就会功亏一篑。康德认为，他在以"想象力"为核心的"反思性判断力"

① [奥]路德维希·维特根斯坦：《战时笔记》，韩林合编译，北京：商务印书馆，2005，第242页。

② [美]亨利·托马斯：《大哲学家生活传记》，武斌译，北京：书目文献出版社，1992，第149页。

③ [俄]古留加：《康德传》，贾泽林等译，北京：商务印书馆，1981，第183页。

④ [德]黑格尔：《小逻辑》，贺麟译，北京：商务印书馆，1980，第56页。

中找到了解决问题的途径。由这种能力造就的"审美的人"就是自然人走向自由人的唯一桥梁。这便构成了《判断力批判》的思想背景。

康德美学思考的中心问题可一言以蔽之：审美意识的主观普遍性（审美共通感）如何可能。他对美学的界定可概括为："在进行理性的批判时，对趣味的批判，亦即美学。"①虽然康德继承了休谟美学的主体性转向，强调审美关系是从主体出发，归根结底归因于审美主体对作为审美对象的客体的审美表象。因而"美"不是一个客观的宾词，而是一个相对的宾词。但他的美学在理论上试图达到目标是：既反对以笛卡尔、斯宾诺莎、莱布尼茨等为代表的"唯智论美学"，也反对以英国人休谟与哈奇森为代表的"感性论美学"。概括地讲：一方面与唯智论相反，康德主张，我们在做出审美判断时并没有一个概念与之相伴随（这在通常的认识活动中是不可避免的）；另一方面与感性论者相反，康德强调，审美经验中的快感不是一种与我们的基本需要和欲望相关的满足，它是完全非功利的（disinterested）。

虽然康德这个"审美判断非功利"原则迄今受到许多批评，但他对唯智论与经验论两大形而上学的批判仍具有强大的现实意义。唯智论的实质即唯逻辑是从的唯理性主义，这意味着它不接受任何经验事实的检验。康德称之为"独断论"，它是人类社会一切妄自尊大的绝对主义思想的哲学根据，其蛮横专断的危险性不言而喻。20 世纪中给人类文明造成毁灭性灾难的所谓乌托邦，感性论的实质是经验决定一切，康德称之为"怀疑论"。这种思想是人类教条主义理论依据，其最大危险在于瓦解信仰的基础，使人类通过"超越之维"走向"可能性生活"的希望不复存在。因为"信仰"永远处于"实证"之外，人类的可能生活通常总是处于"非现实状态"，无法接受经验的考察。但这并不表明"希望之思"和非宗教的"信仰之维"，因此就不具有它们作为思想活动的合法性。就像爱情生活的非现实性构成了其现实意义，没有超越现实的追求，人类文明就将停滞不前。

康德这个立场体现出其思想的"务实性"。用他自己的话说："问题并不在于知道这个事业怎样可能，而是在于怎样才能实现这个事业。"②为此康德将哲学从居高临下的"本体论"转向具体的"认识论"视野。将"存在本身"这个哲学的永恒之问暂且搁置于一边，通过把握认识的"方式"来把握认识的内容。所以叔本华认为，"康德最大的功绩就在于他把现象从物自体中区分了出来"。③ 这是整个康德思想的基础，构成了康德美学的"先验论"起点，其基本含义可以概括为：作为我们认识对象的是"为我之物"的现象世界，作为"自在之物"的本体存在，作

---

① ［德］康德：《1765—1766 年冬季学期讲课安排的通告》，见曹俊峰：《康德美学引论》，天津：天津教育出版社，1999，第 118 页。

② ［德］康德：《未来形而上学导论》，庞景仁译，北京：商务印书馆，1982，第 161 页。

③ ［美］杜兰特：《哲学的故事》，朱安等译，北京：文化艺术出版社，1991，第 282 页。

为一种超验的东西而在我们的认识视域之外。康德这一基本思想集中体现于他的这么一个断言里："知性不是从自然界获得自己的规律，而是给自然界规定规律。"换句话说，康德认为，我们的思维对象其实是思维自身的产物。所以有学者认为，"意识不仅反映世界，而且创造世界，这条原理就起源于康德"。①

因此，康德美学常给人以倡导"主观论美学"的印象。尤其是他还曾明确地说过诸如"离开了主体的情感，美自身就不复存在了"，以及"一个客体的表象的美学性质是纯粹主观方面的东西，这就是说，构成这种性质的是和主体而不是和客体有关"等这样的话。对于康德来说，**美是从审美主体（观察者）那里产生的一种感情，它不是事物（本身）的客观属性**。但关键在于，从先验论出发的康德在美学领域所作的努力，主要是将审美客观性建立在主体基础上，而不是以主体来彻底取代客观性。就像阿多诺指出的："我们应当切记：康德式主观主义作为一个整体的意义，在于其客观的意向，在于其凭借分析主观性以期救助客观性的企图。"②因为康德明白无误地指出："审美判断恰恰在于，在对象的性质适合了我们对待它的方式时，我们才按照这种性质称之为美。"

这也就是说，确实存在着客观的审美事实，虽然这种事实总是为我们（主体）而存在，属于（由我们的意识活动所构成的）现象界。黑格尔强调，对"客观性"的这一用法是康德的一个小小杰作。因为在此之前，人们通常习惯于从"物质性"的角度去理解这个词，把它看作为"从外面通过我们的知觉而达到的事物"。只是到了康德这里，他强调了这个词所意味着的一种"普遍性"，这就为思维的客观性提供了依据：当一种思维活动符合一定的规律时，它所产生的思想也就是"客观的"，虽然就思想作为主体意识的产品而言仍具有主观性。因为"普遍性标志着客观性"，这也正是"判断力"的特殊意义的体现：归根到底，"判断力一般是把特殊包涵在普遍之下来思维的机能"。为了确认审美经验的内在普遍性，康德提出了"评价"先于"快感"的原则。

迄今为止，视康德为"第一位使审美理论变成一个哲学体系整体的组成部分的现代哲学家"，③似乎已成盖棺论定之言。在某种意义上，康德美学主要地也就是围绕着对"主观普遍性"的论证而呈现的。为此他"发明"了一个概念：判断力。康德在《纯粹理性批判》里界定为："判断力是一种特殊的天赋，它完全不能学得，只能练习。因此判断力是被称为天生机智的特性。"而判断力的逻辑前提，是对"经验"这个知识范畴的改造。在传统的唯智论和经验论那里，都把感觉与概念的区分看作"程度"的不同而非"种类"的根本差异。而康德提出，"感性直

① ［俄］古留加：《康德传》，贾泽林等译，北京：商务印书馆，1981，第113页。
② ［德］阿多诺：《美学理论》，王柯平译，成都：四川人民出版社，1998，第17页。
③ ［美］门罗·比厄斯利：《西方美学简史》，高建平译，北京：北京大学出版社，2006，第185页。

观"和"知性概念"的不同是种类上根本性质的不同，彼此不能取代。因此，一种经验的形成要求这两种元素的合作。否则将一事无成："缺乏概念的直观是盲目的，脱离直观的概念是空洞的。"

康德作为思想家的最著名贡献，曾被后人称之为思想领域里的一场"哥白尼革命"。首先，按照著名科学史家托马斯·库恩的界定：哥白尼革命是一场观念上的革命，是人的宇宙概念以及人与宇宙之关系的概念的一次转型。[①] 在康德著作中，这个比喻的意思是以哥白尼在天文学中的贡献为例，在人类思想界引发彻底的变革。在波兰人哥白尼之前，欧洲思想中占绝对统治地位的"地心说"认为，地球是宇宙的中心，太阳等天体围绕地球运转。但哥白尼提出了日心说，彻底颠覆了传统的地心说思想。康德的思想类似于此：根据传统哲学观，在人的"认识与对象"的关系中，对象占据主导位置，认识的实质是去同对象相符合。而康德反其道行之，认为在认识活动中，认识主体占据主导，对象只是由于符合主体的"先验认识能力"而被纳入我们的视野，成为一个观念成果。这对传统认识论是一次彻底颠倒，通过对所谓**"理性的自然视角"**和**"认识论的现实主义"**的超越，康德提出了他的先验认识论，开创了所谓的"先验哲学"。这个哲学的本质一言以蔽之：**成为知识的对象就是要服从人类知性的先天本质。**

康德这个思想具体出现于《纯粹理性批判》第二版序言："迄今为止人们假定，我们的一切知识都必须遵照对象；但是，关于对象先天地通过概念来澄清某种东西以扩展我们的知识的一切尝试，在这一预设下都归于失败了。因此，人们可以尝试一下，如果我们假定对象必须遵照我们的认识，我们在形而上学的任务中是否会有更好的进展。这种假定已经与对象的一种在对象被给予我们之前就应当有所断定的先天知识所要求的可能性有更好的一致。这里的情况与哥白尼最初的思想是相同的。哥白尼在如果假定整个星群都围绕观察者旋转，对天体运动的解释就无法顺利进行之后，尝试如果让观察者旋转而星体静止，是否可以更为成功。如今在形而上学中，就对象的直观而言，人们也可以用类似的方式做出尝试。"换句话说，康德在认识论方面提出的所谓"哥白尼革命"，一言以蔽之即：不再是认识依据对象而转移（由客观事物决定主观意识），相反而是对象依据我们的认识而转移（由主体意识结构决定认识结果）。

康德思想中另一种"标志性"贡献，是提出了所谓的"二律背反"原则。也就是一些虽互相排斥却又能够得到同样证明的判断，或者说是"对于同一对象持两个相反的命题。"[②]黑格尔给予了高度评价："康德这种思想……必须认为是近代哲学界一个最重要的和最深刻的一种进步。"[③]这主要体现于《判断力批判》中关

---

① ［美］托马斯·库恩：《哥白尼革命》，吴国盛等译，北京：北京大学出版社，2003，第 7 页。
② ［德］黑格尔：《小逻辑》，贺麟译，北京：商务印书馆，1980，第 131 页。
③ ［德］黑格尔：《小逻辑》，贺麟译，北京：商务印书馆，1980，第 131 页。

于趣味之争。鉴赏判断中的"二律背反"如:(1)鉴赏判断不建基于概念,因为它无法通过论证来被决定(正题);(2)鉴赏判断一定建基于概念,因为它并非仅仅是个人主观爱好,它要求别人同意(反题)。康德历来被思想史家们称为对英国经验论与欧洲大陆理性主义两大流派的融合,也就体现于他试图对这个"背反"作出超越:正题是英国经验论思想的体现,反题是欧洲理性论思想的反映。康德的方法是,赋予两个命题里的"概念"以不同的涵义:正题中为一般意义上来自于知性活动的"概念",它是对经验层面里的具体事物的一种抽象概括;与此不同,反题里的概念是由主体理性活动提供的"观念",这是一种来自"超感性界的先验的理性概念"。①

费尔巴哈认为:"康德哲学乃是主体和客体的矛盾,本质和现象的矛盾,思维和存在的矛盾。"②这个评价十分准确。在康德美学中,这种自相矛盾最典型地表现为:审美判断既是主观的(不涉及知识)又是普遍有效的(先验的)。其次也体现在他的两个著名美学命题间的对峙:"美是形式的自律"和"美是道德的象征"。这个批评并非一家之言,而是普遍共识。克罗齐因此评价康德美学中有神秘主义倾向,批评说"在审美问题上,康德倾向感觉论,后来却和理性义者一样,成了感觉论的敌对者"。③ 这说得相当中肯。除此之外还比如,一方面,康德不仅表示过:"任何哲学著作都必须阐述得通俗易懂,不然的话就会在貌似深奥的烟幕下掩盖着无稽之谈";而且他还十分明确地强调:"美学研究的第一个要求就是通俗性。"④但众所周知,事实上康德的美学著作成了美学领域里的第一部"天书"。美国人大卫·丹比写道:"康德的文字是一片浓缩得叫人难受的蒙蒙晦暗。读它就好像是看一幅复杂的建筑图,在其中房间之间的通道都没有标示出来。要理解最晦涩时的康德,你需要几乎相当的逻辑能量。我溃退下来,不管我如何努力,还是无法前行。我感到理解在实实在在地离我而去。"⑤曾翻译《判断力批判》上卷的宗白华先生也说过:"康德的美学像他的批判哲学一样冗长晦涩,读他的书并不是美的享受,翻译它更是麻烦。"⑥

但是康德美学也留下了许多让后人为之殚精竭虑的难题。其中最著名的就是在审美活动中,愉悦感与判断力哪个在先的问题。用康德的话说:"在一种趣味判断之中,愉快感先于对对象的判断,还是判断先于愉快感?"⑦康德本人的结

① [德]康德:《判断力批判》上卷,宗白华译,北京:商务印书馆,1964,第57节。

② [德]《费尔巴哈哲学著作选集》上册,北京:商务印书馆,1984,第151页。

③ [意]贝尼季托·克罗齐:《美学的历史》,王天清译,北京:中国社会科学出版社,1984,第121页。

④ [俄]古留加:《康德传》,贾泽林等译,北京:商务印书馆,1981,第138—274页。

⑤ [美]丹比:《伟大的书》,曹雅学译,南京:江苏人民出版社,1998,第317页。

⑥ 宗白华:《康德美学思想述评》,见《美学散步》,上海:上海人民出版社,1981,第212页。

⑦ [加]埃克伯特·法阿斯:《美学谱系学》,阎嘉译,北京:商务印书馆,2011,第290页。

论众所周知：判断先于愉快，否则这种愉快感就难免是盲目的，审美体验无从谈起。但从这个结论中，我们可以清楚地看到康德的理性主义立场。他对"审美直观"的概念缺乏信任，他不认为在这样的直观中，有着清晰而准确的把握力。但康德之后的几百年审美实践本身已经给予了最好的回答。在审美活动中，判断力和愉悦感在逻辑上无所谓谁在先的问题。它们是同时的，这就是因为它们属于"审美直观"的特点。最能说明康德美学的"矛盾"性的，或许莫过于他出于体系的完备而研究美学，最终却得出美学不可能被体系化的结论。他在将美学与逻辑学相比较时指出，美学作为单纯鉴赏的批判没有法规（法则），只有规范（仅为判断的典范或标准）。因此，假如一种学说的特点在于能使我们据以获得所希求的完备规律，那么"美学就仅仅是一种经验的原理，因而决不能是科学或学说"。① 这道出了美学作为一门学科的，迄今仍未解决的困境。但也留下了后现代美学如何凭借对后形而上学的构建而获得生机的一个思想契机。

3.席勒与审美教育论

作为德国启蒙时代的优秀思想家和艺术家，弗里德里希·席勒（1759—1805）的一生让人倍感遗憾：虽然具有多样的才华，但却来不及充分施展，只活到短短的46岁就因病而过早离世。但尽管如此，这并不妨碍他在西方美学史上占有一个重要位置。在严格意义上讲，席勒并没有创立一个思想体系，但他却进入了思想史。一位俄国学者说过：人们在提到康德的名字之后立即就会提到他的名字。② 此话的确符合事实。席勒在批判地继承的前提下弘扬了康德的美学思想，如果没有席勒，康德美学的传播难以达到今天的程度。用意大利著名学者克罗齐的话讲："康德的教诲使他成为谨慎的人，他也从未想到要离开康德的批判精神。"③所以，在我们大致认识了康德的批判的审美认识论之后，有必要对席勒的审美教育论的思想有所了解。

关于席勒，他的同胞亨利希·海涅曾作过这样的评价："席勒为伟大的革命思想而写作，他摧毁了精神上的巴士底狱，建造了自由的神殿，它将像一个举世无双的兄弟会一样，容纳一切民族；他是个世界主义者。"④的确，作为启蒙主义者，席勒在整个启蒙运动的历史上具有重要的地位。法国大革命的政治悲剧与康德对启蒙自身的批判，使得席勒的启蒙思想明显有别于早先的英、法启蒙思想。他在捍卫启蒙信念的前提下，对启蒙以来的社会实践做了审慎的反思，也使

① ［德］康德：《逻辑学讲义》，许景行译，北京：商务印书馆，1991，第5页。

② ［俄］古雷加：《德国古典哲学新论》，沈真等译，北京：中国社会科学出版社，1993，第125页。

③ ［美］L. P. 维塞尔：《活的形象美学：席勒美学与近代哲学》，毛萍等译，上海：学林出版社，2000，第3页。

④ ［德］亨利希·海涅：《浪漫派》，薛华译，上海：上海人民出版社，2003，第63页。

得启蒙运动在德国发生了从社会政治层面向个体精神文化层面的转向,并在一定程度上无意地播撒了 19 世纪浪漫主义的种子。暂且不论像席勒这样的德国启蒙思想究竟在多大程度上影响了现实中的启蒙实践,不可否认的是,无论当代文化研究关于审美现代性问题的反思,还是当代政治学领域有关公共领域的讨论,席勒的创作与言说都是不可忽略的思想资源。但全面地来看,一个无可争议的事实是,席勒的贡献更多是以戏剧创作和美学思考的形式出现,所以从思想史的角度看席勒,我们有必要更多地讨论"作为美学家"的席勒。就像维塞尔所说,对于想了解 18 世纪美学进展的任何尝试来说,席勒对审美经验的分析都是重要的,这一点也同样适用于 19 世纪前半期。甚至于我们还可以这样认为:如果没有席勒,像"法兰克福学派"美学家"赫伯特·马尔库塞式的空想也许是不可能的"。① 当然必须指出的是,席勒的这个身份同样与康德密切地联系在一起。

德国古典美学的集大成者黑格尔在其《美学》的"序论"中说过:"席勒的大功劳就在于克服了康德所了解的思想的主观性与抽象性,敢于设法超越这些局限,在思想上把统一与和解作为真实来了解,并且在艺术里实现这种统一与和解。"②这番话讲得有些不明不白,还是德国当代学者维塞尔的话讲得更清楚:"在 18 世纪美学理论中构成一个关键性转折点的是席勒的美学理论,而不是康德的《判断力批判》。因为席勒的美学理论比康德的理论更多地指出了未来的道路。"③席勒美学集中于三本著作:《论秀美与尊严》、《论素朴诗与感伤诗》、《审美教育书简》,其中尤其以《审美教育书简》为重。用英国美学史家鲍桑葵的话说:"关于席勒的总的观点,《审美教育书简》提供了最完备的成果。他一下就点明了他的见解与康德的关系的实质。"④客观地讲,这些作品在分量上并不重,但它的影响至为深远。无论是其后德国的唯心主义哲学,还是从马克思、马尔库塞到荣格的思想,若是没有席勒对他们的思想有所启发,这些显然都是不可想象的。但是,要想深入地认识席勒美学的精髓,就必须对它的产生背景有一定的了解。在这方面同样需要指出的是,尽管席勒对德国的浪漫派产生过巨大的影响,但若要以浪漫派的眼光来界定席勒,未免有失偏颇。席勒是个极有现实感的思想家,较之于绝大多数思想家所观察到的社会的不公和宗教的荒谬之外,席勒更深一步地观察到其身处时代的人性所处的困境。在他看来,人性问题是解决一切社会政治问题的前提。

---

① ［美］L. P. 维塞尔:《活的形象美学:席勒美学与近代哲学》,毛萍等译,上海:学林出版社,2000,第 3 页。

② ［德］黑格尔:《美学》第一卷,朱光潜译,北京:商务印书馆,1979,第 76 页。

③ ［美］L. P. 维塞尔:《活的形象美学:席勒美学与近代哲学》,毛萍等译,上海:学林出版社,2000,第 2 页。

④ ［英］鲍桑葵:《美学史》,张今译,北京:商务印书馆,1985,第 374 页。

法国革命试图通过制度的更替来换取人类乌托邦的理想，却终究以雅各宾主义的恐怖暴政收场，这一事实无疑对席勒的思想产生重大影响。好的国家奠基于美好的人性，"政治方面的一切改进都应从性格的高尚化出发"。① 什么样的人性造就什么样的政治，因此，如何塑造美好的人性成为席勒进行美学思考的一个逻辑起点。当美好的人性仅仅是一种理想的时候，现实中的人性无疑是破败不堪的。启蒙以来的科学与艺术的发展，并没有相应地带来人性的完善，人类反倒为此付出了深重的代价，人类道德日益败坏，人性也日渐走向扭曲。如果说，卢梭的刺耳批评在当时还有些耸人听闻的话，那么到了席勒的时代，这个看法已得到越来越多思想家的认同。在席勒看来，在他所处的时代中人性出现了严重的分裂。由于各种科学的分类和职业分工的出现，这使得现代人的天性却被撕裂成了碎片，"人永远被束缚在整体的一个孤零零的小碎片上，人自己也只好把自己造就成一个碎片。他耳朵里听到的永远只是他推动的那个齿轮发出的单调乏味的嘈杂声，他永远不能发展他本质的和谐。他不是把人性印在他的天性上，而是仅仅变成他的职业和他的专门知识的标志。"②追溯历史，席勒看到在希腊人身上所呈现的整体和谐的人格，在今天的世界中消失殆尽。比如在希腊人身上，感性与精神和谐地结合在一起。与之相反，现代人常常因为各种原因处于异化的状态："不是他的感觉支配了原则，成为了野人，就是他的原则摧毁了他的感觉，成为蛮人。"③

席勒认为，在前一种状态中，"我们看到的是粗野的、无法无天的冲动，在市民秩序的约束解除之后这些冲动摆脱了羁绊，以无法控制的狂暴急于得到兽性的满足"，后一种状态中，"我们道德习俗的那种矫饰的礼仪，否定了自然本可原谅的要求唱第一声部的权利，而在我们的唯物主义伦理学中却给予它最后的决定权"。④ 为此他得出结论："使各个单独的精神力得到充分的发挥，固然可以造就出非凡的人，但只有各种精神力均衡地混合在一起才能造就出非凡的人，但只有各种精神力均衡地混合在一起才能造就出幸福而又完善的人"。⑤ 由此来看，不言而喻，席勒的思想明确地落实在哲学人类学的层面，这要归因于康德对他的

---

① ［德］弗里德里希·席勒：《审美教育书简》，冯至译，上海：上海人民出版社，2003，第69页。

② ［德］弗里德里希·席勒：《审美教育书简》，冯至译，上海：上海人民出版社，2003，第48页。

③ ［德］弗里德里希·席勒：《审美教育书简》，冯至译，上海：上海人民出版社，2003，第36页。

④ ［德］弗里德里希·席勒：《审美教育书简》，冯至译，上海：上海人民出版社，2003，第41页。

⑤ ［德］弗里德里希·席勒：《审美教育书简》，冯至译，上海：上海人民出版社，2003，第54页。

启发，尤其受到康德晚年作品《实用人类学》的影响。他将康德的先验哲学创造性地实现了人类学意义上的转化。意大利哲学家克罗齐指出，席勒对《判断力批判》也有好感并赞赏有加，他是"第一个静心推敲康德哲学那部分的人"。① 不单单是他的哲学思想，而且在他的戏剧创作中，康德思想的痕迹更是显露无疑，"道德观念同统治着我们这个世界的'欲望、色欲'这种力量之间的冲突，是席勒戏剧著作中反复出现的主题"。② 因此，尽管克罗齐认为，席勒的思想源于莱布尼茨以来的泛物活论思潮，③但这都不能否认康德思想对他的最直接影响。同样，正是由于受康德的影响，席勒对艺术审美问题的关注也不在于艺术作品本身，而在于他将审美视为追寻自由人格的重要手段。

在《审美教育书简》中，席勒明确写道："时代的状况迫切地要求哲学精神探讨所有艺术作品中最完美的作品，即研究如何建立真正的政治自由"，因为"艺术是自由的女儿"。④ 他看到，"人们在经验中要解决的政治问题必须假道美学问题，因为正是通过美，人们才可以走向自由"。⑤ 由此，席勒的美学开启了"政治美学"的先河，在方法论上开创了"审美人类学"的路径。唯其如此，比厄兹利才会做出这样的评价："席勒提出了一个自柏拉图以来从未有人如此深刻地提出过的问题：在人的生活和文化中，艺术的最终作用是什么？"⑥但耐人寻味的是，在对席勒美学普遍的赞扬声中，唯独克罗齐不以为然。他将席勒把审美领域称为游戏领域评价为"不幸的命名"，并随之而在《席勒美学的不精确性和虚幻性》一节中提出，尽管席勒正确地指出了艺术根本有别于道德，但艺术和道德仍是以一些方式连接在一起的。但以什么方式和道德连接在一起，换言之**"到底什么是审美活动，席勒并未说清楚"**。⑦ 不论克罗齐的这番论断是否成立，为了真正认识席勒审美教育论的实质，我们都必须面对这么两个问题：**席勒在美学史上的贡献**

① ［德］克罗齐：《作为表现的科学和一般语言学的美学的历史》，王天清译，北京：中国社会科学出版社，1984，第 125 页。

② ［美］凯瑟琳·吉尔伯特、赫尔穆特·库恩：《美学史》，夏乾丰译，上海：上海译文出版社，1989，第 473 页。

③ ［意］克罗齐：《作为表现的科学和一般语言学的美学的历史》，王天清译，北京：中国社会科学出版社，1984，第 126 页。

④ ［德］弗里德里希·席勒：《审美教育书简》，冯至译，上海：上海人民出版社，2003，第 19 页。

⑤ ［德］弗里德里希·席勒：《审美教育书简》，冯至译，上海：上海人民出版社，2003，第 21 页。

⑥ ［美］门罗·C. 比厄兹利：《西方美学简史》，高建平译，北京：北京大学出版社，2006，第 198 页。

⑦ ［意］克罗齐：《作为表现的科学和一般语言学的美学的历史》，王天清译，北京：中国社会科学出版社，1984，第 129 页。

究竟该怎样看待？ 他以"游戏说"为中心的美学思想应该如何评价？ 显然，事情还得从康德美学思想讲起。

众所周知，康德的批判哲学在反思旧形而上学的过程中，为了克服思维上的二律背反，有意识地区分了自然和自由领域来试图设定人类认识的界限，但同时他也为重新弥补领域间的鸿沟而殚精竭虑。《判断力批判》的价值就在于审视审美判断之于沟通自然与自由、认识与道德两大领域的可能性。康德的所谓"哥白尼革命"，提出了"自然受制于知性法则"的著名学说。他曾骄傲地宣布：人们至今以为，我们所有的认识必须以对象为准则，现在人们是否该尝试说明，我们是否能更好地进步。比如，要是我们假定，对象必须以我们的认识为准则。换句话说，至今为止，人们认为我们所有的认识都必须取决于客体，现在我们是否能够设想一下，客观必须取决于我们的认识？康德由此而将传统以客观世界为重的认识论进行了颠倒，将反映论改造为建构论，强调主观决定着客观。用他的话说，这就是"哥白尼最初的思想，情况恰恰就是这样。"① 他在《纯粹理性批判》中写道：我们从事物中只能先天地认识我们自己所置入的东西。由此可见，康德对传统形而上学的认识论革命清除了这样的误解，即认为认识主体仅仅处于一种"接受"的位置，康德证明，"认识始终意味着生产"。② 在这个意义上，对于"什么是美"这样的问题，康德的回答是：那是允许我们想象力自由游戏的东西。这意味着美充其量只是一种主观现象。正如古雷加所指出的："康德美学的一个最终结论是：美是道德上善的象征。"③这个命题清楚地呈现了康德美学的主观论立场。

显而易见，康德美学的实质，就是把"美"理解为建立于"主观普遍性"基础上的一种"美感"，在性质上它部分地是感性的满足，部分地是理智的满足。④ 所以克罗齐总结性地强调：在审美问题上，康德倾向于感觉论，后来却和理性主义者一样，成了感觉论的敌对者。⑤ 正是由于这个原因，在康德美学范畴内缺乏"客观美"的概念。这是让黑格尔把康德美学界定为主观论的理由，也是让不仅仅具有优秀艺术家气质、并且有过这方面的伟大实践的席勒所不能满意的。问题的焦点在于，美不仅仅是由"主观念普遍性"所决定的，在这个普遍性之上，存在着一种客观的审美对象。席勒给美下了一个"美是现象中的自由"的定义。在其中

---

① ［德］萨弗兰斯基：《席勒传》，卫茂平译，北京：人民文学出版社，2010，第 316 页。

② ［德］萨弗兰斯基：《席勒传》，卫茂平译，北京：人民文学出版社，2010，第 318 页。

③ ［俄］古雷加：《德国古典哲学新论》，沈真等译，北京：中国社会科学出版社，1993，第96 页。

④ ［俄］古雷加：《德国古典哲学新论》，沈真等译，北京：中国社会科学出版社，1993，第117 页。

⑤ ［意］克罗齐：《作为表现的科学和一般语言学的美学的历史》，王天清译，北京：中国社会科学出版社，1984，第 121 页。

包含了关于美的超越主客观二元对立的观点。在席勒看来,美对我们是一种对象,因为思索是我们感受到美的条件。但是,美同时又是我们主体的一种状态,因为情感是我们获得美的观念的条件。美与美感虽然不能分离,但也不能合二而一,彼此之间存在着相互作用和依存的关系。所以席勒认为,美同时呈现出两种状况:"美是形式,我们可以观照它;同时美又是生命,因为我们可以感知它。"①在某种意义上,席勒美学体现了中国古代哲人"一阴一阳之谓道"的原理,为审美对象和审美体验的并存留下了位置。席勒凭借这个观点超越了主观论的康德。但这么讲并不意味着席勒抛弃了康德美学的政治批判精神,恰恰相反,这同样是席勒美学的出发点。

尊重遵循康德美学的思想轨迹,但并不受制于他的先验主观论,这是席勒美学对于康德的基本态度。在写给一位丹麦亲王的《美育书简》的第一封信里,席勒就毫不隐讳地表示,书简里提到的绝大部分命题,都是基于康德的各项原则。第二封信中,席勒是这样开启他的美学思考的:正当道德世界的问题使人产生更大的兴趣,时代状况又迫切要求哲学精神去建立一种真正的政治自由的时候,却在为审美的世界物色一部法典,这是否至少是不合时宜的呢?②席勒的心中当然自有充足的理由,他的回答很明确:正是"为了在经验中解决实际的政治问题,就必须通过审美教育的途径,因为正是通过美,人们才可以达到自由"。③ 显然,席勒同意康德的见解:在人类从自然走向自由的过程中,需要以审美作为必不可少的桥梁。但区别于康德的是,为了克服了康德的主观主义倾向,席勒试图以客观的美的形象而非观念化思维来解决这个二元对立。他既不希望人为了自然而放弃德性自由的追求,也不愿意看到为了德性而牺牲人的自然天性。他说:"人铭记理性的法则是由于有不受诱惑的意识,人铭记自然的法则是由于有不可泯灭的情感。"④这两种价值都不可偏废,法国革命的教训就在于为了建造道德理想之国,却不惜消灭个体的本真天性:"倘若理性要废弃自然国家,那么它就得为了推论的伦理的人而牺牲现实的物质的人,就得为了一个仅仅是可能的社会理想而牺牲社会的存在。"在这点上,他继承了康德把人当作目的的思想,认为"绝不可为了人的尊严而使人的生存陷入险境"。⑤

审美之于席勒的意义就在于,它能够在不损害个体自然天性下,实现人的道德升华。用伊格尔顿充满意识形态批判色彩的话来说,这是"对康德的傲慢的理

---

① [德]席勒:《美育书简》,徐恒醇译,北京:中国文联出版公司,1984,第 130 页。

② [德]席勒:《美育书简》,徐恒醇译,北京:中国文联出版公司,1984,第 37 页。

③ [德]席勒:《美育书简》,徐恒醇译,北京:中国文联出版公司,1984,第 39 页。

④ [德]弗里德里希·席勒:《审美教育书简》,冯至译,上海:上海人民出版社,2003,第33 页。

⑤ [德]弗里德里希·席勒:《审美教育书简》,冯至译,上海:上海人民出版社,2003,第27 页。

性超我的必要软化"，是"一种完成其自身的意识形态需要的缓解"。① 为此，席勒用自己的观点重新阐释康德哲学。在《审美教育书简》中他提出在人身上存在着两种基本冲动：第一种是感性冲动，它是由人的感性天性产生的，受到时空的制约，人在感性冲动的支配下是被感觉拖着走的，并不具有真正的人格；第二种是形式冲动，来自于人的理性的天性，能够在千变万化的状态下保持住自我的人格。一个要求变化，一个要求不变，两者处于紧张的矛盾冲突之中。他以花为例：当我们说花开花落时，那么我们是把花看作这种变化中不变的东西，用它来比作人格，在它身上表现出（花开，花落）两种状态。② 显然，这两种冲动也是人的生命中两种相反的要求。席勒认为，人既不只是物质，也不只是精神，而是两者的有机统一。因此"人不应该靠牺牲他的实在去追求形式，也不应该靠牺牲形式去追求实在；相反，他应该通过一种特定的存在去寻求绝对存在，通过一种无限存在去寻找特定存在"。③ 席勒尤其指出，绝不能为了实现所谓的自由而牺牲人的感性生活，"感性冲动先行这一特点，是我们了解人的自由的全部历史的钥匙"。④ 因此，人只有将这双重经验统一起来的时候才能实现真正的人性，正是在此意义上席勒提出了"游戏冲动"。如何把握这个概念，直接关系到对席勒美学的理解。

席勒所谓的游戏，并非一般意义上的游戏，而是特指跟艺术活动的审美性相关的游戏。根据 L. A. Willoughby 的看法，"美学游戏不是动物的或孩子们的游戏，也不是成年人在消遣和娱乐中的游戏，而是人在自我支配中他的全部生命力的自由发挥"。⑤ 用席勒自己的话讲："游戏这个名词通常说明凡是在主观和客观方面都不是偶然而同时又不受外在和内在强迫的事物。"⑥ 这种游戏的最大特质，就是它能够使人从感性和道德的强制中解放出来，是一种从功利性目的性的活动中超脱出来的活动。游戏冲动造成了实在与形式，偶然与必然，被动与自由的统一，也正是这种统一才有助于实现人性概念的完满实现。这种对两种冲动的调和体现在审美游戏的对象即"活的形象"中，因为这种美"不是别的，它是现

---

① ［英］特里·伊格尔顿：《审美意识形态》，王杰等译，桂林：广西师范大学出版社，2001，第 96 页。

② ［德］席勒：《美育书简》，徐恒醇译，北京：中国文联出版公司，1984，第 72 页。

③ ［德］弗里德里希·席勒：《审美教育书简》，冯至译，上海：上海人民出版社，2003，第112 页。

④ ［德］弗里德里希·席勒：《审美教育书简》，冯至译，上海：上海人民出版社，2003，第160 页。

⑤ ［美］L. P. 维塞尔：《活的形象美学：席勒美学与近代哲学》，毛萍等译，上海；学林出版社，2000，第 205 页。

⑥ ［德］席勒：《美育书简》，徐恒醇译，北京：中国文联出版公司，1984，第 88 页。

象中的自由"。① 换句话说,"正是游戏而且只有游戏才使人成为完全的人。"②在这个关键问题上,席勒采用了一种循环论证的方法:"只有当人是完全意义上的人,他才游戏;只有当人游戏时,他才完全是人"。③ 但在这种循环中,我们看到了游戏与审美的相互依存性。通俗地讲,美在紧张的人身上恢复和谐,在松弛的人身上恢复振奋,并以这种方式本着它的本性把受到限制的状态再带回到绝对状态,使人成为一个他自身就是完整的整体。④ 但从中不难发现,席勒美学在论及游戏问题时呈现出了它的内在矛盾。

　　一方面,审美游戏在席勒思想中只是通往道德自由领域的一根桥梁,人格教育的一种手段;另一方面,在席勒的表达中,审美游戏本身成为了目的,审美游戏所抵达的自由心境似乎更优于德性自由,审美的人比德性的人更自由,也更富于人性。那么人们想知道,究竟是通过艺术体验**走向自由**还是艺术体验本身**就是自由**?这是两个不同的概念。席勒的解释增添了问题的模糊性:"人应该同美一起只是游戏,人应该只同美一起游戏。"⑤这句话理解起来似乎可以说,美既是手段同时也是目的。不言而喻,正是在这些问题上表述的暧昧性,直接造成了后世对席勒美学思想在理解上的大相径庭。不过我们不能因此而否定席勒美学的意义。席勒强调只有通过美,人才走向自由。跟康德一样,席勒意味的自由,即自由意志,也就是在变动不居的现实面前,保持人格的独立与尊严。这个思想在席勒美学里占据着至高无上的位置:"我们对人格要有一个绝对的、以其自身为根据的存在的观念,这个观念就是自由。"⑥在这个意义上,席勒第一次明确赋予了审美以强烈的政治学内涵,艺术开始作为一股反抗、革命和救赎性的力量登上了历史舞台。在席勒美学中,我们看到了康德美学所内涵的"政治美学"或者说"美学的政治之维"的精神。与康德把美最终落实于伦理范畴一样,席勒美学最终归属于道德领域。用他的话讲:人在他的自然状态中只能承受自然的力量,在审美状态中他摆脱了这种力量,而在道德的状态中他支配着这种力量。⑦

----

　　① 〔美〕L. P. 维塞尔:《活的形象美学:席勒美学与近代哲学》,毛萍等译,上海:学林出版社,2000,第 215 页。

　　② 〔德〕弗里德里希·席勒:《审美教育书简》,冯至译,上海:上海人民出版社,2003,第122 页。

　　③ 〔德〕弗里德里希·席勒:《审美教育书简》,冯至译,上海:上海人民出版社,2003,第124 页。

　　④ 〔德〕弗里德里希·席勒:《审美教育书简》,冯至译,上海:上海人民出版社,2003,第136—137 页。

　　⑤ 〔德〕席勒:《美育书简》,徐恒醇译,北京:中国文联出版公司,1984,第 90 页。

　　⑥ 〔德〕弗里德里希·席勒:《审美教育书简》,冯至译,上海:上海人民出版社,2003,第89 页。

　　⑦ 〔德〕席勒:《美育书简》,徐恒醇译,北京:中国文联出版公司,1984,第 121 页。

所以当代德国思想家哈贝马斯表示：席勒《审美教育书简》"成了现代性的审美批判的第一部纲领性文献"。① 毫无疑问，席勒美学对后世的社会批判思潮产生了重要影响，无论是 19 世纪欧陆的浪漫主义，还是 20 世纪的批判理论，甚至到后现代的审美主义思潮，席勒思想的回响余音未绝。比如，我们可以从黑格尔著名的"审美带有令人解放的性质"②这个命题中看到席勒游戏论美学的身影，也可以从马尔库塞的"美学的根基在其感性中"③的命题看到席勒美学的回响。但如果我们因此而把席勒美学看作是康德美学的简单复述，这就完全错了。正如马尔库塞所指出的，席勒美学并非康德美学的回声，而是一种超越。比如，倘若说康德美学的实质是把感性之美归属于道德，那么席勒恰恰相反，一部《审美教育书简》的目的，在于"把道德建立于感性基础上，理性的规律必须与感官的兴趣相协调"。④ 与康德美学中的游戏说主要局限于超现实的想象力所构建的自由空间不同，席勒的游戏美学的实质在于，强调艺术所构建的审美乌托邦将为人们摆脱现实的束缚，追寻自由提供了路标与方向。因为"在严格的意义上说，自由就是从现存现实中摆脱出来的自由"。⑤ 尽管艺术所创造的仅仅是假象，但"在力的可怕王国与法则的神圣王国之间，审美的创造冲动不知不觉地建立起第三个王国，即游戏和假象的快乐王国。在这个王国里，审美的创造冲动给人卸去了一切关系的枷锁，使人摆脱了一切称为强制的东西，不论这些强制是物质的，还是道德的"。⑥

经验也表明，人往往可以通过欣赏艺术，进入一种和谐而平静的心境。英国小说家科林·威尔逊曾说，每当日常职责和人事纠纷让他觉得受到伤害和打击时，他就会携带一些慢转密纹唱片去度周末，让莫扎特和贝多芬的旋律重构自己的灵魂。⑦ 这与席勒的观点不谋而合。按照席勒的看法，野蛮民族正是在"对假象的喜爱，对装饰与游戏的爱好"过程中逐渐走向文明的。对实在的冷漠与对假

---

① ［德］于尔根·哈贝马斯：《现代性的哲学话语》，曹卫东等译，南京：译林出版社，2004，第 52 页。

② ［德］黑格尔：《美学》第一卷，朱光潜译，北京：商务印书馆，1979，第 174 页。

③ ［德］马尔库塞：《审美之维》，李小兵译，北京：生活·读书·新知三联书店，1989，第 123 页。

④ ［德］马尔库塞：《审美之维》，李小兵译，北京：生活·读书·新知三联书店，1989，第 60 页。

⑤ ［德］马尔库塞：《审美之维》，李小兵译，北京：生活·读书·新知三联书店，1989，第 57 页。

⑥ ［德］弗里德里希·席勒：《审美教育书简》，冯至译，上海：上海人民出版社，2003，第 235 页。

⑦ ［美］雅克·巴尔赞：《艺术的用途和滥用》，严忠志译，杭州：浙江大学出版社，2009，第 24 页。

象的兴趣就是人性的真正扩大和走向文明的一个决定性步骤。"一个欣赏假象的人，已经不再以他所接受的东西为快乐，而是以他所创造的东西为快乐。"①正是审美乌托邦的存在，才使得人类有不断超越现实的愿望，寻找并创造可能生活。这就表明，审美经验的主观基础是人性概念。美只能表现为人性的一种必然性。因此，"只要理性告诉我们有人性存在，我们就知道有美存在"。② 在这个意义上讲，席勒关于"美是现象中的自由"的定义，确定了一种美的客观概念，这意味着"从美的经验推进到美的性质"。③ 正是由此来看，我们认为沿着康德美学轨迹前进的席勒美学，最终实现了对康德的超越。

通过上述这些分析，我们能够给予席勒美学的贡献一个大致的评价。如果说康德说出了现代美学的第一句真正有意义的话，那么席勒不仅给了康德美学以发扬光大，而且在此前提上又通过"审美人类学"的视野，做出了进一步的拓展。这既体现于他在把握人性时对人的感性本体的强调，认为"人至少就其最终倾向而言仍是感性的"；④也体现于他对审美体验在性质上与人的正常生理活动的密切联系的强调，用他的话讲，"在吝啬的自然剥夺了人的快乐的地方，在迟钝的感官感觉不到需求的地方，在强烈的情欲得不到满足的地方，美的幼芽都不会萌发"。⑤ 从美学史来看，尤其是席勒的后一种见解，在后来的尼采美学中得到了全方位的弘扬。事实上，席勒对于自己在康德美学之后的使命是十分清楚的。在给克尔纳的《论美书简》中，他就明确地表示："事物的被我们称为美的那种特性与自由在现象上是同一的。这一点还没有得到证明，这正是我们现在的任务。"⑥从这个意义上看，克罗齐批评说，席勒对于"到底什么是审美活动并未说清楚"的指责，显得有些过分。这一方面表现在，席勒清楚地看到了现实中的人身上两种"冲动"的隔阂，指出"问题在于人怎样开辟一条道路，使他从一般的现实达到审美的现实，从单纯的生命感达到美感"。另一方面也表现在，席勒同样清楚地意识到，真正的审美享受与一般的肉体快感的本质区别。

席勒明确指出，审美享受的关键并不在于享受得更多，而在于享受得不同。审美享受之于一般的快感体验不仅在于范围和程度上的扩大与提高，更在于种类上的提升。⑦ 这对于审美经验而言，正是击中要害之言。不过克罗齐的批评

① ［德］弗里德里希·席勒：《审美教育书简》，冯至译，上海：上海人民出版社，2003，第215页。

② ［德］席勒：《美育书简》，徐恒醇译，北京：中国文联出版公司，1984 排版来，第70、87页。

③ ［德］萨弗兰斯基：《席勒传》，卫茂平译，北京：人民文学出版社，2010，第372页。

④ ［德］席勒：《美育书简》，徐恒醇译，北京：中国文联出版公司，1984，第127页。

⑤ ［德］席勒：《美育书简》，徐恒醇译，北京：中国文联出版公司，1984，第132页。

⑥ ［德］席勒：《美育书简》，徐恒醇译，北京：中国文联出版公司，1984，第155页。

⑦ ［德］席勒：《美育书简》，徐恒醇译，北京：中国文联出版公司，1984，第132、140页。

也并非毫无根据。首先，席勒在他的某些表述中的意义含糊，自由有时并非是一种积极的实践活动，而只是一种通过艺术体验而获得的心境，自由仅仅是一种心境。① 在这个意义上，审美获得的自由很容易被理解为仅仅是对现实生活的逃避。伽达默尔认为，席勒并没有追随康德的出发点把趣味当作感官享受通往道德情感的桥梁，而是把审美本身当作为一种道德要求，"因为游戏冲动将引起理性（形式）冲动和感性（质料）冲动之间的和谐。这种游戏冲动的造就就是审美教育本身"。② 这意味着"一种**通过**艺术的教育变成了一种**通向**艺术的教育。在真正的道德和政治自由——这种自由本应是由艺术提供的——位置上，出现了某种'审美国度'的教化，即某个爱好艺术的文化社会的教化"。③ 伽达默尔认为，这种思想对现代性以来的艺术自主理论产生了重大影响，艺术世界的规则是独一无二的，艺术世界的自由也是建立在与感性世界及道德世界不同的层面上，换而言之，艺术的王国是理想的而非现实的，"美和艺术所提升的情感自由只是在某个审美王国中的自由，而不是实在的自由"。④ 马尔库塞在《审美之维》中也表达了类似的看法："如果游戏的王国是处于另一个压抑的世界中的装饰的、奢侈的、闲暇的王国，这种概括，就会成为不负责任的'唯美学论'"。⑤

怎样看待这番批评？我认为在承认其言之有理之外还必须强调，这并非出于席勒的本意。席勒所构建的审美乌托邦根植于现实，他明确指出："人要追求自主的假象，比之他不得不把自己局限于实在，需要有更大的抽象力、更多的心胸自由、更大的意识潜能。要想达到自主的假象，人必须先经过实在。"⑥席勒强调，"我们的时代应该通过美从这种双重的混乱中恢复原状"。⑦ 但它需要超越现实，"它不可能来自现实的事件，相反它纠正我们对现实事件的判断，并引导我

---

① ［德］弗里德里希·席勒：《审美教育书简》，冯至译，上海：上海人民出版社，2003，第162页。

② ［德］汉斯—加达默尔：《真理与方法：哲学诠释学的基本特征》，洪汉鼎译，上海：上海译文出版社，2004，第107页。

③ ［德］汉斯—加达默尔：《真理与方法：哲学诠释学的基本特征》，洪汉鼎译，上海：上海译文出版社，2004，第108页。

④ ［德］汉斯—加达默尔：《真理与方法：哲学诠释学的基本特征》，洪汉鼎译，上海：上海译文出版社，2004，第108页。

⑤ ［德］赫伯特·马尔库塞：《审美之维》，李小兵译，桂林：广西师范大学出版社，2001，第54页。

⑥ ［德］弗里德里希·席勒：《审美教育书简》，冯至译，上海：上海人民出版社，2003，第227页。

⑦ ［德］弗里德里希·席勒：《审美教育书简》，冯至译，上海：上海人民出版社，2003，第78页。

们对现实事件做出判断"。在他看来,"谁若不敢超越现实,谁就永远得不到真理"。① 为此,席勒美学在这个层面上又引出了后来的革命美学与公共美学。当代的审美现代性思潮更多地吸收了席勒美学革命性批判性的一面,在阿多诺、布洛赫以及马尔库塞的美学理论中可以看到审美作为一种武器在批判资本主义现实中所扮演的作用,这种批判性也在后现代思潮中也遭到了激进化的处理。而与此同时,哈贝马斯、阿伦特等人则更加看重审美作为手段在促进交往理性、建构公共领域、培育公民社会意义上所发挥的作用:"席勒强调艺术应发挥交往、建立同感和团结的力量,即强调艺术的'公共特征'。"在他看来,"只有美的交往才使社会统一起来,因为它与所有人的共同的东西相关"。"在审美上重归于好的社会需要形成一种交往结构,'在其中[每个人]都安静地居住在自己的小屋中,与自己交流;一旦他从那里出来,便与整个人类交流。"②

在对席勒美学的解释的这种众说纷纭中人们看到,无论是哪一种对席勒美学的解读,从中都能从中看到他对人的关怀。他不仅关注个体的自由,同样也关注个体自由所依赖的外在社会环境。这就是席勒美学思想的魅力,正是他对自由国度的激情和对理想人性的向往,使得他的思想在人类历史的任何一个阶段都青春永驻。这是席勒审美教育论对于美学领域的重要贡献。我们可以认为,席勒美学思想中有些一厢情愿的部分。比如他提出,"只有美才能使全世界幸福"。③ 时至今日,这种古典主义的美好愿景天除了成为一种怀旧的资源,除此之外不再有实际意义。没有经济的发展就无所谓政治的进步,缺少了物质生产的丰富性,人类的幸福也就失去了基础。在这个意义上,克罗齐把席勒将其美学建立于单纯的精神游戏称之为"不幸"是有其一定道理的。席勒那"**通过审美教育医治文化的疾病**"的要求,虽然有相当的价值,但也存在着有限性。审美教育并不能包打天下、包治百病。马克思那句来自费尔巴哈的名言说得好:对于"非音乐"的耳朵,再美的音乐也毫无意义。就像席勒美学所强调的,美必须以人性的存在为前提。问题在于人性作为一种"可能性"只能在理论上为所有人具有。从人类学角度讲,作为个体的人都面临着"生不为人"的命题。"人"并非是"自然而然"地天生的,而是通过教育的作用"生成"的。显然,我们必须承认并面对人性的残缺性,所以在生活世界的现实中我们看到,存在着大量失去了人性的行尸走肉。对于这样的人,审美教育毫无用武之地。

再进一步来讲,席勒美学的最大缺陷,或许就在于其所使用的关键词"游戏"

①　[德]弗里德里希·席勒:《审美教育书简》,冯至译,上海:上海人民出版社,2003,第84页。

②　[德]于尔根·哈贝马斯:《现代性的哲学话语》,曹卫东译,南京:译林出版社,2004,第53页。

③　[德]席勒:《美育书简》,徐恒醇译,北京:中国文联出版公司,1984,第146页。

上。如前所述。席勒著作里的这个"游戏"概念有别于日常生活中大量的游戏。再次引用席勒本人的话讲："我们这里不能想到现实生活中流行的那种游戏。"①但在生活世界的实际运用中不难发现，这样的解释显得多么苍白无力。语言是一种约定俗成，诚如维特根斯坦所说，语言的意义不是由语言学家或任何理论家所能掌控的，它取决于在现实中的实际运用。从现实的视野看，席勒所试图约束的"游戏"概念根本做不到。《席勒传》的作者萨弗兰斯基说得好：艺术和游戏它们同属一处，但游戏包含的东西比艺术要多。席勒的诊断现在早已不再能鼓舞和促进游戏着的人。要是人们考虑到，在电子化大众媒体的时代，游戏的规模惊人地扩展，就不得不得出这样的结论：席勒关于游戏社会的乌托邦，以一个出人意料地乏味的方式得以实现。现在的问题早已不再是"游戏人"的缺乏而是泛滥成灾。游戏精神不再提供人的解放的作用，而是对人的伦理责任感和社会义务的彻底清除。曾几何时，席勒作为一位具有先见之明者，发现了作为人类学的常数的人类的游戏本能，由此他提供了一个发展的人类学前景。让他没能预见到的是，"他那'游戏'的药方会成为问题的一部分，而按他的设想，这该是问题的解决"。②

显而易见，在如今这个游戏场地随着网络世界的扩展而无限扩张的时代，席勒美学对于游戏的阐述有必要重新予以考虑。如果说在"功利观"的驱动下变得严肃的"现代"是不游戏的，那么倡导娱乐至死的"后现代"则是把一切都"游戏化"了。以人类的性生活为例，比如在前现代，如果说受自己的性欲支配的人是其自己欲望的牺牲品，由于缺乏游戏精神而让自己与黑猩猩混为一体；那么处在色情中的性欲则伴随着一种游戏性而具有人性。色情文化由于体现了人性而冠冕堂皇地得以广为传播。但在后现代，色情文化的游戏性发生了根本性变化，它早已从一种人性的呈现演变为非人性和反人性的异化现象，使人成了只在意感官刺激的"性的动物"。在其中，原本被认为促进人性的游戏反其道而行之，成了解构人性的活动。如果说在"严肃的现代"，我们还能够认为"色情意义丰富，性欲同义反复"；那么在一切皆为娱乐的"欢乐的后现代"，事情显然发生了颠倒：色情的意义贫乏而单调，它的去人性化功能让人类重归茹毛饮血的世界。但我们的讨论需要在此打住。因为与其说是对席勒美学的否定，不如讲是对整个审美文化的挑战。我们不能以被无限放大了的游戏概念，对席勒美学中所倡导的游戏的意义简单地进行质疑。

4.尼采与审美存在论

作为一门现代学科的美学研究，是与西方启蒙思想同步发展起来，诞生于18世纪。但从柏拉图的《大希匹阿斯篇》到20世纪以来的各路美学门派，在相

---

① ［德］席勒：《美育书简》，徐恒醇译，北京：中国文联出版公司，1984，第89页。

② ［德］萨弗兰斯基：《席勒传》，卫茂平译，北京：人民文学出版社，2010，第380页。

对意义上,存在着一个"从古典至现代"的转变。这个历史时刻能够以一个人的名字为代表,他就是尼采(1844—1900)。迄今为止的当代学界,在"理论之后"的喧嚣声中,随着曾经聒噪一时的"德里达们"的"解构浪潮"渐渐偃旗息鼓,诸如"现象学"与"存在论"等一度成为理论界的时尚言说,也像巴黎的年度"时装秀"那样失去了曾有的光泽,美学领域的那种迷惘感似乎又卷土重来。但尽管如此仍有证据表明,21世纪以来每年出版的有关尼采的书籍,其实超过了关于任何其他思想家的作品。"二十世纪末期,弗里德里希·尼采成为有史以来被人们谈论最多的哲学家之一。但不幸的是,他并没有成为最被人们所理解的哲学家。"①作为"哲学超人"的尼采事实上早已携带着其"不合时宜的思想"悄然归来。这说明关于尼采思想仍有着大量的研究空间。但诚如一位研究者所说,尼采失败于他思想的博大性上。② 尼采思想中包括和涉及的东西太多。

不过关于尼采的讨论并非没有聚焦之点。事实上,无论从尼采的《希腊悲剧时代的哲学》,还是《道德谱系学》等一系著作,我们都不难发现在尼采的美学思想中,对伦理问题的思考始终占据着一个核心的位置。在某种意义上,当尼采被奉为"后现代主义"首席思想家时,事实上也意味着他是从古典"小美学"向现代"大美学"的"美学革命"的真正开创者。众所周知,如果说康德的所谓"哥白尼革命"开启了西方现代思想;生前遭到同时代学界忽视乃至鄙视的尼采在《快乐的科学》中,借一个"疯子"的形象以一句惊世骇俗的"上帝死了!",让一如既往地沿着苏格拉底—柏拉图思想轨迹前行的西方文明,形成了一个"后现代拐点"。有研究者指出,在尼采作品中至少有十五处左右关于上帝之死的描写,而且"都写得极其美丽"。③ 在有着悠久的崇尚基督教传统的西方学界,尼采也因此而注定成为备受争议的角色。不仅如此,尼采本人甚至还公开表示,自己能"用十句话表达他人需要用一部书才能做到的表达,并说出他人在一本书中都无法表达的内容"。其傲视群雄的精神溢于言表。在如此浓缩的思想言说里,被误解和曲解也是在意料之中的事。

时至今日我们有理由认为,在某种意义上,正是这种狂妄之态,让众多因虚荣心膨胀而习惯于自恋的学术名利场的主角们,对这位思想巨人的评价形成好恶分明的两极:恨之者鄙薄之极,爱之者则顶礼膜拜。比如前哈佛大学著名教授桑塔亚那认为,尼采是"富于天才的愚蠢";英国学者罗素则公开表示,希望尼采的影响能够"迅速地趋于终了"。在他看来,这位不走运的德国教授算不上是一

---

① [美]罗伯特·所罗门等:《尼采到底说了什么》,于卉芹译,北京:新华出版社,2013,第1页。

② [德]维布莱希特·里斯:《尼采》,王彤译,北京:中国人民大学出版社,2010,第129页。

③ [法]吉尔·德勒兹:《解读尼采》,张唤民译,天津:百花文艺出版社,2000,第33页。

位真正的哲学家，因为"他在本体论或认识论方面没创造任何新的专门理论"。①
丹麦著名文学史家勃兰兑斯虽然在尼采生前就对他给予了重视，但也只是说：
"关于尼采，我写下的第一行文字就是，他是值得研究和争论的。"②谨慎之心显
而易见。意大利人克罗齐的《美学的历史》中，虽然有关于尼采是那个阶段最后
和最光辉也最值得尊敬的代表等表述，但却以极少的篇幅对尼采的成名作《悲剧
的诞生》，给予了"从未真正地提出过艺术理论"的评价，表现了对尼采美学的不
屑。这种现象在尼采生前不胜枚举，并由此而导致这位不幸的思想天才倍感孤
独。总之，"问题始终都是：尼采是伟大的思想家，抑或是不成功的诗人？"③

值得注意的是，在尼采身后，认为他是"后现代思想唯一最重要的影响来源"
的评价逐渐升温。在许多具有反叛精神的读者眼里，尼采"无疑是自柏拉图以来
最具有颠覆性、最机智的哲学家"。④ 瑞典戏剧家斯特林堡曾在与别人通信时，
一度在其所有的信件末尾都是强调"阅读尼采"。因为他在读尼采著作时惊讶地
发现，尼采所说的许多东西正是他"本来应该写出来的"。⑤ 著名作家托马斯·
曼称他为人类"思想王国中最无畏的英雄之一"，比喻为"思想舞台上多愁善感的
丹麦王子"。⑥ 甚至有人以夸张的口吻表示："无政府主义者，纳粹分子，弗洛伊
德主义者，存在主义者，后现代主义者，新异教徒，越轨的理发师，足球运动员，女
权主义者，厌女者，甚至哲学家，都陶醉在尼采最著名的书《查拉图斯特拉如是
说》的兴奋中。"⑦但尽管如此，尼采一直难以从哲学家俱乐部中赢得普遍的尊
重。尤其是对于习惯性喜新厌旧的当下中国知识人，所热衷的仍然是一度备受
青睐的诸如"塞尔"、"格尔"、"默尔"等。原因其实并不复杂：用林语堂的话讲，通
常意义上的那些自称为哲学家的人，他们"所最不愿承认的一桩最明显的事实，
就是我们有一个身体"。⑧ 而众所周知，在西方哲学史上率先承认身体的重要
性，这正是尼采思想的重要特点。

因此，如同安徒生童话《皇帝的新衣》中的那位孩子，在其作品里明确将真正
的哲人与单纯的孩子相提并论的尼采，撕掉了长期以来养尊处优却无所事事的
哲学家的虚假的面具。在西方思想史中，古往今来哲学家们普遍被作为一名"爱

① ［英］罗素：《西方哲学史》下卷，马元德译，北京：商务印书馆，1976，第25章。

② ［丹麦］乔治·勃兰兑斯：《尼采》，安延明译，北京：工人出版社，1985，第127页。

③ ［德］维布莱希特·里斯：《尼采》，王彤译，北京：中国人民大学出版社，2010，第2页。

④ ［美］丹比：《伟大的书》，曹雅学译，南京：江苏人民出版社，1998，第445页。

⑤ ［丹麦］乔治·勃兰兑斯：《尼采》，安延明译，北京：工人出版社，1985，第185页。

⑥ 刘小枫主编：《人类困境中的审美精神》，上海：知识出版社，1994，第313页。

⑦ ［英］尼格尔·罗杰斯：《行为糟糕的哲学家》，吴万伟译，北京：新星出版社，2006，第
59页。

⑧ 林语堂：《人生不过如此》，西安：陕西师范大学出版社，2007，第22页。

智者"看待。但是尼采却要追究:"我们今天所谓的'哲学'真的是对智慧的热爱吗?"①他提醒我们:长期以来,虽然哲学家一直以对真理之爱为借口赢得人们的敬佩,但是这种真理却无关现实中他人的痛痒;虽然哲学家原本的使命是为人类寻找新生活可能性开道,但却是:从苏格拉底学派到黑格尔主义者的哲学史就是漫长的人的服从史,就是为了让屈辱服从合法化而寻求理由的历史。尽管尼采的这些话如同他所有的结论,都能让人吹毛求疵,但它发人深省。比如:"为了在某种程度上能够生存,哲学家首先必须常常打扮、装成早就确立了的冥想者的典型。"比如:"哲学家独特的否定世界、敌视生命、不相信感觉和非感性的越位态度到目前仍被固持着,因此几乎被看作哲学家的态度本身。但其实,这些东西首先是缺乏产生和维持哲学的条件的结果。"②

就像尼采一样,时至今日这样的困惑越来越大:"我们在哲学的门人即那些有学识的人中看到了多少哲学的影子?"哲学的衰落之所以不可避免,是因为如今"哲学已经变成了一种可笑的东西,其实它应该是可怕的"。因为哲学家们已经成了对于任何时代都毫无意义的人群,于是"我们必须对他们大喝一声:'救人者先救己'"。③ 对于那些自以为是的现代知识分子,尼采的轻蔑溢于言表:"无学问的下层阶级现在是我们的唯一希望。有学问、有教养的阶级,以及只理解这个阶级并且自己就属于这个阶级成员的教士们,必须一扫而光。"④但无论如何在某种意义上,罗素的这番评价还是符合事实的:"尼采向来虽然没有在专门哲学家中间,却在有文学和艺术修养的人们中间起了很大影响。"⑤尤其是 20 世纪以来,随着尼采思想的通俗化,一种"把尼采的文本理解为诗而不是哲学"⑥的倾向越来越突出。这有意无意地与以往那种对作为伟大思想家的尼采的忽视,有着异曲同工之效。因为,就像杰出的丹麦学者约尔根·哈斯所指出的:当那些自视为"更具专业意识"的哲学家们不约而同地将尼采命名为"诗人哲学家"时,这个命名事实上属于一种贬义词。⑦ 换言之,这是一个既非诗人又非哲人的双重冒牌者。

因此,如何真正认识这位命运坎坷的思想家? 这依然是个问题。诚如有学者所言:说到尼采的形象和作品,今天与 20 世纪初一样,充斥着支离破碎、矛盾百出的各种判断和观点。⑧ 这使得我们"重申尼采"的论题不仅具有迫切的当代

① [德]尼采:《哲学与真理》,上海:上海社会科学出版社,1993,第 135 页。
② [法]都鲁兹:《解读尼采》,张唤民译,天津:百花文艺出版社,2000,第 87 页。
③ [德]尼采:《哲学与真理》,田立年译,上海:上海社会科学出版社,1993,第 145—146 页。
④ [德]尼采:《尼采与神学》,香港:基督教文化研究所,2000,第 59 页。
⑤ [英]罗素:《西方哲学史》下卷,何兆武等译,北京:商务印书馆,1976,第 25 章。
⑥ [丹麦]约尔根哈斯:《幻觉的哲学》,京不特译,北京:东方出版社,2011,第 9 页。
⑦ [丹麦]约尔根哈斯:《幻觉的哲学》,京不特译,北京:东方出版社,2011,第 12 页。
⑧ [德]维布莱希特·里斯:《尼采》,王彤译,北京:中国人民大学出版社,2010,第 2 页。

意义，同样也面临着艰巨的挑战。当然，这样的状况事出有因。据说尼采的著名女友露·冯·莎乐美曾表示：人们不应当逐字逐句地从字面上来理解他。但问题正在于，对每位试图真实地诠释尼采思想者而言，最大的困境莫过于，他们难以确定什么时候应当从字面上来理解尼采，而什么时候这位文体大师是在做反讽的表达。① 而从思想史看，尼采的言说之所以显得如此这般其实并不稀罕。法国当代哲学家德勒兹提出的解决方案是：暂且搁置关于尼采的总体评价，超越以往的纠缠。他认为，阅读尼采首先必须避免如下四个可能的误解：

（1）关于"权力意志"，即以为它意味着"支配欲"和"渴望权力"；（2）关于强者和弱者，肤浅地把尼采的"超人思想"定性为对弱者的排斥；（3）关于"永远回归"，即相信它与循环或"同一"的回归、向自身的回归有关；（4）关于后期著作的价值，认为它们已经由于作者的精神失常而没有意义。② 这些见解固然言之有理，但对于"同尼采思想对话"而言，显得远远不够。并不夸张地说，尼采是思想史上最委屈、因而也最值得人们给予真诚同情的伟人。比如，因为背负"纳粹的教父"之名，这位逝世于疯人院的学者常被与生前死后都风光无限的海德格尔的命运相提并论，这本身就是对尼采的极大侮辱。毋庸讳言，海德格尔不仅在思想上，而且在行动上显示了他对纳粹主义的亲密性；而相反，大量事实确凿的证据表明，亲自导演出"超人即希特勒"这个幻相的，是在尼采逝世后肆意篡改其兄长著作的尼采之妹，和她那位表现出强烈反犹立场的丈夫。

事实表明，时至今日，"尼采到底说了些什么，一切仍都淹没在由谎言、误解和夸大其词交织的雾水之中"。③ 这提醒我们，对待尼采美学，最忌讳的是带着偏见的批判，最需要的是搁置成见的理解。因为尼采以其毕生的经历向世界证明，"他是个充满英雄气概，摆脱自怜自怨的人"，④值得我们给予一份崇高的敬意。尤其是当你听到他如此这般的一再叮嘱："真诚对待尘世，不要相信那些对你说更美好地方的人。这些人悲观厌世，缩头缩脑，自暴自弃，尘世讨厌他们。"除非是那些没心没肺的行尸走肉之徒，否则你很难不被这番洞明世事的高见深受感动。尤其要特别强调的是，这位思想家对现代美学作出了无可比拟的巨大贡献。因此，步入尼采美学之门时，有一个问题首先必须予以考虑：尼采思想何以如此易遭误读、被一些别有用心者故意曲解？我认为值得注意的，主要有以下三点：

---

① ［丹麦］约尔根哈斯：《幻觉的哲学》，京不特译，北京：东方出版社，2011，第14页。

② ［法］都鲁兹：《解读尼采》，张唤民译，天津：百花文艺出版社，2000，第66页。

③ ［美］罗伯特·所罗门等：《尼采到底说了什么》，于卉芹译，北京：新华出版社，2013，第1页。

④ ［英］尼格尔·罗杰斯：《行为糟糕的哲学家》，吴万伟译，北京：新星出版社，2006，第81页。

　　症结之一是，在思想的高密度运转中，尼采的自相矛盾甚至偏执过激之处无疑比比皆是，著名小说家托马斯·曼说过："尼采一生不懈地诅咒'理论人'，但他自己正是这种理论人，而且是杰出的、纯种的理论人。"①就像一位学者所指出的，没有比"感情复杂"这个词语更为合适来形容尼采对他的最切近者的竞争者——尤其是苏格拉底的态度，他既是尼采的偶像，又是他的敌人。② 又比如，众所周知尼采偏爱狄俄尼索斯这个人物。但同样就像一位学者强调指出的，尼采在使用这个词时，在词汇学上并不总是严格地指称绝对事实。史前文明史的暴力和性放纵的野蛮也被称为狄俄尼索斯，同样还有本能性的低级文明的东西。③ 同时，尼采的有些话确实存在让人诟病之处。比如在《查拉图斯特拉如是说》中，尼采借这位波斯先知之口说：只要你把自我宣布为是神圣的、崇高的东西，那你就该公开宣布，利己、放纵和权欲是人的真正的道德。诸如此类的言辞很难不让人产生否定性的解读。但真正重要的是，尼采的理论写作与他所批判的理论体系大相径庭；在尼采式的偏激之辞中，到处可见一种摧枯拉朽的深刻。"在种种被驳倒的体系中，恰好只有个性的东西能够吸引我们，那是永远不可驳倒的东西。"尼采在其《希腊悲剧时代的哲学》一书序言里的这段话，同样可以被恰如其分地用到他自己身上。我们的确能够说，"重读他的作品让人感到这照人的光彩中有某种东西是来自夸张"；甚至也可以不无苛求地承认，"他那些半生不熟的真理没能成熟为真正的智慧"。④ 但这都不能抹杀尼采思想非同寻常的意义：无论那些貌似公正的人们从尼采的话语里挑出多少毛病，时至今日，思想史早已做出公正裁决："由于尼采曾经写作，欧洲哲坛的空气现在才能这样洁净清新。"⑤

　　症结之二是，尼采独一无二的话语方式。尼采的哲学主要采用了两种手法：箴言和诗。理解尼采不必像理解康德那样殚精竭虑地与文本斗智斗勇，但需要同他一起做一种精神散步。"我的文体是一种舞蹈艺术"，⑥尼采的这番自夸有充足的理由，也给了一些人贬低他为文人墨客而非真正的思想家的把柄。尼采明确说过：我不相信并尽量避免一切体系，对体系的追求是缺乏诚实的表现。所

　　① ［德］托马斯·曼：《从我们的体验看尼采哲学》，见刘小枫编：《人类困境中的审美精神》，上海：知识出版社，1994。

　　② ［美］罗伯特·所罗门等：《尼采到底说了什么》，于卉芹译，北京：新华出版社，2013，第117页。

　　③ ［德］萨弗兰斯基：《尼采思想传记》，卫茂平译，上海：华东师范大学出版社，2007，第79页。

　　④ ［美］杜兰特：《哲学的故事》，朱安等译，北京：文化艺术出版社，1991，第449页。

　　⑤ ［美］杜兰特：《哲学的故事》，朱安等译，北京：文化艺术出版社，1991，第449页。

　　⑥ ［法］凡尼尔·哈列维：《尼采传》，谈蓓芳译，南昌：百花洲文艺出版社，1994，第225页。

以西美尔说过："纯然逻辑上的诠释对于叔本华是不必要的,相反,对于尼采则是不可能的。"①事实上,尼采的这种独特文体意在反对逻辑体系对思想的狭隘控制,通过这种表述方式,"尼采对理性的'逻辑虚假性'做出批判",②成功实现了美学的话语方式由自以为是的"言说"向启发智慧的"谈论"的转变。但就像雅斯贝尔斯在《尼采其人其事》中所强调的,要准确理解尼采文体的关键在于看到,它既以轻盈的短句同康德以来的体系性美学家分庭抗礼,同时也与通常意义上的那些格言大师们保持着距离。因为透过那些貌似来无踪去无影的话语碎片,耐心的读者并不难看到尼采的思想完整性,有着清晰的问题意识的聚焦点。而问题的症结恰恰在于,评论者有意无意地常常无视雅斯贝尔斯的这番忠告。

症结之三是,尼采以其别开生面的"戏剧化方法",使其思想体现出一种前所未有的丰富性和多元性,以及以一种灵活的反辩证法的"游戏化"姿态,超越受体系化制约的"辩证法"的复杂性。这种姿态有时候甚至会以一种走向极端主义陷阱的方式,展示其独树一帜的魅力。比如他对"为艺术而艺术"论的解释。在《偶像的黄昏》第81节中,尼采一方面写道:"反对艺术目的的斗争就是反对艺术中的道德化倾向、反对把艺术从属于道德的斗争。为艺术而艺术意味着:'让道德见鬼去吧!'"然而,耐人寻味的是,恰恰在同一本书的同一个段落中,他却对上述观点立即做出了"修正",强调说,即使一个人已经排除了艺术中的道德说教,这也并不意味着艺术是完全无目的、无意义的。在尼采看来,"艺术是对生命的伟大奖励:(因此)怎么能够把它说成是无目的的、为艺术而艺术的?"尼采的思想并未陷入"自相矛盾"的困境,他的结论很明确:"简而言之,为艺术而艺术,——是一条咬住自己尾巴的蛇。"由此可见,那种认为上述言论表现出"尼采在理解艺术上的模棱两可"③的说法,是十分肤浅和片面的。

因此,要想真正地理解尼采同时也就意味着**"为尼采一辩"**,其关键之处首先在于,超越人们习惯性的"非此即彼"的二元选择,而接受"亦此亦彼"的辩证思维。其次是必须严格尊重尼采言说的具体"语境"。比如尼采有句众所周知的名言:没有事实,只有解释。但事实上这完全不同于解构主义的相对主义的解释。尼采这句话针对的是那种僵化的实证主义的批评,而并非是对世界上存在着客观事实这个事实的否定。用他的话说:"我反对实证主义,实证主义停留在现象中:'只有事实'。而我要说:不,恰恰没有事实,而只有解释。我们不能确定任何

① [德]格奥尔格·西美尔:《叔本华与尼采》,朱雁冰译,上海:上海人民出版社,2009,第1页。
② [德]维布莱希特·里斯:《尼采》,王彤译,北京:中国人民大学出版社,2010,第129页。
③ [德]恩斯特·贝勒尔:《尼采、海德格尔与德里达》,李朝辉译,北京:社会科学文献出版社,2001,第102页。

事实'本身'。"因为世界的背后"没有任何意义"。① 除此之外,同样有三个问题必须面对。第一个问题:**尼采是个彻头彻尾的反理性主义者吗?** 第二个问题:**尼采真的是现代西方虚无主义思想的代表吗?** 第三个问题:**尼采对于美学史的无可取代的贡献究竟何在?** 换句话说,尼采究竟凭什么有资格被视为实现了美学的"从古典向现代"转化的代表人物? 只有对这三个问题给予有效解释,我们才通过"为尼采一辩"而认识尼采思想的精髓所在。但这种辩护无疑都存在相当大的难度。

首先,由于尼采晚年有近十年时间不幸处于精神崩溃边缘,给尼采思想贴上"非理性"的标签,似乎很容易找到某种依据。但事实经不起认真的推敲。让人产生这种印象的主要依据,是尼采对知识论的明确反对。狄尔泰曾说过:"尼采明确有力地表述出他否定推论的、逻辑的知识得出的最后结论。"②这并不错,问题在于不能断章取义地予以解释。尼采的确写道:"知识为人类展示了一条美妙的穷途末路。"因而"不加选择的知识冲动,正如不分对象的性冲动,都是下流的标志"。在尼采看来,对知识贪得无厌的结果是荒凉与丑陋,能有效地扼制这种危险的唯一途径是审美化。为此他大声疾呼:"让我们满足于世界的美学观点!"他强调:"为了反对中世纪,历史和自然科学曾是必不可少的:知识反对信仰。我们现在用艺术来反对知识:回到生命! 控制知识冲动! 加强道德和美学本能!"③但透过这种激励的表述我们不难发现,尼采反对知识论的意图,是对根深蒂固的西方理性主义唯智论霸权的抗议。

理解尼采美学中的这个"非理性"精神的关键,在于意识到他的目标所向首指自柏拉图以来的,作为西方理性主义形而上学婢女的认识论美学。在《大希匹阿斯篇》中,柏拉图借苏格拉底之口提出,在初级阶段,"美就是经视觉和听觉感官而产生的愉悦"。这个思想在 13 世纪经院哲学代表托马斯那里,正式形成为一个关于美的定义:美的事物是一种在人们看见它时能给人以快乐的事物。"凡是一眼见到就使人产生愉快的东西才叫做美的。"④美学史上曾有人给了托马斯这个界定以高度评价:"圣托马斯的定义虽然简单,却具有伟大的历史意义。"⑤因为这个定义尽管没有否定"美本身"的客观实在性,却多少已在关于"美的理念"的思考之外,提出了属于主体感官方面的"美感"问题,由此使得向来高高在上的美的理念下降到了具体的感性世界。不过尽管如此,托马斯的这个定义属

———————————

① [德]维布莱希特·里斯:《尼采》,王彤译,北京:中国人民大学出版社,2010,第 132 页。

② 刘小枫:《诗化哲学》,济南:山东文艺出版社,1986,第 131 页。

③ [德]尼采:《哲学与真理》,田立年译,上海:上海社会科学出版社,1993,第 9—66 页。

④ 朱光潜:《西方美学史》上册,北京:人民文学出版社,1979,第 131 页。

⑤ [波兰]塔塔科维兹:《中世纪美学》,褚朔维等译,北京:中国社会科学出版社,1991,第 301 页。

于"离经"而不"叛道"之举，强调视听之美的思想仍然沿着认识论的轨道前进。这在尼采看来是不够的。

众所周知，笛卡尔怀疑一切，只是不怀疑理性本身。这不仅使得他的怀疑不够彻底，而且导致了理性至上的傲慢与偏见，最终成为自身的掘墓者。所以海德格尔写道："唯当我们已经体会到，千百年来被人们颂扬不绝的理性乃是思想的最顽固的敌人，这时候思想才能起程。"① 而这显然是许多以尼采思想的继承者自居者所缺乏的，事情正是这样：恰恰是"尼采的一些继承者成了他所轻蔑的那种人"。② 因为与那些打着尼采的旗帜、以非理性自居的反现代主义者不同，在尼采的非理性里其实并不缺乏理性，他只是将理性归还给人的最为基本的生存活动：**生命意识**。由此而进，尼采创立了一种新型的"生命认识论"：即从生命的感性基础出发，以具体的生命行为作为认识机制，对生命内在需求、目的、意义等做出把握。在著名俄国思想家别尔嘉耶夫那里，这个思想得到了进一步的发扬。别尔嘉耶夫指出，从柏拉图到康德，传统哲学都始于主体、始于思维、始于某种无生命的形式和空洞的东西。但是，为什么不能从诸如血液循环、不从活物、不从先于一切理性反思和理性分离的东西，不从作为生命职能的思维，总之，"不从非理性化意识的直接原始材料开始进行呢？"③

这真是一个了不起的问题。我们都意识到思维是一种观念活动，但却未能看到它本身归根结底乃是一种生命现象，归属于生命自身的存在。从这个意义上讲，应该把笛卡尔当年"我思故我在"的结论作个颠倒：我在故我思。因为无论如何"我们的认识与我们血肉相关"。④ 在尼采看来，这种认识的实质在于："为了认识那永恒的生生不息的喜悦本身。"⑤ 所以，尼采的生命认识论归根到底也就是审美认识论，这种审美的生命认识（体验）论的目标所向，只能是人类自身的存在奥秘。正是在这个意义上，雅斯贝尔斯指出：把尼采思想贴上一个"非理性"的标签这是荒谬的。因为尼采对"理性"发动的攻击，是大理性对小理性的攻击，后者即所谓的无所不知的理智。这个"大理性"不同于通常认为的那种局限于大脑的囚室里、作为思维运动的逻辑意识；而是包含在"身体"之中的、灵与肉一体化的"通感"。⑥ 换句话说，尼采所希望的，是以作为人文主义价值理性的、孕育于心灵深处的智慧，来反对作为科学主义工具理性的、来自于大脑活动的知识。正如雅斯贝尔斯所强调的，唯其如此，尼采针对敌视理性的人，为理性作了强有

---

① ［德］海德格尔：《海德格尔选集》下册，孙周兴译，上海：上海三联书店，1996。
② ［美］丹比：《伟大的书》，曹雅学译，南京：江苏人民出版社，1998，第459页。
③ ［俄］别尔嘉耶夫：《自由的哲学》，董友译，上海：学林出版社，1999，第97页。
④ ［俄］别尔嘉耶夫：《自由的哲学》，董友译，上海：学林出版社，1999，第100页。
⑤ ［德］尼采：《上帝死了》，戚仁译，上海：上海三联书店，1989，第188页。
⑥ ［德］卡尔·雅斯贝尔斯：《尼采其人其说》，鲁路译，北京：社会科学文献出版社，2001，第231页。

力的辩护:"惟一的幸福存在于理性之中,其他的一切都是无聊的。我在艺术家的杰作中看出了最高的理性。"①

但无可讳言的是,为尼采的理性立场辩护有个无法回避的问题:他以"酒神精神"为审美文化定位。尼采美学的核心思想之一,是他在《悲剧的诞生》中用"日神"与"酒神"这对范畴,来对人类艺术活动的精神实质作出的概括:"艺术的持续发展是同日神和酒神的二元性密切相关的"。他曾分别以"梦"与"醉"来概括这两种精神的实质,并以"史诗"与"音乐"两种艺术形态作为它们各自的地盘。用他的话说,"日神是美化个体化原理的守护神,唯有通过它才能真正在外观中获得解脱;相反,在酒神神秘的欢呼下,个体化的魅力烟消云散,通向存在之母、万物核心的东西道路敞开了"。显然,尼采的这对范畴体现了诗性文化中"静"与"动"、理智与情感、个体性与普遍性的张力:"梦释放视觉、联想、诗意的强力,醉释放姿态、激情、歌咏、舞蹈的强力。"因此他认为:"无论日神艺术还是酒神艺术,都在日神和酒神的兄弟联盟中达到了自己的最高目的。"它在艺术上的成功表现,就是诞生于雅典阿提卡半岛的古希腊悲剧"这种既是酒神的又是日神的艺术作品"。

值得一提的是,在此基础上尼采进一步指出:在艺术活动中"日神不能离开酒神而生存"。其意思再清楚不过:"在这里,酒神因素比之日神因素显示为永恒的本原的艺术力量"。所以归根到底,尼采将"艺术创造状态"的实质归之为一种"醉境",强调"为了艺术得以存在,为了任何一种审美行为或审美直观得以存在,一种心理前提不可或缺:醉";与此同时,"日神的和酒神的,两者被理解为醉的类别"。因为"醉的本质是力的提高和充溢之感",是在希腊人那里完好无损的人类"生命意志"的充分表达;这里的关键在于要意识到,"在酒神的希腊人同酒神的野蛮人之间隔着一条鸿沟"。在尼采看来只有在希腊人那里,酒神才"作为充盈满溢的生命与活力",成为真正的艺术动力:"在酒神的魔力之下,不但人与人重新团结了,而且疏远、敌对、被奴役的大自然也重新庆祝她同她的浪子人类的和解的节日。"所以尼采表示:"求生的意志,通过其最高类型的牺牲,为自己的不可穷竭而欢呼——这就是我名之为酒神精神的东西。"②

必须承认,尼采的这个发现意义重大:酒神精神对于审美文化具有举足轻重的价值。但与此同时症结也在于:这种价值具有正与负、积极与消极、肯定与否定等两面性。概括地说,酒神精神既创造了充满浪漫情怀的优秀杰作和体现崇高之美的艺术之巅,也产生了诸如"暴力美学"、"纵欲美学"、"邪恶美学"等注定与审美现象形影相随的对美的否定的东西。所以,从酒神精神中诞生的"生命美

---

① [德]卡尔·雅斯贝尔斯:《尼采其人其说》,鲁路译,北京:社会科学文献出版社,2001,第231页。

② [德]尼采:《上帝死了》,戚仁译,上海:上海三联书店,1989,第188页。

学"最终为一种"困惑诗学"(poetics of perplexity)所接管。困惑的根源一言以蔽之:酒神精神的最终结晶,就是表现为"节日中的节日"的"狂欢美学"。俄罗斯人巴赫金是这种美学之父,按照他的解释,狂欢化现象自发地滥觞于民间广场,其核心是一种来自于"狂欢意识"的"狂欢化激情",这种激情要求"完全摆脱哥特式的严肃性"。① 这意味着对常规秩序的破坏、对固有等极的颠倒、对日常肯定之事的否定,具有寓否定/肯定于一体的"正反同体"性。在巴赫金看来,狂欢文化的这种特性,可以让自下而上的民间力量推翻传统专制政治,从而为重建民主社会带来一缕希望的曙光。

但事实证明,这只是书斋生物们总是重复犯下的又一桩一厢情愿的谬误。首先在于,狂欢文化的所谓"正反同体"性,其实意味着价值上的积极/消极的"正负同构"性。不仅如此,实践表明,这种价值复杂性的"正面取向"通常只存在于理论的论证,不具有现实性。实际发生的狂欢文化大多呈现为消极性与负面性。原因是多方面的:其一,狂欢文化并非自下而上体现民意,常常是自上而下地被官方所控制;其二,狂欢化的核心并不只是一般意义上受理智支配的反抗,而是完全摆脱理性控制,因而总是走向极端性的破坏和毁灭,因为这种精神的心理起点是仇恨与否定。因此,尽管狂欢美学以诱人的"欢"发起,却最终走向极度之"悲"的结局,难免"疯狂"的命运。无论从"纳粹德国"的全民性响应还是从"文革中国"的全体总动员,我们都能看到,所谓"广场话语"与"民间笑谑"的巨大的负面性与破坏性。

美国学者帕特里奇曾以希腊—罗马两个社会为代表,对狂欢文化的这种可怕的两重性进行区分,他以希腊人的成功在于其控制了狂欢而罗马人的失败则在于其被狂欢所控制的史实为例,指出了"狂欢的作用和它堕落的危险相互并存"②这个事实。比如公元62年2月,在古罗马皇帝尼禄举行的"祭神狂欢"仪式中,人们以神的名义滥杀无辜和进行性虐待,让元老院的夫人们目睹她们的丈夫们纷纷被杀。③ 正如《狂欢史》中所指出的,对流行于公元前二百年的"巴克科斯狂欢节"实施取缔有充分的合理性,因为这一节日不仅形成了一个反政府团体,而且也导致参与者失去自我、滋生罪孽。著名心理学家弗洛姆从深层心理学入手指出,狂欢状态是人出于最高形式的自我肯定需要的产物,往往借助于超自然的神秘力量。比如一些"宗教仪式中的狂欢舞蹈,服用药品,狂乱性行为,或自行引发的催眠状态都可以达到这种狂欢"。但值得注意的是,"这种仪式最引人注目的地方是它跟侵犯现象有关"。除了那些出于生命的欢欣鼓舞的狂欢化外,在

---

① [俄]巴赫金:《巴赫金全集》第5卷,李兆林等译,石家庄:河北教育出版社,1998,第3、20页。

② [俄]帕高·帕特里奇:《狂欢史》,刘心勇等译,上海:上海人民出版社,1992,第30页。

③ [英]阿兰·德波顿:《哲学的慰藉》,资中筠译,上海:上海译文出版社,2004,第117页。

更多情况下"狂欢状态是以恨与破坏性为经验的中心"。①

毋须赘言,这种现象同样也是民间狂欢文化的基本组成部分。因为狂欢化的实质是欲望的放纵,这在今天的巴西狂欢节日上仍然清楚可见。俄罗斯思想家别尔嘉耶夫说得好:"在狄奥尼索斯的狂欢中人将消失,个性将消融。狄奥尼索斯的神秘主义具有不是神人的特征,而是神兽的特征,人走向兽性。"总之,"狄俄尼索斯既可以使我们成为天使,也可以使我们成为野兽"。② 有必要补充的是,这绝非名副其实的希腊精神,真正的希腊精神是"把狄奥尼索斯与阿波罗结合起来"。③ 正是出于这种认识,符号论思想家卡西尔强调,在艺术中并不是单纯由酒神力量来一统天下,而是"酒神的力量得到日神力量的平衡,这种基本的倾向才是每一件伟大艺术品的本质"。④ 不难看到,如同江湖大盗在民间传说中被塑造成了武林侠客,对狂欢美学的简单肯定,是唯智论知识分子闭门造车的结果,事实上已成为 20 世纪以降的"暴力美学"泛滥的重要原因。

现在的问题是,在这个问题上,我们能否以及如何为倡导酒神精神的尼采美学进行辩护?只要尊重事实,事情也就显得简单。在某种意义,西美尔的这番精辟之见恰恰是尼采思想的传承。西美尔在将尼采与叔本华相提并论时,曾这样评价尼采:"他总是自称为非道德主义者,但他的思想比叔本华的思想更加具有伦理倾向。"⑤这句精辟之见同样有助于我们更准确地认识尼采的"非理性美学"。事实上,人们在众口一词地强调尼采的酒神精神时,常常忽略了一点:尼采虽以酒神来为艺术精神命名,但从未单一地让其主宰艺术精神,相反却一再强调它必须与日神结盟。在《悲剧的诞生》中,他不仅明确表示"悲剧神话只能理解为酒神智慧借日神艺术手段而达到的形象化",而且也强调了"日神因素以形象、概念、伦理教训、同情心的激发等巨大能量,把人从仪式纵欲的自我毁灭中拔出"。⑥ 这句话足以说明问题的实质。

其次,尼采对现代西方虚无主义的崛起的确产生过影响。他不仅明确说过:"我描写的,是将要到来、必然产生的现象:虚无主义的兴起。"而且承认自己是"欧洲第一位彻头彻尾的虚无主义者"。但准确理解这些话的意思,就要记住尼采表达思想时一以贯之的戏剧化展开方式。比如在这句以"虚无主义"自称的名

① [美]艾利克·弗洛姆:《人类的破坏性剖析》,孟禅森译,北京:中央民族大学出版社,2000,第 340 页。

② [美]迈克尔·波伦:《植物的欲望》,王毅译,上海:上海世纪出版集团,2003,第 186 页。

③ [俄]尼·别尔嘉耶夫:《精神与实在》,张百春译,北京:中国城市出版社,2002,第 159 页。

④ [德]恩斯特·卡西尔:《人论》,甘阳译,上海:上海译文出版社,1985,第 207 页。

⑤ [德]格奥尔格·西美尔:《叔本华与尼采》,朱雁冰译,上海:上海人民出版社,2009,第 184 页。

⑥ [德]尼采:《悲剧的诞生》,周国平译,北京:生活·读书·新知三联书店,1986,第 93—97 页。

言下面，紧接着他表示："但是，（我）同时又已经在自己身上将虚无主义推进了坟墓。"①问题显然并不出在尼采身上，而是出于世人由于普遍热衷于旁门左道，而习惯于"妖魔化"对象。在夸张地把尼采的第一句话宣告天下的同时，有意无意地"遗漏"了后面这句。在某种意义上，我们应该像阅读休谟的怀疑主义那样，来解读尼采的虚无主义。用尼采自己的话说，这就是"为人类最深刻的自我反省做准备"。通过虚无主义视野，对以往一直貌似神圣的荒谬之物给予彻底批判。它仍然包括三个方面：

第一，打碎传统那种对真理的顶礼膜拜。在尼采所处的启蒙时代，这个真理已由神权政治转移到了科学技术的手中。这种时代潮流不仅一如既往地把真理绝对化，而且因为贴上了理性标签更不容置疑。对此尼采强调：每个自以为认识了真理的观点必然是错误的。在此意义上，虚无主义首先意味着真理的破灭。但显然，这并非是对真理的彻底否定，而只是以否定之否定的方式，从虚幻的"大真理"中拯救实在的"小真理"。第二，揭露传统以来的那种道貌岸然的道德说教的虚伪。尼采意识到，长久以来，道德宣传一直存在着"准则"与"行动"的脱离。这个事实说明了这种作为说教的道德的欺骗性。所以，同对真理的否定一样，尼采以"重估一切价值"这句名言，宣告推翻一切道德说教的目的恰恰体现了道德本身的要求。用他的话说："道德应该自杀，这是唯一一项合乎道义要求的要求。"第三，作为以上两项批判的结果延伸，对统筹西方思想几千年的宗教权威的颠覆。在某种意义，尼采所谓"上帝死了"的宣告本身就意味着虚无主义的出场。但他却明确指出，谋杀上帝的凶手就是"你们和我，我们大家"。他称之为人类前所未有的一次壮举。因为这是必须做的。"为了对得起这件事，我们自己应该成为上帝"。②

由此可见，对尼采的"虚无主义"决不能以"望文生义"的方式去解释。它属于尼采式的表达。换句话说，尼采所说的"虚无主义"主要就是指对价值的否定。因此，"如果说有时他认为自己就是虚无主义的先知，这并不意味着他在告知人们虚无主义的到来值得庆祝"。③ 正是在这个意义上，尼采从中不仅提出了"人们是否将永远停留在虚无主义之中"这个尖锐问题，而且明确给出了一个很好的方案：我们别无选择，必须对生活采取积极的态度，也就意味着必须对生活的意义给予坚决的肯定。所谓"虚无"也即无意义，是对存在意义的否定。因此，任何想要对意义重新予以肯定的逻辑前提，首先要给予这种以"虚无"命名的无意义

① ［德］威廉·魏施德：《通往哲学的后楼梯》，李文潮译，沈阳：辽宁教育出版社，1998，第278页。

② ［德］威廉·魏施德：《通往哲学的后楼梯》，李文潮译，沈阳：辽宁教育出版社，1998，第279页。

③ ［英］米歇尔·泰纳：《尼采》，于洋译，南京：译林出版社，2011，第39页。

的存在。所谓积极的生活态度，也就是"在无意义中顽强地坚持创造意义"。货真价实的虚无主义否定思想的价值。如果剥夺尼采的思想权利，那是不可想象的。用他的话说："我必须生活，因为我还必须思考。"①对于虚无主义者，思想毫无意义。但就像萨弗兰斯基所说，对尼采来讲，思维是一种前所未有的乐趣。由此我们看到，在尼采和他的思想之间，上演着一个热烈的恋爱故事，带着人们在其他恋爱故事那里认识到的所有纠葛：误解、争吵、嫉妒、欲望、反感、愤怒、恐惧和喜悦等等，都在那里出现。② 这也正是尼采思想中随之而来的对"超人"的呼唤。

因为不再有救世主，"位于我们之上的，不再是上帝，也不是任何人"。实际上，尼采把个体的人变成了上帝。在这个意义上，尼采笔下的"超人"，可以界定为"敢于努力超越自我的人"。③ 两千多年来，基督教上帝一直是人和世界的目的和意义，所以"上帝的死亡"必然导致虚无主义的兴起。这要求人们重新理解"人"概念。这就是尼采提出的"超人"的思想背景。在《查拉图斯特拉》前言里的一篇遗作札记讲道："我要告诉人们生活的意义，而这就是超人。"④超人不是一个政治学范畴，它只是意味着人的自我力量的强化。在尼采看来，"始而往复，永恒循环"就是尘世生活的实质，也是虚无主义的极端表现形式。但没有关系，这同时也是人的创造历史的机会，只要人类意识到自身担负的责任并付诸实施，人还是能够从虚无主义的循环中走出来。这是尼采同叔本华的根本差异。还值得一提的是，尼采关于"虚无主义"的论述，在深层次上也是对前苏格拉底时代思想的回应。比如巴门尼德的名言："存在存在着。"在看似玩弄辞藻的后面，蕴涵丰富的含义：强调"存在"这个概念的意思是指，具体的事物消亡在虚无之中后，依然存在着的东西。这仅仅只是对存在之物的单维的肯定，完全遮蔽了虚无与存在间无法切割的关系。因此就不可能真正彻底地澄清存在的意义问题。这是尼采勇敢地将虚无主义提上哲学的议事日程的用心所在。

进一步分析起来，把尼采与虚无主义联系在一起的另一种理由，是尼采坚持一种观察事物的"视角主义"立场。视角主义是这样一种观点：每一个"真理"都是从一个具体的角度得出的解释。没有一个中庸的、全知型的"上帝"的视角，只有各个视点。因此没有世界"本身"，即使有这样一个世界，我们也不知道，甚至是了解它。有些人把这理解为持"只有差异，没有优劣"的"相对主义"。但这显

① ［德］萨弗兰斯基：《尼采思想传记》，卫茂平译，上海：华东师范大学出版社，2007，第204页。

② ［德］萨弗兰斯基：《尼采思想传记》，卫茂平译，上海：华东师范大学出版社，2007，第205页。

③ ［美］亨利·托马斯等：《大哲学家的生活》，武斌译，北京：书目出版社，1992，第265页。

④ ［德］维布莱希特·里斯：《尼采》，王彤译，北京：中国人民大学出版社，2010，第75页。

然在逻辑上说不通。提出我们看问题从不同的视角这是一回事，认为这些视角之间只有不同而没有相对说来更清楚、准确，这完全是另一回事。尼采的话中根本没有这个意思。他只是强调我们看待问题没有"最好的"，但并没有否认存在着"更好的"。科学与美学是两种完全不同的视角，彼此之间产生了两种不同的真理的追求。这里只有差异没有优劣高低。但在科学和美学内部，的确存在着这种相对意义上的优与劣、高与低的区别。总之对尼采而言，获得自由的精神怀着一种高兴的乐观和一种不再陌生的宿命主义态度位于宇宙之中，坚信消亡的只是单一的存在，但在整体上，所有的存在都是在消亡中得到了肯定。① 从这点来讲，无论是"非理性"还是"虚无主义"，对尼采思想的这些指控都不能成立。

由此而进我们也就不难看到，理解尼采美学的关键，并不在于为他的以"非理性"姿态呈现的"大理性"精神辩护，也不是对他的蕴涵"否定之否定"的虚无主义精神实质的意义的澄清，而是如何认识他对现代美学的重要贡献。这是我们对作为一位具有划时代价值的美学家的尼采的关注焦点。众所周知，西方思想自源头起所做的，就是对"存在为何"的追问。恰恰是这个追究，引出了"虚无为何"的问题。换言之，正是"存在"这个词提出了"虚无"，把它作为自己的构成物。这意味着只有一个选择："为了能够思考存在必须同时思考虚无，否则'存在'这个词就没有意义。"② 所以很清楚的一点是：当尼采说什么是虚无主义的时候，"他将其看作是堕落的标志，绝没有赏识它"。③ 由此可见，与其说尼采是虚无主义者，不如认为尼采或许是欧洲哲学家中第一个坚定的反虚无主义者。

再则：尼采对现代美学的最大贡献，概括而言就是作为以身体为基础、强调主体生命力的"审美人类学"的创始者。"美学的价值判断必须在肉体的本能欲望当中重新发现其真正的基础"。④ 时至今日，这样的说法早已缺乏新意。但它在诞生之际却意味着一场美学革命。当然，尼采的思想并非没有对前人的继承。事实上，尼采将康德"以个体为本"的哲学人类学与叔本华注重肉身性的生命意志说相融合的基础上，在《悲剧的诞生》中提出了他的"人类学美学"宣言："没有什么东西是美的，只有人是美的：在这一简单的真理之上建立了一切美学，它是美学的第一原理。"这一学说的思想基础是生命体验，用尼采的话说："美在什么地方？在我必须以全意志去意欲的地方；在我愿意爱和死、使意象不再是意象的地方。"⑤ 在此，尼采既通过对生命欲望的充分肯定而体现了对康德"无利害美

① ［德］威廉·魏施德：《通往哲学的后楼梯》，李文潮译，沈阳：辽宁教育出版社，1998，第 281 页。

② ［法］弗朗索瓦·夏特莱：《理性史》，冀可平等译，北京：北京大学出版社，2000，第 146 页。

③ ［美］罗伯特·所罗门等：《尼采到底说了什么》，于卉芹译，北京：新华出版社，2013，第 17 页。

④ ［英］伊格尔顿：《美学意识形态》，王杰等译，桂林：广西师范大学出版社，1997，第 253 页。

⑤ 周国平：《在世纪的转折点上》，上海：上海人民出版社，1986，第 229 页。

学"观的否定,也通过对"生命的庄严感"的强烈表现,呈现出同叔本华去欲论美学的深刻分歧。

这种美学的基础,就在于尼采的生存论哲学观。海德格尔认为,虽然尼采"正式"开始了以"生存论"来取代形而上学的思想转型,但"尼采从来没有做生存论的哲学思考,而是做了形而上学的思考"。① 这番结论并不公正,因为海德格尔的意图是,把生存论开创者这个荣誉位置留给自己。考察尼采思想便不难发现,其全部学说的实质也就是使生命高扬。"使生命高扬的哲学坚决地坚持两件事情:一方面它拒绝作为普遍原则的机械学,另一方面它拒绝把形而上学奉为独立的东西和首要的观念"。② 但"生命"概念本身仍具有一定的暧昧性,尼采的界定很明确:以活生生的肉体为基础的、以生理性存在为前提的感性活动。如同伊格尔顿所说:"人体对尼采意味着所有文化的根基",对于尼采,"正是肉体而不是精神在诠释着这个世界。"③在这样的"生命"内涵中,作为人文思想家的尼采和美学家的尼采再度合二为一。他明确表示:"'全部美学的基础'是这个'一般原理':审美价值立足于生物学价值,审美满足即生物学的满足";"审美状态仅仅出现在那些能使肉体的活力横溢的天性之中,永远是在肉体的活力里面"。④

换句话说,与从柏拉图到康德的理性主义美学相反,尼采强调"美属于有用、有益、提高生命等生物学价值的一般范畴之列"。为了予以强调,尼采甚至进一步提出:"动物性的快感和欲望的这些极其精妙的细微差别的混合就是审美状态";"每种完满,事物的完整的美,接触之下都会重新唤起性欲亢奋的极乐。对艺术和美的渴望是对性欲颠狂的间接渴望,它把这种快感传达给大脑"。⑤ 对于这点,海德格尔也并不否认。他承认:"当尼采谈论生理学的时候,尽管他强调的是肉体状态,但肉体状态在自身中已经总是某种精神的东西,从而也是'心理学'的东西。"其实尼采曾明确地说过:"活着的情绪存在,是留在情绪中的肉体存在,是交织在肉体存在中的情绪。"⑥所以,在海德格尔看来,对于尼采,审美状态是一种不可分割的肉体—精神状态的整体。因为"尼采反对阴柔之美,他这样做是

①　海德格尔:《海德格尔选集》下册,孙周兴译,上海:上海三联书店,1996,第 163 页。

②　[德]西美尔:《现代文化的冲突》,见刘小枫编:《人类困境中的审美精神》,上海:知识出版社,1994。

③　[英]伊格尔顿:《美学意识形态》,王杰等译,桂林:广西师范大学出版社,1997,第226—227 页。

④　周国平:《尼采:在世纪的转折点上》,上海:上海人民出版社,1986,第 146 页。

⑤　[德]尼采:《悲剧的诞生》,周国平译,北京:生活·读书·新知三联书店,1986,第348、354 页。

⑥　[德]海德格尔:《尼采》,转引自周国平:《在世纪的转折点上》,上海:上海人民出版社,1986,第 149 页。

为了鼓吹阳刚之美，这就是他所主张的美学。"①这个见解值得我们重视。但同样需要予以补充的是，这种"阳刚之美"是一切审美现象的普遍性质：因为在美的感受中，必然蕴涵对形形色色的独裁专制政治的永不妥协的反抗。

由此，我们可以顺势而进地把握"审美人类学"的意义所在。认识这个问题的关键，在于联系尼采的"超人说"。事实上，尼采的"上帝死了"的断言只是要求人类承担起作为"思想者"所应负的责任，从以往那种"等待救世主"的神话里解放出来。公正地讲，尼采的"超人"既是一种"高贵的人"，更是一位"诗意的人"。就像法国小说家雨果所说：就开创新的生活方式的意义上来讲，"诗人既是人，也是超人。"②换句话说，尼采所呼唤的超人不是指生物学上与现在人类不同的，或者在生理上更加强大的物种，而是在心理上、道德上、美学上更伟大的和高贵的人。③ 时至今日来看，这样的呼唤显得十分重要。真正的审美者所挑战的对象，首当其冲的是"集体主义"神话，就像查拉图斯特拉所说：国家是这样一种东西，在那里，"所有的慢性自杀都被称作是生活"。因而，"把为国家服务看作自己的最高职责的人可能实际上并不懂什么是崇高的职责"。④ 以至于有哲学史家提出："尼采也许是近代哲学史上最极端的反集体主义者。"⑤美学是探寻人的幸福之路之问，所谓的"审美关怀"最终必须落实于生活世界中的生命个体，否则就不仅是空话，而且是"统治学"的工具。这样的美学是名副其实的反美学，是借美学的名义对人的奴役。

身体解放的真正意义，在于个体精神的自由。这是从"原始的自然人"经过"文化的社会人"之后，最终成为"文明的自然人"的人类梦寐以求的目标。为了实现这个伟大目标，美学必须拥有体现"伦理正义"的力量，而不能沦为抚慰人心的小夜曲。尼采以毕生之力为此做出了难以估算的贡献。从这点上我们也就不难理解，为什么说不是追名逐利的德里达而是为世人所不解的尼采，才是"后现代美学第一人"。因为他首先是诞生于爱琴海的"古典美学的最后代表"。在此意义上我们才能发现，尼采美学的"后现代性"首先体现在方法论上的革故鼎新。这位世人眼里的狂人心中，其实并不乏让其钦佩的角色，比如俄国小说家陀思妥耶夫斯基。尼采曾在给勃兰兑斯的信里表示，他尊重所有俄国人的著作，尤其是陀思妥耶夫斯基，被他视为其思想的"最伟大的泉源之一"。也是在给勃兰兑斯的信里，尼采写过一句话耐人寻味："对我们哲学家来说，最大的乐事莫过于被错

① ［英］伊格尔顿：《美学意识形态》，王杰等译，桂林：广西师范大学出版社，1997，第246页。

② ［法］雨果：《雨果论文学》，柳鸣九译，北京：人民文学出版社，1980，第188页。

③ ［英］尼格尔·罗杰斯：《行为糟糕的哲学家》，吴万伟译，北京：新星出版社，2006，第59页。

④ ［法］都鲁兹：《解读尼采》，张唤民译，天津：百花文艺出版社，2000，第91页。

⑤ ［美］阿金：《思想体系的时代》，王国良译，北京：光明日报出版社，1989，第10章。

认是艺术家了。"①怎么理解这句话的微妙性？

所谓"错认"，无疑是强调哲学家与艺术家间存在本质性的差异。但尼采又乐观其事，这是因为从那些循规蹈矩的平庸哲学家那里，尼采意识到自己所惨淡经营的方法终于获得了成功。因为"他将哲学变成一门艺术，一门诠释和评价的艺术"。这种艺术的特点就在于，它是让否定性成为肯定性的否定性的"反辩证法"。② 通过这种方式，尼采在很大程度上成功解决了从理论主义僵尸中拯救理性的难题。德国思想家施勒格尔说得好："对于精神，有体系与没有体系同样是致命的。"③如果说过于周密的体系往往产生思想僵尸，那么绝对无体系的言说容易导致逻辑的混乱，从而走向信口开河的主观随意性。尼采式文体的意义就在于超越这种陷阱。他的这种方式不是彻底放逐真理，恰恰相反是迎接真理。用雅斯贝尔斯的话说，尼采渴求"可以随之翩翩起舞的真理"。④ 因为只有这样的真理而不是不苟言笑的假正经，才是人类真正需要的思想。懂得舞蹈无需等到故事的结尾，但却需要仔细辨析其"微言大义"，因为每个步态里都蕴含着意义。

或许最能反映出尼采对美学的贡献的，是一种"逆向性"阐释。因为曾几何时，"尼采严厉地谴责艺术以及他本人对艺术的热爱"⑤。这是怎么回事呢？事情并不复杂。原来尼采清醒地认识到，在人们对艺术的爱好中，存在着形形色色的动机。"谁要求艺术、又想从它那里得到什么？"尼采曾经如此发问。他自己给出了答案：有那么些受过教育的人，他们虽然不再把神香当作芳香，但是还不够自由，没有彻底地放弃宗教的慰藉，之所以看重艺术，因为他们在那里听见渐次匿迹的宗教的回声；有那么些意志不坚定者，他们其实想过另一种生活，但不具备转身的力量，所以在艺术中要求别样的状况；然后是那些自以为是者，他们害怕需要有牺牲精神的工作，而艺术成了他们的懒床；还有出身富贵人家的聪慧和无所事事的女人，她们要求艺术，因为她们缺少需要负责的事物；医生、商人、官员，那些勤奋地干着他们的活儿的人，但是带着一条心里的蠕虫斜眼望向更崇高

①　[丹麦]乔治·勃兰兑斯：《尼采》，安延明译，北京：工人出版社，1985，第 183、168 页。

②　[法]吉尔·德勒兹：《尼采与哲学》，周颖等译，北京：社会科学文献出版社，2001，第286 页。

③　[德]施勒格尔：《雅典娜神殿断片集》，李伯杰译，北京：生活·读书·新知三联书店，1996，第 53 页。

④　[德]卡尔·雅斯贝尔斯：《尼采其人其事》，鲁路译，北京：社会科学文献出版社，2001，第 236 页。

⑤　[德]萨弗兰斯基：《尼采思想传记》，卫茂平译，上海：华东师范大学出版社，2007，第224 页。

的事物。① 由此可见，尼采对艺术的批评并不意味着他反艺术，恰恰相反而是对艺术价值的珍惜。但如果把他的话孤立地理解，那完全曲解了作者的本意。所以说，尽管"尼采并不想让自己难被理解，只是他实在确实难被理解。"②但必须强调的是，难理解并不意味着无法理解。尽管尼采对人们的艺术态度抱有怀疑，并因此而对笼统的艺术爱好者不以为然。但他本人在根本上是一位审美主义者。因为有太多的事实表明，"尼采经常倾向于美学的视角"。③

尼采美学的后现代性，此外也体现于由他所推波助澜的**"轻盈诗学"**。众所周知，从社会学视野来看，"后现代"意味着一场由"生产"为中心向"消费"为主导的转型。伴随而来的文化范式的改变，就是娱乐活动由过去的边缘走向中心。在眼球经济和图像政治联袂牟利的消费主义时代，"现代主义的'严肃'让位于后现代的'游戏'"。④ 如果说，在艺术实践中，对抽象的神的迷恋向具体的形式的喜欢，划分出了美学的前现代与现代；那么可以说"崇高精神"的兴盛与衰落，划出了现代与后现代的界线。就像法国学者利奥塔指出的："崇高也许是构成现代性特征的艺术感觉模式，……正是在这个名词的范围内，美学使其对艺术的批评权有了价值，浪漫主义，也就是现代主义取得了胜利。"⑤后现代艺术范式的崛起，意味着艺术中的崇高随着英雄们的消亡而消亡。验证了英国人卡莱尔曾经有预言："我们对伟大的敬重，一个时代接一个时代地连续在减弱。"⑥也兑现了利奥塔的发现："十九世纪和二十世纪艺术的赌注，是利用崇高美学来使自己成为不确定性的见证者。"⑦归根结底，这体现了市场的胜利。因为同娱乐文化相比，"崇高不是一种乐趣，而是一种苦痛的愉悦"。⑧ 所以，后现代美学在实质上属于一种"轻盈美学"，用后现代小说家卡尔维诺的话说："轻是一种价值而并非缺陷。"⑨

不得不承认，在某种意义上，这种令人担忧的后现代美学的源头，正是把诗

---

① ［德］萨弗兰斯基：《尼采思想传记》，卫茂平译，上海：华东师范大学出版社，2007，第223页。

② ［美］朗佩特：《尼采的使命》，李致远等译，北京：华夏出版社，2009，第83页。

③ ［美］罗伯特·所罗门等：《尼采到底说了什么》，于卉芹译，北京：新华出版社，2013，第193页。

④ ［美］斯蒂芬·贝斯特等：《后现代转向》，陈刚译，南京：南京大学出版社，2002，第171页。

⑤ ［法］让-弗朗索瓦·利奥塔：《非人》，罗国祥译，北京：商务印书馆，2000，第103、105页。

⑥ ［英］托马斯·卡莱尔：《英雄和英雄崇拜》，上海：上海三联书店，1988，第134页。

⑦ ［法］让-弗朗索瓦·利奥塔：《非人》，罗国祥译，北京：商务印书馆，2000，第113页。

⑧ ［法］让-弗朗索瓦·利奥塔：《非人》，罗国祥译，北京：商务印书馆，2000，第139页。

⑨ ［意］埃托奥·卡尔维诺：《未来千年文学备忘录》，杨德友译，沈阳：辽宁教育出版社，1997，第1页。

人命名为"作为使人生变得轻松的人"①的尼采。他通过对游戏文化的强调而隆重推出了自己的这个诗学主张。虽说这看似与席勒美学存在异曲同工之处,但其实不然。彼此的不同在于:对于席勒,游戏由于承担着人类解放的责任而具有一种"重"量;而对于尼采,游戏则是作为让人回到无忧无虑的生命的"本真状态"的一种童年精神的途径,而显得相对地"轻"。但即使在这个方面,同样也存在着一种"否定性成为肯定的否定性"的尼采式的"反辩证法"。也就是说,准确评价尼采的"轻盈诗学",我们仍然得看到其与席勒一样,殊途同归地通往人性的最终胜利。所以尼采曾特别强调,就像他的非理性乃是恢复理性,他所主张的审美之"轻"并非排斥作为人性内在的神圣性,而是甄别伪神圣。在他看来:"一切神圣的东西都是轻轻地走的。"②这是一种"举重若轻"的、负有改变世界的历史责任感的诗性的胜利。这同以"无痛伦理学"的名义为自恋主义大张旗鼓的后现代的"轻盈美学"貌合神离。

所以对尼采之轻,或许可以用法国学者巴什拉的这番话予以解释:"为什么心理学家并未考虑建立有关这种轻盈的存在的教育学呢?因此,诗人承担起教育我们的职责,将轻盈的印象结合到我们生活中,并使常被过分忽略的印象实现。"③但让人遗憾的是,这个命题再次遭遇尼采式的悲剧命运,被后现代主义者拉大旗作虎皮。所谓的后现代审美体验受到服从欲望支配的消费主义文化逻辑的排斥,于是,"崇高之后"的艺术悖论是,艺术转向了一种不转向精神的物。④但这种状况决非时间上的后现代的产物。它其实具有悠久的文化传统。表现为古典趣味主义与现代审美主义。美学范畴的"趣味主义",就是"一时之性与一念之意"主义,它满足于营造讲究心智和机巧的趣味迷宫,使人生中那些原本"尖锐的不可调和的痛苦,还有崇高壮美的欢乐,全都温和化、委婉化、享受化了"。因而指控趣味主义"就像是蛀虫,蛀空了感情的肌体,使它瘫塌下来"⑤,这无可置疑。

相比之下,审美主义的后果更严重。别尔嘉耶夫曾严厉地指出,人类不仅会受政治与宗教等的欺骗,同样也会受美感的诱惑与奴役,这些对象主要是少数的文化精英分子。他认为"只有文化精致了的时代才造就审美型的人"这或许并不准确,但他强调这种所谓的审美者"他们并不怀持真正的美感"很深刻。因为"审美型的人是消费者不是创造者",他们"对革命或反革命的极端形式不加任何区

① [德]弗里德里希·尼采:《上帝死了》,戚仁译,上海:上海三联书店,1989,第 155 页。

② [匈]阿诺德·豪塞尔:《艺术社会学》,居延安译,上海:学林出版社,1987,第 239 页。

③ [法]加斯东·巴什拉:《梦想的诗学》,刘自强译,北京:生活·读书·新知三联书店,1996,第 261 页。

④ [法]让-弗朗索瓦·利奥塔:《非人》,罗国祥译,北京:商务印书馆,2000,第 156 页。

⑤ 王安忆:《重建象牙塔》,上海:上海远东出版社,1997,第 23 页。

分,会习惯地依附于它们"。他指出,"当人纯粹以审美态度观照生活时,是在主体的之中而不是在客体的之中"。在此意义上"任何伟大的艺术创造者都不是审美者,甚至也很少以极端的审美态度来观照生活"。因为"美感诱惑使人做旁观者,不使人做参与者"。① 但在此我们还得为尼采美学作最后一辩:把这位思想家贴上"审美主义"标签是一种随声附和的平庸之见,因为尼采的全部思想并非让人做这样的旁观者;恰恰相反,而是要我们以一种责无旁贷的勇气,承担起历史的责任。

对于尼采,人的命运不是扮演一个被征服者,而是努力成为一个"向着力量、向着美、向着自由和严谨的发展理想"前进的超越者。西美尔说得好:叔本华只认识唯一一种绝对价值:否定生命,而尼采同样也只认识一个价值:肯定生命。② 这个评价十分准确。综观尼采的整个思想,似乎确实存在着一个标准,"它于尼采的第一部作品中首次亮相,并且直到最后一部作品依然存在,所有的一切都是基于这个标准最终得到评判。这就是:生命"。③ 但承认这点也就意味着,尼采思想不仅超越了叔本华,而且为美学的继往开来开辟了一条希望之路。因为"超人的所作所为是为了解放和提升生命,而不是践踏大众"。④ 通过"超人"形象提出而发出"重估一切价值"的尼采美学,就是完成了承前启后、继往开来的"伦理美学"的开创者。

二、现代名家

1. 杜威的艺术即经验论

虽然按传统的观念看,美国实用主义哲学家杜威算不上严格意义上的美学家,但他于 1934 年出版的《艺术即经验》,使他在 20 世纪美学史上占据了一个引人注目的位置。为了能充分地认识他的美学思想,我们首先要尝试解决两个问题:什么是实用主义? 什么是杜威的实用主义美学?

在词源上,"实用主义"(pragmatism)是从希腊词 πραγμα 派生出来的,意思即是行为、行动。它是产生于 19 世纪 70 年代的一种现代哲学派别,是诞生于美

① [俄]尼古拉·别尔嘉耶夫:《人的奴役与自由》,徐黎明译,贵阳:贵州人民出版社,1994,第 211 页。

② [德]格奥尔格·西美尔:《叔本华与尼采》,朱雁冰译,上海:上海人民出版社,2009,第 140 页。

③ [英]米歇尔·泰纳:《尼采》,于洋译,南京:译林出版社,2011,第 83 页。

④ [英]凯文·奥顿奈尔:《黄昏后的契机》,王萍丽译,北京:北京大学出版社,2004,第 102 页。

国本土的最具影响力的哲学思潮,甚至一度被视为美国的半官方哲学。对美国社会的法律、政治、教育、社会、宗教和艺术的研究产生了很大的影响。这一哲学思潮的早期代表主要有三位学者,分别为:皮尔士、詹姆斯、杜威。虽然美国著名学者威廉·詹姆斯,在 1898 年的一篇题为《哲学概念与实际结果》的文章中,是第一个在正式出版物里使用"实用主义"这个词的人,但他把发明这个词和它所代表的哲学原则,归功于查尔斯·皮尔士。因为于 1871—1874 年间在哈佛大学进行活动的"形而上学俱乐部",被认为是美国第一个孕育实用主义思想的组织。俱乐部的主持人是后来被认为是实用主义创始人的皮尔士。在参加这个俱乐部的讨论时,皮尔士写了《信仰的整合》与《如何使我们的观念清晰》两篇文章。如今这两篇文章被认为是实用主义的诞生的标志。

但威廉·詹姆斯在实用主义运动中扮演了重要的角色。虽然他本人更倾向于使用"实践主义"(practicalism),但由于实用主义一词更为流行,他也接受了这个事实。詹姆斯是美国心理学会的创始人之一,1875 年建立了美国第一个心理学实验室。他的成名作《心理学原理》概括了整个 19 世纪的心理学,被翻译为法文、德文、意大利文、俄文等广为传播,在国际学界产生了巨大影响。作为一名实用主义哲学的积极推广者,詹姆斯撰写了《实用主义》一书,为实用主义思想的崛起起到了推波助澜的作用。这本书让人们对实用主义拥有一个基本认识具有重要作用。根据詹姆斯的解释,实用主义其实并不是完全新鲜的事物,西方思想的奠基者苏格拉底就是它的源头。因为实用主义代表一种在哲学上人们非常熟悉的态度,即经验主义。它不同于一般的理论,仅仅只是一种方法。① 这个方法也没有什么让人惊诧之处,只不过是强调并不注重于去看最先的事物、原则、范畴和假定是必需的东西,而是去看最后的事物、收获、效果和事实。在这个意义上,实用主义是一种以经验为本的实验哲学而非由概念出发的理论哲学。在实用主义者看来,"理论成为我们可以依赖的工具,而不是谜语的答案"。②

威廉·詹姆斯认为,实用主义是理性主义的对立面。就像理性主义只有在抽象的概念面前才觉得舒服,实用主义离开了经验事实就觉得不舒服。两者的根本差异体现于对"实在"的认识方面:就理性主义而言,实在一直就是现成的和完全的;但从实用主义立场讲,实在则是不断创造的,其一部分面貌尚待未来才产生。诚然,詹姆斯关于实用主义的理解还带有他本人的特色。比如他认为,实用主义和非实用主义的争执大半是基于究竟应该怎样理解真理这一点。而区别只在于:实用主义者所说的真理,只限于指观念而言;而像理性主义这样的非实

① [美]威廉·詹姆斯:《实用主义》,陈羽纶等译,北京:商务印书馆,1981,第 29 页。
② [美]威廉·詹姆斯:《实用主义》,陈羽纶等译,北京:商务印书馆,1981,第 30—31 页。

用主义者所说的真理，一般都是指客体而言。① 这与我国学者冯友兰的看法相符。他在总结实用主义的主要特色时写道："实用主义的特点在于它的真理论。它的真理论实际是一种不可知论。它认为，认识来源于经验，人们所能认识的，只限于经验。至于经验的背后还有什么东西，那是不可知的，也不必问这个问题。这个问题是没有意义的。因为无论怎么说，人们总是不能走出经验范围之外而有什么认识。要解决这个问题，还得靠经验。所谓真理，无非就是对于经验的一种解释，对于复杂的经验解释得通。如果解释得通，它就是真理，是对于我们有用。有用就是真理。所谓客观的真理是没有的。"②需要补充的是，实用主义的真理观意味着一种"效果论"。换句话说，"任何一种陈述，它的真理就在于它的效果，特别是好的效果"。③

实用主义思想的第二代学者主要有：唐纳德·戴维森、理查德·罗蒂、希拉里·普特南、理查德·伯恩斯坦。但无论是第一代还是第二代，实用主义哲学阵营中最重要的人物非杜威莫属。只有杜威的思想，最充分和强烈地体现了实用主义哲学的精髓，尤其是对于实用主义美学而言。用美国学者舒斯特曼的话讲，"实用主义美学肇始于约翰·杜威，而且也差不多在他那里终结"。④ 这也就是为什么，每当人们谈到作为一种哲学思想的实用主义时，有意无意地都会想到杜威的原因。从这个意义上讲，关于实用主义的两大问题，最终都聚焦于杜威身上。这也是威廉·詹姆斯甚至曾把实用主义称之为"杜威主义"的原因。杜威的思想决定了实用主义思想的高度和在 20 世纪哲学界的位置。有研究者指出，如果深入认识了杜威思想的那种"深刻的简单性"，那么我们将有充足的理由，"把杜威与维特根斯坦和海德格尔一道，视为 20 世纪真正重要的思想家之一"。⑤ 我认为这个评价十分恰当。为此，我们对实用主义以及实用主义美学的讨论，有必要集中于对杜威思想的理解上。如果说皮尔士创立了实用主义的方法，威廉·詹姆斯建立了实用主义的真理观，那么，杜威则建造了实用主义理论大厦。

约翰·杜威诞生在一个中产阶级的杂货商家庭。家乡位于新英格兰（New England）的维蒙特（Vermont）州的贝林顿（Burlington），那里的人民崇尚自由，笃信民主制度。他于 1879 年毕业于维蒙特大学，尔后进入霍普金斯大学研究院研究师从皮尔士，1884 年获博士学位，此后相继在密执安大学、芝加哥大学、哥伦比亚大学任教。五四运动前后他曾来中国讲学，曾经先后在北京、南京、杭州、

---

① ［美］威廉·詹姆斯：《实用主义》，陈羽纶等译，北京：商务印书馆，1981，第 37、158 页。

② 冯友兰：《三松堂自序》，北京：人民出版社，2008，第 2 页。

③ ［美］威廉·詹姆斯：《实用主义》，陈羽纶等译，北京：商务印书馆，1981，第 188 页。

④ ［美］理查德·舒斯特曼：《实用主义美学》，彭锋译，北京：商务印书馆，2002，第 10 页。

⑤ ［美］亚历山大·托马斯：《杜威的艺术、经验与自然理论》，谷红岩译，北京：北京大学出版社，2010，第 3、20 页。

上海、广州等地讲学，促进了实用主义在中国的传播。其主要著作有《哲学之改造》、《民主与教育》、《自由与文化》、《教育哲学》、《追求确定性》、《评价理论》、《经验和自然》、《经验和教育》、《人类的问题》、《艺术即经验》。杜威的实用主义思想与皮尔士和詹姆斯既相关又有区别。比如皮尔士的实用主义思想的主旨体现在这一观点中："思维的唯一职能在于确立信念"，认识的任务不是反映客观世界的本质和规律，而是认识行动的效果，从而为行动提供一种坚强的信念。作为皮尔士在霍普金斯大学的学生，杜威赞同皮尔士的实用主义只是一种方法而并非一种教条的见解。实用主义者所讲的方法是指进行哲学思考的特殊方式，它并不拘泥于亚里士多德的主语—谓语的逻辑形式，而是试图改变思维方式，为思维活动建立一种新的逻辑框架。这种思维方式不是就概念本身而论概念，而是探究它会产生什么效果。但杜威更多地是沿着詹姆斯所改变的，从功利主义的"效果至上"的原则出发的道路发展，按照这一立场，传统哲学中唯物主义和唯心主义的论争都被认为是无意义的形而上学之争。大写的真理被小写的真理所取代。

比如詹姆斯提出，人的认识并无"先存的原型"。真理不是客观事物的"摹本"，只是经验与经验之间的一种关系。一个观念是不是真理，也不是看它是否符合客观实际，而是看它是否具有效用。这样，有用与无用便成为他划分真理和谬误的标准。换言之**"有用便是真理"**，这就是詹姆斯关于真理的根本观点。杜威主张，真理只是我们完成任务的一种思想工具，所以他的实用主义倾向于"工具主义"（instrumentalism）。这种"工具主义真理观"和詹姆斯的观点实质上是一致的。他也认为，观念、概念、理论等的真理性并不在于它们是否符合客观实际，而在于它们是否能有效地充当人们行为的工具。又比如詹姆斯明确提出了"真理即是善"的命题，认为只要一个观念对人的生活有益，它就是"真"的，而且只要它是有益的，它就是善的。杜威也认为，真理、道德都不反映现实生活的事实和规律，而是人根据自己的愿望、志向、信仰的发明和创造。道德和真理一样，只具有实用的意义，只是人应付环境的工具。这是一种以行为的实际效用为善恶标准，把道德看作是应付环境的工具的道德理论。实用主义者认为，道德就是"道德生活"、"道德行为"，不存在超越具体的道德实践的抽象的道德教条。因而他们把"道德境遇"作为分析道德的中心环节。他们指出，在人的日常生活中，只有当人处在疑难的境地，并需要在各种价值不同的决定中选择时，才会出现道德境遇，产生道德问题。道德理论只能从每个具体的道德境遇中产生出来，而且任何道德理论也只是行为的计划和假设，是个人应付具体情境的临时措施。

传统哲学把认知的主体、经验者同被认知的对象、经验分开，把精神和物质当作两个不同领域的东西的观点。但詹姆斯和杜威从实用主义立场出发，试图利用"经验"这个曾被不同学派作过不同解释的概念，来超越传统哲学的主客观对立的二元论。在他们的实用主义视野里，"经验"既不是主观的，也不是客观的，而是超越物质和精神的对立的"纯粹经验"或"原始经验"；物质和精神都是对原始经验进行反省分析的产物，主体和对象、经验和自然都是统一的经验整体中两个不同的方面，它们不能脱离经验而独立存在。所以有研究者指出，只有充分"理解'经验'一词的意义，可以得到通往杜威哲学的西北航道，不能理解这一点，就难免会遇难"。[①] 杜威强调经验的能动性。他认为，人适应环境的活动不同于动物消极被动地适应自然，因为人有情感、意志和智慧，他按照自己的意志利用环境，使环境发生有利于人生的变化，以满足自己的需要。因此，人同环境交互作用所形成的经验，不是单纯记忆性的知识，而是活动的、实验的，是由现在伸向未来的过程，是利用过去的经验、变更现有的东西、建设未来的更好的经验。对一般的实用主义者来说，对象客体是意志从经验中切割出来的片断，经验和认识的主体也不过是在经验中支配经验活动的意志、目的、兴趣和情绪等而已。这就把人的意志作用绝对化，陷入了主观唯心主义和唯意志论。

但照杜威的看法，"经验"这个词具有暧昧性。它的通常含义是指零散的、非整体的，不构成对经验事实的完整认识。但除此之外，还存在着**"一个经验"**。它是一个单一、动态、完整的有机整体。这两种经验的差异就像孤立、零散、碎片化的"事件"，和具有相对整体性的"故事"的区别。詹姆斯曾指出，事物并非只是提供我们一些经验的碎片，它还讲述一个故事。作为有生命的活动，我们探究具有故事结构的事物，它结束于矛盾冲突的解决，而非客观的符合一致。[②] 真正有意义的经验就是类似"一个故事"的"一个经验"，它并不是可以割裂的，而是彼此相关的，不仅与产生经验的情境相关，而且，经验自身就是一个绵延不绝的发展历程。经验在发生的先后顺序上是相关的，不仅是相关，而且是继续不断地成长。这种经验的涵义，乃是因为杜威认为个体是存在于环境之中，是对环境加以作为（doing）；而环境对于个体所加之作为，定会有所反应，此种反应杜威称之为"施为"（undergoing）。人类在改造环境，或者主动地适应环境时，如筑堤开渠。但与此同时，人类不仅对环境有所作为，同时环境对人类亦提供了可耕之田，或增加了收获等，这就是环境对吾人的一种施为。此种作为与施为之间的交互活动，就是吾人经验所由产生的来源。经验不只是纵横相关，绵延发展，而且经验自身是有机性的。经验是具有扩张性、生长性、相关性与预测性的。我们对"水"的经验是随着我们在实践中接触水的各种情境而不同。水的概念是从与水的各种交互行动中得知，这些交互行动有的是直接参与其中，有的是直接获得，这说明了经验的变动性。

导致杜威的实用主义与众不同之处在于，它的视野开阔，抱负也更大。从本

---

① ［美］亚历山大·托马斯：《杜威的艺术、经验与自然理论》，谷红岩译，北京：北京大学出版社，2010，第 67 页。

② ［美］斯蒂文·费什米尔：《杜威与道德想象力》，徐鹏等译，北京：北京大学出版社，2010，第 78 页。

质上说,杜威的实用主义哲学不是一般意义上的思想方法,而是"一种关于社会重建的哲学,实用主义哲学把关注点从哲学家和其他知识分子的问题,转移到了普罗大众的问题上"。① 一切都是为了建立一个更好的社会。这也是与一般的哲学家热衷于思想体系的建构不同,杜威的研究中十分重视教育的原因。他有两句名言:"教育即生活"和"学校即社会"。为了实现这个目的,杜威首先选择从哲学的改造入手。众所周知,自柏拉图以来,西方思想呈现出二元论的传统形态。柏拉图认为,可见的物质世界与不可见的理念世界形成了本体论的对立,这个对立进而引发了认识论上的二元论,即不同的知识类型的对立。自此以后,我们在亚里士多德那里发现了形式与质料的二元论,在奥古斯丁那里发现了上帝之城与人类之城的二元论,在笛卡尔那里发现了心灵与肉体的对立,在康德那里则发现了现象界与物自体的二元论。在这种种二元论中,哲学家们殚精竭虑地满足于进行各种逻辑游戏,而无暇关注真正有意义的问题。用杜威的话讲,"当哲学不再成为处理哲学家们的工具,而是成为一种由哲学家们所酝酿的,处理人的问题的方法时,哲学就使自身得到了复原"。② 由于传统中的不同哲学流派在经验论上却体现出一致性(即都是根据"感觉"来定义"经验"),所以**改造哲学的努力便必须从改造经验论开始,而"探究"的理论在哲学改造的过程中处于关键地位**。③ 而为了理解经验主义的意义,我们需要理解何为经验。

那就从这里开始:经验是什么? 按照传统的理解,经验是一种感官知觉,当我们拥有一种经验时,意味着人们通过自身的感官来感觉对象。在这个意义上,感官经验是表象性的,它并不能反映我们与世界的直接联系,而只是担当了"中介者"的角色。由此而再进一步讲,承认经验作为一种表象性,就必须区分表象与被表象的对象。这就是传统的二元论哲学的生成基础。比如,外在的苹果是物理性的,而内在的苹果的表象则是精神性的。但问题在于,这种内在的表象是靠不住的,否则我们就不会有产生错觉的问题。由此而产生出一个奇怪的逻辑悖论:经验的不可靠性使我们无法通过经验来证实,在思维之外存在着能够在思维之内产生观念的对象,尽管正是这种对象在发生学意义上生成了经验。这就是休谟的怀疑主义的根源。如何解决这个"内部感觉世界"与"外部对象世界"的二元论? 让我们重新开始。何为经验? 我们再次注视着那只苹果,将手伸向它并抓住它放入嘴中咬一口。所有这些操作的显著之处在于,它们并不是表现在一系列不相关的各自为政的感觉意识,而是表现出一种连续的行动。虽然在逻辑上讲,这里存在着"看"、"闻"、"尝"的阶段性系列,但在实践中呈现出的,却是一个视觉、嗅觉、味觉最终在吃苹果这个单一的行动中得以相互协调的活动。这

---

① [美]詹姆斯·坎贝尔:《理解杜威》,杨柳新译,北京:北京大学出版社,2010,第137页。

② [美]罗伯特·塔利斯:《杜威》,彭国华译,北京:中华书局,2002,第33页。

③ [美]罗伯特·塔利斯:《杜威》,彭国华译,北京:中华书局,2002,第57、73页。

就意味着经验首先并非如人们想象的只是一种孤立的感觉，而是一种彼此互动的事件。因此杜威下了这样一个定义："经验就是同时进行的行为和经历的统一体。"①

由此可见，杜威对传统经验论的改造方法的核心，是将达尔文的学说运用到哲学中。在达尔文看来，归根到底，是过程而不是不变性构成了实在的基本特征。这个过程体现为生命体与其生存环境相互作用的活动，在这个过程中，认识主体并不是一个旁观者而是一个参与者。所以，生命体的概念成为杜威的改造工作的根本所在。② 因此，杜威将他的学说称之为"实验性的认知理论"。在这种理论中，认识论所关心的不是"知识"而是"认知"。所谓认知，也就是对问题情境的"探究"过程，它是生命体对有问题的情境的回应能力。如果说传统的整体化认识论强调对世界的整体性把握，那么实验性的认知活动则坚持这样一种立场：进步总是零零碎碎的。它只能零卖，不能批发。通过对人类行为的强调，杜威顺理成章地取消了传统的二元论思想。这里的关键在于不要孤立地看待人类活动。杜威提出："人作为一个自然的生物，他和动物一样地生活着，有饮食、斗争、恐惧和繁殖。当他生活着的时候，在他的行动中有些行动产生了理解而有些事物发生了意义。"这种活动"寻求着和创造着一个人们可以在里面安全生活的世界。"③这样对哲学而言，并不需要纠缠于主观与客观、精神与物质等的二元论的问题，而是重建本体论的基础。在杜威看来，"只有当我们取消了本质和存在之间的分离情况的时候；只有当我们把本质当作是要在具体经验对象中借行动来体现的可能性的时候"，我们才能更好地认识经验的实质。④

所以在杜威这里，"经验"的涵义呈现出一种开放性，他把生物学的涵义也掺入其中。从生物与环境的交互行动中提示我们：经验应该是多元性的，即产生经验的情境、内容、关系，都来自于实际的生活，是个人经验生活的一个单元。在这个意义上我们方能理解，杜威的实用主义本质上是一种工具哲学。所谓"工具就是用来当作达到后果的手段"。⑤ 根据这种学说，经验是工具性的，就是强调经验自身并不就是价值所在。经验之所以可贵，在于它能够替我们解决具体生活中的那些实际问题，从而提升人类的生活质量。唯其如此，从达尔文学说中提取出来的"过程"（process）也是杜威哲学上的一个重要概念。从生物的演变来看，个体总是处在一个发展的历程中，过程是发展的各个阶段之延续性的结合。由于不同的环境，而有不同的交互活动，经验在这种过程中得到发展。从工具论的

① ［美］罗伯特·塔利斯：《杜威》，彭国华译，北京：中华书局，2002，第53页。

② ［美］罗伯特·塔利斯：《杜威》，彭国华译，北京：中华书局，2002，第63页。

③ ［美］约翰·杜威：《确定性的寻求》，傅统先译，上海：上海人民出版社，2004，第299页。

④ ［美］约翰·杜威：《确定性的寻求》，傅统先译，上海：上海人民出版社，2004，第309页。

⑤ ［美］约翰·杜威：《经验与自然》，傅统先译，南京：江苏教育出版社，2005，第1、20页。

视野看,传统上对知识的"旁观论"(the spectator theory of knowledge)的说法是无法成立的。按照这种理论,我们能够获取知识在于知识本身完全是客观性的外界存在物,这意味着知识可以脱离认知者,似乎能够置身于认知者之外,而知识本身是绝对地客观存在着;这种说法完全忽视了知识与认知者之间产生的相互作为。在杜威看来,"经验方法的全部意义与重要性,就是在于要从事物本身出发来研究它们,以求发现当事物被经验时所揭露出来的是什么。经验材料所具有的这些特性与太阳和电子的特性一样真实的。它们是被发现出来的,被经验到的,而不是利用某种逻辑把戏推究出来的"。①

因此在杜威看来,把审美艺术经验与日常生活经验分离开来的做法完全是人为的、不合理的。他的"艺术即经验"也意味着"经验即艺术"。在《经验与自然》一书中,杜威已明确提出这个观点,以此来解释古代希腊艺术。他认为,"我们从其含蓄的意义方面来讲,把经验当作是艺术,而把艺术当作是不断地导向所完成和所享受的意义的自然的过程和自然的材料"。因而,"在经验的事实上,使得人们知觉到好的乃是艺术、那些互相沟通的艺术和作为社会沟通的扩大延续的文艺"。② 从杜威对经验的这种阐释中我们能够发现一个耐人寻味的现象:杜威的实用主义别具一格之处在于,它本质上具有一种走向"艺术哲学"的倾向。正如一位研究者所指出的那样:"杜威之方法的核心,在于将伦理学理解为帮助人们更丰富地生活,更敏于事情,以及更加充满情趣地介入生活的艺术。"③因此,就像康德哲学使现代哲学发生了一场哥白尼革命,有研究者提出,杜威的实用主义思想是"一次使伦理学以想象力为轴心的哥白尼转折"。④ 这个观点是否妥当或许可以商榷,但由此使我们再次意识到,经验之于杜威哲学的至高无上的重要性。因为杜威美学理论的核心在于这一主张,即"艺术最直接最完满地表明,作为经验的经验是存在的"。⑤ 从这个意义上说,杜威的实用主义在本质上就通往艺术哲学。

因为杜威明确地指出过,哲学的重大缺点就是有一种武断的"理智主义"(intellectualism),就是指这样一种学说,它认为一切经验过程都是认识的一种方式,而一切的题材、一切自然,在原则上就要被缩减和转化,一直到最后把它界

① [美]约翰·杜威:《经验与自然》,傅统先译,南京:江苏教育出版社,2005,第4页。
② [美]约翰·杜威:《经验与自然》,傅统先译,南京:江苏教育出版社,2005,第274页。
③ [美]斯蒂文·费什米尔:《杜威与道德想象力》,徐鹏等译,北京:北京大学出版社,2010,第138页。
④ [美]斯蒂文·费什米尔:《杜威与道德想象力》,徐鹏等译,北京:北京大学出版社,2010,第103页。
⑤ [美]斯蒂文·费什米尔:《杜威与道德想象力》,徐鹏等译,北京:北京大学出版社,2010,第162页。

说成为等同于科学本身精炼的对象所呈现出来的特征的东西。① 为了避免落入这种陷阱，杜威十分重视经验中的情感因素。他强调，确实不错，我们的行为可能被情感性的偏见所歪曲；但是同样确实的是，我们的行为也将为情感之缺乏所歪曲。对于杜威来说，如果我们要理解艺术，那就必须根据作为经验的艺术的整体来看，不能忽视情感的重要性。用杜威的话说，"没有情感，也许会有工艺，但不会有艺术"。② 众所周知，在《艺术即经验》这部书里，杜威向读者提供了对于美学基本问题的深入分析，它涉及诸如艺术的表达、艺术形式、题材与艺术作品本身的联系、艺术品之间的联系等等。从这个方面看，我们完全可以说，由于杜威把美学纳入他的经验观点的中心，所以这些问题暗示了他的整个哲学。有研究者指出，杜威所取得的最深刻的洞见在于把他的美学理论的含义联系到民主生活之目标的广大观点，联系到文明的哲学。③ 这话并不过分。

研究者通常认为，杜威的学术生涯的早期和晚期，艺术与审美经验在杜威的经验分析时都扮演了极为重要的角色，唯独他的中期相对显得有些扑朔迷离。原因在于那个时期杜威所做工作的中心，在于解决"生活即艺术"这个观点。但这个观点的含义既不是像后现代主义那样，彻底消解艺术与生活的差异，甚至把拉屎拉尿当作"行为艺术"。也不是像唯美主义那样举着"为艺术而生活"的旗帜，反而把生活与艺术隔离开来。杜威的意思是批判"艺术的博物馆化"，提醒我们不要以为只有那些能够进入博物馆，或者说就存在于博物馆中的东西才是艺术品。在杜威看来，"欧洲的绝大部分博物馆都是民族主义与帝国主义兴起的纪念馆"。④ 为此他强调艺术世界与日常生活的紧密联系。生活与艺术的这种关联通过"意义"的中介实现。就像詹姆斯重视"真理"，杜威的思想十分重视"意义"。杜威承认意义是普遍的也是客观的，是独立于心理景象、感觉印象以外的。但这并不表明意义是脱离人的存在而存在的、一个没有时间性的精灵鬼怪，或者脱离具体事情的一种无声无色的逻辑潜在物。⑤ 由此而再进一步，"艺术即经验"的含义也意味着强调，艺术的基本形态就在于它是意义的呈现者。

杜威认为，"大概没有人在说艺术作品没有意义时，是想说它们不存在任何意义。这些人似乎只是要将外在的意义，即存在于艺术作品本身之外的意义排斥出去而已"。⑥ 当杜威提出"生活即艺术"而"艺术即经验"时，他不仅是充分意识到了生活世界中所存在的一种"感性化"现象，同时也看到了我们拥有把握这

---

① ［美］约翰·杜威：《经验与自然》，傅统先译，南京：江苏教育出版社，2005，第16页。

② ［美］约翰·杜威：《艺术即经验》，高建平译，北京：商务印书馆，2005，第75页。

③ ［美］拉里·希克曼：《阅读杜威》，徐陶等译，北京：北京大学出版社，2010，第34页。

④ ［美］约翰·杜威：《艺术即经验》，高建平译，北京：商务印书馆，2005，第7页。

⑤ ［美］约翰·杜威：《经验与自然》，傅统先译，南京：江苏教育出版社，2005，第123页。

⑥ ［美］约翰·杜威：《艺术即经验》，高建平译，北京：商务印书馆，2005，第90页。

种意义的手段:直觉。强调感性的意义在于,"感性的性质是意义的负载者。但是它不像是车负载货物,而是像母亲怀着孩子,孩子是她自身有机体的一部分"。① 意义之所以为"意义",就在于它是能够被我们通过"直觉"而直接感知的。所以以"直接意义"这个概念是一种重复性的表达。意义就意味着超越概念的直接性。杜威主张:每个具体的、实际上所完成的心理上的结果都是直觉。"直觉标志着理性与感觉、普遍与特殊之间最后的综合"。② 直觉意味着凭部分逐渐掌握整体,所以它是我们把握诗性意义的最佳手段。杜威认为,准确说来,想象的最高形式是对事物隐含意义的洞然于心,这种意义是记忆或感知不可见的东西,也不能靠思考过程反思获得。可以把它定义为"**直接感知意义**"(direct perception of meaning)——就是感官形式中理想的价值,或者说是感官形式自动的发现,这种发现最有意味、最理想,因此也最能反映智力,同时也最吸引情感。③

诚如美国学者亚历山大·托马斯所指出的,这些论述足以表明一点:"杜威对于意义的讨论是他经验形而上学与美学理论之间至为重要的连接。"④ 当然,杜威这些论述的目的所在,乃是指望通过艺术来阐明"经验"的意义,对于杜威来说,艺术作品是对于意义完满的可能性富有意味的探索。这种探索通往他独创的"一个经验"。杜威特别强调,"这一个经验是整体,其中带着自身个性化的性质以及自我满足"。⑤ 意义存在于"一个经验"中,通过"直接感知"的直觉而被我们获得。所以直觉就是经验成为有意识的运作和非认知维度。这就是说,直觉发挥功能是为了实现经验的个体性,个体性也是对经验整体性、整合或自我归属的感知。因而在某种意义上讲,经验、意义、直觉这三个概念是紧密联系在一起的,它们共同构成并体现了杜威的"生活即艺术"的主张。"艺术即经验"的意思,也可以说艺术无非是人类的生存中追求人类存在中具体体现的意义与价值。用托马斯的话说:"生活的艺术就是杜威伦理学、民主哲学、教育理论背后的目的地所在。艺术地对待生活就是运用想象与反思探索当下的多种可能性。"⑥杜威关

① [美]约翰·杜威:《艺术即经验》,高建平译,北京:商务印书馆,2005,第129页。
② [美]亚历山大·托马斯:《杜威的艺术、经验与自然理论》,谷红岩译,北京:北京大学出版社,2010,第40页。
③ [美]亚历山大·托马斯:《杜威的艺术、经验与自然理论》,谷红岩译,北京:北京大学出版社,2010,第41页。
④ [美]亚历山大·托马斯:《杜威的艺术、经验与自然理论》,谷红岩译,北京:北京大学出版社,2010,第211页。
⑤ [美]亚历山大·托马斯:《杜威的艺术、经验与自然理论》,谷红岩译,北京:北京大学出版社,2010,第233页。
⑥ [美]亚历山大·托马斯:《杜威的艺术、经验与自然理论》,谷红岩译,北京:北京大学出版社,2010,第311页。

于经验与直觉的关系的讨论之所以令人深思，是因为事实上在我们的日常生活中，既存在着"**非解释的语言理解**"，也存在着"**非语言的有意义的经验**"。唯其如此，杜威旨在"恢复审美经验同生命的正常过程之间的连续性"才拥有真实的基础。它同时也反映了杜威的实用主义美学的一个重要特征：**身体自然主义**。①

杜威的经验是，"经验是透过皮肤的交往"。② 他的意思是，人类总是肌肤相亲地生活与思维着，我们存在于他人中间，并且通过他人而存在。因此杜威强烈要求：无论冒多大的风险，艺术还是应该撤去它那神圣的分隔，而进入日常生活领域，在这里艺术可以作为建构性的改革的指导、范式和推动，而不仅仅是对现实的一个外来的装饰或一个令人向往的想象上的改变。举一个最明白的例子，陶渊明《饮酒·其五》："结庐在人境，而无车马喧。问君何能尔？心远地自偏。采菊东篱下，悠然见南山。山气日夕佳，飞鸟相与还。此中有真意，欲辨已忘言。"这首诗完全是对诗人日常生活中的一个情景的白描，语句如行云流水十分自然。但它能被诗人提取出来成为一首脍炙人口的诗篇，完全在于诗人凭直觉意识到了在这种日常生活里，有着非同一般的作为"一个经验"的深刻意义。当我们品味这首诗时，你完全可以说这是诗人真实生活的某个瞬间的记录，从字面上看甚至毫无"诗意"可言。但它却能深深地打动我们，让我们产生一种共鸣。千百年过去了，它还是显得如此新鲜。这让人寻味杜威的这番话："经验并不是属于某一个人所有的，它是属于自然的。"③自然人或者说人的自然性就是身体的在场，它是审美直觉得以实现的前提。

所以说，"一个经验可以为许多人所共享"④。在这个意义上，实用主义美学继承了尼采的有关思想，属于一种"身体美学"（somaesthetics）。按照美国当代学者舒斯特曼的意见，身体美学可以暂时定义为：对一个人的身体经验和作用的批判的、改善的研究。⑤ 这个定义的平庸性是显而易见的，但舒斯特曼的这个见解值得一提：对"实践的身体美学"的强调。换句话说，身体美学具有的一种实践性意味着"做"而不是"说"。由此可见，身体美学的实用主义特征就在于，它不属于"专业主义"的理论空谈，而是对生活世界里具体事物的感同身受。身体美学的提出是对以身体为基础的综合性的"感受力"（perceptiveness）的强调，因此，身体美学并非如舒斯特曼所说的，是对人的身体之美本身的关注（尽管这种关注在古代希腊和罗马以及亚洲国家都有丰富多彩的案例），而是通过身体（不是大

---

① ［美］理查德·舒斯特曼：《实用主义美学》，彭锋译，北京：商务印书馆，2002，第20页。

② ［美］斯蒂文·费什米尔：《杜威与道德想象力》，徐鹏等译，北京：北京大学出版社，2010，第134页。

③ ［美］约翰·杜威：《经验与自然》，傅统先译，南京：江苏教育出版社，2005，第148页。

④ ［美］亚历山大·托马斯：《杜威的艺术、经验与自然理论》，谷红岩译，北京：北京大学出版社，2010，第234页。

⑤ ［美］理查德·舒斯特曼：《实用主义美学》，彭锋译，北京：商务印书馆，2002，第354页。

脑)对美的存在的领悟和接受。美国学者费什米尔提出:"如果通过杜威接近哲学,而不是绕开他的话,那就标志着大多数传统认识论、形而上学、美学和伦理学问题的终结。与此同时,则促进了在人的认知、经验、艺术与道德生活这些问题上哲学的介入。"①这话的意思是指杜威哲学具有一种继往开来的革命性。这样的评价很高,但恰如其分。这就是杜威能够与维特根斯坦和海德格尔一起并列为 20 世纪三大哲学家的原因。

具体回到我们所讨论的身体美学上来,理解这个概念涉及对"美的存在"的认识。杜威指出,当我们说人类存在或生活在自然界中时,对"在"这个关键词的准确理解极为重要。杜威的意思,它不是像"大理石装在箱子中",或"零钱'在'口袋里。或油漆'在'罐子中"那样的。而是像"植物在阳光和土壤中"这类的例子。在这个语境中,"在"的含义不再是简单的地理位置所在,而是意味着一种相互作用。② 我们强调美的存在之"在"具有同样的意思。它体现了一种意义和价值。这种价值意味着美虽然有一种"有用"性,但这种有用性与诸如饮食起居的日常生活的"实用"性不能相提并论。这是因为"美"并非一种具体的东西,而是具有物质性的客体在我们的精神世界里引起的一种反应。所以说美是相对于具有美感意识的审美的人而言的一种价值。根据杜威的观点,被认知的对象和具有价值的对象之间的关系,乃是现实与可能之间的关系。所谓"现实"包括既有的条件;所谓"可能"是指一种现在尚不存在,但可因现实条件的应用而使其存在的目的或后果。因此,"'可能'就其对任何既有的情境而言,乃是寻求这个情境的一种理想,从操作论的定义(即用行动去说明思维)的立场出发,理想和可能是意义相同的两个观念"。③ 美的存在既意味着一种"可能"性,同时也意味着一种理想的境界。作为一种经验的艺术作品正因为体现了这种价值而得到我们的珍惜。

因此,尽管"艺术何为"的困惑一直纠缠着试图认真对待艺术的人们,"为诗一辩"自古以来就是艺术哲学的基本职责,但事实上这些都属于没有必要的事。用杜威的话说,凡是不可避免的东西,就无须去证明其存在。这适用于绝大多数劳而无功的美学理论。在杜威看来,只要人继续是一个人,就总是要有关于价值的观念、判断和信仰的。如果有人企图一般地去证明其价值的存在,这是最笨不过的事了。因为"价值总是继续存在着的"。就像正义是值得尊重的,但"这并不

① [美]斯蒂文·费什米尔:《杜威与道德想象力》,徐鹏等译,北京:北京大学出版社,2010,第 59 页。

② [美]詹姆斯·坎贝尔:《理解杜威》,杨柳新译,北京:北京大学出版社,2010,第 76 页。

③ [美]约翰·杜威:《确定性的寻求》,傅统先译,上海:上海人民出版社,2004,第 302 页。

依靠我们能够证明有一个正义的实有事先存在着"。① 对艺术呈现一种价值的
这种强调，有助于我们破除对艺术品的盲目崇拜。因为就像杜威所说："一件艺
术作品，不管多么古老而经典，都只有生活在某种个性化的经验之中时，才在实
际上而不仅仅潜在地是艺术作品。"② 以上这些阐述，都体现了实用主义从事物
本身出发、在具体语境中进行思考的特点。从实用主义的视野来看，历来被奉为
神圣的艺术，是人能够有意识地，从而在意义层面上，恢复作为活的生物的标志
的感觉、需要、冲动以及行动间联合的活的、具体的证明。由于经验是有机体在
一个物的世界中斗争与成就的实现，它是艺术的萌芽。甚至在最初步的形式中，
它也包含着作为审美经验的令人愉快的知觉的允诺。③ 这是日常生活与艺术作
品之间并不存在隔离带的前提。

　　如前所述，实用主义并不排斥日常生活经验，而是对它们十分重视。这就开
辟了一个新的理论视野，有助于我们发现在别的理论中难以意识到的东西。比
如按照通常的惯例，人们对"以文载道"的作品颇有批评，认为这有损于一部作品
的艺术价值。但杜威却别开生面地指出，在绝大多数情况下，对艺术品中说教和
经济与政治上的宣传在审美上的拒绝，会建立在过分重视某种价值，而牺牲其他
价值的分析之上。这些作品除了对那些处在同样片面狂热的状态中的人以外，
在其他人身上所出现的不是提神而是厌倦。④ 不得不承认，杜威的这个似乎与
"常理"相悖的见解是十分深刻的。又比如杜威提出，美的艺术总是人类与其环
境的一种相互作用的经验的产物。他以建筑为例指出："绝大多数的厂房建筑之
丑陋与普通银行建筑之令人厌恶，尽管它取决于技术与物质方面的结构缺陷，同
时也反映了一种对人的价值的扭曲，而这种扭曲又结合进了与建筑相关的经
验。"⑤ 这就是说，艺术作品中审美价值的体现归根到底是对人性的反映。再比
如杜威指出，"'无利害性'并不表示无兴趣性"。他认为，"在审美对象中，强烈的
感性性质占据着主导地位，这本身从心理学上说，就证明了欲望的存在"。⑥ 这
个见解对康德的形式论美学观提出了很有根据的挑战。还比如杜威写道："没有
人在看到小孩子游戏意图时，不意识到游戏性与其严肃性完全的融合。"因而他
强调，喜剧之外的艺术作品也常常具有消遣性。"但是这些事实并非根据消遣来
定义艺术的理由。"⑦

---

　　①　［美］约翰·杜威：《确定性的寻求》，傅统先译，上海：上海人民出版社，2004，第301、
307页。

　　②　［美］约翰·杜威：《艺术即经验》，高建平译，北京：商务印书馆，2005，第118页。

　　③　［美］约翰·杜威：《艺术即经验》，高建平译，北京：商务印书馆，2005，第26、19页。

　　④　［美］约翰·杜威：《艺术即经验》，高建平译，北京：商务印书馆，2005，第200页。

　　⑤　［美］约翰·杜威：《艺术即经验》，高建平译，北京：商务印书馆，2005，第257页。

　　⑥　［美］约翰·杜威：《艺术即经验》，高建平译，北京：商务印书馆，2005，第284、287页。

　　⑦　［美］约翰·杜威：《艺术即经验》，高建平译，北京：商务印书馆，2005，第310、311页。

我们该怎样理解和评价以杜威为代表的"实用主义美学"的意义？杜威在《艺术即经验》的开头部分就指出，许多关于艺术的理论已经存在了。要说明提出另一种关于审美的哲学的理由，就必须发现一个新的研究方法。① 杜威以身作则做到了这一点。他的实用主义通过对"作为意义的经验"的强调构成了实用主义美学的核心。用杜威的话说：除非一种艺术哲学使我们知道艺术相对于其他经验形式的功能，除非它说明为什么这种功能实现得如此不充分，除非它表示功能能够充分实现的条件，一种艺术哲学就是无效的。② 在他看来，准确和深入地理解从理解日常生活中的"经验"着手，有助于我们实现这个目标。用他的话说："一种从美的艺术与普通经验间已发现性质的联系出发的关于美的艺术的观念，将能够显示有助于一般人类活动向具有艺术价值的事物的正常发展的因素与动力。"③杜威以一部厚重的著作向我们全面地论述了他的这个观点。除此之外，他的美学思想渗透于他关于教育、伦理、政治等一系列著作里。在我看来，杜威的实用主义美学不仅自成一体，而且也很有创新精神，值得我们认真对待。但与其说他的美学是另一种"艺术哲学"，不如讲是一种"生活诗学"。它不仅仅局限于艺术家的创造性活动，同样涉及整个人类文明的发展。在这个意义上，这是一种以人性的培养和人格的塑造为中心的、具有开放性的"大美学"。

2. 维特根斯坦及其美学

在 20 世纪的西方哲学界，路德维希·维特根斯坦的名字几乎与"天才"是同义词。他于 1889 年 4 月 26 日出生于维也纳一个富裕的犹太家庭。其父卡尔·维特根斯坦是奥地利钢铁工业的奠基人，所拥有的财富在整个欧洲都名列前茅。维特根斯坦共有四个哥哥三个姐姐，他是家中最小的孩子。但他的三个哥哥先后都因各种原因而自杀，其中大哥汉斯（Hans，音乐天才，四岁时就开始作曲，于 1902 年 24 岁时在古巴哈瓦那自杀）和三哥鲁道夫（Rudolf，1904 年 5 月 2 日在柏林自杀）都是同性恋。了解这个事实有助于我们理解维特根斯坦身上同样的同性恋倾向。维特根斯坦少年时曾师从的数学老师、奥地利伟大的物理学家路德维希·玻尔兹曼也于 1906 年自杀身亡。这种阴影一度影响了维特根斯坦。从那个时间（1902 至 1904 年间）起在长达 9 年的时间里，他因为找不到未来人生的目标而在头脑中不断泛起自杀的念头。这种念头直到在剑桥大学与当时的哲学泰斗伯兰特·罗素的第一次见面而渐渐消除。因为罗素明确地告诉他：西方哲学的未来希望寄托在他的身上，他有责任为哲学开辟一条新的道路，因为他是一位前所未有的哲学天才。

维特根斯坦家族虽然以巨大财富而成为奥地利的名门望族，但他们的父母

---

① ［美］约翰·杜威：《艺术即经验》，高建平译，北京：商务印书馆，2005，第 310、10 页。

② ［美］约翰·杜威：《艺术即经验》，高建平译，北京：商务印书馆，2005，第 310、11 页。

③ ［美］约翰·杜威：《艺术即经验》，高建平译，北京：商务印书馆，2005，第 310、10 页。

亲并不是唯利是图的人，而是奥地利艺术的保护者。卡尔·维特根斯坦生前曾为维也纳的许多艺术事业提供赞助，维特根斯坦的母亲也尽全力鼓励全家从事文化和音乐活动。受她的邀请，著名音乐家勃拉姆斯和马勒等都曾出席维特根斯坦一家的家庭聚会。杰出的画家古斯塔夫·克里姆特曾专为维特根斯坦的二姐玛格丽特·维特根斯坦画过一幅全身像。在某种意义上讲，维特根斯坦家庭是当时维也纳的一个艺术中心。身处这样的环境，维特根斯坦全家人都具有极高的艺术才华，他的几个姐姐都具有音乐天赋，其中一个姐姐是画家。他最小的哥哥保罗·维特根斯坦是卓越的钢琴家。由于第一世界大战让他不幸失去了右手，著名音乐家拉威尔(Ravel)专门为他写了一首左手演奏的协奏曲。维特根斯坦在家中受教育到 14 岁，到奥地利首府林茨读了三年书，毕业后进了柏林夏洛滕堡工业大学学习工程技术。1908 年秋天他来到英国，在曼彻斯特大学注册为工程学的研究生，从事航空学研究。但不久就决定放弃。后来他来到德国耶拿与著名学者弗雷格讨论他的计划，后者建议他到剑桥就学于罗素。于是在 1912 年初他获准进入三一学院，成为一名哲学研究生。1914 年第一次世界大战爆发，维特根斯坦为了让自己能够直接面对死亡而参军。在奥匈帝国垮台后成了意大利军队的俘虏。就在作为囚徒期间，他完成了自己的成名作，也是他生前唯一正式出版的著作《逻辑哲学论》。

英国传记作家瑞·蒙克在给他撰写的维特根斯坦传一书题名为"天才之为责任"。这个标题很说明问题。1998 年，在对权威哲学家进行的一次民意测验显示，维特根斯坦被选为全世界哲学领域中最为重要的五位思想家，排在前四位的分别是亚里士多德、柏拉图、康德和尼采。① 但在"天才必须承担更大的责任"的同时，也往往意味着他的与众不同的个性与为人行事的风格。无论从哪个角度讲，维特根斯坦都是一个极难相处的人。几乎所有敬佩他和喜爱他的学生与朋友，无不同时也怀有一种畏惧感。用他的朋友冯·赖特的话说："我相信绝大多数爱他并且获得了他的友谊的人同时也怕他。"②曾任美国哲学协会主席、后来与维特根斯坦建立起亦师亦友的关系、1898 年生于密歇根的马基斯根的美国学者奥特斯·卡欧克·鲍斯玛，曾在他的书中写道："先知该当若何？维特根斯坦是我所知道的最接近先知的人。作为人他像一座高塔，高耸而独立，无所依傍。他独立不羁，不惧怕任何人。但是，其他人却惧怕他。为什么？当然不是因为他可以袭击他们，掠走他们的财富，污损他们的名声。他们害怕他的评判。我也害怕维特根斯坦，害怕为他背负的责任。我自始至终都知道与他一起散步讨

① ［英］肖恩·希汉：《维特根斯坦：抛弃梯子》，步阳辉译，大连：大连理工大学出版社，2008，第 6 页。

② ［美］诺曼·马尔康姆：《回忆维特根斯坦》，李步楼等译，北京：商务印书馆，2012，第24 页。

论的机会多么地值得珍惜,同时我也害怕他会过来,害怕与他相伴的那些时光。"①在许多人的眼里,维特根斯坦行为怪僻、性格暴躁、极易发怒。

这些的确是事实。比如他在一战结束后曾在奥地利的贫困地区当了 6 年小学教师,由于他的上课方式独特,同时也缺乏作为教育工作者所必要的耐心,学生们往往跟不上他的思路。这会极大地激怒他,为此不乏对学生实施拳打脚踢的行为,甚至对那些无法领会他的课的意思的女生也同样对待。最终引起了他与许多学生家长的敌意,而他也在一次施暴时导致一名学生晕倒后彻底放弃了这个工作。但我们必须同时强调,这只是维特根斯坦"肖像"的一个侧面,或者准确地讲是他的身上并非本质的方面。尽管关于维特根斯坦学术成就的评价上,存在着争议;但几乎没有人会否认维特根斯坦在个人德性上领人敬佩的品格,不会不承认"维特根斯坦的最本质的特点是极端纯正的严肃性和高度的智慧"。②不会不同意"维特根斯坦是个道德高尚的人"③的评语。当他在意大利的战俘营里时,他已成为欧洲国家中最富有阶层的人之一。他父亲留给他一笔足够享受终生的巨款。但当他获释回到维也纳的家中,他做的第一件事就是把这些财富全部分赠给他的兄弟姐妹,不给自己留下任何钱。并且在他一次在挪威的关门反省后,他亲自来到当年他任教的山区,分别登门拜访那些学生,为自己过去的行为诚挚地向他们道歉。因为维特根斯坦承认,"我想要自己是完美的"。④ 生活简朴,不在意任何物质方面的舒适与享受,毕一生的经历全身心地投入到他喜爱的哲学思考之中,这就是对维特根斯坦的基本概括。出现在学术讲坛的维特根斯坦,常常是一个衣衫褴褛不修边幅的"哲学苦行僧"的形象。这就是维特根斯坦的"常态"。

维特根斯坦的一位本科生圈的朋友曾将他与苏格拉底相比:同样喜欢跟年轻人讨论,经常让年轻人说不出话来。⑤ 1951 年 4 月 27 日,当维特根斯坦从贝文医生口中得知,自己在人世的时间已经没有几天时,他一边叹息道:"好的!"同时在自己失去知觉前对贝文医生的夫人说:**"告诉他们,我度过了极为美好的一生!"**这个"他们"显然指的是他的朋友们。曾邀请维特根斯坦到美国走访的学生诺尔曼·马尔康姆,在听到这句话的第一反应时是惊讶。他写道:"当我想到他

① [美]鲍斯玛:《维特根斯坦谈话录(1949—1951)》,刘云卿译,桂林:漓江出版社,2012,第 7 页。

② [美]诺曼·马尔康姆:《回忆维特根斯坦》,李步楼等译,北京:商务印书馆,2012,第 24 页。

③ [英]肖恩·希汉:《维特根斯坦:抛弃梯子》,步阳辉译,大连:大连理工大学出版社,2008,第 9 页。

④ [英]瑞·蒙克:《维特根斯坦传》,王宇光译,杭州:浙江大学出版社,2011,第 375、373 页。

⑤ [英]瑞·蒙克:《维特根斯坦传》,王宇光译,杭州:浙江大学出版社,2011,第 265 页。

—基础美学：从知识论到价值观

深刻的悲观主义，想到他精神上和道德上遭受的强烈的痛苦，想到他无情地驱使自己的心智，想到他需要爱而他的苛刻生硬排斥了爱，我总认为他的一生是非常不幸的。"但经过认真地思考后马尔康姆又修正了自己的这番判断，认为维特根斯坦这么说自有其理由。他指出，首先他拥有许多朋友，这些人不仅由衷地钦佩他而且诚挚地爱护他。另一方面，他的一生能够尽情地投身于自己所喜爱的哲学研究工作，在一种漫长而高强度的智力劳动之中，他留下了无数有着巨大力量和惊人美感的思想。这对于一位天才型的真正的思想家而言，的确是一种愉悦和享受。尽管他对自己的工作始终未达到满意的程度（因而在他生前并没有出版），处于不断地修改过程。但对问题的逐渐解决和推进的过程，自然能给作者带去一种快乐。由此我们可以理解，在一份 1931 年的手稿中，维特根斯坦写道："我的思想带来的快乐也是我自己的独特生活中的快乐。"①就在他去世前一天陷入昏迷之前，他完成了《论确定性》的撰写。若没有这种"独特的快乐"，凡此种种的确是让人难以想象的。

要了解维特根斯坦的美学思想，我们首先得认识他作为哲学家的工作。如前所述，关于维特根斯坦的哲学成就，学界中的许多同仁给出了高度的评价，但不同意见仍然存在。比如英国伦敦大学伯克贝学院哲学高级讲师格雷林在其书中指出，维特根斯坦的后期著作《哲学研究》并不像表面看来那样有说服力。他认为，许多人提出的维特根斯坦是 20 世纪哲学领域最具影响力的人物，但实际并非如此。恰恰相反，在维特根斯坦的生前和死后，除了他的少数学生所做的工作外，哲学界的大部分活动恰恰是维特根斯坦所贬斥的东西。一些评论家给予维特根斯坦的著作过高的赞扬，事实上他决不是 20 世纪哲学的中心人物。②诸如此类众说纷纭莫衷一是的评论给哲学史家们留下了供商榷的余地，但有个现象应该没有异议："在对维特根斯坦进行描述时，有一个词不止一次地出现，而且不是轻描淡写的描述，这个词就是天才。"③所以无论如何，维特根斯坦的哲学思想都值得我们认真对待。众所周知，虽说他留下了无数的手稿，但他的基本思想可以两本著作为代表。这就是生前出版的《逻辑哲学论》和在他去世两年后出版的《哲学研究》。维特根斯坦一以贯之的思想焦点是"语言逻辑"，他的目的包括两个方面。即他的目标是"解决哲学问题"，但他想"通过显示语言怎样起作用"来做到这一点。他的思想在由两本书所代表的前后期有着明显的不同，后其思

---

① ［美］诺曼·马尔康姆：《回忆维特根斯坦》，李步楼等译，北京：商务印书馆，2012，第113、117 页。

② ［英］格雷林：《维特根斯坦与哲学》，张金言译，南京：译林出版社，2008，第 125、130 页。

③ ［英］肖恩·希汉：《维特根斯坦：抛弃梯子》，步阳辉译，大连：大连理工大学出版社，2008，第 11 页。

想建立在对前其某些最重要的思想的否定上。所以,如果用一句话来分别予以概括的话,那么可以这样说:在《逻辑哲学论》里,作者提出了一种"语言图像论";而在后期的《哲学研究》中,作者提出了"语言游戏说"。后者是对前者的批判和修正。

什么是"语言图像论"? 值得一提的是产生这个思想的一个小插曲。当他在奥地利军队服役时,有一天他在一份杂志上读到,在巴黎发生的一起汽车交通事故,审案时当堂摆出了一个事故现场的缩微模型。这让维特根斯坦意识到,这个模型在这里起到了一个命题的作用,因为其中显示了命题的本质属性,也即形象地图示出了一种"实在"。这给了维特根斯坦一个启发,即可以将这个情形倒过来:一个表示命题的句子同样是一个图像,因为它的各部分与世界之间有类似的对应关系。这就是他在《逻辑哲学论》里的中心思想:命题是一个图像,这本书所要讨论的是作为图像的命题的语言的起源与实质。这本代表了维特根斯坦早期思想的著作的核心,就是解决**有意义的命题的本质**问题,也即什么样的命题才是有意义的。在维特根斯坦看来,语言的逻辑本质反映或描绘了现实世界的逻辑。用维特根斯坦自己的话说,"事实的逻辑形象就是一种思想"。① 这就提出了"语言划界"的问题。即我们的生活中存在着一些不能"说出"而只能"显示"的东西。这个问题的关键在于,语言在某些用法的形式上的相似性所产生的问题。比如,如果你问"我的皮包在哪里?",这句话无疑是有意义的;但是如果你问"我的牙疼在哪里?",这句话就一点意义也没有。因此,所谓"语言图像论"的意思就是命题与图像之间存在着"同构"性。在某种意义上,图像与句子完全相等。这也就是说,思想的表达称之为一个命题,一个命题可以被认为是一个句子,"**你可以把命题(句子)看作一幅图画,或者把图画看作一个命题**"。② 从中能够得出一个结论:逻辑是建立在世界最明确的特征,即简单客体的基础之上的。因此,"一个人一定能够将命题置于实体之上"。③

关于《逻辑哲学论》,维特根斯坦自己有过总结:"本书的全部意义可概括如下:凡可说的都可以清楚地说,凡不可说的,我们必须保持沉默。"④构成这本著作的七个主要命题是:(1)世界就是所发生的一切。(2)那发生的事情即事实,就是原子事实的存在。(3)事实的逻辑图画就是思想。(4)思想就是一个有意义的命题。(5)命题就是基本命题的真值函项。(6)真值函项的一般形式正是舍弗算子所说明的。(7)在一个人不能说的地方,他就必须保持沉默。⑤ 就像前康德的

① [奥]维特根斯坦:《逻辑哲学论》,郭英译,北京:商务印书馆,1985,第28页。
② [美]贾可·辛提卡:《维特根斯坦》,方旭东译,北京:中华书局,2014,第30页。
③ [美]贾可·辛提卡:《维特根斯坦》,方旭东译,北京:中华书局,2014,第36页。
④ [美]巴特利:《维特根斯坦传》,杜丽燕译,北京:东方出版中心,2000,第34页。
⑤ [美]贾可·辛是卡:《维特根斯坦》,方旭东译,北京:中华书局,2014,第35页。

一般观点会认为，心灵本身其实就是一面镜子，毫无歪曲地反映了外部世界的内在结构。维特根斯坦大概会说：语言本身其实就是一面镜子，如果符合语法规则，它将毫无歪曲地反映外部世界的内在结构。① 维特根斯坦对此十分自信。一度认为他已彻底解决了哲学问题，因而在完成这本著作之后一度失去了继续研究哲学的动力，转而去当小学教师、园丁等。但尽管如此，他所具有的良好的哲学直觉在内心深处始终在暗示他，事情其实并非如此。渐渐地，《逻辑哲学论》开始让维特根斯坦不再感到满意。诚如一些学者指出的，它的最薄弱之处在于这样的假设，这些假设外表不同而意义相等的形式包括：简单命题的逻辑独立性问题，逻辑真理的重言式特征，以及作为我们语言的逻辑的真值函项理论的完全性。② 所谓"逻辑重言式"是不管它的部件的真值而总是为真的陈述。例如，陈述"要么所有的乌鸦都是黑的，要么不都是黑的"就是一种重言式，因为不用去管乌鸦是什么颜色反正都是真的。因此重言式是"永真"的，其永真性必然地导源于它的同义反复性。

这样的命题没有实质性意义。这些问题对"语言图像论"有何影响？这个问题并不复杂，它意味着真正的问题不在于命题在某种意义上是否能够被当作图画来思考，问题是，它们如何与实体相连。用维特根斯坦自己的话讲，"名称与被命名的事物之间的联系是怎样建立的呢"？③ 在《逻辑哲学论》中，语言—世界的纽带被名称—客体的关系所固定。但在实际的语言运用中，事实上存在着对语言的非描述性用途。除此之外，《逻辑哲学论》中所假设的语言是一种现象学的语言，被其名称所提及的客体是直接经验的客体。因此维特根斯坦看到，"现象学的语言就好像把一个人引到一个让人迷惑的沼泽里，在那儿，一切可触摸的东西都消失了"。④ 凡此种种都在削弱维特根斯坦当年的自信。哲学史家所做的"传记"工作表明，在1929年10月11日，维特根斯坦自己已经认识到，自己一直走在错误的道路上。他试图做的下一件事是，第一次宣称一种物理主义的日常语言对于一种现象学语言具有优先性。10月22日他准备得出结论："设想一种现象学的语言是可能的，并且只有它能表达我们想表达的东西，这是荒唐的。"⑤于是，《逻辑哲学论》的一个主要基石就崩塌了。让维特根斯坦对这部书完全失去信心的还有一件来自生活中的事。有一天在火车上，维特根斯坦与剑桥大学的经济学讲师P. 斯拉法在如何看待《逻辑哲学论》的问题上发生争论。当维特根斯坦坚持，命题和它所描述的东西一定具有共同的"逻辑形式"时，斯拉法做了

---

① ［美］巴特利：《维特根斯坦传》，杜丽燕译，北京：东方出版中心，2000，第49页。
② ［美］贾可·辛提卡：《维特根斯坦》，方旭东译，北京：中华书局，2014，第39页。
③ ［美］贾可·辛提卡：《维特根斯坦》，方旭东译，北京：中华书局，2014，第60页。
④ ［美］贾可·辛提卡：《维特根斯坦》，方旭东译，北京：中华书局，2014，第41页。
⑤ ［美］贾可·辛提卡：《维特根斯坦》，方旭东译，北京：中华书局，2014，第42页。

一个手势，就是用一只手的手指贴在下巴底下往外括了一下。这个动作在意大利的那不勒斯那里是表示轻蔑和讨厌的意思。斯拉法做了这个动作后问：这个动作的逻辑形式是什么呢？①

这个例子让维特根斯坦感到，坚持认为命题和它所描述的东西间一定有相同的逻辑形式是不合理的。它让维特根斯坦承认，某些东西不能被命题所陈述，却仍然可以在有意义的命题中自我显现。因此不能说的某些东西可以被显示。换言之，"确实有不能讲述的东西，这是自己表明出来的。这就是神秘的东西"。②但这个说法显然无法解决斯拉法的"手势"，因为这个动作并不"神秘"，而是日常世界中非常生活化的现象。维特根斯坦意识到，我们所面对的有两个世界：我们生活于其中的世界就是感觉材料的世界，因而一般地说也就是现象学意义上的客体世界，而我们所谈论的世界则是物理客体的世界。感觉材料是我们概念的来源。因为物理学要确定逻辑，它不关心可能的东西；而现象学中总是只存在可能性，即感觉，而非真假。所以有评论者不无道理地指出：维特根斯坦直到生命的尽头都"依旧是一个现象学的哲学家"。③在这段时间，维特根斯坦的观点开始发生转变。他的新观点是：意义的中介是受规则支配的人类活动，而非静态的名称关系。显而易见，这比《逻辑哲学论》中坚持词句与客体的必然对应关系要合理多了。名称不像粘在客体上的标签，而像住宅上的街道号码，它们只从它们在其中扮演一个角色的各种各样的活动中取得意义。"语言游戏说"也就在这样的思考背景下渐渐变得清晰。用维特根斯坦的话说："当我们研究语言时，我们把它想象成一种有固定规则的游戏。"这同时也意味着从"语言划界"的工作向"语言开放"的观念的转换。维特根斯坦写道："游戏的概念如何来界定呢？什么可算是一个游戏，而什么又不再是？你能给出一个边界吗？不能。你可以划一个边界。因为至今还没有一个被划出。"④这就是维特根斯坦后期哲学著名的"语音游戏说"的起源。

就像评论家们所一致肯定的，这是一个非常成功的概念。但是它的成功是建立在自我否定的基础上，也就是对他前期的"语言图像论"的批判前提下产生的。打个比喻讲，语言游戏不仅仅是语言与实在之间所有语义学关系的中介，它们还是语言理论中提起上诉的最高法院。⑤有件事在此值得一提。就像"语言图像论"的产生灵感，来自于维特根斯坦从杂志上看到的一则巴黎交通事故审

① ［美］诺曼·马尔康姆：《回忆维特根斯坦》，李步楼等译，北京：商务印书馆，2012，第79页。

② ［奥］维特根斯坦：《逻辑哲学论》，郭英译，北京：商务印书馆，1985，第97页。

③ ［美］贾可·辛提卡：《维特根斯坦》，方旭东译，北京：中华书局，2014，第45页。

④ ［奥］维特根斯坦：《哲学研究》，汤潮等译，北京：生活·读书·新知三联书店，1992，第47页。

⑤ ［美］贾可·辛提卡：《维特根斯坦》，方旭东译，北京：中华书局，2014，第58页。

判；"语音游戏说"的生成灵感有着同样的类似背景，它们都来自于日常生活。据维特根斯坦一位叫狄逊的朋友的回忆，某一天维特根斯坦经过一个场地，那里正在进行一场足球赛。这个场景让维特根斯坦产生了一种想法，即我们在语言中是在用词语进行游戏。① 这就是"语音游戏说"的起源。如果说封闭的"语言图像论"带有某种程度的"本质主义"的色彩，那么开放的"语音游戏说"则呈现出鲜明的反本质主义的特点。这就是著名的"家族相似理论"的来源。维特根斯坦指出：我们应该怎样向别人解释什么是游戏呢？我想我们应该给他描述游戏，而且也许还会加上一句："这种以及类似的东西就称为'游戏'。"②人类的游戏丰富多彩，但将这些不同的游戏形式用同一个概念"游戏"来表达，并不表明它们具有一个共同的"本质"，而是指它们彼此如同一个大家族的成员，彼此间存在着这样那样的家族特征的相似性。就像维特根斯坦所说的那样："我想象不出比'家族相似'更好的说法来表达这些相似性的特征；因为家庭成员之间各种各样的相似性：如身材、相貌、眼睛的颜色、步态、禀性等等，也以同样的方式重叠和交叉。"因此"我要说：'各种游戏'形成了家族"。③

维特根斯坦的《哲学研究》虽然在他去世后才出版，但作者生前为此已做好了充分准备。在书的"作者序言"中我们读到这样一段话："我本愿写出一本好书，这并没有实现，而能够改进它的时光已经流逝远去了。"④维特根斯坦是位严谨的学者，这番话并非出于某种谦虚。它当然表达了作者自身的不满意，但在客观上也表明了维特根斯坦有自知之明，它道出的是一种事实。《逻辑哲学论》虽然存在这样那样的逻辑缺陷，但整体上仍是不乏充满真知灼见的著作，因而它并没有因为这些缺陷而被学界抛弃。相比之下，《哲学研究》固然拥有许多智慧的闪烁，但从整体上讲它显得缺乏前一部书所具有的那种魅力。比如有论者提出，维特根斯坦后期思想里最著名的概念"家族相似"说所包含的，并不是一个卓越的、新鲜的哲学洞见，它只是一个令人难忘的比喻。这个概念作为概念分析的工具或维特根斯坦中心思想的表现都没有多大价值。⑤ 这话听上去似乎有点刺耳，但深入地来看不无道理。比如美国学者曼德尔鲍姆，就曾对维特根斯坦的"家族相似说"提出过削切的批评。他指出，家族相似这个概念应包含一种对遗

---

① [美]诺曼·马尔康姆：《回忆维特根斯坦》，李步楼等译，北京：商务印书馆，2012，第75页。

② [奥]维特根斯坦：《哲学研究》，汤潮等译，北京：生活·读书·新知三联书店，1992，第47页。

③ [奥]维特根斯坦：《哲学研究》，汤潮等译，北京：生活·读书·新知三联书店，1992，第46页。

④ [奥]维特根斯坦：《哲学研究》，汤潮等译，北京：生活·读书·新知三联书店，1992，第5页。

⑤ [美]贾可·辛提卡：《维特根斯坦》，方旭东译，北京：中华书局，2014，第74页。

传关系的肯定,否则我们所谈的就只不过是一般的相似而并非"家族相似"。因为将一个家族成员联系在一起的并非只是外部的相似性,而主要是内在的血缘关系。这就意味着:"如果家族相似这种类比能够对游戏之间的联系方式做出某种解释的话,我们就应该设法揭示,尽管不同游戏之间存在着巨大差异,但它们却可能具有一种像遗传因素一样的共同属性,这种属性并不一定是它们的外部特征。"①所以这个批评并不是吹毛求疵。

英国学者查尔斯沃斯也曾提出,"'家族相似'是这样一种相似,它不能为普遍概括或推论提供基础。然而在其范例理论,或他关于在一个特殊语言游戏之外使用语词是无意义的理论中,维特根斯坦既想做出一个概括又想做出某种推论"。因而从一个更普遍的观点来看,"维特根斯坦再次引进了关于本质的思想"。② 这番意见中肯地揭示了维特根斯坦的这个概念在逻辑上的不彻底性。所以一位英国学者提出:维特根斯坦的方法在他自己的运用中虽然充满吸引力,但在不适当的人手中是很好的掩盖学术欺骗的外衣。③ 这话同样值得注意。这位学者进一步指出,至少有一个理由,让人们对他的后期著作(也就是《哲学研究》)感到不满意,这就是一些关键性概念的含糊性。举一个例子说,维特根斯坦的后期哲学有时似乎向我们提供了一种语言观,即将语言看作在某种程度上完全独立的东西。好像语言是一种浮游于一切事物之外的客观实在,自成一个世界。而世界依存于包括语言在内的"生活形式"。至少谈不上由某种独立于语言的东西来确定语言的正确使用。我们在语言使用上的对与错并不依靠我们是否正确描述客观事实,而是要看我们是否遵循我们的语言群体共同同意并遵守的规则。整个群体的运作也谈不上对与错,只是运作而已。对于用法的唯一限制都来自于内部且基于共识和习惯。假定用法的改变是覆盖整个群体的,那么任何改变都将不会被发现。这个群体也许会合作改变规则的使用,而这却不会为人所知或至少被认为无关紧要。诸如此类的说法事实上存在着相当大的问题,如果再进一步深入下去,人们并不容易得到一个明确的理解。

如果维特根斯坦确信这一看法,即认为实在并不独立于语言和思想,那么他就有一种责任,要更详细地讲明为什么我们的经验与信念这样明显地带有实在论的色彩。但维特根斯坦在书里并未完成这方面的阐述。由此而继续推进的话,我们还能发现在"文化的"和"认知的"两种相对主义,以及公共语言与私人语言的论述上,都存在着让读者难以理解的困难。然而"这些困难是严重的,从根

---

① [美]李普曼:《当代美学》,邓鹏译,北京:光明日报出版社,1986,第253页。

② [英]查尔斯沃斯:《哲学的还原》,田晓春译,成都:四川人民出版社,1987,第200页。

③ [英]格雷林:《维特根斯坦与哲学》,张金言译,南京:译林出版社,2008,第131页。

—基础美学：从知识论到价值观

本上动摇着维特根斯坦的观点"。① 基于上述原因，比《逻辑哲学论》更"正确"的《哲学研究》却没有能获得应有的肯定的掌声。这似乎既在想象之外，也在意料之中。罗素曾经说过："我佩服他的《逻辑哲学论》，但是并不佩服他后来的著作……在维特根斯坦的《哲学研究》中，我看不到任何使我感兴趣的东西。"②曾为维特根斯坦写传的一位美国学者也谈道："如果说维特根斯坦的意义不在于哪个原则，而在于新的哲学风格和方法，那么我必须承认，维特根斯坦倡导和实践的哲学分析的风格和方法十分有用，但被过分夸大了。"③正是由于这些方面让我们看到，维特根斯坦的思想离维也纳学派的逻辑实证主义是多么遥远。但正如一位评论家所说，直到现在偶尔仍然可以看到，始终没有放弃过某种神秘主义的维特根斯坦，"他被荒谬地确认为这场运动的创立人"。④ 诸如此类的批评意见都是中肯的，但我们指出这些并不是要否定维特根斯坦作为一位伟大哲学家的形象，而是想给予更合理和清晰的评价。无论如何，维特根斯坦的哲学贡献是毋庸置疑的。美国学者鲍斯玛说得好："维特根斯坦是一幅清醒剂，就像一种净化。"⑤

通过对"维特根斯坦与哲学"的关系的梳理，我们进入对"维特根斯坦与美学"的关系的分析。维特根斯坦并没正式地写过一部类似杜威的《艺术即经验》的著作，在这个意义上讲，任何关于"分析美学"的话题，都无法将维特根斯坦在美学史的位置抬得太高。在通常意义上，维特根斯坦的确不能称之为"美学家"。美国学者考林恩·法尔克指出，由于"维特根斯坦并不相信系统理论，因此他并没有给我们提供一套艺术理论，把艺术作为一种人类活动来阐述它的重要性和向心性"。⑥ 维特根斯坦自己也说过："这个题目（美学）太大了，而且据我所知是完全被误解了。像'美的'这种词，如果你看一下它所出现在其中那些句子的语言形式，它的用法比其他的词更容易引起误解。'美的'和'好的'是个形容词，所以你会说：'这有某种特性，即美的特性。'"⑦但这并不意味着在庞大的维特根斯坦思想笔记中，有着丰富的关于诗歌与音乐等艺术方面的深刻见解，从而也并不

---

① ［英］格雷林：《维特根斯坦与哲学》，张金言译，南京：译林出版社，2008，第114—124页。

② ［美］巴特利：《维特根斯坦传》，杜丽燕译，北京：东方出版中心，2000，第108页。

③ ［美］巴特利：《维特根斯坦传》，杜丽燕译，北京：东方出版中心，2000，第142页。

④ ［美］巴特利：《维特根斯坦传》，杜丽燕译，北京：东方出版中心，2000，第143页。

⑤ ［美］鲍斯玛：《维特根斯坦谈话录（1949—1951）》，刘云卿译，桂林：漓江出版社，2012，第30页。

⑥ ［美］威瑟斯布恩等：《多维视界中的维特根斯坦》，张志林等译，上海：华东师范大学出版社，2005，第306页。

⑦ ［奥］维特根斯坦：《维特根斯坦论伦理学与哲学》，江怡译，杭州：浙江大学出版社，2011，第63页。

妨碍我们从中提取出维特根斯坦的美学思想。用维特根斯坦自己的话讲:"哲学研究和美学研究之间存在着奇怪的相似之处。"①他还曾写道:在席勒给歌德的一封信中,他写到了"诗人的心情"。我想我理解他的意思,因为"我相信自己是与此相似的。"②正像哲学家约阿奇姆·舒尔特所指出的:毫无疑问,维特根斯坦"他对美学问题做了许多思考,然而他并没有提出过任何美学理论或文学的基本思想,也没有系统地讨论过对诗的哲学思考"。但这并不表明我们无法从他那里获得美学智慧。"从我的观点来看,他后期的哲学文本中所表达的某些洞见,对我们开始意识到并没法去理解一首诗的内容意味着什么是很有帮助的。我认为,这些洞见对读诗意味着什么也大有裨益。"③

这样的说法能够得到充分的证明。在客观上,维特根斯坦在与年轻学生的讨论中难免会涉及美学问题。比如后来成为维特根斯坦最亲近的朋友的他的美国学生诺尔曼·马尔康姆在其《回忆录》中就曾谈到,当维特根斯坦来到美国后,他们经常在马尔康姆的家中举办讨论会。据他的回忆,"在这些家庭接待中,美学的论题可能提得最多,维特根斯坦关于艺术的深刻和丰富的思想是非常感人的"。④ 而从主观方面看,自童年时代起就一直沉浸于卓越的艺术氛围之中的维特根斯坦自己,就本能地有着对审美问题的兴趣。他曾在一本笔记本上写道:"我也许会觉得科学问题有意思,但它们从未真正抓住我。只有概念的和审美的问题才抓住我。在心底里我对解决科学问题并不关心,但对于其他种类的问题则不是。"⑤英国学术传记作家格雷林认为,"从某些方面说,维特根斯坦是个诗人"。⑥ 巧的是作为哲学家的维特根斯坦也曾明确表示了他对艺术的偏好,在一篇札记中他写道,"我想,我的这话概括了我对哲学的态度:哲学真的应该写成诗作。"⑦从美学的角度看,维特根斯坦与美学的关系主要表现在两个方面,首先也是最主要的,他的语言哲学的分析工作能够作为一种方法论运用于美学讨论中。用英国学者普罗福的话来说:"正是由于维特根斯坦的影响,那种试图发现艺术'本质'的做法已经被抛弃了。"正像他所指出的,"尽管维特根斯坦并不是有意把家族相似的想法运用于一切词语,但人们很快意识到这个观念特别适用于诸如

①　[奥]维特根斯坦:《文化与价值》,黄正东等译,北京:清华大学出版社,1987,第35页。

②　[奥]维特根斯坦:《文化与价值》,黄正东等译,北京:清华大学出版社,1987,第95页。

③　[美]约翰·吉布森等:《文人维特根斯坦》,袁继红等译,长春:吉林出版集团有限责任公司,2008,第196页。

④　[美]诺曼·马尔康姆:《回忆维特根斯坦》,李步楼等译,北京:商务印书馆,2012,第295页。

⑤　[英]瑞·蒙克:《维特根斯坦传》,王宇光译,杭州:浙江大学出版社,2011,第566页。

⑥　[英]格雷林:《维特根斯坦与哲学》,张金言译,南京:译林出版社,2008,第125页。

⑦　[英]瑞·蒙克:《维特根斯坦传》,王宇光译,杭州:浙江大学出版社,2011,第295页。

'艺术'和'审美'这样的概念"。① 此外,维特根斯坦的一些见解对具体的美学研究具有启发作用。

比如他认为,我们可以理解"洗衣机是什么?"这样的问题,但是却不能以同样的方式去理解"美是什么?"这样的问题。人们之所以常常这样做而不觉得不妥,是被两个句子表面上的语法相似性所欺骗。② 这句话充分反映了维特根斯坦的美学立场。问题的关键在于,怎么理解"美学是什么"的问题是"不可理解"的? 因为它的目标指向是"美是什么",而关于这一点,早在古希腊的苏格拉底对话中就已十分清楚:阐释这个问题是困难的,因为它超出了人类语言的表达范围。但这同时也表明,维特根斯坦对这个问题的否定并不是对整个美学事业的取消,而只是强调有必要对那种毫无意义的理论空谈进行限制。马尔康姆曾经谈到,维特根斯坦有一句话深深地打动了他,并且使他一直铭记在心,这就是"一种表述只有在生活之流中才有意义"。③ 这是后期维特根斯坦思想中的基本观点。按照维特根斯坦的思路,美学必须完全抛开以确定事物静态本质的旧的形而上学路径,从具体的审美实践中去开辟新的研究道路。用他的话说:"我们并不是从某些词语开始,而是从某些场合开始。"根据这个立场,如果你问自己,孩子是怎样学习"美的"、"好的"等,你就会发现他基本上是把它们用作感叹词。因此,我们应该关注的不是"好的"、"美的"这些词,而是关注它们的场合。举例来讲,"如果我说甲的眼睛很美丽,有人会着问:你看出她的眼睛美在何处? 我可能回答:杏仁眼、长睫毛,柔嫩的眼睑。"④由此可见维特根斯坦的美学观,是要人们把话落到实处。

显然,"这使我们离开通常的美学",⑤但并没有让我们彻底抛弃美学。正如维特根斯坦所说,"在实际生活中,当作出了审美判断,那么诸如'美的'、'好的'等这些审美形容词几乎不起什么作用"。就像懂行的音乐评论中往往说,"这一段不紧凑",或者"这个音和谐吗?";一位称职的诗歌评论者会说:"他用的想象很准确"等等。总之在审美实践中,"审美形容词几乎不起作用。"⑥总体来看,维特根斯坦的美学观虽然和他的哲学一样是"断想"式的,但值得我们高度重视。因

---

①　周宪:《20世纪西方美学》,南京:南京大学出版社,1997,第331页。

②　[英]肖恩·希汉:《维特根斯坦:抛弃梯子》,步阳辉译,大连:大连理工大学出版社,2008,第5页。

③　[美]诺曼·马尔康姆:《回忆维特根斯坦》,李步楼等译,北京:商务印书馆,2012,第105页。

④　[奥]维特根斯坦:《文化与价值》,黄正东等译,北京:清华大学出版社,1987,第33页。

⑤　[奥]维特根斯坦:《维特根斯坦论伦理学与哲学》,江怡译,杭州:浙江大学出版社,2011,第64—65页。

⑥　[奥]维特根斯坦:《维特根斯坦论伦理学与哲学》,江怡译,杭州:浙江大学出版社,2011,第67页。

为它们往往是深刻的。就像他强调的，"如果我们谈到审美判断，我们在千万种东西中就会想到艺术"。而对于艺术，我们应当谈论的词是"欣赏"，我们应该关注的是"欣赏是由什么构成的"？① 如果再进一步问，我们应该如何对待"艺术欣赏"这个问题，就必须关注欣赏者所身处的文化传统。用维特根斯坦的话讲："我们所谓的审美判断的表达，起着极为复杂的但也是非常明确的作用，我们把它们叫做一个时期的文化。要描述它们的用法，或者描述你所谓的文化趣味，你就要描述文化。"因为"不同的时代玩着截然不同的游戏"。所谓"文化"这个词听起来似乎有点玄奥，但其实就是指向日常的生活世界。因此，"为了澄清审美语词，你必须和描述生活方式"。② 在这种生活方式中，与艺术最相关的莫过于伦理和德性。所以维特根斯坦强调"艺术作品是在永恒的形式下看到对象，而善的生活是在永恒的形式下看到世界。这是艺术与伦理的联系"③。他同时也指出，人们常常说美学是心理学的分支。这个看法简直太愚蠢。因为事实上"美学问题与心理学实验毫无关系"。④

通过这个论证，维特根斯坦还态度鲜明地否定了美学的科学化路径。他在"美学可能是指什么"的问题下写道："你可能会认为，美学是一门科学，它告诉我们什么是美。就语词来说这简直太可笑了。我认为它还应当包括什么样的咖啡味道更好些。"这是以一种幽默的方式表达的否定。在维特根斯坦看来，"与审美相关的最重要的东西是所谓的审美反应，即不满意、厌恶、不舒服"。⑤ 根据维特根斯坦的观点，通常所谓的"美学难题"，也就是"关于艺术对我们产生影响的难题"。他认为，"要解决美学难题，我们实际上要做的是某种比较，把某些情况放在一起"。⑥ 概括地来讲，对于维特根斯坦的这些美学思想，我们或许可以存有某些异议，但不得不承认其所表现出来的一种原创性和深刻性。美国学者刘易斯说得好：当问到我们日常生活中熟悉的句子的意义时，维特根斯坦认为许多情况下恰当的回答应该是"人们说的话就是他们要表达的意思"。理解这个句子就在于接受或使用在这种情况下这些词的这种组合。"对于诗歌更是如此。有时

① ［奥］维特根斯坦：《维特根斯坦论伦理学与哲学》，江怡译，杭州：浙江大学出版社，2011，第 68、69 页。

② ［奥］维特根斯坦：《维特根斯坦论伦理学与哲学》，江怡译，杭州：浙江大学出版社，2011，第 70、73 页。

③ ［英］瑞·蒙克：《维特根斯坦传》，王宇光译，杭州：浙江大学出版社，2011，第 146 页。

④ ［奥］维特根斯坦：《维特根斯坦论伦理学与哲学》，江怡译，杭州：浙江大学出版社，2011，第 80 页。

⑤ ［奥］维特根斯坦：《维特根斯坦论伦理学与哲学》，江怡译，杭州：浙江大学出版社，2011，第 74—75 页。

⑥ ［奥］维特根斯坦：《维特根斯坦论伦理学与哲学》，江怡译，杭州：浙江大学出版社，2011，第 92 页。

候，给一首诗或诗的一个句子以散文的含义是不可能的。即使可能，我们也不会认为它能够完全代替诗。它不像从一个公文里提取信息"。① 有一则轶事可以让我们进一步认识这个问题。有一次，维特根斯坦的朋友保罗·恩格尔曼把一位名叫路德维希·乌兰德的诗人的作品寄给他，信中引用了卡尔·克劳斯的评语：它是"如此清晰以至于无人理解它"。维特根斯坦在回信中认同"乌兰德的诗的确很美"，并继续说道："这就是它是怎样的：只有当你不尝试着去言说不能言说的，那么无物失去。但不可言说的将以不可言说的方式蕴含在已言说之中！"②我们不难发现这其中蕴涵着对美的事物所具有的神秘性多么确切的认识。

维特根斯坦对于美学的贡献除了方法论的方面，除此之外还包括以命题的方式直接给予的精辟的见解。何谓"**命题**"？命题（proposition）构成了一门学科的知识体系的核心内容。因此，准确掌握相关的美学命题，这对于我们全面认识当代美学的具体构成的重要性无须赘言。它不同于另外一个相关的概念"**论题**"（topic）。这是指具体下笔时所要谈论的"主题"；它也不同于仅仅作为文章题目、为写作和思考提供方便的"**标题**"（working title）。标题只是帮助我们思考时能够集中注意力的提示。理解什么是"美学命题"，需要从"美学问题"入手。关于"问题"，维特根斯坦同样有过明确的表示：（1）我写的所有东西都是有关这样一个大问题的：世界之中先天地存在着某种秩序吗？ 如果果真如此，它是什么样的？（2）只有在存在着问题的地方才可能存在着怀疑，只有在存在着答案的地方才可能存在着问题，而只有在存在着某种**可以言说**的东西的地方才可能存在着答案。（3）哲学家的一种重要艺术是不纠缠于与自己无关的问题。③ 人文研究就是这样开始的："并非始于这个领域里众所皆知的'大'问题，而是起于研究者心里渴望而想要追究的小问题。"④这个"小问题"也就是具体的"命题"。作为专用术语的"美学问题"和"艺术问题"，在英文中则分别表述为 aesthetic issues 和 problems of art。之所以如此，是因为某个学术问题之所以成为一个"问题"，往往是由于存在着一个相关的"**难题**"（problem），也就是"成问题的问题"。

这样的问题通常意味着有相当的"难度"和"麻烦"。它又往往会引发出一个相对显得更加"具体的问题"，也即通常称之为"**议题**"（issues）的那类问题。美学

---

① ［美］威瑟斯布恩等：《多维视界中的维特根斯坦》，张志林等译，上海：华东师范大学出版社，2005，第 324 页。

② ［美］威瑟斯布恩等：《多维视界中的维特根斯坦》，张志林等译，上海：华东师范大学出版社，2005，第 2、19 页。

③ ［奥］维特根斯坦：《战时笔记（1914—1917）》，韩林合译，北京：商务印书馆，2005，第168、152 页。

④ ［美］韦恩·布斯等：《研究是一门艺术》，陈美霞等译，北京：新华出版社，2009，第35 页。

研究的"问题"是,如何设法不仅仅是寻找到一些可以谈论的"论题"(topic),而是需要进一步落实到一系列的"命题"(proposition)。在某种意义上讲,一种思想性学术活动能否顺利展开,就取决于我们如何实现从"问题"到"命题"的转化。因为从逻辑层面上讲,凡是思想活动总是包括"大问题"(great issues)与"小命题"(small proposition)。所谓"美学命题"(aesthetic proposition),从根本上讲,也就是构成美学学科的基本知识内容的逻辑前提。正是在这个意义上,才会出现维特根斯坦的这句话:**"如下两个问题是一样的:什么是一个命题? 什么是一个事实?"**①正是借助于命题的帮助,我们才能得以面向审美存在的现象界,进入美学研究的具体事实。使美学发挥其重要作用。否则,缺少对真正的美学命题的关注,美学难以避免沦为坐而论道的空洞玄虚之说的命运。叔本华认为:"美的形而上学的真正问题,可以简单地表述如下:一个对象要是与我们的意愿没有任何关系,那么对它感到满意和喜悦怎么会是可能的?"②这个观点很精辟,直接把本体论美学的核心问题提到了议事日程。美学研究正是由诸如此类的"大问题"所引发,但以具体"小命题"的落实才真正开始。因为"一个命题恰恰只是对一个基本事态的描述"。③ 正是在这个方面,维特根斯坦为我们作出了前所未有的贡献。

首先以《文化与价值》为例。比如他提出:"艺术品迫使我们从正确的角度看待它。离开了艺术,这个物与其他事物一样只是自然的断片。"比如"艺术的消失并不能证明对创造这种文明的人的贬损是公正的"。比如"每个艺术家都受到他人的影响,他的作品显明了这种影响的痕迹。然而,他的重要性在于个性。"比如"漂亮的东西不会是美的"。比如"审美力是感觉力的精炼,审美力形成了可接受的事物"。比如"理解乐曲的人会不同于不理解乐曲的人去听"。比如"如果我们把明星模样的角色的美,当作一个给定轴线的对称的美,那么这一明星模样的角色的美就会受到损害"④。再以《战时笔记(1914—1917)》为例。比如"好好地生活是困难的事情! 但是好的生活是美丽的"。比如"世界和生命是一个东西。伦理学和美学是同一个东西"。比如"艺术是一种表达。好的艺术是一种完美的表达"。比如"艺术上的奇迹是:存在世界。生活是严肃的,而艺术是欢快的。美似

① [奥]维特根斯坦:《战时笔记(1914—1917)》,韩林合译,北京:商务印书馆,2005,第166 页。

② [德]叔本华:《叔本华散文选》,绿原译,天津:百花文艺出版社,1997,第 77 页。

③ [奥]维特根斯坦:《战时笔记(1914—1917)》,韩林合译,北京:商务印书馆,2005,第127 页。

④ [奥]维特根斯坦:《文化与价值》,黄正东等译,北京:清华大学出版社,1987,第 6、8、33、60、86、103 页。

乎是艺术的目标。美丽的东西恰恰就是带来幸福的东西"①。凡此种种都是关于美的非常深刻的命题,通过对这些命题的深入探讨,无疑有助于我们在美学研究这个古老而年轻的事业里,不断地走向更高的境界。从这个意义上来讲,维特根斯坦的思想并非只在美学的边缘游荡,而是当今美学研究的重要资源。他比许许多多以美学家自居的知识分子对美学的意义更为重要。

3. 海德格尔的艺术哲学

关于海德格尔有一种说法:"'这个时代最伟大的思想家'就是海德格尔的代称。"评论者认为这个说法"无疑有些夸张,但是另有深意。"②因为在尼采之后,很少有人如此深入地触及了哲学的本质问题。这个问题当然包含了历史悠久的诗学传统。在海德格尔的著述中,特别地以"诗性"(dichtung)这个词,来与作为一种语言艺术文类的"诗歌"(poesie)加以区别。海德格尔指出:由于缺乏对语言本质的深入认识,那种认为"诗宛若一个梦,而不是任何现实,是一种词语游戏,而不是什么严肃行为"的观点"并没有把握到诗的本质"③。尽管"诗性"并非是"诗歌"的同义词,但归根到底,作为语言艺术的"诗歌",仍然是我们讨论和接近"诗意"的一处最佳场所。在《艺术作品的本源》里,海德格尔由"艺术作品中究竟发生了什么?"的追问,而提出了"一切艺术本质上都是诗"④的命题。其用意是思考"艺术之谜",也就是考察在人们称之为"艺术作品"的事物中"真正起支配作用的东西"。按照他的说法,"艺术"这个词没有任何现实事物与之对应,它只是被用来指示那些代表特定的人工制作物的一个集合观念。在此意义上的"诗意",是对"艺术之所以为艺术"的核心品质的一种命名。

也由此而产生了海德格尔所说的"一个悬而未决的问题":如果说艺术的本质是诗,那么这个被马里坦认为"既超越一切艺术又渗入一切艺术"的诗,到底又是什么?诚然,没有诗歌能够是通常意义上的"清晰"的,并不意味着诗歌果真"无所说"。正如一位评论家所认为的:"诗说什么?它以其全然的简捷说的不是任何明确和清晰的东西,否则它就再不能令人沉思地领会。它说的显然是非发生的事情,人们不能对此'明白地言说'。"换言之,谈"诗"论"艺"之难在于"**诗说**

① [奥]维特根斯坦:《战时笔记(1914—1917)》,韩林合编译,北京:商务印书馆,2005,第 202、228、238、244 页。

② [法]菲利普·拉古-拉巴特:《海德格尔、艺术与政治》,刘汉全译,桂林:漓江出版社,2014,第 8 页。

③ [德]马丁·海德格尔:《荷尔德林诗的阐释》,孙周兴译,北京:商务印书馆,2000,第 37—38 页。

④ [德]马丁·海德格尔:《林中路》,孙周兴译,上海:上海译文出版社,1997,第 55 页。

不可说"。① 海德格尔曾一言以蔽之："诗乃是存在者之无蔽的言说"。② 在他看来，诗性意味着艺术也即真理和存在。重申"诗与言"的命题，最终被落实于扑朔迷离的"存在"范畴之中。这是关于"诗"的探讨之所以让人如此殚精竭虑的原因所在。正如美国学者赫舍尔所说：说到存在本身，我们能够肯定的就是，"存在是不可言说的"。③ 实在论排斥了一种通常被隐匿于虚无之中的"非存在的存在"。为这种现象而殚精竭虑构成了海德格尔的思想道路，别尔嘉耶夫为此而对位哲学家表示了一份敬意。④ 这位哲学家通过落实于"此在"的"存在"，而努力地超越以"物质实体"与"观念客体"构成的实在论，建构起一个罗素所说的"既非心灵又非物质的世界"。这意味着由一种"有形/在场"的实在世界，向"无形的/不在场"的精神生活的转型。

对"唯有语言处才有世界"⑤的共识，让 20 世纪的人文思想界做出了一次"语言学转向"；通过赋予语言以本体论意义，海德格尔将"诗性与语言"的关系重新列入现代诗学的议事日程。不过在提出了"艺术的本质是诗"的命题后，这位热衷于概念游戏的学者给出了一个"解释学循环"：一方面他提出，"诗的本质必得从语言之本质那里获得理解"，认为"诗的活动领域是语言"，因而"诗是在与语言和词语的紧密的本质统一性中被理解"。从审美本体论来看，之所以说"诗乃是存在的词语性创建"，前提首先在于"语言保持着诗的原始本质"。但另一方面他又强调，由于"是诗本身才使语言成为可能"，因而"我们就不得不反过来要从诗的本质那里理解语言的本质"。⑥ 王尔德的这个说法："语言是思想的父母而不是思想的孩子。"⑦对超越概念而保有思想的诗性给予了强调。但是他对于"艺术"的阐述仍然是一种逻辑循环：比如"艺术家是作品的本源。作品是艺术家的本源。"以及"什么是艺术？这应该从作品那里获得答案。什么是作品，我们只能从艺术的本质那里获知"。⑧ 因此，一切被归结于对"艺术本质"的确定。按照海德格尔本人的说法，"使某物是什么以及如何是的那个东西，我们称之为某件

---

① ［瑞］奥特：《不可言说的言说》，林克等译，北京：生活·读书·新知三联书店，1994，第 43 页。

② ［德］马丁·海德格尔：《林中路》，孙周兴译，上海：上海译文出版社，1997，第 57 页。

③ ［美］赫舍尔：《人是谁》，隗仁莲等译，贵阳：贵州人民出版社，1994，第 79 页。

④ ［俄］别尔嘉耶夫：《末世论形而上学》，张百春译，北京：中国城市出版社，2003，第 121 页。

⑤ ［德］马丁·海德格尔：《荷尔德林诗的阐释》，孙周兴译，北京：商务印书馆，2000，第 41 页。

⑥ ［德］马丁·海德格尔：《荷尔德林诗的阐释》，孙周兴译，北京：商务印书馆，2000，第 47 页。

⑦ ［英］奥斯卡·王尔德：《王尔德全集》第四册，杨烈等译，北京：中国文学出版社，2000，第 404 页。

⑧ ［德］马丁·海德格尔：《林中路》，孙周兴译，上海：上海译文出版社，1997，第 1—2 页。

东西的本质。"①这让人想起海德格尔关于艺术本质的界定："诗"（Dichtung），但这只是一种命名，而并没有将问题解决。

海德格尔曾强调：命名并不在于给一个事先已经为我们所熟知的东西装配上一个名字，而是一种让某个**无之有**向**是之在**转型的活动。命名不仅赋予了作为语言的基本单位的单个词汇以意义，同时也让某个事物"被指说为它所是的东西，这样，存在者就作为存在者而被知晓"。② 这表明，语言对于世界的认识论意义的前提，是其对于存在的本体论价值。语词通过其命名功能而"把人类此在牢固地建立在其基础上"，语言首先并非是"对要传达的东西的声音和文字表达"，而是"首度命名存在者，这种命名才把存在者带向词语而显现出来"。③ 海德格尔的这番东拉西扯，其实不过是变相地复述了卡西尔的这个意思："正是命名过程改变了甚至连动物也都具有的感官印象世界，使其变成了一个心理的世界、一个观念的世界和意义世界。"④根据海德格尔的考察，古希腊人用以表示技艺和艺术的那个词，实质上从来不指向某种实践活动，而是表示"知道"（wissen）的一种方式。意即：对某种"在场者"之为这样一个在场者的"觉知"（vernehmen）。这样，当希腊人用这个词来表示艺术时，其实已提示我们对于艺术的本质不能从技艺的方面来了解，只能从思想的生成性来理解。因为"觉知/知道"的本质就在于"存在者之解蔽"。⑤ 但海德格尔此说忽略了一个十分重要的环节："思"对于"诗"的意义仍属于工具性的而非本体性的：它只是产生"精神生活"的平台。因为"思"不只是一种发生于大脑中的概念活动，同样也属于心灵中的那种超概念的直觉领悟。

海德格尔似乎也意识到了这点，所以他在其艺术论中将"诗"与"真"的统一，最终归并于"美"的范畴，认为"美乃是作为无蔽的真理的一种现身方式"，而"真理的本质即自由"。⑥ 波兰语言学家沙夫指出：如果不考虑科学术语的话，那就可以发现"模糊性实际上是所有的语词的一个性质"。正如他指出的，"假如我们通过约定的方法完全消除了语词的模特性，那就会使我们的语言变得如此贫乏，使它的交际和表达的作用受到如此大的限制"。⑦ 这种模糊性不仅使得语言的"字里行间"总难免存在着一些"默默隐藏的东西"，而且也让作为概念媒介的语言总是难以避免某种情感性的趋向。这一方面是由于语言首先作用于我们的意

---

① ［德］马丁·海德格尔：《林中路》，孙周兴译，上海：上海译文出版社，1997，第1页。

② ［德］马丁·海德格尔：《荷尔德林诗的阐释》，孙周兴译，北京：商务印书馆，2000，第45页。

③ ［德］马丁·海德格尔：《林中路》，孙周兴译，上海：上海译文出版社，1997，第57页。

④ ［德］恩斯特·卡西尔：《语言与神话》，北京：生活·读书·新知三联书店，1988，第55页。

⑤ ［德］马丁·海德格尔：《林中路》，孙周兴译，上海：上海译文出版社，1997，第42页。

⑥ ［德］比梅尔：《海德格尔》，刘鑫等译，北京：商务印书馆，1996，第78页。

⑦ ［波］阿达姆·沙夫：《语义学引论》，罗兰译，北京：商务印书馆，1979，第352、355页。

识层面,使得"绝大多数的词,像意识的差不多所有成分一样,都附带着一种情调,一种由愉快或痛苦化生的东西"。① 即便是一个最普通的单词"家",也能引发我们关于妻子与孩子、爱情与亲情等等的体验;另一方面如同小说家高行健所说,"语言的本性是有声的,书写在后,文字是对语言的一种记录"。② 作为一种依托于声音系统的意义媒介,语言的内在节奏本身就拥有一种抒发情感传达胸臆的品质,因为"节奏的本质就是我们自己的内心过程的运动"。③ 可以认为,这便是海德格尔认为"语言本身就是根本意义上的诗",提出"诗歌在语言中发生"④这个命题的逻辑前提。因为"节奏是一种无意识的语言的决定因素",⑤它不仅能够强化凝聚于单个语词中的情调性,而且还可以在此基础上进一步建构起一个整体的抒情场域。

当语言学家萨丕尔强调,"语言主要地是一个听觉符号系统,正常人的语言冲动首先发生在听觉印象的范围";⑥当评论家帕克据此而坚持,"只有在具有音乐性也具有形象性的表达中,才能发掘出语言表现的全部潜力";⑦当文学枭雄王尔德在谈到诗性写作的奥妙时断然表示:"我们必须回归到声音上去,这是对我们的考验";⑧这无疑可视为是对海德格尔"语言本身就是根本意义上的诗"⑨这个命题的一种补充性诠释。语言艺术的优越性无非在于,"诗歌能够激发起心灵的任何一种情调"。⑩ 按照海德格尔的说法,情调不同于一般意义的情感,不只是在某个自为的内心中的一种单纯的心情,"情调恰恰就是我们在我们本身之外存在的基本方式"。⑪ 诚然,海德格尔的这番论调一如既往地属于"知而不解"之语,但其内涵其实也并不复杂:所谓"情调"并非只是作为一般心理意识的主观情绪,而是一种在意识活动中"出场"、在情感体验中"存在"的,具有客观普遍性的精神现象。"客观的东西对于这种情调的关系比对于明显的存在和现实的关

① 〔美〕爱德华·萨丕尔:《语言论》,陆卓元译,北京:商务印书馆,1985,第 35 页。

② 〔法〕高行健:《文学的理由》,香港:明报出版社有限公司,2001,第 9 页。

③ 〔美〕帕克:《美学原理》,张今译,桂林:广西师范大学出版社,2001,第 173 页。

④ 〔德〕马丁·海德格尔:《林中路》,孙周兴译,上海:上海译文出版社,1997,第 58 页。

⑤ 〔美〕爱德华·萨丕尔:《语言论》,陆卓元译,北京:商务印书馆,1985,第 144 页。

⑥ 〔美〕爱德华·萨丕尔:《语言论》,陆卓元译,北京:商务印书馆,1985,第 16 页。

⑦ 〔美〕帕克:《美学原理》,张今译,桂林:广西师范大学出版社,2001,第 160 页。

⑧ 〔英〕奥斯卡·王尔德:《王尔德全集》第四册,杨烈等译,北京:中国文学出版社,2000,第 395 页。

⑨ 〔德〕马丁·海德格尔:《林中路》,孙周兴译,上海:上海译文出版社,1997,第 58 页。

⑩ 〔德〕洪堡:《论人类语言结构的差异及其对人类精神发展的影响》,姚小平译,商务印书馆,1997,第 227、238 页。

⑪ 〔德〕马丁·海德格尔:《尼采》上册,孙周兴译,北京:商务印书馆,2002,第 108 页。

系要密切得多"。① 海德格尔在阐释尼采思想时指出：认识问题的实质是对真理的确认。真理不仅属于认识之域，而且"认识本就是真理之家"，以至于可以说，一种不真的认识是不能被视为认识的。审美论当然不同于认识论，但这意味着对认识论的超越而并非彻底摒弃，因为事实上不存在缺少认识要素的审美论。

作为对认识论的取代的存在论，其对艺术实践的关注事实上只是借花献佛地，将真理问题重新置入思想之境。这是历史悠久的西方思想传统。而事实上，海德格尔是通过画家丢勒的一句话触及这个传统。丢勒曾说过："千真万确，艺术存在于自然中，那些能从自然中取出艺术的人，就拥有了艺术。"② 从存在论的视野来看，"美与真理两者都与存在相联系，而且两者都是存在者之存在的揭示方式"。③ 这让我们关于"艺术的本质是诗"的命题的讨论又绕回到了循环论。虽然海德格尔在《艺术作品的本源》分别从"诗性与存在"和"诗性与语言"两个维度进行阐释之后，又将它转换成"艺术就是真理的生成和发生"的话题进一步予以论述。但在这里，"艺术发生为诗"和"艺术就是自行设置入作品的真理"，是两个可以相互诠释的陈述。用他的话讲也即："艺术的本质是诗，诗的本质是真理之创建。"④ 所以忠于其衣钵的伽达默尔写道：海德格尔"他的哲学的中心在于，把存在理解为真理的发生"⑤。概括地讲，对海德格尔而言，存在就等于"真理与存在"的循环。这样，关于艺术本质的追问不能不沿着这一思想轨迹继续，即对诗性与真理的关系再作探讨。虽说海德格尔不仅将对艺术本质的探讨最终落实于"真理本身又是什么"的追究中，而且还给出了一个明确的结论："真理乃通过诗意创造而发生。"但显而易见，这又是一个循环式解释。这种言说方式虽说让说者总是处于一种不败之地，但对于问题的货真价实的理解却仍需要另辟蹊径。问题的复杂性在于"真理"涵义的丰富性。王尔德写道："什么是真理呢？就宗教而言，真理只不过是幸存的观念；就科学而言，真理是终极的感觉；对于艺术，它是人们的最新感情。"⑥

所以时至今日我们并未在真理问题上达成共识，而只有关于真理的种种说法。但无论如何，有一点似乎已无异议：我们日常活动中关于真理的谈论首先涉及语言的运用。换言之，"正确使用一种语言时，我们便认识了真理的条件，这就

---

① ［瑞士］沃尔夫冈·凯塞尔：《语言的艺术作品》，陈铨译，上海：上海译文出版社，1984，第127页。

② ［加］埃克伯特·法阿斯：《美学谱系学》，阎嘉译，北京：商务印书馆，2011，第378页。

③ ［德］马丁·海德格尔：《尼采》上册，孙周兴译，北京：商务印书馆，2002，第2、19页。

④ ［德］马丁·海德格尔：《林中路》，孙周兴译，上海：上海译文出版社，1997，第58页。

⑤ ［德］汉斯·伽达默尔：《美的现实性》，张志扬译，北京：生活·读书·新知三联书店，1991，第106页。

⑥ ［英］奥斯卡·王尔德：《王尔德全集》第四册，杨烈等译，北京：中国文学出版社，2000，第443页。

是保证一个句子'真实'的条件"。① 用海德格尔的话说:"真理既指单一本质,也指与这个本质相符的杂多。语言本身就具有趋向于这种歧义性的独特倾向。"所以,尽管从日常生活中的论断到自然科学的真理以及历史科学的真理,"存在着多种多样的真理"。而决定着所有这些真理观的,则是"使一个真的陈述成为一个真的陈述的东西"。② 当海德格尔强调,"在作品中发挥作用的东西是**真理**,而不只是一种**真实**"③,这其实是对"真理"范畴所蕴含的生命指向的强调,意味着"真理是精神性的,它在精神里,是对精神的参与"。④ 这种对精神的强调也即是对作为生命行为的认识行为的强调。它改变了知识认识论的思维与存在、认识与生活的对峙关系,在这里"思维就是存在,认识就是生活"。⑤ 因此,它所提供的那种"有温度的思想",既不是那些不伤大雅也无关人生的小聪明,同样也不是以冠冕堂皇的名义被隆重推出的,那些空洞的"大道理"。而是属于"身体性"的、内在于个体生命的生存体验。

海德格尔说得好:"我们并非'拥有'一个身体,而毋宁说,我们身体性地'存在'。这样一种存在的本质包含着作为自我感受的感情。"所以,在"诗意的栖居"中始终"回响着身体的状态",因为无论如何,"我们通过我们的肉身存在而生活着"⑥。这个见解是高明的,但海德格尔却没有说明他是从尼采那里抄袭来的。生命的个体性也意味着对生命的肉体维度的肯定。所谓"诗意的栖居"并非诸如养花种草的清高做派,而只是对日常生活世界中的那些庸俗状况的超越。这种超越的实质也并不是让我们自欺欺人地离这个世界而去,恰恰相反,而是通过返朴归真的途经真正地拥有这个世界。换言之,我们的"栖居"之所以有可能是"诗意"的,乃是因为在最终意义上,所谓"诗性"就是生活世界本身的一种人类学实质。在此意义上,美国思想家梭罗的这个见解是深刻的:"真正的诗并不是公众阅读的。总是存在着一种并非印在纸上的诗,在它产生的同时,它被印刷在诗人的生命中。"⑦所谓"诗人"不同于"写诗者",而是真正懂得并且热爱诗歌、对于艺术杰作有着强烈的欣赏兴趣的人们。

但海德格尔并没有如此直接的阐述,他在美学方面提出的见解只是在"艺术问题"与"美学问题"之间做出区分。比如在 1931—1932 年的冬季学期里,海德

① [德]汉斯·波塞尔:《科学:什么是科学》,李文潮译,上海:上海三联书店,2002,第82 页。

② [德]马丁·海德格尔:《尼采》上册,孙周兴译,北京:商务印书馆,2002,第 160—161 页。

③ [德]马丁·海德格尔:《林中路》,孙周兴译,上海:上海译文出版社,1997,第 39—40 页。

④ [俄]别尔嘉耶夫:《末世论形而上学》,张百春译,北京:中国城市出版社,2003,第 45 页。

⑤ [俄]别尔嘉耶夫:《自由的哲学》,董友译,上海:学林出版社,1999,第 64 页。

⑥ [德]马丁·海德格尔:《尼采》上册,孙周兴译,北京:商务印书馆,2002,第 108—109 页。

⑦ [美]梭罗:《梭罗集》下册,陈凯等译,北京:生活·读书·新知三联书店,1996,第308 页。

格尔对弗莱堡的学生们说："哲学必须摆脱把艺术问题当作美学问题来提出的习惯。"①因为他认为无论艺术可能成为别的什么，它肯定不是一种"体验的表现"。虽然他在课堂上并没有明确"诗"除了真理的去蔽外究竟是什么，但他却回答过"诗不是什么"的问题："(1)诗不只是一种具有意义和美的特定含义的文辞结构。(2)诗不是创作诗的心理过程。(3)诗不是心理体验的语言学上的'表达'。上述一切都为诗所具有，然而它们却没有抓住诗的基本实质。"②他曾把希特勒比作与德国未来之"在"的诗人荷尔德林同类的人。与这些否定性的结论相比，海德格尔一直没有放弃努力确定在他的言说中依然很模糊的艺术的真正实质。他提出，"诗是'在'的发生之中的根本事件"。"它为'在'奠定了基础。"③海德格尔只是在对艺术作品的"物性"的重新界定中，再次提出了艺术与真理的关系。他认为问题出在像柏拉图和亚里士多德那样的哲学家们开始思考艺术之时，在此之前，艺术家和思想家都让真理放射出它的美的光辉。现在，由于哲学家坚持真理或"逻各斯"是其独有领域的权利，因而艺术家被指派了仅仅是外观的复制者或者像工匠一样的美的事物的创造者的角色。伟大的艺术最终退化为经验的表现或为艺术而艺术，都早已在这种最初的感性分裂中得到了预示。④

由此而言，海德格尔的诗学思想虽然给人以许多启发，并且貌似拥有一种深刻性，但其实的确是形式大于内容。这么说似乎有点片面，毕竟海德格尔从一个承前启后的视角，为艺术哲学增加了某些新的东西。正如一位评论家所指出的，在某种意义上，他的特殊的贡献的某个方面也在于像维特根斯坦那样，在于为我们进一步思考美学问题提供了若干重要的命题。比如仅仅从《艺术作品的起源》中，我们就能够提取出以下六大值得认真对待的命题。即(1)"在艺术作品中，存在者之真理已经把自己确立于作品中。"(2)"确立世界和建立大地是作品之为作品的两个本质特征。"(3)"真理的本质本身即是一种源始的斗争，这一斗争所争取的是存在者出现于其中并回到自身的敞开中心。"(4)"这种显现在作品中的光亮就是美，美是真理显现的一种方式。"(5)"保持作品和认识作品一样，是对出现在作品中的真理的清醒的入神和惊叹。"(6)"全部艺术，作为存在者之真理的显现，本质上是诗。"⑤如果说维特根斯坦片断式的写作导致了他的思想的晦涩难解，是最受到人们批评的毛病的话，那么海德格尔的上述陈述显然有过之。它的关键词只有一个：真理。但尽管它出现了那么多次，依然让人一头雾水。无法轻易地找到进入的门槛。

---

① [加]埃克伯特·法阿斯：《美学谱系学》，阎嘉译，北京：商务印书馆，2011，第 357 页。
② [加]埃克伯特·法阿斯：《美学谱系学》，阎嘉译，北京：商务印书馆，2011，第 358 页。
③ [加]埃克伯特·法阿斯：《美学谱系学》，阎嘉译，北京：商务印书馆，2011，第 359 页。
④ [加]埃克伯特·法阿斯：《美学谱系学》，阎嘉译，北京：商务印书馆，2011，第 365 页。
⑤ [德]比梅尔：《海德格尔》，刘鑫等译，北京：商务印书馆，1996，第 86 页。

因此客观地讲,作为美学家的海德格尔算不上太成功,但作为批评家的海德格尔问题就更多了。海德格尔关于"诗之思"所作的言说一直受到现代诗学的关注,而他的那本《荷尔德林诗的阐释》一书,则让关于文学批评实践的思考难以轻易越过。众所周知,在海德格尔的哲学叙说中,荷尔德林的位置十分突出。海德格尔最早在 1934—1935 冬季学期开始,在其课堂上讲授荷尔德林的诗。自此以降这位命运坎坷的诗人便成了他"思想的固定的参照系"。问题是这位迟到的仰慕者与其对象间看上去并不具有亲和性,不同于身强体壮犹如德国农夫般的哲学枭雄,常显羞怯的荷尔德林并没有独步天下的勇气与野心。于是关于海德格尔的此番关怀究竟有何用意,不能不首当其冲地成为一个问题。曾为海德格尔思想作传的萨弗兰斯基认为,海德格尔的此番兴趣主要有三:首先是他在自己的权力——政治生涯失败后,试图通过"诗之思"来重返权力之途;其次是借鉴荷尔德林的话语方式,通过改造"运思"的途径来重建一种哲学品牌;再则是如作为"诗人的诗人"荷尔德林那样,成为"思想本身的思想",以实现古老的"哲学王"的理想。总之,"他在荷尔德林那里画了一幅自己的形象,一幅自己想让人看到的形象"①。

毫无疑问,萨弗兰斯基的这一见解具有说服力。经验告诉我们,如此这般的"借花献佛"与"曲线传意",历来是思想家们的一种"运思"方式。以此而言,海德格尔借始终对"神圣性"问题有着浓厚兴趣的荷尔德林的诗文,来阐释其关于"存在"的神秘玄想的做法无可厚非。在通俗的意义上,人们差不多能够以海德格尔常常引用的荷尔德林"人诗意地栖居"这句话,来对其"存在"的奥秘作出一种注解。《阐释》一书主要包含六篇关于荷尔德林诗歌的阐释文章,即:"荷尔德林和诗的本质"、"荷尔德林的大地和天空"、"诗歌",以及关于荷尔德林的《返乡——致亲人》、《如当节日的时候……》、《追忆》等三首诗的解释。海德格尔对这项工作的难度有充分的自觉,他不仅承认:"并不存在通向荷尔德林伟大诗歌的这条惟一真实的道路。多种多样道路中的任何一条,作为凡人的道路都是一条歧途。"而且还一再表示:"荷尔德林的这些诗歌究竟是什么,我们迄今仍全然无知。"他为自己确立的目标也十分清楚:尝试着"把我们习以为常的表象转变为一种质朴的、因而异乎寻常的运思经验。"他提出,促使其进行这种尝试的信心在于:"对于这个诗人世界,我们依据文学和美学的范畴是决不能掌握的。"②为了慎重起见,海德格尔在"增订第 4 版前言"里特地表示,他所作的"这些阐释乃出自一种思的必然",故而"无意于成为文学史研究论文和美学论文"。不过在"第 2 版前言"里海德格尔曾这样告示我们:"这些阐释乃是一种思与一种诗的对话;

① ［德］萨弗兰斯基:《海德格尔传》,靳希平译,北京:商务印书馆,1999,第 382 页。

② ［德］海德格尔:《荷尔德林诗的阐释》,孙周兴译,北京:商务印书馆,2000,第 185—186 页。

这种诗的历史惟一性是决不能在文学史上得到证明的,而通过运思的对话却能进入这种惟一性。"①

　　海德格尔的此番"荷尔德林之旅"由此而体现出一种明确的批评立场,其方法以一言以蔽之,也即:同诗人一起"运思"。这种批评实践在话语形态上容易显得缺乏一种整体性,这是由于"为了让在诗歌中纯粹的诗意创作物稍微明晰地透露出来,阐释性的谈话势必总是支离破碎的"。但以此为代价,批评却能够深入到诗作的思想腹地并达到一种俗人难抵的境界。用海德格尔的话说:"任何解释最后的、但也是最艰难的一步乃在于:随着对它的阐释而在诗歌的纯粹显露前销声匿迹。"②这种方法始终强调以语言为关注焦点。因为"人之存在建基于,而语言根本上惟发生于对话中"。在此意义上,对话不仅仅是语言实践的一种方式,而毋宁说就是语言的本质性的体现。因为只有通过彼此谈论某物的方式而进行的对话,语言作为主体间思想交流的中介的功能才能得以实现。这也就意味着,作为这种"思与诗的对话"的批评的前提,是"倾听"。因为批评之"说"并非是批评家主体自作聪明自以为是地自说自话,而是一种让作为批评对象的诗自身"说"。无论如何,"与诗歌相合的从诗歌而来的道说方式,只可能是诗人的道说"。③ 但事实上,诗人本身的缺席总是使其文本处于一种"无言"与"失语"状态。唯其如此,批评家要想贯彻实践其让诗来"说"而越俎代庖的承诺,就必须对诗人的无声召唤作出响应。在荷尔德林的作品中,"这种响应导向一条道路,即进入那隐遁了的诸神的切近处的道路",这条道路通往意义的空间。但我们应当如何认识这条道路呢?海德格尔认为只能"通过我们对荷尔德林的诗的倾听",没有"倾听"就没有"言说"。但倾听也就是参与到诗人之思中去,没有参与就没有倾听,而为了更好地参与诗人之思,批评家首先得进入其生存之中。

　　所以,在海德格尔的批评方法同中国古人倡导的"以意逆志"与"知人论世"相结合的批评观之间,有一种异曲同工之妙。《孟子·万章下》有言:"颂其诗,读其书,不知其人可乎?是以论其世也,是尚友也。"据朱熹在《孟子集注》中的解释:"颂,诵通。论其世,论其当世行事之迹也。言既观其言,而不可以不知其为人之实,是以考其行也。"所以海德格尔的"倾听批评",概括地讲也就是结合诗人的生平经历并以诗人的其他文本为参照,来对具体作品进行阐释。这与曾抱怨"我们诗人直到我们这个时代都没有受到评论",曾向友人明确表示"需要听到你的纯粹声音",将"朋友间的心灵,在对话和通信中观念的形成"看作是"艺术家所必需"的荷尔德林的精神活动相符合。可举一例:海德格尔在解释《追忆》一诗中的"节日里/棕色的女人们在那里行走"时,在提出了"欢庆只是由它所欢庆的东

---

①　[德]海德格尔:《荷尔德林诗的阐释》,孙周兴译,北京:商务印书馆,2000,第2页。

②　[德]海德格尔:《荷尔德林诗的阐释》,孙周兴译,北京:商务印书馆,2000,第244页。

③　[德]海德格尔:《荷尔德林诗的阐释》,孙周兴译,北京:商务印书馆,2000,第228页。

西来规定的,这个东西就是庆典。庆典来自何方? 对这位思念节日的诗人来讲,庆典是什么呢?"这样一个问题后,以荷尔德林的另一首诗《莱茵河》里的一句"而后,人类与诸神欢庆婚礼"为参照,最终得出了"在这位诗人的诗意意义上的庆典,乃是人类与诸神的婚礼"①这一结论。通过不同文本间形成的"互文性"联系,让荷尔德林自己来解释他的诗,这是海德格尔的一手高招。

这种"运思之说"的批评所面临的一个问题,也就是通常所谓的"说不可说"。海德格尔关于艺术有一个基本观念:在艺术品中起作用的只有一样东西,即真理,但这种真理不能被概念所捕捉,只能在具体的经验行为中被"觉知"。这就构成了一种神秘,因为真理意味着对世界与存在的本源的贴近。"不过,我们决不能通过揭露和分析去知道一种神秘,而是惟当我们把神秘当作神秘来守护,我们才能知道神秘。可是,倘若我们并不认识它,我们又如何去守护它呢?"②荷尔德林之所以被海德格尔择选作阐释对象,不仅是这位曾表示"哲学几乎又是我惟一的事情"的诗人,也是一位"爱思者";还因为在这位存在论者看来,荷尔德林不只是"一位罕见的诗人,甚至可以说,是一位神秘的诗人"③,从而也是一位别具一格的"诗人的诗人"。这让喜好"运思"的人们乐意将他引为同道而"把他置于决断的关口上"。④ 海德格尔曾提出,能够用一个关键词将荷尔德林的诗一网打尽:神圣者。这应该能够成立,诗人不仅曾一再表示过这样的意思:"我期候着,看到了/神圣者到来,神圣者就是我的词语。"(《节日》)而且在他的美学观里,一直将诗性与神性相提并论:"一切宗教按照其本质将皆为诗性的/创造性的。"他认为在终将到来的那个未来时代,我们完全"可以谈论多种宗教统一为一种宗教,这里每人尊敬他的神而人人尊敬一位在诗的观念中的共同的神"。⑤

概括地来看,海德格尔具体实施的方案,主要是对每句诗句里的关键词通过梳理与筛选作出"定位"后,进行全面的渗透式的"串讲"。作为"倾听"的批评正是通过这种串讲得以实现,但支配着这种串讲活动的,则是一种"命名论诗学"。用海德格尔的话说:"诗的活动领域是语言。因此,诗的本质必得从语言之本质那里获得理解。"因此可以得出"诗乃是对存在和万物之本质的创建性命名"这一结论。而所谓"命名并不在于仅仅给一个事先已经熟知的东西装配上一个名字,而是由于诗人说出本质性的词语,存在者才通过这种命名而被指说为它所是的东西"。⑥ 虽然命名依赖于一个名称,而名称又来自命名活动但命名不同于名

① [德]海德格尔:《荷尔德林诗的阐释》,孙周兴译,北京:商务印书馆,2000,第122页。
② [德]海德格尔:《荷尔德林诗的阐释》,孙周兴译,北京:商务印书馆,2000,第25页。
③ [德]海德格尔:《荷尔德林诗的阐释》,孙周兴译,北京:商务印书馆,2000,第229页。
④ [德]海德格尔:《荷尔德林诗的阐释》,孙周兴译,北京:商务印书馆,2000,第37页。
⑤ [德]荷尔德林:《荷尔德林文集》,戴晖译,北京:商务印书馆,1999,第218页。
⑥ [德]海德格尔:《荷尔德林诗的阐释》,孙周兴译,北京:商务印书馆,2000,第46页。

称：名称是让人认识的。谁有一个名称，他就可以广为人知。而"命名是一种道说，亦即一种显示，命名有所揭露，有所解蔽"，是让某种东西"得到经验的显示"。① 在海德格尔看来，最能体现这个诗之本质的一句诗，是荷尔德林《如当节日的时候……》一诗的开头："如当节日的时候，一个行走的农夫/望着早晨的田野"；而他最为关注的一句诗则是"充满劳绩，然而人诗意地/栖居在这片大地上。"海德格尔认为，荷尔德林的每部作品都由一个中心之思确立，整体不过是这种思的一种逐渐扩展与最终的汇聚。比如《节日》可被概括为"道说着神圣者，并因此命名着原初决断的惟一时间，而这种原决断是对于诸神和人类的未来历史的本质构造的决断"。② 同样地，《追忆》一诗则被概括为："做诗就是追忆。追忆就是创建。诗人创建着的栖居为大地之子的诗意栖居指引并且奉献基础。一个持存者进入持存之中。追忆存在着。东北风轻轻地吹拂。"③

以此而言，海德格尔式的运思批评也就是通过一种创造性的串讲活动，让被命名者得以落实。毫无疑问，海德格尔的串讲不仅特色鲜明，而且自有一种"理趣"与"思味"。比如对《返乡》第5小节一段诗的阐释："是的！故乡风情如故！欣荣昌盛/在这儿生活和相爱的一切，从未抛弃真诚/但那最美好的，在神圣和平彩虹下的发现物/却已经对少年们和老人们隐匿起来/我在讲蠢话。这就是欢乐。"海德格尔写道："诗人知道，如果他把发现物称为隐匿起来的发现物，那他就说出了日常理智所反对的东西。……因此之故，诗人在刚一说出关于所隐匿的切近之神秘的话后，就不得不立即打断自己的话：'我在讲蠢话。'但他依然在讲。诗人非讲不可，因为'这就是欢乐'。"④但除此之外，问题也是显而易见的。以关于《追忆》一诗的随机选择的阐释为例：(1)"船夫们火热的灵魂"里的"船夫们"，被认为"就是日耳曼的未来诗人。他们道说神圣者"；(2)"榆树宛若宽大的顶峰/掩映着磨坊/但庭院中长着一棵无花果树"意思是"对磨坊和庭院的思念"，因为"磨坊提供谷物，并且为提供面包而效力。为了面包之故，这位必须思天国神灵的诗人思念着人之忧心的这个作坊"；(3)"在树荫下假寐/许是多么甜蜜"，被认为是诗人对一种无所作为的诱惑的拒绝，因为"诗人必须保持清醒，即便不是为了达到一种更高的沉思，首先也还必须变得更为清醒"；(4)"灵魂热爱殖民地"意思是诗人"只是间接地、隐蔽地热爱母亲"，因为"殖民地是归祖国所有的属地"而"母亲是故乡的土地"。

如此等等的串讲的牵强附会是毋庸讳言的，经过这番阐释后的诗意的丧失殆尽索然寡味也不言而喻。问题的症结，就在于过于"落实"。诗人的写作活动

---

① ［德］海德格尔：《荷尔德林诗的阐释》，孙周兴译，北京：商务印书馆，2000，第236页。

② ［德］海德格尔：《荷尔德林诗的阐释》，孙周兴译，北京：商务印书馆，2000，第92页。

③ ［德］海德格尔：《荷尔德林诗的阐释》，孙周兴译，北京：商务印书馆，2000，第183页。

④ ［德］海德格尔：《荷尔德林诗的阐释》，孙周兴译，北京：商务印书馆，2000，第26页。

与哲人的运思并非并行不悖,而阐释者显然将其当作哲学文本对待了。但诗毕竟是"诗",荷尔德林对哲学之"思"虽有所偏好,并不意味着他因此就无视诗与思间的差异。他在给其兄弟的一封信里曾如此写道:"将这些从诗的角度看如此微不足道的诗行放在面前,你会惊讶,我的心情何以如此奇异。然而对当时的感受我说得甚至微乎其微。有时我就是这样,把最生动的心灵献给很平淡的词句,以致除了我没有人知道,这些词句究竟要说什么。"①没有外人知道诗之思,其实是连诗人自己也处于一种"无意识"之中难以确定。所以有"诗无达诂"之说:诗中之思既无从、也无须被对号入座般地予以落实。耐人寻味的是,对于这并不是什么深刻的道理,海德格尔何以不予理睬?

与习惯于一拥而上地跟风追潮且虚心好学的汉语学界不同,世界思想史视野内的海德格尔一直是个有争议的现象。在众多的赞美词中,汉娜·阿伦特由于将海德格尔的思想称之为来自古代又复归古代的"尽善尽美"的东西而格外引人注目,她由一位美丽的犹太女学生与可爱的情人而成长为一位杰出的女哲学家。但大相径庭的见解也比比皆是:萨弗兰斯基指出,海德格尔的诸如"存在存在着"与"世界世界着"这样的警句式的言说,"隐藏着一种空洞的秘密";虽然他确切地指出了我们平时并没有打开直接体验的财富,但当他本人试图尝试做这项工作时"我们就会发现,除了一些陈词滥调之外,什么也没有"。他认为,"海德格尔自己十分清楚",他的那些内容生僻古怪的谈话其实"毫无意义"。所以在心情最好的时候"他甚至能对此持嘲讽的态度"②。英国政治批评理论家伊格尔顿认为,海德格尔的文本是典型的以"令人崇敬的思想"姿态出现的"神秘兮兮的胡言乱语"。这种现象"例示了20世纪美学在观念上的一个目的:这就是需要放肆无忌惮地把自己的运作加以神秘化"。通过"使人类主体在某种神秘的显现面前匍匐于地,顶礼膜拜",帮助言说者在思想领域顺利加冕。③ 在美国学者考夫曼看来,海德格尔的著述不断给人以一种印象:"当揭开层层相叠的误解以后,读者会感到某些光辉的事物将要出现。可是不幸,它总是停留在将要出现的阶段上。"当海德格尔试图为我们揭开谜底时,"黑夜似乎已经降临,伟大的发现虽已诞生,但我们不能完全看到它。"④

诚然,关于思想者们见智见仁的评论无须大惊小怪。值得认真对待的,是试图取道于"诗之思"来完成"思的事"的海德格尔,他对于荷尔德林的诗的阐释看似别具一格,其实别有用意。如同英雄离不开荣誉的光环,权威离不开迷信的愚

---

① [德]荷尔德林:《荷尔德林文集》,戴晖译,北京:商务印书馆,1999,第412页。

② [德]萨弗兰斯基:《海德格尔传》,靳希平译,北京:商务印书馆,1999,第418页。

③ [英]伊格尔顿:《美学意识形态》,王杰等译,桂林:广西师范大学出版社,1997,第286、312页。

④ [美]考夫曼:《存在主义》,陈鼓应等译,北京:商务印书馆,1994,第31页。

民，主子离不开忠心耿耿的奴才，招摇撞骗的欺名盗世者离不开各种冠冕堂皇的名义，热衷于受人膜拜的思想法师们离不开神秘的氛围。海德格尔无疑是营造这种氛围的绝代名家，他只在那里喋喋不休地说，他的文本只是对一小撮词语的咏叹：存在/存在着，神性/神圣者，遮蔽/开启，畅开/封合，隐匿/澄明，诗意/栖居，如此等等。典范的"海德格尔式"书写可举例如下："为诗意创作的灵魂所激励，诗人的心灵就是生气勃勃的，因为诗人命名着现实之物的诗意，基础并凭借其被显示的现实性才把现实之物带向'本质'。诗意创作的灵魂通过生灵建立着大地之子的诗意栖居。所以，灵魂本身必须首先在有所建基的基础中栖居。诗人的诗意栖居先行于人的诗意栖居。所以，诗意创作的灵魂作为这样一个灵魂本来就在家里。"①这里充塞着一堆语义相近的概念与辞藻：现实性/现实物，灵魂/生（心）灵，建基/基础，激励/生气勃勃，大地之子/诗人/人。

这些词的确切的意思由于总是处于一种不断地被置换状态而无从着落，一种神秘也就随着这种闪烁其词的表达粉墨登场。这让人想起罗兰·巴特的一段话："文本的喋喋不休，只不过是在简单的写作要求下形成的一种语言的泡沫。"②但这些泡沫却能让人着迷，其中的奥妙在于能提供一种阅读快感，这种快感来自于词语的往复回环。比如海德格尔在阐释荷尔德林的《返乡——致亲人》一诗时写道："诗人返乡，是由于诗人进入切近而达乎本源。诗人进入这种切近之中，是由于诗人道说那达乎临近之物的切近的神秘。诗人道说这种神秘，是由于诗人诗意地创作极乐。诗意创作并不首先为诗人作成欢乐，相反地，诗意创作本身就是欢乐，就是朗照。"③且不说诸如"达乎临近之物的切近的神秘"，是如何清楚不过地将"海德格尔体"通过搅混词义而实现神秘的策略展示明白。这段话语在结构上可拆析为这样一条语链："诗人返乡，……诗人进入/诗人进入，……诗人道说神秘/诗人道说神秘，……诗意创作/诗意创作，……诗意欢乐。"在这种往复回环的叙述中，一种行云流水的快感悄然滋生，读来让人欲罢不能。尽管在这种语言泡沫中，其实你并没有得到真正的思想收获。

毋庸讳言，与其说这是一位货真价实的思想大师，不如讲只是一位深谙思想写作技巧的直正高手。犹如那些善解男女之事的情场老手，一旦施展起无懈可击的调情术便让欲火中烧的落网者不能自己。海德格尔的那种"欲说还休"的表述方式与"欲擒故纵"的行文风格所构造的莫测高深之状，为自己赢得了语言魔术师与思想催眠家的桂冠。套用一句俗语，"伟人之所以为伟人，是由于你跪着看他"。神秘的大师之所以神秘，是因为一些人期望拉大旗作虎皮而另一些人则愿意自己吓唬自己。而一旦人们不再自欺欺人，便不难发现事情原本就不是这

---

① ［德］海德格尔：《荷尔德林诗的阐释》，孙周兴译，北京：商务印书馆，2000，第109页。
② ［法］巴特：《罗兰·巴特随笔集》，怀宇译，天津：百花文艺出版社，1995，第190页。
③ ［德］海德格尔：《荷尔德林诗的阐释》，孙周兴译，北京：商务印书馆，2000，第27页。

么回事。比如：问候把被问候者很好地保持在追忆中，它还没有被遗忘，它也是不能被遗忘的。因为被问候者向着问候者思念自身。① 比如：思想家思入非家乡之物，后者对思想家来说并非一个过道，而就是在家。② 比如：向源泉的行进乃是在与通常河流的流向相反的方向上向源泉的逆行。为此，向源泉的行进首先必须离开源泉。③ 比如：要是大地之子诗意地栖居在这片土地上的话，他们就应当在这个诗意的东西的基础上栖居。④ 比如：诗意创作的道路更美，因为这些道路所穿过的那片疆土乃是美之领域。⑤ 比如：因为爱是对于所爱者的本质的洞察目光，这种洞察目光通过所爱者的本质而洞见到爱者的本质基础。⑥ 这些绕脖子的语辞要么是废话，要么是胡话，故弄玄虚是它们的共同特点。所以谁要过于较真，非得从中捣鼓出一点微言大义来，他就会让自己陷入一种雾失楼台的迷津中难以自拔，最终跻身于"无家可归者"行列为大师所收留。还应该看到，这也是一位言而无信的喧宾夺主者。

在海德格尔的这种华丽辞藻中，作为被阐释者的荷尔德林事实上被悄然隐去。人们只是努力地"倾听"着一位被自己的愚昧给加冕的大师关于"神圣者"的讲道，费尽心机地追逐着他的那些出没无常语焉不详的游戏文字，无暇顾及诗人声音的沉没。更糟糕的是，让人们为之肃然起敬的海德格尔对荷尔德林诗歌奥妙的解密，其实已是一种移花接木的把戏。与海德格尔极力让"神圣者"与"存在"攀亲带故，将诗人对于神圣性的体验化解为关于一种新的形而上学设定不同，荷尔德林对神性的呼唤其实是对高贵的人性的召唤，脚踏实地的在世的人生始终不渝地是诗人视野的中心。诚然，"神"的概念在荷尔德林诗里是个"显词"，且常被诗人用来作为与人的一种对照。比如在《如当节日的时候》一诗手稿结尾"天父的纯洁光芒，并没有把它烤焦"一句的空白处，荷尔德林评注道："这个领域/更高，高于/人类的领域/这就是神。"但这并不意味着诗人是在张扬一种超人类的抽象"异在"对象，而应该理解为对人的自我超越的坚信与期待。因为对于荷尔德林，只有在通往神的过程中，人才能成为"人"。就像他的小说《许佩里翁》里阿邦达对许佩里翁所说："我怎么会从生命的宇宙中走失？这里，永恒的爱对万物一视同仁，团结所有的元素。我将存在，我不问为什么。存在，生命，这就足够了，这是众神的光荣；为此，在神性世界中万物齐一，只要是一个生命，这个世界里没有主仆。像相爱的人，自然的元素生活在一起；他们共同拥有一切，精神，

① ［德］海德格尔：《荷尔德林诗的阐释》，孙周兴译，北京：商务印书馆，2000，第 118 页。
② ［德］海德格尔：《荷尔德林诗的阐释》，孙周兴译，北京：商务印书馆，2000，第 155 页。
③ ［德］海德格尔：《荷尔德林诗的阐释》，孙周兴译，北京：商务印书馆，2000，第 157 页。
④ ［德］海德格尔：《荷尔德林诗的阐释》，孙周兴译，北京：商务印书馆，2000，第 180 页。
⑤ ［德］海德格尔：《荷尔德林诗的阐释》，孙周兴译，北京：商务印书馆，2000，第 201 页。
⑥ ［德］海德格尔：《荷尔德林诗的阐释》，孙周兴译，北京：商务印书馆，2000，第 172 页。

欢乐和永恒的青春。"①这里的"神"显然并非人之外的某个超然现象，而是人自身内的一种高贵品质，是人性的复苏与提升。

所以，这样的神无须人们对它顶礼膜拜，相反倒只有摆脱诸如此类的诚惶诚恐之后才能够存在。对于以古代希腊为心灵圣地、视康德为"民族的摩西"的荷尔德林，这样的世界也就是真正属于美的世界，因为"美更喜欢/在大地上居住，而且无论何种精灵/都更共同地与人结伴。"（《希腊》）为此他曾欣喜地表示："我们需要审美的性情，我将把我的哲学书信称作《审美教育新书简》。"②所以诗人放开心扉吟道："家园天使，来吧！融入生命的所有血脉中/让普天同庆，分享天国的恩赐！/让灵魂高贵！愿青春焕发！为不使人类的财富/失却欢悦，为使岁月的每个时辰都洋溢欢悦/这样的欢乐，就像现在相爱的人们重逢之际/理所当然，也应受到神明的颂扬。"（《返乡——致亲人》）无可置疑地，与海德格尔笔下的那种苦大仇深地沉溺于神秘主义冥想、没有生命喜悦而只有淡淡伤感与圣徒的苦难意识的幽灵截然不同；如同那个时代最优秀的浪漫主义诗人一样，怀念着一种普天同庆的理想的荷尔德林的心是十分明朗的，对普遍人性的呼唤与关注使他成了一位真正的人文主义者而不是狭隘的民族主义分子。《许佩里翁》里的这段话曾被反复提到："我想不出有哪一个民族像德意志这样四分五裂。你看到一个手工艺人，但不是人；你看到一个思想家，但不是人；你看到主人和奴隶，青年和成年人，但不是人。"③

就此而言，海德格尔显然并未按其预定的方案行事，并没有进行认真的"倾听"，而只是摆出了一种倾听的姿势，借荷尔德林的嘴说海德格尔的话。他的高超就在于虚虚实实："在反复诵读中，我们以为我们大约总是已经如此这般领悟了诗歌。我们最好就这样罢。"在如此"坦率"的语辞中，诗人荷尔德林被堂而皇之地予以谋杀。在海德格尔的语境里，荷尔德林被置于一种"神/人"对峙的二元结构中："从大地出发向着天空召唤的歌，倘若没有神的声音就不是声音了，而神的声音保护着面临'可怖之物'的人类。"④但如果我们真的倾听荷尔德林的言说也就不难意识到，对于渴望"人"的自立的诗人，并不需要这种"保护神"。海德格尔热衷于对"本己之物"与"持存的东西"这样的词语，实施穷根究底的侦查工作，而对那些抒情性相对明快的段落不感兴趣。如《追忆》里的这一小段："但是现在只管前行吧，去问候/美丽的加龙河/和波尔多的庭院/在那里，在陡峭的河岸/蜿蜒小径曲折延伸/小溪跌入幽深的河流/而在小溪之上，有一对/名贵的橡树和白杨在张望。"对此，海德格尔以"在诗意的问候中获得呈现的纯粹地产生出来的东

---

① ［德］荷尔德林：《荷尔德林文集》，戴晖译，北京：商务印书馆，1999，第 140 页。
② ［德］荷尔德林：《荷尔德林文集》，戴晖译，北京：商务印书馆，1999，第 379 页。
③ ［德］萨弗兰斯基：《海德格尔传》，靳希平译，北京：商务印书馆，1999，第 381 页。
④ ［德］海德格尔：《荷尔德林诗的阐释》，孙周兴译，北京：商务印书馆，2000，第 209 页。

西,就其本身来说并不需要我们的谈论",和"诗之言说不可漂浮于一种诗歌的风光描绘"①为由,轻描淡写地将其掠过。

低估海德格尔的诗学修养并不可取,作为批评家的他并非不知道,对于一首"诗",诸如此类的"风光描绘"与"纯粹的东西"并非可有可无的装饰物,而往往是诗性意味的核心所在。只有通过这些看似"无用"的语辞所营造成的节奏与旋律,才为诗情的生成提供了方便。否则,诗就不成其为流动的"诗"而只是一种抽象的"思"。海德格尔之所以"明知故犯",是出于其用从不"设防"的"诗"来解救被围困已久的"思"的需要。所以,尽管《返乡》的基调是那么亲切明快,尽管海德格尔自己不仅承认,"我们必须用一个昭示着《返乡》这整首诗的词语来命名,这个词就是'喜悦'";而且也认为"在第二节诗中,充满了有关'喜悦'和'欢乐'的谈论"。②但经过他的阐释并在其关于"深思熟虑的人和从容不迫的人首先就是忧心的人"③这样的发挥之后,这首诗整个地成了一位满腹心事的圣徒的忧伤悲怀之作。这也就是说,海德格尔的所谓"诗与思的对话",其实是"思与思的对话"。首先以"思"为"诗",尔后以其"思"取代诗人之"思",这就是海德格尔以"运思"命名的文学批评方法的实质。

众所周知,海德格尔曾以"诗"来界定艺术的本质,这并非是把所有的艺术种类都归结为诗歌类型,而是强调艺术作品作为真理的栖存场所。所以说,"艺术的本性是诗,诗的本性却是真理"。④而由于"诗"与"思"都是语言的存在,两者最终也就因殊途同归而被相提并论:"一切诗的根源是思,诗的本质寓于思之中。"⑤这也就足以解释,在海德格尔身体力行的批评实践里,荷尔德林的诗歌文本完全成了其宣扬形而上"存在"学说的工具,现象学所标榜的"面向事情本身"的客观论立场因此而宣告流产。虽然海德格尔也曾承认,"在荷尔德林的诗中,我们诗意地经验到诗歌"。⑥但在他的阐释实践中,读者已无法再去"经验"荷尔德林的诗,而只能理智地来"认识"以荷尔德林的名义出现的海德格尔的"思"。著名日本美学家今道友信曾指出:"当海德格尔解释荷尔德林的诗的时候,对他来说问题既不是诗的审美价值,也不是其在历史上的重要性。而且,不以语言学上的注释这目的。"而意在借荷尔德林之"诗"来作其关于存在论之"思"。因为无论如何,作为哲学家的海德格尔"是思维者,不是诗作者"。为此他担心,"海德格尔的思维究竟是否能真正迫近艺术的本性?他对诗的解释,是否有忽视诗固有

①　[德]海德格尔:《荷尔德林诗的阐释》,孙周兴译,北京:商务印书馆,2000,第116页。

②　[德]海德格尔:《荷尔德林诗的阐释》,孙周兴译,北京:商务印书馆,2000,第13页。

③　[德]海德格尔:《荷尔德林诗的阐释》,孙周兴译,北京:商务印书馆,2000,第32页。

④　[德]海德格尔:《诗·语言·思》,彭富春等译,北京:文化艺术出版社,1990,第70页。

⑤　[日]今道友信:《存在主义美学》,崔相录等译,沈阳:辽宁人民出版社,1987,第114页。

⑥　[德]海德格尔:《荷尔德林诗的阐释》,孙周兴译,北京:商务印书馆,2000,第228页。

的美,并顺着自己思想的注释方向被扭转的危险呢"?①

从上述分析来看,此番忧虑确实事出有因。唯其如此,不仅荷尔德林的诗在海德格尔的阐释下,千部一腔地成了关于某个神秘超然物的语言之幡,而且连里尔克与特拉克尔等诗人的作品,也如出一辙地成了荷尔德林的翻版。但我们仍得补充的是,问题仍不在于批评家的借花献佛的方式,而在于以移花接木的手段来瞒天过海,借阐释之名行布道之实。与巴赫金对拉伯雷的借花献佛的研究不同,海德格尔此番批评实践是一种"借尸还魂"。这当然也是一种常被文人墨客们所使用的批评方案,只是与文学作品毫无关系。对于一个热衷于"存在的政治"的哲学家,毕生关注"诗意地存在"的诗人与之格格不入。在某种意义上,海德格尔对荷尔德林的诗的阐释让我们对这一见解有了更深的体会:世界之所以已经变得这么贫瘠干瘪,就是因为有如此众多的人为制造出来的思想到处游荡。

4. 巴赫金及其狂欢诗学

与一些生前大红大紫而身后很快湮没无闻的文论家不同,一生坎坷而眼下已无可置疑地被入选 20 世纪艺术思想大师的俄国学者巴赫金(Mikhail Bakhtin,1895—1975)的价值,是在他去世后才得到全面确认。在他为人文事业所作的多方面的贡献中,作为"狂欢诗学"的文学批评理论占据着一个相当的分量。巴赫金在诗学方面的成就主要体现于其对陀思妥耶夫斯基与拉伯雷小说的研究,其中尤以《弗朗索瓦拉伯雷的创作与中世纪和文艺复兴时期的民间文化》为题的,关于拉伯雷《巨人传》所作的文化阐释影响深远。正如为巴赫金作传的两位美国学者克拉克与霍奎斯特所说:在人文研究中,研究者与其对象间的关系恐怕很少有比巴赫金与拉伯雷这样反差强烈的了。出入上流社会、靠近权力中心且作为杰出的"肉体诗人"的拉伯雷的名字,就代表了肉山酒海的意味,他毕生歌颂无尽的美味佳肴与无边的性享乐。与此不同,生存于一个黑暗时代和饥寒交迫之地的巴赫金,只是一位清心寡欲的书斋居民和权势的受害者,生活颠沛流离穷困潦倒。但唯其如此,让巴赫金对于拉伯雷的意义具有较一般人所缺乏的深刻独特认识。所以,拉伯雷同歌德、但丁、陀思妥耶夫斯基一起,是巴赫金的万神殿的四位至尊。

但巴赫金选择拉伯雷作研究的原因,除了《巨人传》这部小说问世以来的400 多年里,相形于其他的世界文学大师"拉伯雷最不流行,最不被理解和欣赏"之外,对于巴赫金还有着另外的意义:使用语言的方式当作武器,"以同各种专横的意识形态作斗争"。② 一部拉伯雷研究成了巴赫金努力从强权政治的恐怖主义包围中,书写自由做出突围的尝试;是一位伟大思想家不甘于沉沦为自己赢得

---

① [日]今道友信:《存在主义美学》,戴晖译,沈阳:辽宁人民出版社,1987,第 127 页。

② [美]凯特琳娜·克拉克等:《米哈伊尔·巴赫金》,语冰译,北京:中国人民大学出版社,1992,第 388 页。

精神的自立与呼吸的方式。在著述中,巴赫金借为大众的热情奔放与生机勃勃说话而同为极权主义服务的官方英雄相抗。在此意义上,巴赫金的这部关于拉伯雷长篇小说《巨人传》的研究,不仅实际落实了他的"狂欢诗学"理论,除此之外本身就体现了人文学术必须体现出自立性的人文立场、具有真正的人文关怀这一要求。

众所周知,《巨人传》讲述的是一个关于巨人家族的故事:第一代巨人卡冈都亚的出生就非同寻常,因为他是钻进了母亲的大动脉、通过横隔膜和肩膀最后从左耳朵出来的。自降落世上后就大声叫喊着"要喝,要喝,要喝!"一次就会喝掉一万多头奶牛的奶。三岁到五岁的生活就是吃、喝、睡,所以排泄就成了生活中的大事。他在用了各种东西擦屁股后终于发现,用小鹅来揩最为舒畅。但逐渐长大的卡冈都亚越来越愚蠢,其父格朗古杰把他送到巴黎,终于在吃饭时通过认识饭菜品种的知识而有所收获。葡萄收获季节来临,邻国国王不顾卡父的忍让大肆劫掠。正逢奉命返回的卡冈都亚,他的坐骑撒了泡尿,结果淹死了大批敌人。他又拔起一棵大树作武器,摧毁了敌军的堡垒和炮台后取得胜利。卡冈都亚终于老来得子,取名庞大固埃。但儿子太大送了其母的命。当了父亲的卡冈都亚想起妻子的死哭得像头母牛,但看到新生的儿子又笑得像头小牛。怕自小就力大无穷的儿子坏事,卡冈都亚在儿子的摇篮上用四根粗铁链锁住。但有一天还是被他蹬破走了出来。长大后的庞大固埃四处求学也来到巴黎,遇见了满身伤痕的巴汝奇,得到了人生的一大学问:没有钱是最大的不幸,弄钱的最好方法是欺骗。此时又逢迪普索德国侵犯,在同他父亲一样,用一泡像河水一般泛滥的尿淹没了两万多敌人而获全胜后,庞大固埃开始重建这块殖民地。巴汝奇给他的建议是发展借贷业、崇拜财神。巴汝奇受到巨人二世的嘉奖,想结婚而又怕被带上绿帽子。寻求答案不得,得知有一只神瓶里有谜底。于是庞大固埃同巴汝奇一起渡海寻找。他们来到一个"诉讼国",居民们都是些执达吏,靠甘心挨打来赚钱谋生。同行的约翰修士选了个长着酒糟鼻子的家伙,对准其红鼻子的脊梁、肚子、腿以及头等抡起棍子一顿痛揍。人们以为他被打死了,但当他得到二十金币的报酬后立马快乐得站起来就像当了国王。经过一场暴风骤雨一行人来到斋戒人统治地,但当地人却十分饕餮。接着又到判罪岛,这儿的法律专捉小苍蝇和小蝴蝶却不敢惹大牛蝇。在"五元素王国",当地人为"山羊毛是不是羊毛"争论不休。最后来到了"灯国",上面的庙宇里有一座喷泉,喷出来的都是酒。巴汝奇被单独引到一个小殿堂,他在看到神瓶时听到空中有一个声音:喝吧!

毋需赘言,《巨人传》给人的第一印象无疑是好玩有趣。16世纪的著名法国历史学家雅克·德·图在其《论自己的一生》中就提到:拉伯雷写了一本精妙绝伦的书,书中充满真正民主的自由和往往是滑稽的、挖苦的嘲笑,再现了人类和国家生存的一切条件,"使之贻笑大方"。但当这种印象逐渐成为一种定论,这部作品的文学价值便"开始每况愈下,向正宗文学的最边缘滑去,直到不知不觉几乎完全滑到正宗文学的门外"。① 巴赫金指出，自从 16 世纪始，拉伯雷的这部小说就开始受到普遍的误读。比如在 1580 年，蒙田在其《随笔集》里提到，像薄伽丘的《十日谈》和拉伯雷的《巨人传》这样的作品"只不过是些引人入胜的书"，能够"令人开心"。即使一些杰出的人文学者也不理解这部小说，身为启蒙思想家的伏尔泰的深感厌恶更令人深思。在他看来，"拉伯雷在其乖张古怪、令人不解的书中，恣意发挥极端的愉悦和极度的粗野；他滥用博学、龌龊和无聊；以通篇蠢话的代价换取两页好故事。有几个具有刁钻古怪趣味的人热衷于对他的创作的所有方面加以理解和评价，但其余的民族嘲笑拉伯雷的玩笑并蔑视他的书。人们把他作为头号小丑加以颂扬，并为这么聪明的人这么不成体统地滥用智能而深表遗憾"。②

所以，当巴赫金提出，"拉伯雷是世界文学所有经典作家中最难研究的一个，他所创造的艺术形象迄今在很多方面都仍然是个谜"时，事情的确如此。正如其所言，要理解拉伯雷就"必须对整个艺术和意识形态的把握方式加以实质性的变革，必须对许多根深蒂固的文学趣味加以变革，对许多概念加以重新审视"，而尤为重要的是，必须深入了解过去研究得很少而且肤浅的民间诙谐创作。因为"拉伯雷就是民间诙谐文化在文学领域里最伟大的表达者"。③ 所以问题的症结，在于自神话时代终结以降便逐渐由官方所推崇的那种"正宗美学"观念，同民间艺术趣味的紧张关系。巴赫金指出了拉伯雷创作的发生背景与美学渊源。首先，1532 年的法国曾有过一次持续 6 个月之久的、严重的干旱与干热，对春播尤其是对葡萄的培植构成了严重威胁。教会为这次自然灾祸举办了多次徒劳的祈祷仪式与宗教活动。同年秋天，法国的许多地方还发生了令人恐惧的传染病与瘟疫，一直持续到第二年。这些自然灾害激起了古老的"宇宙恐惧"和与之相关的"末日论阴影"，各种宗教派别与邪恶势力借助神秘主义的泛滥而趁火打劫牟取私利。④

其次，中世纪的欧洲社会普遍地似乎过着两种生活：一种是常规的生活，严肃而紧蹙眉头，服从于严格的等级秩序，充满了恐惧、教条、崇敬、虔诚。另一种是广场式的自由自在的生活，充满了两重性的笑和对一切神圣物的亵渎与歪曲，

---

① ［俄］巴赫金：《巴赫金全集》第 6 卷，李兆林等译，石家庄：河北教育出版社，1998，第 76 页。

② ［俄］巴赫金：《巴赫金全集》第 6 卷，李兆林等译，石家庄：河北教育出版社，1998，第 134 页。

③ ［俄］巴赫金：《巴赫金全集》第 6 卷，李兆林等译，石家庄：河北教育出版社，1998，第 4 页。

④ ［俄］巴赫金：《巴赫金全集》第 6 卷，李兆林等译，石家庄：河北教育出版社，1998，第 394 页。

充满了不敬与猥亵。① 由此而构成了拉伯雷《巨人传》的两大主题：克服宇宙恐惧与末世论阴影，和颠覆反人性的专制社会。拉伯雷所采用的怪诞现实主义有着自身的历史传统，首先是古希腊罗马时期以阿里斯托芬与卢奇安为代表的"可笑的神话"。阿里斯托芬的喜剧率先在死亡的形象上添加了笑声，在饮食、猥亵、受孕与繁殖等象征的包围中，诞生了一种"快活的死"。在卢奇安的作品里，通过让天神降到世俗生活与色情领域"可笑地死去"，跨出了将崇高思想纳入卑下的物质生活系列，用讽刺模拟手法将其颠覆的一步。卢奇安自己就曾承认，是世人用一种喜剧面具换走了他的悲剧面具，"随后又把我去与玩笑、讥刺、欧波里斯和阿里斯托芬坐在一起，都是些可怕的人，专是讥笑神圣的和正当的事物的人"。②但巴赫金认为，"拉伯雷最近的也是最直接的渊源，是中世纪和文艺复兴时代的民间笑谑艺术"。③ 比如作于拉伯雷小说前三个世纪的 1262 年的法国喜剧家亚当·阿勒（1235—1285）的作品《绿荫下的游戏》，在这部"法国第一部戏剧"里，便已经借用狂欢型节日。"借用的是它的主题及与之相联系的逸出生活常规的权利、放肆地对待一切官方事物和神圣事物的权力。"这出三幕戏同样几乎没有舞台，第一幕可称之为狂欢化—自传的，第二幕可称为狂欢化—幻想的，第三幕则是狂欢化—饮宴的。④

　　巴赫金强调："拉伯雷的小说是整个世界文学中最节日化的作品。它本身体现了民间节庆活动的本质。正因为如此，在以后世代的，特别是十九世纪的严肃—枯燥的官方—庆典的文学背景上，它才显得如此突出。因此，从这一世纪里占据统治地位的、格外非节日化的世界观念的立场上，是不可能理解拉伯雷的。"⑤不言而喻，巴赫金的拉伯雷研究，是对文学进行文化学研究的一个最成功的案例。在全书的《导言》部分，巴赫金对其方法论作过明确阐释：**首先**，不是将拉伯雷研究为手段，以他的创作来揭示民间诙谐文化的本质。而是相反，通过民间文化的角度来揭示真正的拉伯雷文学作品的巨大价值。故而，倘若说"拉伯雷的作品就是一部民间文化的百科全书"，那么这番关于拉伯雷小说的研究也可以说就是"通过拉伯雷来表现拉伯雷"，通过对民间诙谐文化的特殊内涵的把握来真正品味拉伯雷的魅力。**其次**，巴赫金将拉伯雷创作的美学特色归结为与《堂·

①　[俄]巴赫金：《巴赫金全集》第 5 卷，李兆林等译，石家庄：河北教育出版社，1998，第170 页。

②　[古希腊]卢奇安：《卢奇安对话集》，周作人译，北京：人民文学出版社，1991，第 3 页。

③　[俄]巴赫金：《巴赫金全集》第 3 卷，李兆林等译，石家庄：河北教育出版社，1998，第424 页。

④　[俄]巴赫金：《巴赫金全集》第 6 卷，李兆林等译，石家庄：河北教育出版社，1998，第298 页。

⑤　[俄]巴赫金：《巴赫金全集》第 6 卷，李兆林等译，石家庄：河北教育出版社，1998，第3、20 页。

吉诃德》等作品一脉相承的"怪诞现实主义"，将决定着民间诙谐文化和拉伯雷作品的形象逻辑的"怪诞观念"作为其研究重点。不同于以古希腊罗马的标准为基础的文艺复兴美学，作为其对立面的以民间诙谐为构成形式的怪诞现实主义的两大特征，是对通常被置于崇高位置的那些事物的"贬低化"和将精神现象的"物质化"。前者同时也意味着世俗化，也就是将饮食男女之事重新置于一种突出位置，关注肚子、腹部、臀部与生殖器官等属于"人体下身的生活"。

这种审美观念以这种方式表现了"人民大众的乌托邦理想"。**再则**，巴赫金指出，由此所展示的以人体为中心的生活现象，常常是某种畸形、丑陋、不成体统的东西。不能纳入近代以来逐渐定于一尊的"美的美学"。在由此而形成的风格的中心是丑。所以，以怪诞风格所体现的"怪诞美学在很大程度上就是丑的美学"。但这种美学不只是浪漫主义视野里的崇高的对比手段和现代主义语境中的变异性艺术效果，它具有突破一切教条主义与专制文化的钳制的更为重要的思想文化意义。因此，以"**狂欢**"这个核心词，巴赫金对其所描述的民间诙谐文化的实质做出了概括，也由此来把握拉伯雷小说的基本精神，而这一特点对于拉伯雷同时代的人并不是什么秘密。"同时代人深深地感觉到拉伯雷的形象与民间—演出形式的联系、感觉到这些形象的特殊的节庆性以及深入渗透的狂欢节气氛"。[①] 在巴赫金的思想框架里，对作为人类这种生命主体的一种生活方式以及由此而获得的对于世界的一种特定感受的"狂欢"概念的阐释，具体又落实于诸如"狂欢式"、"狂欢节"与"狂欢化"等方面。根据巴赫金的界定，作为所有狂欢节式的庆贺活动的总和的**狂欢式**，强调的是一种没有舞台、不分演员与观众的一种游艺庆贺活动。

由此转化而来的一种文学语言，也就是巴赫金所说的**狂欢化**。这种话语方式所形成的**狂欢体**同**叙事**与**雄辩术**一起，形成了欧洲小说发展史上的三条主线。所以在狂欢文化中，最能体现其精神实质的莫过于**狂欢节**。这个词的文化内涵并不只是一种单一性的庆贺活动，而代表着整个民间节日游艺的普遍特点，是将诸如农神节、复活节、愚人节等精神品质的一网打尽。所以，"狂欢节实际上已成为容纳那些不复独立存在的民间节日形式的贮藏器"。[②] 除了生活的沉重负担被暂且忘却与卸下，各种功利性的考虑被暂行中止之外，狂欢节的特殊性首先在于它不是让人观看而是让所有参与者"生活在狂欢之中"。如果说仍存在着某种表演，那么"在狂欢节上是生活本身在表演，而表演又暂时变成了生活本身"。(9)其次在于它是一条"暂且通向乌托邦世界之路"，它所营造的是一种脱离常规

---

① ［俄］巴赫金：《巴赫金全集》第 6 卷，李兆林等译，石家庄：河北教育出版社，1998，第72 页。

② ［俄］巴赫金：《巴赫金全集》第 6 卷，李兆林等译，石家庄：河北教育出版社，1998，第250 页。

的生活。因为"在狂欢节期间,取消一切等级关系具有特别重要的意义"。① 巴赫金指出,狂欢节上最主要的仪式,是笑谑地给狂欢国王(或者是愚人节上的牧师、主教、教皇等)的加冕和随后的脱冕;最基本的特点是对日常生活秩序的颠倒、礼仪的破坏、等级的取消,是政治与文化等方面的全方位"犯上":对统治者的不恭、对伦理禁忌的不顾、对神明的不屑、对平日显得道貌岸然不可一世的一切权威势力的不畏。

一言以蔽之:"狂欢节将意识从官方世界观的控制下解放出来,使得有可能按新的方式去看世界;没有恐惧,没有虔诚,彻底批判地,同时也没有虚无主义,而是积极的,因为它揭示了世界的丰富的物质开端,新事物的不可战胜,人民的不朽。"② 凡此种种都意味着"在狂欢中,人与人之间形成了一种新型的相互关系":平等与自由。③ "在狂欢的人群中,能亲身实际地受到人类共有的和本民族的大无畏精神的感染"。④ 而最重要的是,在这种狂欢文化里,我们能清楚地意识到"诙谐与自由不可分割的和重要的联系"⑤。所以狂欢节的思想文化意义归根到底就是一种**狂欢意识**或者说"意识狂欢化,完全摆脱哥特式的严肃性,以便开辟出一条通往新的、自由的和清醒的严肃性之路。"由此而言,对于那些直接或间接地受到这种狂欢节民间文学的影响的创作,人们"拟称为狂欢化的文学",因为贯穿其中的是一种"狂欢化激情"。⑥ 巴赫金据此提出,在文学发展的所有时代,狂欢节的影响都是巨大的。但是这个影响在多数情况下却是潜藏着的、间接的、难以把握的,只有在文艺复兴时代它才不仅格外强烈,甚至直接而清晰地表现在外在形式上。因而"文艺复兴可以说,这是对意识、世界观和文学的直接狂欢化"⑦。

它的基本特征是发自内心、作为生命力体现的欢乐的开怀大笑。在这种笑

---

① 〔俄〕巴赫金:《巴赫金全集》第 6 卷,李兆林等译,石家庄:河北教育出版社,1998,第12 页。

② 〔俄〕巴赫金:《巴赫金全集》第 6 卷,李兆林等译,石家庄:河北教育出版社,1998,第318 页。

③ 〔俄〕巴赫金:《巴赫金全集》第 5 卷,李兆林等译,石家庄:河北教育出版社,1998,第161 页。

④ 〔俄〕巴赫金:《巴赫金全集》第 6 卷,李兆林等译,石家庄:河北教育出版社,1998,第553 页。

⑤ 〔俄〕巴赫金:《巴赫金全集》第 6 卷,李兆林等译,石家庄:河北教育出版社,1998,第103 页。

⑥ 〔俄〕巴赫金:《巴赫金全集》第 6 卷,李兆林等译,石家庄:河北教育出版社,1998,第3、20 页。

⑦ 〔俄〕巴赫金:《巴赫金全集》第 6 卷,李兆林等译,石家庄:河北教育出版社,1998,第317 页。

中，没有任何功利性的原因，只有单纯的享受人间生活、体验在世生命的一种喜悦。所以它首先是对一切源自人类生命需要的欲望的肯定，具有一种普天同庆的全民性与超时空的人类学品质。因而也具有一种"由下而上"的自发性与民间性。就像歌德在其《意大利游记》里所说："罗马狂欢节其实不是给人民规定的节日，而是人民给自己创造的节日。"这种笑的前提与内涵，是对道貌岸然的社会禁令与自我恐吓的自然禁忌的双重取缔。生命的"开怀欢笑"与"无所畏惧"形成一种互为因果关系："民间节庆的诙谐包含着不仅是战胜对彼岸的恐惧，对神圣事物、对死亡的恐惧的因素，而且还有战胜对任何权力、人间的皇帝、人世间的社会上层、对压迫人和限制人的一切恐惧的因素。"①这是人类对自身所作的最全面彻底的肯定，它所具有的无可比拟的人文关怀，赋予了狂欢文化以最饱满的审美精神，显示出审美价值的超伦理的人文根基。亚里士多德早已有言：在一切生物中只有人类才会笑。作为生命的自我肯定的这种真正的欢乐之笑既是人类健康生活的最大的善的表现，也是人类存在的最高真理的体现。

因为人们懂得，"诙谐的背后永远也不会隐藏着暴力；诙谐不会建立火刑；虚伪和欺骗从来不会笑，而戴着严肃的假面，诙谐不会创造教条，不可能成为专横的；诙谐标志着的不是恐惧，而是意识到自己的力量"。② 所以有"真理本身在笑"的说法。正是以此为中介，美与真携手相伴。曾被马克思以"人类正常童年"予以肯定的古希腊人深谙艺术之道，巴赫金指出，"在古希腊罗马文化的条件下，悲剧的严肃性不排除诙谐地看待世界的观点并与之共存。"③在此意义上讲，当巴赫金在《导言》里强调，"节庆活动永远具有重要的和深刻的思想内涵"，因而它们的意义不应该被轻视，而"应该从人类生存的最高目的，即从理想方面获得认可"；坚持人类生存的这一最高目的"只有在狂欢节和其他节日的民间广场活动中才不致被歪曲，能充分而单纯地实现。在这里，节庆性成为民众暂时进入全民共享、自由、平等和富足的乌托邦王国的第二种生活形式"时，这的确是精彩的见解。这也表明，由狂欢节为标志的民间"笑文化"既是审美活动的自由意识的体现，也是其所具有的人类解放的社会功能的体现。因为如同"诙谐必须以克服恐惧为前提"，作为其对立面的"严肃性总是有恐惧和恐吓的成分"。

所以，对严肃性通过审美质疑而将其否定的狂欢文化的独特意义，就在于其蕴含着一种难能可贵的抵抗专制的人文品格。因为"严肃性是官方的、专横的，

---

① ［俄］巴赫金：《巴赫金全集》第 6 卷，李兆林等译，石家庄：河北教育出版社，1998，第
107 页。

② ［俄］巴赫金：《巴赫金全集》第 6 卷，李兆林等译，石家庄：河北教育出版社，1998，第
110 页。

③ ［俄］巴赫金：《巴赫金全集》第 6 卷，李兆林等译，石家庄：河北教育出版社，1998，第
138 页。

是与暴力、禁令、限制结合在一起的"①。严肃的常规形态意味着受压迫、被奴役、遭拘禁,意味着教条主义、权威主义、冠冕堂皇假正经,意味着盲从、感情冲动与失去理智。所以在诙谐文化/严肃文化的对峙后面,是民间—大众文化与官方—专制文化的分庭抗礼。但无论如何,审美意味着对严肃的否定和超越,这对于专制社会中官方文化总是一大问题:一方面,凭借严肃性的恐惧与威严来巩固其利益的专制文化,在根本上不可能接纳这种欢乐的笑,它需要感情冰冻思想僵硬习惯于逆来顺受的顺民;但另一方面,它也不能不让被统治者得到一些松弛神经的机会,否则其统治也难以天长地久。只是由于后者的原因加上广大受压迫群体自身的需要,具有反(主流)文化性质的狂欢节,才得以在官方的"宫廷文化"之外以"广场文化"的方式留存下来。为此,官方文化通常的策略是:一方面,有意无意地"怂恿"民间文化粗俗化,使其沦入低级下流的东西成为货真价实的文化垃圾;另一方面便是阉割、篡改节日精神,通过轻歌曼舞的形式与程式化的表演使之彻底官方化。

巴赫金认为,从 17 世纪下半叶以来,民间文化的各种狂欢节仪式逐渐狭隘化、庸俗化、贫乏化。"一方面,节日生活被国家化,逐渐变成歌舞升平的东西;另一方面,节日生活被日常化,即退居个人、家庭和室内的日常生活"。② 但无论是中世纪与封建时代的教会与皇权节日还是现代意识形态专制社会,这种官方化的节日都不能使人偏离现有的世界秩序,都不能创建任何第二种生活。相反,它们将现有制度神圣化、合法化、固定化。原本属于普天同庆的享受生活的节日,在官方的意志下成了"占统治地位的真理"的庆功式,和对现成体制及其权势人物的歌功颂德。所以,官方的节日无论怎样花枝招展试图营造一种歌舞升平的景象,其"音调气氛只能是死板严肃的,诙谐因素与它的本性格格不入";因为"官方节日违反了人类节庆性的真正本质,歪曲了这种本性"。③ 这种节日游艺活动只有表面的装模作样的作秀的"皮笑肉不笑",没有由衷的欢乐。问题在于如何区分两种性质截然不同的欢声笑语。从巴赫金的阐述里我们可以进一步推断出,让两种笑貌合神离的发生学原因,在于对待"正经"的态度:狂欢文化对常规生活形态的背叛与超越,决定了它必须显得不够甚至远离"正经";与此不同,期望老方一帖地一切按既定方针行事的颂歌文化,总是摆出一种不能再"正经"的姿态。

---

① 〔俄〕巴赫金:《巴赫金全集》第 6 卷,李兆林等译,石家庄:河北教育出版社,1998,第105 页。

② 〔俄〕巴赫金:《巴赫金全集》第 6 卷,李兆林等译,石家庄:河北教育出版社,1998,第40 页。

③ 〔俄〕巴赫金:《巴赫金全集》第 6 卷,李兆林等译,石家庄:河北教育出版社,1998,第11 页。

因为专制文化的卑鄙意图意味着它不仅不会公开其真实本色，而且会故意地强化一种神圣性与崇高感来迷惑人心。所以，所谓的"解构神圣"与"躲避崇高"，就往往成了以民间文化为依托的狂欢—诙谐文化无可回避之途。这也就是巴赫金反复指出"民间诙谐文化历来都与物质肉体下部相联系"，强调"诙谐就是贬低化和物质化"的原因。巴赫金说得好："完全不能把诙谐和逗笑的粗鄙这样的文化称之为天真幼稚，这种文化根本不需要我们的宽容。"①所以，不同于似雅实俗的官方颂歌体的笑，看似粗野低级的"民间狂欢式的笑"是真正健康的。它所营造的"丑的美学"具有深刻的思想力量。这种笑既是全民的（大家一起笑），又是包罗万象的（针对一切事物，嘲人与自嘲同在），也是双重性的：既否定又肯定，既埋葬又再生。巴赫金据此提出："忽视特殊的民间诙谐文化，就不能正确理解文化和文学生活。"拉伯雷小说之所以需要我们认真对待给予高度评价，就在于他是这种"笑"在世界文学中最伟大的体现和集大成者，他的作品"能够使我们深入看到这种笑的复杂而深刻的本性。"②它的解构与颠覆性决定了文本的粗鄙化与粗俗化基调。这表现为小说全方位赞颂人的欲望与肉体需要。因为思想禁锢总是伴随着肉体禁欲，肉体解禁也就成了思想解放的先遣。正是由于禁欲世界观的虚伪性，贪食与酗酒才恰恰在修道院里十分盛行。

所以《巨人传》里特别关注"食"与"色"这人类生命两大基本驱力，将其颠覆性集中落实于诸如宴饮与性交、排泄与打斗等系列。巴赫金指出，拉伯雷作品里主要人物的姓名本身，从词源上就属于饮食系列。比如一出生就大叫着"喝，喝，喝"的卡冈都亚，其父格朗古杰原意是"大口吞食"，其儿子庞大固埃的名字解释为"总是嗜酒"。小说处处突出人的排泄行为，第4部第17章写一个人当着克拉弗基皇帝的面不好意思放屁，结果闷在肚子里憋死而导致严重后果。该部结尾处巴奴日因受神秘主义恐怖的影响而屙了一裤子的尿，最后他从同伴的嘲笑中摆脱了恐惧发了一通关于排泄物的高论："哈，哈，哈！乌埃！这是什么鬼玩意？你们说这是大便、大粪、尿、秽物、脏物、排泄物、米田共、人中黄、狼粪、兔粪、鸟粪、鹿粪、干粪、硬粪或者羊粪么？我认为这是爱尔兰的郁金香。"一共用了十五个关于粪便的同义词。最为评论家们称道的是小卡冈都亚的"擦屎主题"。小说里曾将他用过的擦屎工具列出一份清单：一位小姐的围巾、围脖、缎布耳套、侍卫的帽子、（用爪子挠过其屁股的）叫春的猫、母亲手套、鼠尾草、莳萝、马约兰、白菜叶子、生菜、莴苣、菠菜、玫瑰、荨麻、被子、窗帘、餐巾、料草、稻草、羊毛、枕头、布鞋、猎袋、篮子。最后发现最好的擦法是用嫩羽毛的鸭雏。因为羽毛柔软，雏身温

---

① ［俄］巴赫金：《巴赫金全集》第6卷，李兆林等译，石家庄：河北教育出版社，1998，第173页。

② ［俄］巴赫金：《巴赫金全集》第5卷，李兆林等译，石家庄：河北教育出版社，1998，第15页。

暖，"这股暖意会顺着直肠传到其他器官去，直到心脏和大脑"。最后他根据一位"苏格兰依约骑士团长的意见"得出结论：极乐世界田野上的英雄们和半神人所以心旷神怡，就是因为他们用小鹅擦屁股。

此外，拉伯雷实现其审美意图的一个重要方式，是通过话语的风格变体将其文本可能地"广场化"。因为狂欢文化其实也是广场文化，"在狂欢节广场上，支配一切的是人们之间不拘形迹地自由接触的特殊形式"；同时也"形成了广场言语的特殊风格"。① 如同宫殿与豪门总是成为官方文化的中心，为大众集聚地的广场一般而言为老百姓所拥有。这是那些原本并不属于狂欢节的"集市上也总是笼罩着一片狂欢节的气氛"的原因。正是看到了这一点，那些热衷于以民众代理者形象出现的现代专制文化，屡试不爽地会从对广场文化实施彻底改造入手，来实现其意识形态控制。广场话语的特点，是以**广场赞美/广场辱骂**为主体的夸大其词、过度强烈与胡搅搞笑。如同现实中的狂欢节对生活常规的突破，率先从破除语言的禁忌开始，拉伯雷小说同样通过语言的狂欢化来实现其文化颠覆。巴赫金特别指出了拉伯雷作品所采用的手段的"正反同体"性，也即否定与肯定间难以划出一道明确的界线，赞美中充满辱骂，辱骂表示赞赏，以敌对的方式表示友好，用粗野表示温情。这种话语方式既营造出一种特别的轻松自在的勃勃生气，也充满了反讽与暗藏的杀机，有利于揭橥以神圣姿态掩蔽下的卑劣，让美丽形象后的丑陋暴露无遗。总之是"在狂欢节的笑声里，有死亡与再生的结合，否定（讥笑）与肯定（欢笑）的结合"。②

但进一步来看，在这种寓否定/肯定于一体的"**正反同体**"性后面，其实还存在着价值上的积极/消极"**正负同构**"性。必须看到广场话语与民间笑谑不全都是正面、积极的价值，它内在地也具有负面与消极的因素。一些学者们曾以希腊—罗马两个社会为代表，对狂欢文化的这种两重性作出区分，认为希腊人的成功在于其控制了狂欢而罗马人的失败则在于其被狂欢所控制。如果说这种说法未免简单，那么认为"狂欢的作用和它堕落的危险相互并存"③无疑是事实，承认对流行于公元前二百年的"巴克科斯狂欢节"实施取缔的合理性在于，这一节日不仅形成了一个反政府团体，而且也导致参与者失去自我、滋生罪孽，这也未尝没有道理。著名心理学家弗洛姆曾指出，狂欢状态是人出于最高形式的自我肯定需要的产物，其实现途径有多种，比如一些"宗教仪式中的狂欢舞蹈，服用药品，狂乱性行为，或自行引发的催眠状态都可以达到这种狂欢"。但值得注意的

---

① ［俄］巴赫金：《巴赫金全集》第 5 卷，李兆林等译，石家庄：河北教育出版社，1998，第 12 页。

② ［俄］巴赫金：《巴赫金全集》第 5 卷，李兆林等译，石家庄：河北教育出版社，1998，第 167 页。

③ ［美］帕特里奇：《狂欢史》，刘心勇等译，上海：上海人民出版社，1992，第 30 页。

—基础美学：从知识论到价值观

是，"这种仪式最引人注目的地方是它跟侵犯现象有关"。因为除了那些出于生命的欢欣鼓舞的狂欢化外，"另外还有一些狂欢状态是以恨与破坏性为经验的中心"。而这种现象同样也是民间狂欢文化的基本组成部分。① 所以歌德指出：在真正优秀的民间文化中，"一切都能被当成游戏"，但却是一种"加倍严肃的游戏"。② 拉伯雷所采纳的诙谐文化之所以有力量，正在于其具有这种内在的严肃性。这是其能够成功地实施"借花献佛"的手法，**借粗俗来超越庸俗、以不雅而达到大雅**的奥秘所在。没有这种"内在严肃性"为底线，所有这些东西便只能是低级粗俗而已。

只有在此意义上，我们方能准确地理解巴赫金所说的，"真正的诙谐是双重性的、包罗万象的，并不否定严肃性，而是对它加以净化和补充"。③ 正如他所强调的，"在拉伯雷的粪便形象中不存在，也不可能存在任何粗俗和下流"，批评家们"当分析拉伯雷小说中如此众多的粪便形象时切莫忘记这一点"。因为在小说里，"拉伯雷将恐惧和痛苦等同于粪便"。④ 这里的关键在于摒弃现代的那些主流化的"贫乏的美学模式"，不将拉伯雷的各个形象放在现代文化语境里来审视。这种现代文化语境，也就是消费—享乐主义、物质—拜金主义、"里必多"—身体主义淹没一切。在这种情形下，拉伯雷世界中所颂扬的这些物质化与肉体性，已完全不能相提并论同日而语。这是享受与贪婪、自由与失控、进取与衰退的差异。巴赫金说得好：不同于现代社会中纯粹全体性的日常生活的吃喝行为，拉伯雷世界里的筵席是以富裕生活为基础的人类幸福的一种象征。筵席是一切民间节庆欢乐不可或缺的部分，它在狂欢文化中成了普天同庆的必要媒介。因为节日的喜庆气氛总是意味着富裕与满足，平日封闭的家庭的大门此时向客人们敞开，人际间的不快也暂时为善意的祝愿所化解。总之，"拉伯雷绝不是鼓吹无度的贪食与酗酒"，而只是"肯定酒食在人类生活中的崇高意义，力求从思想上赋予它高尚的内容"⑤。

但对拉伯雷式的诙谐的这种内在严肃性，我们进一步可以从所指（语义内涵）与能指（表达方式）两方面来把握。就前者而言，拉伯雷的诙谐之笑主要表现为对强权势力的不恭，猥亵与放荡也由此而被赋予独特的色泽。就像小说第 4

---

① ［美］弗洛姆：《人类的破坏性剖析》，北京：中央民族大学出版社，2000，第 340 页。

② ［俄］巴赫金：《巴赫金全集》第 5 卷，李兆林等译，石家庄：河北教育出版社，1998，第 294 页。

③ ［俄］巴赫金：《巴赫金全集》第 5 卷，李兆林等译，石家庄：河北教育出版社，1998，第 140 页。

④ ［俄］巴赫金：《巴赫金全集》第 5 卷，李兆林等译，石家庄：河北教育出版社，1998，第 200 页。

⑤ ［俄］巴赫金：《巴赫金全集》第 3 卷，李兆林等译，石家庄：河北教育出版社，1998，第 382 页。

部第 68 章关于吻罗马教皇的生殖器的讨论:人们在一起议论,认为用通常那种吻脚的方式表现对教皇的尊崇是很不够的,"我们要表现出更多的崇敬,这一点我们已经决定了。我们要吻他的屁股和别的地方!因为神圣的教皇确实有这些地方。这在我们极好的教会书中已有记载,要不然他就不会成其教皇了。所以教会书的精辟哲理不可避免地引出这样的推断:他既是教皇,就有这个器官。世界上要没有这个器官,也不会有教皇"。进一步来看,这同样也是拉伯雷巧妙利用其他民间狂欢资源来实现其文化批判的方法。正如巴赫金曾指出的,在拉伯雷小说里,并不存在日常生活意义上作为一种暴力行为的殴打,辱骂也从不具有单纯私人谩骂的性质,它们最终总是瞄准最高点:"在每一个被殴打与被辱骂者后面,拉伯雷仿佛都看到了国王、过去的国王、王位觊觎者。"① 拉伯雷以这种方式对唯我独尊的权威们威风扫地,让那些窃居高位的卑贱之徒和道貌岸然的卑鄙小人原形毕露。换言之,作为一种仪式的"辱骂与殴打在对皇帝脱冕",② 以解放人民大众的精神。如果说"筵席"可以被命名为"狂欢化—厨房式",那么"殴打"则可以被称为"狂欢化—解剖式"。

比如小说第 4 部第 12 章讲述在巴舍公爵府里痛打执达吏的场面。作为殴打对象的这些执达吏是旧权力、旧世界的代表,人们揍他们是表达对冷酷的压迫势力的反抗,"是把他们当作国王来打的。"除此之外再就是伪善的僧侣、卑下的诽谤者等,"拉伯雷杀戮着他们、折磨着他们、痛打着他们、驱赶着他们、辱骂着他们、嘲弄着他们、揶揄着他们"。③ 因为这些"阴鸷的不会笑之人"都是专制体制的帮凶。但即使是这样,拉伯雷也十分注意表达方式上的"间离"性。也就是并不渲染暴力效应,通过程式化与戏谑化的处理使之成为培植狂欢精神的肥料。巴赫金曾以民间狂欢文化与浪漫主义对"怪诞"与"疯癫"两个主题的不同处理,来说明狂欢文化的这一特点:在浪漫主义艺术中,怪诞形象往往是对世界感到恐惧的表现,疯癫的哥特式的阴冷与孤独带给读者以恐慌。而对于狂欢文化,以滑稽怪物出现的怪诞和疯癫则成了对官方文化的戏仿。在这里,恐怖被消灭在萌芽之中,一切都转化为快乐。"在拉伯雷小说里就是这样,血变成了酒,而残酷的激战跟可怕的死亡变成了欢宴,牺牲者的篝火变成了厨房炉灶。"④ 拉伯雷通过这些场景也清楚地向我们表明:真正的开放的严肃性既不惧怕戏仿、不惧怕反

---

① [俄]巴赫金:《巴赫金全集》第 5 卷,李兆林等译,石家庄:河北教育出版社,1998,第 243 页。

② [俄]巴赫金:《巴赫金全集》第 5 卷,李兆林等译,石家庄:河北教育出版社,1998,第 226 页。

③ [俄]巴赫金:《巴赫金全集》第 5 卷,李兆林等译,石家庄:河北教育出版社,1998,第 236 页。

④ [俄]巴赫金:《巴赫金全集》第 5 卷,李兆林等译,石家庄:河北教育出版社,1998,第 241 页。

讽、也不惧怕弱化的其他形式。通过如此这般的文化整合，拉伯雷为世界奉献了一部不可多得的文学巨作，而通过民间文化视野对拉伯雷文学世界的内在奥妙的此番揭橥，巴赫金同样也圆满完成了其神圣的文学批评之旅。

巴赫金所开创的这一事业无疑是伟大的，唯一能够在此吹毛求疵的，或许是巴赫金的分析还显得过于理想化了。正如两位巴赫金传记作者所指出的：也许是出于抵抗当时令人窒息的专制体制，巴赫金将民间文化作了一番去除糟粕保留精华的处理。像当时的其他俄国知识分子一样，"巴赫金始终将民间理想化为一种不可驯服的、反抗的和不断更新的力量，这种力量将摧毁现状，而从废墟中将产生美好的新世界"。① 这种理想如今已趋于破灭：在 20 世纪，民间力量既可以成为法西斯主义的群众基础，也能够充当社会蒙昧主义的忠实信徒。而在 21 世纪，民间文化还能够同民族主义结盟，使人类文明面临毁灭的阴影。比如按照巴赫金的诠释，狂欢之所以能成为节日中的节日，是因为它能让人类的"笑文化"发挥得淋漓尽致。通过一种特定节日来命名的狂欢文化，其核心是一种"狂欢化激情"，这种激情来自于"狂欢意识"也即"意识的狂欢化"，而这要求"完全摆脱哥特式的严肃性"。② 虽然巴赫金也强调了这种摆脱的意义在于"开辟出一条通往新的、自由的和清醒的严肃性之路"。但事实上，狂欢之狂欢意味着对一切严肃性的消解。这是狂欢之笑能够彻底无拘无束开怀大乐的前提。

所以，尽管巴赫金在分析中指出了"在狂欢节的笑声里，有死亡与再生的结合，否定（讥笑）与肯定（欢笑）的结合"。③ 但他只是在同一维度也即正面价值和肯定意义上作出概括。而事实上，狂欢的这种寓否定/肯定于一体的"**正反同体**"性，其实是一种价值上的积极/消极的"**正负同构**"性。美国学者帕特里奇曾以希腊—罗马两个社会为代表，对狂欢文化的这种两重性作出区分，认为希腊人的成功在于其控制了狂欢而罗马人的失败则在于其被狂欢所控制。如果说这种说法未免简单，那么认为"狂欢的作用和它堕落的危险相互并存"④无疑是事实。正如他在《狂欢史》中所指出的，人们有必要承认对流行于公元前二百年的"巴克科斯狂欢节"实施取缔的合理性在于，这一节日不仅形成了一个反政府团体，而且也导致参与者失去自我、滋生罪孽。著名心理学家弗洛姆更是从深层心理学入手指出，狂欢状态是人出于最高形式的自我肯定需要的产物，往往借助于超自然的神秘力量。

---

① ［美］凯特琳娜·克拉克等：《米哈伊尔·巴赫金》，语冰译，北京：中国人民大学出版社，1992，第 377 页。

② ［俄］巴赫金：《巴赫金全集》第 5 卷，李兆林等译，石家庄：河北教育出版社，1998，第 3、20 页。

③ ［俄］巴赫金：《巴赫金全集》第 5 卷，李兆林等译，石家庄：河北教育出版社，1998，第 167 页。

④ ［俄］帕高·帕特里奇：《狂欢史》，刘心勇等译，上海：上海人民出版社，1992，第 30 页。

比如一些"宗教仪式中的狂欢舞蹈,服用药品,狂乱性行为,或自行引发的催眠状态都可以达到这种狂欢"。但值得注意的是,"这种仪式最引人注目的地方是它跟侵犯现象有关"。除了那些出于生命的欢欣鼓舞的狂欢化外,在更多情况下"狂欢状态是以恨与破坏性为经验的中心"①。而这种现象同样也是民间狂欢文化的基本组成部分。因为狂欢化的实质是欲望的放纵,这在今天的巴西狂欢节日上仍然清楚可见。作为目前人类最突出的狂欢文化现象,巴西的狂欢节(Carnaval)来源于意大利短语 Carne vale,是指"不吃饭"的意思,以此强调豪饮和色欲。唯其如此巴西的一些有识之士对狂欢节文化持批判态度,尽管它能给这个国家带来相当可观的旅游经济的好处。② 俄罗斯思想家别尔嘉耶夫也同样从哲学上论证:"在狄奥尼索斯的狂欢中人将消失,个性将消融。狄奥尼索斯的神秘主义具有不是神人的特征,而是神兽的特征,人走向兽性。"这决非希腊精神,真正的希腊精神是"把狄奥尼索斯与阿波罗结合起来"③。公元 62 年 2 月,在古罗马皇帝尼禄举行的"祭神狂欢"仪式中,人们以神的名义滥杀无辜和进行性虐待,让元老院的夫人们目睹她们的丈夫们纷纷被杀。④

这就是何以曾如此这般地,以狂欢的酒神精神来为艺术的非理性实质进行界定的尼采,会在其著作里又毫不含糊地作出这样的表示:"惟一的幸福存在于理性中,世上其他的一切都是无聊的。我在艺术家的杰作中看出了最高的理性。"⑤分析起来这无非是伟大的思想家清楚这个事实:"狄俄尼索斯既可以使我们成为天使,也可以使我们成为野兽。"⑥事实上人们常常忽略了一点:尼采虽以酒神来为艺术精神命名,但从未单一地让其主宰艺术精神,相反一再强调与日神的同盟。他不仅明确表示"悲剧神话只能理解为酒神智慧借日神艺术手段而达到的形象化",而且也强调了"日神因素以形象、概念、伦理教训、同情心的激发等巨大能量,把人从仪式纵欲的自我毁灭中拔出"⑦。正是出于这种认识,卡西尔强调,在艺术中并不是单纯由酒神力量来一统天下,而是**酒神的力量得到日神力**

---

① [美]艾利克·弗洛姆:《人类的破坏性剖析》,孟禅森译,北京:中央民族大学出版社,2000,第 340 页。

② [英]娜塔莉·米妮斯:《南美洲》,吴明译,北京:中国水利水电出版社,2003,第236 页。

③ [俄]尼·别尔嘉耶夫:《精神与实在》,张百春译,北京:中国城市出版社,2002,第 159 页。

④ [英]阿兰·德波顿:《哲学的慰藉》,资中筠译上海:上海译文出版社,2004,第 117 页。

⑤ [德]卡尔·雅斯贝尔斯:《尼采其人其说》,鲁路译,北京:社会科学文献出版社,2001,第 231 页。

⑥ [美]迈克尔·波伦:《植物的欲望》,王毅译,上海:上海世纪出版集团,2003,第 186 页。

⑦ [德]尼采:《悲剧的诞生》,周国平译,北京:生活·读书·新知三联书店,1986,第 93、97 页。

量的平衡，这种基本的倾向才是每一件伟大艺术品的本质。① 不难看到，如同江湖大盗在民间传说中被塑造成了武林侠客，狂欢神话是知识分子闭门造车的想象的结晶。而从中培植孕育出来的狂欢美学，事实上已为 20 世纪以降的"暴力美学"的诞生提供了理论依据。在历史上这种暴力美学体现为"法西斯主义美学"，而在当下时代，它正成为恐怖主义美学的胎盘。震撼世界的"9·11 事件"之所以在许多"旁观者"眼里成为一场难得见到的酷剧，除了意识形态上的原因外，还在于一种视觉上的刺激效应。

毋需讳言，许多在电视频道上目击纽约双座世贸大楼在飞机的撞击下坍塌的观众，能够无意识地将之与火山喷发的壮观相链接。而在其中我们不难觉察到一种"狂欢意识"的延伸。这无疑是一场真正的悲剧，但它至少让我们看到，缺乏悲剧意识的快乐主义不仅是文明的最大悲剧，也意味着真正艺术精神的终结。失去日神为伴而冲出理性轨迹的酒神之舞，早已与艺术精神分道扬镳。与作为喜剧的最高形态的"狂欢美学"所推崇的情绪的燃烧、能量的释放、血液的沸腾不同，"实际情况是，我们的胸怀越是平静和安宁，我们也就越是强烈地获得了美的感受"。② 这样的感受与那些借喜剧的名分粉墨登场的"嘉年华"体验难以相提并论。那些"狂欢"意识带来"狂喜"体验，仔细地考量这种体验可以看到主要有三种形式：性高潮、暴力、神秘活动中的麻醉。不言而喻，除了第一项外，狂欢文化总是些与危险密切相关的事件，不仅"总在有序和无序的力量角逐中得以彰显"，③而且往往以滑向无序的结果。在这样的体验中早已没有任何货真价实的审美体验。所以，美学特别强调审美体验中的控制力，艺术实践一直在提醒我们，"所有伟大的艺术都引起沉思，一种动态的沉思"。④ 这是衡量艺术的真品与赝品的重要方法。

真正艺术欣赏不能缺乏理性的元素，因为不是征服受众而是激励精神才是艺术的目的。"如果艺术家成功地麻痹了我们人格的活动能力的话，那么他也就麻痹了我们的美感"。⑤ 在这种麻痹状态中，以审美的名义出场的真正属于喜剧的那种"审智"品质早已无影无踪。不过这无损于作为一位伟大的文学批评家的巴赫金的形象。像别林斯基一样，他留给我们的启示是尽可能清明地面对具体的文学作品，真诚地投入到诗学中去，而不是喧宾夺主地卖弄自己的学问。

---

① [德]恩斯特·卡西尔：《人论》，甘阳译，上海：上海译文出版社，1985，第 207 页。

② [德]沃林格：《抽象与移情》，王才勇译，沈阳：辽宁人民出版社，1987，第 135 页。

③ [英]伯尼斯·马丁：《当代社会与文化艺术》，李中泽译，成都：四川人民出版社，2000，第 49 页。

④ [美]苏珊·桑塔格：《反对阐释》，程巍译，上海：上海译文出版社，2003，第 31 页。

⑤ [美]恩斯特·卡西尔：《人论》，甘阳译，上海：上海译文出版社，1985，第 206 页。

第四章

知识构成

一、学说与方法

1. 艺术符号学：能指与所指

（1）符号与符号学

关于符号学的探讨，这方面的论著如今已有许多，但大同小异地呈现出一个特点：写得晦涩、啰嗦、复杂，往往让阅读者感到不知所云。在诸多关于符号学著作中，特别引人注目的除了瑞士学者索绪尔的《普通语言学教程》外，目前主要有四部：美国学者查尔斯·莫里斯的《指号、语言和行为》，法国学者罗兰·巴特的《符号学原理》，意大利学者艾柯的《符号学理论》以及美国学者约翰·迪利的《符号学基础》。现在学界一般认为，符号学的开创者有两位学者，分别是瑞士语言学家弗尔迪南·德·索绪尔（1857—1913），和美国实用主义哲学家查尔斯·桑德尔·皮尔士（1839—1914）。

比如索绪尔在他的代表作《普通语言学教程》中指出："我们可以设想有一门研究社会生活中符号生命的科学，它将构成社会心理学的一部分，因而也是普通心理学的一部分。我们管它叫符号学，它将告诉我们符号是由什么构成的，受什么规律支配。因为这门学科还不存在，我们说不出它将会是什么样子，但是它有存在的权利，它的地位是预先确定了的。语言学不过是这门一般科学的一部分，将来符号学发现的规律也可以应用于语言学，所以后者将属于全部人文事实中一个非常确定的领域。"[①]同样的，皮尔士也在他的《论文集》中写道："我认为我已表明，逻辑学在一般意义上只是符号学的别名，是符号的带有必然性的或形式的学说。我用'带有必然性的'或形式的来描述这个学说，我的意思是指我们以自己的知识来观察这种符号的特征，从这种观察出发，通过一个我并不反对将其

---

① ［瑞士］弗·德·索绪尔：《普通语言学教程》，高名凯译，北京：商务印书馆，1999，第38页。

命名为抽象的过程,我们被引向极易犯错误的、因此在某种意义决不是必然的陈述,这种陈述所涉及的是,一种'科学的'才智,即通过经验而获得知识的才智所使用的全部符号的特征究竟是什么。"①因此,符号学在英语中有两个意义相同的名词:"semiology"和"semiotics"。这两个词都用来指符号学这门学科,它们唯一的区别在于,前者由索绪尔创造,欧洲人出于对他的尊敬喜欢用这个名词;而后者则出于皮尔士;操英语的人喜欢用后者也同样是出于对他的敬意。②

艺术符号学(art semiotics)是一般符号学的分支。首先要明白什么是符号和符号学。这第一个问题就碰到麻烦。例如什么是符号?就有"sign"、"symbol"两种,"symbol"还有"象征"的意思,而"sign"一词又有"记号、指号和标记"三种用法。但从符号学本身来看,严格地讲,中文"符号"的通常用词应该是"sign",而不用"symbol"。符号的意思有别于"信号"和"记号"。"信号"如古人在发现异族军队的异常情况时,在烽火台上燃起烽火,让观察者一眼看到就明白其意思。换言之,信号的内容具有直接性和单一性。比如现代都市中马路上的红绿信号灯,分别表示"禁止通行"和"可以通行"的意思。记号在某种意义上与之有点相同,即表达的意思同样具有直接性,只不过它用来表示一种对记号的识别者而言相对特别的含义。比如某些考试或投票时,强调用圆圈填充到相关的空格中,此时的圆圈就是一种记号,而"符号"的意思相对要复杂些。按照皮尔士的说法,符号或表现媒介是"某种对某人来说在某一方面或以某种能力代表某一事物的东西"。它是"确定另一事物(它的解释者)去特指一个它所特指的对象(它的对象)的任何事物"。③ 在这方面,艾柯的解释要简单明了得多,他的说法是:符号就是任何可以拿来"有意义地代替另一种事物的东西"。④

日本学者池上嘉彦的观点也同样简洁。他提出,"当某事物作为另一事物的替代而代表另一事物时,它的功能被称为'符号功能',承担这种功能的事物被为'符号'"。⑤ 由此可见,生活中有许多事物都可以成为符号,但基本上可分为两类:以语言文字形式出现的符号和非语言符号。认识符号学最关键的是了解符号学的运行原理。在这个方面,不同的学者有不同的看法。皮尔士认为,符号学的运作原理中,符号的表现媒介和对象以及解释者三者之间的关系,决定了符号

---

① [英]特伦斯·霍克斯:《结构主义和符号学》,瞿铁鹏译,上海:上海译文出版社,1987,第 127 页。

② [英]特伦斯·霍克斯:《结构主义和符号学》,瞿铁鹏译,上海:上海译文出版社,1987,第 127 页。

③ [英]特伦斯·霍克斯:《结构主义和符号学》,瞿铁鹏译,上海:上海译文出版社,1987,第 130 页。

④ [英]特伦斯·霍克斯:《结构主义和符号学》,瞿铁鹏译,上海:上海译文出版社,1987,第 138 页。

⑤ [日]池上嘉彦:《符号学入门》,张晓云译,北京:国际文化出版公司,1985,第 45 页。

化过程的确切本质。这三种关系通常即称之为"比较的三合一关系"、"表演的三合一关系"、"思想的三合一关系"。这三种关系本身又都各自包括三种因素,其中最重要的是第二种"表演的三合一关系",它的三种因素分别叫做"图像"(icon),它是某种借助自身和对象酷似的一些特征为符号发生作用的东西;"标志"(index),它是某种根据自己和对象之间有着某种事实的或因果的关系而作为符号起作用的东西;"象征"(symbol)这是某种因自己和对象之间有着一定的惯常的或习惯的联想的规则而作为符号起作用的东西。① 归根到底,在"符号"中起着决定性作用的,还是"意义"的落实。美学中的符号学代表人物之一的卡西尔提出:"所有在某种形式上或在其他方面能为知觉所揭示出意义的一切现象都是符号。"②

而罗兰·巴特认为,符号学知识实际上只可能是对语言学知识的一种模仿。因此,符号就是由一个能指和一个所指所组成的,能指面构成表达面,所指面则构成内容面。我们可以把符号学原理按照结构语言学分为四大类:(1)语言的言语;(2)所指和能指;(3)系统和组合段;(4)直接意指和含蓄意指。③ 约翰·迪利的观点又有所不同。他认为,符号学的核心正是这样一种认识:全部人类经验无一例外地都是一种以符号为媒介和支撑的诠释结构。符号学探索的对象或者研究内容不仅仅是符号,更是符号的作用,或者说指示的过程。符号学"是关于符号及其作用的理论解释"。因此,"如果有人问:符号学研究什么? 答案可以是几个字:符号的作用"。由于人世间的一切都具有符号化的特点,因此"从符号学观点重新思考例如艺术、科学、哲学、文学、和神学的产品。因此,符号学导致改写以往的思想和历史"。④ 约翰·迪利书中的另一种值得一提的观点是,他试图进行一次"术语纠正"。也就把索绪尔一脉的符号学重新命名为"符号论",而把皮尔士的符号学称为"符号学"。符号学的概念包括了符号论,后者仅仅只是前者的运作功能的一个部分。⑤ 约翰·迪利的见解虽然给人以某些启示,但事实上"论"与"学"之分带有过于"专业主义"的味道,缺乏实际意义。

实践证明,作为一种方法的符号学运用得最成功和有效的,还是索绪尔这个支脉的学说。按照这个学说,"符号"这个词指称符号行为的整体,用"所指"和

———————————

① [英]特伦斯·霍克斯:《结构主义和符号学》,瞿铁鹏译,上海:上海译文出版社,1987,第131页。

② 朱狄:《当代西方美学》,北京:人民出版社,1984,第122页。

③ [法]罗兰·巴特:《符号学原理》,李幼蒸译,北京:生活·读书·新知三联书店,1988,第115页。

④ [美]约翰·迪利:《符号学基础》,张祖建译,北京:中国人民大学出版社,2012,第26、138、140页。

⑤ [美]约翰·迪利:《符号学基础》,张祖建译,北京:中国人民大学出版社,2012,第160页。

"能指"两个词分别取代概念和声音图像。符号学的本质是人类运用符号来进行意义的交流。这样，"凡是人类所承认的'有意义'的事物均成为符号"，[①]而运用符号的交流过程都可以进行符号学分析。因此从"讯息交流"的角度看，有个概念不能缺席，那就是"代码"，这个概念包括具体传达活动时所用的符号和意义，以及有关符号的结合方式的规定。换句话说，所谓"代码"是发送者编制"讯息"，接受者解译"讯息"时必须参照的规定。除此之外，符号学运行时涉及三大因素，即"符号"、符号所指的"指示物"和符合的"使用者"。因此在符号学内部，又由三类学说所构成：(1)句法学(syntactics)，研究"符号"与"符号"的结合；(2)语义学(semantics)，研究"符号"与"指示物"的关系；(3)语用学(pragmatics)，研究"符号"与"使用者"的关系。一个完整的"符号"由作为"能指"的"符号形式"和作为"所指"的"符号内容"所构成。在语言符号中，能指即"音响和形象"，所指即以"意义"为中介的"概念"。但相比较而言，符号形式对符号内容具有某种"优先性"。因为在日常使用中，"符号"这个术语通常只指符号的音响和形象性存在。索绪尔特别强调了能指与所指间的关系的任意性。

作为所指(符号内容)的"概念"通常的功能是"指示物"，比如能指"山"的概念可以运用到"华山"、"泰山"、"庐山"、"黄山"等。但决定符号内容的不是指示物而是"意义"，因为正是意义决定了概念。在符号学中，"意义"可理解为适用于符号形式的对象(即由概念所表示的"指示物")应满足的条件。比如英语中"boy"(男孩子)。它的作为符号内容的概念，必须满足"人"、"男性"、"年轻"等条件。这些都是"boy"这个词的意义。所以在语言中，符号内容通常由"意义"所规定。意义的一个重要的符号功能在于，符号可以通过意义创造出"虚幻的指示物"。比如诗人们把漫天飞舞的雪花称之为"白色的蝴蝶"。符号与意义的这种关系在符号学中具有重要意义。它进一步可分为"指示义"(denotation)和"内涵义"(conotation)。比如英语"rose"一词的通常所指是"玫瑰"的概念，但在某种特殊的表达中，还可以在这个意义的基础上产生出"爱"的意义。前者就是"指示义"，后者则为"内涵义"。从功能上讲，"指示义"可以不以"内涵义"为前提，但反之，"内涵义"常常需要以"指示义"为前提。因为内涵义是在以指示义为能指的基础上产生。就像"爱"的意义必须在"玫瑰"这个符号内容与符号形式一起，重新充当符号形式才能产生。这不同于英语"love"(爱)的意义。因为在这里所传达的"爱"，只是"指示义"而非"内涵义"。[②]

通常认为，艺术符号学的主要代表性人物有两位，即德国学者恩斯特·卡西尔和他的美国女弟子苏珊·朗格。卡西尔的代表作有《符号形式的哲学》、《神话思维的概念形式》、《语言与神话》和《人论》。苏珊·朗格的代表作有《哲学新

① ［日］池上嘉彦：《符号学入门》，张晓云译，北京：国际文化出版公司，1985，第3页。

② ［日］池上嘉彦：《符号学入门》，张晓云译，北京：国际文化出版公司，1985，第83页。

解》《符号逻辑导论》《情感与形式》和《艺术问题》。卡西尔通过对艺术作为一种特殊的符号形式的强调,对当时十分流行的、由英国表现主义美学家科林伍德提出的情感表现说提出批评。他强调,在艺术中我们是生活在纯粹形式的王国中,而不是生活在对感性对象的分析解剖或对它们的效果进行研究的王国中。① 卡西尔并不绝对否认艺术中存在着情感表现的因素,他只是认为有必要把艺术表现与生活中的表现区别开来,用他的话说:"艺术确实是表现的,但是如果没有某种构型它就不可能进行表现。而这种构型的过程是在某种感性媒介物中进行的。"② 他的这个基本观点得到了苏珊·朗格的继承和发扬。她指出,假如艺术真的是种情感的表现的话,那么"一个嚎啕大哭的儿童所释放出来的情感要比一个音乐家释放出来的个人感情多得多。然而当人们步入音乐厅的时候,决没有想到要去听一种类似于孩子的嚎啕的声音"。③ 这说明,纯粹的自我表现不需要艺术形式。由此而进,她给艺术下了一个定义:艺术是人类情感的符号形式的创造。这个定义建立在一个区分上,即"艺术符号"(artsymbol)与"艺术中的符号"(symbols in art)的差异。艺术中的符号只是作品中的一种因素,而"艺术符号"则是指艺术作为整体具有一种符号性。

运用符号学的方法来分析一个文本,事实上多多少少也就是从结构主义的立场看待问题。艺术符号学同样并不例外。从符号学的立场看,艺术作品同样具有一种符号性,唯其如此,才有关于"艺术是否是一种语言"的问题。美国学者莫里斯指出,"人们通常说到音乐的和绘画的语言,在这里'语言'这个词语是取它的真正意义还是取它的比喻意义呢"? 在他看来,"确定艺术是不是语言,并没有研究艺术意谓什么和艺术是怎样意谓的那么重要"。④ 这句话是什么意思?或许我们还得再从莫里斯那里寻找答案。他指出,图像性本身并不是各种美术的一个绝对的标准,因为"一部小说可以同一幅画一样是艺术作品,而一幅关于一个对象的画可以是科学的可靠的,但是在美感上糟糕的"。⑤ 从这些阐述中我们能够明白一个被我们因为习惯而忽视掉的问题:通常情况下,我们使用的语言文字是概念的,也就是说它并不像音乐、绘画、舞蹈等媒介那样,"自然而然"地具有成为艺术媒介的性质。恰恰相反,日常语言属于概念化陈述,它最适用于非艺术的表述活动中。所以才会出现这样的例子——当问及"为什么要做诗"这样一个问题时,有个诗人回答说:"为了打破日常语言的符号性。"⑥言外之意是很清

① [美]卡西尔:《人论》,甘阳译,上海:上海译文出版社,1985,第183页。

② [美]卡西尔:《人论》,甘阳译,上海:上海译文出版社,1985,第180页。

③ [美]苏珊·朗格:《艺术问题》,滕守尧等译,北京:中国社会科学出版社,1983,第24页。

④ [美]莫里斯:《指号、语言和行为》,罗兰等译,上海:上海人民出版社,1989,第233页。

⑤ [美]莫里斯:《指号、语言和行为》,罗兰等译,上海:上海人民出版社,1989,第235页。

⑥ [日]池上嘉彦:《符号学入门》,张晓云译,北京:国际文化出版公司,1985,第2页。

楚的：日常语言是一种概念化的表述系统，它与艺术所要求的感觉性格格不入。从这个意义上讲，艺术符号学的任务首先是解决一个问题：概念化的日常语言是如何成为诗歌和小说等"语言艺术"的良好媒介。

（2）文学符号的审美功能变体

任何一种艺术符号的主要功能都是对情感信息的传达。立足于这一质的规定性，当人们从审美的角度对语言现象做出审视时，常常有足够充分的理由对人类这一交际媒介的审美功能表示怀疑。因为普通词语的本质是表达事物的"一般"概念，作为一种表达观念的符号体系，语言缺乏诸如音响、色彩和线条等符号家族其他成员所具有的那种直接感知性，而脱离了对艺术对象的这种审美直觉，艺术的情感交际自然也就无从谈起。当然，从具体的创造实践来看，人们对语言符号的这种顾虑事实上是多余的。古往今来，一部世界文学史早以自己的存在替语言所独具的审美魅力做出了雄辩的证明。不过问题在于，尽管文学家们常常可以满足于对艺术规律的不自觉的遵循，来垒筑丰富多彩的文学世界，理论家们却有责任通过思辨的条分缕析予以科学地阐明：规律究竟是如何实现的。从符号学的视野来看，"我们可以不再说散文与诗的对立，取而代之的是语言的符号性与情感的用法的对立"。① 这是符号学需要首先解决的一个问题。

正像美国学者韦勒克所说，要将文学语言与科学语言从性质上加以划分并不困难。一般来讲，前者是一种表现符号，强调的是符号自身的表情达意，后者是一种推论性符号，要求语言符号与被指称对象相吻合。但倘若我们因此而以为，两种语言现象在性质上的这种分道扬镳，同时也就意味着两者在形态上也将随之而分庭抗礼，一个原本正确的表述便会走向自己的反面。意大利学者克罗齐在他的《美学原理》中指出：世间并没有一门特别的语言学。人们所孜孜寻求的语言的科学，普通语言学，就它的内容可化为哲学而言，其实就是美学。事实表明，人们以往之所以对文学作品中语言符号的审美效应感到困惑，一个十分重要的原因便在于两种语言现象的异质同体性。我们看到，尽管爱因斯坦曾经提出，科学必须创造自己的语言以供它本身使用，而马拉美也曾表示，文学从来不使用一般的语词来表达自己，文学家们毕竟未能另起炉灶独创一套语言体系。用老舍的话来说，也就是："语言的创造并不是另造一套话，烧饼就叫烧饼，不能叫饼烧。"②所以，所谓"文学语言"，准确地讲其实也就是普通语言在文学作品中所发生的一种功能变体。唯其如此，这才在逻辑的层面上孕育了一个文学符号审美传达机制之谜：整个文学世界从来就是建立在不可言传之意终于得到言传的基础之上。毫无疑问，对于文艺学领域里的这个谜，我们可以用不同的方法来予以解开。但不管依凭于什么理论框架进行尝试，有一点是可以肯定的：我们对

---

① ［美］门罗·比厄斯利：《西方美学简史》，高建平译，北京大学出版社，2006，第315页。

② 老舍：《出口成章·关于文学语言的问题》，作家出版社，1964年版。

文学符号审美传达机制的把握,具体地说也就是解决语言的这种审美变体的可能性及其表现和条件。必须承认,这种可能性首先取决于语言自身的内在基因。

德国美学家施莱尔马赫指出:"语言有两个要素,音乐和逻辑的;诗人应使用前者并迫使后者引出个体性的形象来。"①正是由于语言先天地具有这两种染色体,这才使得语言不仅得天独厚地博得了科学与艺术的双重青睐,而且还可以自由地切入时间与空间之中,去与音乐和绘画相媲美。但有必要加以指出的是,语言这两大因素的审美化恰恰不能归之于"语言",而必须归之为"言语"。因为语言只是一般的交际模式,而言语则是对这种模式的具体运用。鲁迅在《且介亭杂文》里举过一个例子:"譬如'妈的'一句话罢,乡下是有许多意义的,有时骂骂,有时佩服,有时赞叹。"这里"妈的"一词通常作为一句粗话的意义是该词的语言意义,而它所具有的众多的开放性意义便是其言语意义。由此可见从性质上讲,"语言"与"言语"的区别,也就是语言的开放性与封闭性的区别。唯其如此,语言才具有不同的功能变体的可能性。当语言的封闭性为科学家利用语言现象,来准确地传达其认识成果浇铸了坚实的基础,言语的开放性则为文学家借助于语词符号,来有效地传达其审美感受提供了必要的构架。因为言语的开放性不仅表现在其含义的量的矢度的递增上,而且还表现在其含义的质的方面的丰富上。举例来说,"家"这个词通常的语言意义是指一种抽象的生活场所,但当这个词出现在《日出》女主人公陈白露的台词里,却能给人以十分丰富的感受。《日出》第四幕,陈白露听到茶房王福升说,客人都各自回家了之后,她低声自语:"是啊,谁还能一辈子住旅馆!我大概是真玩够了,够了,我也想回家去了。"显然,这里的"家"这个词就不仅能使我们意识到一个固定的生活场所,而且还能使我们感受到一种安全、舒适和温暖甜蜜的生活体验。

正是由于这种体验与陈白露当时的实际情景构成了一种强烈的反差,相形之下使这位风尘女子无家可归的悲惨下场就显得愈发令人同情。这说明,在具体的言语单位中,语词不仅具有"意义"(符号同某种客体现象的联系),而且还具有"涵义"(符号同被某种现象所唤起的主体经验的联系)。不难发现,"涵义"并不是由意义而是由生活产生的,它其实也就是通常所说的"言外之意"。所以,"涵义"的获得便标志着语词审美化的实现。不可言传之意就这样在语言中得到了准许通行的鉴证:一方面,语言并没有违背它对逻辑学许下的诺言,它通过自己的逻辑性质所传达的,仍然是以概念的形式晶化下来的指称信息;另一方面,语言也并未因此而将文艺女神拒之门外,它在具体的言语条件下有可能获得涵义的特权,为它明修栈道、暗度陈仓地完成审美功能变体提供了保证。既然如此,这样看问题应该是理所当然的:文学语言不但不是一种独立的符号体系,而且也并非"语言",它是一种"言语"。因为"从言语的现实里抽象出来的语言的根

---

① [意]克罗齐:《美学的历史》,王天清译,中国社会科学出版社,1984,第 162 页。

本成分，适应从经验的现实里抽象出来的科学的概念世界；而词，作为活的言语的现实存在的单位，则适应人的实际经验的单位、历史的单位、艺术的单位"。①具体来看，语言的这种审美功能变体在个别词语里，主要是通过语义（所指）的表象化和语音（能指）的表现化两条途径实现的。

众所周知，语义在一般意义上是以概念的方式对具体事物的抽象概括，唯其如此，语言才成了一种表达观念的符号系统。但这个事实无形中也模糊了语词符号和其他符号之间的另一种区别：当马路上的红绿灯行使它的符号职能时，这种意义内核本身是由语词符号来承担的。与此不同，语词符号的能指（语音）向所指（语义）过渡时，无须以别的媒介来充当中介，而呈现出一种语义的"透义性"。经验表明，"除非在知觉失调的情形下，我们是不会去理会语词符号的物质方面的存在的"。② 由于这个缘故，一个词既可以被我们从抽象的概念意义上来理解，同样也有可能被我们从具体的表象意义上来接受。别林斯基当年在评论果戈理的小说创作时便曾指出：果戈理不是写，而是画，他的描绘呈现出现实世界的奇颜丽色。我国明代著名小说评点家叶昼读了《水浒》之后也感到如闻其声、如见其人，而"不知有所谓语言文字也"。而我们知道，情感本身并不是一种能单独存在的自足体，它往往通过感知觉而"黏附"于一定的表象之中，古人所谓"情、景名为二，而实不可分离"，指的便是这个意思。因而，通过情感与表象的这种有机联系，语词也就可以借助于表象意义而表现出相应的情感涵义。譬如马致远的"枯藤老树昏鸦，小桥流水人家"，当语词的表象意义在我们的言语的知觉屏幕得到真切的显影，我们也就能大致地体验到诗人当初在面对同样情景时，所曾产生过的那种"断肠人在天涯"的感受，从概括的语词中捕捉到一种具体的审美涵义。除此之外，涵义也可以通过语音的表现化而得到传递。

诚然，就像语言符号中的"所指"通常只是概念的凝结和晶化，而"能指"一般来说只是语义的物质载体。但这同样也只是就能指作为语言的符号形式而言，在具体的言语单位中，语言有时便具有表现性。所谓"平声平道莫低昂，上声高呼猛烈强。去声分明哀远道，入声短促急收藏"。我国古代诗论里对"四声"的这种说明，无疑便是对语音表现意义的一种总结。在具体的言语行为中，仅仅是"发音本身便以决定的方式呼唤出每一样客观的东西，并且创造出客观东西的灵魂的情调"。③ 当然，无论是"所指的表象化"还是"能指的表现化"，单独一个语词的审美力量都显得微不足道，并不能产生巨大的艺术效应。但言语的审美化并未就此圈上句号，它同样也表现在整个语句上。一般来说，语言交际的基本单

---

① ［美］爱德华·萨丕尔：《语言论》，陆卓元译，北京：商务印书馆，1964，第 20 页。

② ［波］沙夫：《语义学引论》，罗兰译，北京：商务印书馆，1979，第 19 页。

③ ［瑞士］沃尔夫冈·凯塞尔：《语言的艺术作品》，陈铨译，上海：上海译文出版社，1984，第 127 页。

位并不是词而是由词的组合所构成的句子。在句子中,词的这种组合关系具体地有纵向的聚合与横向的联合两大类型。如果说前者往往使语义通过联想的途径而构成一种"语义场",那么后者则常常有助于语音的语气化而形成一种"语流场",两者都足以使个别语词所携带的审美涵义得到高倍放大。举例来说,白居易的《琵琶行》里用珠落玉盘来形容琴声的优美一直为人称道。分析起来,这几句诗的妙处显然不仅在于让人仿佛透过语词概念"目睹"了不能为眼睛亲眼所见的声音,而且它同时也让读者领略了这位犹抱琵琶半遮面的女琴手高雅的风采。因为珠和玉都是人世间的珍宝,它往往代表着一种华贵和高雅的性质。因而,当它们被用来描绘一种声音时,事实上也就不仅规定了这种声音的清脆悦耳,而且也规定了它高雅的性质。

由此而推及开去,它同时也使我们朦胧地感到,创造了这种高雅艺术的演奏者的品貌也一定是十分端庄美丽的,而决非那种粗俗低贱的卖笑女郎。可见,"语义场"的实质是语词在联想的作用下形成一种表象的嫁接与串连。通过这种转换,不但任何一个词都可以在人们的记忆里唤起一切可能与己有关的事物,而且我们还可以"把不在现场的要素联合成潜在的记忆系列"(沙夫语)。所以,在"语义场"的作用下,个别语词所具有的那点审美涵义也就获得了一种放射性,即便是一首短诗也会因此而变得含义无穷。与此不同,闻一多当年在分析骆宾王的"梅花如雪柳如丝,年去年来不自持。初言别在寒偏在,何悟春来春更思"一诗时说道:"那一气到底而又缠绵往复的旋律之中,有着欣欣向荣的情绪。"[1]从这里我们可以看出,所谓"语流场"也就是指语言之间通过整体的节奏运动而构成一种鲜明的语气。由于节奏的本质就是我们自己的内心运动,所以,一种明确的语气往往便具有一种独特的表现效果,能使个别语音的表现力得到强化。这方面同样有具体的创作实践予以证明。譬如王维的"漠漠水田飞白鹭,阴阴夏木啭黄鹂",这联诗句虽脱胎于李嘉裕的"水田飞白鹭,夏木啭黄鹂",但却取后者而代之,成为广为流传的名句,原因便在于李诗虽垒筑了鲜明的意象,但却疏略了语气的明确性。而王维通过各增一对双声迭音词,使语气的"流动性"得以加强,整个语句所具有的审美涵义随之也得到了大幅度的扩充。显然,不管是"语义场"还是"语流场",它们都证实了马克思的这一结论:"借以表现思想生命的要素语言,也具有感性特点。"[2]

因此,当语言在具体的文学作品中通过功能变体,而由一种普通符号转换成艺术符号,这其实并没有什么可以大惊小怪。文学符号的功能风格呈现了这一点,从中我们也就可以体会到苏珊·朗格在她的《艺术问题》里,之所以剔精析微地将"艺术符号"与"艺术中的符号"严加区分的深刻之处。艺术中的符号也就是

---

① 闻一多:《唐诗杂论》,上海文艺出版社,1984,第158页。

② [德]马克思等:《马克思恩格斯全集》(俄文版第3卷),1929,第630页。

艺术家所使用的符号，这是一种普通符号。正是因为这样，当我们将文学语言与科学语言分别贴上"表现"与"推论"的标签时，同时必须意识到这种区分的流动性，并没有绝对的界限。但尽管如此，两者在总体特征上的差异仍然是显而易见的，这种差异就存在于各自的功能风格之中。诚然，"风格"一词对文艺学界并不陌生，但比较起来，这方面的研究以往大多集中于具体的作家作品方面，而不是整个言语表达方式的功能风格。这种风格并不是指个人在语言的具体运用上借以显出其个性特点而采用的一定方式和手段的凝聚，而是指一种出乎一定的交际目的的需要，而有意识地选择相应的语言手段所形成的表达形式系统的系统质。这种系统质既体现在各种不同的文学样式里，也表现在各个具体的文学作品中。前人说得好："吏部仪曹体不同，拾遗供奉各家风。未言看到无同处，看到同处却有功。"①这里的"吏部"指韩愈，"仪曹"指柳宗元，"拾遗"即杜甫，"供奉"即李白。意思是说，这几位大师与名家的诗作尽管各有特点自成一体，但在不同之中他们的作品也内在地呈现出一种相同的地方。

这是因为每一个优秀的文学家在他所创作的风貌各异的作品风格里，同时也必定体现出其作为语言艺术在语言运用上所共同具有的那些因素。因此，所谓文学语言的功能风格，说到底也就是文学作品的"文体风格"，它是文学符号审美功能变体的一个总体标志。一旦语言在具体的文学作品中实现了自己的这种审美变体，作为它的标志的功能风格也就随之宣告形成。概括起来看，由于文学语言审美功能的基本单位，分别是由语气与联想所构成的"语流场"和"语义场"，所以文学语言的功能风格主要由四大要素构成，即是语流场所产生的"调性"与"势态"，和由语义场所产生的"暗示"与"象征"。"调性"简单讲也就是一定的言语单位所具有的某种语调。美国学者劳·坡林曾指出，任何一首好诗都总是定在一个基调上。诗歌如此，小说也不例外。当代作家高晓声就认为，小说家的技巧可以用一句话来概括："给作品定调子。"这么说并不过分。列夫·托尔斯泰创作中篇小说《哥萨克》时，在写给巴·安年科夫的一封信里就说过："我有一次跟您提到过的那部严肃的东西，我起初曾用四种不同的调子写作过，我把每一种调子写了约莫三个印张，然后就搁笔不写了，因为不知道选择哪一种调子的。"②可见，语调在作家们的文学创作中具有举足轻重的意义。这是因为语调的实质是一种情调。

譬如高晓声《陈奂生上城》里的开场白："漏斗户主陈奂生，今日悠悠上城来"，松快幽默的语调给了我们一种喜剧的气息；再譬如张承志《黑骏马》里对大草原的描写："辽阔的大草原，茫茫草浪中有一骑在踽踽独行"，凝重、缓慢的语调

---

① 杜甫等：《历代论诗绝句选》，长沙：湖南人民出版社，1981，第 82 页。

② ［俄］赫拉普钦科：《作家的创作个性和文学的发展》，满涛等译，上海：上海人民出版社，1977，第 132 页。

能使我们产生一种崇高感。而在《边城》的收尾，沈从文又是这样写的："到了冬天，那个坍塌了的白塔，又重新修好了。那个在月下唱歌，使翠翠在睡梦里为歌声把灵魂轻轻浮起的年青人，还不肯回到茶峒来。"平静的语调下流动着的是并不平静的深情。语调的这种主观性，对科学著作来说未尝不可缺，但对文学作品却十分必要。因为一种语调不是别的，它往往是创作个性的集中体现，无论是鲁迅、老舍、沈从文，离开了他们各自的那种独特语调，也就绝无艺术个性可言。如："稽察长换了人，过了两三天吧。尤老二，胖胖的，常在街上蹓着，有时候也看千佛山一眼。"这是老舍小说《上任》的结尾，同样是一种幽默的语调，将它与高晓声对陈奂生的描写相对比，相同之中分明又有着不同。高晓声的语调中流露出善意的嘲讽，而老舍的语调里却有一种老辣的揭示。再譬如汪曾祺的得奖小说《受戒》："英子跳到中舱，两只桨飞快地划起来，划进了芦花荡……惊起一只青桩（一种水鸟），擦着芦穗，扑鲁鲁鲁飞远了。"作者常以沈从文学生自称，他的语言也的确不仅具有沈从文那种行云流水的风貌，而且也有其平淡旷达的韵味。但即使如此，重复是不可能的。如果说在沈从文的平淡中隐含着的是长远的忧伤，那么在汪曾祺的平淡中流淌着的则是一种细腻的甜蜜。

显然，正是由于语调与创作个性之间存在着这种密切的联系，屠格涅夫才一再强调，在一个文学天才身上，"重要的是生动的、特殊的自己个人所有的音调"。因为"这些音调在其他每一个人的喉咙里是发不出来的"[①]。所谓"势态"也就是一个言语单位内所蕴涵着的一种"语势"。法国小说家萨特在分析加缪的作品时指出："每个句子都不承接上一句话造成的语势，每句话都是一个新的开端。"[②]这里所指的"语势"便是文学语言功能风格中的一个要素，它和"语调"一样，都是由语句横向方面的联合而构成的语流场的一种表现。所谓"语与兴趣，势逐性起"，调与势相辅相成，势往往伴随着调的确立而形成。两者的区别在于：语调作为主体对客体的情感评价而往往表现出创作个性对生活素材的征服，而语势作为对创作对象的形象阐发则常常反映出生活素材本身对创作主体的一种反作用。用美国"新批评"文论家布克拉墨尔的话来说，即："语言中的姿势是其内在的形象化了的意义得到外向的戏剧的表现。"[③]譬如："风筝很简陋，寒伧得叫人掉泪，长方形的一片，俗名叫'屁股帘儿'。但是风筝毕竟飞起来了，比东风饭店的新楼还高，比大青山上的柳树还高，……飞呀、飞呀、飞呀，一道道的山、一道道的河，一行行的青松、一队队的红卫兵……"王蒙小说《风筝飘带》里的这段描写

———————————

① ［俄］赫拉普钦科：《作家的创作个性和文学的发展》，满涛等译，上海：上海人民出版社，1977，第140页。

② ［法］萨特等：《文艺理论译丛（二）》，北京：中国文联出版公司，1984，第34页。

③ 中国社科院文学所编：《现代美英资产阶级文艺理论文选》上册，刘若端等译，北京：作家出版社，1962。

语句短促、节奏明快，字里行间所涌起的那股奔腾、跳跃的气势，一方面固然与作者那种奔放的创作气质有关，另一方面显然也同作者在此所反映的那个活泼天真的放风筝的小姑娘"素素"的性格、年龄，以及同那个简陋的风筝在天空中随风升腾的具体情景相关。

这就像刘勰在《文心雕龙·定势》里所说的："激水不漪，槁木不阴，自然之势也。"当作家在具体创作过程中沉浸到他的那个天地，让"自我"与审美对象融为一体。这时，具体的创作对象也就会不满足于仅仅听凭创作个性的驱使，而会反作用于作家的言语活动，使之表现出相应的张力。不言而喻，正像语句中的语调有助于文学家创作个性的张扬，语句中这种"语势"的存在，使得文学家在他的作品中能够通过语言符号来渲染氛围和烘托形象，创造出一种审美意境。这方面的例子不胜枚举，老舍早就注意到，不仅"《红楼梦》里写到什么情景就用什么文字"，而且"《水浒》中武松大闹鸳鸯楼那一场，都用很强烈的短句，使人感到那种英雄气概与敏捷的动作"。① 作为文学语言功能风格重要组成部分的"暗示"与"象征"，是语词符号本身在读者的"言语接受图式"里，通过文化积淀而建立起来的一种相对稳定的联系。我国老一辈语文学家夏丏尊先生曾指出，在语感敏锐的读者那里，"赤"不但解作红色，"夜"也决不仅仅被理解成昼的反面，"田园"也同样并不是单纯种菜的地方，"春雨"更不会只是春天的雨。对他们来说，"见了'新绿'二字就会感到希望、自然的化工、少年的气概等等说不尽的旨趣，见了'落叶'二字就会感到无常、寂寞等等说不尽的意味"。② 这个想法是很有见地的。正像罗兰·巴特所说，如果没有语词的这种弹性，文学也就不存在了。因为文学的艺术魅力并不在于它把一种意义强加给不同的人，而是它能向一个人暗示出不同的意义。

需要加以补充的是，语词符号所具有的这种弹性，在文学作品中具体地表现为"暗示"与"象征"这两种现象。在托尔斯泰的《复活》的开头有这么一段景物描写："太阳照暖大地，青草在一切没有除根的地方死而复生，不但在林荫路的草地上长出来，甚至从石板的夹缝里往外钻，到处绿油油的。桦树、杨树、稠李树生出发黏的清香树叶，椴树上鼓起一个个正在绽开的花蕾。"③不难看到，作者在此所作的纯粹是写实的自然景物描写，但它所产生的效果无疑却带有暗示性。这儿的"绿油油"、"花蕾"等词，都隐约使人产生一种"生命复苏"、"幸福的生活刚刚开始"等联想。同样，在海明威《桥边的老人》的开头作者写道："一个戴着钢丝边眼镜、衣服上尽是尘土的老人坐在路边。"他看着眼前所发生的一切：战争，逃难的人群，自己却坐在那儿一动也不动，因为"他太累，走不动了"。这儿的"累"虽然

---

① 老舍：《出口成章》，北京：作家出版社，1962，第 79 页。

② 叶圣陶：《叶圣陶论创作》，上海文艺出版社，1982，第 137 页。

③ ［俄］托尔斯泰：《复活》，汝龙译，北京：人民文学出版社，1996，第 5 页。

同样是对这位老人当时实际处境的反映,但无疑具有象征的意味,使人感到许多潜台词。将以上所述归纳起来,有两点值得注意:其一,暗示与象征的确都是一种间接表达,其意义具有一种所谓的"含蓄美",但在这儿重要的是,迫使作者做出这种选择的并不是作者本人对这种审美品格的偏爱,而是一种客观需求。因为文学语言所负荷的审美含义是一种言外之意,因而,在信息与符号之间总是存在着一种类似美国学者布鲁克斯所说的"诡论关系",即作者所要说的比起已说的来,总是或者少或者多,永远不可能达到同步。

由此而决定了不仅"附属于暗示的功能的'综合的'风格就是文学作品的风格",而且别无选择的文学家们"通常也总是象征性地使用文字",①以便让粗糙的语言符号能够因此而得以实现其功能的审美变体。其二,尽管作为文学语言功能风格的暗示与象征,都是语言的一种省略式表达,但彼此之间也不尽相同:暗示的省略是一种"内向性省略",被省略的是作者能够清楚地体会到,只不过无法通过语词形态来直接予以传达的意蕴。如《复活》中的那一段,当我们将"绿油油"、"花蕾"、"春天"三者相联,其中所包含着的"生机勃勃"的意蕴是十分明确的。而象征的省略是一种"外向性省略",被省略的是作者虽有所体会但又难以穷尽的东西。譬如海明威对老人"累"的定格,这种累我们可以说是生理的,因为这位老人不仅已有七十六岁,而且已连续跋涉了十二公里。但更多的显然还是一种精神方面的,包括对战争的厌倦,对人生旅途的疲惫感,以及对人类前景的担忧等等。这些东西是一种在瞬间呈现的理智与感情的复合叠加,是有限中的无限。这样,倘若说审美意蕴的可感性决定了文学语言只能以暗示的途径来有效地加以表述,那么审美意蕴的复杂性则决定了这种意蕴只有在象征的形态中才能得到恰如其分的表现。显然,就像离开了语调与语势也就无所谓语气,缺乏暗示与象征语词的审美联想自然也无从谈起,它们在具体言语单位中的有机组合和渗透,构成了文学语言功能风格的总体特征——形象性。

我们看到,正如科学的语言以概括性作为特征,"文学的语言用形象性来标志自己"。② 因为当暗示与象征通过对联想机制的激发而塑造出客体事物的形象时,语调与语势也同样通过对特定语气的构型而投影出主体性格的形象(这类形象在小说里是叙事者,在诗歌中是抒情主人公),由此而使抽象的语词符号蜕去其概念的外壳,释放出无穷的艺术魅力。文学符号的功能语境由此得以成功建立。由此而进,我们有必要对文学语言功能风格的具体形成条件再加以分析。我们注意到,近年来,随着我国整个文学领域内思维空间的大面积开拓,围绕这一命题的研究也得到了进一步的深耕细作。不过新的探索在取得进展的同时,

---

① [美]韦克勒等:《文学理论》,北京:生活·读书·新知三联书店,1984,第 85 页。

② [瑞士]沃尔夫冈·凯塞尔:《语言的艺术作品》,陈铨译,上海:上海译文出版社,1984,第 150 页。

显然也带来了一些新的困惑，一旦我们尝试着从这些耳目一新的扫描里提取出其中的反思成果时，便每每发现这种曝光仍然未能使命题的亮度变得清娇起来。举例来讲，不久前有的研究者通过对人类原始语言以及婴儿幼童的"准原始语言"的考察得出结论：文学语言的审美奥秘取决于对民族原始语言的回归。这话自然不失某种凭据，譬如不仅卢梭曾提出原始人的语言是一种有别于几何学家语言的诗的语言，而且黑格尔在其博大精深的《美学》里也认为：诗的用语产生于一个民族的早期。

但这毕竟只是问题的一个方面。当论者引经据典地为语言的审美构成做出如此这般的框定时，显然疏漏了这么一个简单的事实：尽管文学语言与人类原始语言多少有些沾亲带故，但它不仅已经永远告别了自己的母体，而且在当今的创作实践中也未必见得有任何返祖的态势。事情很清楚，正是鉴于这种解释的窘迫，迄今为止，人们的目光更多地仍然投向对语言共时态的不同类别的选择上。譬如一般说来，尽管任何语词都意味着一种概括，但其程度并不一样，有些诸如"高山"、"大海"之类通称为"显象词"的语词，和表象的关系十分密切，容易获得形象性，而另一类诸如"物质"、"范畴"等语词的抽象概括系数颇高，往往很难让人产生具体的感觉形象。沿此望去我们必须承认，当有的论者提出，文学和科学虽然同样用语词，前者主要应该以表象性强的语词做材料时，多少是有说服力的。记得海明威就曾表示："像'光荣'、'荣誉'、'勇气'这样的抽象词语，与具体的村庄名字、道路编号、河流名称、部队番号和日期等相形之下，全都显得可憎。"[①]但推及开去事实也并不尽然。这种见解的似是而非之处，不仅在于忽视了文学语言审美效应格局从详到简的历史发展趋势，而且也忽视了文学作品中未必不能使用那些非显象词。正如巴乌斯托夫斯基在《面向秋野》中所说，只要我们熟悉某种生活，那么即便是那些干燥无味的技术用语，都充满着不可捉摸的魅力。上述理论成果的缺陷当然不足以证明理论本身的软弱，而反映出方法论的陈旧。

现代系统哲学的"结构—功能"规律告诉我们，一个系统的功能质往往受到该系统内在结构关系的制约。这对"艺术符号学"来说也并不例外，大量事实都要求我们，对一切语言现象都必须把它们放在结构的关系中来加以分析，因为"正是结构把它们联结为语言"。[②] 语言中的这种结构关系便是"语境"。如前所述，语言符号实现其审美变体的内在可能性是由于"言语"具有开放性。而从语用学方面讲，言语的这种开放性归根到底又是由一定的语境所决定的。因为言语之所以为言语，正在于它与具体语境有密切联系，它是具体语境中的语言现象。譬如"你真坏"中的"坏"这个词，它的通常的语言意义是指品质恶劣，表示说

① ［美］库·辛格：《海明威传》，周国珍译，浙江文艺出版社，1983，第101页。

② ［俄］兹维金采夫：《普通语言学纲要》，商务印书馆，1981，第213页。

话者的一种厌恶情绪。但当它出现在一对恋人或关系亲热的朋友之间时，"坏"就可能具有能干、聪明、机灵、调皮等不同的意思，并伴随着某种亲昵的含义。这正像老舍所指出的"普通的话，在适当的时间、地点、情景中说出来，就能变成有文艺性的话了"。① 这"适当的时间、地点、情景"其实便是语境的具体内容。英美新批评发起人瑞恰慈也认为，"在陈述的事实和陈述时的情况之间是有差别的"。同样一个陈述事实（语言），在不同的陈述情况（语境）里，便会具有大相径庭的功能效应。不难发现，系统论的"结构—功能"规律表现在语言系统中，也就是"语境—功能"规律。唯其如此，语用学家们通常才将"语境"又称为"功能性语境"，因为正是不同的语境制约着语言的不同的功能变体。

意识到这一点的同时也就意味着必须正视这么一个事实：我们对文学符号审美传达机制的把握，归根到底应该聚焦于存在于文学作品中的那种功能语境。语境从形态上讲有"显"与"隐"之分，在范围上又有大与小之别。显语境在语序和词性上有相对明显的特点，因而能够"提醒"读者的往意。沃尔夫冈·凯塞尔认为："在词的位置和句的构造方面，'语言'建立了一些可供驱遣的可能性。"②这里所指的便是显语境，它具体又是由言语的上下文关系（小语境）所构成。相比之下，隐语境常常为人们所忽视，因为它是指具体言语行为的交际性质即总的背景。所以，隐语境往往都是"大语境"，它意味着言语与现实生活的联系。这样，在一部具体的言语作品中，语境的实际类别也就是小语境、大语境和隐语境三类。语言学家弗里斯指出："'意义'并不是在言语形式的本身，而是由言语形成的三种关系的类型组成：(1)一类言语形式和另一类言语形式的关系；(2)言语形式和非言语的环境（物体、事件）等的关系；(3)言语形式和参与交际行为中的人的关系。"③显然，弗里斯这里所说的三类关系也就是我们上面所归纳的三种语境。一般来说，文学作品中语言的小语境是一种"对等语境"，用雅可布森的话来讲，即诗性功能把对等性原则从选择轴引申到组合轴。选择轴也就是纵向的聚合关系，组合轴则是横向的联合关系，这两种关系里的对等指的是语义上的互相呼应和语言上的对称平衡。

譬如王蒙小说《海的梦》里的一段叙述："大海有多悠久，这海的呼吸就有多悠久。大海有多沉着，这海潮的起伏就有多沉着。而当海风骤紧了的时候，他听到海的咆哮、海的呐喊、海的欢呼，好像是千军万马的厮杀。"从语义上看，"咆哮"、"呐喊"、"欢呼"无疑是一种近义反复，但在此之所以并未让人觉得杂沓啰嗦，是因为这种反复在语音上使句子得到了一种对称平衡，从而产生出一种语

---

① 老舍：《出口成章》，北京：作家出版社，1962，第54页。
② ［瑞士］沃尔夫冈·凯塞尔：《语言的艺术作品》，陈铨译，上海：上海译文出版社，1984，第216页。
③ ［美］弗里斯：《布龙菲尔德学派》，《国外语言学》1984年第5期。

气,形成了语流场。再譬如鲁迅的散文《秋夜》的开头:"在我的后园,可以看见墙外有两株树,一株是枣树,还有一株也是枣树。"这儿的重复更是显而易见,但这恰恰表现出文学作品中小语境的特点:通过这种处理,不仅语音上可以产生节奏的运动,而且"枣树"的重复对指给了我们一个强烈的"注意定位",使我们从审美意象上来接受它。这就像梅特林克所说:"有些话语看起来在作品中是无用的,但作品的灵魂正在其中。"①那些看上去似乎无用的词语的真正作用,便在于通过语言和语义上的"对等",来构筑审美语流场和语义场。

除此之外我们还常常有这样的体会,读科学著作需要我们准确地理解语词的概念内核,而文学作品的阅读则往往像柏克所说,需要我们"在言语的经验之内留连"。这是由于文学语境的大语境是一种"经验语境"。鲁迅小说《药》里的这段描写是大家所熟悉的:"微风早经停息了,枯草支支直立着……周围便都是死一般的寂静。两人站在枯草丛中,仰面看那乌鸦;那乌鸦也在笔直的树枝间,缩着头,铁棒一般站着。"不难注意到,"乌鸦"这个词是此段描写里的一个中心。但倘若我们仅仅从"乌鸦,俗名叫'老鹊'或'老鸦'"这种一般语义上去理解,而不是从乌鸦这种动物在汉民族社会心理中所常常具有的,诸如恐怖、神秘、不吉利等等文化意识积淀中来接受,显然也就无法真正体会到鲁迅通过这段描写所创造的那种审美氛围。作一如是观,我们也就不难理解,何以科学著作可以畅通无阻地被翻译成各种不同语言文字,而文学作品则往往只能望文兴叹,因为一个民族的文化经验只能潜移默化地变动而无法被移植。譬如据说在缅甸乌鸦是一种神鸟,能给人带来幸福,因而当一个对中国文化缺乏了解的缅甸人读着鲁迅这部作品时,他就不可能真正领会其中的意蕴。

其次,我们还可以懂得,作家们何以常常喜欢搜罗方言口语来从事创作,外国如此中国亦然。在大力推广全民族共同语的今天,唯独文学似有豁免权,倒成了行话俚语的代销店。分析起来,这自然是因为方言口语不但具有浓厚的文化经验内涵,而且本身在言语形式上就具有一定的对等性。如"走南闯北"、"楞吃鲜桃一口,不吃烂杏一筐"等等,不仅音律上匀称,而且语义上也有呼应,稍加润色加工便可获得对等性和经验性双重语境。从这个意义上讲,王力先生关于"方言是文学语言不断丰富的源泉"②的结论是颇有见地的。但对问题的全面审视告诉我们,事情并不这么简单。这倒并不是因为在文学创作中滥用方言会使作家变成哑巴,而是指仅仅具备对等与经验语境,并不能保证语言就可以因此而实现审美变体。事实是最有说服力的,比如:"近年来,由于大工业化的卷烟生产,使吸烟者遍及世界各地区,各个阶层,把闻鼻烟这一古老的生活享受硬是给挤兑

---

① ［挪威］易卡生等:《外国现代剧作家论剧作》,朱虹等译,中国社会科学出版社,1982,第38页。

② 王力等:《文学语言问题讨论集》,北京:文字改革出版社,1957,第7页。

没了。"邓友梅在他的小说《烟壶》里这样开了头，除了其中"挤兑"一词多少仍带点口语的痕迹，这段文字既没有值得一提的经验语境，也无明显的对等语境。耐人寻味的是，尽管这样，这并不妨碍我们慢慢地从中咂吧出不少"文学味儿"来，从而培植起一种审美的期待。与此不同，毛泽东在《星星之火，可以燎原》这篇著名文章的结尾，曾一连用了三个排比句和"航船"、"朝日"、"婴儿"三个词，来形容中国革命高潮的到来。在这段文字里，不仅具有鲜明的对等语境，而且也具有一定的经验语境，并因此而使之具有一定的艺术色彩。但仔细辨析，似乎也仅此而已，我们并不能从中发挥出真正意义上的审美意蕴。

导致这种区别的便是两种语言现象各自的隐语境不同。英国牛津大学教授奥斯汀在他的《论言有所为》中指出，在我们的言语运用中事实上存在着两大类别，一是有所"述"之言，即作者发出一个言语单位的目的或者是陈述一件事实，或一者阐明一种道理；一是有所"为"之言，作者说这番话并不报告或陈述任何事实，而仅仅只是主体的一种行为，因此无所谓真假的逻辑命题。这两类言语现象的显语境并无多大差异，但彼此的隐语境却大相径庭：前者是一种指称性"实体语境"，后者是表现性"虚拟语境"。由此而相应规定了两种完全不同的言语接受方式：对有所述之言，人们注意的是句子之外的被指称对象；而对有所为之言，人们注意的是句子本身。不言而喻，文学作品中的语言便属于一种"有所为之言"，因为"叙事作品中'所发生的事'从真正的所谓事物的角度来说，是地地道道的子虚乌有，'所发生的'仅仅是语言，是语言的历险"。① 当然，正像狄更斯的作品往往以英国伦敦为布景，卡夫卡的小说大部分烙有 20 世纪初布拉格的种种迹象，在一些伟大的文学作品中，人们常常可以从中找出与现实世界的部分重合。但即便如此我们仍不能将文学当作现实生活的录像，因为它们本质上是一个渗透了创作主体的审美情感，并在一个具体审美理想的过滤下被作家通过艺术虚构所创造出来的"可能世界"。

显而易见，只有当文学作品的这一隐语境在言语接受主体方面得到明确肯定，文学作品中对等与经验这两大语境的存在才能真正具有意义，否则，即使其有一定的对等与经验语境，言语现象充其量也不过是某种抽象理论的形象表述，甚至会沦为一种花里胡哨的装饰。因为说到底，"语义不是词或话语具有的性质，而是说话人和听话人赋予词或话语的性质"。② 作为一种总的交际背景的规定，语言的隐语境制约着人们对一定言语现象所处的"语域"的认识，只有通过这种认识，我们这才能真正注意到文学作品中显语境的存在，从而从字里行间去发掘出丰富的潜台词与画外音。不难发现，在此事实上存在着一个皮亚杰所说的"建构"现象：一方面，在文学家的创作中必须对语言的对等和经验两大语境加以

① ［法］罗兰·巴特：《叙事作品结构分析导论》，《外国文学报道》1984 年第 4 期。
② 中国社会科学出版社编：《国外语言学》1985 年第 2 期。

苦心经营；另一方面在文学读者的阅读接受活动中必须对语言的虚构语境有清醒的把握。正是通过这种虚构，普通语言才能够在文学作品里最终实现其审美变体，成为一种能够有效地完成情感交际职能的艺术符号。

2. 艺术社会学：贡献与局限

(1)艺术社会学的生成与发展

自从两千多年前，古希腊思想家针对艺术与现实世界的关系这一问题进行本体论意义上的讨论以来，关于艺术的社会学研究事实上就一直没有走出西方文论家的视线之外。在一般的艺术社会学看来，艺术与社会的关系在于社会现实是人们能够感知的审美现象的来源，而艺术体验作为审美行为的基础就在于艺术抓住了生活的最明显的特征并反映了人们对生活的体验。因此，艺术与社会的关系基于反映的过程和结果而变成了一种主客体间的行为。从这样一种观念出发，艺术的社会学批评关注社会和文学影响的同时性和相互性，力图建立并描述社会与艺术之间的脉动过程。学界公认，社会学的"创建之父"是马克斯·韦伯、埃米尔·涂尔干和卡尔·马克思。当今社会学的主要方向均肇始于这三位理论家。艺术社会学同样是从这三种流派中产生的。

通常说来，涂尔干开启了实证社会学，韦伯对意义的研究开创了诠释社会学，马克思关于阶级冲突的研究，建构了批判社会学的基础。这三种类型的社会研究都在艺术领域留下深刻的影响。[1] 实证社会学研究艺术界的客观层面，而不考虑意义和美学问题。他们会研究艺术博物馆参观者的人口统计学特征、管弦乐队的演出节目表，或各国文化政策对艺术的影响。在诠释社会学关心的是意义问题。比如意义是如何在社会系统中被创造和维系的？一个特定的艺术作品究竟表达着什么？所以在诠释社会学的分析中，分析者侧重于对"文本"进行详尽的阅读或阐释，以揭示文本的意义。文本可以是任何承载意义的事物：一本小说、一部电影、一幅绘画、一个广告牌、一次交谈等等。实证者会说"因为看见所以相信"，而诠释论者则会说"因为相信所以看见"。批判社会学会将参加政治活动作为他们学术研究的一部分，称之为"实践即研究"。马克思主义的分析开启了对文化工业所生产的大众文化的批判。在他们看来，由资本主义体系中的商业组织所生产的艺术形式的价值受到损害，因而这类文化并不是真正的文化。受到阶级分析的影响，这一艺术研究取向还关注不同的社会阶层以不同方式使用艺术的状况。除了上述这三大流派，20世纪后期又产生出"后现代社会学"。这门学派强调所有形式知识的绝对的相对性。它和诠释社会学相似的是，主要出现在受众研究和艺术接受研究方面。

从发生学的角度看，作为一门方法论的艺术社会学出现于19世纪中叶的西

---

① ［英］维多利亚·亚历山大：《艺术社会学》，章浩等译，南京：江苏美术出版社，2009，第10页。

方。1847 年比利时学者米盖尔思最早正式提出"艺术社会学"的名称。它主要指对音乐、绘画、雕刻、建筑等艺术的社会学研究。19 世纪后期,随着实证主义进化论社会学的发展,实证主义的艺术社会学研究也发展起来,代表人物有法国的 H. A. 丹纳,G. 史达尔,德国的 H. J. 施密特、K. 维尔马尔、W. 舍雷尔,英国的 M. 阿诺德及美国的 H. 詹姆斯等人,其中以丹纳和舍雷尔为最突出。丹纳著有《英国文学史》《艺术哲学》等,倡导文学和艺术创作发展的种族、环境、时代三大定律;舍雷尔著有《德国文学史》等,倡导以生活、教养、遗传三种因素研究诗人、艺术家的创作。与此同时,一些文化人类学家、民族学家、考古学家也从不同角度研究原始民族的文学与艺术起源问题。英国人类学家 E. B. 泰勒的《原始文化》、J. G. 弗雷泽的《金枝》和德国心理学家 W. 冯特的《民族心理学》等著作,为探索原始民族艺术的起源及其社会功能提供了丰富的资料,这也深深影响和推动了 20 世纪初艺术社会学的理论研究。

比如 19 世纪末至 20 世纪初,德国艺术史家和社会学家 E. 格罗塞的《艺术的起源》、芬兰艺术学家 Y. 希尔恩的《艺术的起源——一个心理学和社会学的探索》、英国人类学家 A. C. 哈登的《艺术的进化》等著作问世,集中了文化人类学家、民族学家及考古学家关于原始艺术研究的成果,并使艺术社会学从艺术哲学和一般社会学中独立出来,逐渐形成了一门学科。1895 年,法国社会学家埃米尔·涂尔干在《社会学方法的规则》一书中,把艺术社会学与宗教社会学、道德社会学、法律社会学、经济社会学、语言社会学并列为 6 个社会学分支学科。法国的 J. M. 居约、C. 拉洛、C. 布格雷等社会学家,对艺术的产生、发展同宗教、游戏、爱情、物质生产、社会分工、时代环境、科学技术的关系,以及艺术对道德、经济、工艺等的社会功能作了探讨。经过 19 世纪末至 20 世纪初的反实证主义、反进化论的浪潮,艺术社会学产生了许多流派,主要有 20 世纪 20—30 年代的神话仪式学派、30—40 年代的功能学派、50—60 年代的结构主义、当代的"发生学"等。对各种文学、艺术的经验研究也有所发展,逐渐分化出文学社会学、小说社会学、戏剧社会学、音乐社会学、绘画社会学、电影社会学、电视社会学等分支。但相比较而言,在艺术社会学的建构中起到过根本性影响的,还是由马克思开创的"批判社会学"。

著名艺术社会学家阿诺德·豪塞尔指出:"是马克思第一个精确地系统说明了精神价值是政治武器这个概念。"在马克思看来,所有的精神创造、一切对现实的描述,"都来自于从一个社会利益的角度对真实的某个特殊方面所作的观察,因此是受到制约的,不免有曲解的地方"。[①] 从社会学的角度看,无论如何,艺术社会学的核心问题,仍是艺术与其所处的社会的关系。通常而言主要有两种

---

① [美]阿诺德·豪塞尔:《艺术史的哲学》,陈超南等译,北京:中国社会科学出版社,1992,第 5 页。

关系：**"反映取向"**和**"塑造取向"**。首先主要是反映取向。它包含了广泛多样的研究，让这些研究走到一起的是一种共同的信念：一个历史时期的艺术是它所处的这个社会的一面镜子，它的创作与传播受到社会制度框架的制约或支配。在这样一个传统下的艺术研究，重心所在并非艺术作品，而是透过作品所反映出来的社会状况。换言之，它主要的焦点是社会学的：是为了了解社会而考察艺术作品。艺术作品不过是社会学认识其时代的一个途径和手段。这个主张有其一定道理。比如当代美国学者海尔辛格曾经考察了著名英国画家约瑟夫·玛罗德·威廉·特纳的风景画，其中关于大海题材的作品特别偏好充满了风暴的镜头。这是因为特纳创作他的风景画时，英格兰正处于一个异常动荡的时期。当时，失业工人遍布全国，使得中产阶层和更高阶层的人们中，普遍产生了暴动将至的恐慌。身处其中的画家对此不可能不有所意识，所以特纳的画作在许多方面反映了这种时代趋势。通过他所描绘的人物，评论家们能够清楚地揭示出一种不稳定的阶级关系。

反映取向中的一个理论存在于马克思主义学说中，按照这个主张，以"上层建筑"命名的一个社会的文化和意识形态，反映了作为"经济基础"的该社会的经济关系。这种由"上层建筑"与"经济基础"的组成的分析框架，是马克思主义学派的"文化分析的关键"。① 这个学派最早的代表性人物，是俄罗斯马克思主义思想家普列汉诺夫。他的《没有地址的信》事实上就是一部运用马克思主义批判社会学理论，来分析艺术起源及其本质的著作。书中最著名的一段话："人的本性使他能够有审美的趣味和概念。他周围的条件决定着这个可能性怎样转变为现实。"②这个"周围条件"就是指的具体的社会环境。普列汉诺夫的艺术思想从对列夫·托尔斯泰的艺术定义的批判入手，借助于达尔文的学说，得出了我们对"美"的概念的考察，必须"从生物学转到社会学"的结论。他强调："很明显，依据达尔文的意见，正是社会原因的制约着这个情况：在文明人那里，美的感觉是与许多复杂的观念联系着的。"③普列汉诺夫对达尔文的修订是指出，即使在"不够文明"的早期人类社会里，人的思想观念也同样是受到其生存的社会环境影响的。自此以后，艺术社会学基本上是沿着这条马克思主义的轨道发展而来。在现代主义时期的代表人物，是匈牙利学者卢卡契。

20世纪以来，艺术社会学批评在进一步吸收和融化马克思主义文艺观念之

---

① ［英］维多利亚·亚历山大：《艺术社会学》，章浩等译，南京：江苏美术出版社，2009，第29页。

② ［俄］普列汉诺夫：《普列汉诺夫美学论文集》第1卷，曹葆华译，北京：人民出版社，1983，第3，20页。

③ ［俄］普列汉诺夫：《普列汉诺夫美学论文集》第1卷，曹葆华译，北京：人民出版社，1983，第314页。

后，在整体模式和批评程式上都有了很大的改变，并由此产生了重大的影响。其中的主要代表性人物有三位：考德威尔、戈德曼、伊格尔顿。英国文学批评家考德威尔视文学作为参与现实斗争的一种方式，文学是由分泌着它的社会运动决定的。在《幻象与现实》中，考德威尔考察了近代英国诗歌在英国资本主义经济社会产生、发展的历史。他认为，诗歌决不单纯是现实世界的幻象，诗歌产生于原始部落成员共同的意识，这种意识有本能的因素，但这种本能的意识并非来自于个人，而是来自于"作为与他人享有一个共同感情世界的人"①，来自于一种社会的现实。这种意识曾促使原始人的集体斗争。但随着阶级社会的产生，统治阶级制造了一个有阶级结构的、新的、更复杂的幻想世界，它要求诗歌传达这个幻想的世界，特别是当资产阶级借助于工业革命兴起壮大以后，随着资产阶级幻象进入一个新的阶段，它更要求诗歌忽略幻象与现实之间的能动联系而成为一种资产阶级幻象的附庸。考德威尔从幻象与现实的能动关系出发，认为 20 世纪 30 年代英国文学严重地脱离现实而求助于一种本能的意识，所以已经演变为僵化和温情的社会幻象。他认为这样一种局面是源自于当时社会情境的紧张，是由于在资产阶级社会中，社会关系未采取人与人的关系的形式，而采取人与物的关系的形式，由于资本主义商业价值观的影响渗透，资产阶级文学艺术无法摆脱资产阶级的基本幻象而和资产阶级文化一样面临衰亡。在考德威尔看来，改变资产阶级文学困境的方式在于现实的斗争，为此他提出：事态已发展到这样的地步，通过社会关系的小修小补，通过艺术手段使本能适应环境已于事无补了。社会关系本身必须重建，"但只有一种革命性的解决方法"。②

考德威尔所处时代的特殊性使他没有像其他的批评家一样专注于艺术的纯审美因素，而是强调艺术的社会实践作用。这有其不可否认的历史意义。他的英年早逝妨碍了其学说的进一步提升。继考德威尔之后，20 世纪另一位具有代表性的社会批评家是法国的戈德曼。戈德曼从黑格尔关于主客体的辨证观念出发，不但吸收了皮亚杰的整体观念，而且吸收改造了卢卡契的关于"整体性"的思想，提倡一种从部分与整体的关系出发来解读文学作品的发生结构主义的批评方法。发生结构主义从"文学是一种有意义的结构"这一基本前提出发，把文学作品放在它得以产生的世界中，对文学作品与社会的关系作了发生学的考察，注重研究文学作品的结构要素与社会结构以及社会特定社会集团思想体系结构之间的同源性关系，并且试图描述这种关系的功能意义。戈德曼认为，文学是与一定的社会集团相联系的，他说"一切有价值的文学作品都是结构严密的，并且表达一种世界观"，③而世界观总是一定的社会集团的集体意识的展现，因此文学

---

① ［英］考德威尔：《文学论文集》，陆建德译，南昌：百花洲文艺出版社，1995，第 26 页。

② ［英］考德威尔：《文学论文集》，陆建德译，南昌：百花洲文艺出版社，1995，第 431 页。

③ ［法］戈德曼：《隐蔽的上帝》，蔡鸿滨译，天津：百花文艺出版社，1998，第 461 页。

作品的世界和社会集团的精神结构之间存在着同源性。这种同源性在文学作品中形成了一种"有意义的结构"。在《隐蔽的上帝》中他对拉辛的作品作了发生结构主义分析，认为拉辛的三部拒绝悲剧是 17 世纪法国极端冉森教派拒绝世界的精神观念的反映，他的三部现实悲剧是冉森教派试图与世界妥协的精神观念的反映，而他的最杰出的悲剧《费德尔》则是冉森教派在世界的现实生活中失败的反映。因此，发生结构主义实际上是在文学作品与社会之间建立了一种形式意义上的结构关系。

戈德曼认为，发生结构主义标志着文学社会学的一个转折。以往的文学社会学都试图在文学作品的内容和集体意识的内容之间建立一些联系，但往往是仅仅探索与文学作品的内容相对应的一些范畴，忽视了文学作品与社会之间联系的功能考察，从而影响了对文学作品统一性的理解。特别是当遇到一个创造力低下的作家只满足于不加个人经验的对社会现实和集体意识的直接的描绘和叙述时，传统的文学社会学批评只有受作家和作品的影响而满足于对一般社会现实和集体意识的研究。所以，戈德曼断言，以往从作家和作品出发的传统的文学社会学批评在涉及一般水平的作品或文学思潮的研究时具有一定的可行性和有效性，当接近一些伟大的作品时便丧失了一切优越性。因为，一切伟大的作品往往蕴涵着作品世界的结构和某些社会集团的精神结构之间的同源性。而发生结构主义正是"从这样的假说出发：所有的人类行为都企图对一种特殊的境遇作出有意义的反应，并因此倾向于在行动的主体和与此主体有关的客体、客观环境之间创造一种平衡"。① 戈德曼认为，发生结构主义能够通过对行动的主体和构成行动的主体行动的社会和自然环境之间的平衡结构的揭示，来阐释文学作品的内在结构与社会结构之间的关系，从而对文学与社会的关系也能作出新的理解和解释。

戈德曼的发生结构主义为文学与社会现实关系提出了一种新的阐释方法，它将批评指向一个更大的功能化结构之中，把文学艺术作品与特定的社会集团的精神结构联系起来，对文学艺术作品与社会集体之间的结构关系作发生学的考察，建立文学艺术与其所指对象的同构联系，使我们看到文学是怎样在一个整体性的结构中与社会发生关系的，因此区别于传统的实证社会学批评。有的研究者指出，戈德曼有"一种以社会批评代替美学批评的倾向"。② 其实正像鲍埃豪尔指出的那样，在戈德曼开始将文学作品引入结构分析之前，他是从"分析作品的内在审美构成开始的"③，因为，从美学意义上看，世界观就是"特定艺术形

---

① ［法］戈德曼：《文学社会学方法论》，段毅等译，北京：工人出版社，1989，第 178 页。
② 郭宏安等：《20 世纪西方文论研究》，北京：中国社会科学出版社，1997，第 90 页。
③ ［法］戈德曼：《文学社会学方法论》，段毅等译，北京：工人出版社，1989，第 31 页。

式中的风格特征"。① 只不过戈德曼在关注文学作品的审美因素的同时极力地将批评重心深入到社会领域中,其中涉及了政治、经济、宗教、阶级等诸多意识形态因素(如他对罗伯-格里耶新小说的分析),从而展现出一种宏观的批评视野。社会批评的这种趋势到了当代英国批评家伊格尔顿那里进一步发展成一种综合的社会文化批评。

伊格尔顿坚持从整体文化的角度分析文学艺术与社会历史的关系,认为文学乃至整个审美活动受社会意识形态的影响和制约,文学的产生、发展、存在、接受无不体现出一定的社会意识形态的特征。在《当代西方文学理论》中,伊格尔顿分析了 16 世纪英国文学的缘起和 18 到 20 世纪英国文学和文学批评传统的变迁,认为"文学"的概念在英国文学传统中的起源和变化,是随着英国资产阶级社会的发展而变化的。"文学"在英国文学传统中作为一种观念确立是在 18 世纪浪漫主义文学兴起之后,在浪漫主义文学时期,文学表示的是一种与早期工业资本主义英国功利主义意识强烈对立的人类的创造性的思想,在当时,"文学"实际上成了"想象"的同义词。大部分浪漫主义诗人本身就是政治家,"他们注意的是文学与社会责任之间的连续性而不是它们之间的对立",②所以,当时的"文学"与其说是一种观念不如说是一种表达方式,在当时它已成为了一种价值观念的载体。伊格尔顿认为,早期英国文学的这种发展变化是受资本主义社会的发展历史影响制约的。在资本主义社会中,文学与影响文学的社会权力问题有着密切的关系,社会权力往往影响经济基础与上层建筑之间的中介环节。因此,文学的观念、文学本身的结构和审美因素以及文学的存在本身都会受到社会历史因素的制约。

从这样一种观念出发,伊格尔顿认为,文学在本质上就是一种意识形态性质的本体存在,一切艺术都产生于某种关于世界的意识形态观念,都是社会意识形态的一部分,即复杂的社会知觉结构的一部分。因此,文学并不是一个稳定的存在,一切作品都由阅读它们的社会"重新写过","没有一部作品的阅读不是一种'重写'。任何一部作品,任何关于它的现时评价,决不可能一成不变地持续到新的一代"。③ 但伊格尔顿对文学与社会意识形态关系的机械被动的理解保持清醒的态度,他曾对卢卡契的认识论反映论表示怀疑,认为文学与客观对象不是那种反映式的、对称的一对一的关系,因为"社会上层建筑的各种因素——艺术、法律、政治、宗教——都有它们自己的发展速度,自己的内在演化,并不能归纳为仅

---

① [法]戈德曼:《文学社会学方法论》,段毅等译,北京:工人出版社,1989,第 8 页。

② [英]伊格尔顿:《当代西方文学理论》,王逢振译,北京:中国社会科学出版社,1988,第 39 页。

③ [英]伊格尔顿:《当代西方文学理论》,王逢振译,北京:中国社会科学出版社,1988,第 33 页。

仅是阶级斗争和经济状况的表现"。① 一种意识形态从来就不是一种统治阶级意识的简单反映，相反，在一种意识形态观念之中可能掺杂着冲突的甚至是矛盾的世界观。意识形态本身包含具体化的内容，它不仅仅指人们所坚持的某些顽固而又常常是无意识的观念，更是一种与我们实际生存其中的一定社会话语实践形式的抽象化，意识形态不仅仅是现实世界的反映形式，而且它本身在表面上赋予世界以特征和在结果上赋予人们以行动中反映形式中隐藏着一定的审美因素，从这个角度伊格尔顿认为"审美就等于意识形态"。②

（2）艺术的塑造取向与社会作为艺术的产物

在艺术社会学的发展过程中，马克思主义的社会批评走的路已经足够远，但同时它所遭受的指责也足够多，特别是 20 世纪以来，韦勒克的批评重音言犹在耳。长期以来，人们对文学社会学研究方法的简单套用使文学的社会学研究成了一种图解文本生成过程和展现过程的庸俗观念，这种观念不仅深深影响了人们对文学的理解和文学发展的逻辑过程，而且社会批评操作性的简单理解使社会批评成了一种在"反映"上做表面文章的机械形式，从而使"文学批评虽然在大多数情况下能为文学提出正确的公正的社会要求，提出必需的迫切的社会任务，但是经常完全无力把这些要求和任务表达出来，也就是说，它不会用文学本身的语言来表达它们"。③ 其实，问题不在艺术社会批评本身，僵化与机械曾是社会批评的痼疾，但我们以此剔除了艺术意义生成和展现中社会和历史因素，带给我们的只能是意义的空白的无力，这一点巴赫金说得很清楚，"艺术之外的社会环境在从外部作用于艺术的同时，在艺术内部也找到了间接的内在回声"。④ 所以20 世纪以来，艺术社会学批评始终试图深入到这种文化现象之中去，无论是有些激愤的考德威尔，还是试图从人类的社会、文化和宗教意识来破解作品意义特性的戈德曼，还是坚持"一切批评都是政治批评"的伊格尔顿，他们的努力都体现了艺术社会批评向人类整体文化视野迈进和人类整体文化开始理论转型的趋势。

在某种程度上，这既是艺术社会学批评的必然走向，同时也是其所必需做出的选择。这就可以理解，为什么不可避免地，艺术社会学研究一直以它的反映论观念决定着对艺术作品批评判断的价值取向。其社会学的理论模式在具体的艺

---

① ［英］伊格尔顿：《马克思主义与文学批评》，文宝译，北京：人民文学出版社，1982，第17 页。

② ［英］伊格尔顿：《审美意识形态》，王杰等译，桂林：广西师范大学出版社，2001，第91 页。

③ ［俄］巴赫金：《巴赫金全集》第 3 卷，李兆林等译，石家庄：河北教育出版社，1998，第146 页。

④ ［俄］巴赫金：《巴赫金全集》第 3 卷，李兆林等译，石家庄：河北教育出版社，1998，第80 页。

术批评实践中的展开,形成了一种批评判断的固有程式,那就是因为,在马克思主义的艺术社会学批评看来,批评之所以有存在的理由并显得重要,关键在于作为艺术生产物的作品展现了"有表现权利"①的社会生活,进而使社会生活在这种展现中变得诱人。因为从社会学视角出发的批评理论坚信,人们的"思想和观念并不是伟大天才的孤立灵感的结果",②有一种看不见的、由社会的经济与政治力量决定着人们的思维形式和观念的生成。在艺术批评理论的发展过程中我们不难找到这种"决定论"批评思维和批评模式的曾有的努力。18 世纪意大利历史学家维科从人类社会历史的起源背景中来考察这种观念的生成过程,当时德国的一些文学家美学家也不同程度地从社会历史环境中探讨文学和艺术思维形式的特点和规律。19 世纪初法国斯达尔夫人曾从社会制度的演进关系中谈论文学,丹纳也曾从种族、时代、环境中发掘艺术的奥秘。

因此,当韦勒克和沃伦在他们的《文学理论》一书中,将这种程式化视为"外在批评"之一种的时候,这种以艺术社会学的理论模式为判断的内在依据和推行标准的社会批评早已在批评理论中盛行并一度影响艺术批评理论的走向,以至于一些艺术社会学家认为,"孤立的,与生活不发生关系的艺术作品不管它如何迷人,总要成为一件无用的玩具,注定会失去它的人文价值"。③ 这正是艺术社会批评所孜孜以求并奉为批评实践的逻辑与价值的所在。作为一种艺术观照方式,艺术社会学批评把具体的艺术现象置于人类的社会历史文化的背景之中,强调艺术作品的意义生成和作用方式。它的特殊之处,用一位艺术社会学家的话说,就是在这种视野中人们不再满足于"物品—意义"这种简单的二元论,而是要认识艺术由不同要素组合而包含的"超意义"特性。而艺术的这种"超意义"正是来源于"作家无法不加以运用的语言对历史情景进行登录"。这就是说,对于马克思主义艺术社会学家而言,正是这种"超意义"才是一部作品的真正有价值的"意义"。这意味着作为社会历史的产物的艺术作品永远不具有它自己的自律性,它的存在就是一种意识形态通过艺术家主体的思想倾向的呈现。所以马克思主义艺术社会学是"艺术他律论"立场的倡导者。

所谓"他律论",概括地讲也就是强调艺术的功能是为社会生活服务,艺术的存在除此之外没有属于自己的自主性。不能认为这种主张毫无根据。比如说我们没有可以回到 17 世纪的时间机器,但我们可以检视 17 世纪的绘画。那时候的荷兰艺术家画下了他们日常生活的图景。我们可以通过观赏画中的一些细节

① ［德］爱克曼:《歌德谈话录》,北京:人民文学出版社,2000,第 4 页。

② ［德］曼海姆:《知识社会学》,北京:商务印书馆,2000,第 274 页。

③ ［匈］豪泽尔:《艺术社会学》,居延安译,上海:学林出版社,1987,第 2 页。

（比如房屋如何装修或社会群体如何互动），来了解当时人们的生活。① 但"他律论"存在着明显的片面性也是显而易见的。因为艺术与社会的关系呈现出两个方面：一方面，艺术是社会的产物，体现着对社会的反映取向；但另一方面在某种意义上，社会同时也是艺术的产物，艺术具有对社会主体产生塑造取向的功能。用王尔德的话说：不仅艺术模仿社会生活，反过来艺术也给社会以巨大影响，甚至使其模仿自己。比如在1993年的美国，一个奇怪而危险的风潮夺走了几个年轻人的生命。他们为了表现勇气和坚韧精神，躺在川流不息的高速公路的中央。他们认为汽车会在标识的路线内行驶，因而即使行驶中的汽车非常靠近，中间双黄线的位置总是安全的。但事实是汽车肯定会因为各种原因而不按照人们的想象行驶。于是惨剧就发生了，几个年轻人被车辆碾过，两人死亡。为什么会突然出现这样的情况？因为颇为流行的电影《叛逆赢家》（*The Program*，1993）中的人物这样做过，他们的行为激起了年轻人的模仿念头。

在所谓的"图像时代"，电影艺术的这种影响力之大常常超出人们的想象。比如当著名好莱坞影星克拉克·盖博在电影《一夜风流》（*It Happened One Night*，1934）中脱掉他的衬衫，露出胸膛之后，美国的衬衫销售额便随之而显著下降。② 这就像当年歌德的《少年维特之烦恼》出版后，一度导致德国许多有类似境况的青少年纷纷仿效而自杀。但总体来讲，艺术的这种社会塑造取向的功能还是有条件的和受限制的。问题的关键在于，无论是艺术对社会的"反映"还是对社会的"塑造"，它们都关注的是艺术对于社会的"效用"，没有考虑到艺术存在本身的特点。换句话说，无论是艺术对社会的反映还是塑造，都受到艺术作品自身的因素作为中介，这些因素包括艺术文化的惯例、艺术界的潜规则以及艺术所使用的媒介等。所以，艺术的社会影响的发生不是无条件的，而是有着自身的自主性的表现。艺术的这种自主性的基本特点就在于艺术作品是"意义"的载体。艺术通过这种意义的存在而拥有价值并发生作用。有学者将艺术作品中的这种意义归纳为三种类型：（1）"意图意义"，即作者想要表达的意义；（2）"接受意义"，即受众所获得的意义；（3）"内在意义"，即艺术作为一种符号现象所拥有的意义。③ 正是这第三种意义为后现代批评理论家，以解构主义的名义将艺术作品淹没于他们的随心所欲的说三道四之中。

但全面地来看，艺术社会学的最大问题在于无视艺术作品的审美价值，而将

---

① ［英］维多利亚·亚历山大：《艺术社会学》，章浩等译，南京：江苏美术出版社，2009，第42页。

② ［英］维多利亚·亚历山大：《艺术社会学》，章浩等译，南京：江苏美术出版社，2009，第68页。

③ ［英］维多利亚·亚历山大：《艺术社会学》，章浩等译，南京：江苏美术出版社，2009，第333页。

它视为某种意识形态的产物。作为一个思想范畴的"意识形态"概念有两个基本内涵:首先,它主要事关党派政治,属于"党派的思想武器"。① 无论如何,"意识形态"的概念都是现代社会生活中的政治冲突的产物,在很大程度上,它就是体现着某些政党利益的"政治信条"。② 由于这个缘故,也就决定了它不可能如其所宣称的那样,代表全民的利益,不可能是生活世界的真实呈现。它构造了一个关于生活世界的幻象系统,对人们的日常生活实践产生一种控制性的影响。这便是何以"在今天,人们更多的是取这一字眼的贬义"③的原因。强调艺术作品的意识形态化不仅仅是马克思主义理论的特点,更是整个艺术社会学对于艺术作品的基本认识。在一些理论眼里,"审美行为就是意识形态本身,美学生产或叙事的形式,就其虚构的意象性或形式地'解决'不可转移之社会矛盾作用,本身就被当作一种自洽的意识形态行为"。④ 但事实上这完全歪曲了艺术作品的本色。鲁迅指出:即便承认文学的阶级性,也只意味着"是'都带',而非'只有'"。⑤ 艺术实践由于体现了这种丰富性才让人流连忘返。

不管怎么说,"揭示思想的意识形态性质,这个观点就是社会学的基本立场之所在"。⑥ 但问题是支配着艺术文化的审美价值以生活世界为核心,优秀作品尤其具有一种超意识形态性。不妨以鲁迅当年的一段话为例:"柳阴下听黄鹂鸣,我们感得天地间春气横溢,见流萤明灭于丛草里,使人顿怀秋心。然而鹂歌萤照是'为'什么呢?毫不客气,那便都是所谓'不道德'的,都正在大'出风头',希图觅得配偶。至于一切花,则简直是植物的生殖机关了。"⑦生活世界中的日常生活并不总是那么"重大"或"宏大"。但社会学方法的运用或者介入,往往意味着把事情"搞大了",所以说"艺术作品消失在社会学的分析中"。⑧ 这就是作为一种方法的艺术社会学在美学史上往往显得声名狼藉的原因。作为一种方法,社会学对于艺术文化的贡献在于,社会学方法帮助我们了解艺术反映社会的

① [德]卡尔·曼海姆:《意识形态与乌托邦》,北京:商务印书馆,2000,第79页。

② [美]肯尼思·米诺格:《政治学》,龚人译,沈阳:辽宁教育出版社,1998,第75页。

③ [美]拉尔夫·史密斯:《艺术感觉与美育》,滕守尧译,成都:四川人民出版社,2000,第243页。

④ [美]弗雷德里克·詹姆逊:《快感:文化与政治》,王逢振译,北京:中国社会科学出版社,1998,第71页。

⑤ 鲁迅:《鲁迅论创作》,上海:上海文艺出版社,1983,第567页。

⑥ [美]阿诺德·豪塞尔:《艺术史的哲学》,陈超南等译,北京:中国社会科学出版社,1992,第15页。

⑦ 鲁迅:《鲁迅论创作》,上海:上海文艺出版社,1983,第521页。

⑧ [英]维多利亚·亚历山大:《艺术社会学》,章浩等译,南京:江苏美术出版社,2009,第359页。

程度，以及塑造社会的效果。① 用社会学的方法研究艺术，我们能够认识到艺术生产和分配机制的复杂性；认识到追求自身价值的艺术与商业市场和政治管控之间的不对等关系；还可以认识到艺术在强化社会边界和建构不同社会阶层之间的联系两个方面所能发挥的作用。从艺术社会学角度看艺术作品有一个明显的优势，就是它让我们意识到，没有受众的存在也就没有艺术家的存在。同时它也以艺术与市场的密切关系提醒我们，艺术作品自古以来就是作为商品而创造的，因为它们中的大部分都是为了出卖而不是为艺术家自己所用。②

而艺术社会学的局限在于，归根到底，它把艺术视为如同宗教、政治、经济等社会事物之一的东西，而没有考虑到艺术作品作为一种具有超越性的审美文化的独特性。所以有学者指出，自从小说家福楼拜以混合娱乐和嘲笑的方式解读奥古斯特·孔德起，关于这种知识形式（社会学）的观念就开始作为一种无知的错觉出现在文艺知识分子当中，受到伪科学狂热的培育，且无力处理人类行为的复杂性。在社会学家努力为文学和艺术作品提供他们的理解时，这种猜疑便会加深，而且变得更加强烈。③ 这不是对艺术社会学的歧视，而是客观地看待曾经借助于政治体制的背景而独步天下的艺术社会学的一种视角。豪塞尔说过，艺术社会学的问题并不是并非艺术中的所有东西都能用社会学术语来界说，最根本的是艺术的卓越不能如此来界说，因为在它之中没有社会学的同义词。产生有价值的或完全无价值的艺术作品的社会条件是一样的，以艺术的观点看，这样的艺术作品除了倾向性多少有点相干之外，没有其他共同之处。总之，"艺术中的质量不能用社会学的方法来加以比较"。④ 社会学解释不了在艺术性和流行性之间的关系，解释不了关于艺术创作的物质条件的各种问题。一个作品或一个流派在社会学上最有意义的特色也常常不是与审美相关的因素，因此，"从社会学的观点来看，一个二流甚至三流的艺术家可能在一个特殊的艺术运动中占据了一个关键的位置"。⑤

由此看来，在艺术领域，作为方法的艺术社会学必须保持一种谦逊的态度，而不能过于自以为是。豪塞尔说得好：倘若社会学的艺术观认为自己是唯一正统的观点，倘若它把艺术作品的社会学意义与审美价值加以混淆，那么社会学艺

---

① [英]维多利亚·亚历山大：《艺术社会学》，章浩等译，南京：江苏美术出版社，2009，第 307 页。

② [匈]豪泽尔：《艺术社会学》，居延安译，上海：学林出版社，1987，第 249 页。

③ [英]维多利亚·亚历山大：《艺术社会学》，章浩等译，南京：江苏美术出版社，2009，第 379 页。

④ [美]阿诺德·豪塞尔：《艺术史的哲学》，陈超南等译，北京：中国社会科学出版社，1992，第 7 页。

⑤ [美]阿诺德·豪塞尔：《艺术史的哲学》，陈超南等译，北京：中国社会科学出版社，1992，第 9 页。

术观就要遭到拒绝。①

3.艺术诠释学:经验与实践

(1)什么是诠释学

在中文语境中,诠释学也即阐释学和解释学,或者说,"是有关解释的理论与实践,它的界域随同意义与理解意义的需要而扩展"。由于"诠释学意味着没有特殊的方法论,或可以用系统形式加以说明的理论统一体",因而"诠释学只有通过对自身发展的历史的概览而获得理解"。② 在当代人文思想界,诠释学(hermeneutics)的影响不能低估。这门以上帝的信使赫尔墨斯(Hermes)的名字命名的学科虽然古已有之,但其正式作为一门学科之名出现是在 1657 年,由一名叫汤恩豪塞尔的学者率先使用。诠释学的历史十分悠久,源自公元前 6 世纪对荷马的寓意式解释,以及对犹太教律法进行注释。在最初,它的功能既非单纯的传递报道但也无关任何思想内涵方面的解释,而只是属于知识性的寓意翻译。

换句话说,也就以一种明白易懂的方式让芸芸众生借助准确认识《圣经》的意思,来更好地了解来自上帝的那些事关重大的神秘信息。所以,这门以语文学为基础的学科最早主要分为"**神学诠释学**"与"**法学诠释学**"两大形态,其性质其实是以"**文本**"为核心、旨在洞幽烛微地掌握其试图说出的东西的"**注释学**"(exegesis)。也由于其实际操作方式依赖于各种既成规则间的制约与纠缠,所以其学科雏形只是一种"解释文献的技艺学"。用著名学者保罗・利科的话说,诠释学的产生是由于人们努力想把注释学和古典语言学"提高到一门工艺学或技术学的水准"。但在此,作为其对象的"文本"(text)的概念代表一个能够为最终的正确理解提供更好依据的,一种通常以书面的话语(discourse)形式存在的语言结构的给定物。对于那些手艺高超的解释者而言,主要问题就是:究竟是什么存在于文本之中。施莱尔马赫曾以两句相互关联的话做出精辟的概括:即"诠释学是语法的反面"和"语言提供诠释学"。无可置疑,诠释学的这一发生学背景注定了其归根到底是一种"与'文本'的解释相关联的理解程序的理论"。而其所承担的任务也就在于努力消除误解,"辨识出说话者将什么样的具有相对单义的信息建立在普通词汇的多义性基础上。解释的首要基本工作是产生由多义性语词组成的某种相对单义的话语,并在接收信息时确认这种单义性的意向"。③

按照现今公认的说法,现代诠释学是在经历了两次"哥白尼式"的革命性转

① [美]阿诺德・豪塞尔:《艺术史的哲学》,陈超南等译,北京:中国社会科学出版社,1992,第 9 页。

② [美]魏因斯海默:《哲学诠释学与文学理论》,郑鹏译,北京:中国人民大学出版社,2011,第 1 页。

③ [法]利科:《诠释学的任务》见洪汉鼎:《理解与解释》,北京:东方出版社,2001,第411 页。

折后诞生的。首先由施莱尔马赫通过汇聚客观的语言学解释与主观的心理学解释，而将"局部诠释学"发展为"一般诠释学"。他强调："理解只是这两个环节（语法的和心理学的）的相互作用。"因为"解释的需要依赖于写下的话语和讲出的话语之间的差别"，构成诠释学把握对象的文本，一方面作为话语样态受到客观的语言规则的限制，但另一方面它作为"讲话"的凝固最终又是由发话主体的内在精神所决定的。所以施莱尔马赫坚持，虽说理解只有面对语言记录才成为一种达到普遍有性效的阐释，但诠释学的基本宗旨却是通过话语/文本实现"对思维的内容的理解"。问题在于这两种解释的有效性无法同时兑现：正如如果更多地考虑共同的语言就只能置作者的特点于不顾，反之亦然，尊重一位作者的个性就是去忘记刚刚过目的语言。只能二中择一的施莱尔马赫，最终将其解释策略定位于"必须自觉地脱离自己的意识而进入作者的意识"。因为正如狄尔泰所说，对于施莱尔马赫，"诠释学程序的最终目的就是比作者理解他自己还更好地理解作者"。① 他以存在着共同人性（精神同质性）的设定来解决其所面对的解释的普遍有效性如何可能的问题，从而为现代诠释学的崛起奠下了一块基石。

其次是以狄尔泰为中介，诠释学实现了由一门认识方法论向存在本体论的转折，突出了人类生活的客观化。以生命的移入为内涵的"体验"概念的提出，以及通过区分"基本理解"与"高级理解"，狄尔泰在施莱尔马赫做出的定向中对解释活动做出进一步的定性。他区分了"说明"（explanation）和"理解"（understanding），相信诠释学具有建立一门理解的科学的可能性，这种科学能为人文科学（human sciences）提供方法论基础。他将"说明"界定为自然科学的方法，探讨的是事物的外在显现；而将"理解"视为人文科学的方法，因为"理解"把握的是个体内在和外在的形式。狄尔泰不仅强调了"理解"行为在"解释"活动中的核心作用，而且还明确规定了高级理解是一种"精神生命的整体参与"。这事实上已为诠释学在日后通过将"理解"不再作为一种"认识方式"而直接作为"存在方式"的转型，从而实现为由知识论向实践论的改变开辟了一条道路。狄尔泰将艺术作品尤其是语言艺术，视为对人的内心世界最充分的表达。在他看来，当我们理解了一件艺术作品时，我们也就理解了人生和我们自己。而由于现代诠释学的落成最后取决于同现象学的嫁接，所以在这项工程大功告成时，人们将荣誉归于了海德格尔。

我们知道，海德格尔曾明确地表示过：存在论只有作为现象学才是可能的，而现象学描述的方法论上的意义就是解释。因此现象学就是诠释学。正如哲学家利科所说，在此重要的是意识到诠释学同现象学间所具有的"亲近关系"。因为如果说目的在于排除主观偏见把握文本真意的诠释学，需要像现象学那样"回到事情本身"；那么同样地，被海德格尔在其《存在与时间》里明确界定为重在"让

---

① 洪汉鼎：《理解与解释》，北京：东方出版社，2001，第45、91页。

人从显现的东西本身那里,如它从其本身所显现的东西那样来看它"的现象学,也需要诠释学为它提供客观描述的手段。因为不存在无须释义的自明事实。海德格尔给予诠释学很大贡献。在 19 世纪,诠释学研究对哲学而言基本上仍处于边缘。这种情况在海德格尔介入后发生了根本性的改变。在他的思想中,诠释学被提到哲学的中心。他于 20 世纪初开设了"事实的诠释学"的课程,但并没有发表他在这个领域的研究成果。今天人们唯一能确定的是,这些讲义里最重要的部分被融入《时间与存在》中,并且仅仅只占半页的篇幅。①

由此可见,在宏观层面上,诠释学的发展历程经历了三大阶段:即由古代语文学者与宗教人士为代表的神秘主义权威论(权威是来自传统的未经也无须认定的合法代表),由施莱尔马赫与狄尔泰为代表的浪漫主义天才论(天才是人类的精英分子),由海德格尔开路、以伽达默尔与赫施等为代表的当今批判主义实践论。但事实上并不存在一种得到各路文化枭雄一致赞同的"诠释学基本原理",而只有一些以各思想家为代表的各自为政的诠释学立场。这些立场的众说纷纭集中体现于关于解释的有效性的认识,但根却在于对作为解释之源的"意义"性质的理解上。归根到底,"如何解释"的问题总是受制于"解释什么"的前提,故而历史上的诠释学立场总体而言可划分为两大阵营:认为意义具有一种客观主义的确定性的"作者中心论",与认为意义是发生于历史过程的产物的"读者中心论"。问题在于,由承认海德格尔为现代诠释学的诞生位出的重要贡献,而渐渐滋生起对这位"海大师"的趋之若鹜的顶礼膜拜,这种于 20 世纪末开始在中国文人里如流感似地扩散的现象,如今已引起了一些有识之士的批评。

当代学者张志扬先生将海德格尔的诠释学思路概括为由"前理解"出发经"理解"到"自我理解"为归宿的三部曲,是很有见地的。但这里的贡献与局限都显而易见。因为尽管如同利科所说,"正是在自我中我们才有机会发现存在",②自我理解是通过生命实践进入普遍"存在"的华山一条路,但关于生命的领悟毕竟不能以自我领悟为边界。海德格尔无疑意识到了这个问题,为此正如伽达默尔所说,在海德格尔的后期思想里几乎"完全抛弃了诠释学的概念",而试图借助于语言分析的力量从犹如黑夜般的"存在的包围"中突围。但结果显然未能如愿。伊格尔顿在《文学原理引论》里曾写道:这位"德国黑森林哲学家"虽然有着"意味深长的洞察力",最终却"令人吃惊地拜倒在存在的神秘性面前"。③ 话虽说得不太恭敬,但意思差不到哪里去。真正为诠释学作出全方位贡献并因此而成为这门学科的代表性人物,是汉斯-格奥尔格·伽达默尔,他出版于 1960 年的《真理与方法》迄今为止仍然是关于诠释学的最具权威性的著作。

---

①　[加]让·格朗丹:《哲学解释学导论》,何卫平译,北京:商务印书馆,2009,第 150 页。

②　洪汉鼎:《理解与解释》,北京:东方出版社,2001,第 260 页。

③　[英]特里·伊格尔顿:《文学原理引论》,无名氏译,文化艺术出版社,1987,第 79 页。

伽达默尔出生于德国的马堡，在布雷斯劳开始大学生涯。他的家乡马堡是20世纪最著名也最有影响力的新康德主义之一的"马堡学派"所在地。赫尔曼·柯亨是它的创始人。柯亨退休后由那托普和哈特曼接管。他们两人也是伽达默尔在哲学上最早的老师。那托普与柯亨不同，伽达默尔逐渐找到一条把狄尔泰的精神科学心理学和胡塞尔的现象学结合起来的途径。根据哈特曼的建议，伽达默尔跟随那托普做博士论文。但哈特曼与那托普的学术观点完全对立，除了两人在善待伽达默尔这点上完全一致。尤其是哈特曼，这位比伽达默尔大了十八岁的教授，与伽达默尔有一种亦师亦友的关系。但尽管还年轻，伽达默尔已经觉得他们两人的观点都不合理，不能给他以真正的哲学启迪。直到遇到海德格尔，这位年轻的博士才找到了哲学上的转折。作为一位哲学家，伽达默尔一生都没有走出海德格尔的影响。他对诠释学的创造性建设也是受此影响的表现。用哈贝马斯的话说："伽达默尔使海德格尔的乡村朝着城市化方向发展。"①

伽达默尔对现代诠释学的主要贡献就是为它界定了几个基本原理。首先是明确提出"诠释学循环"，其意思是指：**人们只能通过个别来理解整体，并通过整体来理解个别**。这种循环最初是由"现代诠释学的祖父"施莱尔马赫提出的。这种循环与逻辑学中的循环论证无关，因为它既不用在提供证据时把需要证明的东西作前提条件，也不会在对自己定义时出现需要定义的概念。其次是对"前理解"的强调，也就是明确**"没有前理解的理解是不可能的"**。② 这个"前理解"之"前"最初是由海德格尔特别强调的，神学家鲁道夫·布尔特曼给它下过一个明确的定义：人的理解从来自于其特殊生存环境的前理解中取得方向，而这种前理解划出了论题框架和对每种解释起限定作用的因素。海德格尔也特别强调这个"前"字。特指以人的"此在"为解释倾向的一种意向特点。③ 但伽达默尔的诠释学思想的最突出的创新是提出了"视域融合"的概念。这就是说，当我们试图理解某个文本时，我们并不是把自己置入作者的内心状态中，而是我们把自己置入那种他人得以形成其意见的视域（perspektive）。"视域"这个概念本质上属于处境概念，视域首先是一个观看的区域，它囊括和包容了从某个立足点出发所能看到的一切。因此，具有视域也就意味着理解位于这个区域之内的一切事物和事件的含义。④ 换句话说，当我们试图理解另一个人对某个问题的看法时，我们说我们就在试图理解那个人的立场或观点，我们试图站在那个人的视域之内。⑤

---

① ［德］乌多·蒂茨：《伽达默尔》，朱毅译，北京：中国人民大学出版社，2010，第41页。

② ［德］乌多·蒂茨：《伽达默尔》，朱毅译，北京：中国人民大学出版社，2010，第59、87页。

③ ［加］让·格朗丹：《哲学解释学导论》，何卫平译，北京：商务印书馆，2009，第152页。

④ ［德］乌多·蒂茨：《伽达默尔》，朱毅译，北京：中国人民大学出版社，2010，第105页。

⑤ ［美］帕特里夏·约翰逊：《伽达默尔》，何卫平译，北京：中华书局，2003，第42页。

这有点像"换位思考",但不同的是,视域概念还意味着与"他者"的对话。

总之,我们不能逃避我们的处境,但我们能够在这一处境中到处移动并改变我们的视域。在这个意义上,"视域"指的是从某个特殊立场出发所能看到的一切。所以在某种意义上,可以把视域融合理解成一种语言对另一种语言的表达性和真理性的吸取。也就是不把它看成超越主体的"意义事件",而是把这个过程理解为学习过程,这样一来,我们就有可能谈论由视域融合带来的视域的扩展。名副其实的"理解"就发生于这种视域扩展之中,但它的前提是,存在着"意义的完整统一性"的前在假定。对伽达默尔来说,没有这个前在假定就没有诠释学理解,也不会有美学理解。伽达默尔认为,艺术作品与欣赏者的关系就是一种对话关系;艺术作品"其实是在它成为改变经验者的经验中才能获得它真正的存在"。① 在伽达默尔的诠释学中,对审美经验的理解占据着重要位置。他的诠释学与其说是一门哲学,不如讲是一种美学。无论如何,伽达默尔还是在艺术本体论范围内,提出了一个几乎不容争辩的观点,这就是:"艺术作品向我们讲述了一些东西,它由此作为讲述了一些东西的事物,从属于我们要加以理解的一切东西的关联性。"艺术作品由此便"成了诠释学的对象"。②

但在此过程中,伽达默尔也提出了一个"审美的区分"的概念。这指的是,在现代大多数有关艺术的思想中,艺术被理解为对感觉生活的贡献,但不是对人的知识或真理的贡献。"所以通过'审美的区分',作品就它从属于审美意识而言,丧失了自己的地位和所属的世界,与之相关系,艺术家也丧失了他在世界中的位置"。③ 在当代人们眼里,艺术和艺术家对社会没有任何重要的贡献。伽达默尔对此很不以为然。为此他坚持艺术的经验包括真理的立场,强调艺术以真理被照亮这样的方式来展示理念理。我们从这些说法里,很容易闻到一种海德格尔的腔调。这尤其表现在伽达默尔对语言强调上。他断言:"**一切理解都是解释,而一切解释都发生在语言的媒介中。**"④伽达默尔所要坚持的是这样一个观点:语言不是一种工具,语言是一种媒介,正如我们呼吸的空气是我们生活于其中的媒介一样,我们也生活在语言中;正如我们可以忽略空气对于我们的重要性一样,我们也可以忽略语言以及它在人的一切理解中所扮演的重要角色。伽达默尔暗示,这些例子表明,"言"(speaking)与"思"(thinking)有着密切的关系。从诸如此类的话语中,我们可以轻而易举地看到隐藏在说话者背后的海德格尔的幽灵,让伽达默尔的诠释学蒙上了一层"语言中心论"的阴影。比如他在《真理与方法》中写道:"文字性的解释是一切解释的形式,甚至当所要解释的东西在本性

① [德]乌多·蒂茨:《伽达默尔》,朱毅译,北京:中国人民大学出版社,2010,第 200 页。
② [德]乌多·蒂茨:《伽达默尔》,朱毅译,北京:中国人民大学出版社,2010,第 206 页。
③ [美]帕特里夏·约翰逊:《伽达默尔》,何卫平译,北京:中华书局,2003,第 23 页。
④ [美]帕特里夏·约翰逊:《伽达默尔》,何卫平译,北京:中华书局,2003,第 51 页。

上不是语言,即不是文本而是一尊雕像或一首乐曲时,我们也一定不要让自己被非文字性的,而事实上是以语言为前提的解释形式所迷惑。"①

著名文化学者格尔兹曾在其《文化的解释》一书里引用心理学家赖尔的例子指出,同样是一个眨眼睛的行为,就可能存在着三种性质不同的情形:(1)无意识的作为单纯生理反应的抽动眼皮;(2)有意识地向某个人发出某种约定的信息;(3)出于调笑的动机故意地予以强调的模仿。面对这种情形,那种仅仅起到照相机功能的客观描绘是自欺欺人的说法。为了有效地给出事实,要求我们必须采用一种"深描"的方式,这就是将对象看作一个具有特定内涵的"文本"现象,客观把握首先以借助于真正的想象力的途径深入对象为前提。所谓将对象"文本"化,也就是视其为一种蕴含着特定"意义"的符号现象而非平面实体。这样,作为一种基本的文化研究手法的"深描",实质上也就是对现象的文化阐释。所以"一方面,诠释学的基础是现象学,另一方面,现象学的构造不能离开'诠释学的先决条件'"。② 诠释学通过与现象学的这种联姻意义重大。因为将理解活动看作一种"心理重建"行为的施莱尔马赫与狄尔泰的诠释学,不仅只是一种试图与科学研究方法相媲美的人文认识论,而且也是一种客观主义实在论,这种观念将意义视作由作者的思想活动"放入"文本里的一种永恒不变的固定物。

这种虚幻的形而上学立场让理解活动每每陷入一种神秘主义陷阱无功而返,并且提醒人们,要想真正解决诠释学的普遍性问题不能局限于认识论方面,而得由作为对象的意义本身的生成上追究其性质。这样,在诠释学自立门户的过程中,一场从"认识自审"的认识论向"意义反思"的本体论的转换也就势在必行。胡塞尔的现象学通过让现象同生命发生关系,而揭开了向这种客观主义挑战的序幕。但由于早期的胡塞尔将这种活动只是定位于感知层面的意向中,最终还是未能从主观的心理方面进入到更为基本的生命实践领域,因而也就未能使这场挑战得以落实。诠释学的现象学嫁接的意义就在于:让一度显得无处安置的意义回归到生命实践之中,通过人类生命实践的相互沟通为解释的普遍有效性提供一个人类学的依据。离开了这种由基本的生命实践所构筑的"生活世界"也就无所谓"意义"。伽达默尔的《真理与方法》里有一句话:历史理解的真正对象不是事件,而是事件的"意义"。

意义与事件的这种区分意味着意义具有一种"主体间性",也即它是一种既非纯客观的"物自体"也非主观的心理意识的内在于生命的现象;以主/客二元论为前提的认识论对于它之所以无能为力,是因为这种意义不是理智"发现"的对象,而是一种生命参与的"生成"物。这种参与行为构成为"解释",在此过程中,

---

① [美]帕特里夏·约翰逊:《伽达默尔》,何卫平译,北京:中华书局,2003,第55页。

② [法]利科:《解释学与人文科学》,陶远华译,石家庄:河北人民出版社,1987,第101页。

对意义的理解与发生是同步的。渴望回到前苏格拉底思想的海德格尔关于"存在"的追究无疑正体现了这种努力,对于海德格尔,"诠释学成为探讨存在者的存在意义的本体论的思考"。① 既然理解的目的不再是一种外在于我们的某个事实,而是为了领悟事关我们自身的可能性,那么解释活动也就不再属于知识论的认识行为,而是一种生命本身的实践活动。利科认为,只有在由一门"工艺性科学"向"本体论哲学"转型后,"诠释学由局部到一般的演变才算真正完成。"因为只有在"诠释学不再被定义为对深藏在本文中的心理意向的探究,而是被当作由本文所展露的存在世界中的解释",诠释学才能够真正实现其普遍有效性。②

(2)诠释学循环与说不可说

诚然,透过海德格尔哲学的这番遭遇人们确实可以意识到一种关于诠释学的危机,即诠释学所要解释的归根到底是不可解释的东西。与著名的"诠释学循环"相比,哲学诠释学的这个"说不可说"的困扰无疑更为麻烦。事实上这同样也是自觉追随海德格尔的伽达默尔诠释学美学的一个阿喀琉斯之踵。尽管他对其老师的困境有所意识,并以"人所需要的不仅仅是对那些终极的问题的不断发出询问,而且还是此时此地何为可行、何为可能、何为正确的感觉"的见解,对海德格尔思想做出了间接批评,但他试图以对"历史现实"的理性辨析取代对"神秘自然"的诗化思考的努力,同样也未能功德圆满。比如无论海德格尔还是伽达默尔,他们对"存在意义"的诠释学探询的实质,是关于"真理"的思考。用海德格尔在其《路标》一书里的话说:"'存在的意义'和'存在的真理'是一回事。"但正像美国学者理查德·伯恩斯坦所指出的,在伽达默尔那部以"真理"为主题的代表作中,令人奇怪的是真理问题并未如人们所期待的那样占据主导地位,而只是在全书结尾部分才有关于它的简短讨论。虽说在书里伽达默尔一直在试图表明,有某种真理隐藏于我们的经验过程之中,但他的这些思考最后仍是在诸如"任何诠释学理解都始于事情本身,终于事情本身"这样一种高深莫测的陈述里销声匿迹。③ 除此之外,"诠释学危机"也表现于一直作为其根据地的文艺研究方面。伊格尔顿早已指出,诠释学的文学研究存在两大问题:一是渊源于圣经阐释的传统决定了它侧重于过去的作品,因而"这种批评理论的主要功用是阐释经典作品",对于那些当代、即时、未有定论的作品无所适从。再是由于强调文本的整体性,使得"诠释学一般不考虑文学作品冗长、不完整和自相矛盾的可能性"。④ 这

---

① [日]今道友信:《美学的方法》,李心峰等译,北京:文化艺术出版社,1990,第88页。

② [法]利科:《解释学与人文科学》,陶远华译,石家庄:河北人民出版社,1987,第112页。

③ [美]伯恩斯坦:《超越客观主义与相对主义》,郭小平等译,北京:光明日报出版社,1992,第192、195页。

④ [英]伊格尔顿:《文学原理引论》,吴明译,北京:文化艺术出版社,1987,第90页。

些批评无可置疑，但尽管如此我要说的是，这只意味着信奉"语言中心主义"的、作为一种本体论思考的诠释学哲学的有限性，并不妨碍它以"诠释学美学"的身份为当代批评理论事业作出贡献。

如上所述，诠释学就其实质而言是一种澄清的艺术。如果说"凡在人们所说的东西不能直接被我们理解之处诠释学就起作用"，那么我们不仅得像伽达默尔所肯定的那样承认"艺术是诠释学的对象"与"诠释学包括了美学"①，而且还应意识到诠释学事实上构成了文学批评的思想背景与理论基础。伽达默尔将诠释学视为一切哲学之本或许有些言过其实，但将之作为文学批评的哲学无疑恰如其分。在整个文化事业里人文艺术无疑是诠释学最能施展的舞台，首先是因为艺术活动是诠释学的目标所向——"意义"的根据地。无论批评家们如今如何界定艺术，有一点无可置疑：艺术总是与意义同舟共济，"艺术有助于使'意义'问题出场，有助于激发对'意义'问题的追问，有助于面对'意义'问题。"②这是艺术文化的人文意义之所在，也是其必须与诠释学荣辱与共的原因。其次是文学艺术的"陌生化原则"所体现出来的，对于创造性的永无止境的渴望。狄尔泰认为，"如果生活表现完全是陌生的，解释就不可能。如果这类表现中没有任何陌生的东西，解释就无必要。解释正在于这互相对立的两极之间"。③ 这种情形的最佳体现莫过于艺术文化，在这里，艺术活动依照艺术传统作出的标新立异是第一原则。所以，俄国人什克洛夫斯基从其对托尔斯泰的研究中发现的"审美陌生说"尽管迄今已是思想博物馆里的收藏品，但其生命力犹在。在当年的是是非非均烟消云散后人们更加确认，"正是为了恢复对生活的体验，感觉到事物的存在，才存在所谓的艺术"。为了达的这一目的艺术家的创造活动需要"陌生化"处理。所谓的"艺术的技巧就是使对象陌生，使形式变得困难，增加感觉的难度和时间长度，因为感觉过程本身就是审美目的"④。但有必要补充的是，所有这一切都取决于在让人耳目一新的创新与习以为常的文化传统间的张力。事实上不仅在主观方面，没有一个艺术家能够彻底无视陈规进行创作，而且从客观上讲也正如豪塞尔所说，一件艺术品要是完全由独特、严密的元素所构成，那它将是不可理解的。"独创性的体验只有在已经安放好的习规的轨道上才会传播。"⑤

---

① ［德］伽达默尔：《哲学解释学》，王才勇译，上海：上海译文出版社，1994，第99、101页。

② ［德］汉斯·昆：《神学与当代文艺思潮》，徐非等译，上海：上海生活·读书·新知三联书店，1995，第38页。

③ 张隆溪：《20世纪西方文论述评》，北京：生活·读书·新知三联书店，1986，第176页。

④ ［俄］什克洛夫斯基：《散文理论》，刘宗次译，南昌：百花洲文艺出版社，1994，第10页。

⑤ ［匈］豪塞尔：《艺术史的哲学》，陈超南等译，北京：中国社会科学出版社，1992，第355—356页。

　　此外,美学同诠释学的同盟关系也在于艺术文本在表现方面,确实存在着一种被"新批评派"以"诡论"一词来强调的特点。用克林斯·布鲁克斯的话说:"诡论正合诗歌的用途,并且是诗歌不可避免的语言。科学的真理要求其语言清除诡论的一切痕迹,很明显,诗人要求表达的真理只能用诡论语言。诡论出自诗人语言的本质。"①诚然,布鲁克斯此话的本意是指依赖比喻与象征来惨淡经营的诗歌文本,但就"诡论"这个概念的"暗示"意义而言,它无疑是一切以"艺术"的名义出现、有着"说不可说"的表达障碍的诗性话语的共同特质。虽说关于艺术的这一特点早已成陈词滥调,但这个话题之所以被一再提起,就在于问题其实一直并未被完全澄清。著名学者汉斯·昆在其《艺术与意义问题》一书里提出,艺术话语的这一特点根源在于语义指向的无着落。在他看来,每一位伟大的画家都以他自己的方式超越了可见的东西。这种东西并非真实的事件而是真实的经验,经验的特殊性决定了它虽能够意会却无法言传,以至于什克洛夫斯基以"书(作品)比爱情更神秘莫测"来形容。

　　象征之路之所以能成为诗性朝圣的一条坦途,是由于象征已不只是一种认识方式,同时也具有一种本体论意义,因为它并不"转达"意义而是"显现"意义。它的具象性和与其所意向的事物的亲和性,使它能够拥有一种让接受者"参与其中"的功能。事情正是这样:"我们在对象征的体验中,实际经验了人的存在的两个层次:即可以说的层次和不可说的层次。对象征的体验使我们获得对不可说的真实的体验。因为正是在象征之中并且通过象征,在我们之间实际产生了对语言界限彼岸的理解。"②在艺术活动中,通过文本的普遍象征化而表现出来的这种表达的"诡论性",归根到底来自于艺术的这种试图通过语言行为来对超语言意蕴做出理解的悖论。由于这种既寄生于话语之中又超越语言的诗性意蕴构成了一切艺术文本的基本精神,所以有"伟大的小说家就是诗人",以及"诗是一种精神的自由创造,它超越一切艺术又渗入一切艺术之中"这样的说法。③

　　以此而言,离开了对诠释学美学的应用来谈当代审美批评的建设是难以想象的,用赫施的话说,"解释是一切正确批评的基础"。④ 但反过来显然也可以认为,由于艺术现象较一般文本具有更多的维度因而也更为复杂,以至于在某种意义上我们甚至能够说,能否接受来自文学艺术批评的考验关系到诠释学的学科价值。因为总体而言,作为一种思想工作的解释活动如同利科在《存在与诠释

　　① 〔美〕戴维·洛奇:《20世纪文学评论》上册,葛林译,上海:上海译文出版社,1987,第497、504页。

　　② 〔美〕奥特:《不可言说的言说》,林克译,北京:生活·读书·新知三联书店,1994,第44页。

　　③ 〔法〕马利坦:《艺术与诗中的创造性直觉》,刘有元等译,北京:生活·读书·新知三联书店,1991,第294、296页。

　　④ 〔美〕赫施:《解释的有效性》,王才勇译,北京:中国社会科学出版社,1991,第179页。

学》一文里所说，主要是"于明显的意义里解读隐蔽的意义"，也即"在于展开暗含在文字意义中的意义层次"。但在一般文本里，这个意义层次主要聚焦于词义—句法层面。比如美国学者却尔曾引用的几个例子：A. 他们是访问教授（They are visiting professors）。B. 他用枪打死了那个人（He killed the man with the gun）。C. 我喜欢我的秘书胜过我夫人（I like my secretary better than my wife）。前两句能分别产生以下歧义：A. 他们正在访问各位教授。B. 他杀死了那个带枪的人。而第三句既可以被理解成"我喜欢我的秘书胜过喜欢我夫人"，也能够被理解作"我比我夫人更喜欢我的秘书"。①

不难发现，前两句话的歧义很容易通过上下文关系而"自动"消除，因为它们的歧义主要在于句子本身的表达方面。第三句话的含混虽也能借助于相应的语境得到澄清，但要来得复杂，因为它除了句子层面的含混外还存在着来自讲话者的意思的错综性。比如与前两个句子不同的是，最后得到确认的意思并未能取消前面的不被认可的那个意思，它只是在此基础上作出了"覆盖"。因为在前后两个不同的意思里仍有着一个共同点：无论"我"是否讨厌自己的夫人，其对这位"秘书"的喜欢是肯定的。这就增生出第三层意思："我"的这种"喜欢"别有内涵，这种色彩尤其是在"我"对别人的"误解"作出纠正时更容易得到强调。毋需赘言，相比起来第三类的含混较之于前两例更多地出现于文学作品，《红楼梦》里贾宝玉与林黛玉之间的许多对话就是典范。所以，并非是无法确认的"语义含混"，而是丰富多彩且难以捕捉的"言外意"与"话外音"才是真正诗性话语的特点，构成了文学文本的意趣的基础。

需要进一步追究的是：什么是诠释学美学所要面对的问题？狄尔泰在《诠释学的起源》里将之归为"诠释学循环"，也即前面提到的"一部作品的整体应由个别的语词及其组合来理解，可是对个别部分的完全理解却又以对整体的理解为前提"。众所周知，在海德格尔"具有决定意义的，不是摆脱这一循环，而是以正确的方式进入这一循环"这一见解上，伽达默尔在《论理解的循环》一文里借花献佛地予以了最后解决："解释由前概念开始，并被更合适的概念所取代。"这种不断的结构/建构过程"构成了理解和解释的意义运动。"诚然，在艺术中存在着因文体差异所造成的解释形态的区分。比如一般说来，人们对诗歌的解释呈现出一种膨胀性，即"总是在各种不同的方向上扩大诗歌文本的语义，而我们对小说所作的解释则不仅具有简化性而且具有高度的选择性"。② 但这种差异并无实质性意义，废名当年"我写小说同唐人写绝句一样"的名言，道出了真正的小说文

---

① ［美］却尔：《解释：文学批评的哲学》，吴启之等译，北京：文化艺术出版社，1991，第43、46页。

② ［美］罗·休斯：《文学结构主义》，刘豫译，北京：生活·读书·新知三联书店，1988，第238—239页。

本的艺术追求。不言而喻,有一个问题聚讼已久,这就是意义的归属。曾几何时,伽达默尔与赫施为此展开过一场激烈的学术交锋。

赫施说得对,在诠释学美学中,对正确性的验收是一个始终存在的难题。但这位自称"试图在胡塞尔的认识论和索绪尔的语言学中为狄尔泰的某些解释原理寻找依据"的学者,为了追求批评的客观性而将"推测作者原意是什么"作为"解释的基本问题",①这确实授人以口实。豪塞尔的批评不无道理:"假如对作品的解释仅仅是为了指出作者的创造意图那将是很危险的,因为这种意图不那么容易被找到,有时连作者本人也不知自己的意图是什么。"②虽然这种做法由来已久,所谓"注杜者,必反复沉潜,求其归宿所在,又从而句栉字比之,庶几得作者苦心于千百年之上,恍然如身其世,面接其人,而慨乎有余悲,悄乎有余思也",但经验表明却是在一意孤行难定是非。

有记载言,尽管同为大诗人的欧阳修与梅圣俞亲如兄弟,但欧阳修却曾表示:"昔梅圣俞作诗,独以吾为知音,吾亦自谓举世之人知梅诗者莫吾若也。吾尝问渠最得意处,渠诵数句,皆非吾赏者,以此知披图所赏,未必得秉笔之人本意也。"③在此意义上,强调"理解不只是一种复制的行为,而始终是一种创造性行为"的伽达默尔似乎占有先手。但他以"我们总是以不同的方式在理解"为理由来取消"更好的理解"的做法,却无可置疑地有为批评的相对主义网开一面的危险。因为文学批评最重要的并非关于经典的锦上添花的解读,而是在优与劣之中做出区别。这就需要对批评对象作一番追究,合适的理解应该得到来自作品的赞助。事实上期待着一种"交流"的文本总是在向我们"说话",因而真正的文学批评决非借文本来进行批评主体的内心独白,而是与之进行"对话",所以批评首先意味着认真的"倾听"。伽达默尔的"视界融合"无疑对此作了及时的强调,问题是倾听什么与怎样倾听。

伽达默尔的问题在于将一切归于语言,因为在他看来,理解是与存在共在的,而"可以被理解的存在就是语言"。④ 所以有人妥帖地指出,对于伽达默尔,"'视界'一词是用以描述释义的情境特征或受语境束缚之特征的"。⑤ 但在我看来,诠释学美学的根本特点就在于:如何对诗性文本作出一种"超语境"的审美把握。而在此过程中,赫施的这一提醒具有意义:批评家在其批评实践中不能一味地放任那些片面乃至歪曲的"前理解",而应该经常对"影响他作出判断的前提和

---

① [美]赫施:《解释的有效性》,王才勇译,北京:中国社会科学出版社,1991,第 235 页。

② [匈]豪泽尔:《艺术社会学》,居延安译,上海:学林出版社,1987,第 159 页。

③ 张隆溪:《20 世纪西方文论述评》。北京:生活・读书・新知三联书店,1986,第 186 页。

④ [德]伽达默尔:《哲学解释学》,夏镇平等译,上海:上海译文出版社,1994,第 104 页。

⑤ [德]霍埃:《批评的循环》,兰金仁译,沈阳:辽宁人民出版社,1987,第 121 页。

前判断"保持一种警惕。但他分别以"意义"(meaning)与"意味"(significance),来区分由作者提供的文本意思与由读者从中生成的意思,虽然能给人以启迪却于事无补。因为从根本上讲,诠释学美学的挑战并不局限于关于的意义的"层面"上的扩张,还在于"维度"的增生。

语言学家弗里斯曾提出:"'意义'并不是在言语形式的本身,而是由言语形成的三类关系组成:(1)一类言语形式和另一类言语形式的关系;(2)言语形式和非言语形式的环境(物体、事件)等的关系;(3)言语形式和参与交际行为中的人的关系。"①但这三类关系只有在文学作品中才得到充分显现。从诠释学的视野看,尽管作为信息活动的语言本质上是一个听觉系统,但却只有在成为一种书面话语时才能真正进入诠释学视野,因为只有在书面作品中,人们方可以在一个本身可理解而无需诉诸他人主观性的有意义的维度内活动。诠释学所面对的这一问题在文学作品里表现得最为突出,因为对文学文本而言,其特点正在于对平面一维的书面语义系统的超越。这首先体现于对话语音响效果的强调。虽说人们也都清楚,首先作为一种声音现实的词与话语不仅总是不可分解地与意义的传达结合在一起,而且在一定情形下发音本身就能"创造出客观东西的灵魂的情调"。但事实上如同著名学者英伽登所指出的,"在一般情况下,语词声音只是理解语词和句子的意思的一个飞快的过渡"。②只有在文学作品里,这一事实才真正受到关注。

伽达默尔说得好:词在普通的话语中与在文学中的作用有一个很大的区别,即"一个文学文本要求以其语言的面目出现,不仅是为了执行其传达一个信息的功能。它不仅必须被读,它也必须被听,哪怕大多数情况下只是用我们内在的耳朵来听。"③什克洛夫斯基说过:"诗行玩味意义,诗行反复咀嚼声音,欣赏这些声音的美味。"④我国古人当年曾结合汉语的"四声"特点,以"平声平道莫低昂,上声高呼猛烈强,去声分明哀远道,入声短促急收藏"的说法,同样也对语音的艺术表现力进行了一番总结。一个优秀的作家必然对此心领神会。声音与词义的交织能够造势成型绘声绘色,但这不仅仅是增加了一种表意渠道,而意味着文学话语通过感觉化而成为一种生命的表现。老舍曾指出过,"《水浒》中武松大闹鸳鸯楼那一场,都用很强烈的短句,使人感到那种英雄气概与敏捷的动作"。⑤这里不仅有视听场景还有只能以"内在耳朵"来倾听的一种人生意味。那些被认为有

① [美]弗里斯:《布龙菲尔德学派》,《国外语言学》1984 年第 5 期。

② [波]英伽登:《对文学的艺术作品的认识》,陈燕谷等译,北京:中国文联出版公司,1988,第 20 页。

③ [德]伽达默尔:《伽达默尔集》,邓安庆等译,上海:上海远东出版社,1997,第 73 页。

④ [俄]什克洛夫斯基:《散文理论》,刘宗次译,南昌:百花洲文艺出版社,1994,第311 页。

⑤ 老舍:《出口成章》,北京:作家出版社,1964,第 68 页。

着"朦胧效果"因而需要以侦探般的姿态进行阅读的文本,其实并非真正的文学杰作。比如为一些批评家津津乐道的亨利·詹姆斯的《拧紧螺丝》。无论对于其中充当叙述者的那位家庭女教师的受着幻觉折磨的讲述我们能否相信,这部小说充其量只是一部具有写作教学示范意义的特色之作。

这意味着面对文学文本,诠释学的问题既不是"解说"(explanation)与"解释"(explication)间的纠缠,也并非即使"不懂"也能"理解"的困扰,而是在某种意义上的"拒绝解释"现象。梁启超在当年读了李商隐的《锦瑟》与《碧城》表示:"这些诗,他讲的什么事,我理会不着;拆开一句一句的叫我解释,我连文义也解不出来。但我觉得他美,读起来令我精神上得到一种新鲜的愉快。"作家王蒙也曾道:"少年时代,初读《锦瑟》便蓦然心动,恬然自赏,觉得诗写得那么忧伤,那么婉转,那么雅美。虽不能解,却能吟赏,并给背诵上口。"但他在"诗仍然是需要解释可以解释的"这种想法的驱使下,凭借自己的文学修养展开了解释。他从第一层"诗的字面上的意思"入手,分别就第二层的"背景与写作动机"、第三层的"诗的内蕴与意蕴"、第四层的欣赏者"个人体会与发挥"、第五层关于此诗的"学问研究"等,作出了全面的阐释。① 不能说这些分析不到位,它们无疑极大地有助于人们对这首名诗的欣赏。问题是除了第四层外其余多为关于此诗的知识性的说明与文化方面的解释,而第四层的分析虽说十分精彩,但不仅这些作为阐释者个人心得的东西代替不了别人的重读,而且即使这些言说本身似乎也在其成文后失去了一种最可贵的意味。

所以也是锡德尼在《为诗辩护》里曾表示的,如果"意义"是指用语词直接表达的东西,那么诗人无所"说"。显然,艺术文化中的"说不可说"不仅仅针对艺术的生产与创作,同样也适合于艺术的消费与批评。但凡此种种并不意味着诠释学美学在文学批评中无所作为,而只是表明它必须"戴着镣铐跳舞",对作为话语现象的文学文本作出"超语境"的理解。不知从什么时候开始,我们学会了说"语言是存在的家园",而上帝却在什么地方发笑,因为它搞不懂为什么不能反过来说"存在也是语言的家园"。这不仅仅是因为皮亚杰的发生认识论已揭示出,"实践"的意义在某种意义上也就是表明,"作用着的思想有非语言的根源";②同样也在于古往今来的审美艺术实践一直向我们显示着这个道理。什克洛夫斯基说得好:在文学艺术中词语不是让人说的,它们是被经历也就是被感受的。而为了能感觉到词语,人首先得感觉到不可感觉的东西。所以归根到底一言以蔽之:"理解艺术的途径即是认识生活。"③在这里只需要批评的实践而不需要任何理

---

① 王蒙:《欲读书结》,深圳:海天出版社,1992,第96、104页。

② 洪汉鼎:《理解与解释》,北京:东方出版社,2001,第277页。

③ [俄]什克洛夫斯基:《散文理论》,刘宗次译,南昌:百花洲文艺出版社,1994,第140页。

论，哪怕是关于实践的理论。因为"关于实践的理论仍然是理论而不是实践"。①

（3）诠释学的边界与局限

如何看待文学批评家的工作，这在创作家与批评家之间向来意见分歧。文学家们普遍地视批评性的诠释以自己的原创文本为根据，并因此而或明或暗地认为批评话语的活跃取决于其作品的价值。与此不同，批评家们对此只表示了有条件的承认，在他们看来，"一位作家造诣深，才使得对他的评论也具有价值；可是并非由于他的造诣，批评才成为可能。批评家凭其技巧，在任何话题上都能侃侃而谈"。② 如此表态的弗莱的原意是强调，文学批评不能只是关于"经典作品之所以是经典"的解说，而应该发挥更大的主动性，对整个文学现象作出自己的分析。这自然是不错的，但他的这番话很容易被引申为替一种"无边的批评"作辩护。这就会产生负效应。"批评话语的标准就是它的适当性"，③虽说巴尔特提出这一见解的用意，是为其倡导"批评只是一种书写"的文学批评观鸣锣开道，但客观上却也涉及了批评活动中的一项基本原则：诠释的合适性。

比如唐人韦应物名诗《滁州西涧》的上联"独怜幽草涧边生，上有黄鹂深树鸣"，元人赵章泉诠释成一种"君子在下，小人在上之象"，使一联好诗的趣味尽失。清人王士桢为此在其《唐人万首绝句选》的"凡例"里，提出了"以此论诗，岂复有风雅耶？"的批评。这是对文学批评的合适性要求的一种尊重，否则的话，任凭批评话语成为一种"大话"与"戏说"，在这种批评的商业利润的递增之中，作为其批评对象的文本则已面目全非。比如当下的酒宴文化里流行的一则对一位政治枭雄的一首诗的重新解读。诗的原文常让人耳熟能详：暮色苍茫看劲松，乱云飞渡仍从容；天生一个仙人洞，无限风光在险峰。在此无疑能被拈出这两个所谓关键词："劲松"与"仙人洞"，还可以提取出两个相应的核心行为："乱云飞渡"与"风光无限"。这样，倘若分别赋予这两个关键词以阳性与阴性的色彩，那么整首诗就完全成了一种男女房中好事的隐喻性呈现。不同的是，对于一个韦小宝式的登徒子，这是一幅美妙的云雨图；而对于一位激烈的女权主义者，这是又一例男权中心的典型证据。所以在这种不严肃的解读里，有着一个严肃的诠释学问题：文学诠释的合适性。

这其实是一个很陈旧也极普通的问题。由于文学作品的语言表达不像科学话语那样要求尽可能清除一切含糊与歧义，相反不仅得讲究含蓄，而且还在此基础上自觉地要求一种"诡论语言"、以一种"拐弯抹角"的方式进行，使得文学批评的言说不可能以一种就事论事的方式"忠实"于文本，而必须体现出某种想象性的展开。但这个文学批评赖以生存的可能性空间，既是成全一些优秀批评家建

---

① 洪汉鼎：《理解与解释》，北京：东方出版社，2001，第493页。

② ［加］弗莱：《弗莱文论选集》，吴持哲译，北京：中国社会科学出版社，1997，第32页。

③ ［法］巴特：《批评与真实》，温晋仪译，上海：上海人民出版社，1999，第70页。

功立业的舞台,也是让无数拙劣的批评家因信口雌黄而身败名裂的陷阱。比如清代名儒纪昀,在把李商隐的诗集《无题》全看一遍后按类分为五类,指出不能一概以为有寄托而作出穿凿附会的解释。又如欧阳修的《蝶恋花》:"庭院深深深几许?杨柳堆烟,帘幕无重数。玉勒雕鞍游冶处,楼台不见章台路。/雨横风狂三月暮,门掩黄昏,无计留春住。泪眼问花花不语,乱红飞过秋千去。"清人张惠言在其所编《词选》里评道:"'庭院深深','闺中既以邃远'也;'楼高不见','哲王又不语'也;章台游冶,小人之径;'雨横风狂',政令暴急也;乱红飞去,斥逐者非一人而已,殆为韩范作乎?"把这首词同屈原《离骚》里的"闺中既以邃远兮,哲王又不语"相比附作解释,使一首含蓄的性情之作在一种政治性解读之下,弄得味道全无。

所以,文学批评的诠释是一种"有限想象",不能够作信马由缰的妄加猜测。但合适的诠释何以为据?创造性的诠释哪里为界?无须赘言,这是一个让无数批评理论家殚精竭虑而难以达成一致的是非地。当然,无论在理论层面人们如何举棋不定,并不妨碍实践中的是与非的选择,更不能否认"存在着这样一种可能性:我们可以断定某个诠释是很糟糕的诠释。"①问题在于自弗洛伊德发现人类的意识/潜意识结构以及表层的显意识总是对某些不宜露头的意识实施一种无意识压抑,批评家们纷纷热衷于揭橥文本深处隐匿的意义。弗莱的原型批评不仅就以这样一种思想设定为基础,而且他本人也明确承认:"我一生中不断努力研究的正是这种隐匿起来的裸露的东西";在他看来,"文学批评的一个主要功能就在于帮助人们更自觉意识到这种'神秘想象背景'"。② 这使原本就已天下大乱的文学诠释,进一步走向扑朔迷离。比如从实践方面看,着眼于作品整体结构的对文本语境的把握,常常被作为一个行之有效的依据。弗莱指出:"正是这种对整体的终于了解,才使得'结构'一词成为文学批评中一个非常普遍的隐喻。"而这种"结构关注"的实质也就是"为我们研究的文学作品确定一个语境"。意思是说,要将其作品与其他东西联系起来,如作家生平、作家所处时代、文学史,尤其是文学本身的总体结构,或词语顺序的东西,等等。在他看来:"与语境的关系几乎足以说明文学批评的全部事实基础。"③这虽看似以一个新概念,为传统批评的"知人论世"说重新举行登基仪式,但却有其实效性。

唐人朱庆余的《近试张水部》一诗可以为例:"洞房昨夜停红烛,待晓堂前拜舅姑。妆罢低声问夫婿,眉深浅入时无。"众所周知,这是借闺房悄悄话隐喻科举

---

① [意]艾柯:《诠释与过度诠释》,王宇根译,北京:生活·读书·新知三联书店,1997,第 29 页。

② [加]弗莱:《弗莱文论选集》,吴持哲译,北京:中国社会科学出版社,1997,第 172 页。

③ [加]弗莱:《弗莱文论选集》,吴持哲译,北京:中国社会科学出版社,1997,第 37、192 页。

考试，以表面一位待见公婆的新娘向丈夫询问的场景，表现作为考生的作者自己
的一种考场心情。如果不了解此诗的写作背景，那么其中所蕴含的那份"意中
意"的趣味也就无法获取。驻足语境论也能够对上面韦应物的诗作出成功的解
释：这联诗的下联更为出名："春潮带雨晚来急，野渡无人舟自横。"著名学者周振
甫据此指出：这首诗给我们展给一幅画面，可以说是诗中有画，从诗里看不出有
什么寓意来。"把它说成君子在上小人在下，那不但上下两句不容易解释，也跟
传统说法不合"。① 但接下来会面临一个问题：这个能够作为批评依据的诠释语
境本身，又如何得以确认？这无疑是一个问题。这让将文本意义视为一种有
"名"无"实"的存在，因而将诠释作为一种围绕某个意义链进行不确定游戏的解
构主义，由此为自己作出一种辩护："解构理论并不否认意义受制于语境，只不过
我们无法事先确定这种语境——因为从原则上说，语境自身是无限的。"②

  而从另一方面看，这与人文艺术的神秘性显然不无关系。法籍华人学者程
抱一先生谈道："一种太清晰、太系统、太正规的分析会损害创作。不管是诗歌还
是小说家，最好的情形总是在情节材料里包含其隐晦和神秘的部分。"因为"真正
的创作是一场与天使的战斗。战斗结束后，人们不会以胜利者自居。相反，人们
让不能控制的部分继续上路，在创作中化为乌有"。③ 所以，从神秘中来回神秘
而去，这是人文活动不同于科学研究的鲜明特点，更是文学艺术等一切审美与诗
性领域的基本品质。这让从"品"入手的文学批评的思维形态总是处于一种"悟"
的状态，处于"禅"的途中。根据有关传说，佛陀讲道之后表示要举起一朵金花，
在场的众信徒大都视而不见，只有一位已悟大师传道之真谛的弟子见到了这朵
用凡胎肉眼无法看见的金花，此徒由此成为禅的创始人。在某种意义上，对文学
作品意义的诠释的合适性，无法用科学主义的尺度予以明确，而只能像这位禅宗
大师那样，承认一种无形的标准，进行一番无言之说，以一只精神之手的指点下
穿越见智见仁的空间走向事情的本真。问题是，文学批评主要并不在于让高人
得道，而必须普渡众生。为此，即使勉为其难，批评的美学也只能奋不顾身地深
入前去。在我看来，对于文学批评实践，如何恰如其分地掌握阐释的"度"事关
重大。

  何谓文学批评之"度"？艾略特曾经表示：我最感激的是这样一种批评家：他
能使我见到前所未见的东西，或拨去我眼中偏见的云翳，使我面对面地正视着
它，然而让我与它独在。从那一点开始，我必须依靠我自己的感受力、理智和智

---

  ① 周振甫：《诗词例话》，北京：中国青年出版社，1962，第45页。

  ② 艾柯：《诠释与过度诠释》，北京：生活·读书·新知三联书店，1997，第17页。

  ③ [法]卡特琳·阿冈：《访谈程抱一》，《中华读书报》2002年7月17日。

能。① 这番话中值得特别关注的是后面这段意思。作家事实上在暗示,优秀的批评家应该是说得既不太少、又不过多的那种人。能够做到这样的批评家,靠的就是对批评之度恰到好处的掌握。杰出的加籍华裔学者叶嘉莹教授,曾将中国传统诗论概括为两大门类:受道家思想影响所形成的"直观神悟"一派,和受儒家学说影响而形成的"托意言志"一派。她认为两派虽各有成效,也各有其不可讳言的缺点。论其优点可谓:后者不惜"深入周纳以求其句内之深意",前者则贵在"超脱妙悟以体会其言外之神情";论其缺点则主要在于:后者最容易对文本横加猜测妄为指点,甚至硬想在本无深意的作品中妄指其为有深意。而前者则是"可为知者道,难为俗人言"。看似在"说诗"实乃"不说",让真正需要批评家为其点拨门径的读者摸不着头脑。以严羽《沧浪诗话》为例,作者评阮籍诗为:"咏怀之作,极为高古。"评建安诗云:"建安之作,全在气象。"评李白杜甫等人的诗是:"李杜数公,如金枝擘海,香象渡河。"寥寥片言只语,说了等于没说,真正的阐释活动其实仍交由读者自己通过"参悟"来完成。

但这仍然不意味着"多"比"少"好,"度"的要求在于"到位"。钱钟书在《谈艺录》里就曾提出批评:眼里只有长篇大论,瞧不起片言只语,甚至陶醉于数量,重视废话一吨,轻视微言一克,那是浅薄庸俗的看法(假使不是懒惰粗浮的借口)。② 举例来说,杜甫《水槛遣心二首》的名句"细雨鱼儿出,微风燕子斜"常受后人赞赏。金圣叹在《杜诗解》里点评:"细雨出","出"字妙,所乐亦无尽矣。"微风斜","斜"字妙,所苦亦复无多矣。今人有文章予以如此这般的发挥:**在细雨中,平静的江河水面突然遭到小雨点的轻轻敲击,本来深水中的鱼儿,就会以为有食物从天而降,纷纷探出头来寻觅。在微风中,也只有在微风中,燕子才会在天空中倾斜着轻轻地抖动着翅膀,在无风或大风中,燕子都不会有这种动作形态。**③ 品味起来,这段展开的文字虽增添了表面文句上的诗意,却让原作里的诗味尽失。而金圣叹的"少"却耐人寻味,能让读者人作进一步咀嚼。这正是诠释学之道:批评只是引路而不替人品尝,是艾略特所说的指点一条道路便悄然离去,绝不妨碍读者与作者间的直接交流。

驻足于现代批评视野来看,问题出在对批评之度的掌握均不够到位,从诠释学立场来审视,也就是"诠释不足"(直观神悟)与"过度诠释"(托意言志)的矛盾。文学批评是关于文学作品的"言说"(诠释),说得过度离题万里等于没说,说得不足更是一种渎职行为。因为文学批评的受众主要不是专家里手而是一般读者,言说不到位就起不到批评的作用。只有诠释到位才能形成一种最佳的话语张

---

① [美]霍兰德:《文学反应动力学》,潘国庆译,上海:上海人民出版社,1991,第2、20页。

② 钱钟书:《七缀集》,上海:上海古籍出版社,1985,第30页。

③ 童庆炳:《中国古代心理诗学与美学》,北京:中华书局,1992,第87页。

力，产生艾略特所赞赏的那种鉴赏效应，使文学批评的功能得到最大程度的释放。在这方面，以诗论为主体的中国古代文学批评显然存在着重大缺陷，这让叶教授不无焦虑地提出，中国文学批评极需要新学说来为之拓展和补充。① 但进一步来看，在一个"批评的自觉"已经十分普遍的时代，批评话语中这种诠释的"不足/过度"现象早已被打破。随着批评家们普遍擅长并且热衷于自我中心的喋喋不休，"过度诠释"早已成一种全球化现象。尤其在当代西方批评界，这种情形由于有"理论的自觉"的支撑而显得更为强烈突出。

这种情形概而言之主要有两方面。首先是后现代诠释学对文本意义的取缔。比如在美国"后哲学"家罗蒂（Richard Rorty）等人的彻底的反本质论立场下，可供诠释的"作品意义"被宣判为一种幻影，文学批评关于文本的"诠释"成了批评家对文本的一种"使用"；故而也就无所谓"诠释的边界"，批评家的诠释行为如同脱缰之马可以随心所欲自由驰骋。其实在早些时候，这种主张通过这样一个句子得到形象的表述：作者带来语词，读者带去意义。从解构"深度模式"到彻底颠覆"作品意义"，文学批评完成了一次诠释革命，带来的结果就是让原本夹着尾巴的"过度诠释"成了"香饽饽"。此番革命的大背景是后现代社会受利益驱使对创新的非理性追逐，从文明史看则是文学研究资源开发已趋于饱和而面临困境。这一困境可表述为：一方面是所有公认为经典的文学作品早已因过度关注而被研究透了，另一方面因教育普及而涌现的大批后来者却仍不断进入这个领域，焦虑地等待着出人头地的机会。

这样，一种哪怕是表面文章和肤浅的作秀，只要在研究手法上有所更新、措辞上让人受到刺激就会很快引人注目得到利益回报的格局的出现便势不可挡。罗蒂曾提出他的一个"发现"：学术研究之所以能不断发生变化和取得进展，不在于观点与方法上的实质性扩充与改进，而由于一些新的术语与词汇的不断被使用而得到承认；因为由这种新术语所形成的新的表述，较已有的更适合和满足现代人追求感性、讲究另类等等的口味与需求。他本人对此感到欣然横遭物议，但他所说的事情如今已不再稀罕。无可置疑地，这是一个属于"眼球政治"与"广告文化"的时代，从"再好的东西若无人注视就没有意义"到"只要能引人注目便算成功"，作秀行为已经堂而皇之进驻我们世界的各个领域，诸如实事求是、讲究质量等老派观念早已被彻底颠覆。在此情形下，"过度诠释"受到鼓励就没什么可奇怪的，因为只有这种诠释行为，才能持续不断地制造出供消费的一次性思想产品，以满足以"新奇"为第一要素的市场需求。问题是这种诠释在市场占有方面的大获全胜，并不能掩饰其实质上存在的问题。

来自作家们的提示表明，作家本人的写作实践对作品意义的生成并非毫无根据。这种实践本身就已经为作品的诠释设定了界限，批评家能够通过对作品

---

① ［加］叶嘉莹：《我的诗词道路》，石家庄：河北教育出版社，2001，第 122 页。

为什么会写成这样而没有写成那样进行原因分析,而对作品的意义作出一种让人难以忽视的解释。此外,任何诠释话语都是一种关于意义的言说,否则它就会自我取消;因此它势必会留下点什么能够被确定的东西,而这也意味着对"无边诠释"构成一种自我颠覆。美国著名学者艾布拉姆斯(M. H. Abrams)曾一针见血地指出:这些看似洒脱的自由诠释者其实在玩着双重游戏:他们一方面要求别人接受其"无限诠释"的理论,以便让大众不问所以地为其别出心裁的言说喝彩;但另一方面当他们如愿以偿地成为新的理论权威,却要求别人以"标准诠释"方式对待其思想叙述。换言之,"用自己所宣扬的那一套新的语言策略去解读别人的本文,而在向读者传播自己的那一套方法和标准时,却又心照不宣地使用着大家都已接受的、约定俗成的方法和标准"。①

其次,为"过度诠释"提供理论支援的是"批评家也是艺术家"的主张。这种主张从王尔德揭竿而起到巴特的重新响应,经历了近一个世纪的酝酿。不像罗蒂等倡导"意义使用论"者大都能说不能练,作为这一学说的新旗手的巴特文武双全骁勇善战。与反本质论一样,他赞同"批评并非科学"这一说法并提供了一种新解释:科学是对意义的"探索"而批评则是对意义的"生产"。但与其反本质论者普遍视文本为"无深度的平面"相反,他坚持"批评是一种有深度的阅读,能在作品中发现某种可理解性,在这方面它确实是在解码,并具有一种诠释的性质"。所以,承认一种深度的存在保证了批评家实现其抱负的可能。这显示了他比那些同志们的高明:彻底的平面化所造成的"怎么说都行"看起来是解放,实际上是自由的终结;就像是进行一场无规则的游戏,结果只会因一点没意思而让游戏宣告终结。"自由便是在限制中求得精神最高的活动"。② 所以游戏需要规则,批评需要有进行评估的标准,在巴特看来,"批评的标准就是适当性"。但不能以为他是在怀旧:批评的这个合适性不取决于文本而取决于作为一种话语的批评自己。因为"批评面对的对象不是作品,而是它本身的语言"。批评家实际上与创作家"处于同样的困难环境中,面对着同一个对象:语言"。所以,如同作品以其自身为标准,批评话语的适当性不在于符合文本的意义,而在于是否满足自身的逻辑并拥有一种意思。"因而批评和作品永远会这样宣称:我就是文学"。

归根到底,批评只是通过作为形式的作品这个媒介,以对其意义做出"演绎"的方式来"孕育"出某种意义,有点类似一个借她的子宫生自己的小孩的单身的他。③ 不言而喻,才华毕露的巴特的说法比罗蒂们的阐述诱人多了,他通过策略

---

① [意]艾柯等:《诠释与过度诠释》,王宇根译,北京:生活·读书·新知三联书店,1997,第9页。

② 李健吾:《李健吾文学评论选》,银川:宁夏人民出版社,1983,第311页。

③ [法]巴特:《批评与真实》,温晋仪译,上海:上海人民出版社,1999,第64、74页。

性地给文本深度一个空洞的承认，让一直萦绕于批评家心头的那个同作家平起平坐的愿望，有了付之实现的机会。但如果你能从最初的那份新鲜感中走出来，仍不难意识到一种花言巧语的东西。这里的关键是：在"关于"文学的一种话语现象，与"作为"一种文学的话语存在，这两者间有着根本差异。我们没有权力不让一个有文学创作兴趣的批评家，将他的批评文本改头换面为一种不伦不类的文学作品；但我们同样不能由于出现了这样的人与事，而就此宣布只有像他们那样才叫批评。如同随着人权意识的提高，人们不应阻止那些有变性需要的男女改性，但似乎同样也不能反过来，认为不改性就意味着脑子有病。事实上，巴特本人的写作早已让他弃文学批评而去，他的实践不仅未能打破作家与批评家的职业分工，创造出一种亦文学亦批评的文本，反倒以一种自我牺牲的行为再次验明了这种分工的必要性。

他与文学与批评调情的结果让他的写作两面不讨好：既无法被认真当作文学来读，更不能被当作关于文学的批评来看，充其量只是一种文化杂评或思想时评。由此而表明，现代批评有必要改变以往那种居高临下的审判与自食其力的指手画脚的架势，放弃好为人师的心态与江湖医生的做派和仗势欺人以权压人的行径，给人们留下接受的空间。因为经历了"脱冕"之后的文学批评总不甘心于这种境况，就像巴特所说：时至今日"在文学王国中，批评家仍'保持'警察般的作用"①。人们依然要对专制批评的阴影保持警惕，无论如何，这是一个人人需要自食其力的走向民主化的时代。这使得文学批评有必要适度地增加其艺术性，但并不意味着让文学批评家转业为艺术家。所以，当我们从事批评行业的这种改革时，不能忘了蒂博代的这一忠告：批评家不能像艺术家那样行事，他没有艺术品要完成。② 还有韦勒克的这一见解："批评不是艺术，批评的目的是理智上的认识，它并不像音乐或诗歌那样创造一个虚构的想象世界。"③只要把这里的"理智上的认识"改为"感性的领悟"。

当然，后现代批评理论家们并未就此而束手就擒，这场由文学批评话语引发的关于批评空间与批评家权限的思想交锋仍在继续，为"过度诠释"的崛起而额手相庆的文人墨客大有人在。这场较量是否能有的结果或者胜负究竟如何，我们无法也无须过于操心。对于文学批评家，重要的是应意识到，关于"诠释之度"的掌握实在是一件不能掉以轻心的大事。无论我们的最终选择如何，有一点可以肯定：只要批评的诠释无视这个"度"的存在，文学批评就会失去受众而陷入自言自语的境地，批评家的演出便将随之而宣告结束。这样的情形多少让人有些

---

① ［法］巴特：《批评与真实》，温晋仪译，上海：上海人民出版社，1999，第6页。

② ［法］蒂博代：《六说文学批评》，赵坚译，北京：生活·读书·新知三联书店，1989，第143页。

③ ［美］韦勒克：《批评的诸种概念》，丁泓等译，成都：四川文艺出版社，1988，第11页。

遗憾,因为无论如何,在一个人口日益扩张、欲望也随之而无限膨胀的世界,就业的压力仍在不断递增。对既无炒股的资金又无干活的资本的文人侃客,舞文弄墨这样的文学批评毕竟还算是既驾轻就熟又体面正经的一份差事。从这意义上讲,那些早已功成名就饭碗不成问题的批评理论家,他们对"无限诠释"主张的大力促销实在有点居心不良。确实像乔纳森·卡勒所说的那样,有点过河便拆桥的味道。为了你的利益以及你全家人因你的饭碗而拥有的一份幸福,让我们对此保持一份警惕。

4.艺术现象学:本质与本体

(1)什么是现象学

现象学(phenomenology)是 20 世纪西方影响深远的一种哲学思潮,艺术现象学是其原理和方法在艺术领域中的具体运用。谈到现象学,通常意义上是指由德国哲学家埃德蒙德·胡塞尔(Edmund Husserl,1859—1938)开创、他的一些追随者广泛倡导的一门哲学。胡塞尔 1859 年 4 月 8 日出生在奥匈帝国摩拉维亚(Moravia)的普罗斯尼兹(Prossnitz 今天属于捷克)的一个犹太家庭。他早先攻读数学、物理,1881 年获博士学位,1883 年起在维也纳追随德国哲学家、心理学家 F. 布伦塔诺(1838—1917)钻研哲学,先后在德国哈雷、哥丁根和弗莱堡大学任教,1938 年因肺炎病逝于德国的弗莱堡。要澄清什么是"艺术现象学",首先得弄明白什么是现象学哲学及其基本原理与范畴框架。

哲学的嬗变在 20 世纪渐入佳境,从 21 世纪做出回望,更能确认"把哲学和科学截然分开是大多数 20 世纪重要哲学的特征"。[①] 而一度处于这个阵营最前列的,也就是所谓的"现象学运动"。当其开山鼻祖胡塞尔,以"我如何才能成为一个有价值的哲学家"这样一个问题步入现代哲学,便已昭示着这场运动具有一种洗心革面的特点;而体现了其主导精神的"返回事物本身"的口号,则显示出了其在方法论上欲同传统哲学的形而上学与科学主义联盟作最后决裂的姿态。这一运动的发生学渊源,是被胡塞尔称为"我哲学上唯一的老师"的布伦塔诺的意向理论,以及以意识的绵延状况为关注点的柏格森的直觉学说。由于这个缘故,不仅哲学史家们提出,"分别地来看,现象学没有权利被看作是完全独创的方法"[②],而且海德格尔甚至认为:"现象学所寻求的和设定为目标的东西,早在西方哲学刚开端之际就已经被强有力地追求着了。"[③]诸如此类的说法自然各有道理,但这并不能遮蔽现象学的巨大影响,更不能动摇它对于美学重构的方法论意义。

现象学的一些基本范畴和主要概念都来自于胡塞尔。与现象学联系最密切

---

① [美]怀特:《分析的时代》,杜任之主译,北京:商务印书馆,1984,第 98 页。

② [美]施皮格伯格:《现象学运动》,王炳文等译,北京:商务印书馆,1995,第 964 页。

③ [德]海德格尔:《现象学的基本问题导论》,《文艺理论研究》,1998 年第 3 期。

的一个词就是"意向"（intentionality）。现象学的核心学说认为，我们实行的每一个意识行为，我们拥有的每一个经验，都是意向性的，这意味着它在本质上是"关于某事物或别的事物的意识"。在这意义上的"意向"（动词：intend；名词：intention）不应该与"意图"（intention：打算）也就是我们行动时心存的"目的"相混淆。在现象学那里，"意向"（intending）强调的是我们所拥有的与对象的意识关系，所谓"意向性"（intentional）即指向对象的。在这个意义上，人们似乎可以说，现象学就是关于"关注性进程"的学问。换句话说，现象学是关于关注过程及其被关注对象的学问。① 自然，关注的结果是需要表达出来的，在"客观"地陈述一个事实时，往往意味着一种"主观"的非真即假的"说明"。这种说明的基本形态就是"解释"。但在现象学范围内，它力图实现一种"描述性说明"。这与"解释性说明"存在根本性的区别。它既可以是事实性的，也可以是可能性的。比如"可以有那么一张桌子，可供四个人围坐"，这是一个"形象的可能性描述"。但也存在这样的说法："四个人正围坐在桌前以便吃饭。"如果要对这句话进行说明（account），那就呈现出一种复杂性。其中暗含着一个"为什么？"他们仅仅就是吃饭还是另有商业或政治目的？现象学的表述不做进一步的说明，所以在此意义上讲，"现象学本质上是描述性的"。②

我们如此这般地对强调给予事物以说明的意义在于，现象学本质上要求对事物进行说明。"现象学"（phenomenology）一词是由希腊语 phainomenon（现象）和 logos（逻各斯）构成的复合词。它意指这种活动，即对各种现象以及事物的各种显现方式给出说明，给出其逻各斯。现象学认为，事物显现的方式是事物存在的一部分。在现象学看来，没有任何东西"仅仅"是显象，显象都是实在的，它们属于存在。为了进一步理解现象学是什么，我们必须在通常可能采取的两种态度或视角之间进行区分，这就是"自然态度"和"现象学态度"。自然态度是纠缠于我们最初的、指向世界的姿态之时持有的那种关注，它是我们由以出发的视角。现象学态度则相反，它是我们对于发生在自然态度中的所有意向性进行反思时持有的那种关注。我们从自然态度出发，在日常生活中，我们和世界上的各种事物直接纠缠在一起。此外，我们的世界不仅包含着我们直接经验到的东西，同时也虚拟地意向着很多我们从来没有经验过但却当作是实在的事物。比如我们从来没有去过北极，但我们时常意向着那个地方。在我们的自然态度中，"世界"不是一个天文学概念，它是一个与我们的直接经验相联系的概念。世界

---

① ［美］莱斯特·恩布里：《现象学入门》，靳希平等译，北京：北京大学出版社，2007，第6页。

② ［美］莱斯特·恩布里：《现象学入门》，靳希平等译，北京：北京大学出版社，2007，第58页。

是对于我们自己以及我们经验到的所有事物来说的终极背景。① 在自然态度中，我们接受世间万物的方式伴随着我们本能的喜怒哀乐等自然情感，并且同时自觉不自觉地接受一种信念作为支撑。

现象学态度由上述这种原初的自然态度转换而来。这是一种"全是或者全非"的转变。其关键在于用一种反思的方式来关注自然态度中的一切。进入现象学态度并非是要成为掌握某一类知识的专家，而是成为一个哲学家。这里的关键在于，当我们进入现象学态度，我们就像观看一场比赛的观众，我们让自己成为旁观者。这需要用一种奇特的方式"中止"我们已经习以为常的自然态度。这种转变被称作"**现象学还原**"。这种中止也被称作"**悬搁**"，这个词来自古希腊的怀疑论，意味着一种"克制"。在现象学那里，这意味着使自然意向中立化。它要求中止我们自然态度中的各种信念。其方法是把世界以及世界中的万物都"**加括号**"。在我们进行"**分析性反思**"之前，让我们暂时将所有这一切都"放到括号里"。这种方式全然保留了对象对于自然态度中的主体而言所具有的意义。这里的区别在于：在自然态度中，我们直接走向对象，穿过对象的显象径直走向对象身边。但在我们进入现象学的反思态度时，我们并不是把关注点仅仅局限于意识的主体方面，并不是仅仅关注意向性。我们也关注被给予我们的对象。从而，我们能够把对象和它的显象区别开，能够更好地维护事物自身的实在性。同时我们也能够更好地提供对于"世界"的本性的恰当的描述。这里要注意的是，不能因为这种"还原"而错误地以为自然态度是纯粹自然的或非哲学的。事实上作为理性的存在者，我们在自然态度中已经拥有某种整体感，也对意向性和显象有所感觉。

换言之，"现象学寄生在自然态度及其全部成就上"。② 因此，现象学的还原之路并不是试图开辟全新的并且是预料之外的维度，相反，它还试图澄清我们已经拥有的自然态度和现象学态度之间的区别。现象学还原和现象学态度通常被称作"**先验的**"，这个词听起来很玄奥，其意思很普通，指的是"**超越**"（going beyond）其拉丁语词根是"transcendere"，由"trans"（穿越）和"scando"（攀爬）两个部分构成。它强调自我是先验的，因为自我在认识之中涉及超出它自己而指向事物。就此而言，自我可以被称作"先验的"，这个"先验自我"是作为真理执行者的自我。③ 现象学中的先验性概念涉及"**意向对象**"和"**意向活动**"。意向对象

---

① ［美］罗伯特·索科拉夫斯基：《现象学导论》，高秉江等译，武昌：武汉大学出版社，2009，第 44 页。

② ［美］罗伯特·索科拉夫斯基：《现象学导论》，高秉江等译，武昌：武汉大学出版社，2009，第 62、58 页。

③ ［美］罗伯特·索科拉夫斯基：《现象学导论》，高秉江等译，武昌：武汉大学出版社，2009，第 52、58 页。

是意向性的任何对象，它不是它们的拷贝，不是任何对象的替代品，它就是对象本身，然而是从哲学的立足点上来考虑的对象本身。而"意向活动"则指的是我们借以意指事物的那些意向行为：知觉、符号行为、空虚或充实的意向、判断、回忆等。现象学的"先验还原"之所以重要，是因为现象学借此能够恢复古代哲学的诸多可能性。它让哲学与前哲学的生活和经验重新得到联系。哲学达到了理性的顶点。但是如果哲学试图取代前哲学的思维，其结果就是独断蛮横的理性主义。通过先验还原，现象学能够对理智生活作出最重要的贡献，就是确认前哲学的生活、经验、思维的有效性。现象学补充自然态度，但永远不能取代它们。通过承认实践层面审慎以及常识的有效性，现象学抵制了想使现代哲学成为所有前哲学的理性形式的完美替代物的倾向。

　　与"还原"联系在一起的诸学说，是对于哲学本性的澄清。现象学首先是在其"是成真的"这个标题下来看待存在，它把"人的"存在看成是真理在世界之中发生的位置。① 为了达到这个目标，现象学还需要运用一些专门术语。比如"范畴意向"和"范畴对象"。在现象学中，"范畴的"这个词语的意思指的是那种把某个对象加以联结、把句法引入我们所经验到的东西之中的意向活动。比如，单独一幢房子是一个简单对象，然而这幢房子是白色的事实，则是范畴对象。这就表明，当我们转向范畴的领域，我们就从简单的、单线的意向，来到了复杂的、多线的意向。现象学的一些最具有原创性以及最富有价值的贡献，都可以在它提出的范畴意向学说那里找到。它的一个基本贡献就是引发出"**范畴直观**"的概念。范畴意向产生于简单意向，但须经历三个阶段。比如我们在看一辆轿车。首先，我们仅仅是以一种相当被动的方式观看，视野中遍及整辆车子。其次，我们突然注意到这辆车上有一处擦痕，它在观看视野中凸显出来。最后，我们重新将这个发现置于整个观看活动之中，此时我们得出一个结论："这辆轿车是有损伤的。"整体及其部分被明确地区别开来。一种联结得到完成，一项事态最终就位。我们已经从感性体验转移到理智活动。通过范畴意向我们确立范畴对象，它们是事物呈现的方式而不是主观的，不是心理学意义上的"心灵之物"。

　　范畴意向和范畴对象的概念的提出，引发出现象学的一个重要概念："**本质直观**"。它是指对事物本质的洞见，意味着我们不仅能够直观到个体及其特征，而且还能直观到事物拥有的本质。比如语言能力是人之为人的一部分，是人的本质的一部分。因此这个概念可以倒过来以动词的形式表达：本质直观就是"**直观本质**"。本质直观建立在想象和"经验共相"的基础上。它超越了后者但并没有摧毁后者。我们在本质直观中所发现的东西，应该确证而不是摧毁经验性真理。当我们说哲学应该符合"常识"的时候，我们就是在诉诸我们的标准经验所

---

　　① ［美］罗伯特·索科拉夫斯基：《现象学导论》，高秉江等译，武昌：武汉大学出版社，2009，第64页。

产生的成果,即经验共相。在这个意义上讲,现象学是一门研究真理的学问,它从我们与事物的理性牵连中后退一步。后退的这一步是通来先验还原而做到的。在自然态度中,我们在朝向真理的运动中经历了三个层次,第一,我们简单地知觉和意向事物;第二,我们在范畴上联结事物,把句法引入到我们的经验中来;第三,我们对得到联结的事物进行命题性反思,并且因此而对它们采取批判的态度。只有在通过了这三个阶段之后,我们才能进入现象学的思维。① 这就是进入"分析性反思性"。这是现象学作为一门现代哲学的核心所在。

所谓**"分析性反思"**的实质,其实就是颠倒过来的**"反思性分析"**。这里的重点在于"反思"而不是"分析"。否则就无所谓现象学思维。那么什么是现象学的反思呢?比如,我们可以非反思性地感知。例如知觉到胸中的疼痛。但是当我们思考那被关注的疼痛时,相应地,关注过程成为"内在感觉",意味着我们在反思了。现象学作为一种意识活动究竟是什么?确切地说,在描述性说明涉及的信息的基础上,现象学家进行着不同种类的分析,对事物做出说明。也就是通常所谓的"去蔽"化。这些"说明"通常被精确地称为"分析工作",因为产生和检验说明需要分析(analysis)。在现象学的分析活动中,最重要的就是把"特殊的事实"与"普遍的本质"区分开来的**"本质分析"**。比如从"本质分析"的角度讲,对"什么是椅子"的问题,它实际上是关于什么是"椅子性"(chaimess)的问题。对椅子而言,不仅颜色是非本质的,扶手也并非必需的,甚至连椅子腿都未必是必需的。比如,如果背后有面墙,它上面有一块突出来的钢板形成一个椅子坐,我们也认为这是一把椅子。所以,有椅座是一把椅子的东西的本质。椅座就是坐者坐于其上的东西,这是它作为椅子使用的本质因素。② 由此可见,关于椅子的本质分析是关于任何椅子的,它完全不依赖于实际存在的椅子。如果世界上所有的椅子都终止了它们的存在,"椅子性"将仍然存在。

现象学思想的最后一个核心概念就是**"生活世界"**。它来自胡塞尔后期著作,意味着一个"前科学"的经验世界。只有在生活世界里,现象学所强调的"主体间性"才能得到最终的落实。尽管正是这个生活世界构成了科学的历史性和系统性基础,但它已经被科学彻底遗忘和压制。在前科学的世界里,世界是具体地、感性地和直观地被给予的。与此相对,科学的世界却是原则上超越感性经验的观念物。科学的基本特征是试图超越我们与世界的身体性和实践性的相互作用,以及我们对世界经验的模糊性和相对性特征。它所寻求的,不是获得对于我们人类主体来说这个世界是如何的知识,而是所谓的世界"自身"是如何的知识。

---

① 〔美〕罗伯特·索科拉夫斯基:《现象学导论》,高秉江等译,武昌:武汉大学出版社,2009,第 194 页。

② 〔美〕莱斯特·恩布里:《现象学入门》,靳希平等译,北京:北京大学出版社,2007,第167 页。

这种知识尽管具有相对确定性，但却并非我们所实际生活的世界的真实性。它是我们人类借助于逻辑框架所建构起来的观念物。通常意义上，生活世界的对象是以其相对的、近似的和角度性地给予性为特征的。比如，当我经验到水是冷的，别人可能经验到水是热的。尽管科学理论能够超越具体、直观的生活世界，但它不是我们实际生存的世界，我们完全可以在不知道那个"观念世界"的前提下很好地生活。在胡塞尔看来，哲学的任务就是去揭示生活世界的本体论的本质。但既然生活世界具有相对性，我们就可以质疑这个任务注定失败。因为生活世界很可能正是某种无法用理论性固定下来的东西。①

（2）作为方法的艺术现象学

艺术现象学的诞生是传统美学研究已经走到了穷途末路的结果，意味着作为一门学科的美学在经历了古典时期的"形而上学之路"的终结和现代时期的"科学主义之路"的终结之后，如今已面临方法论的革故鼎新。但问题首先并不在于如何超越哲学方法，而在于看到，以哲学为核心的人文学科，事实上从未能真正确立起属于自己的方法论基础。日本学者竹内敏雄曾提出，"在美学史上，方法论上的对立原型在柏拉图的美的形而上学和亚里士多德的艺术理论之间已经可以看到"，他认为，他们之间的区别"不仅是哲学内部思维的观念论方向与经验论方向的差异；在相对的意义上，也可以说是从哲学的方法向更加科学的方法的转移"。② 这在一般意义上并没有什么问题。因为在西方哲学史上，传统意义上的哲学也就是可以称之为"柏拉图主义"的形而上学。这种哲学不仅是"本体论"的（以事物之"是"也即"本质"为关注重点），而且是"本质主义"的（以事物之本质为唯一的存在）。这同以实际存在事物为中心、注重具体观察与实证检验的科学精神，看上去显得大相径庭。在某种意义上，在柏拉图的"理念美学"与亚里士多德的"效果美学"之间，确实可以看到方法论的一种类似差异。

但倘若作进一步的分析我们也就可以发现，这种分歧其实是表面的，在他们各自所持的"理念"说与"形式"论之间，仍存在着一种逻辑的统一。事实上，早在亚里士多德在其《形而上学》里提出"美的主要形式是秩序、对称和比例的原则"之前，柏拉图就不仅在其《蒂迈欧篇》里表示过，"所有善的东西都是美的，而美的东西不可能是缺少比例的"；而且还在其《斐利布斯篇》里强调："我说的形式美不像别的事物是相对的，而是按照它们的本质就永远是绝对的。"波兰美学史家塔塔科维兹精辟地指出：虽然强调尺寸和比例的毕达哥拉斯学说在柏拉图的哲学中出现得较晚，但是它一旦出现就成为其永久不变的特点，提供了柏拉图美学的最后意见。尤其"在其晚年，柏拉图甚至更多地是在强调毕达哥拉斯学派的概

① ［丹］丹·扎哈维：《胡塞尔现象学》，李忠伟译，上海：上海译文出版社，2007，第141页。

② 陆梅林等：《美学文艺学方法论》上册，北京：文化艺术出版社，1985，第118页。

念。这样,他留给后代的既有形而上学的美学,又有数学的美学"。① 所以,史学家们最后认定,整个"古典主义美学就是一点一滴地依据这种自然理论和数学理论建立起来"。② 这其实也就意味着,在形而上方法与科学论方法之间,存在着一种明修栈道、暗度陈仓的暧昧性。

看起来,问题似乎出在我们对科学方法的历史性误解。富尔基埃曾指出:"无论是在今天还是在柏拉图或托马斯的时代,注意到这一点的确令人吃惊",即科学其实一直是本质主义的:"真正的科学对象并不是现实,而是必然。"③而在此之前李凯尔特早就指出过:"自然科学只是在从个别之物中发现那种可以把个别之物隶属于其下的普遍之物的情况下,才去注意个别之物",以至"我们可以把自然科学的方法称为普遍化的方法"。④ 在《哲学的终结和思的任务》一文里,海德格尔将这归于科学与哲学在发生学上的血缘关系:"早在希腊哲学时代,哲学的一个决定性特征就已经显露出来了,这就是科学在由哲学开启出来的视界内的发展。"在他看来,这种由哲学向科学的发展"乃是哲学的合法完成"。因为不仅在古代思想那里,哲学和科学是同一回事;而且即使在以后的发展历程中,人们也一直目睹着"哲学变成了不折不扣的科学,越来越把自己当作了第一的和最高的科学"。⑤

海德格尔的这番见解无疑很中肯。但推敲起来,这难道不是意味着这个曾扮演过科学之母角色的形而上学(哲学),对于它所作过的关于世界的终极关怀的许诺(思考存在中的存在)而言,原本就有些形迹可疑吗?"物理学之所以成为物理学,是因为能从各种复杂现象中找出简单本质。"⑥科学方法的兴趣所在从来都是事物的抽象普遍性,它和形而上学的理念同属于一种观念客体。这是科学主义能够同形而上学在方法上结成联盟的原因所在。但这种方法虽然适合于探讨物质世界的"物性",却并不适合用来把握人类世界的"人性"。因为一般说来,自然世界在相当程度上为必然律所支配,与此不同,在人的天地里自由是一切存在的前提。对象的这种不同决定了方法的根本性差异。正如卡西尔早已指出过的,人文科学难以否认它的拟人主义和人类本位主义,因为它的对象并不是整个世界,而只是世界的一个特殊领域。因此,如果说"自然科学只须缝制一套对保罗和彼得都同样适合的现成的衣服",那么对于人文科学来讲,则必须关注

---

① 〔波〕塔塔科维兹:《古代美学》,杨力等译,北京:中国社会科学出版社,1990,第155—158页。

② 〔德〕卡西尔:《启蒙哲学》,顾伟铭等译,济南:山东人民出版社,1988,第278页。

③ 〔法〕富尔基埃:《存在主义》,潘培庆等译,上海:译文出版社,1988,第23页。

④ 〔德〕李凯尔特:《文化科学和自然科学》,涂纪亮译,北京:商务印书馆,1991,第42—43页。

⑤ 〔德〕海德格尔:《现象学的基本问题导论》,转引自《文艺理论研究》1998年第3期。

⑥ 〔美〕阿·热:《可怕的对称》,荀坤等译,长沙:湖南科学技术出版社,1992,第20页。

个别事物。用马克斯·韦伯的话说，"社会科学兴趣的出发点毫无疑问是围绕我们的社会文化生活的现实的、也即个别的形态，这种文化生活处于普遍的、但仍然个别地形成的联系中"。① 但问题的复杂性在于，人文世界既不是数字化的抽象存在，也不是纯个别的私有空间，而是不仅具有其内在规定性的个体存在，而且这些存在之间也存在着某种超个体的联系的世界。德日进说得好："我们本性的极点不是我们的个体性，而是我们的个性。"②虽只是一字之差，却意味着个别与普遍的区别：个性即（拥有相对普遍性的）人性。就像卡西尔所指出的，当我们将达·芬奇和西亚提诺、费奇诺和马基雅维利、米开朗基罗和波基亚等都称之为"文艺复兴人"时，并不意味着否认他们各自的鲜明个性；而在于正是通过这些不同的个性，从他们身上仍然体现出了一种可以被后人以"文艺复兴精神"来予以统一命名的普遍联系。

这也就表明，"客观性问题不仅包含了自然世界，而且也包含了人文世界"。③ 即便是那些看起来属于主观的精神领域的现象，它的超个体的普遍性同样向我们昭示出一种客观品质。比如被作为人文世界之基础的"价值"现象。正如韦伯所说："毫无疑问，价值观念是'主观的'。但显然不能由此得出结论说，文化科学的研究可能只是这种意义上的'主观的'结果，即它对一个人有效而对其他人无效。"因为事实上"我们大家都以某种形式相信，我们用以泊定我们生存意义的终极价值观念，具有一种超经验的有效性"。④ 所以，人文学与（自然）科学在方法论上的龃龉，并非"普遍概念"与"个别概念"的对立，而是"具体普遍性"与"抽象普遍性"的差异。这种东西来自于真实的生活世界。但显然，"科学不仅由于它具有概念性而与直观性相对立，而且由于它具有普遍性而与现实的个别性相对立"，李凯尔特当年对科学所作的这番描述同样也适用于以形而上学的名义登记注册的哲学：在两者以其共同的本质主义立场对各种观念性存在物做出把握之际，真实的现实世界从未真正进入过它们的视野。如果说这个特点对于一般的人文学科而言已是一种灾难，那么它对于美学这门学科则无疑是毁灭性的。因为人文学所要予以把握的**现实**世界本身别无其他，就是表现为各种具体形态的**现象**。这种东西之所以对于美学尤其关系重大，是由于审美活动的特点就在于"现象与审美对象的这种统一化"。⑤ 所以海德格尔指出，形而上学的终结留给"思"一项任务，"这一任务既不是作为形而上学的哲学能够达到的，更不是起

---

① ［德］韦伯：《社会科学方法论》，韩水法等译，北京：中央编译出版社，1999，第 24 页。

② ［德］德日进：《人的现象》，范一译，沈阳：辽宁教育出版社，1997，第 211 页。

③ ［德］卡西尔：《人文科学的逻辑》，沈晖等译，北京：中国人民大学出版社，1991，第 55 页。

④ ［德］韦伯：《社会科学方法论》，韩水法等译，北京：中央编译出版社，1999，第 34—59 页。

⑤ 杜夫海纳：《美学与哲学》，孙非译，北京：中国社会科学出版社，1985，第 54 页。

源于哲学的诸科学可以达到的"。① 不言而喻,这首先意味着哲学的重建。可以认为,美学的问题就在于哲学能否摆脱对科学的献媚、走向真正的自立,其关键所在仍是方法论的确立,其目标所向便是作为现实"自身"的现象界。

这也就意味着,哲学只能从科学主义的知识论与逻辑化方法之外,去另辟蹊径建立其方法论基础。因为在某种意义上的确如同李凯尔特所指出的,"可以把美学的基本问题表述为关于普遍直观的可能性问题"。② 哲学在其本义上的"爱智"只有从这里才能理解,因为"智慧"不同于"知识"之处,就在于后者只是对通常所谓"一般事物"的认识,而前者却属于对以具体个别形态出现的"存在"的洞悉。只是在这个意义上人们承认:"知识不是最高的智力产品,理解以及超越理解的智慧具有更高的价值。"③因为其既无法通过单纯的经验积累来提取,也不能借助于复杂的逻辑演算来获得,而只能凭借"心"对世事的领悟与洞察。换言之,也就是运"思"。所以黑格尔提出:"正是有了笛卡尔的我思故我在,哲学才首次找到了坚固的基地,在那里哲学才能有家园之感。"④或许在维特根斯坦"哲学研究和美学研究之间存在奇怪的相似之处"的话里,其前提也是哲学的这种自立? 因为其坚信:"思想活动,它的道路通向希望。"⑤

海德格尔曾经表示,"正确地领会起来,现象学是一种方法的概念"。⑥ 事实表明,在胡塞尔的"现象学要求现象学家们自己放弃建立一个哲学体系的理想"⑦的原则下,这门学问并不像通常的哲学学说那样,热衷于为世人提供一个关于天地万物的终极陈述,而只是向我们演示一种观看事物和世界的新途径。正如鲍亨斯基曾指出的:"初看起来,现象学观察似乎是某种相当简单的东西,它仅仅在于睁开人的理智的双眼将自身置于一个适当的位置,以便获得观察对象的较佳视野。"⑧因为这种方法的基本精神也就在于"即物"与"直觉",其逻辑起点则是作为主体与世界的交往共生之产物的内在"体验",而其核心环节即以悬置(排除)一切既成知识设定与经验积淀为前提的"还原"。概括地来看,现象学美学崛起于 20 世纪初期。虽然胡塞尔只是在一封致霍夫曼斯塔尔的信里谈到了艺术问题,其中也只是提到了一句"现象学的直观与'纯粹'艺术中的美学直观

① 海德格尔:《面向思的事情》,北京:商务印书馆,1996,第 62 页。
② 李凯尔特:《文化科学和自然科学》,北京:商务印书馆,1986,第 37—67 页。
③ [美]阿德勒:《哲学的误区》,汪关盛等译,上海:人民出版社,1992,第 85 页。
④ [德]海德格尔:《面向思的事情》,孙周兴译,北京:商务印书馆长,1996,第 64 页。
⑤ [奥]维特根斯坦:《文化和价值》,黄正东等译,北京:清华大学出版社,1987,第 35、68 页。
⑥ [德]海德格尔:《现象学的基本问题导论》,转引自《文艺理论研究》1998 年第 3 期。
⑦ [德]胡塞尔:《胡塞尔选集》上册,倪梁康译,上海:三联书店,1997,第 364 页。
⑧ [英]鲍亨斯基:《当代思维方法》,童世骏等译,上海:人民出版社,1987,第 17 页。

是相近的"，①但他毕竟为之奠定了思想基础："当代人谈论现象学时，自然而然地便会在脑中浮现出胡塞尔的名字。"②

具体为现象学美学作出贡献的主要有三位学者，分别是德国的莫里茨·盖格尔，法国的杜夫海纳和波兰的罗曼·英伽登。盖格尔不仅开风气之先，于1913年以《审美享受的现象学》一文，拉开了现象学美学的帷幕；而且还进一步撰写了《美学导论》（1928）、《现象学美学》（1928）以及《艺术的意味》（1937）等，为现象学美学的隆重登场立下了汗马功劳。其后，杜夫海纳的《审美经验现象学》、英伽登的《文学艺术作品》、法国巴什拉的《梦想的诗学》、比利时人布莱的《批评意识》等，在美学、文学、诗学、批评理论诸方面产生了极大的影响，形成了现象学美学的基本格局。布莱曾说过：发现一位作家的"我思"，批评家的任务就完成了一半。这在很大程度上道出了现象学美学的总体特征：以主体的审美意识为关注重点。用盖格尔《美学导论》里的话说："美学的门径最终在于我们自己的审美经验，只有净化经验，我们才能再次打开美学之门。"③而在英伽登看来，"本体论是现象学关心的首要内容，也是它对文学研究的最重要贡献"。因为"现象学是仅就意指的、回想的、预知的、设想的或想象的现实进行研究的方法"。④

诚然，"人是文化的动物"这一命题昭示出，无论承认与否人都难以摆脱各种既成观念与预设概念的中介，直接同事物相接触，因为"文化中的人"已经"自然地"失去了真正意义上的"自然态度"。因而我们或许难以否认，现象学所追求的目标仅仅只是一个理想。问题是坚持还是放弃这一立场效果大不一样：前者能使我们拥有一种相对的客观性，而后者则会放任我们走向主观主义的随心所欲。如果我们承认，人类文化建设对公共性的要求有赖于客观性的前提，那么显然也就必须承认现象学所要求的这种主体意识向事物自身的"还原"所具有的历史性意义。其次，自笛卡尔以来，现代哲学一直被困于"自在之物与精神世界的关系"而裹足不前，各种尝试屡屡都因受挫于这一思辨陷阱无功而返。但从现象学的立场来看，主体内在体验之所以能成为哲学思索的出发点，是因为我们固然能够怀疑任何被给予的事物是否真正存在，却不能怀疑真实地被给予的体验自身的存在，实在存在对于意识本身的存在来说并不是必要条件（比如被想象事物的缺席并不影响这一想象活动自身的实际展开）。这样，实施现象学的还原也就意味着将纠缠不清的事物之所"是"（即是否存在）这个问题，暂时搁在一边，而直接关注其所"现"（即怎样存在）。从而得以绕过身心二元论的陷阱，为思辨的推进开

---

① ［德］胡塞尔：《胡塞尔选集》上册，倪梁康译，上海：上海三联书店，1997，第1、203页。

② ［美］玛格欧纳：《文艺现象学》，王岳川等译，北京：文化艺术出版社，1992，第1页。

③ ［美］玛格欧纳：《文艺现象学》，王岳川等译，北京：文化艺术出版社，1992，第4页。

④ ［美］罗里·赖安等：《当代西方文学理论导引》，李敏儒等译，成都：四川文艺出版社，1986，第2、19、218页。

辟出一条道路。

（3）实践中的艺术现象学

所以，作为胡塞尔忠实助手的芬克博士曾中肯地指出："现象学还原首先是一种十分简单、几乎不可能引人注目的思想，它几乎是笛卡尔怀疑方法的重复。但是随着还原方法的进行，发生的事情越来越多，它使启始状态瓦解，使整个过程的意义重新得到解释，它把意识改变提高为对一切关于存在的看法的富有成效的颠覆。"①这种颠覆性最突出地表现在三个方面。

其一，以"意向关联"学说超越由来已久的主客观对峙的格局。众所周知，胡塞尔是通过揭示意识行为的意向本质，来展开其现象学构建的。而"意向性"概念的实质所在，是对意识活动的"相关性"特征的揭示。用布伦塔诺的经典性表述来讲，也即："没有某种被听到的东西，也就没有听；没有某种被相信的东西，也就没相信；没有某种被希望的东西，也就没有希望"，如此等等。② 胡塞尔将此概述为"一个体验是关于某物的意识"。也就是说，"体验本身的本质不仅包含着：体验是意识，而且也包含着：它是关于何物的意识"。③ 因而在此不再有主观与客观的对峙，取而代之的是主体意识与客体对象的共生。因为如同没有自我封闭、毫无所指对象的意识活动，同样也不存在能不与主体意识发生某种关系的对象客体。所以美国普渡大学教授玛格欧纳表示："所谓现象学，在我看来就是指主客体通过意向性而相互介入、不可分割的认识论理论。"④

其二，以"本质直观"学说超越认识活动中个别与一般的分裂。根据施皮格伯格的研究，"'本质直观'构成现象学运动所解释的现象学方法的共同因素"。⑤"本质直观"一方面作为直观并不离"殊相"也即具体对象，所以它是以对个体的把握为基础的；另一方面，本质直观作为"观念直观"并不囿于殊相，而是对于"殊相的结构相似性"的一种观察。所以，虽然这里存在着一种"观念设定"，但这种设定作为个体自身固有之物的标志，在某种意义上仍被"包含"于对象的存在之中。因此胡塞尔认为，本质直观的发生基础首先在于一个个体对象不仅仅是一个个体之物（一个一次性的东西），"它作为'自身之中'具有这样和那样的状态的对象是有其特征的，它具有必须属于它的那些根本范畴的存在"。其次也在于对于意识主体，"经验的或个体的直观可以转变为本质直观"。胡塞尔曾举例说明：当我们对一个具体的红色事物进行观察时，"同时也进行着一种特殊的意识行

① ［德］芬克等：《中国现象学评论》第 2 辑，上海：上海译文出版社，1998，第 132 页。
② ［美］施皮格伯格：《现象学运动》，王炳文等译，北京：商务印书馆，1995，第 80 页。
③ ［德］胡塞尔：《胡塞尔选集》上册，倪梁康译，上海：三联书店，1997，第 393 页。
④ ［美］玛格欧纳：《文艺现象学》，王岳川等译，北京：文化艺术出版社，1992，第 18 页。
⑤ ［美］施皮格伯格：《现象学运动》，王炳文等译，北京：商务印书馆，1995，第 939 页。

为，这种意识行为的意向是指向观念、指向'一般之物'的"。① 这样，胡塞尔也就以一种新的方式复活了亚里士多德的这一见解："虽然'感—知'活动是个别的，它的内容却是普遍的"。②

其三，以"现象体验"学说超越存在论中的现象与"物自体"的分离。舍勒指出："一门建立在现象学基础上的哲学作为基本特征首先必须具备的东西，是生动的、紧凑的、直接的与世界本身的体验交往。"③体验的重要性首先在于其是具体感知性的，因而能够同事物建立起一种"直接"的关系。通过这种意向活动而生成的现象也就并非作为事物表象意义上的现象，而是一种同该意向活动对象相关联的客体对象。这个对象客体与体验活动呈现出一种"互生性"：即一方面体验是意向的体验，体验因这些作为"体验内容"的客体的存在而存在；另一方面，这些对象也并非是"自在"的，它们作为体验内容仅仅存在于体验活动之中。这里的关键所在是，体验的具体性保证了其能够将以个体性呈现的对象世界，作为其本身（个体）来对待。这不仅使得体验总是"现象的"（就其呈现出一种具体感性而言），而且也意味着体验中的现象既非某种事物的形态化呈现（如波浪是"水流"的一种现象），也非某种事态的形象性标志（如发烧是疾病的一种外在反应）；而是具有自身完整性的统一体。只是在这个意义上，胡塞尔表示："我们的直观世界是最终的世界，在它'后面'根本不存在一个物理世界"。最终的世界并非全部的世界，而只是相对于我们的直观（体验）活动而言，它所接触的就是一切。"就是说，感知事物不具有数学上和物理学上的可规定性。"④歌德曾一言以蔽之："在现象背后一无所有，现象本身就是一切。"

以此来看，现象学无疑为我们开启了一种不同于传统哲学的新方法。"现象学的美学方法的优越性可以说就在于'诉诸事情本身'。"⑤如同任何道路都有其欲以达到的目的地，现象学方法的意义在于让我们与世界建立起一种新关系。但这不仅意味着以新的眼光看世界，更在于努力地去看到一个新的世界。正如舍勒所说："现象学首先既不是一门科学的名称，也不是哲学的代词，而是精神观视的一种观点，人们在此观点中获得对某物的直观或体验，而没有这个观点，这个某物便隐而不见"。⑥ 什么是这个唯有现象学才能提供的世界？这就是"现象界"——不是实在世界的现象，而是作为现象的世界。这个世界不是与主体意识"面对"的世界，而是意识作为主体"生活于其中"的世界。虽然在某种意义上，对

---

① ［德］胡塞尔：《逻辑研究》第二卷第一册，倪梁康译，上海：译文出版社，1999，A221—B223。

② ［英］阿恩海姆：《视觉思维》，滕守尧译，北京：光明日报出版社，1986，第 52 页。

③ ［德］芬克等：《中国现象学评论》第 2 辑，上海：上海译文出版社，1998，第 75 页。

④ ［德］胡塞尔：《胡塞尔选集》上册，倪梁康译，上海：三联书店，1997，第 4、19 页。

⑤ ［日］今道友信：《美学的方法》，李心峰等译，北京：文化艺术出版社，1990，第 54 页。

⑥ ［德］芬克等：《中国现象学评论》第 2 辑，上海：上海译文出版社，1998，第 73 页。

这个世界的进入本应是康德的"哥白尼革命"的一个题中之意(因为那场革命的内容概括地说,也就是"哲学放弃了寻找'物自体'也即寻找现象'之外'和现象'之后'的对象的企图,代之的是对'现象自身'的多样性、充实性和差异性的研究"①),但康德的二元论立场限止了他。与此不同,按照法国学者祁雅理的看法,"现象学是一种描写物自体的方法",它凭借"悬置"结束了物自体与现象界的冷战关系,从而"部分地揭露了许多存在者的存在"。②

所以,虽然现象学本身并不对事物作任何本质性设定,但沿着它所提供的道路我们却可以走到一个被舍勒称之为"特殊类型的'事实'的王国"。或许正是由于这个缘故,海德格尔在认可"现象学赠予我们以道路的可能性"时,并没有忘记指出其所具有的本体论意义,强调"现象学必然是本体论"。③ 因为现象学事实上有其属于自身的领域:由意识活动所构成的客体。因而,现象学方法并不能包打天下(因为它只是策略性地"绕过"了身心关系问题,并没有科此给出一个"解决"的方案),但却能在美学领域长驱直入、攻城略地。因为从审美实践来看,对于我们的审美体验真正具有意义的,正在于这种呈现为个体性存在、并作为意识活动与意向客体的共生"关系"之产物的具体"现象",而不在于这些现象背后的抽象"本质"。卡西尔说得好:虽然一个事物之现象的效果并不构成其形而上学的本性,但这些效果却包含了其纯审美的方面。就像一幅完美的风景画或一件艺术杰作都是凭想象唤出该风景的纯形象,从中获得的那种快感使我们忘记了关于这个形象的本质的一切科学问题。我们必须沉醉于现象本身的效果,否则它就会从我们手中溜走。这使得"美学总是要沉湎于感觉现象,而不想超越现象去研究某些完全不同的东西,因为这样的超越不能解释现象的审美内容,而只能毁灭它"。④

因而,当现象学美学的始作俑者盖格尔提出,"美学是少数几个不关心其客体对象的实际存在的学说中的一个"⑤时,确实切中了问题的实质。美学无法回避本体论的追究,因为它事实上面对着审美现象的统一性问题。但美学同时也必须超越那种仅仅热衷于事物的实体归属的"形而上学本体论",因为美学的陷阱正在于此。所以,从作为审美事实的现象入手,将关注的重点放在审美现象的具体存在样式上,这无疑是一种明智之举。(就像阿多诺所说,"美学不应当像追捕野雁一样徒劳无益地探索艺术的本质")现象学也正是在这里向我们显示出其所独具的优势。保罗·利科尔有一个迄今已得到人们普遍赞同的观点:"从根本

① [德]卡西尔:《人文科学的逻辑》,沉晖等译,北京:中国人民大学出版社,1991,第55页。
② [法]祁雅理:《二十世纪法国思潮》,吴永泉等译,北京:商务印书馆,1987,第56页。
③ [法]祁雅理:《二十世纪法国思潮》,吴永泉等译,北京:商务印书馆,1987,第55页。
④ [德]卡西尔:《启蒙哲学》,顾伟铭等译,济南:山东人民出版社,1988,第339页。
⑤ [德]盖格尔:《艺术的意味》,艾彦译,北京:华夏出版社,1999,第20页。

上说，只要我们把事物的显现方式作为单独的问题来研究，而将存在问题或是暂时地或是永久地'放到括弧里'，现象学就产生了"。① 不言而喻，这个逻辑起点只能是主体经验："体验始终是所有东西的前提"，对于胡塞尔的这一颇受质疑的名言，美学家们可以名正言顺地予以确认。正是对此坚定不移，盖格尔明确地提出了"如果说现象学方法在什么地方可以得到表现的话，那么它正是在美学这里可以表明它可以得出什么结论"。② 胡塞尔本人也承认：当艺术家观察世界时，"世界对他来说成为现象，世界的存在对他来说无关紧要"。③

如此看来，虽然盖格尔在其《艺术的意味》中提出的，美学史上所有真正有价值的理论都是自觉不自觉地运用了现象学的结果，这有点让人吃惊；但将这一方法作为现代美学的一条继往开来之路，这应该不成问题。日本学者大西克礼在其所著的《现象学派的美学》一书里早就指出，由于越来越多的美学家都认识到了，"美学本来的学科性质与现象学的方法之间有着一种本质上的亲密关系"，使得整个 20 世纪的美学理论"大体上都集中在一个焦点上，即归结于广义的现象学美学的观点，或者至少可以说是带有接近于现象学美学的倾向"。④ 这事出有因，分析起来主要也在于，现象学似乎恰好满足了美学研究的一个方法论设定。用阿多诺的话说，即："现象学及其分支似乎命中注定就有助于一种新美学的论述，因为它们强烈反对自上而下的概念程序，而且也同样强烈地反对自下而上的方法，这确实是现代美学应有的样子"。⑤ 但近百年的实践表明，美学的这条新路并不平坦。

人们发现，以"本质直观"的方法所洞悉到的"现象自身的本质"，常常显得苍白而空洞；现象学的许诺虽然诱人但并不容易兑现，他们手中的武器虽然新颖但仍需改进。文学批评中的现象学实践颇能说明问题：它将作品所处的历史文化语境和读者的接受背景一律加以排斥，仅仅只是关注于文本中作者意识的体现，结果是以失去作品的鲜活性为代价，得到一种虽精致但却单调的内心独白。更让人沮丧的是，这种结果正是现象学原则的一种体现。因为现象学所关注的"现象"是"纯粹意识内的存有"，其核心是先验的"绝对自我"。根据胡塞尔的意思，意向体验的现实性仅仅在于："我思本身包含着一个内在于它的'朝向'客体的'目光'，这个目光另一方面是从永远不可能缺少的'自我'中发出的"。⑥ 正如许多研究者所指出的，胡塞尔的"还原"也就是向这个"自我"回归，这个不可还原的

---

① ［美］施皮格伯格：《现象学运动》，王炳文等译，北京：商务印书馆，1995，第 5 页。

② ［德］盖格尔：《艺术的意味》，北京：华夏出版社，1999，第 20 页。

③ ［德］胡塞尔：《胡塞尔选集》下册，倪梁康译，上海：三联书店，1997，第 1，203 页。

④ ［日］今道友信：《美学的方法》，李心峰等译，北京：文化艺术出版社，1990，第 53 页。

⑤ ［德］阿多诺：《美学理论》，王柯平译，成都：四川人民出版社，1998，第 590 页。

⑥ ［德］胡塞尔：《胡塞尔选集》上册，倪梁康译，上海：三联书店，1997，第 394 页。

"我"是"意识的源泉与亮光"。但这样的一个自我只能是无根的,单凭它的力量无法为世界提供精神之光。这里的问题仍在于"我"同"世界"的关系,对此我们可以像芬克早已做过的那样继续发问:世界只是自我相关者,还是说世界把自我本身也包含在内了?

显然,就像伊格尔顿所说:"胡塞尔谈到了一个纯属个人的或内在的经验领域,但是这个领域实际上是一种虚构,因为一切经验都要涉及语言,而语言有着根深蒂固的社会性。"①因此,在经历了半个多世纪的实践之后,批评家们终于得出"现象学方法虽然适用于对美的现象本身作精密的解析,却不足以说明人生中美的根本意义"②这样的结论,这一点也不奇怪。但有必要予以指出的是,这并不表明人们可以像观赏时装表演似地,期待另有其他的新学来取而代之;而只是意味着由胡塞尔所开创的纯粹现象学在进入到美学领域后,有必要做出相应调整,以充分地发挥其功能。概括地来讲,也就是通过向存在论转化,走向现象学的人类学之维和解释学之维的一种"视野融合"。鲍亨斯基在向我们介绍"现象学方法"的文章结尾时写道:"当今大多数追随胡塞尔的人都关心存在,从迄今我们所说过的东西来看,这似乎是很奇怪的。"但如果我们仔细思索那就会发现,"从根本上说,他们显然同胡塞尔的观点没有什么距离"。③这确是一个很有意思的发现。感到奇怪无疑是因为现象学的起点要求中止关于事物存在与否的判断,但最终又不奇怪则不仅是由于作为一切事物之根据的"存在",终究是无法被回避的;而且也是因为现象学的一个重要意义,正在于其通过"悬置"那种日常判断,来使我们发现一种"不存在的东西的存在"。所以,作为"存在论"首席代表的海德格尔写道:"依据现象学原理,那种必须作为'事情本身'被体验到的东西是从何处并且如何被确定的?它是意识和意识的对象性呢还是在无蔽和遮蔽中的存在?这样,通过现象学态度的昭示,我被带上了存在问题的道路。"④

所以,从现象学向存在论的迁移是"自然而然"之事:正是现象学的"转向事物本身"孵化了存在论,因为存在总是具体的。只不过对于存在论来说,这个具体性更明确地表现为人的历史性。"从胡塞尔到海德格尔,等于是从纯理智的领域到思考活着会是何种滋味的哲学。"⑤伊格尔顿的这番话风趣而精辟。所以,对于美学而言,存在论的一个重要意义首先便在于帮助我们从现象学的母体里,分娩出(现象学的)人类学视野,以此弥补(一般)现象学方法的缺陷。因为"人们

---

① [英]伊格尔顿:《文学原理引论》,刘峰等译,北京:文化艺术出版社,1987,第75页。

② 陆梅林等:《美学文艺学方法论》上册,徐恒醇等译,北京:文化艺术出版社,1985,第138页。

③ [英]鲍亨斯基:《当代思维方法》,童世骏等译,上海:人民出版社,1987,第29页。

④ [德]海德格尔:《面向思的事情》,孙周兴译,北京:商务印书馆,1996,第82页。

⑤ [英]伊格尔顿:《文学原理引论》,刘峰等译,北京:文化艺术出版社,1987,第77页。

对于旧的现象学一直存在着可以理解的幻灭和急躁，这是由于在它的纯粹的描述中曾对在神秘的宇宙中人的实存和人的处境的问题置之不理"。① 而对于存在论来说，现象学人类学则是其题中原本固有之义。因为存在只能通过人而得到了解，存在因而也只是由于人而（成为）存在。洪堡说得好："真正的成为存在即意味着自由，所以，存在是人的特权。"②因而，存在论意义上的美学，首先也就是一种现象学的人类学美学。它是立足于人的自塑性本质，对主体"可能性空间"的自审；从而在对"存在"问题的运思中，揭示出具有一种真理性品质的审美现象的奥秘。

显而易见，美学的这一视野具有无可置疑的重要性。在某种意义上，这也正是全部尼采美学思想的精华所在，正如其在《偶像的黄昏》中所说："没有什么东西是美的，只有人才是美的；在这一简单的真理上建立了一切美学，它是美学的第一原理。"这也能让人想起我们的古人的一句话："美不自美，因人而彰。"（柳宗元）所以，人类学方法在美学领域里的前景也早已被看好，用卡西尔的话说："美学就其本性来说是一种纯粹的人类现象。在这一领域里，一切超越似乎从一开始就被预先排除了；不可能有逻辑的或形而上学的解决办法，只有人类学方面的解决办法。"③存在论美学的其次一个维度是诠释学。胡塞尔曾经明确表示："世界本身的全部存在只是某种意义。"④这是拥有自身本质的"现象界"同一般的实存世界的区别所在。但这个世界作为现象的存在虽然是直接的，其所具有的意义仍处于一种隐蔽状态。这不仅是由于意义自身存在着一种维特根斯坦所说的"不可说"性，也是由于"意义"所揭示的"存在"本身并非如同一座山、一棵树那样的既成事实，而是一种永远在期待着"完成"的可能性。

所以，诠释学不仅同样也是以人为核心的存在论的题中之意，而且也同样是现象学视野的一种延伸。它在美学领域里的自如犹如人类学。因为解释的作用当然并非是自言自语，而在于使处于遮蔽之中的意义得到关注、变得澄明。这就意味着对主观性的超越，承认有某种客观存在。人类审美经验的普遍性为诠释学提供了充分的空间，就像庄子所言：天地有大美而不言。所以，加达默尔在其《美学和解释学》一文中明确地表示了"诠释学包括了美学"。有必要补充的是，当它在美学领域里屡屡得手时，其实也意味着现象学的胜利。从这个意义上讲，海德格尔的这句话是耐人寻味的：美学本身不过是"以人的存在的解释学为基础的现象学本体论"。⑤

① ［美］施皮格伯格：《现象学运动》，王炳文等译，北京：商务印书馆，1995，第961页。

② ［法］富尔基埃：《存在主义》，潘培庆等译，上海：译文出版社，1988，第41页。

③ ［德］卡西尔：《启蒙哲学》，顾伟铭等译，济南：山东人民出版社，1988，第292页。

④ ［德］胡塞尔：《胡塞尔选集》上册，倪梁康译，上海：三联书店，1997，第430页。

⑤ ［德］施皮格伯格：《现象学运动》，王炳文等译，北京：商务印书馆，1995，第534页。

5.艺术文化学:文本与作品

(1)什么是文化研究?

曾几何时,"文化研究"(cultural studies)的领域门庭若市,打着这面旗帜的批评家们在文学批评界长驱直入风光一时。但关于究竟什么是"文化究竟",却一直呈现出众说纷纭、莫衷一是的现象。这个现象事出有因。有权威人士曾说过,"文化研究是以各种配料混合起来的大杂烩"①,并且一直是"破坏性的知识力量"。但他同时也指出,通常意义上,文化研究是对大众文化或通俗文化的研究,特别是对大众社会中的大众媒介的研究。此外,它还对文化政治心醉神迷。在这里,文化政治指的是通俗文化或大众文化与高级文化或少数文化的斗争。②这位权威人士忘记强调的是,文化研究事实上是从文学批评中诞生的。英国著名学者雷蒙德·威廉斯的文化研究经典之作《文化与社会》,实质上主要是一部出色的文学研究著作。这也意味着离开了同文学研究的这种同盟关系,文化研究将难以有效地进行。从某种意义上讲,文化研究具有双重性:政治的文学化与文学的政治性。供它施展身手的平台就是文学批评。所以美国学者马尔库斯等提出,文化研究只有通过成为文化批评(cultural criticism),才能真正确立自身的地位。③ 因为在此,不存在科学评估意义上对真理的实证性落实,只有文学批评范畴中对意义所作的阐释的合理化程度的考量。

但从文学批评方面来看,驱使其向文化研究转变的真正重要的原因另有两点。其一是作为文学批评对象的创作业绩的质量下降。作家阵营的迅猛壮大与作品数量的递增都无法掩盖这样的事实:我们已进入一个"后文学"时代。由于"思"的贫乏而于20世纪末开始滑入低谷的诗的声音如今更加羸弱,因为经受不住欲的诱惑而花样耍尽戏法掏空的小说,如今也早已走到尽头。自从由边缘走向了中心,曾以与主流意识形态分庭抗礼获得拥戴的大众文化眼下已取而代之,成了新的主流文化,它对生命力的解放效用也同步地转换为对真正的创造精神的彻底解构。当新老大师们相继谢幕以及大小经典渐渐蒙灰落尘,人类在品尝够了丰富多彩的精彩故事后终于厌倦了那种一本正经的虚构,作为一门叙事艺术的文学面临着改弦易辙另起炉灶的两难选择。无论何时,真正的创造活动都意味着某种生命之重,这无疑不符合现代精神。这是一个千方百计"化轻为重"的社会,一个通行"过把瘾"就行的以成败论英雄的时代。所以有各路搔首弄姿的文化明星们的蜂拥登场,和形形色色的社会"秀"才的诞生。尽管他们的作品能够拥有广阔的消费市场,由于缺少厚实的精神品格这些东西很难引起优秀批

---

① [澳]约翰·哈特利:《文化研究简史》,季广茂译,北京:金城出版社,2008,第110页。

② [澳]约翰·哈特利:《文化研究简史》,季广茂译,北京:金城出版社,2008,第59页。

③ [美]费彻尔等:《作为文化批评的人类学》,王铭铭等译,北京:生活·读书·新知三联书店,1998,第222页。

评家的兴趣。在此情形下，批评视野向文化现象转移自然而然。因为诗性精神的实质是一种人文关怀，这种品格从不范围于所谓"纯文艺"领域，事实上常常同样也为那些按当下的"文化惯例"不属于"文学"的文化现象所分享。最为突出的例子是历史叙述与文学叙事通过故事而发生的暧昧关系。如同历史上出色的历史叙述大多因具有一种"文学性"而能被视为"准文学"文本，如今，一些杰出的历史文本由于其有意味的话语与意蕴，比那些浅薄做作的虚构作品似乎更能给人以纯正的文学享受。

再进一步来讲，当代批评的文化转型的一个隐蔽动因，是批评家身价的贬值与身份的转变。在很长一段时期里，文学批评家充其量只被认为是文学王国的二等公民。众所周知，名噪一时的俄国批评三巨头别（林斯基）、车（尔尼雪夫斯基）、杜（波罗留波夫）的声誉，就建立于他们各自对诸如普希金、果戈理、奥斯托洛夫斯基等名家名作精辟独到的艺术阐释上。但时至今日，批评家培训基地早已从文学实践第一线迁至学府高院，批评家的成长道路大多也随之而从与文学现象共生互动中游离出来，投身于长年累月的皓首穷经的征程。定格于经典的口味以及远离鲜活的文学实践的生涯，使他们作为"职业读者"的优势丧失殆尽。一方面是他们喋喋不休的高谈阔论对于时代的文学事业越来越不起作用，成了文化界的游手好闲者与多余人；另一方面当今的批评家也已不再甘心于像前人那样定位于一名"文人"的位置，继续以文学创作为中心扮演"文学婢女"的角色，充当"伟大作品"的清道夫。而是渴望着以现代"知识分子"的身份发挥"改造世界"的影响。批评家对自我的这种重新定位使他们不再能安分守己于单纯的文学事业，投身于文化研究浪潮势在必然。因为当下为知识人们所广泛关注的文化研究，其实也就是以跨学科方式进行的、关于人类社会活动的一种普泛性的理论建构。所以有论者曾一言以蔽之："文化研究是我们称为'理论'的实践，简称就是理论。"①

驻足于此，也就足以对批评家们纷纷向"理论工作者"转型的现象做出解释。不能否认，这是文学批评适应时代的文化需求的一种积极反应。这不仅因为"文学"的疆域从来都未能最终确立，在某种程度上它确实像卡勒所言，是由一个特定的社会的文化认同所约定；同样也在于当今社会已出现一种泛审美现象，当代社会里正经历着一场艺术文化的膨胀，相形于纯文艺的衰败，日常生活中的审美化需求日趋扩张。这要求文学批评家放下教授、学者的架子走出纯文学的城堡，对诸如电视、广告、服饰、商场等大众传媒与社会时尚所蕴含的审美文化意义进行理论阐释，以回应时代的文化召唤。然而这种回应充其量只能是文学批评的兵分两路，而不应是以上述这种对"文化"的批评活动来彻底收编对文学"作品"的批评实践。因为日常生活的审美化并不意味着已完全剥夺了以虚构/想象文

---

① ［美］卡勒：《文学理论》，李平译，沈阳：辽宁教育出版社，1998，第 45 页。

本的生产—消费为中心的文学事业的生存资格。此外,如果说一个时代的文化约定是作为一种"共时态"的演出,那么它也只能在作为"历时态"的文化传统所搭建的舞台上进行。在这个意义上,文学边际的模糊性并不意味着它没有任何自身的"规定性"可言,其在"定量"方面的不确定并不妨碍它在"定性"方面具有某种相对的确定。

所以,像伊格尔顿在其《文学原理引论》的"引言"中那样,认为到一定时候即使莎士比亚作品的价值也可能如同今日街头的糊涂乱抹不被承认,这是耸人听闻;如埃斯卡皮的《文学社会学》那样以为,只要能让人们得到消遣、引起幻想与沉思、使之得到陶冶情操,那么"任何一篇写出来的东西都可以变成文学作品",这也只是在夸大其词。即使如一些结构主义与文学社会家所以为的,一张便条或火车时刻表也有某种"诗性意味"与"文学用途",其审美价值与真正优秀的语言艺术仍难以同日而语。提出文学没有一成不变的形而上学的本质,以及承认经典作品的意义常常随着时代文化的嬗变而改变,这是一回事;由此而取消文学的内在特质,将经典视作一种可以任由处置的文化现象,这却是另一回事。事实上,文学能够在现代文化中占据一隅,本身就意味着它具有自身的文化资本,那些优秀作品的绝对价值的起伏不定并不妨碍其相对价值的天长地久。只有明确指出这点,我们才能对文学批评的文化转型的现实意义做出恰如其分的肯定。在我看来这种意义不仅仅在于扩大了文学批评的范围,更在于让一度陷入困境的文学批评得到了突围的契机。

因为当代批评的文化转型的契机除了上述的批评主体/客体二维之外,还体现于批评活动自身的需要,也即让文学批评设法摆脱由"新批评"所造成的实践困境。这种以对文本的"细读"为基本原则的批评方法体现了一种"自律论"文学观,它对作品的语言构成与叙述手段等的精心阐释,一度给受够了"工具论"文艺观折磨的文学活动带来了生机,但却付出了由于让文学作品处于一种封闭状态而导致意义的"增熵"的巨大代价。取而代之的"新历史批评"在某种意义上意味着向"新批评"以前的传记、主题、文学史等方法的回归。它标志着文学研究的兴趣已由新批评式的对作为一种审美对象的作品的文本"解读",再度转换为对作为一种社会现象的文本存在的文化"解释"。按照美国学者希利斯·米勒的说法,前者意味着关注于语言自身的性质与能力,后者侧重于语言同其之外的那些事物(诸如宗教、政治/经济、民情风俗等)的关系。新历史主义批评之所以被视作文化研究的一种边缘形态,便是由于它旗帜鲜明地坚持,把握那些经典作品不能离开对其最初得以形成的社会/文化环境的考虑。可以认为,这是文化研究得以在文学批评领域顺利登陆的一个十分重要的诗学背景,所以曾几何时,一些文学批评的业内人士对文化研究的兴起欢欣鼓舞,其初衷无疑是一种收拾残局振兴批评的期待。

但时至今日,这种承诺显然还未能得以兑现。比如,虽然"新历史批评"努力地想获取"历史诗学"的品牌,但在实质上更多地只是充当着"知识社会学"的另售货摊的作用,其所持的"他律论"文艺观最终仍让其与声名狼藉的"工具论"文艺观眉来眼去。因为与旧历史论所持的历史是一件可证"事实"的主张不同,新历史论视历史为一个具有"建构性"的共时态文本。以这种方式,新历史论从容地消解了旧历史观的历史/文学的对峙,强调了彼此通过社会"意识形态"这个中介环节所具有的同构性。无论是历史叙述还是文学叙事,它们共同地以"故事"这种叙述形式为媒介,这使任何历史家都无法客观地归还"历史真相",因为具有完整叙述结构的故事已根本不同于实际发生的"事件",而成了一种"话语"现象。历史因此也就不仅具有与文学一样的虚构性,而且通过叙述主体的介入体现着特定时代的意识形态影响。概言之,这一批评视野所关注的就是历史事件如何转化为文本,文本又如何转化为一般意识形态,而这种意识形态又如何转化为文学"这样一个循环往复的过程"。① 美国学者詹明信曾表示:如果每件事都是透明的,那么意识形态就不可能存在。所以在新历史批评视野里,不透明的文学作品主要是一种意识形态手段,有些学者正是据此提出,"这种批评的核心或者说它的批判锋芒所向来自'马克思主义批评'。"②

　　不同于传统历史论以一种"还原论"姿态着眼于作家在其作品里所反映的社会内容,新历史主义感兴趣的是文本中由作家的无意识活动所蕴含的意识形态内涵。所以这种批评实践并不直接针对作品的思想内容,而是将此内容视为一种表象与线索,着力于揭示隐蔽其后的潜内容,一种被作品直接表达的思想所压抑着的思想。新历史批评由此而试图掀起一种"批评革命":将"消费的阅读"变为"生产的阅读"。不言而喻,对于这样的批评活动,重要的已不再是人生阅历与社会经验,而是学富五车的知识储备与东拉西扯的"构建理性主义"的修炼功夫。比如詹明信对一代文学枭雄海明威的"硬汉文学"的分析,他从希腊、西班牙和阿拉伯社会到意大利的西西里岛与拉美,指出了这是地中海沿岸各个国家由来已久的夫权社会所普遍存在的一种家庭意识形态。海明威只是成功地将它挪用来打造一种"个人神话",以对抗让海明威式的男子所不齿的现代资本主义商业文明对自己的可鄙的排斥。诸如此类的阐释的精彩毋庸置疑,批评家借作品为舞台所作的成功的文化演出也让人大开眼界。有历史以来第一次,我们发现文学批评家原来也可以像那些神机妙算的超级侦探那样给我们留下深刻印象,凭借自己博大的文化积蓄与洞幽烛微的本事发现凡人难以觉察的秘密。这些阐释的深邃复杂不仅让普通读者望而却步,同样也会让自命不凡的作家本人瞠目结舌。对于这样的文化批评高手,再伟大的作家也不过是通过其作品来接受心理分析的意识形态病人。

---

① 盛宁:《20 世纪美国文论》,北京:北京大学出版社,1994,第 264 页。

② 徐贲:《走向后现代与后殖民》,北京:中国社会科学出版社,1996,第 48 页。

　　如此这般的批评实践无疑让文学批评终于彻底改变了以往"靠作品吃饭"的局面,让自惭形秽的批评家真正得以扬眉吐气。问题在于这种阐释对于作品是否公平。这并非说批评家所作的种种阐述同作品毫无关系,更不是否认这些阐释具有其独特的文化意义。需要追究的是:难道被提取出来的一部小说的如此这般的"文化内涵",就等于其作为一部"文学作品"所具有的全部的"诗性意义"?就像我们成功地分离出一种好酒的化学分子结构,就意味着掌握了这种酒的真正秘密?结论自然是清楚的:文化研究虽然能替越来越无所作为的人文学者开辟出一小块思想市场,但其在文学批评领域里并不能包打天下。建设当代文学批评并不能只是一味地以对文化的批评取而代之这无须赘言,因此而需要对**作为一种批评的文化研究**做出分析。如同关于"文化"的定义迄今仍显得五花八门,在文化研究的旗帜下网罗着形形色色的批评形态,除了以电视、广告、商场、表演等"媒介—时尚批评"外,光围绕着文学展开的,就可分为"通过文学看文化"的文本—文化批评与"通过文化看文学"的文学—文化批评两大类。"文学能为理解文化做出独特的贡献",著名英国伯明翰大学当代文化研究中心当家学者理查德·霍加特早就如是说过。因为无论文化的界定呈现出怎样的多义性,它主要是指称人类创造/传播/接受意义的活动这无可置疑。也无论文学如何试图拒绝或间离社会势力以试图洁身自好,它也总是植根于具体的时代氛围并因而蕴含着丰富的文化信息,这也同样毋庸讳言。这使得文化学家们可以堂而皇之地对文学作品进行文化利用,将之视为认识一个时代风尚、把握一种宗教信仰、梳理一个民族的历史传统的最佳通道。这方面的一个成功范例,便是美国文化人类学家本尼迪克特的关于日本文化研究的成果《菊与刀》。

　　众所周知,这项研究是作者应美国政府制定二战后对日政策的需要所作。虽然限于当时的条件作者无法亲历日本,但她最终还是凭借同在美日本人的接触以及大量研读日本文学与电影等文本材料而圆满完成了任务,为推进"现代日本学"研究作出了重要贡献。文学所具有的文化功能由此可见一斑,但显而易见,这样的研究虽说是对文学资源的合理开发并能让人们对文学另眼相待,并无助于文学事业本身走向繁荣。这样的研究所告诉我们的,充其量只是关于一个社会与民族的文化信息而并非作为一种文化现象的艺术方面的东西。除非我们认为文学就是这些信息的一种文化符号,否则我们便难以视之为一种真正的文学批评实践。因为无论如何,在一部作品的社会学方面的需要之外,还存在着对其作为语言艺术的审美与诗性的需要。这就意味着存在这样的情形:一部作品在文化社会学方面的某些缺陷并不影响其成为一部艺术杰作,一部具有卓越的文化利用价值的小说,完全有可能从艺术性上讲是失败的拙劣之作。前者可以以迄今已载入史册的《飘》与《汤姆叔叔的小屋》的对比来说明问题。这两部均出自女作家手笔的小说在社会揭示方面的文化落差显而易见:《小屋》对当时美国社会基本矛盾的深刻揭示使之成了美国南北战争的一个导火线,而在《飘》中,南方水深火热的蓄奴制度成了美丽多情的白人男女们实现自我追求个性的一道浪漫布景。耐人寻味的是，这并未妨碍这部小说成为一部堪称伟大的文学佳作。后者可举张贤亮的《男人的一半是女人》作为案例。著名学者佛克马/蚁布思夫妇曾通过这部文本来研究"文化移入"现象，从比较文化的视野令人信服地指出了作为"现代性"一个例证的东西方文化传统的融合。① 问题是尽管如此，并不能掩盖这部小说由于矫揉造作与一个劲地自我掩饰，而迄今来看在艺术上一无可取难以卒读。

这让我们不能无视霍加特的主张：一位真正称职的"文学—文化批评家决不站在'利用'文学的立场"，对文学的文化分析应该尊重其文学特性而不是将文学当作普通的文化载体。② 这意味着从诗学的方面看，需要认真对待的并非只是作为一种批评活动的文化研究，而是具有真正文学意义的文化批评。如果说一般所谓的文化批评只是从文学材料来理解文化，是对文学的"表征型解读"；那么对文学的文化批评则是从文化的视野看文学，也即是对文学的"语义学解释"。从文学的立场来看，这不仅要求我们通过文化的平台进入文学，还要求批评家能将文学作为文学也即"语言艺术"来对待。但有必要作进一步强调的是，即使在"文学的文化批评"的名义下，仍然存在着两种功能有别的批评形态。首先是**文学社会学批评**。澳大利亚学者伊安·昂不久前指出："文化研究中的'文化'涉及意义与价值的生产与商谈，这是一个正在进行的过程，这个过程发生在所有社会活动领域。"③所以"文化"通常只是"社会"的另一种说法，因为文化总是存在于社会之中，是特定社会的基本"建构因素"。与此相应，在当下语境中关于文学的文化批评其实也就是关于文学的艺术社会学研究。诚然，将之简单地视为对传统的文艺社会学批评的一种还原这肯定是片面的。首先，不同于以往社会学批评从基础/建筑二元结构出发的"经济决定论"，当今的文化—社会批评称得上是以语言/媒介为焦点的"文化决定论"。其次，不同于旧社会学批评注重单一的阶级性分析，新社会批评倡道的是围绕权力剖析展开的阶层、种族、性别、地域等多元化阐释。但尽管如此，彼此通过"他律论"文艺观所表现出来的一种血亲关系，这也同样无可置疑。

对此，雷·威廉斯的一番话颇能说明问题。这位文化研究的一代宗师在其一篇晚期之作里重申：无论如何，"我们不能将文学和艺术与其他的社会实践种

---

① ［荷］佛克马等：《文学研究与文化参与》，俞国强译，北京：北京大学出版社，1996，第142、152页。

② 周宪等：《当代西方艺术文化学》，北京：北京大学出版社，1988，第28、44页。

③ ［美］伊安·昂：《谁需要文化研究?》，《文化研究》第一辑，天津：天津社会科学院出版社，2000，第56页。

类分离开来,以至于将文艺划属于十分独特的规律之中"。① 所以,事情的症结归根到底仍是旧话重提:如何把握文学性同社会性的关系。毫无疑问,文学活动至少存在着三大社会维度:作家的社会性、文本的社会内容、作品通过读者而具有的社会功能。这就像丹纳所指出的:如同在化石里面有个动物,在文艺现象后面存在着人。正是人的存在的社会性通过对绝对意义上的"审美自发性"的消取,而最终决定了文艺活动的社会性;因为,任何审美创造行为本质上都属于一种社会诉求,是一种人际间的精神交流。所以诗人叶芝曾以"一件艺术作品是一个孤独者的一种社会行动"的说法,对艺术社会学进驻诗学领域的合法性给予了无可奈何的承认。然而需要澄清的是:坚持文学性的社会性与强调文学的独特品质、取消文学生产的"自发"性与承认其具有某种"自律"性,这两者并不矛盾。长期以来,一直困扰着文艺理论的就是在此问题上的"非此即彼"的选择,有效地遮蔽了这样一个事实:文学作为一种"文化实践"的独特性不在于其非社会性,恰恰就在于其作为"艺术活动"是一种"独特的社会实践"。以此而言,威廉斯的上述格言显得似是而非,容易造成混淆视听的后果。承认文学的自律性只不过是说文学有其自身的生存依据,并非哲学、宗教、伦理、政治等社会意识形态与文化思想的另售货亭。这个原本无须赘言的事实经过理论家们的一番搅拌,结果却成了说不清理还乱的东西。但尽管这样有一点无可置疑:如果由于"以各种复杂的方式把文化归结为意识形态",英国的文化研究因此而"可以被非常容易地,可能是更为准确地描绘为意识形态研究";②那么由此而来的文学社会学首先也就是关于文学的意识形态批评,在其视野里文学依然是一种对一个社会的思想主潮作出反应的有魅力的文化产品,因为"揭示思想的意识形态性质,这个观点就是社会学的基本立场"。③

(2)文化研究与美学

但诚如前面我们对新历史批评的阐述,这种批评视野的诗学意义十分有限。这并非是否认作为社会动物的人类,也就是一种带有意识形态胎记的生命存在。但在此意义上的意识形态,主要是阿尔都塞所说的,体现为一种集体无意识的人与世界间的想象性关系。虽然这种关系根本上由人自身通过表象活动所缔造,但通常它却反作用于我们,作为一种社会价值观念与思想体系的生成前提发挥作用。唯其如此,一个具体的意识形态架构总是会受到权力阶层的压力,使之进一步"意识形态化"而成为一个社会集团利益的思想防御系统。或许这便是马克

---

① 罗钢等:《文化研究读本》,刘象愚等译,北京:中国社会科学出版社,2000,第52、55页。

② 罗钢等:《文化研究读本》,刘象愚等译,北京:中国社会科学出版社,2000,第10页。

③ [匈]豪塞尔:《艺术史的哲学》,陈超南等译,北京:中国社会科学出版社,1992,第15页。

思当年分别以"某个阶级特有的信仰系统"与"伪意识"，来界定意识形态的缘故。这意味着尽管如同曼海姆所言，意识形态具有"总体"与"特殊"两层含义，但在现实语境里，其最为基本的文化功能也就是通过自觉地建构并强化一套话语系统，来为现实世界里占据权力位置的政治制度的合法性，提供一种冠冕堂皇的说法。

用著名文化研究专家格尔兹的话说，"就是通过提供权威性并有意义的概念，通过提供有说服力并可实在把握的形象，使某种自动的政治成为可能。"事情正是这样：正是在一个社会最普遍也最实在的文化导向"都不足以提供政治过程的满意形象的时候，作为社会政治的意义和态度的意识形态才变得格外重要。"①所以文学社会学的实质也就是关于文学的政治批评。这便是当代意识形态批评旗手伊格尔顿一直以"一切批评都是政治的"为理由，旗帜鲜明地企图"使批评回到它放弃的原有的道路上去"的思想背景。按照这一视野，文学的特点不过是以非意识形态的方式来表现意识形态；因为真正有分量的文学都会提出一个社会问题，而真正重要的社会问题则离不开具体的政治揭示与辩护。这样，伊格尔顿重新以"文化社会学"的名义为一种早已没落的泛政治美学招魂，重建文学对于政治的文化依附关系。但显然，无论这种见解具有多少理论诱惑，都难以拯救其在实践上的破产：如同再先进的政治内容都不能为一部作品在艺术上的成功提供担保，任何作品只要其价值主要在于充当政治斗争的工具，那么其作为艺术文化肯定毫无价值，这些迄今已是无须再辩的事实。

虽然从巴尔扎克与托尔斯泰的小说里我们能够发现封建主义的没落与资产阶级的崛起，但他们作为伟大作家而在文学史上受人瞻仰决非因为他们的作品仅仅只是历史的一面镜子，革命领袖们对他们的小说所作的政治接受学不能替代一般文学读者的审美消费活动。那些伟大艺术之所以伟大当然不在于对政治参与的回避，而在于它们在此之外还存在着文化超越的维度。正是从古往今来的那些杰作具有一种超越时代、地域、种族、阶级的所谓"永恒魅力"，美学家们提出了"艺术虽然有风格与形态等方面的变化与发展，无品质上的实质性进步"的命题。当人们能够透过时间隧道与阶级等差，为李后主的词、古希腊的雕塑、现代派绘画等所陶醉，能够清楚地领悟到凭借文化超越而实现人类生命的凝聚，这正是艺术文化的可贵所在。这既意味着必须看到一部作品的社会学意义与审美价值并不能相提并论，也意味着应该坦然承认：虽说"在艺术作为意识形态的价值的同时又具有客观价值之间并没有什么矛盾"②，但对于艺术实践而言，重要的就在于为了达到这一结果，我们不能以"一切艺术都是一种意识形态"为理由，

---

① ［美］格尔兹：《文化的解释》，纳日碧力戈等译，上海：上海人民出版社，1999，第246页。

② ［匈］豪塞尔：《艺术史的哲学》，陈超南等译，北京：中国社会科学出版社，1992，第31页。

无视审美性作为一种客观价值所具有的超意识形态性。事实上这也便是作为两种不同文化实践的"诗性政治"与"党派政治"的根本区别：不同于后者围绕世俗权力而展开的拼死角逐，前者只是关于雅/俗、边缘/中心、经典/非经典等秩序所进行的调整与重组。

这让我们有理由坚持：艺术文化作为一种"特殊社会实践"的特质，就在于对作为一种"意识形态特殊"的社会政治思想建构拥有某种超越性。应当从这一层面上来理解，人们在人与世界间"想象性关系"的"意识形态一般"的方位上，视艺术活动为"审美意识形态"的真实含义。不妨以凡·高的名画《农民鞋》为例。众所周知，存在学家海德格尔曾对此作过一番让人耳目一新的吟咏。但这并不妨碍新一代批评家从相反的方向作出截然不同的读解。一位论者曾指出："哲学家也许对在田间劳作的人入迷，学会赏识他们的活动，对锄草与收获之间的关系大发感慨议论。但是从早到晚手握锄头锄草掘地是一种令人汗流浃背、手起燎泡、肢体麻木的单调重复性劳动。田野里玩耍的儿童并不锄地，锄地不是玩耍，它是劳作。"①不能不承认此番补充言之有理，海德格尔的宏论再体贴入微，仍不可避免地流露着传统文人墨客坐而论道的意味与"饱汉不知饿汉饥"的意思。问题是必须看到：如果凡·高此画只是表现了对劳苦人生的"现实主义同情"而没有为海德格尔所阐述的那种"诗性精神"，那么它充其量只能是一幅平庸之作；再进一步，如果画家站在这位论者的立场，让现实世界的沉重负荷彻底消解由某种时空距离而生成的审美意识，那么甚至于就不会有任何如此这般的艺术创造。造就贝多芬成为一代音乐大师的品格正在于他的作品并非是其不幸人生的痛苦呻吟，而是与命运所作的一种明朗的抗争。

显而易见，只能以现实生活为参照对作品所表现的社会内容进行说明性的评判，这导致了以意识形态揭示为聚焦点的文化社会学的诗学局限。阿尔都塞说得好："尽管艺术和意识形态之间有特殊的联系，但真正的艺术不是一种意识形态。"②分析起来，问题的症结在于意识形态批评所聚焦的话语/文本，并不就是作为审美客体的文学作品。这种意义上的文本内容已并非通常那种社会伦理、宗教、政治、经济等认识论范畴中的思想内容，是以审美个性为基础、融化于语言媒介与文体风格的建构形式中的一种精神内涵。当形式主义批评从"语言自足论"文艺观出发反复叨唠作品里所表现的思想感情是"属于语言的"时，无非也是想凸显这个意思。如果说这种内涵也能够被视作一种"所指"的话，那么在艺术作品里，以一般的思想内容为语义所指的文本只是其借花献佛的一种"能指"。这是艺术活动既是对客观的现实世界与主观的经验世界的"再现"，同时也是一种创造性精神的"表现"的原因。但问题是必须意识到，艺术的独特品质并

---

① ［美］肯尼斯·博克：《当代西方修辞学》，北京：中国社会科学出版社，1998，第245页。
② 徐贲：《走向后现代与后殖民》，北京：中国社会科学出版社，1996，第106页。

不在于其同一般文化形态一样反映着社会实践，而在于其通过这种"社会反映"而实现的"文化反应"。文学社会学批评的诗学局限，首先就在于以对文本的反映功能的强调而取消了对其表现意蕴的关注。这一批评视野属于一种"认识论关注"，在它看来，"文学本身即是有关人类行为的知识的主要仓库"。①

所以社会学批评实质上是对文学的一种"知识阅读"而非"价值阅读"，由此也进一步造成其在诗学方面的局限性。就像奥地利学者布劳考普夫曾在其《音乐与社会》里所表示：音乐社会学不是解释音乐实践是什么样，而是解释音乐实践的变化。因为知识阅读充其量只能让我们了解文学存在的一般条件与工艺学方面的东西，而无法深入艺术的精神内涵。因而，倘若我们对米勒直截了当地提出的，"社会学的种种文学理论把文学贬低成仅是占统治地位的意识形态的反映而已"②感到有些刺耳，那么至少难以否认豪塞尔的这一说法："社会学所能做的全部事情就是按照艺术的实际来源，解释一件作品所表现出来的对生活的看法，而不必（也无法）说明这作品只有依赖于创造性才能被掌握的性质。"不言而喻，这正是让毕生以艺术社会学研究著称于世的豪塞尔，最终承认"社会学的概念并不能使我们理解艺术的本质"③的原因。由此可见，"文化研究"要想成为一种真正"属于文学"的文化批评必须实行诗学转换，成为一种"文化诗学"（cultural poetics）。如前所述，这意味着不仅要从文化的方位看文学，还得在其文化关注中将文学真正当作"文学"而非一般的社会/文化信息载体来对待。

在此意义上讲，像美国学者卡勒那样，将文化研究的文学意义主要概括为"坚持考察文化的不同作用是如何影响并覆盖文学作品的"和"能够把文学研究作为一种复杂的、相互关联的现象加以强化"，同样也属于似是而非之见。借用一位论者的话来说，如果以这样的方式来读莎士比亚的《奥瑟罗》，那么既能够认为其是"反女权"的，也可以批评它是"种族主义"的。推而广之，任何一部三流作品同一流作品一旦被作为文化研究的个案，也就不存在艺术价值方面的品质区别。因为在这样的文化批判里，艺术作品通过给予接受主体以审美享受而体现出来的文化独特性都已被忽略与取消。④ 这种结果的荒谬性显而易见，其症结在于一元化的意识形态批评也已无须赘言。需要进一步思考的，是文化诗学的具本建构方案。虽然这个问题已被提上议事日程，在当代中国文论界也引起了一定的关注；但总体来看由于缺少深入的学理辨析，迄今为止仍处于一种意识到

① 张英进等：《现当代西方文艺社会学探索》，福州：海峡文艺出版社，1987，第 176 页。

② ［美］拉尔夫·科恩：《文学理论的未来》，程锡麟等译，北京：中国社会科学出版社，1993，第 125 页。

③ ［匈］豪塞尔：《艺术史的哲学》，陈超南等译，北京：中国社会科学出版社，1992，第 6、270 页。

④ 陈太胜：《走向文化诗学的中国现代诗学》，《文学评论》2001 年第 6 期。

了问题的重要性但受困于缺乏实际操作的思路的处境。即使是享誉国际论坛的米勒，也只是以"将是在修辞学式文学研究同当前具有不可抗拒的吸引力的文学外部研究之间作调停工作"这样的语焉不详的话语，为"下一时期文学批评的任务"落实方向。① 但在我看来，摆脱这种局面的一种有效措施是从学科形态方面入手。不难注意到，"文化论"范畴里的"文化"含义其实常常在"社会"与"人类"间游走，因为归根到底，文化现象总是落实于人类的社会实践之中。这不仅构成了文化研究的两个基本点，而且也由此形成了其两大基本形态：即"文化社会学"与"文化人类学"。

据此而言，真正作为"文学的文化批评"既不属于作为文化社会学的延伸的文学社会学批评，也并非是那种作为文化人类学的分枝的、着重于对艺术现象作发生学与史前史研究的艺术人类学，而是一种以文化人类学研究为思想架构、通过对其视野/方法/立场等的借鉴而形成的**关于文学的批评实践**。所谓从人类学的视野看文学，也就是注重从"差异"的观念对待文学活动，因为人类文化一直呈现着多元化的格局。所以不同于静止的一元论人类观，"人类学试图寻求更切实可行的关于人的概念，在这样一个概念中，文化以及文化的多样性得到考虑"。② 其目的用马尔库斯的话说，也就是"促使读者获得文化差异的意识"。这种差异/多样意识有助于我们对一部作品里的真正价值同表面效果做出鉴别。比如佛克马教授指出：张贤亮《男人的一半是女人》对于当时中国读者的影响，主要在于其有关性爱的那些部分；但这些章节在西方读者眼里实在算不上什么，他们对这部小说的兴趣在于当时的中国把整个农村都变成了一个劳改营这种事实。③ 而中国读者之所以对此并不在意不仅在于已司空见惯，还由于这部作品在这个主题上的表现缺少应有的历史深度。

这也便是这部在当时曾产生过影响的小说事过境迁后便无声无息的原因，中外读者最终都能发现比它更有特色、品质更佳的作品。而差异意识的自觉则不仅能让我们避免因文化视野的狭窄而造成的价值误读，还有助于我们更好地理解根植于不同文化语境里的文学作品。正如一位批评家所说："如果把哈克贝利·芬从他老家密西西比河挪到尼罗河、恒河或扬子江上，那么他的举动就是根本无法理解的人。"④此外，这种意识还有助于批评真正实现"从文化看文学"。比如，如同通过这种视野，文化人类学者们成功地对长期以来被当作天经地义的

① ［美］拉尔夫·科恩：《文学理论的未来》，程锡麟等译，北京：中国社会科学出版社，1993，第124页。
② ［美］格尔兹：《文化的解释》，纳日碧力戈等译，上海：上海人民出版社，1999，第42页。
③ ［荷］佛克马等：《文学研究与文化参与》，俞国强译，北京：北京大学出版社，1996，第144页。
④ 张英进等：《现当代西方文艺社会学探索》，福州：海峡文艺出版社，1987，第27页。

一基础美学：从知识论到价值观

文明/野蛮、先进/落后等价值区分实施了解构，为许多一度被贴上"愚昧"标志的文化方式恢复了名誉；这种视野同样也能提醒文学批评，长久以来关于艺术活动的那种雅/俗之分其实只具有文化形态学的功能，并不具有审美价值论上的意义。一部作品的艺术品质的优劣不在于其受众的人数多寡，以往那种"曲高和寡"论与现代的以市场效益确定文学质量的观念都不足道。

其次，"文学的文化批评"也是对人类学"在个案中进行概括"、"从经验上理解事实"的方法的一种借鉴。众所周知，所谓"人类学方法"，简单说来也就是以"田野工作"为基础的"民族志"方法。马林诺夫斯基认为，这是现代人类学能从众多人文社会科学研究中脱颖而出的主要法宝，其特点也即注重"参与观察法"的"经验型研究"。用英国学者茨纳尔的话说："民族志告诉我们一个显明但却常常被人们忽略的道理：对任何一种陈述活动，如果忽略或轻视那些直接参加者的经验，这种陈述便不能被认为正确和真实的。"①事实上，对日常生活经验的强调正是文化研究最具特色的地方。关于文化的解释无论多么芜杂都不能否认，这个从"耕作文明"发展而来的词②的基本含义，是指作为内在的情感/价值观念与外在的行为/规范模式的"复合结构"的，人类社会中整体的日常生活方式。这种东西虽然因能为群体分享而具有公共性，但却根植于作为个体人的私人经验之中。这是文化作为人类生存的"基础设施"对人类实践能够产生最为广泛与深刻的影响的原因，也是文化研究对于文学批评具有重要价值的道理。"文化"的意义生成对个体—私人生活经验的这种依赖，使之最终如雷·威廉斯所说，进入到了"一个对艺术的意义和实践具有显著影响的范围"。③

这表明，人类学方法的实质就是反对理论，货真价实的文化理论唯一能做的就是实行自我消解。个中原因不言而喻：经验之为经验的意义就在于它的鲜活性，抽象的理论网络所能打捞的只是一些僵硬的生命化石。文化研究的目的是对表现为多元差异的文化现象做出理解，而不是让其成为关于文化的某个宏大叙述的例证。所以格尔兹反复强调：没有什么比构建一个无懈可击的理论体系更能败坏文化分析的名声了。"我们应当承认，文化阐释的一些特点使它的理论发展变得格外困难。当我们在这个领域寻找成体系的论文时立即就会感到失望，即便找到了也会感到更加失望。"④在此意义上讲，打着"文化研究"的旗帜热衷于理论的苦心经营的文论家，恰恰与文化研究的宗旨背道而驰，他们只是让一些作品在其所偏爱的理论架构里对号入座，满足于以那些作品为舞台来进行一

---

① 罗钢等：《文化研究读本》，刘象愚等译，北京：中国社会科学出版社，2000，第25页。

② 比如从词源上看，"文化"一词在英语里同"农业"agriculture与"园艺"horticulture显然关系密切。

③ ［英］雷·威廉斯：《文化与社会》，吴松江等译，北京：北京大学出版社，1991，第21页。

④ ［美］格尔兹：《文化的解释》，上海：上海人民出版社，1999，第29页。

番理论表演。美国学者克里格一语道破:这种以"政治的批评"著称的批评活动,实质是一种"怀抱着自己的帝国主义野心"的"批评的政治",一种以反形而上学姿态出现的新的形而上学话语。[①] 这种结果对于文学事业的危害无须赘言,它反过来提醒我们,真正有效的"文学的文化批评"只能是一种以经验参照的方式展开的具体批评实践。如果说"典型的人类学方法是通过及其广泛地了解鸡毛蒜皮的小事,来着手进行这种广泛的阐释和比较抽象的分析";[②]那么对文学批评而言也就是不再端着理论家的架势,"就事论事"地从日常生活经验的语境来面对作品。因为只有这样我们才能为文学批评确立一个能够进行"价值阅读"的切入点。

但这同时也意味着对于文学的文化批评,最为重要的仍在于站在人类学立场上来看文学,也即能够象文化研究透过差异来把握共同的东西那样,从不同的艺术实践中来审视艺术活动的基本品质。比如虽说正如沃尔夫冈·伊塞尔所言:"既然文学作为一种媒介差不多从有记录的时代伊始就伴随着我们,那么它的存在无疑符合某种人类学的需要。"[③]但事实上,在究竟如何对待"人的需要"的问题上,人类学审视与社会学研究的结果大相径庭。比如最早提出"艺术需求"概念的奥地利艺术史家阿·里格尔从社会学立场,虽然强调其作为一个社会概念的超个体性,但其实是将艺术需要范围于阶级、群体、时代等范围之中。按照这一观念,就无法理解艺术文化所具有的某种超时空性。[④] 与此不同,常以民族学研究出现的人类学立场一方面反对形而上学本质论的"人性"理念,注重处于多元文化场中的具体的人;另一方面它也反对文化相对主义,强调通过对客观的"文化差异"与反文化的"绝对差异"的区分,来发现人类生命内在的共同性需求。

比如我们能够接受美国的麦当劳、日本的生鱼片与中国的烤番茄等,是各有特点的美味佳肴,承认不同的饮食习惯是理当一视同仁的文化差异。但恐怕无法将人类历史上一度发生过并且长时期为一些边缘部落所保持的吃人肉的风俗,视为理所当然的文化现象予以接受。同样地,对不同民族宗教信仰的尊重,并不意味着能够无视以此为理由发动的反人类的恐怖主义行动。所以,在我们凭借社会学的意识形态关注所发现的,人类因社会存在的阶级、种族、性别等分化而导致的"异"之外,人类学立场能让我们意识到一种超越性的"同"的方面。

---

① [美]克里格:《批评旅途:六十年代之后》,北京:中国社会科学出版社,1998,第170、177页。

② [美]格尔兹:《文化的解释》,纳日碧力戈等译,上海:上海人民出版社,1999,第24页。

③ [美]拉尔夫·科恩:《文学理论的未来》,程锡麟等译,北京:中国社会科学出版社,1993,第277页。

④ [奥]布劳考普夫:《永恒的旋律:音乐与社会》,孟祥林等译,上海:上海音乐出版社,1992,第170页。

美国学者菲利普·巴格比曾敏锐地批评：由于人类学对民族文化的研究首先从差异性入手，这使得一些见木不见林的人类学家"逐渐忘记了人类学的初始目标：建立社会发展的普遍性原则"①。如果说文化相对论的价值在于对绝对论的人性论实施必要的颠覆，那么文化人类学的意义则在于透过"差异性中的普遍性"，对其矫枉过正的反本质主义危害作出纠正。

马斯洛曾指出，人类学立场提醒我们：印第安人首先是"人"也即作为个体的"人类"，然后才属于其部落。在这里，"虽然区别的存在无可置疑，但与共同点相比，差异是表面的"。② 力主以"小写的人"代替"大写的人"的格尔兹为避免造成误解也特别重申："我的观点不是说不存在人之所以为人的普遍性，也不是说文化的研究对揭示这种普遍性没有任何贡献"，而是倡导从文化独特性中去发现这种普遍性。他指出：从"人类学者的观点"看，通过对平原印第安人的勇敢、印度教徒的执着、法国人的理性、柏柏尔人的无政府主义、美国人的乐观主义等的分析，"我们将发现成为一个人意味着或能意味着什么"。③ 文化人类学对民族文化差异性的研究最终为了替发现人类的共同性铺平道路，人类学立场所强调的是：人类尽管不存在超文化的抽象本性，但却存在着某种超现实的普遍可能性。事实上这也乃"文化研究"的独特意义所在。这既体现于作为文化载体的语言的特性上，也体现于作为文化的生成基础的人类生物机制上。雷·威廉斯说得好："一个文化的范围常常是与一个语言的范围相对称，而不是与一个阶级的范围相对称。"④这不只是以文化的民族性取代阶级性，还意味着文化的超"意识形态特殊"性。由这种超越性所实现的人类学普遍性归根到底同人类的生物学机制相关联。

马林诺夫斯基曾提出："个人和种族的机体或基本需求之满足，是强加于每种文化之上的一组最低条件。"因此，"任何文化理论必须从人的机体需求开始。"⑤无论我们赞同与否，有一点应无异议：人类生命的生物方面机制，是我们对一种文化选择作出价值评估的一个重要依据。因此，文化观念的提出强调的是在人们共同生活的环境中存在着"一种普遍反应"，但它主要也就落实于"人类学"方面而并非"社会学"上。所以驻足于人类学立场我们能为艺术活动成功地从意识形态樊篱中实现突围提供一个逻辑依据，从中我们也能理解古往今来那些艺术杰作能够超越时空与我们同在的奥妙。巴赫金曾谈到，面对一部优秀作

---

① ［美］巴格比：《文化：历史的投影》，夏克等译，上海：上海人民出版社，1987，第 21 页。

② ［美］马斯洛：《动机与人格》，许金声等译，北京：华夏出版社，1987，第 108 页。

③ ［美］格尔兹：《文化的解释》，纳日碧力戈等译，上海：上海人民出版社，1999，第61 页。

④ ［英］雷·威廉斯：《文化与社会》，吴松江等译，北京：北京大学出版社，1991，第399 页。

⑤ ［美］马林诺夫斯基：《科学的文化理论》，黄建波等译，北京：中央民族大学出版社，1999，第 53、78 页。

品时,批评家通过"具有审美意义的形式所把握的不是什么虚空,而是顽强不息、自成规律、内蕴含义的人生追求"①。很难想象,如果这种追求不具有一种人类学意义上的普遍性,我们能够对之产生跨文化的审美共鸣。诚然,不能不承认"如同艺术常常使人联合一样,艺术也经常使人分化"。但或许同样也应该意识到,在某种意义上,这也正是衡量一部作品的品质高低的一个重要依据。尽管存在着烙有鲜明民族主义与区域文化印章的艺术作品,但真正伟大的艺术总是能够为全人类所共同分享,仅仅只拥有时代影响而未能经受住时间筛选的作品不可能是真正的杰作。

二、观念与主义

1. 唯美主义与现代美学

(1)什么是唯美主义?

在西方艺术史上,有一种"主义"影响很大,但具体把握起来并不容易,这就是所谓的"唯美主义"(aestheticism)。英国《新不列颠百科全书》第十五版关于这个条目的解释如下:"唯美主义运动(aesthetic movement)是于 19 世纪后期在欧洲兴起,运动主张艺术的目的仅在于艺术本身的美。它是为了反对当时功利主义的社会哲学以及工业时代的丑恶和市侩作风而开始的,它的哲学基础是康德在 18 世纪提出的不受道德、功利和快乐观念影响的审美标准。"②这个解释扼要地道出了唯美主义最基本的特点,但并未能反映出这个"主义"的整体风貌。唯美主义运动发生于维多利亚时代晚期,大致从 1868 年延续至 1895 年,因奥斯卡·王尔德的被捕入狱为结束。事实上这个运动主要出现于英国的艺术和文学领域中的一场组织松散的运动。提倡"为艺术而艺术",强调超然于生活的纯粹美,追求形式完美和艺术技巧。艺术史上通常认为,唯美主义和彼时发生在法国的象征主义或颓废主义运动同属一脉,是这场国际性文艺运动在英国的分支。这场运动视浪漫主义诗人济慈和雪莱为先驱,具有后浪漫主义的特征。但要进一步认识它的精神实质,仅仅这样三言两语的概括是不够的,我们需要对它的来龙去脉有一个大致的了解。

对 19 世纪末形成的英国唯美主义运动的生成具有不可忽略的重要影响的,在英国本土主要是一个人物和一个艺术流派,除此之外是法国的两大艺术流派。这个人物就是英国著名艺术批评家、曾在牛津大学任职的沃尔特·佩特。在其

---

① 〔俄〕巴赫金:《巴赫金全集》第 1 卷,李兆林等译,石家庄:河北教育出版社,1998,第 335 页。

② 〔法〕戈蒂耶:《唯美主义》,赵澧等编,北京:中国人民大学出版社,1988,第 187 页。

所撰写的名著《文艺复兴：艺术与诗的研究》一书里，他公开宣布，生活中真正有意义的事情就是以艺术为中心的活动。他在该书的结论部分借雨果的话说：我们都是被判死刑的人，只不过在一段不定期的缓刑罢了。我们有一短暂停留期，过后便会物是人非了。在这段时间里，有的人没精打采，有的人慷慨激昂，而那些最聪慧者，至少是"尘俗之子"中的最聪慧者，将其运用到了艺术和诗歌中。在他看来，无论如何，"诗的激情、美的欲望、对艺术本身的爱，是此类智慧之极"。①所以佩特认为，文艺批评家的职责不在于掌握知识，罗列材料，以满足正确的美的定义；而应该具有一种特殊气质，善于感受美的对象的能力，将自己同书本中的内容紧密地联系起来，从探讨中得到快感和乐趣，这才是审美批评的根本。此外，佩特在 1867 年至 1868 年之间发表了一系列文章，主张人们应该热情的拥抱生活，追求生活的艺术化，成为唯美主义两大主张之一的源头。

所谓"一个艺术流派"，就是通称"拉斐尔前派艺术"。它是英国维多利亚中期（1848—1875）最卓越超群的艺术。这派艺术家又称"拉斐尔前派兄弟会"，形成于 1848 年 9 月的伦敦。兄弟会共七人，其中公认最杰出和最具影响力的是三位画家：但丁·加百利·罗塞蒂、约翰·艾佛雷特·米莱、霍尔曼·亨特。称之为"拉斐尔前派艺术"，并不是反对拉斐尔的艺术观，恰恰相反，而是以这位"文艺复兴三巨头"中最年轻的伟大艺术家的艺术特色为界，跟随其脚步，返璞归真地对其以前的古典主义艺术风格的追求。用佩特的话说，15 世纪的运动是双重的，一是文艺复兴，一是有着现实主义和经验的渴求的所谓"现代精神"。它包括一种向古代的回归，一种向自然的回归。"拉斐尔代表着向古代的回归，列奥那多代表着向自然的回归。"②在这个意义上，"拉斐尔前派艺术"对拉斐尔的绘画有继承也有反叛。拉斐尔作品充分体现了安宁、和谐、协调、对称以及完美和恬静的秩序，被后人尊为"古典主义艺术"。这影响了以罗塞蒂为代表的"拉斐尔前派艺术"对古代艺术的持久关注，这种关注的原因中也有来自于浪漫主义运动的中世纪精神。拉斐尔前派认同的拉斐尔最好的作品，是《亚历山大里亚的圣凯瑟琳》，而并非广受称赞的《雅典学院》。由此也体现了拉斐尔前派艺术的一种内在矛盾：历史主义与现代性、象征主义与现实主义。耐人寻味的是，恰恰正是这种矛盾，构成了这个艺术流派的魅力所在。拉斐尔前派的艺术家普遍推崇古代艺术精神，追求对细节的精致描绘与对事物的近乎还原性的现实主义呈现。但它同时也对描绘现代都市生活很感兴趣。用浓郁饱和的色彩表现维多利亚城市的现代生活，成了拉斐尔前派兄弟会和他们的同盟者最激进的成就。③

---

① ［英］佩特：《文艺复兴》，张岩冰译，桂林：广西师范大学出版社，2000，第 227 页。

② ［英］佩特：《文艺复兴》，张岩冰译，桂林：广西师范大学出版社，2000，第 133 页。

③ ［英］提姆·巴林杰：《拉斐尔前派艺术》，梁莹译，北京：中国建筑工业出版社，2007，第 87 页。

　　进一步考察让我们发现,拉斐尔前派艺术对唯美主义的影响呈现出一幅相当奇特的现象。概括地说它对唯美主义的影响主要是后期而并非早期,而且主要也是以罗塞蒂本人的艺术思想为主。拉斐尔前派艺术的早期作品,深受英国著名艺术评论家罗斯金的影响,一方面注重表现美,另一方面也强调诸如艺术与道德、宗教等方面的社会关系。正如一些美术史家所指出的,在早期的拉斐尔前派的艺术中,现代生活的意象远远不止宣传被普遍接受的理想,他们创造的作品常常具有一种讨伐性,揭露移民的情感悲剧,声讨卖淫嫖娼的罪恶,歌颂劳动的美德等等。① 显而易见,这些观念与唯美主义是大异其趣的。唯美主义运动中的作家和艺术家认为:艺术的使命在于为人类提供感观上的愉悦,而非传递某种道德或情感上的信息。因此,唯美主义者们拒绝接受约翰·罗斯金和马修·阿诺德提出的"艺术是承载道德的实用之物"的功利主义审美观。相反,唯美主义者如痴如醉地追求不具有任何说教的、体现单纯的美感的艺术的"美",认为唯有这种"美"才是艺术的本质。除此之外唯美主义的另一种让人难以忘却的主张,就是并非艺术反映生活,而是相反生活应该模仿艺术。唯美主义运动的主要特征包括:追求建议性而非陈述性、追求感观享受、对象征手法的大量应用、追求事物之间的关联感应——即探求语汇、色彩和音乐之间内在的联系。就是以艺术的形式美作为绝对美的一种艺术主张。

　　唯美主义的这些艺术特点,明显受到拉斐尔前派后期作品的影响。1855年,仅在兄弟会成立 7 年之后,艺术家们由于艺术观点的分歧和一些私人恩怨,便开始分道扬镳。他们的绘画艺术特色也随之发生变化。兄弟会的首脑人物罗塞蒂(1828—1882)不关注或者说不倾向于直接从自然作画,而是偏向于中世纪充满梦幻色彩的题材,创作了梦幻的意象,其中的作品并不那以道德、文学性叙述或者真实描绘为目的,而是试图展现一种完美无缺的美的东西。比如他在1959 年创作的小幅版画《吻过的嘴》。最开始是为其情妇芬妮·康佛丝所作的肖像画,但逐渐转化成富有性欲的异国情调的妇女形象。这幅画的背面有句来自薄伽丘《十日谈》中的一诗:"吻过的嘴未曾失去它的风味,事实上它如月亮一般两度恢复了自己的风采"。这幅作品没有任何暗指的道德谴责,相反似乎要给男性观众一种平静的性愉悦,而不是理性的和道德的判断。多年后,罗塞蒂曾经的战友霍尔曼·亨特在自传里关于这绘画写道,当时罗塞蒂"已经完全地改变了他表现在其艺术中的哲学,抛弃了禁欲主义,转向享乐主义"②。亨特为罗塞蒂的这种转变而深感愤怒,在他看来,这彻底颠覆了兄弟会早期所强调的叙述性的

---

　　① 〔英〕提姆·巴林杰:《拉斐尔前派艺术》,梁莹译,北京:中国建筑工业出版社,2007,第 109 页。

　　② 〔英〕提姆·巴林杰:《拉斐尔前派艺术》,梁莹译,北京:中国建筑工业出版社,2007,第 150 页。

现代生活绘画所宣传的有节制、受尊敬的性行为。

　　而罗塞蒂的绘画似乎是在强调一种绘画的音乐化，这种思想认为，艺术应该更关注它本身的美，不管是纯形式的、肉欲的还是其他关系的。这些思想都违背了霍尔曼·亨特所定义的拉斐尔前派主义的中心原则。但在罗塞蒂看来，早期的拉斐尔前派主义事实上只是一种用绘画艺术的方式呈现出的文学形式，它缺少绘画自身的、仅仅属于"观看"行为的东西。所以这并非仅仅是一种风格的转变，而意味着从"为生活而艺术"向"为艺术而艺术"的转型。罗塞蒂的这个主张更鲜明地体现在他的另一幅同样以芬妮为模特的作品《绿色的凉亭》上。这幅画从文学的方面来讲同样没有什么"意义"，它只是表现了一个迷人销魂的形象同时打动了所有的感官——视觉、听觉、触觉以及嗅觉。换句话说，"它既不是一个指定的个体，也不是有意义的人物研究，它只是为艺术而艺术的一个例子"。[①]为此，罗塞蒂和在英语中第一个使用"为艺术而艺术"（art for art's sake）的诗人斯文本恩一起，被一些批评家攻击为"肉感派"，但这并不妨碍一些画家追随罗塞蒂。比如西蒙·所罗门，他创作的《巴克斯》在展现充满情欲的男性或者同性恋特征方面，明显地采用了罗塞蒂的做法。作品中的形象是性感的、细腻的，并且暗示了同性恋。

　　毫无疑问，以罗塞蒂为代表的后拉斐尔前派艺术为唯美主义的产生铺平了道路。但对这个"主义"的诞生起到过决定性作用的，还有来自法国文学界的两大流派：象征主义和颓废主义。象征主义最早是法国文学史上的一种流派和文学思潮，出现于1886年。一位名叫让·莫雷亚斯的年轻诗人在《费加罗》报上发表了一篇文学宣言，主张用"象征主义者"来称呼当时的前卫诗人。这份宣言标志象征主义流派的诞生。但事实上，在此之前，象征主义作为新的创作方法，早在浪漫主义盛行的时期已经萌芽。许多浪漫主义诗人在一定程度上运用了象征主义的手法：暗示多于解释，含蓄多于畅快的发挥。颓废派诗人波德莱尔被视为象征主义的先驱人物，诗人马拉梅、魏尔伦和兰波被公认为象征主义的三位主将。事实上他们在"被命名"之前就已经发表了大量的象征主义作品。象征主义重新回到以抒写个人感情为重点的老路。但与浪漫主义的抒情大异其趣的是，象征主义更强调抒写个人不可捉摸的内心隐秘；或者如马拉梅所说，表现隐藏在普通事物背后的"唯一的真理"。为此，象征主义对于诗的语言进行了很大的改造。对于日常用的字和词加以特殊的、出人意料的安排和组合，使之发生新的含义。

　　象征主义不满足于描绘事物的明确的线条和固定的轮廓，它所追求的并不是要使读者理解诗人在作品中究竟要说什么，而是要使读者似懂非懂，恍惚若有

---

　　① ［英］提姆·巴林杰：《拉斐尔前派艺术》，梁莹译，北京：中国建筑工业出版社，2007，第152页。

所悟;使读者体会到此中有深意。为此,象征主义不追求单纯的明朗,也并不故意追求晦涩;它所追求的是半明半暗,明暗配合,扑朔迷离。象征主义诗歌十分强调音乐效果,可是诗句的音乐性不是单纯通过机械的协韵表现出来,而在于诗句内在的节奏和旋律。散文诗的音乐感并不亚于格律诗,有时反而胜过格律诗,因此许多象征派诗人的散文诗都写得有特色。象征主义者反对现实主义和自然主义者如实地描写客观现实。他们认为现实的物质世界是虚幻而痛苦的,只有隐匿在背后的内在的世界才是真实的。作品中运用大量的暗示和象征来隐喻表现人的内心世界。1886—1891 年是法国象征主义诗歌的昌盛期。这一时期的代表作有马拉梅的《诗与散文》、拉弗格的《善意之花》和昂利德·雷尼耶的《插曲》等。但几乎和前拉斐尔兄弟会的命运一样,作为一种运动的象征主义不久就各自为政自立门户。1891 年,莫雷亚斯首先宣布脱离象征派,而提倡一种所谓"罗曼派"的文学,试图恢复他的先祖希腊罗马古代文学的传统。随着兰波、魏尔伦、玛拉美分别于 1891、1896、1898 年过世,其他象征派诗人也纷纷选择新的方向,不再遵循早期象征主义艺术标准。象征主义就此进入了"后象征时代"。

法国后期象征主义诗人的主要代表是保尔·瓦莱里(1871—1945)。他继承了马拉美的纯诗传统,却在诗歌中融入了关于生与死、变化与永恒、行动与冥思等哲学上的思索。其成名作是《年轻的司命女神》(1917),描写不同性质意识之间的矛盾冲突。1922 年,瓦莱里出版诗集《幻美集》,其中收录了诸多优秀的诗作,包括《脚步》、《石榴》、《风灵》等。瓦莱里一生的巅峰之作是晚年的《海滨墓园》,诗的主旨是关于绝对静止与人生变易的对立统一关系。开篇"这片平静的房顶上有白鸽荡漾"成为脍炙人口的名句。这首诗代表在诗歌创作方面瓦莱里的成就高过了他的前人马拉美。除瓦莱里外,雷米·德·果尔蒙(1858—1915)和弗兰西斯·耶麦(1868—1938)也是颇负诗名的法国象征主义诗人。前者风格柔婉清丽,注重对嗅觉的表达;后者则以淳朴的语言风格著称。在欧洲大陆,奥地利的莱纳·玛利亚·里尔克(1875—1926)是象征主义在德语文学中的代表。里尔克的作品主要收录在《图像集》(1906)、《新诗集》(1908)等几部作品集中。1922 年,里尔克迁居瑞士,并迎来了他一生中创作的高峰。在这段时间内,他完成了著名的组诗《致奥尔弗斯十四行诗》和《杜伊诺哀歌》,也正是这两部作品奠定了里尔克在现代诗坛上大师的地位。但其风格晦涩难懂,有些评论家甚至认为其中包含了很多存在主义的观点。象征主义诗歌系统化和抽象化的特点在里尔克的作品中达到极致,象征主义流派从此解体。

但是,作为文学思潮和艺术风格的象征主义的影响却非常深远。如果说拉斐尔前派主义对唯美主义的影响,重在用浓抹重彩的方式和精致的艺术表现力,呈现视觉对象自身之美;那么,象征主义文学主张对唯美主义的影响,主要体现在技巧的使用方面。因此,与通常意义上的"美"不同,在唯美主义中所说的"美",是指脱离现实的一种技巧美。所以有时也将唯美主义称为"耽美主义"或

"美的至上主义"。但这个"主义"的精神实质，与颓废主义有密不可分的关系。颓废主义或称颓废派，源自拉丁文 Decadentia，本义是堕落、颓废。颓废主义是19世纪下半叶欧洲的资产阶级知识分子，既对社会不满且又无力反抗所产生的苦闷彷徨情绪在文艺领域中的反映。最早表现在法国诗人波德莱尔和象征主义者马拉梅等人的创作中，因而后人往往视象征主义与颓废主义为一体。其思想基础是主观唯心主义、非理性主义。颓废主义者这个名称最先在1880年用来称呼一群放浪形骸的法国青年诗人。诗人魏尔伦于1886年创办《颓废者》杂志，欣然接受了这个称号。颓废主义者不满文艺对现实生活作自然主义的摹写，公开主张"为艺术而艺术"，认为文学艺术不应受生活目的和道德的约束，片面强调艺术的超功利性，否定文艺的社会作用，否定理性认识对文艺的作用，宣扬悲观、厌倦的情绪，特别是从病态的或变态的人类情感中以及与死亡、恐怖有关的主题中去寻求创作灵感。

如同谈到拉斐尔前派主义时，人们首先想到的代表性人物是但丁·加百利·罗塞蒂（1828—1882），谈到颓废主义时人们首先想到的标志性人物，除了悲剧性人物夏尔·波德莱尔，还有法国巴那斯派诗歌有"诗人之王"之称的保尔·魏尔伦（Paul Verlaine，1844—1896）。在诗歌艺术上，魏尔伦是一位反叛既有传统的诗人。他早年学习法律，后来弃法而从文，他与巴那斯派诗人来往甚密，他曾追随过巴那斯流派。巴那斯派又称"高蹈派"，是19世纪60年代法国诗歌流派。以古希腊神话中阿波罗和缪斯诸神居住的巴那斯山称其名，产生于浪漫派之后，特点是反浪漫派，反对浪漫派的粗率和热衷自我表达，并出有诗选《当代巴那斯》。高蹈派以戈蒂耶为开山祖，诗人德·列尔是个代表。可以说是当时一种新的古典主义。主张诗歌脱离社会，不问政治；以创作"冷静的"、"客观的"、"无我"的诗相标榜，充满悲观颓废情调；形式上刻意追求作品的造型美感，是当时自然主义思潮在诗歌创作中的表现，亦为法国象征主义的文学前驱。但魏尔伦的诗风、笔调和气质却一开始就和巴那斯派的诗风而大相径庭。后来，他在1871年9月结识了阿尔蒂尔·兰波（Arthur Rimbaud，1854—1891），之后两人一起流浪比利时和英国，这段生活使魏尔伦写出了《无言的浪漫曲》。

（2）走向反面的唯美主义

当人们将"颓废主义"标签贴到魏尔伦身上，他曾经玩笑地表示："我喜欢这个词，它闪耀着姹紫澄金的微光。它表达了最高文明的种种精细思想，它是高超的文学化，是一个可以感受深刻欢乐的灵魂。它摆脱了喷吐的烈焰和熠熠生辉的宝石，使人想起妓女的胭脂红，想起马戏团的杂耍，想起气喘吁吁的古代斗士，想起野兽的蹿跳，想起赛马会上人们消耗的热情。"①但是虽然一直被视为颓废主义的代表，但魏尔伦的作品在根本上更多地属于一个忧伤的诗人，在他于

---

① ［英］威廉·冈特：《美的历险》，肖聿等译，北京：中国文联出版公司，1987，第166页。

1866 年出版的第一部诗集便将他的诗集定名为《忧郁诗章》,而在其后,忧郁则贯穿了他一生写作的全过程。魏尔伦常将自己内心的感受融入自然的情景之中,在他看来,自然如同奇异的梦一般,使他沉溺于自然与人性的一种和谐之中。魏尔伦曾在给朋友的信中说道过:"我的诗越来越现代化了。"魏尔伦很多作品,特别是一些优秀之作毫无晦涩费解之意,反而却比较明朗轻快、清新自然、流畅舒缓,他的作品多是忧伤之作却不流于颓废。比如出版于 1869 年的《月光》。作者创作此诗时受到具有洛可可风格的画家瓦多一幅作品的启发,瓦多的绘画笔触轻灵,富于生活气息和音乐性。魏尔伦的《月光》试图模拟的正是这样一幅"心灵的风景画"。所以后来的印象派音乐家德彪西选中这首诗,将它改编成著名的钢琴曲《月光》。但在文学史上,魏尔伦又明确地被归属于颓废主义阵营。在很大程度上,这其实并非因为他的作品,而是他的生活方式。说得更明白些,归之于他与兰波一起生活的结果。

1871 年,魏尔伦把兰波从乡下接到巴黎自己家中。在那之前他从未见过兰波,仅仅只读过兰波寄给他的几首诗。虽然魏尔伦自己作为诗人造诣颇高,但兰波的诗却是他从前从未写过,从未读过,甚至从未听闻过的。那里面有种崭新的、骄傲的、妄图扫荡一切的狂野,以及他一辈子无法企及的天赋的光芒。于是年长的诗人被 16 岁的兰波迷住了,他做了一个未经犹豫的轻快的决定,而从此将自己的命运完全改变。当天魏尔伦去车站未能接到兰波,沮丧地回来后,却在家中发现了一个有着漂亮面孔和粗鲁举止的少年,一言一行都完全不合常理,极端清醒却又醉得厉害。两手空空的兰波带了一件送给魏尔伦的礼物,一篇名叫《醉舟》的诗。魏尔伦其时 27 岁,新婚不久。妻子玛蒂尔德是富商之女,年轻而温柔贤淑,还刚怀了孕。可是出于对天才的敬仰,魏尔伦却爱上了那个愤怒时会把头发上的虱子抓出来扔在别人身上的坏脾气的少年。兰波刚到巴黎时曾因为其与年龄不甚匹配的耀眼天分,而一度得到巴黎文艺圈的夸耀宠爱,但随后不久却很快因其完全无视他人的疯狂与极端傲慢,而跟所有人闹翻成为不受欢迎者,除了魏尔伦,全世界好像再没有一个人能忍受他。来到魏尔伦身边,这两个人从此一起写诗,醉酒,甚至抽大麻。

刚开始一切都奔放而狂野美丽,热情以梦幻般的态势燃烧着席卷一切。但梦就是梦,醒来后两个人还是得过日常生活,没有钱,光靠写诗,日子是过不下去的。魏尔伦不过是一名巴黎小职员,之前一直住在岳父提供的房子里,享受着富商岳父提供的一切舒适生活。但再慷慨的岳父也不可能冤大头到出钱供女婿跟男人鬼混的地步,而兰波又是只懂花不懂赚钱也不懂省钱的人,梦幻消退后的现实生活,总是准确无误地露出它的无情本色。他们开始为各种各样的原因吵架。魏尔伦在气头上把兰波骂走,气消了又满城去寻找他。他同样忍受不了兰波的疯狂,或许也后悔因为亲近兰波而被所有人孤立的落寞,但他却放不了手。他大概知道这世界上除了他再没有谁能真正懂得兰波的光芒,再没有人愿意施舍一点温柔来照顾这个完全不爱惜自己的孩子。除开诗和性，魏尔伦和兰波在一起，就像带着一个全世界最有光芒又最任性最恶劣最难缠的孩子一样。他是看到了一个亟待喷薄出巨大能力的蓓蕾，魏尔伦心甘情愿要充当那蓓蕾最后绽放时缺失的那一点阳光雨露，即使要为此支离破碎。1872年，魏尔伦离开妻子和刚出生的儿子与兰波一起私奔到了伦敦。他与兰波终于过了一段完全无人约束的日子，却好景不长。一年后，两人在布鲁塞尔发生激烈争吵，兰波像是下定决心要离开魏尔伦，而绝望中的魏尔伦则向兰波开了一枪。

不知是什么原因，子弹穿过了兰波的手心而并没有置他于死亡，但这件事把魏尔伦自己送进了监狱。至此两个人终于都把自己和对方毁掉大半。尽管兰波并没有起诉魏尔伦，但魏尔伦还是被判了两年刑期。那年兰波20岁，他身心绝望地回到老家，写出了他一生中最后的诗集《地狱一季》，从那以后，他再也没有写过诗。他之后又活了17年，做过各种各样稀奇古怪的事，甚至是去非洲贩卖军火。据说赚到过钱，也有潦倒的时候，潦倒则需要写信给家中老母索要一双袜子。但所有的一切，都和诗歌、和他早年生活一点关系都没有，好像全然换了一个人一样。用亨利·米勒的说法，兰波的后半生是从精神世界回到了日常生活，从某种意义上说，是一种酒后的长眠。兰波的一生似乎是一个谜，无论是作为诗人、士兵、公司雇员、军火商，抑或是最初时，那个曾经兴奋的离家出走，去投奔巴黎公社运动的孩子。他昙花一现般的创作生命与不朽的作品，前后割裂的生活和完全不被人理解的行为，好像最终便成了他这一生中最华丽奢侈，又最震撼人心的诗作。1875年魏尔伦出狱后，两人在德国最后一次见过面。然后就这样各自生活一直到死。兰波1891年因为右脚肿瘤死于马赛，时年37岁。不久后疾病缠身的魏尔伦也过完了他辉煌又悲惨、迷乱放荡的一生。后世的人总是对这两个人的传奇充满了好奇，但能提供确切佐证的资料却是少之又少。

从完整的意义上讲，真正称得上"颓废主义"的，就是同样具有悲剧人生的波德莱尔。在文艺领域中，颓废主义的题材取自恶与丑也竭力赞美恶与丑。它具有爱好人生中的丑恶事物的倾向。颓废派的诗作中，不歌颂英雄，不阐述哲理，没有良辰美景或恋情，讴歌的是猫头鹰、尸体和游魂。颓废主义者主张在黑暗领域，在丑恶事物中去认识美的存在，并把丑恶当作美来欣赏与歌颂。他们把颓废看成是精美、精炼，精致的同义词。现实主义者描写丑恶目的是批判丑恶，争取创造美。自然主义者描写丑恶是意识到它丑恶而描写，问题在于依样画葫芦，并作了错误的解释。而颓废主义者描写丑恶，则是把丑恶当作一种美感来享受，因为爱好丑恶才去描写它。因此，尸体、死亡、游魂是颓废主义者创作的永恒主题。无论是从艺术创造还是日常生活方面来看，波德莱尔似乎都以其自己的言行在提供关于"颓废主义"的示范。就像戈蒂耶在《回忆波德莱尔》一文里写道："我们缺乏更能表达我们意思的用语，所以只好沿用'颓废'一词。但我们理解波德莱尔心目中的'颓废'意味着什么。"①文章中戈蒂耶曾进一步解释说:波德莱尔是不会去写那种规劝妇女们不要涂脂抹粉、不要使用裙撑的道德文章的。凡能使人,尤其是妇女,摆脱自然状态的东西,都会赢得他的青睐和首肯。"这种欣赏趣味在《恶之花》作者这样一位颓废诗人那里,应该说是不言自明的。"②

最能体现波德莱尔的这种"欣赏趣味"的作品,莫过于《恶之花》中这首最著名的诗《腐尸》。如果我们明白,这是波德莱尔别具一格的"情诗",那真的得承认这样的欣赏趣味的确非常人所能接受:

> 亲爱的,想想我们见过的东西,/夏日的清晨多温和;/小路拐弯处一具丑恶的腐尸,/在碎石的床上横卧,//仿佛淫荡的女人,把两腿高抬,/热乎乎地冒着毒气,/她懒洋洋地,恬不知耻地敞开/那臭气熏天的肚子。//太阳照射着这腐烂的一大团,/像要把它烤得熟透,/仿佛要向大自然百倍地归还/它结为一体的万物;//腐败的肚子上苍蝇嗡嗡聚集,/黑压压一大群蛆虫/爬出来,好像一股粘稠的液体,/顺着活的皮囊流动,//他们爬上爬下仿佛浪潮阵阵,/横冲直撞亮光闪闪;/仿佛有一股混沌的气息吹进,/这具躯体仍在繁衍。//这世界奏出一阵奇特的音乐,/好像流水,又好像风,/像簸谷者做出有节奏的动作,/把籽粒颠簸和搅动。//形式已消失,只留下依稀的梦,/一张迟来的草稿图,/在遗忘的画布上,画家的完成/仅仅凭着记忆复出。//一只母狗愤怒地把我们观望,/焦躁不安,躲在石后,/等待着时机,要从尸骸的身上,/重新咬住那一块肉。//——而将来您也会像这垃圾一样,/像这恶臭可怖可惊,/我眼睛的星辰,我天性的太阳,//您,我的天使和激情!/是的,您将如此,哦,优美之女王,/领过临终圣礼之后,/当您步入草底和花下的辰光,/在累累的白骨间腐朽。//那时,我的美人,告诉那些蛆,/接吻似的把你啃噬:我的爱虽已解体,/但我却记住,/其形式和神圣本质!③

深究起来,波德莱尔之所以能"与众不同"地产生这种"趣味",不能不说与他的早年生活经历有不可分割的密切关系。1820 年,丧偶的弗朗索瓦·波德莱尔带着 15 岁的儿子,与平民女子卡罗琳·迪费结婚。次年 4 月 9 日,夏尔·波德莱尔出生。但 1827 年他六岁时父亲便去世了。母亲于 1928 年接着嫁给了一名叫奥皮克的军官,他后来晋升为将军。或许是由于父亲的早逝和母亲又因急着改嫁而未能给予年少的波德莱尔足够关心的缘故,成人后的波德莱尔成了一位过着"波希米亚"式生活的花花公子。波德莱尔自己就曾明确表示:"我是个早熟

---

① [法]戈蒂耶:《回忆波德莱尔》,陈圣生译,上海:上海译文出版社,2011,第 60 页。

② [法]戈蒂耶:《回忆波德莱尔》,陈圣生译,上海:上海译文出版社,2011,第 30 页。

③ 飞白:《世界名诗鉴赏辞典》,桂林:漓江出版社,1989,第 392 页。

的浪荡子。"波德莱尔进一步对他提出的"浪荡主义者"做出解释："他是悠闲并受过全面教育的人。"①有必要强调的是，这个意义上的"波希米亚人只有一条法律、一个道德、一种信仰，那就是艺术"。②除此之外，他在《把自己灌醉吧》的"小散文诗"里写道："应当日日醉如泥。一切皆在此：这是唯一的问题。为了感觉不到'时间'可怕的重负，你们应当不断地把自己灌醉。"③由此可见，尽管他身上的才华让人喜欢，但又有许多东西让他的家人和朋友们感到厌恶。比如他身上的梅毒、他与一位黑白混血儿女子的姘居、过着奢侈生活的挥霍而欠下的一批债务，以及坚决不愿从事一项正经职业的态度等等。所以不仅在创作上还是在生活方面，波德莱尔都向我们呈现出一种"颓废"的姿态。

波德莱尔的这种生活方式，除了身体方面的原因之外，更有着除了少数知音外，不被同时代的批评家和广大读者所理解的深层次的原因。戈蒂耶曾在文章中为波德莱尔《恶之花》做过辩护。他写道："这本以描绘堕落行为和现代人的反常性为己任的诗集里，无疑已经勾画出了一幅布满赤裸裸的罪恶和丑陋不堪的耻辱的画面。不过，诗人是以最大的轻蔑和义愤来做这种描绘的。"事实上，"我们找不到比波德莱尔的诗篇更加热烈和热忱地反映诗人对纯净的空气、洁白无瑕的喜马拉雅山的霰雪、一碧如洗的苍天、永不暗淡的光明的渴求了"。④无须赘言，这是对波德莱尔《恶之花》的最贴切的解读。可惜的是它无法得到众人的响应，无法说服那些习惯了传统所谓表现真、善、美的诗歌读者的理解。这对于渴望自己的才华被公正地承认的波德莱尔的打击是可想而知的。凡此种种导致了一种恶性循环，使波德莱尔越来越向自暴自弃的方面发展。正如有研究者指出：从波德莱尔身上，我们可以毫不费力地找出关于灾祸的最丰富的词汇，被吞噬的心。无色的嘴唇，落掉的牙齿的下颌，腐烂的肉身，被腐蚀的灵魂，渗水的脓水，处处皆是损坏的意象。相关的传记指出，在比利时布鲁塞尔时的波德莱尔只有 45 岁，但已是一头白发，看上去像个老人。⑤与魏尔伦相比，波德莱尔在艺术创作和生活做派两方面，都体现出了一种"颓废主义"的姿态。

为了解释文学艺术史上的"唯美主义"运动，我们涉及了佩特和罗塞蒂、魏尔伦和波德莱尔，以及前拉斐尔派和象征主义与颓废主义等等，绕了一个很大的圈子。但这是必需的。之所以这么说，不仅是因为上述的人物和艺术运动直接影响和孕育了唯美主义，更重要的是，它们所体现的艺术精神和蕴涵的思想主张，

①　[法]帕斯卡尔·皮亚:《波德莱尔》,何家炜译,上海:上海人民出版社,2012,第 45、83 页。

②　[英]威廉·冈特:《美的历险》,肖聿等译,北京:中国文联出版公司,1987,第 5 页。

③　[法]帕斯卡尔·皮亚:《波德莱尔》,何家炜译,上海:上海人民出版社,2012,第 91 页。

④　[法]帕斯卡尔·皮亚:《波德莱尔》,何家炜译,上海:上海人民出版社,2012,第 35 页。

⑤　[法]帕斯卡尔·皮亚:《波德莱尔》,何家炜译,上海:上海人民出版社,2012,第 128、132 页。

都为唯美主义所汲取。在某种意义上可以说,除了上述这些艺术动运和艺术人物的主张,除此之外唯美主义没有一点属于"自己的"东西。所以,要了解、认识"什么是唯美主义?"最好的方法就是回顾它的生成背景,去深入理解那些深深地影响过它的艺术动运和相关人物。通常公认,法国诗人戈蒂耶在其小说《莫班小姐》写的序言,是唯美主义运动的"宣言"。在文章中,他对那种"充当文学界的法警,以道德为名横加干涉"的行为批出了强烈的批判,并提出了两大观点。首先戈蒂耶明确表示,真正称得上美的东西只是毫无用处的东西。一切有用的东西都是丑的,因为它体现了某种需要。比如一所房子里最有用的地方就是厕所,但我们不能说这是房子里最美的地方。戈蒂耶有句众所皆知的名言:为了能看到拉斐尔的原画或一位裸体画,我会心甘情愿地放弃我作为法国人和公民的权力。其次他提出:"在我看来享乐就是生活的目的,是世界上唯一有用处的东西。上帝的意愿也是这样。为此他才造出女人、香味、阳光、鲜花、美酒、骏马、猎兔和安哥拉猫。他没有对天使们说:要有德行! 而是说:去爱吧!"①

细加体会不难发现,戈蒂耶的这两大观点,归纳起来就唯美主义最鲜明的两大艺术立场:其一,在创作中强调"为艺术而艺术"立场,其二,对于诗人本身,倡导"为艺术而生活"的主张。第二种主张也就是把生活当作艺术来对待。如果说第一种观点还能与许多艺术流派所共享,那么第二种主张则是唯美主义的标志性招牌。正如一位叫莱昂·谢埃的研究者所指出的,唯美主义运动的核心是这样一种愿望:重新定义艺术与生活的关系,赋予生活以艺术品的形式并把生活提升为一种更高层次的存在。② 以波德莱尔为例,他在散文诗《我心赤裸》中写道:"永远做个诗人,即便在散文里。"他的诗学观是:"诗除了自身之外别无目的;诗不可能有其他目的,纯粹为了写诗的快乐而写下的诗,才是最伟大、最高贵、真正符合崇高的诗名的。"③强调的是"为艺术而艺术"。而唯美主义别开生面之处,就在于除此之外还倡导"为艺术而生活"。它不仅有着体现于艺术方面的追求,而且还存在着面向日常世界的"生活实践"。就像王尔德明确说过:"我的生活有如一件艺术品。"④因此,这形成了作为一种文艺运动的唯美主义思潮的带有一点悖论性的核心特征:同时作为高雅艺术和大众文化运动的双重性质。⑤ 作为高雅艺术,体现于唯美主义"为艺术而艺术"的主张;作为大众文化,体现于唯美

---

① [法]戈蒂耶:《唯美主义》,赵澧等编,北京:中国人民大学出版社,1988,第44—45页。

② 周小仪:《唯美主义与消费文化》,北京:北京大学出版社,2002,第3页。

③ [法]帕斯卡尔·皮亚:《波德莱尔》,何家炜译,上海:上海人民出版社,2012,第121页。

④ [美]赫伯特·洛特曼:《王尔德在巴黎》,谢迎芳译,北京:作家出版社,2011,第132页。

⑤ 周小仪:《唯美主义与消费文化》,北京:北京大学出版社,2002,第6页。

主义者们波希米亚式的放荡不羁的生活方式。用当时的一份《喷趣》杂志上刊登的一幅画的作者乔治·杜·摩里埃的话说，唯美主义不过就是思想领域里的时装展览。① 这话的讽刺意味虽然强烈，但的确不无道理。

在艺术领域，无论哪个流派，与它在兴起时的门庭若市相比，真正的核心人物总是少数，有时其实也就一二个。对于唯美主义，它的最为关键的人物除了牛津大学的佩特，就是他的忠实的学生和追随者奥斯卡·王尔德。佩特赞同"为艺术而艺术"的美学理想，但他更有兴趣的是"为艺术而生活"。他留下一句名言："要是能够变得更漂亮，我宁肯少活十年。"为此他的朋友们甚至凑在一起，开会讨论如何"改进佩特的外表"。② 在他的思想中，生活渐渐变成一种美学体系。据说有一位大学生向他请教："佩特先生，我们为什么要成为一个好人？"佩特的回答是："因为当个好人太美了。"③这就是最终的答案，以今天的眼光来看，应该说这个答案并不错。只是人们一直无法准确地理解它。其唯一的成果是成为王尔德信奉终生的生活信仰。尽管王尔德是跟随着他的导师佩特才迈进了"唯美主义"殿堂之门，但就像威廉·冈特在《美的历险》中所说，很长一段时期，人们粗心大意地错把他当作了"唯美主义"的发明者。而事实上，"王尔德仅仅只是唯美主义的传播者，或者是为唯美主义做广告的人而已"。④ 这话虽说对王尔德的艺术成就有所贬低，但总体而言的确有几分道理。因为与他的作品相比，王尔德留给人们更深刻印象的，就是他的从着装打扮开始的生活方式。尽管王尔德也创作了少量的在文学史上能够占有一席之地的作品，尤其是他的童话《快乐王子》脍炙人口，堪称一绝，但不能否认，从王尔德初为人知到声名鹊起，他留给人的印象的并非是一位诗人或戏剧家，而是作为一个与众不同的标新立异的人物。

唯美主义倡导的"为艺术而生活"的主张，正是在王尔德这里得到了淋漓尽致的呈现。王尔德蓄着一头长发，手上总是拿着一根象牙手杖，身着让人侧目而视的时尚服装。曾经盛传他手持一束百合花，在皮卡迪广场漫步。但当记者问及此事，王尔德却模棱两可地回答：是否有这样的事无关紧要。但是让人相信你确实如此，那便是成功。从这件传闻里可以看出王尔德的自视甚高。1882 年 1月 2 日，他开始作长达一年的横贯美国的巡回讲演。船入纽约港后，在行李报关时他对海关官员说："除了我的天才之外，我别无他物要申报。"⑤王尔德在演讲中，充分发挥了佩特的观点，强调"生活的秘密存在于艺术之中"。由于他在美国

---

① 周小仪：《唯美主义与消费文化》，北京：北京大学出版社，2002，第 72、135 页。

② ［英］威廉·冈特：《美的历险》，肖聿等译，北京：中国文联出版公司，1987，第 65 页。

③ ［英］威廉·冈特：《美的历险》，肖聿等译，北京：中国文联出版公司，1987，第 73 页。

④ ［英］威廉·冈特：《美的历险》，肖聿等译，北京：中国文联出版公司，1987，第 139 页。

⑤ ［美］赫伯特·洛特曼：《王尔德在巴黎》，谢迎芳译，北京：作家出版社，2011，第 3 页。

期间经常手持百合花和向日葵,引起大众的好奇。他在回答《信使报》一位记者的采访中含蓄地说道:"我们选择百合花和向日葵是有很多原因的,它们是唯美主义的标志。"①认为王尔德完全是个同性恋者并不准确。1984 年他与康斯坦斯·劳埃德(Constance Lloyd)恋爱成婚,两个儿子西里尔(Cyril)与维维安(Vyvyan)亦分别在 1885 年与 1886 年出生。但在这之后,王尔德逐渐走向同性恋却是不争的事实。出版于 1949 年的《奥斯卡·王尔德的悖论》一书的作者乔治·伍德科克认为,王尔德本质上是地个分裂型人格,他既是一个美学小丑,又是一个深刻的思想家,既是一个社会批判者,又是一个"势利眼"。这个观点得到了许多研究者的赞同。

那个时代的英国一本漫画杂志《喷趣》,把王尔德称为"唯美主义者中的唯美主义者"。在该杂志上曾经发表的一幅漫画中,王尔德的头像被画在向日葵中,旁边还配有一首诗:"唯美主义者中的唯美主义者/他的名字是什么?/这个诗人是王尔德/他的诗却平淡无奇。"②王尔德在他创作的戏剧中有一系列与他极为相似的人物,这些人物个个仪表堂堂,讲究服装、外表和修饰。他们谈吐不凡,开口往往妙语连珠、言辞锐利、思想深刻,带有一种高高在上的神气。什么是"为艺术而生活"? 就是以艺术为中心的生活,从而把自己的整个生活变成艺术的一部分。在这种生活中,东方艺术品因为其充满异国情调而特别引人注目。据说早在牛津大学读书时,王尔德就买过两只硕大的青瓷花瓶插百合花。并对别人说:"我每天都发现要配得上我的青瓷花瓶是越来越难了。"③让王尔德声名狼藉的,是他和阿尔弗雷德·道格拉斯的同性恋关系的曝光。1895 年,昆斯伯理侯爵发现儿子阿尔弗莱德·道格拉斯与王尔德交往长达四年而控告王尔德,并到王尔德常去的名人俱乐部贴上纸条:"致奥斯卡·王尔德——装腔作势的鸡奸客。"公然斥责王尔德是一个好男色的"鸡奸者"(当时尚未诞生"同性恋"这个名词)。

王尔德立刻上诉,告侯爵败坏他的名誉。结果王尔德不仅上诉失败,更被反告曾"与其他男性发生有伤风化的行为"。根据当时英国 1855 年苛刻的刑事法修正案第 11 部分,王尔德被判有罪,在瑞丁和本顿维尔监狱服了两年苦役。这两年监狱生活使王尔德停止了戏剧创作,在狱中写下了诗作《瑞丁监狱之歌》和书信集《深渊书简》。在这两部作品中,他的风格发生了转变,已很难寻得唯美主义的影响。在王尔德服刑期间,妻子康斯坦斯与两个孩子改姓为荷兰德(Holland),移居意大利,而他在社交界和文学界的大多数朋友都对他避之唯恐不及。只有寥寥数人如剧作家萧伯纳仍挺身维护他。1897 年获释后,对于英国

---

① 周小仪:《唯美主义与消费文化》,北京:北京大学出版社,2002,第 64 页。

② 周小仪:《唯美主义与消费文化》,北京:北京大学出版社,2002,第 83 页。

③ 周小仪:《唯美主义与消费文化》,北京:北京大学出版社,2002,第 73 页。

失望透顶的王尔德动身前往巴黎，期间他为了两个孩子曾尝试与康斯坦斯复合，但阿尔弗莱德·道格拉斯此时又主动来和他见面，表示想与王尔德重修旧好，王尔德再次愚蠢地选择了道格拉斯。1898年两人同游意大利，但最后仍然分手。因为出狱后的王尔德风光不再，道格拉斯也明白王尔德已不再是那个已婚且人人敬羡的成功人士。尽管他们曾经相爱，腻在一起聊到天南地北，但是自私而任性的道格拉斯早前就曾对王尔德说过：如果你不再是那个高高在上的王尔德，那一切都不再有趣。

1900年，王尔德终于在他的好友且曾是他的第一个同性情人罗伯特·罗比·罗斯的帮助下改信天主教。王尔德曾称是因为罗斯的诱惑使他走上同性恋的道路，当时罗斯17岁，王尔德32岁。尽管王尔德后来迷恋道格拉斯，但罗斯多年来爱慕王尔德的情感始终不渝。在王尔德最困难的时候尽可能地给予他帮助。王尔德于同年11月30日因脑膜炎于巴黎的阿尔萨斯旅馆去世，终年46岁，死时只有罗斯与另一朋友陪在他身边。王尔德在巴黎的墓地，按照他在诗集《斯芬克斯》中的意象，雕刻成了一座小小的狮身人面像。罗斯死后的骨灰按照他的遗愿和王尔德葬在了一起，总算是给势利而让人失望的世界，带来了一点明亮的东西。有一个问题一直困扰着研究王尔德的学者：是什么动力让王尔德做出如此惊世骇俗的举措？在英国当代批评家伊格尔顿看来，他的家庭背景起到了很大作用。他写道：我们时常需要提醒英格兰人，奥斯卡·王尔德是一个爱尔兰人。这意味着一种叛逆和反抗的精神。王尔德的母亲是一个爱尔兰民族主义抵抗者兼民俗学家，其父则是一个伟大的爱尔兰古文物收藏家。伊格尔顿认为，王尔德继承了他母亲激进的女权主义思想，将他体现在自己身上成为一个坚定的"反社会者"。①

伊格尔顿说法或许有一定道理，但我们谈论王尔德的目的，主要是通过他作为唯美主义运动中最有影响力的人物，来分析唯美主义的意义。如上所述，王尔德之于唯美主义运动有其特殊意义，他给了这场运动以极大的推进，使之名声大振。但他同样也使这场运动因他本人的生活而大受牵制。如果说对王尔德的审判和定罪"仿佛使英国的唯美主义运动暂时停下来"，那么随着王尔德入狱后而精神面貌发生根本性改变，这场一度显得"轰轰烈烈"的运动也就随之而终结。在"后王尔德"时代，"诗人们不再戴天鹅绒领子、不再啜饮苦艾酒了。他们现在成了胃口极佳、筋骨强健的人。"②威廉·冈特在其书里指出："总的来说，唯美主义运动是一场错中错。"③时过境迁来看，这句话很有道理。这并不是否认唯美

---

① ［英］特里·伊格尔顿：《异端人物》，刘超等译，南京：江苏人民出版社，2014，第52、54页。

② ［英］威廉·冈特：《美的历险》，肖聿等译，北京：中国文联出版公司，1987，第254页。

③ ［英］威廉·冈特：《美的历险》，肖聿等译，北京：中国文联出版公司，1987，第82页。

主义运动的参加者们全都无所作为,他们中的一些人如画家惠斯勒和诗人斯文本恩(原译为史文朋),也都创作了一些不错的佳作。更何况王尔德本人,除了他的戏剧和小说《道连·格林的画像》,他创作的一些童话作品毫无疑问属于杰作。但关键的问题是,唯美主义的艺术主张不仅大大地限制了他们本人的创作手脚,也让一些缺乏艺术经验的年青艺术家误入歧途。因为唯美主义的"为艺术而艺术"立场的实质,是强调艺术摆脱任何社会意义。我们也可以为之辩护说,"全部的唯美主义、颓废主义运动都是在抗议十九世纪的压抑",①但这并不能成为唯美主义在艺术领域畅通无阻的通行证。对于唯美主义而言,无论是"为艺术而艺术",还是"为艺术而生活",这两种主张在艺术领域和生活世界都形成了一种负面影响。

前者倡导的"美"是一种局限于形式方面的感觉之美。用斯文本恩的话说:"成熟艺术的职能并非来自修道院的迴廊或是伊斯兰的后宫;人们将会再度承认:一切事物的外在形式都无比美丽,从中可以产生优秀的作品。"②毫无疑问,艺术中从来都有"形式美"的一席之地,但斯文本恩这种意义上的"形式美"却是**不仅没有深刻的思想内涵,更没有深度的精神因素**的东西。之于唯美主义者们身体力行的所谓"为艺术而生活",已经以他们本人付出的代价证明了,这个立场只能是一种缺乏实践的可行性的幻想。王尔德在生命的晚期也曾对自己的一生做过反思,他说过:"我最大的错误在于在太久的时间里,将丰富的营养供给了感官享受,而只把简单的食物留给了灵魂,以至于它饿得要死。"③著名作家安德烈·纪德曾经这样评价王尔德:"他不是一位伟大的作家,却是一名伟大的寻欢作乐者。"④按照威廉·冈特的观点,这场运动的结果只是产生了一些"审美的人",对些人的特点是对宗教、道德、教育、政治原则和社会改革漠不关心。换句话说,在这场运动的全部结果中,艺术家们得到了一粒美的结晶。但这是得不偿失的。因为"它的分量和价值都无法跟艺术家们毫无意义的生命消耗收支相抵。"⑤这能否看作是对唯美主义的盖棺论定之言或许还可商榷,但它毫无疑问是我们今天重新反思唯美主义运动的一条思想路径。不管怎么说,有一点是无法否认的:"纵观历史,'为艺术而艺术'这一理想对于大多数人类文化来说,都不

① 〔英〕威廉·冈特:《美的历险》,肖聿等译,北京:中国文联出版公司,1987,第 202 页。

② 〔英〕威廉·冈特:《美的历险》,肖聿等译,北京:中国文联出版公司,1987,第 54 页。

③ 〔英〕默林·霍兰德:《在咖啡馆遇见王尔德》,王铮译,哈尔滨:黑龙江教育出版社,2013,第 145 页。

④ 〔美〕赫伯特·洛特曼:《王尔德在巴黎》,谢迎芳译,北京:作家出版社,2011,第113 页。

⑤ 〔英〕威廉·冈特:《美的历险》,肖聿等译,北京:中国文联出版公司,1987,第 306 页。

可理解。"①

2. 自恋主义与生命美学

(1)作为一种文化的自恋主义

在瑰丽丰富的古希腊神话传说里，那喀索斯的故事显得别具一格。作为河神刻菲索斯与仙女莱里奥普所生的儿子，他自恃有举世无双的美貌而拒绝了所有姑娘的求爱。当他一视同仁地让回声女神厄科也同样伤心离去，灾难终于降临。为之不平的复仇女神娜美西斯给了那喀索斯以严厉惩罚，让这位目空一切的帅哥爱上自己在水里的漂亮倒影。那喀索斯在女神的意志下整日徘徊于水边湖畔，最后坠入水中而死。这个遥远而离奇的不幸传说具有长久的文化生命力。因为它形象而深刻地揭示了人类身上与生俱来的一种生命情结：自恋，从"那喀索斯"(Narcissus)一词产生了"自恋主义"(Narcissism)的概念。但在很长的历史里，人们并没有给予它应有的关注。根据著名学者弗洛姆的说法，真正让这个概念浮出思想水面的是其本家弗洛伊德。用他的话说，"弗洛伊德最有成效、意义最深远的发现之一乃是他的自恋这个概念"，正是"通过对自恋的研究，弗洛伊德为人类理解自身作出了富有意义的贡献"。② 弗洛姆的这一"知识产权"判定是否妥当可以另当别论，随着自我中心在当今世界蔚然成风，自恋主义已经成为现代文明的基本主题这无疑已是有目共睹的一个事实。"目前盛行的态度从表面上看乐观并着眼于未来，却渊源于自恋主义的精神匮乏"，③美国学者拉斯奇当年所作的这一断言如今已随处可见。但本文的意图在于提出这么一个论点：如何对自恋主义文化与人类审美活动的关系作出把握，是现代美学所必须面对的一个关键问题。

顾名思义，自恋主义文化首先是一种以自我为中心、以内心生活为重点的利己主义文化的情感表现。"尽管自恋的各种表现形式不同，但一切自恋的形式都具有这一共同的特点，即对外部世界缺乏真正的兴趣。"④所以，自恋意味常常随着个体自我意识的增强而同步增强。在人世的芸芸众生里，最具有个人意识的莫过于那些从事精神创造性工作的艺术家。法国女作家玛格丽特·杜拉斯在一次回答记者关于《情人》是否是一份"自我分析的报告"的提问时，曾坦承道："我是个彻底的自恋狂。"⑤虽然并不是所有的作家都会作出像杜拉斯这样的自认，

---

① ［美］亚历山大·托马斯：《杜威的艺术、经验与自然理论》，谷红岩译，北京：北京大学出版社，2010，第222页。

② ［美］弗洛姆：《弗洛伊德思想的贡献与局限》，申荷永译，长沙：湖南人民出版社，1986，第51页。

③ ［美］拉斯奇：《自恋主义文化》，陈红雯等译，上海：上海文化出版社，1988，第6页。

④ ［美］弗洛姆：《人心》，孙月才等译，北京：商务印书馆，1989，第59页。

⑤ ［法］杜拉斯：《写作》，曹德明译，沈阳：春风文艺出版社，2000，第167页。

但杜拉斯的这一表态无疑有极大的普遍性。就像弗洛姆所说："许多艺术家和富有创造性的作家、音乐指挥家、舞蹈家均是十分自恋的。他们的自恋并不影响他们艺术，相反却常常对他们有所帮助。"①诗人惠特曼的《自我之歌》用艺术的形式对此作过形象化的披露："欢迎我每一器官、每一标志/我的骨骼是世界上最甜美的杰作/神圣如我，里里外外，我也净化了我所接触与触及我的万物/这两个腋窝的芳香远胜祈祷/头颅远胜教堂、圣经及一切信条/我若崇拜一物，必是我伸展的肌体，或肌体的局部/我溺爱自己，世上有我存在一切甘美如饴。"分析起来，这无非是由于自恋的人虽然是"为自己"的人，却也是"名副其实"的人。马克思有过一个迄今仍有效的关于"人"的著名评论：真正将人的生命活动同动物行为区别开来的，是对自我的意识，一个"人"的诞生总是伴随着"我是谁"的困惑。"从目的论的意义上来说，大自然赋予人类强烈的自恋，促使人类为生存而从事必要的工作。"②让生命主体通过自我欣赏来加强自我保护、谋取更好的发展，这就是自恋的人类学意义，它是提醒早已不具有动物那种自卫本能的人类生命个体，重新通过文化途径来培育自我关心的机制。

所以，自恋的实质是对生命的珍惜。这也正是它之所以在艺术家身上表现得格外突出的原因：突出的自恋情结是强烈的生命意识的一种表征，因为"自恋是一种激情，许多个人所具有这种激情的程度只能与性欲和生的欲望相比较"。③通过自恋所唤起的这种生命激情是从事艺术创作的基本前提，因为"没有生命便没有艺术"（罗丹）。而从自恋与人类生命意识的这种内在联系出发，我们也就能够发现这么一个迄今为止仍未得到应有的关注的事实：对于人类审美意识的历史发生，自恋情结曾具有举足轻重的意义。以西方审美文化发展史为例，众所周知，如同古希腊艺术是西方审美文化的主要源头，雕塑创作曾对古希腊艺术走向繁荣产生过无可比拟的作用。丹纳在其名噪一时的《艺术哲学》里指出："雕塑成为希腊的中心艺术，一切别的艺术都以雕塑为主，或是陪衬雕塑，或是模仿雕塑。"这首先有其社会文化方面的逻辑：古希腊社会地处平原，周边缺少诸如高山峻岭这样的能够防御外敌进犯的自然屏障。为了民族生存的需要，在战争手段相对原始的情况下，强身健体便成了古希腊战士赢得战争胜利的最好保证。再加上当地的气温介于冬夏之间，适宜于进行裸体运动，一种独特的崇尚体格的时代氛围便宣告形成。对于当时的古希腊人而言，"理想的人物不是善于思索的头脑或者感觉敏锐的心灵，而是血统好，发育好，比例匀称，身手矫捷，擅

① ［美］弗洛姆：《弗洛伊德思想的贡献与局限》，申荷永译，长沙：湖南人民出版社，1986，第 57 页。

② ［美］弗洛姆：《人心》，孙月才等译，北京：商务印书馆，1989，第 61 页。

③ ［美］弗洛姆：《人心》，孙月才等译，北京：商务印书馆，1989，第 61 页。

长各种运动的裸体"①。为了表现这样的裸体，具有鲜明立体感的雕塑创作无疑是最佳方式。但进一步来看这仍只是审美发生的"他律"，古希腊雕塑之所以迄今仍拥有独特魅力，是因为当时的艺术家们深深地被他们所要表现的那种充分体现着生命力的裸体运动所吸引。

从这种由"健"向"美"的转换中，我们可以发现对人类审美文化的生成具有实质意义的生命意识，其内核也就是一种自恋意识。因为以人体为中心的体育活动历来是自恋的最好对象，就像当代德国学者舒里安所说：在体育运动中首先显露出来的是自我表现和表演，在身体的这种展示中"可以认出与自恋的关系"②。这清楚地表明了审美存在的"主体间性"，意味着"客体的美正是美感的幻象"。③ 也正是在这个意义上，我们得对沃林格提出的这一见解予以赞同："审美享受是一种客观化的自我享受，审美享受就是在一个与自我不同的感性对象中玩味自我本身。"④但同时必须看到，这样的认同是有条件的。也就是说自恋固然是美感发生的逻辑起点，并非就是其文化归宿。那喀索斯的故事其实已告诉我们，自恋只是审美活动的生成胎盘，美感体验的真正发展意味着从这种绝对自我中心的自恋意识的范围里作出突围；否则，仅仅停泊于自恋之中，结局只能是美的毁灭而非诞生。这同样有着人类学方面的根据。经验表明，生活里的自恋主义者大多是一些自怜自艾的人，在他们身上生命力不仅没有强化反而大大被削弱了。缺乏自立精神导致了他们也缺乏真正的自尊品格。因为"尽管自恋主义者不时会幻想自己权力无限，但是他却要依靠别人才能感到自尊，离开了对他崇拜得五体投地的观众他就活不下去"⑤。自恋者虽然爱生命，但爱的只是自己，这个世界对于他别无意义。这就导致了自恋情结的一个内在的生存悖论：它既是个体生存所必需的，同时又对其生存构成一种威胁，因为彻底的自恋者具有一种排他性。现实中人因而面临这样一种境况：一方面不能彻底否定自恋，另一方面又必须有效地对之作出某种控制。否则他就会从社会生活中自我放逐，置自身于四面楚歌的生存困境之中。

不言而喻，缺乏美感也正是自恋狂们在生存论方面的劣势的一大表现，因为真正的审美魅力属于那些对这种自恋情结作出了超越的对象。如同评论家们所分析的，惠特曼之所以能成为现代美国最伟大的诗人之一，乃是因为"他早期的自恋并没有使他变得自私，却教了他自尊自爱"。这主要表现在他将这份爱最终由己而及人，就像他在《我吟诵身体的电车》里写道："啊，我的肉体！我不敢唾弃

---

① ［法］丹纳：《艺术哲学》，傅雷译，北京：人民文学出版社，1963，第47页。
② ［德］舒里安：《日常生活中的艺术》，桂林：漓江出版社，1993，第107页。
③ ［俄］别尔嘉耶夫：《人的奴役与自由》，徐黎明译，贵阳：贵州人民出版社，1994，第214页。
④ ［德］沃林格：《抽象与移情》，王才勇译，沈阳：辽宁人民出版社，1987，第5页。
⑤ ［美］拉斯奇：《自恋主义文化》，陈红雯等译，上海：上海文化出版社，1988，第9页。

别人身上你的同类,也不敢唾弃局部的你/我深信你的同类会随灵魂而起落,其实他们便是灵魂。"①审美活动不同于日常实践活动,在于其具有"可分享"性,意味着一种内在的"交流"。事实正是这样:"只去关注个人的经验而不关注交流,这是容易的;只去自我欣赏、自我表现这是容易的,但到头来,根本没有了艺术。"②广大的艺术受众之所以给予杰出艺术家以荣誉与财富,显然并不是由于他们拥有自我表现的特权,而在于通过他们的这种生命表现能够为我们揭示出具有普泛意义的东西;在那些伟大艺术里,无疑存在着一种具有全人感的客观性。更能说明问题的,是夏绿蒂·勃朗特的《简·爱》。小说里的同名女主角是一个不仅无财而且更无貌的孤儿,在作品开头叙事者让"我"如此这般地作出自我介绍:"**我一直希望,尽可能使自己显得好看,在缺少美貌所许可的范围内尽可能使自己讨人喜欢。我有时惋惜自己没长得再漂亮一点,有时候希望有红喷喷的脸蛋,挺直的鼻子和樱桃般的小嘴;希望自己长得高、庄严、身材丰满。我觉得自己长得那么矮小,那么苍白,五官长得那么不端正,那么特征不显著,真是一种不幸。**"很清楚,这里的"我"不是一位具有浪漫风韵的女性,她的独特魅力在于其本人所具有的一种自立的个性。就像她的情人罗切斯特从简·爱的额头上所读出的:"那个额头似乎在说:'如果自尊心和环境需要,我可以一个人生活,我不必出卖灵魂去换取幸福。'"(小说第19章)

但这份自尊无疑来自于主人公能够正视自己实际的生存处境而不自暴自弃,简·爱之美在于她虽不具有自恋的资本但也不因此而自惭形秽。自弃是自恋的一种存在方式,因而,当我们将简·爱视为性格与个性之美的典范,也就必须看到审美文化的实质就在于对自恋的超越。因为真正的自尊不仅是对自我价值的认同,同样也是对别人的人格的肯定。通过这种对自恋主义的自我中心的摆脱,个体生命走向一种自由的境界,它意味着只有摆脱了"自恋"的"自由",才是审美文化的实质所在。显然正是出于这样的认识,强调审美享受是一种客观化的自我享受的沃林格并没有忘记提醒我们,"一切审美享受都溯源于摆脱自我的本能",这种"摆脱自我的需要"就是"所有审美体验最深层而且是最终的本质"。③ 只是这种摆脱并非对作为一种生命意识的自恋情结的简单否定,而是生命主体在走向自由的活动中实现的一种提升与改造。

诚然,时至今日关于美与自由的关系早已不再是什么秘密。对于席勒在《美育书简》中所提出的"事物的被我们称之为美的那种特性与自由在现象上是同一的"观点,以及海德格尔的"心境越是自由,越能得到美的享受"的说法,人们也早已耳熟能详。所有这些思想在很大程度上来自生活里的审美实践的启迪。比

---

① [美]莫达尔:《爱与文学》,郑秋水译,长沙:湖南文艺出版社,1987,第140页。

② [美]马丁:《生命的律动》,欧建平译,北京:文化艺术出版社,1994,第187页。

③ [德]沃林格:《抽象与移情》,王才勇译,沈阳:辽宁人民出版社,1987,第24页。

如，当你有机会面对曾被俄国诗魂普希金称为"自由的元素"的大海，体会到现代主义诗歌鼻祖波德莱尔所说的"自由的人永远爱海"的那份感受，你会深刻地懂得自由与人类生命的神秘关联。正如诗人艾吕雅在长诗《自由》里曾经表达的那样："凭着一个词儿的力量／我重新开始我的生活／我生到世上来就为了认识你／为了呼唤你的名字／——自由。"①虽然迄今已有无数学者发表过关于"自由"的见解，就像弗洛姆所说："我不知道还有哪个问题比自由问题更值得研究，还有哪一个问题比这个自由问题能为奋发有为的天才，开辟一个新天地提供更好的机会"②；虽然用"自由"来界定"美"到底意味着什么迄今仍显得语焉不详，就像诗人桑德堡的一句诗所形容的："自由是令人迷惑的，它首先，载入谜语的入门课本。"但有一点可以肯定：除了用"自由"这个词来界定审美活动的本质再无更好的选择。美感是一种对自由的体验，最美的现象必定是最具有自由品格的存在。因为"美不属于决定化的世界，它脱出这个世界而自由地呼吸"。③

比如雨果《巴黎圣母院》里的吉卜赛姑娘艾丝梅拉达，和列·托尔斯泰笔下的安娜·卡列尼娜。在整个文学世界里，这两个人物之所以具有一种与众不同更为之美，无非是在她们身上都有一种追求自由的精神，正是这种精神气质赋予了她们独特的个性光彩和性格魅力。但最突出的，当然还是梅里美《嘉尔曼》里的那位同名女主角。这也是一名吉卜赛姑娘，她不仅让原本过着正常生活的一位骑兵班长唐·育才，为了对她的爱情而成了一名大强盗，而且也最终成了一名杀人犯。他杀的第一个对象是嘉尔曼原配丈夫。第二个也是最后一个便是已成了自己的情人的嘉尔曼。唯一的原因是这位率真热烈的吉卜赛姑娘不愿将其命运的缰绳交给别人。包括这位故事的实际叙说者唐·育才在内的不少男人，虽然有幸先后地得到过她的爱的奉献，但最终都无法成为她的生命的占有者。嘉尔曼的美并不来自她的外貌。用她的情人们的评价来看，"她的眼睛有点斜，嘴唇也略微有些厚，头发很粗"。但她却有着为一般的美女们所缺乏的"一种奇特的、粗犷的美"。这种美发自她的永远向望自由的个性。嘉尔曼曾用一句话表达了她的这一性格："我要自由，爱怎么就怎么。"这当然绝不是说说的。在小说中的那位骑兵班长又一次干涉了她同一位斗牛士的爱情后，她向他宣布："我已经不爱你了，嘉尔曼永远是自由的。"为此她付出了生命的代价，但这无疑也成全了这位姑娘，使她成了文学世界中的一位"自由女神"。为了她这一份无可比拟的美，一代又一代的读者前去朝拜。在当代中国小说里能与此相媲美的，是"老顽童周伯通"。读过金庸先生《射雕英雄传》的人，很难不对这个人物留下深刻印象，他的那种越老越显少的"顽性"来自于他天性方面的自由。比如他酷爱比试

①　飞白主编：《世界名诗鉴赏辞典》，桂林：漓江出版社，1989。

②　[美]弗洛姆：《人心》，孙月才等译，北京：商务印书馆，1989，第112页。

③　[俄]别尔嘉耶夫：《人的奴役与自由》，徐黎明译，贵阳：贵州人民出版社，1994，第214页。

本领,好胜好斗,以至为了同藏僧灵智上人比赛谁能忍耐坐地不动而差点误了大事,让沙通天等人谋害"丐帮"老帮主洪七公的阴谋得逞。但他如此痴迷于武功却纯粹是出于一种钻研的兴趣,不为争雄称霸。为此他不仅忠告曾向他学艺的郭靖,要"爱武而学武";而且在自己眼看已能融贯刚柔练出天下第一功夫时却果断中止,为的是追求一份自由自在的生活。

凡此种种都说明,个性之美来自于生命中的那份自由精神,只有内在地拥有这种精神才能具有真正的个体人格。因为自尊是双向的,拥有自尊的个体人格的形成是主体生命拥有自由的表现:"尊重的存在只有建立在自由的基础上,尊重意味着关心另一个人,使之按其本性成长和发展。"①所以,当人们自觉不自觉地开始用"自由"来对审美活动作出把握,首先也就意味着对自恋主义文化的超越。没有这种超越就不会有任何自由的生命和生命的自由。因为"人只有彻底摆脱自恋才能成为一个完全成熟的人"。②但问题也正在于这种"摆脱"究竟意味着什么?事实表明正是在这个环节上,我们常常陷入思想的迷津。哲学家阿德勒曾通俗地表述道:"我们能够去做我们乐意和希望做的事情,这时我们就拥有自由。"③但一部文明发展史告诉我们,人类生命早已不具有动物那种"欲望的自律"。在人们的现实需要中,有许多其实是由不合理的心理欲望所引起。正是出于这种考虑,一些社会学家甚至提出今天有必要重提新形式的禁欲主义。"这种禁欲主义的原则之一是,人类不应该制造他们所能制造的每一种技术产品,而只应该制造那些或是对他们的同胞或是对他们自己必不可少的产品。"④这个见解无疑有其道理。因为自由并非为所欲为。歌德说得好:"自由是一个'限制概念',一个人只要宣称自己是自由的,就会同时感到他是受约束的。"⑤这种限制首先体现于对个体欲望的控制,它提醒我们,"不能忽视或不考虑自由和放纵两者之间的区别,理解并接受了这种区别而无法为所欲为的人,不会因此而丧失自由"⑥。于是,对欲望的某种排斥常常也就成为人们试图超越自恋的一条捷径。

(3)审美:超越自恋主义

从美学方面来看,这种因欲望的失控而引起的对美的否定无疑举不胜举。随着欲望之火的熊熊燃烧,生命的个体也就不复存在,只是成了一些行尸走肉。

①　[美]弗洛姆:《为自己的人》,孙依依译,北京:生活·读书·新知三联书店,1988,第253页。

②　[美]弗洛姆:《人心》,孙月才等译,北京:商务印书馆,1989,第78页。

③　[美]阿德勒:《哲学的误区》,汪关盛等译,上海:上海人民出版社,1992,第116页。

④　[美]舒尔曼:《科技文明与人类未来》,李小兵译,北京:东方出版社,1995,第330页。

⑤　[德]歌德:《歌德的格言和感想集》,程代熙译,北京:中国社会科学出版社,1982,第49页。

⑥　[美]阿德勒:《六大观念》,陈珠泉等译,北京:团结出版社,1989,第148页。

那些沦为欲望的奴隶的角色，变得残忍、愚蠢和丑陋，不仅自我毁灭，而且也给别人的生活带来灾难。比如《红与黑》里的于连，如果他不是那么一意孤行地想出人头地，他本不至于在开枪打死自己昔日的情人德·瑞娜夫人后，将自己送上绞架；比如《巴黎圣母院》中的副主教富洛娄，如果不是他因邪念难抑而一手导演了一出谋杀案，美丽善良的艾丝梅拉达不会遭受无辜的厄运，他自己也不会因此被敲钟人卡西莫多摔死在钟楼下；比如莎士比亚悲剧《麦克白》里的麦克白夫妇，如果他们不让自己的权力欲恶性膨胀，他们完全可以避免最后那种非死即疯的悲剧下场；比如莫里哀的名剧《吝啬鬼》里的财主阿巴贡，如果他不是那样财迷心窍，也不会落得众叛亲离无依无靠的地步。凡此种种都让人想起叔本华当年的这一格言："人虽然能够做他想做的，但不能要他所想要的。"这句让伟大的爱因斯坦从青年时代起就一直铭记在心的经验之谈，显然是在提醒我们："只有当人们从外在和内在的、肉体和道德的束缚中解脱出来，即只有当他既不被法则也不被需求约束后，他才是自由的。"①由于产生这些欲望悲剧的根源在于自我中心主义，所以，一些宗教思想家提出，"人的原罪是自我中心主义，自我中心主义毁坏了人的'我'与'他者'、'上帝'、'世界'的关系"②。

　　对自我中心主义的这种否定虽然不无道理，问题是倘若由此而走向宗教禁欲主义，事情也将变得面目全非。事实上这种矫枉过正常常发生，荷兰学者舒安曼的观点颇具代表性，他曾鉴于人们常常容易走火入魔而提出："自由乃是摆脱任何一种自主，乃是自由地从事上帝号召耶稣基督的信徒们从事的服务。换句话说，自由乃是摆脱了对现实的有意义的存在的任何组成因素的所有决定性羁绊"③。这是一个似是而非的结论，康德说得好，"自由"就是生命的"自主"，即自己决定其行为。如果我们出于对自身欲望的恐惧而将这种自主权交给上帝，自由也同样无从谈起。这也正是人类争取自由的困难所在："人受自然的、宇宙的奴役，常常又无条件地把上帝当作客体，受上帝的奴役。"④如同文化原始主义对欲望的放纵并非人的自由，宗教禁欲主义也不能为我们实现自由生命提供保障。因为一切宗教都以人的自我否定为前提，都无法回避这样的事实：在任何一种作为"社会事实"的宗教形式中，人都归属于从其自身里以"异化"的方式投射出去的某种神秘力量而不属于自己，正是在此意义上，人们"有权把宗教与虚假意识联系起来"。⑤显然，在这种"异化"情境中不可能有真正属人的自主性。无疑也

①　[德]马尔库塞：《审美之维》，李小兵译，北京：生活·读书·新知三联书店，1989，第57页。
②　[俄]别尔嘉耶夫：《人的奴役与自由》，徐黎明译，贵阳：贵州人民出版社，1994，第111页。
③　[美]舒尔曼：《科技文明与人类未来》，李小兵译，北京：东方出版社，1995，第375页。
④　[俄]别尔嘉耶夫：《人的奴役与自由》，徐黎明译，贵阳：贵州人民出版社，1994，第74页。
⑤　[美]贝格尔：《神圣的帷幕》，高师宁译，上海：上海人民出版社，1991，第108页。

是出于这样的认识,怀有深刻宗教感情的别尔嘉耶夫承认:"神秘主义者提出人应远离上帝这不无道理,人的出路也正在这里。"①虽然应该承认,基督教相比之下其他宗教形式在这方面的确有所区别,因为"基督要求我们自我否定时,就是为了使我们获得这种使我们成为我们自己的自由"②。但也唯其如此就像宗教学家们早已指出的:"基督教是它自己的掘墓人"③,基督教自近代以降的世俗化过程清楚地表明了这一点。

只有当宗教成为一种内在于人自身的神圣存在的"文化现象"的情况下,宗教的人类学意义才能够为人的这种自主性网开一面。这种形式下的宗教文化让自己体现为坚定地将整个宇宙设想为对人来说具有意义的一种精神活动,成为人类实现自我超越的一个平台。它让我们在通往"神"的旅途中成为"人"。但此时我们所看到的,却并非是美在上帝之城中存在,相反而是上帝在审美的世界里栖身。就像宗教学家詹姆士·里德博士所说:"当永生的感觉在我们心中朦胧暗淡的时候,恢复我们永生感的最有效的方法就是去观赏美景。"④这深刻地表明了以感性的肉体现实为基础的人类生命,在生存论上的"此岸"性;也表明了自由的意义并不在于虚幻地克服生命的这种真正需要,而是在此岸打开一条通往人性的超越之路。

由此可见,审美活动所要求的对自恋主义文化的摆脱,并不意味着对生命欲望的否定。事实上,人类审美文化在发生学意义上以自恋文化为起点,这本身就已注定了审美具有其体现为欲望形式的生命基础,决定了作为人类生命的自发性活动的"人类自由就根植于人类的感性之中"⑤。在此,根本性的原因就在于已为马克思在其著名的《1844年经济学—哲学手稿》里所指出的,人直接地首先是一个自然存在物,也即是肉体的、活生生的、有感觉的存在物。但进一步来看,这其实也意味着在审美世界里永远得为自恋文化留下一席之地。如同我们只有通过自身的体验来理解他人的感受,我们只有通过自爱来学会爱别人。自恋是人类生命的守护神,也是我们的审美意识的发源地。这也就是弗洛姆曾指出过的,所有"正常人"或多或少地都有自恋倾向的原因所在。因此在人类审美活动中,对自恋的摆脱既不是对自恋的彻底否定,也不是以扩张的形式进行转移,而是通过门户开放来让自恋"名存实亡",赋予其以崭新的内涵。这里的关键在于,

① [俄]别尔嘉耶夫:《人的奴役与自由》,徐黎明译,贵阳:贵州人民出版社,1994,第72页。

② [美]里德:《基督的人生观》,蒋庆译,北京:生活·读书·新知三联书店,1989,第70页。

③ [美]贝格尔:《神圣的帷幕》,高师宁译,上海:上海人民出版社,1991,第153页。

④ [美]里德:《基督的人生观》,蒋庆译,北京:生活·读书·新知三联书店,1989,第221页。

⑤ [德]马尔库塞:《审美之维》,李小兵译,北京:生活·读书·新知三联书店,1989,第143页。

自恋人格具有双重结构:自爱与自私;这使得它在价值论上也相应地具有两重性:作为正价值的"自爱",与作为负价值的"自私"。弗洛姆说得好,自私是一种贪婪,因而自私意味着冷漠和无情并常常导致占有欲,不愿与他人分享世界。但自爱却能通过爱自己而推己及人,爱自己与爱他人不可分割地联系在一起。但问题在于集权体制文化总是将两者混为一谈,并以对自私的攻击来否定自爱。弗洛姆精辟地指出:一部文明史充分表明,"不要自私意味着不要按自己的愿望行事,意味着为了权威而放弃自己的愿望"。因而事实上,"'不要自私'成了意识形态抑制自发性和人格自由发展的最有力的工具之一"。①

所以,审美活动对自我中心的解构不应该导致"无我主义",这样的结果意味着生命力的终结和自由的消亡。超越自恋决不能是自恋文化以所谓"集体主义"姿态出现的转移。事实表明,诸如民族主义狂热和集团性认同都是自恋人格的扩大化,这些现象的非理性与偏狭性形成了对人性的封闭与扼杀,自然也就毫无真正的美感可言。超越自恋的途径只能是在对"我"的个体性肯定的基础上作出的某种颠覆与解构,两性间的"爱欲"是其最佳选择。社会心理学家们早已指出,不同于体现种族生存需要的性欲,真正的爱欲作为一种个体性现象其意义不在于传宗接代,而是超越这种生殖功能走向与别的生命体的融合。所以同性欲相比爱欲是真正属于"人"的现象,就像席勒所说:"随着人性出现在自己的对象中,欲望扩大并发展成爱。"②它与纯粹性欲的区别并不在于非肉体性,而在于后者是一种"占有",而爱欲只是一种"拥有"。概括地说,"占有"作为一种支配关系的体现,意味着将对象"物"化,剥夺了其生命性(因为只有不具生命的东西,才有可能为人所占有)。与此不同,"拥有"是一种交流关系,它以承认对象的生命主体性为前提(只有这样他才能与之进行交流)。爱欲的"拥有"性反映了其本质规定:爱作为一种感情而非"物"是不能被"占有"的。在这种关系里,个体生命既得到了放大(本是分离的两个个体融为一体);同时又得到了确立与巩固,就像弗洛姆所说的,如果我们爱另一个人,那么就会感到和对方是一体,但他(或她)还是他(或她)。因此,在这种"拥有"式的爱欲里生命主体自爱但并不自私,它向我们昭示出这么一个已为无数事实所重复的道理:"人类爱的意义就在于牺牲利己主义而拯救个性。"③

爱情因此而显得美好而动人。因为在这里,我们看到了"爱"和"自由"正是在作为我们生命基础的自恋文化的平台上,得到了一种实现。因为人们对爱欲

① 〔美〕弗洛姆:《为自己的人》,孙依依译,北京:生活·读书·新知三联书店,1988,第127页。

② 〔德〕席勒:《美育书简》,徐恒醇译,北京:中国文联出版公司,1984,第144页。

③ 〔俄〕索洛维约夫:《爱的意义》,董友等译,北京:生活·读书·新知三联书店,1996,第45页。

的追求同时也"是一种争取自身完善和自身充实的愿望,所以它仍是自恋的一种形式"。① 因而,当雕塑家安托瓦尼·布德尔宣称"艺术的奥秘是爱"时,他无疑道出了人类审美活动最深刻、也是最普通的秘密:作为美感的本质规定的生命的自由境界,也就是一种爱的境界。这个境界的特征是生命主体在真正属于人的"生活世界"里彼此拥有。让我们再来到金庸的武侠世界,读一读《笑傲江湖》。小说中的"一号"人物令狐冲无疑是金庸整个创作中最有美感魅力的人物之一。这种魅力来自于他对"名、利、权、色"这人生四大欲的超越。如果说《天龙八部》中的盖世英雄萧峰最终为一个"义"字所困,《鹿鼎记》里那位娶了七位风格不同且又个个才貌双全的姑娘为妻的韦小宝为"色"所败,包括他师傅"君子剑岳不群"在内的诸天下枭雄都为"权"与"利"所惑,那么令狐冲则只为一样东西所属,这就是对他师妹岳灵珊的执着的爱。用作者金庸在小说的"后记"里的话说:"他是天生的'隐士',对权力没有兴趣。生命中只重视个人的自由、个性的舒展,唯一重要的只是爱情。"令狐冲正是凭着这份爱而超越于众英雄之上,比他们更多了一份审美魅力,成为整个"金庸天地"里独步天下的审美形象。

也许我们可以认为,令狐冲的这份爱成了他的阿喀琉斯之踵,因为他只能将这份感情奉献于一位姑娘,而未能像那些"无产阶级战士"那样属于"全人类"。在某种意义上,这也正体现了以自由为前提的爱欲的一个悖论。就像马尔库塞所说:"人的自由不仅是个人私事,但如果自由不也是一件私事的话,它就什么也不是了。"②但事实上,这种说法似是而非。因为生命是一种具体的存在,这决定了我们虽然能够去想象和虚构各种抽象世界并为之而激动,但永远不会对任何这类的"人造物"产生真正意义上的爱。因为"人性是在单个人身上开始的,正如历史是从单个的事件中产生的一样"。当我们去爱、去恨、去以"人"的名义活动时,"我们每次想到的总是一个人"。③ 所以,虽然在几千年的文明历程中,人迄今已全然成了社会化的生存物;虽然人只有在一定的社会形式下才能够获得生存和发展的可能,因而使人的本质成了"社会关系的总和"。但这并不意味着人就是一种彻底的社会性动物,恰恰相反,人只有在拥有其独特的不可重复的个性时,才是一个真正意义上的人。这是人类世界同蚂蚁社会的差异所在:在蚂蚁那里个体不具有任何意义,整个群体以种属生存为唯一目的。但对于人类,社会解放的目的是为了解放现实的个体的人,离开了个人幸福的所谓"集体解放"毫无意义。如同康德所说:"人能够具有'自我'的观念,这使人无限地提升到地球上

---

① [美]梅弗斯:《什么是爱》,周美琪译,北京:生活·读书·新知三联书店,1991,第45页。

② [德]马尔库塞:《爱欲与文明》,黄勇等译,上海:上海译文出版社,1987,第167页。

③ [美]赫舍尔:《人是谁》,隗仁莲等译,贵阳:贵州人民出版社,1994,第54页。

一切其他有生命的存在物之上，因此，他是一个人。"①所以马克思在1856年6月21日致他夫人燕妮的信里这么写道："不是对费尔巴哈的'人'的爱，不是对摩莱肖特的'物质变换'的爱，不是对无产阶级的爱，而是对亲爱的即对你的爱，使一个人成为真正意义上的人。"所以爱因斯坦毫不含糊地表示："在人生的丰富多彩的表演，我觉得真正可贵的不是政治上的国家，而是有创造性的、有感情的个人，是人格；只有个人才能创造出高尚的和卓越的东西，而群众本身在思想上总是迟钝的，在感觉上也是迟钝的。"②

从这个意义上说，任何对所谓"个人主义"的简单、粗暴的否定都显得浅薄而荒谬，因为人的生命只有通过这种个体化的追求才能拥有真正意义上的"人性"；成为一个"人"也就是成为一个真正的个体，个体生命通过自我意识的自觉而获得社会的概念。所以，一个合理和美好的社会首先必须是尊重个体性的社会，因而也是一个多元化的社会，在这里，"整体秩序不应为着整体自身而存在，应为着个体人格而存在"③，因为"个体就是宇宙的最目的"④。但这种意义上的"我"，其实也就意味着"我们"。就像诗人们所说："伟大的不是地球，不是亚美利加／是我最伟大，或即将伟大，是你或任何一个人／宇宙的整个理论便指向单一的个人，也就是你。"⑤所以王国维"意境"说中的一切"无我之境"，归根到底是"有我之境"。从这个意义上说，我们也就无权对令狐冲吹毛求疵，去指责这位英雄的人生格局仍未能从个体存在之中突围出来，批评其生命境界不够阔大。因为他所拥有的这份爱欲不仅是真实的，也是充实的。这种充实来自于一种"忘我"之境。在这种"忘我"状态里，通过"我"与"你"的结合而产生的人与人的沟通，使彼此拥有一种共同的生命体验。"由此在其存在中感受到整个世界的波浪冲击，达到自我意识，结束作为个别的存在，使我们之外的生存涌入我们的生存。"⑥由此也可见，"忘我"并不是无我，恰恰相反，而是"有我"。用耶稣的话说，也即："只有失掉了自己，才能找得着自己。"生命在这种"忘我"中与宇宙融为一体神游意浮于天地之中，从而让我们从这种自由状态中领悟到充斥于天地之中的那种"大美"。

3. 女权主义与性别美学

（1）什么是"女权主义"

对于今天的读者，"女权主义"（feminism）一词已经并不陌生。尽管这个词

---

① ［德］康德：《实用人类学》，邓晓芒译，重庆：重庆出版社，1987，第1页。

② ［美］爱因斯坦：《爱因斯坦文集》第3卷，许良英等译，北京：商务印书馆，1979，第44页。

③ ［俄］别尔嘉耶夫：《人的奴役与自由》，徐黎明译，贵阳：贵州人民出版社，1994，第93页。

④ ［西］乌纳穆诺：《生命的悲剧意识》，吴明译，哈尔滨：北方文艺出版社，1982，第85页。

⑤ ［美］莫达尔：《爱与文学》，郑秋水译，长沙：湖南文艺出版社，1987，第139页。

⑥ ［法］史怀泽：《敬畏生命》，陈泽环译，上海：上海社会科学院出版社，1992，第21页。

是在 19 世纪才由法语进入英语,随着越来越多的女权主义批评著作被出版以及人们对女作家的创作日益关注,曾经作为一种"边缘诗学"的女权主义文学批评,已开始了其向学术研究中心的稳步迁移。用美国学者维廉·莫尔根的话讲:如果说女权主义文学批评对文学研究具有深刻的革命意义的话,那么某种意义上说,它是所有人的事情。① 究其根源,正如澳大利亚鲁思文教授所说:这不仅是由于它对传统批评之不足的批判、补充与革新,而且也是由于它的深刻性、优势以及不断增长的阵容,都与 20 世纪最具摧毁力的批评理论相一致,这使它处于文学研究和批评的中心。② 但倘若再进一步追究,到底什么是女权主义?事情就不那么简单了。

与一般的文学批评流派不同,难以被从总体上做出把握,这一直是女权主义批评的标志性特征。"女权主义批评至今尚无理论基础。我相信尚没有一个理论宣言能适切涵盖所有自称为女权主义阅读/写作方式的方法论和意识形态"。著名女权主义批评家肖瓦尔特许多年前在《荒野中的女权主义批评》一文里说的这番话迄今仍然适用。法国女权主义理论家埃莱娜·西苏曾将这提升到一个具有"本体论"意义的角度做出解释:她认为,在妇女这片疆域内没有任何东西可以纳入理论,没有任何科学可以对之作任何解释。③ 美国学者贝尔·胡克斯在其书中谈道:"女权主义讨论的一个中心问题是,我们无法在什么是女权主义这个问题上达成一致的意见,或者接受一个或几个能够协调不同观点的概念。"④20世纪初期的英国妇作家丽贝卡·韦斯特说过:"我本人始终就没能弄明白女权主义究竟是什么。我只知道无论什么时候,只要我表达出与逆来顺受的可怜虫或妓女不同的马点,人们就说我是女权主义者。"⑤时至今日,人们大多只是由于这样一个共同立场在这面旗帜下聚集:对作为"第二性"的妇女受压迫命运的同情与抗议。在最基本的方面可以认为:女权主义强调,在妇女应该做什么和应当如何看待自己的问题上,**不是生理因素而是文化方面,起着举足轻重的作用**。

因为甚至在以"社会良知"形象著称于世的那些伟大艺术家那里,情况也是如此。例如在弥尔顿的笔下,《失乐园》里的夏娃对亚当表示:"无论你怎么吩咐/我都无条件地服从/像是听从上帝的命令/上帝是你的法/你是我的法/不想知道更多的事情/是妇女最幸福的认识。"难怪伍尔芙读了之后指出:"弥尔顿可谓是

① 陈晓兰:《女性主义批评与文学诠释》,兰州:敦煌文艺出版社,1999,第 7 页。

② 陈晓兰:《女性主义批评与文学诠释》,兰州:敦煌文艺出版社,1999,第 7 页。

③ 张京媛:《当代女性主义文学批评》,北京:北京大学出版社,1992,第 227 页。

④ 〔美〕贝尔·胡克斯:《女权主义理论:从边缘到中心》,路征等译,南京:江苏人民出版社,2001,第 21 页。

⑤ 〔美〕玛格丽特·沃特斯:《女权主义简史》,朱刚等译,北京:外语教学与研究出版社,2008,第 161 页。

最早的男权主义者。"①面对这种情形，最终只能由女性自己挺身而出表示异议。著名诗人雪莱的岳母**玛丽·沃斯通克拉夫特是始作俑者**。她在其开创性著作《女权辩护》里不仅指出："自亚当起，人类的权利就这样一直被男性所专有"，而且还意识到这种男权意识形态对传统艺术文化的腐蚀，指出：小说、音乐、诗歌和风流韵事都有助于使妇女成为有感性的人，因此在她们正在获取成就的期间，她们就被培养成了一种痴情的性格；这是她们的社会地位刺激她们所取得的唯一的进步。② 自此以降，对艺术传统与男权文化这种同谋关系的批判意识，就在女权主义思想家们中不断得以加强。除此之外，在女权主义的旗帜下还有一些影响重大的著作，比如英国作家伍尔芙的《一间自己的房间》，美国学者贝蒂·弗里丹的《女性的奥秘》，伊莱恩·肖瓦尔特的《她们自己的文学》，凯特·米利特的《性政治》，贝尔·胡克斯《女权主义理论：从边缘到中心》，琳达·诺克林的《女性，艺术与权力》，以及英国作家简·里斯创作的，作为《简·爱》前篇的小说《藻海无边》等。

无可置疑，女权主义最早发生于英国，是一场争取妇女选举权的政治运动。而"女权主义"这个词同样经历了早期的贬义到中期的褒义到当代重新变得负面的变化。根据《女权主义简史》的作者沃特斯的调查，在当代女性尤其是受过大学教育的妇女中，"女权主义"的概念在她们看来已经变成极端分子（她们称之为"女权原教旨主义"）的游乐场，这个主义对于现实生活中真正的妇女问题没有意义，因为这个"主义"已经被制度化，现在只不过是一个学术话题，它让人们可以获得"性别研究"的学位，并以这个名义在大学中谋得一个占具相当优势的谋生之道。③ 这么说并不过分，但不能否认，作为一种政治运动的女权主义曾经或者说一直做出了独特的贡献。从早期的争取男女平等的选举权，到后来的反对以家庭为主的性迫（女性必须满足其丈夫或男友的性需求）等等，都体现出了积极的社会意义。换句话说，反对性压迫的重要性不是因为它是其他所有压迫的基础，而是因为它是一种控制大多数人经历的做法。"大多数孩子正是在家庭的形式中首次学会了等级制度和权威统治的意义和做法。"④

这意味着，**当我们谈论女权主义，就必须与迄今为止仍然盛行的男权中心政治相关联**。从奥维德所讲的关于那位塞浦路斯国王皮格马里翁由于嫌弃真实世界里的女人邪恶丑陋，自己动手制作了一座象牙女郎的故事里，苏珊·格巴得出

---

① ［英］伍尔芙：《伍尔芙日记选》，戴红珍等译，天津：百花文艺出版社，1997，第 6 页。

② ［英］沃斯通克拉夫特：《女权辩护》，王蓁译，北京：商务印书馆，1995，第 76、111、308 页。

③ ［美］玛格丽特·沃特斯：《女权主义简史》，朱刚等译，北京：外语教学与研究出版社，2008，第 165 页。

④ ［美］贝尔·胡克斯在其：《女权主义理论：从边缘到中心》，路征等译，南京：江苏人民出版社，2001，第 43 页。

了一个同样的结论:"我们的文化深深植根于各种男性本位的创造神话里,它表现在宗教、艺术、科学诸种领域。"在这里,"作为文化的产物,'她'是一个艺术品。'她'或是一个象牙雕刻,或是一个泥制品,或是一个圣像、偶像,但从来不是一个雕塑师。"一言以蔽之:"这个传统规定了男性作为作家在创作中是主体,是基本的一方;而女性作为他的被动的创造物、一种缺乏自主能力的次等客体,常常被强加以相互矛盾的含义却从来没有意义。"①最能说明问题的,莫过于许多具有真知灼见的男性人文学者,常常却对女性的创造力视而不见。杰出的俄罗斯宗教思想家别尔嘉耶夫甚至写道:女人与其说是创造者,不如说是对男性创造的鼓舞者。女人常常压制男性的创造,她要求爱的崇拜,制造爱的残暴统治。②

因而,作为一种文学批评的女权主义文论最终诞生于为争取自己的性别权利而向男权中心决裂的女权政治运动。就像美国女诗人艾德里安娜·里奇所说:没有日益发展的女权主义(政治)运动,女权主义的(诗学)学术运动就不会迈出第一步。③ 肖瓦尔特也认为,正是由"60年代末期的妇女运动发起了对男性文化的女权主义批评和颂扬妇女文化的'女性美学'"。④ 托里·莫依坦言:"女权主义批评家同任何其他激进的批评家相似,均可被视为一切主要关照社会和政治变革的斗争的产物,她们在其中的主要作用是试图将如此普遍的政治行动扩展到文化领域。"这场运动向文学批评的延伸是由于"这场文化、政治的战斗必然是双向的:它的目标的实现既要通过政治改革,又要通过文学媒介"。⑤ 无须赘言,这个特定的背景在很大程度上已决定了这一批评活动的价值取向,用克里斯·威登的话说:它是一种旨在改变现存社会中男女间权力关系的政治。这些权力关系建构了生活、家庭、教育、福利、工作和政治领域、文化和娱乐等各个方面。⑥ 切莉·雷吉斯特也表示:女权主义批评因其源于妇女解放运动,重视对运动有所助益的文学,于是,依据文学为解放事业服务的方式,可以很好地界定规定性批评。⑦ 朱蒂斯·菲特莉在其著名的《抵抗的读者》一书里同样直言不讳地写道:"女性主义批评是一种政治行为,其目标不仅仅是解释这个世界,而且也是通过改变读者的意识和读者与他们所读的东西之间的关系去改变这个世界。"⑧

换言之,对女权主义文学批评的最初冲击,是希望将文学作为一种手段,去

① 张京媛:《当代女性主义文学批评》,北京:北京大学出版社,1992,第162、165页。
② [俄]别尔嘉耶夫:《论人的使命》,张百春译,上海:学林出版社,2000,第317页。
③ 张京媛:《当代女性主义文学批评》,北京:北京大学出版社,1992,第123页。
④ 张京媛:《当代女性主义文学批评》,北京:北京大学出版社,1992,第254页。
⑤ 张岩冰:《女权主义文论》,济南:山东教育出版社,1998,第6页。
⑥ 陈晓兰:《女性主义批评与文学诠释》,兰州:敦煌文艺出版社,1999,第9页。
⑦ [英]玛丽·伊格尔顿:《女权主义文学理论》,胡敏等译,长沙:湖南文艺出版社,1989,第299页。
⑧ 张京媛:《当代女性主义文学批评》,北京:北京大学出版社,1992,第53页。

帮助妇女和其他一些人。① 于是，在女权主义批评与女权政治运动之间，便存在
一种明确的互惠互利的互动关系。肖瓦尔特很中肯地指出：一方面，"女权主义
批评的发展有赖于妇女在文学研究和文学职业中的不断增长的力量。没有妇女
运动充满活力的观念和力量的激励，女权主义批评不可能存在"。另一方面，迄
今为止仍以知识/精英妇女为主体的女权主义政治运动，同样也有赖于构成其主
体的"文学妇女"们的努力；"没有一代喜欢书籍的文学毕业生、教授助理、编辑、
作家、助手妻子，以及因 60 年代教育扩展而产生的受过高等教育的女性，没有她
们对小说主人公充满社会变革的界定冲击了每天遇到的性偏见现实，就不可能
有妇女运动。"②这清楚地表明了，女权主义文学批评在理论上的生成语境是现
代的"性政治"理论。

根据凯特·米利特的经典性解释，这个理论不同于以政治体制与国家机构
为实体的党派政治，而是表现为体制内与机构下的性别群体间的斗争，因为在此
同样存在着作为政治文化的核心的一种权力结构关系。唯其如此，许多女权主
义批评家在她们的批评实践中，更重视的是政治参与作用。如雷吉斯特就曾明
确地说过："我对女权主义是否能够厕身学院派批评之中不感兴趣，我非常关心
女权主义批评家是否能在妇女运动中发挥作用。"③而莉莲·罗宾逊在其《性、阶
级和文化》一书里同样表示：自己"对女权主义批评能否成为受人尊敬的学术批
评并不太在乎"，她关心的是"女权主义的批评家应成为妇女解放运动的一支有
用的力量。"④因为在她看来，女权主义批评是有目标的批评，是进行参与的批
评。它必须是意识形态的和道德的批评，它必须是革命性的。⑤

（2）作为一种"批评"的女权主义

批评家认为，由于女权主义批评折衷和反抗的性质，迄今为止要将它作为一
种理论来进行界定还显得不可能。⑥ 但随着女权主义批评家中"促使我们自己
更明确地讲清楚事实上我们在干些什么"这样的愿望的逐渐加强，对这一批评实
践进行某种总结早已被提上议程。凯瑟琳·斯廷普森曾称赞"伍尔芙以自己的
力量、失败及困惑，成为女权主义批评的主要建筑师与设计者"⑦。而在乔纳

---

① ［美］罗里·赖安等：《当代西方文学理论导引》，李繁儒等译，成都：四川文艺出版社，
1986，第 281 页。

② 陈晓兰：《女性主义批评与文学诠释》，兰州：敦煌文艺出版社，1999，第 13 页。

③ 康正果：《女权主义与文学》，北京：中国社会科学出版社，1994，第 15 页。

④ 盛宁：《20 世纪美国文论》，北京：北京大学出版社，1994，第 225 页。

⑤ 郭宏安等：《20 世纪西方文论研究》，北京：中国社会科学出版社，1997，第 509 页。

⑥ ［美］罗里·赖安等：《当代西方文学理论导引》，李繁儒等译，成都：四川文艺出版社，
1986，第 291 页。

⑦ ［美］拉尔夫·科恩：《文学理论的未来》，程锡麟等译，北京：中国社会科学出版社，
1993，第 153 页。

森·卡勒看来,波伏娃的《第二性》权威性地奠定了女权主义批评的基础。① 无论如何,女权主义文学批评总体地来讲是一种对文学的意识形态批评,关注的是文学文本的社会/政治之维。用托丽·莫依的话说:"作为一种政治批评方法,女权主义批评必须认识到美学范畴中包含的政治,同时还应认识到对艺术的政治分析所蕴含的美学。"在她看来,如果女权主义不反对作为一种"自由价值"来运用的文化批判所表现的父权制概念,它就有失去其最后一点政治可信性的危险。② 所以,虽然"多声部"一直是女权主义批评的基本格局,持续不断的"思想内战"几乎成了女权主义批评家们的常规工作,但由柯洛德尼归纳的"女权主义政治是女权主义批评的基础"③这一思想,却得到了所有女权主义批评家的首肯。米利特在其名著《性政治》里的这段话,可以看作这种批评活动的逻辑前提:文学作品是表现社会和传播男性对女性统治的最有力的工具,父权社会所有的艺术形式都是最具有宣传性的,其目的是强化两性身份中的性别因素。④

驻足于此,女权主义文学批评以其不无偏激的姿态为自己的出场举行了仪式:根据玛丽·埃尔曼在《思考的女人》一书里的说法,其目标所向是体现着性别歧视与压迫的"菲勒斯批评";按照特里·洛弗尔的观点,是"反对男性帝国主义";⑤用挪威学者托里·莫依在其《性/文本政治》中的话说:"正是政治及对父权制与性别歧视的反对,给予女权主义批评以特性。"⑥所以美国学者德莱弗在其文章里据此总结道:"女权主义文学批评最根本的出发点是对全部传统的批评工具和价值观念的怀疑,它企图平衡一种不平衡的传统。 女权主义的方法是文学的外在研究或文学社会背景的研究:它视文学为一种社会惯例,认为文学大体上反映的是居统治地位的男子的文化,并以为没有任何文学批评和文学理论在政治上是纯洁的。"⑦许多研究者都同意,"美国和英国的女性主义批评基于这样一种认识,那种不偏不倚的解释和评价,大概正如新批评采取的策略,实际上隐含以男性经验为中心,并承认父权等级制合理的观念性臆想"。⑧ 肖瓦尔特也同

① 〔美〕卡勒:《论解构》,陆扬译,北京:中国社会科学出版社,1998,第35页。

② 康正果:《女权主义与文学》,北京:中国社会科学出版社,1994,第107页。

③ 〔英〕玛丽·伊格尔顿:《女权主义文学理论》,胡敏等译,长沙:湖南文艺出版社,1989,第337页。

④ 〔美〕米利特:《性政治》,宋文伟译,南京:江苏人民出版社,2000,第35页。

⑤ 〔英〕玛丽·伊格尔顿:《女权主义文学理论》,胡敏等译,长沙:湖南文艺出版社,1989,第151页。

⑥ 〔英〕玛丽·伊格尔顿:《女权主义文学理论》,胡敏等译,长沙:湖南文艺出版社,1989,第347页。

⑦ 〔美〕罗里·赖安等:《当代西方文学理论导引》,李繁儒等译,成都:四川文艺出版社,1986,第284页。

⑧ 张京媛:《当代女性主义文学批评》,北京:北京大学出版社,1992,第271、276页。

样认为：如果说女权主义文学批评是妇女运动的一个女儿，那么它的另一个父母则是古老的父权制的文学批评和理论成果。① 但这里有两层意思：一是男性中心的菲勒斯批评为女权主义批评提供了思想靶子与批评目标，一是利用现有的男性批评家提供的理论资源，使之为女权主义批评服务。

在这方面做得最好的是桑德拉·吉尔伯特和苏珊·格巴。她们虽同意女权主义批评"必然试图中断它赖以形成的传统"，但还是以批判地继承与积极汲取为前提。比如她们曾将哈罗德布卢姆的"影响的焦虑"思想改变为"作者的焦虑"，以发现许多"女性的艺术既是为了表现，又是为了掩饰"这一事实。她们还将艾伯拉姆斯用以阐述古典主义和浪漫主义文论的"镜与灯"学说移植到女权主义批评实践中，认为"这两个范畴终究包含了女性主义思想中两种不同的倾向"；并以此为据提出"女性主义批评具有两种方式：'审定'和'女性批评'"，这两种方式都是围绕这种假设：不仅文学是社会环境的产物及反映，而且通过对本文的解释，文学批评是能分析并改变社会环境的一种活动。②

对于女权主义批评思想，除了鲁思文从方法论层面归纳出的社会学、符号学、精神分析学、女同性恋、黑人女权主义等 7 种形态外，有两位学者分别从纵向与横向作出的经验总结富有特点。卡勒根据它的发展历程将女权主义批评划分为三阶段：最早的女权主义批评带有强烈的"主题性"，即"把焦点集中在文学作品中的妇女身上"，"把兴趣放在了一个作家、一种流派以及一个时期的作品中对'妇女'或'女性形象'的态度的研究上"。第二阶段的女性主义批评提出了"使女人作为女人（而不是男人）去阅读"的问题。第三个时期的女性主义批评考察所谓的理性是怎样成为男性权益的同谋的。在他看来，透过此番历史追溯人们可以梳理出"一个女性主义批评的普遍性结构"，也就是对"女性经验"的辨识与确认。而在《她们自己的文学》一书里将女权主义批评历程划分为妇女 Feminine（1840—1880）、女权主义 Feminist（1880—1920）、女性 Female（1920—）等三个阶段的伊莱恩·肖瓦尔特，③在其《走向女权主义诗学》一文中又将女权主义文学批评分为两大类。第一类关涉的是作为读者的妇女，即作为男人创造的文学作品的消费者。第二种关涉到作为作家的妇女，即研究作为生产者的妇女，研究由妇女创作的文学的历史、主题、类型和结构。她分别以"女权批评"与"女性批评"来命名。在她看来，"**女权批评**多数是政治性的和论战性的，理论从属于马克思主义社会学和美学"，其最主要的困难"就是它是面向男性的"；而"**女性批评**则是独立自主和实验性的"，其意图在于"构筑分析妇女文学的女性框架，并发展基

---

① 张岩冰：《女权主义文论》，济南：山东教育出版社，1998，第 31 页。

② 张京媛：《当代女性主义文学批评》，北京：北京大学出版社，1992，第 275 页。

③ ［美］伊莱恩·肖瓦尔特：《她们自己的文学》，韩敏中译，杭州：浙江大学出版社，2012，第 10 页。

于女性经验的新模式"。她赞同女作家卡罗琳·海尔布伦在与凯瑟琳·斯廷普森谈话中,把"女权批评"比作《旧约全书》:"寻找过去的罪恶和过失";把"女性批评"比作《新约全书》:"寻求想象力的风范"。①

德莱弗指出:对女权主义的批评家来说,有两种文学的研究方法是可以接受的,那就是马克思主义的批评和接受美学。② 女权主义批评在理论建构上对马克思主义的借鉴是显而易见的。 众所周知,对于旨在取消阶级压迫的马克思主义,"阶级觉悟"是一个"关键词"。同样地,安·柯洛德尼根据自身的批评实践指出:如果没有"提高认识",则不会有女权主义文学批评,更不会有妇女研究。③约瑟芬·多诺万也曾承认:马克思和恩格斯的许多思想以及后来的马克思主义理论,对于女权主义理论的发展是至关重要的。而且,当代女权主义理论的某些重要方面,诸如'提高觉悟'的概念,都植根于马克思主义的前提之中。④ 但这并不意味着人们能够将女权主义批评看作是马克思主义文论的一种思想传销。随着女权主义批评的日渐成熟,它以对相应的学说"进行修正甚至改造"来进行自身建设的意识日益加强,对所借鉴的学说的批判意识也随之提升。肖瓦尔特曾指出:马克思主义和结构主义都把自己看作权威的批评理论,并抢先要求在批评理论的王国里占有一优越的地位。都声称自己具有文学研究的科学性,并拒绝接受个人化的、难免有错误的、解释性的阅读。⑤

这是一直明确坚持反霸权主义/元叙述的女权主义批评难以苟同的。斯皮瓦克在《女性主义与批评理论》一文里开宗明义地写道:"我无法笼而统之地谈论女性主义,我只能谈谈在文学批评中,我作为一个女人做了什么。"这种批评姿态正是典型的女权主义者立场。英国学者罗瑟琳·科渥德同样表示,从马克思主义到女性主义一直尝试进行这样的文学探索——即理解文学本文的所有复杂方面。马克思主义批评虽然强调了在传统批评中常被忽略的社会决定因素,却并没有从根本上对批评家的角色提出异议,也没有对本文如何依靠写作手段进行自身建构及何种意识形态牵涉其中等问题做适当的探讨。这里的关键在于"非同一性",因为"阶级背景、种族差异和教育差异都是不同体验的来源,这些因素中没有一个足以生成一种对应于这些经验的政治"。⑥

正因如此,女权主义就其批评原则来看显得更接近于解构主义立场。所以

① 周宪等:《当代西方艺术文化学》,北京:北京大学出版社,1988,第 345 页。

② [美]罗里·赖安等:《当代西方文学理论导引》,李繁儒等译,成都:四川文艺出版社,1986,第 290 页。

③ [英]玛丽·伊格尔顿:《女权主义文学理论》,胡敏等译,长沙:湖南文艺出版社,1989,第 330 页。

④ 盛宁:《20 世纪美国文论》,北京:北京大学出版社,1994,第 221 页。

⑤ 周宪等:《当代西方艺术文化学》,北京:北京大学出版社,1988,第 361 页。

⑥ 张京媛:《当代女性主义文学批评》,北京:北京大学出版社,1992,第 73、75 页。

在强调了"最坚定的马克思主义者们至多是不考虑妇女斗争的重要性"之后，斯皮瓦克承认女权主义与解构主义之间存在这样一种联姻关系："与其说解构主义为女性主义者打开了通道，不如说妇女的形象和话语也同样在为德里达指点迷津。"①莫依也认为，通过借鉴解构主义方法，"女权主义理论与实践解构了文学与非文学、准则与非准则之间的对立"，并还将"解构作者与读者之间以及本文与读者之间等级森严的对立。"②玛丽·朴维在《女性主义与解构主义》一文里，进一步指出了解构主义对于女权主义批评实践的三大贡献：（1）解构主义对女性主义最主要的贡献是其"意义缺席"思想，也即"由于解构主义揭示了所有意识形态的虚构性质，它可以揭露像'本性'和性别这些范畴的内在诡计"；（2）解构主义的"循环论"可以让女性主义向等级制和对立统一逻辑发起强力挑战；（3）解构主义拆除二元对立思维模式的"中介物"观点，能够为女性主义终止男权中心提供理论策略。概言之，"由于解构主义可以拆毁二元对立的逻辑和特征，我相信解构主义已经并继续为女性主义批评提供一个重要的武器。"但她同时也提出，"解构主义使女性主义变成疑难"，"如果解构主义认真对待女性主义，它将不再是解构主义。"因为解构主义存在着一个根本性的局限：只革别人的命自己另当别论。比如按照解构主义立场，强调生理本位的"妇女"（women）是一种本质主义的虚构，作为社会产物的"女性"（woman）不具有自然的基础。因此，一种基于妇女经验的女性主义与其宣称所反对的父权制便成了同谋犯。但如此一来，随着"女性"一词了一个不确定的"术语"，所谓的女权主义运动的意义也就十分可疑。因此她认为：可以预料到，女性主义从公开的政治立场上来运用解构主义和其他后结构主义的策略将会最终完全重写解构主义，以至把解构主义抛弃在后边。③

不言而喻，正是与解构主义间的这种矛盾关系，揭示了女权主义批评所面对的一种理论困境。柯洛德尼曾提出："我们的目的不是、也不应该是形成任何唯一的阅读方法或暗暗强求一致的一套批评程序，更不是产生为某类梦想的非性别歧视的文学准则的规定性范畴。相反，依我之见，我们的任务是开始实行戏谑的多元论，对多种批评流派的方法的种种可能性反应敏锐，但又不为任何一种所束缚。"④这个主张表现出了女权主义批评理想所蕴含的某种乌托邦性，在很大程度上，它也昭示出女权主义批评试图彻底消除中心/边缘的对峙、填平由男权文化所建构的价值论的高山/低谷之差时，在理论建设上一时所难以逾越的障

---

①　张京媛：《当代女性主义文学批评》，北京：北京大学出版社，1992，第309、315页。

②　[英]玛丽·伊格尔顿：《女权主义文学理论》，胡敏等译，长沙：湖南文艺出版社，1989，第348页。

③　张京媛：《当代女性主义文学批评》，北京：北京大学出版社，1992，第332、344页。

④　[英]玛丽·伊格尔顿：《女权主义文学理论》，胡敏等译，长沙：湖南文艺出版社，1989，第327页。

碍。在《穿越迷雾》的结尾,伊丽莎白·米斯写道:在对多中心行动所产生的复杂性做出反应时,我们有必要把女权主义批评构想成绝不固守一个中心的无限进展,因为它总是非中心的、自我置换和自我对立的。女权主义是流动不定的,它认定那些"必须被继续假设和直接质疑的价值。"在向着不可知的、不可决定的事物迈进的道路上,向前的趋势使分裂产生新的活力,不断促进新的发展。由这一视角出发,也就不会有一种女权主义批评的理论;女权主义批评将是一个理论化的过程,引导它的伦理梦想就是不同的事物之间建立的关系。①

因而,诚如德莱曼所说,女权主义批评在"本质上是一种综合性的批评";②借用一下普希金当年的概念,我们可以将女权主义批评视作一种"运动中的诗学"。总体地来讲,它虽然向来反对步调一致,但"性别辨识"却是其批评实践的一个基本入口。米利特在《性政治》的前言部分表示:"存在着一个有待某种文学批评占领的空间,这种文学批评将把文学的孕育和产生放在一个更为广阔的文化背景中来进行考虑。那种源于文学史的批评要做到这一点是太受限制了;而那种源于美学思考的批评也即是新批评派,则是从来也不想这样做的"。能够帮助其实现目标的策略,首先是对作者的性别辨识:"这种批评认为,忽视作者的特征及其重要性,将使父权制传统对妇女真实性的抹杀永远存在。"③斯皮瓦克说过:我们赖以欣赏文学作品的世界观和自我观总是来自什么背景,这一点是不应弄错的。④ 在女权主义批评家看来,作者自身的性别构成是这个审美背景最重要的生成基础,"在文学批评中加入作为基本范畴的性别,使女权主义批评从边缘转移到中心,对我们思考、阅读和写作具有革命性的改革潜力。"所以肖瓦尔特曾提出:可以"把女权主义批评的目的界定为在文学话语中对性别的分析"。⑤

这也如斯廷普森所言,张扬性别意识是"女权主义"与"文学批评"相联姻的基本环节:女权主义提供了一种历史与文化的分析,这种分析将性别以及性别结构与性别的不公正置于最突出的地位。⑥ 通过对性别差异的率先承认,女权主义批评揭示了一直由父权制一统江山的文学世界的虚幻性,发现了意义的新大陆,对男权美学对女性的思想施暴进行解构。比如在由欧里庇得斯创作的古希腊名剧《希波吕托斯》里,不仅男主人公表示"女人是巨大的灾难",而且作者让希波吕托斯的继母自己也对此表示承认:"我知道的非常清楚,因为我是一个女

① 康正果:《女权主义与文学》,北京:中国社会科学出版社,1994,第129页。

② [美]罗里·赖安等:《当代西方文学理论导引》,成都:四川文艺出版社,1986,第292页。

③ 张京媛:《当代女性主义文学批评》,北京:北京大学出版社,1992,第275页。

④ 张京媛:《当代女性主义文学批评》,北京:北京大学出版社,1992,第309页。

⑤ 张京媛:《当代女性主义文学批评》,北京:北京大学出版社,1992,第265页。

⑥ [美]拉尔夫·科恩:《文学理论的未来》,程锡麟等译,北京:中国社会科学出版社,1993,第171页。

人。"还有美狄亚的话："我们女人生来就极其缺乏做好事的才干，但对于各种残忍暴的行为，我们却最有办法。"通过性别辨识，读者能对由男人操纵的这种"女人反对女人"现象保持警惕。同样地，性别辨识也有助于矫正批评实践中的性别歧视。如同著名加拿大女性小说家玛格丽特·阿特伍德曾指出的：男作家描写做饭洗碗之类的家务活是现实主义，而女作家要这样描写则被认为是一种女性的局限。① 此外，从阅读方面来讲，性别辨识也能够通过女性读者的"性别觉悟"，而使文本的意义得到某种增生。柯洛德尼在读了为男性批评家所唾弃的夏洛蒂·吉尔曼的小说《黄色的墙纸》后表示不以为然。但她也承认："我的反应中也许有这一事实，即作为一个女性读者，我发现小说以象征手法，毛骨悚然地揭示了即使在今天，妇女们仍天天遇到的现实。"②

（3）女权主义与审美文化

别尔嘉耶夫在《论人的使命》里曾提醒过，当我们谈论所谓"人的理想"时不应该离开男人和女人，因为"男人的理想和女人的理想是不同的"。埃莱娜·西苏说过：她"从未敢在小说中创造一个真正的男性形象"，因为"男人是男人"。肖瓦尔特也指出："无数自称普遍适用的文学理论实际上反映的仅仅是男人的观念、经验和意愿，并且歪曲了文学赖以产生和消费的社会背景和人际关系。在妇女写的小说里，那些自命不凡头头是道的男人常常是讽刺的目标，特别当他们的话题是妇女时就更是如此。"③问题在于，与女人们一直恪守性别的临界线不同，男人们在历史上总是对此不予理睬，这有意无意地制造了许多审美偏见。所以，揭露"性别漠视"所遮蔽的"性别歧视"也就成了女权主义批评家的基本工作，在具体批评活动中，"女权主义批评集中于将性别歧视观念的揭示作为内容。"④在此，对文学阅读的重建具有举足轻重的意义。用肖瓦尔特的话说："女权主义批评家的任务就是要发现一种新的语言，一种能把我们的智慧和经验、理性与痛苦、怀疑与幻想综合为一体的新的阅读方式。"⑤在《论解构》中，卡勒着重强调了"作为女人来阅读"对于女权主义批评的重要性。安娜·亚当斯承认："重读《简·爱》，我不可避免地被引到了女权主义的问题上，以这种方式，我认识到了妇女的经济和地位多么有赖于她们的婚姻，认识到了适合于简·爱的可以发挥她的教养能力的选择多么有限，她需要爱和被爱，需要对别人有用和需要别人对她的需求。叙述者所表达的这些渴望，这些矛盾心理以及其中的互相冲突，就是

① ［英］玛丽·伊格尔顿：《女权主义文学理论》，胡敏等译，长沙：湖南文艺出版社，1989，第135页。

② ［美］卡勒：《论解构》，陆扬译，北京：中国社会科学出版社，1998，第35页。

③ 周宪等：《当代西方艺术文化学》，北京：北京大学出版社，1988，第343页。

④ ［英］玛丽·伊格尔顿：《女权主义文学理论》，胡敏等译，长沙：湖南文艺出版社，1989，第315页。

⑤ 周宪等：《当代西方艺术文化学》，北京：北京大学出版社，1988，第365页。

小说本身提出的所有问题"。杰·哈特曼在《阅读的命运》一书里说道:多数阅读,就像观赏一个女孩,实际上只是一种简单的精神消费。佩吉·卡姆夫也认为,通过女性主义者,人们了解了一种阅读本文的方法以揭露隐匿在小说后的菲勒斯中心的真正面目。①

也正是在此意义上,尽管德莱曼认为关于女权主义批评的"理论上最好的阐述要数柯洛德尼的《穿过布雷区的舞蹈》",肖瓦尔特曾提出,"妇女批评的一部关键著作是吉尔伯特和格巴的巨著《阁楼上的疯女人》",而莫依自己以及另外一些学者首选她的《性/文本政治》,为关于女权主义批评的"一部比较权威的论著";②但大多数批评家都会像阿里逊·莱特那样,将米利特于1970年出版的博士论文《性政治》,看作是"迈向女权主义文学批评的出发点",③和这种文学批评实践正式开始的标志。用卡罗琳·赫尔布鲁恩话来说,米勒特《性别政治》的意义在于"我们第一次被要求作为女人去阅读文学作品,而从前,我们、男人们、女人们和博士们,都是作为男性去阅读文学作品"④。在这部著作里,米利特将劳伦斯所惨淡经营的男性美学作出了无情解构,让我们从长期沉浸其中的审美陶醉中清楚过来,最终不得不对她所作的此番分析表示某种认同:"这部以赞美性的激情而著称的小说,实际上是在赞美猎场看守人和社会预言者奥利弗梅勒斯的阴茎",故事"叙述了一位现代女性如何借助于作者个人所信仰的'阴茎的神秘'获得了拯救"。诚如米利特所说,问题的症结在于"这部小说着力渲染的性神秘完全不是一个互惠的或相互合作的事件,而是以阴茎为唯一的焦点"⑤。但这也就表明,"作为女性去阅读"并不是简单地基于来自日常生活的、已为父权制文化所污染的"女性经验",而是建构起一种基于批判立场的"女性意识"。在菲特莉看来,要做到这点一种"抵御的姿态"不可缺少:"女权主义批评家首先应该是一个抵制性而非赞同性的读者,将灌输到我们头脑中的男权主义思想祛除。"⑥这种姿态的现实意义无可置疑。如同玛丽·戴利在《迈向妇女文学的哲学》中所指出的:在一个性别歧视的世界,象征体系和概念的注解一直是男性的创造物,这些并不能反映妇女的体验。相反,却具有使我们的自我形象和体验虚假化的功能。⑦

所以通过女权主义批评人们再次确认:在小说创作中没有绝对中立的成规。

①　张京媛:《当代女性主义文学批评》,北京:北京大学出版社,1992,第44、64页。

②　盛宁:《20世纪美国文论》,北京:北京大学出版社,1994,第2、20页。

③　[英]玛丽·伊格尔顿:《女权主义文学理论》,胡敏等译,长沙:湖南文艺出版社,1989,第312页。

④　张京媛:《当代女性主义文学批评》,北京:北京大学出版社,1992,第50页。

⑤　[美]米利特:《性政治》,宋文伟译,南京:江苏人民出版社,2000,第322、324页。

⑥　盛宁:《20世纪美国文论》,北京:北京大学出版社,1994,第225页。

⑦　陈晓兰:《女性主义批评与文学诠释》,兰州:敦煌文艺出版社,1999,第56页。

罗瑟琳·科渥德指出：女性主义批评已经揭示了所谓对"现实"所作的"诚实"的叙述主观上是怎样依赖着确定的意识形态。因而结束父权制美学关于审美价值的专制独白、让女性群体对传统中的女性神话保持警惕，这无疑是女权主义批评的一大贡献。虽然弥尔顿的诗里也有赞美女性的话："啊，女人！最优美的创造物/上帝所有作品中最后最好的作品/她们胜过任何能被视为或认为/神圣、善德、荣耀和甜蜜的东西！"但从女性的视野来看，这其实也只是将女人当作供男人享受的最佳消费品而已。日本学者水田宗子女士从女权主义批评立场指出："作家们明显地憧憬理想化、神话化的女性原则，那是因为当时没有把女性的自我看作是一种自我意识。"①其次，女权主义批评的业绩也体现于对文学史的修正，以及由此而进地对女性文学传统的发现与再认识。肖瓦尔特曾提出：虽然"每一代女作家都在某种意义上发现自己没有历史，不得不重新发现过去，一次又一次地唤醒她们的女性意识"，但"当我们观察妇女作家群体时，我们可以看到一个富于想象力的连续统一的整体，某些形式、主题、问题和形象一代接一代反复出现"②。如果说通过对女性写作历程的这种梳理和对女作家的补偿性关注，女权主义批评使文学史得以充实；那么驻足于女权主义批评视野重审我们的文学现象，则能够对向来受菲勒斯批评范囿的文学史作出必要的匡正。水田宗子说得好："在厚厚的文学史中，充斥着男性作家的作品，他们把女性当作他者单方面地来进行描述。女性的内心活动被抛到被人们遗忘的角落，没有得到表达。"从女权主义的批评立场来看，"小说也好、文学也好，近代文学的中心虽然放在自我的新发现上；可是这个自我是男性的自我，女性的自我从未占据过批评家的视线"。③

女权主义批评的第三大贡献是对既存的审美批评标准的修订。文学批评中的父权/等级制由来已久，伍尔芙早已指出过：批评家断定这是一本重要的书，因为它写到战争；这是一本毫无价值的书，因为它论到客厅里的女人的情感。战场上的情景比一家铺子里的情景重要。④ 对女作家的相对轻视迄今仍然存在。美国当代女作家埃丽卡·琼曾抱怨：即使在今天，每三本男性作家写的书被评论时，只有一本女性作家的书被评论。在总百分比上，我们的书被评论的比例仍旧只有十三分之一。⑤ 日本的水田宗子女士也指出："到今天为止，日本文学批评界在很大程度上是被男性所垄断的。"这一情形导致了这样的事实：尽管女作家

---

① ［日］水田宗子：《女性的自我与表现》，叶渭渠译，北京：中国文联出版公司，2000，第11页。

② 郭宏安等：《20世纪西方文论研究》，北京：中国社会科学出版社，1997，第507页。

③ ［日］水田宗子：《女性的自我与表现》，叶渭渠译，北京：中国文联出版公司，2000，第3、6页。

④ ［英］伍尔芙：《一间自己的屋子》，王还译，北京：生活·读书·新知三联书店，1992，第91页。

⑤ ［美］琼：《我挡不住我》，国安等译，长春：时代文艺出版社，1998，第261页。

们全力投身于现代文学的主流之中,但是文学批评界还是对她们另眼相看,被划分为另一类团体,并以与男性作家不同的尺度来评价其作品。① 当代著名小说家兼批评家的安东尼·伯吉斯对奥斯丁小说的评论也颇能说明问题:在他看来,"奥斯丁的小说是失败的,因为她的作品缺乏男性的那股子猛烈的冲劲。"②但从女权主义批评出发不仅这种批评尺度难以成立,而且人们还能够发现"性别意识"在具体批评行为中的独特作用。丹麦女权主义批评家皮尔·达勒茹普在其题为《评论家的无意识态度》一文里曾举例:由于"赛西尔"在丹麦语里是一个男女通用的名字,使得丹麦女诗人赛西尔·波特克首部诗集最初被一位批评家当作男性作者来对待,受到了高度好评。但一年以后,当这位批评家在得知了作者的女性身份后对其第二部作品进行评论时,他的态度就发生了微妙的改变。托丽·莫依据此指出:即使男性批评家对一位女作家的作品有好感,"他也会自动选择一些把女诗人的作品描绘得迷人和甜美的形容词与成语,以便同严肃而有重大意义的诗作形成对比"。③

再进一步来看,女权主义批评还能让我们对一些已具有"公理"意义的美学观重作考虑。肖瓦尔特在《她们自己的文学》中指出,诸如"伟大"这样的概念,一直阻碍着妇女进入文学经典的殿堂;同样也可以看到,在英雄主义的悲剧美/感伤主义的忧郁美和男性/女性之间,显然存在着一种相同的二元对峙结构。长久以来,这种结构关系也就是正/负、高/低、优/劣等价值构成。但如果从女权主义批评视野出发就会发现,伟大作品固然因其分量厚重而拥有价值,并未能就此占据诗性意义的制高点。在艺术世界里,它同称不上"伟大"但却是真正的杰作的那些文本,属于不同的价值维度。悲剧无疑是对社会现实的一种深刻把握,但那种内在的忧郁美或许抵达了生命与历史的更深的层面。诚如她所说,在男性美学之外,还存在着一种女性美学。"女性美学意在生存,人们无法否认在女性美学的庇护之下,理查森能写出卷帙浩繁的小说,伍尔芙写了好几部小说。"④

但与此相应,女权主义批评如今也已暴露出三方面的问题。首先是批评原则上的局限性。作为一种政治文化批评,女权主义批评立足于文学作品在价值论方面的社会/历史构成。希利斯米勒指出,自 1979 年以来,出于对形式/结构主义的文本研究方法的厌倦,人们文学研究的兴趣由注重修辞、讲究"解读"的"内部研究"重新转换到了关注历史与社会心理背景、讲究"解释"的"外部研究"。

---

① [日]水田宗子:《日本现代女性文学集》,叶渭渠译,上海:上海译文出版社,2001,第6、9页。

② [英]玛丽·伊格尔顿:《女权主义文学理论》,胡敏等译,长沙:湖南文艺出版社,1989,第149页。

③ 康正果:《女权主义与文学》,北京:中国社会科学出版社,1994,第70页。

④ [美]伊莱恩·肖瓦尔特:《她们自己的文学》,韩敏中译,杭州:浙江大学出版社,2012,第244页。

随之而起的是一次普遍的回归："回归到新批评派以前的旧式的传记、主题、文学史的方法之上。"正如他所说：人们当然不会诚挚地去夸赞那些对社会正义缺乏热情、也不愿为其效力的男人或女人，"问题在于：这同文学研究有什么关系？"① 女权主义批评无疑与批评界的这次怀旧浪潮相呼应，其批评原则可以用特里·伊格尔顿的这番话来表示："认为存在着批评的'非政治'形式的想法只是一个神话，一切在某种意义上都是政治的。"②这让文学批评重又回到了如何面对文学作为艺术品的诗性构成的纠缠与纷争。但虽然完全为父权观念所左右的文本不可能是真正的审美杰作，人们显然也同样无法因一部作品充分体现了女权主义政治立场而向它颁发艺术大奖。

埃丽卡·琼的这段话反映了这种困扰："身为女权主义者，我们要求文学做文学从不曾做过的事：为革命而战、埋葬死者、为被爱戴的女英雄树碑立传。那对仅仅反映人生的文学说来，绝不是一种刺激。"她指出："以女权主义为名，我们有些人禁止女性成为游戏式的创造者。"但"游戏是自由的终极来源，如果我们变成了宣传性的艺术家，那还不如生在墨索里尼时代的意大利和希特勒时代的德国，或在斯大林时代的苏联。"③这样，基于"性别政治"背景的女权主义批评，便面临着找不到一个其可以真正驻足的"审美阿基米德点"的困境。就像迈拉·捷莲所说："使女权主义文学批评尤为矛盾的是：文学的特有本质与自然或社会科学研究的对象是有区别的。文学毕竟与这些对象不同，它自身已经是一种阐释，而这种阐释则正是批评家所要解码的任务。"④这一困境使女权主义批评面临身份确认的"分裂"：或者坚持其女权主义的政治忠贞，而从通常的文学批评活动中出局；或者坚守其文学批评的诗性职能，而终结与女权主义政治的联姻。

其次是女权主义批评内在的解构主义胎记所留下的后遗症。玛卓莉·米勒在一次题为《当代美国女性主义》的讲演中道："女性主义挑战传统的有关身份和自我性状、妇女性状的男性定义，这就打开了新的可能性；而后现代批判质疑固定不变的认同主体，遂使这些可能性本身也成了问题。对本质主义的否定、对任何形式的决定论的建构主义的种种批评，给妇女研究和女性主义运动留下的是一个消失主体。如何更妥当地给身份的认同赋以概念，成为困扰女性主义的持久难题。"⑤这种困扰集中体现于其内部纠纷不断，彼此间攻讦诘难无法休止。埃丽卡·琼曾半开玩笑地说："要是我们在妥协和团结上有点技巧就可以改变社

① ［美］拉尔夫·科恩：《文学理论的未来》，程锡麟等译，北京：中国社会科学出版社，1993，第 121、123 页。

② ［英］伊格尔顿：《文学原理引论》，刘峰等译，北京：文化艺术出版社，1987，第 244、247 页。

③ ［美］琼：《我挡不住我》，国安等译，长春：时代文艺出版社，1998，第 262 页。

④ 张岩冰：《女权主义文论》，济南：山东教育出版社，1998，第 2、20 页。

⑤ 叶舒宪：《性别诗学》，北京：社会科学文献出版社，1999，第 62 页。

会，问题是我们还不擅此道，我们还在彼此争吵。这是女权主义今日面对的危机。"①比如，对于肖瓦尔特提出的总结女性经验、归纳女性意识的设想，莫依认为是以父权制的精神反对父权。在她看来，肖瓦尔特的目的实际上是创造一种妇女文学的独立准则，而非消灭一切准则。但是，新准则未必就比旧的更少压迫性质。女权主义批评家的角色不过是静静坐下，默默聆听其女主人的声音而已，因为这声音传达了真实的女性经验。女权主义也不应站起来向这个女性的声音挑战，女性本文依然像旧的男性本文那样专横地支配着读者。

同样地，斯皮瓦克对柯洛德尼的多元论主张也不以为然，她认为"赞成多元论就是赞成男权体制的政治。多元论是居于中心的权威使用的方法，它假装着接受对立面而将其中性化。代表边缘一方的多元论姿态只能意味着向居于中心的一方投降。"②这里的问题显然不仅在于：如此这般地取消任何规则的制定，是否能给予女权主义批评所期待的那种解放；也在于它所包含着的一种乌托邦追求，很可能最终会导致女权主义批评自身被取消。因为当一些女权主义批评家承认，"女性主义永远不能成为妇女的一致经验和利益的产物，因为这些经验和利益没有如此的一致性"，③这事实上也就意味着在实践中，女权主义批评的出击常常只能无功而返。出于男女对立的二元论立场，琳达·诺克林的书里将著名现实主义画家米勒，表现农村妇女艰苦劳动生活的名作《拾穗者》，形容为是反映了男性中心论对妇女从属地位的肯定，这让人难以置信。画面中有三位妇女弯腰拾穗，诺克林的解释是，这表现了画家的一个观点："囚禁她们的仿佛是大地，而不是封建主义或资本主义。"④这是典型的"欲加之罪何患无辞"。

最后，女权主义批评的问题也在于其作为单性性别批评的局限性。在某种意义上，女权主义批评犹如鲁迅所说的"贾府里的焦大不爱林妹妹"，强调的是批评立场的差异。但如同阶级意识形态方面的这种区别并不能够取消人类对生命现象的共同体验，女权主义批评对于父权专制文化的解构，并不足以对人类文化中的双性同体美学实施颠覆。一味拘泥于单一性别视野作出的批评，常常会因其偏狭极端的弱点而失去力量。比如米特利对小说《查泰莱夫人的情人》的批评。虽然她对劳伦斯推崇男性主导地位的性政治意识的批判十分必要，但她因此将这部作品仅仅定位于宣扬男性中心思想，不仅无视其对父权文化的冲击、甚至把它当作同谋，却是有失公允。事实是，父权专制主义不但对女性群体实施暴政，对一般男性也一视同仁。因而，如同美学范畴里以男性为代表的阳刚美与以

① ［美］琼：《我挡不住我》，国安等译，长春：时代文艺出版社，1998，第362页。

② 康正果：《女权主义与文学》，北京：中国社会科学出版社，1994，第94、106页。

③ 张京媛：《当代女性主义文学批评》，北京：北京大学出版社，1992，第85页。

④ ［美］琳达·诺克林：《女性，艺术与权力》，游惠真译，桂林：广西师范大学出版社，2005，第31页。

女性为代表的阴柔美形成一种互补关系；在反父权制方面，普通男性与女性们是同盟军，女权主义的目标不是普天下的男人，而是盗用男人的名义行事的暴君。这是双性同体诗学的社会学基础和人类学背景。别尔嘉耶夫说得好：尽管两性间在想法上存在差异，但真正神圣的理想总是"**同时是男性的和女性的**"。①

总之，女权主义在政治上是完全必要的和相对成功的，无论如何，它为促进妇女解放运动起到了推波助澜的作用这是无论否认的事实。但相比之下在艺术领域中，作为一种审美批评的女权主义，无论是以小说批评为主的《性政治》，还是侧重于绘画领域的《女性，艺术与权力》以及其他文章等，都多多少少呈现出牵强附会的现象，迄今为止在这方面做得最成功的，还是《她们自己的文学》。这不仅是因为这部著作能够心平气和地面对真实的现象进行理性的分析，而不是像以上两本书那样，明显让人读出一种以所谓的"政治正确性"来获得"稻粱谋"的味道；更在于肖瓦尔特在分析中，既能为女性作者说话，同时又拒绝"反男性主义"的所谓女性主义立场，对反映在 19 世纪女作家作品中的一些不足和存在的问题，同样给予了必要而中肯的批评。比如她指出：19 世纪八九十年代的女权主义作家所要求的，只是男人控制住自己的情欲，而不是为她们自己争取放纵的许可。为此她批评弗洛伊德学说在对待女性的态度上存在着的问题。肖瓦尔特精辟地指出：在那个时代的很多人（包括弗洛伊德）看来，女权主义者在寻求实施完美女性理想的空洞期许时，等于把牙齿安在了阴道里。诚如肖瓦尔特所说，正是通过持续不断的女权主义运动，使得"女性文学终于从文化上受制于男性传统的境遇中解放了，属于它历史时刻已经到来"。② 但她同时也毫不留情地指出："很可惜的是，女权主义者在发表作品中表现自己世界的疆域时，也把自己有限的视野拔高为神圣的远见。"③

这足以说明，妇女解放的事业并非单一的女性群体的事，在历史上它也一直得到进步的男性们的支持。约翰·斯图尔特·穆勒在《妇女的屈从地位》书里就写道："我认为任何人借口用天然素质来决定妇女是什么或不是什么，能做什么或不能做什么，是失于冒昧的。"他认为，两性间"现在存在的即使是最少争论的差别都只是由于环境产生的，有天然的能力的差别"。如果给她们同样的机会，"那她们必定比大多数男人有大得多的创造性的活动能力"。④ 所以，美学中的女权主义批评的问题正在于，有意无意地成为一种拒绝男性的自我封闭的堡垒。

---

① ［俄］别尔嘉耶夫：《论人的使命》，张百春译，上海：学林出版社，2000，第 317 页。

② ［美］伊莱恩·肖瓦尔特：《她们自己的文学》，韩敏中译，杭州：浙江大学出版社，2012，第 225 页。

③ ［美］伊莱恩·肖瓦尔特：《她们自己的文学》，韩敏中译，杭州：浙江大学出版社，2012，第 201 页。

④ ［英］穆勒：《妇女的屈从地位》，汪溪译，北京：商务印书馆，1995，第 308 页。

肖瓦尔特指出："目前,正当女性主义批评家开始从她们的努力中获益和在文学研究专业里享有一声望与权威的时候,女性主义批评天才和男性批评传统之间的同谋关系却变得引人注目起来。"对于奠基于性别理论的女权主义批评来说,如何超越其单一的性别立场走向全方位的性别诗学,看来这已是势在必然。问题在于:虽然这是女权主义批评内在的逻辑延伸,却也会让它因此而显得面目全非。如同肖瓦尔特所说:"性别会成为一个后女性主义的术语,性别理论会使女权主义批评非政治化,……在某些方面,'性别'这个词似乎超出女权主义政治,承诺着'一个更为中立和客观'的学术视角。"①如果说女权主义批评的力量来自于以这种性别理论为依托而形成的一种思想张力,那么其所面临的麻烦同样也在于由此而来的理论上的陷阱。

4. 解构主义与否定美学

(1)作为一种"主义"的解构

根据美国新实用论哲学领袖罗蒂(Richard Rorty)的说法,每当人们回顾这个思潮时,总是要以 1966 年为标志。因为就在这一年于霍布金斯大学举办的关于结构主义学说的大会上,德里达宣读了以《人文科学话语中的结构、符号和表演》为题,关于结构主义神话学家列维—斯特劳斯的论文。当文章不久便得到保罗·德·曼和希利斯·米勒等美国教授们的跟随拥戴,一场声势夺人的理论革命便率先在新大陆拉开了帷幕,随后再逐渐扩散波及至全球各个人文学界的旮旯,成为遍布学术小铺的理论时尚。像任何时尚一样,关于这个理论的阐释虽一度也弄得神秘玄虚高深莫测,但时过境迁之后也渐渐水落石出。解构之为解构,一言蔽之:通过由语言学系统里消解意义入手,实现文化实践中的颠覆中心罢免权威。

德里达的矛头所向,是贯通西方思想史的"逻各斯中心主义"(logocentrism)也即"在场的形而上学"(metaphysics of presence)。希腊语中的"逻各斯"(logos)意为说出来的"话",逻各斯中心主义乃"语音中心论"(phonocentrism),它坚持这样一种认定:由于言说是某个表达主体与接受主体的直接交流,对于所说的意义而言,作为"能指"的声音仿佛有一种"透明度",这让思想能够"在场"。与之相比,书写文字只是这种口语所说的东西的保存手段,是意义的间接存在,容易因各种修辞效果而产生歧义。这种意味着一种绝对确定性的二元论区分不仅属于语言领域,而且还标志着一种主/从、中心/边缘的等级关系。作为现代福利社会中百无一用的书生的德里达的兴趣所在,乃是以一种微言大义的方式来借鸡下蛋。他在《论文字学》里指出,人们通过声音物质建立起来的"倾听自我言说"的系统,不仅支配了整个世界历史,甚至也形成了世界观念和世界起源的观念,形成了世俗与非世俗、外在与内在、理念与非理念、普遍与非普遍、超验与经

---

① 张京媛:《当代女性主义文学批评》,北京:北京大学出版社,1992,第 260、265 页。

验等之间的差异。

所有这一切，最终都落实于"同一性思想"（identity）上。德里达的策略是颠覆性利用现代语言学之父索绪尔。首先他从颠倒"说话"乃"书写"的一种样式的二元关系入手，强调在说话的语音本体之上，已经存在着一个制约这种说话方式的"潜书写"规则为前提。尔后他再接着通过瓦解书写体系的意义确定性，来进一步取缔"书写中心论"的取而代之的登基可能性。比如德里达指出，在索绪尔的文本中实际上发生了一种"自我解构"。因为一方面，索绪尔在《普通语言学教程》里继承了柏拉图在《斐多篇》里对书写的贬低，认为语言学分析"并非同时包括词语的书写和言说形式"，强调"只有言说形式本身才能成为研究对象"。但另一方面，索绪尔在书里不仅实际所作的分析对象是以书写的例子，而且还明确表示，"既然在另外一种记号体系（书写）中，可以观察到同样的状态，那么我们可以通过书写来进行比较，来澄清一切问题。"承认每一个言说单位所具有的关系性质，特别体现在书写之中。

这样，索绪尔本人的论述表明"说"与"写"的主次关系完全能够被倒置，言说较书写的优势地位不复存在，因为事实上"言说也可以表现为一种书写形式，是书写的运作原则的体现"。[①] 德里达借用了索绪尔提出的，语词的意义来自于差别表演，因而"在语言中只存在差异不存在绝对项"的核心观点。比如"红"能被我们辨识不是由于它本身的缘故，而是因为我们已经知道这个词同别的诸如"蓝"、"绿"、"紫"等词在用法上不同。但不同于索绪尔的"由差异至确定"的做法，德里达将这种差异作进一步强调，从而彻底取消了任何确定性的可能。例如在英语里，"热"（hot）这个词的差异性，可以沿着诸如"帽子"（hat）、"打击"（hit）、"跳"（hop）、"猪"（hog）等无限地推进下去。这样，任何一个语词的意义都构筑于差异性的前提之上，而这种种差异性从来都不形成一种"在场"。也即它总是处于一种"由此及彼"的转换状态中，而没法像歌德《浮士德》里的主人公所希望的那样，由于"美"而希望"停一停"。

对于德里达来说，词义关系方面的这种"差异"造成的结果，是意义确定的无止境地"推延"。用他的话表述即"dillerance"，因为这个法文名词的动词形式"dillerer"既指"差异"也指"推延"。德里达试图以此让以"在场"为前提的事物"同一性"名存实亡，从而完成海德格尔想做而未能做成的事：第一个后形而上学思想家。因为在海德格尔所迷恋的"不可说"之中，仍然有着至尊的神秘存在的位置；而在德里达所热衷的"不确定"里，已不存在任何形式可把握的目标。根据海德格尔的说法，"语言是存在之家"；而按照德里达的理论，接受这个前提便只意味着"无存在可言"，因为一切表述都是一种不断地自我实施着的"解构/背

①　[英]约翰·斯特罗克：《结构主义以来》，渠敬东等译，沈阳：辽宁教育出版社，1998，第202页。

叛"。就好比在"我决定只用通俗的语言"这个例句里,由于英文里的"通俗"(exoteric)这个词本身就并不通俗,这种语境里的词与其说是一个概念不如说是一个矛盾,由此产生的陈述的表面意思与实际意义便构成一种冲突,其结果是:唯一的意义便是无意义。

所以,"解构"意味着"意义"的死亡,解构理论所到之处任何意义便都无藏匿之地。虽说德里达及其门徒们从未直接地、明确无疑地宣称过这点,但却让每个接受解构主义者心照不宣。因为在解构理论看来,"富有意义的语言不过是一种自由的符号游戏,是一种文本向另一种文本的无穷嫁接。"这样,所谓"阅读活动"按照德·曼在其著名的《阅读的寓言》一书里的话说,也就意味着"使我们永远不能接近一种从未停止要我们加以理解的意义。"在此意义上讲,一些学者以"思想恐怖主义"和"文化取消主义"来对解构主义加以命名,无疑是十分中肯的。因为一个缺乏意义的文本也就不再是文本,一种不确定的判断不再能行使判断的职能,一个无个性的世界不再能够成为一个世界。无可置疑,解构理论实质上是一个热衷于破坏的学说,它唯一确定的只是"革命无罪,造反有理"。

凭借强调差异崛起的解构论,却最终导致对任何差异的取消。这样的反讽耐人寻味,类似的冲动实在由来已久。在某种意义上,它是古希腊哲人赫拉克里特的"没有人能两次踏入同一条河"这种绝对论思想的又一次崛起。解构的魅力是死神之舞。所以,对德里达一直抱有同情的罗蒂,最终也承认"解构其实不是什么新奇手法",并对德里达的话语方式表示了一点批评:"如果我们想要言之成理的论证,这种写作方式确实乏善可陈。"因为正如罗蒂所言,只要我们试图让德里达正面回答一个命题,便会发现他总是"委曲婉转,支吾闪烁"。[①] 被罗蒂称赞为对解构理论的意义作出了最有创见的把握的美国学者乔纳森·卡勒,也在其《论解构》一书里明确表示,德里达解构性的颠覆实际上是一种策略上的干预,强调"语言的运作过程是永远不可把握的",并不能提供一个可供替代的学科,也无法确立一种非逻各斯中心论的语言学。

这可以解释,为什么"解构主义既未产生出一种更好的哲学、人类学、语言学,也没有产生出一种更好的心理分析"[②]。但或许应该看到,向来重在表演的德里达在主观上就没打算要"建设"什么。这固然可以被看作为试图避开海德格尔所说的"被颠倒了的柏拉图主义还是柏拉图主义"的陷阱,但就作为一种思想话语而言,解构论无论如何难逃"滑头哲学"的指控。因为它的只管消解不顾建设的行径表明,这种极端相对主义理论话语的唯一效益,就是在秩序已定的学界

---

① [美]理查德·罗蒂:《偶然、反讽与团结》,徐文瑞译,北京:商务印书馆,2003,第188—189页。

② [美]拉尔夫·史密斯:《艺术感觉与美育》,滕守尧译,成都:四川人民出版社,2000,第262页。

重新玩了一次重排"梁山座次"的游戏，让原本师出无名的文化撒泼行径获得了冠冕堂皇的理由，并成功地为自己在思想王国举行了加冕典礼。这让当代学界一致而准确地认定："对解构主义的正确理解，不可能脱离它的政治动机。"①但这股思潮虽来势汹涌，却显得色厉内荏。因为解构话语在理论上存在着难以跨越的逻辑悖谬，解构的意义事实上恰恰反衬了被解构对象的存在价值。

如同日常生活里没有人会将欺侮弱者的行为视作英雄之举，反权威的意义恰恰在于承认权威的力量而试图取而代之。如果事情果真像解构论所宣称的那样，原本不存在什么"确定性"，也就无须解构出来四面出击。而解构之所以能够引人注目，就在于人们自觉或不自觉地清楚，解构昭示"不确定"的承诺其实"不可能"。就像一场名副其实的重量级拳王比赛之所以总是让全世界兴奋，不仅在于谁都明白挑战者所面对的不是一个纸老虎，而是一位货真价实的拳台之王；而且也知道这场比赛的结果并不是意味着世界上从此再没有强者，而是宣告一位新拳王的诞生。解构理论当然不例外，它在宣称"去中心"之际让自己成了新的中心，在以语言学组合拳击倒了对手在竞争激烈的当今后学界脱颖而出，成为理论界的新主宰。

德里达没有到连这点常识都不明白的地步。在其《书写与差异》一书里他承认："对话语而言，它从传统中获得了解构传统本身所必需的力量。"而在《盲目与洞察》这部书里，德里达的忠诚战友德·曼也曾指出过：德里达在阅读卢梭过程中的所有洞察，其实都来自卢梭本人的文本。因此他声言对卢梭的盲目加以所谓的"修正"，只不过是一种修辞意义上的策略：即把故事讲得更动听些。换言之，任何意义之所以为意义，在于意义的建构而非解构。问题在于德里达的解构论虽说同样暗中遵循这一法则但却无法明里承认这一点。否则解构也就首先成了对自身的解构：任何"解构"行为只有在确认并为了"建构"的语境里才有意义。

解构论跃不过这道坎，如同孙悟空翻筋斗的本事再大最终还是翻不出如来佛的掌心。德里达无法正面回答关于其自身思想的"同一性"的质疑，而只能在坚决否认存在着一种"德里达哲学"的同时，无可奈何地承认有"某种东西"在"从一本书到另一本书中延续"。他将之归纳于"对独特性的'偏爱'"。由这个关键词入手，德里达的解构理论事实上能够被一言以蔽之：以一种"跟着感觉走"的方式，对任何肯定性事物实施无穷的否定。

（2）走向"理论主义"

解构理论的根本弊端在于它骨子里的"理论主义"。解构论通过让"对文本的批评"成为比"被批评的文本"更为重要的东西，以超验的逻辑世界代替经验的现实世界，从而与其所反对的本质主义如出一辙。本质主义的一大问题是"知识

---

① ［美］拉尔夫·史密斯：《艺术感觉与美育》，滕守尧译，成都：四川人民出版社，2000，第 260 页。

本位主义",也即以为世界能够被"如其所是"地归纳于一种知识体系中,任何问题都可以在知识论的层面上通过逻辑辨证得到圆满解决。知识论是以逻辑链贯通起来的概念系统。这个系统建立在"与事实脱钩"的前提之上,由此而形成的符号世界作为对现实的一种想象的建构,只是实际事物的一般条件和各种可能性的归纳,而并不意味着对其全部现实性的呈现。这就形成了知识世界与现实世界的根本性差异。

知识论以其失去实际事物的丰富性为代价,来拥有对现实世界的高度概括。形而上学的问题并不在于二元论,而在于通过"现象/本质"的二元区分,把作为抽象物的类本质(理念)当作唯一真实的东西。所以尼采曾批评说:当逻辑被当作唯一的尺度时谎言就产生了。因为具体永远大于抽象,生活永远不能为理论一网打尽。形而上学的问题在于以建构主义支配经验世界,让"关于世界的理论"代替"现实世界本身"。但恰恰在这一点上,以反形而上学著称于世的解构理论,以其理论主义的意识形态表现了一种地地道道的形而上学特征。在知识论的天地里可以而且也必须提出终极问题、进行绝对论的追究,但这种追究无法在现实世界里被对号入座。清醒地把握这一点、意识到逻辑与生活的不同,是真正有效的思辨活动的前提,否则就会导致荒唐的结局。

逻辑层面与现实生活的关系,如同索绪尔语言里的抽象的"语言"与具体的"言语"的关系。虽然语言理论家的分析对象,通常说来主要是抽象的"语言"而非具体的"言语";但一个优秀的语言学家十分清楚,其研究的价值归根到底取决于能否对活生生的"言语"活动作出卓有成效的把握,而并不在于凭借对僵硬的"语言"材料的随意取舍,来建构一个无法穿越现实的理论。因为逻辑所能把握的只是一种"假定性",而并非日常生活世界里的如其所是。如果说在逻辑世界里,可以像德里达所分析的那样充满不确定性,那么生活的具体性的最大特征就是确定性。虽然咬文嚼字起来,可以说这是相对确定而非绝对确定,但毕竟不同于绝对的不确定。比如,无论哲学家们如何夸大其词地解释赫拉克里特的思想,在一位游子的心中,故乡的那条河永远具有一种非同一般的意义。尽管现代保健医学在"健康/病态"这对概念间引入了"亚健康",但这只是对确定性内涵的拓展、完善与补充,并不是说我们从此无法在一个病人与一位健康人之间做出区分。

即便以语言学为例,德里达所阐释的情况只有在抽象的逻辑系统里才能成立;而在实际的言语活动中,语境的限定作用使得一个词和一种表述拥有一种相对确定的含义。换言之,在抽象的概念系统里不确定的语词的意义,在进入实际的交谈过程时被具体的语境所确定。这就是人际交流得以实现的原因。因而除非我们按照形而上学的要求,将抽象的知识论所展示的概念世界当作实际的生活世界,否则德里达们的理论便毫无意义。解构话语的理论实践无法逾越这一逻辑陷阱,为此德里达理所当然地被认为是现代思想界的"达达主义者"

(Dadaist)，德里达主义获得了"达达理论"的命名。诚然，德里达对此并非毫无意识，他甚至还明确地承认："在总是非常确定的语境中，不管怎样，存在着并非空无的某种东西。"他试图以暧昧的"开放性"来予以躲闪，强调一旦某种阐释试图保持文本，那么"文本的某样东西就会逃脱或抵制这一共同体，它会要求别样的共同体"。① 但这种以绝对确定性来取消相对确定性的手法并不高明。英语世界里流传过一个"段子"说：不管德里达如何鼓吹世界的不确定，他在公共所看见"toilet"（洗手间）时肯定不再犹豫。虽说是一个笑话，但它却典范地以解构论自身的逻辑体现了一种"反解构"的意义。

这种意义让我们难以回避这样的困惑：为什么德里达主义能够如此轻易地在当代思想界得手？一种解释是："许多人愿意从善意的角度来怀疑德里达先生，坚持认为这样难以阐释的、如此深奥的语言，一定隐藏着深奥、玄妙的思想。"②这固然不无道理，但在我看来，更深层的原因在于其不乏某种理论诱惑：意义的承诺。生命可以负荷责任之重但不能承受虚无之轻。谁如果长久处于意义的真空便会导致精神疾病。所以，日常生活里的人们不会像那位古希腊哲人那样，为考虑该先迈哪一只脚而犹豫不决。一个生命现象是一个确定，一段真情体验是一种确定，一件震撼人心的艺术品同样也是一种确定。在诸如面对生与死、好和坏、进与退等选择的实际生活世界，任何一个神智正常的人都不会在意德里达们的唠叨。德里达清楚这点，知道同意义公开宣战、将自己完全置身于虚无主义之中是十分愚蠢的。所以德里达曾声称：我当然要强调这样一个事实，即解构的运动首先是肯定性的运动，不是确定性的，而是肯定性的。解构不是拆毁或破坏，它是对于存在的一种思考。

这听起来当然很让人兴奋。问题是它究竟思考了什么、怎样在进行思考？这又是一次典型的解构论文字游戏。虽说肯定之"有"不同于确定之"是"，但毕竟意味着意义的聚焦，得有所落实和呈现。而解构的意思只是意义的"播撒"（dissemination），也即"玩弄'播种'（seme）和'种子'（semen）之间的偶然的相似"。其结果就像德里达所承认的："播撒意味着空无（nothing），它不能被定义。空无就是解脱（relief）。"其结论也是毫不含糊的："无论'思想'在何处活动，它都意味着'空无'。"③德里达一贯的策略是阳奉阴违：一方面以意义的多元化作为诱饵，要人们相信"一元主题的书写或解读总是急于将自己固定在限定的意义、

① ［法］雅克·德里达：《一种疯狂守护着思想》，何佩群译，上海：上海人民出版社，1997，第44—45页。

② ［法］雅克·德里达：《一种疯狂守护着思想》，何佩群译，上海：上海人民出版社，1997，第233页。

③ ［法］雅克·德里达：《一种疯狂守护着思想》，何佩群译，上海：上海人民出版社，1997，第18、95页。

文本的主要所指上,与这种直线性展开的主题相比,把注意力集中在多元意义或多元主题论上无疑是一种进步"。但另一方面却又重申:不同于"一种有目的的和完整化的辩证法在一个既定的阶段上必须允许文本在整体上重新聚合成它的意义真理,将文本构成为'表达'和'说明'";作为解构的播撒不能还原到一种现实性上,而仅仅"表示一种不可简约的和'有生殖力的'多元性"①。通过这种既进又退、只许诺不兑现的策略,这位解构之父巧妙地让自己置于一个不败之地,让解构活动成了学术圈里的一桩只赚不赔的生意。

不难发现,德里达的多元性就是在重演那出著名的荒诞戏剧《等待戈多》,其中只有空头的许诺而永无兑现的机会,作为主人公的戈多(意义)永远不会在舞台上现身。因为无聚焦的多元性无所谓多元。所以,德里达充其量不过是在玩弄一场"同意义调情"的游戏。他将这种在日常生活中常常属于一些流氓的看家本领,驾轻就熟地挪用到了思想领域。如同生活中的流氓总是让一厢情愿的姑娘空等一场,期待着意义大餐的文化食客们最终难免两手空空地从解构主义大师那儿离开。认为解构理论之所以能犹如当年的农民暴动一般迅猛发展,是由于满足了众多被冷落的失意文人和思想界的弱势帮派,实现由边缘向中心的大迁徙的愿望这已无须赘言。但如何面对这一事实,理论家们的意见不尽一致。罗蒂提出,最好将德里达及其解构论列入普鲁斯特与其小说、叶芝与其诗歌的行列来看待。因为"'创造性的艺术家'的四周会环绕着严肃神秘的光晕",而对于哲学教授,则总是被要求"站在阳光接受检视"。②而卡勒则号召我们响应德里达本人的提议:不再继续在徒劳的确定性中寻求意义,而在无止境的不确定中获得一点消解的乐趣。③

即便你不无道理地视之为一种"手淫"式的乐趣,按照解构的"去中心"理论,就得承认这种快乐并不比情人间的翻云覆雨低级。问题是,以文学家方式书写的德里达只有在以一种哲学家的姿态出现时才能呼风唤雨,否则就只能如同普鲁斯特和叶芝那样被人扔在一边。如同所有政治游戏都不会是一种与人无关的自娱一样,解构理论的政治游戏之所以能够如愿以偿,就在于其在客观上具有一种思想统治力。所谓解构的乐趣并不是"供选择"的,一些人之所以如此热衷就在于他们仅仅颠倒了而并非放弃了二元论,将他们私自嗜好的自慰的手淫置于"间性的做爱"之上,成为一种新的文化时尚。所以,尽管解构的政治之维有着

① [法]雅克·德里达:《一种疯狂守护着思想》,何佩群译,上海:上海人民出版社,1997,第91—92页。

② [美]理查德·罗蒂:《偶然、反讽与团结》,徐文瑞译,北京:商务印书馆,2003,第186页。

③ [英]约翰·斯特罗克:《结构主义以来》,渠东等译,沈阳:辽宁教育出版社,1998,第214页。

大/小之分，但事实上它的主要功能体现于"小政治"也即学界内部的重排座次上。所谓大政治，即针对社会政治体制的发难。用德里达的话说："解构不是，也不应该仅仅是对话语、哲学陈述或概念以及语义学的分析；它必须向制度、向社会的和政治的结构、向最顽固的传统挑战。"①这也曾是让解构论在美国迅猛崛起的思想背景。罗蒂指出：在 20 世纪 70 年代美国大学的英语系里，人们都似乎理所当然地认为，对文学文本的解构是与对不公正的社会制度的破坏携手并进的。②事后来看这纯属胡扯。

解构论在西方社会的走红反映了不甘寂寞的文学学者，有志于继承柏拉图"哲学为王"的古老训导充当思想领袖的愿望；解构论在中国的黄土地上迅猛发展，则同一些不懂也不甘于文艺研究而热衷于指点江山的业内人士们，对效益最大化的期待不无关系。事实早已清楚：这又是一次自以为是的文人墨客们一厢情愿的如意算盘。解构话语实质上是想借唬人的"大政治"姿态作掩护，来达到其争夺学术话语权的"小政治"之目的。不能不看到，无论为这种盘算所打出的招牌如何诱人，它的实际作用往往是负面的，其恶劣影响远远大于正面意义。时至今日，解构理论的表演已经淋漓尽致，人们对它的莫名其妙的诚惶诚恐也已够久，现在是到了让这具思想僵尸原形显露，坦然而大声地对其"说不"的时候了。"我不再相信任何后来的'主义'，如果它们来自巴黎。"③1980 年度诺贝尔文学奖获得者、波兰诗人曾如此说道。透过其中显而易见的情绪的偏激，我们应该领悟到它所把握的思想的深刻。20 世纪初，一位德国学者在书中开宗明义地表示："怀疑造成瘫痪，侵蚀了我们时代的生机。"④对这种迄今早已成为普遍社会现状的现象，解构论话语难咎其责。唯其如此，业内人士们已经迫不及待地抛出了"理论之后"的话题。

（3）向思想恐怖主义说"不"

解构论只能在以法律方式为保障的民主社会里，让一些在名与利方面还不满足的文学教授们，借着多元化的旗帜在崇尚学术自由的大学校园里进行蛊惑人心的捣乱。而绝无可能在诸如希特勒的德国、佛朗哥的西班牙、萨达姆的伊拉克、波尔布特的柬埔寨等专制社会有所作为。事情的滑稽的在于：原本许诺将人们引向解放的解构，恰恰是对解放的解构。从未有一个解构主义者敢于以及能够，在上述这些杀人比杀鸡还容易、夺人命如看场戏的"铁屋子"里吭气吱声。就

---

① ［法］雅克·德里达：《一种疯狂守护着思想》，何佩群译，上海：上海人民出版社，1997，第 21 页。

② ［美］理查德·罗蒂：《后哲学文化》，上海：上海译文出版社，1992，第 112 页。

③ ［波］切斯瓦夫·米沃什：《米沃什词典》，西川等译，北京：生活·读书·新知三联书店，2004，第 113 页。

④ ［德］鲁道夫·奥伊肯：《生活的意义与价值》，万以译，上海：上海译文出版社，1997，第 1 页。

像所谓的"和平主义者"总是可以仰仗民主体制下的言论自由,而将严肃的政治问题游戏化、将反政府的示威当作又一次全民节日;没有一个擅长审时度势的书斋动物愿意以其不识时务的高谈阔论,来阻止独裁者反过来将原本属于一场文字游戏的事儿"上纲上线",以株连九族的方式让一切持不同政见者活不见人死不见尸。

所以,从不掩饰其政治偏好的解构理论,充其量只有怀着指点江山的梦想搞搞"小政治",也即"诗学政治"和"校园政治"的份,在向来尊卑分明的学界圈子里,玩一玩只需不负责任的勇气和投机的智能,而无须真才实学和现实关怀以及真正的人文追求的"再脉络化"(recontextualization)的游戏。这就是穿着名牌服装享受着富裕生活自我感觉良好地,坐在清静优美的书斋里边喝咖啡边抽雪茄烟跻身于文化精英俱乐部;完成思想史上的"弑父"之举,让自己的著述不再成为对柏拉图思想的一种脚注。人们当然不该对此过多抱怨,就像对于那些靠投机本事牟取暴利成为商界新贵的大小老板,只要他们不过分践踏法律。问题正在于,"解构主义造成的真正的和潜在的损失是巨大的,需要我们付出太高的代价"。[1] 在理论方面,解构话语的怀疑论的逻辑终点是取消一切打倒一切。在政治上,解构主义通过名义上讨好大众的民主感情,而为人类长久以来最坏的破坏本能和反价值狂欢,在理论上提供一种虽冠冕堂皇却似是而非的辩护。

美国伊利诺斯大学教授拉尔夫·史密斯在其《艺术感觉与美育》一书里中肯地指出:很长时间里,在许多发达国家的主要大学内,解构主义一直享受者至尊无上独领风骚的位置。它总是以反霸权斗士的角色出现,但事实上"真正具有霸权的不是别人,正是解构主义批评家自己。"解构理论以反权威发家而成了新权威,以颠覆中心为旗帜却成了新的中心,通过解构已有的真理让自己成了唯一的真理候选者。人们"不得不承认,能够把德里达原料加工成一套论辩行话的那些人,迫切需要把他们自身看作用最新理论武器全副武装起来的人"。它的最大贡献或许是昭示着这一道理:"每当我们讨论实际政治学时,我们要满足于做一个具体而平凡的人;每当我们以轻松心情转向文化政治学时,我们便可以尽量变得抽象、夸张、离经叛道和玩世不恭。"[2]

与解构论的自我标榜相反,建构活动总是意味着丰富多彩,而解构行为则殊途同归地导致千篇一律。只要解构主义君临学界,文化的苑地除了无意义无结果的思想沙尘暴别无其他,关于艺术的本体论思考自然更无从谈起。这种思考之所以仍有可能,就在于向来习惯于颐指气使地革别人的命的解构话语,自身也

①　[美]拉尔夫·史密斯:《艺术感觉与美育》,滕守尧译,成都:四川人民出版社,2000,第268页。

②　[美]理查德·罗蒂:《后哲学文化》,黄勇译,上海:上海译文出版社,2003,第2,20、371页。

面临着被革命的命运。承认没有什么认识能够完全避免主观性，并不意味着不再有必要区分"片面"与"偏见"；承认一切文学都带有宣传性，并不表明一切宣传都是文学。意义的相对不确定性与意义虚无主义并不能同舟共济。正如维特根斯坦在《论确实性》里所说：如果你想怀疑一切，你就什么也不能怀疑，一种怀疑一切的怀疑就不成其为怀疑。如同怀疑这种游戏本身就预先假定了确实性，对同一性的解构同样意味着同一性的存在。

显然，"当逻辑被当作唯一的尺度时，谎言就产生了，因为它不是唯一的逻辑"。① 对解构论的此番梳理，让我们想起尼采的这句警告。滥觞于索绪尔现代语言学的解构理论，无疑是这种唯逻辑是从的案例的典型。它的弊病在于，逻辑作为关于世界的一种"一般推定"，不仅只是一种假设，而且它并不能覆盖生活世界的丰富性与多样化。尤其是经验一直表明，生活从来不按逻辑上的常理出牌。所以说"理论是灰色的，生活之树常青"。而从解构论的这种被解构中，我们能够获取这样一种理论收获：形而上学本质主义的坍塌不仅并不意味着本体论的终结，恰恰是本体论的重振。哲学的后形而上学所要抵制的，只是"本体论主义"也即"唯本质论"（essentialism），而不是借助对事物本质的辨析来把握其实际存在的本体论话语。

反本质论对"基础主义"合法性的质疑，能够动摇所谓"大写的真理"，但不足以彻底摧毁"小写的真理"的实际价值。按照俄罗斯思想家别尔嘉耶夫的阐释，所谓"本体论主义"也即强调概念世界而并非生活世界为首要位置的"概念主义"。在这种视野里，由概念所把握的类先于个体、一般的人先于具体的人而存在；而不是反过来，坚持一般通过个别而存在。这里的一种区分是显而易见的：本体论主义中的"本质"属于一种"实体"（substance），而本体论中的本质是一种"关系"（context）。如果说事物的实体本质是静态的、超历史的，那么事物的关系本质则是动态的、历史性的。前者作为抽象的"一般"只能为语词所反映，存在于超验的概念世界；后者作为具体的"共相"可以为直觉所把握，存在于经验的生活世界。例如对于柏拉图主义，不可见的"理念"的实体性在于它是稳定不变的，这让它优越于总是流动不居的所谓事物的现象。

问题是这种通过概念被把握的实体不属于实际世界。现实世界里永远不会有作为理念的"水果"，只有不同的具体的"梨子"、"苹果"、"橙子"等等。因此，本体论主义所把握的只是一种虚幻的设定。但我们不能因此而取消对事物的同一性（本质）进行探讨的本体论。因为事物的"关系本质"仍然是一种本质。无论理论家们如何在逻辑上殚精竭虑，都无法否认，一个"人"包含着某些没有它们则不再成其为人的基本因素，比如成了无肉体的天使或者无灵魂的动物。哲学上将

---

① ［德］弗里德里希·尼采：《哲学与真理》，田立年译，上海：上海社会科学院出版社，1993，第42页。

具体事物的这个"基本因素"以"本质"命名。在此意义上,事物的"本质"本身已是一种认识论建构,因为事物就其自身而言,无所谓本质/非本质的区分。但这种建构却意味着一种笛卡尔在其《沉思录》里曾提出的"本体论原理":任何清楚明白的概念毫无疑问是某种东西,因而不能把它的产生归于无。

本质作为事物内在根据,昭示着一种既区别于实际的"在"(being)、又不同于绝对的"无"(nothing),而仅仅**作为可能性**的"有"(thing)。不同于"理念"这种作为一种实体的本质,事物的这种"在关系中呈现"的本质拥有一种开放而非封闭的特性,但这并非"无限制性"和"无边际化"。因为关系之所以为"关系"并不是任意的,而是在逻辑上处于一种"相对限制"状态,具有一种的稳定性。这种状态在"赋予"了关系中的事物以"同一性"的同时,也为我们对该事物的认识活动提供了一种相对的"基础性"。这不仅让本体论探讨获得了可能性,也拥有了实际意义。因为我们得承认人类认识本质上的抽象性,也就是说我们的认识充其量只能包括所与之物的某些方面,而无法将实际呈现着的一切东西囊括在内。这意味着认识活动实质上也即是以同一性为媒介的建构过程,不可能不以一种"本质性把握"作为前提。

所以,面向实际而非囿于书斋的认识论,有必要响应英国哲学家摩尔"为常识辩护"的主张。维特根斯坦说得好:有理智的人不抱有某些怀疑。日常生活里我们总得在某些时候与某些地方让我们的怀疑暂停。重要的不仅在于,我们得"首先把事物的稳定性当作规范,然后才能考虑对其做出改变";还在于不能不意识到,这种改变的出路与目的并不在于从此取消任何规范,而在于形成关于事物更新且更具说服力的一种"过程的稳定"性。所以说没有无边的解构,不存在无限度的怀疑,我们必须**学会懂得某些事情是基础**,[①]以便给认识论提供一个起码的合法性。现实的生活世界既不同于"建构主义"所坚持的那种、绝对意义上的、纯粹的永恒;但也同样不是"解构主义"所宣称的那样,也是绝对意义上的、纯粹的流变,而是怀特海的"过程哲学"所提出的一幅"不断移动的永恒的图像"。

显而易见,正如形而上学的问题恰恰在于其反理性,"形而上学是不可能与理性共存的"[②];本质主义的问题不在于探讨事物的本质,而正在于其以抽象概念物取消了这种属于具体事物的本质。所以,不同于前现代本体论主义的"固体同一性",现代性语境中存在着一种"过程同一性"。这是后形而上学思辨得以可能的逻辑保障,也是后现代诗学重构的意义所在。艺术实践同样以一种"动/静辩证法"体现着这种本质性因素。用怀特海的话说,"进步的艺术就是在变化中

---

① 〔奥〕路德维希·维特根斯坦:《论确实性》,张金言译,桂林:广西师范大学出版社,2002,第72、76页。

② 〔俄〕列夫·舍斯托夫:《无根据颂》,张冰译,北京:华夏出版社,1999,第130页。

保持秩序，在秩序中保持变化。"①不言而喻，正是这种"变动有居"性，使"诗"可以辨也需要辨，让文艺理论获得一种与时俱进继往开来的品格。概括地来讲，这便是通过对"解构话语"的再解构，建立起一种奠基于现代性哲学基础之上、作为一种过程诗学的艺术语义学。它同带有"本体论主义"倾向的传统的艺术本体论存在两大重要区别。

首先在于，后者所追寻的是一种理念论意义上的，艺术作品的实体本质；而前者所探讨的则是一种存在论意义上的，艺术实践的关系本质，也就是指各种艺术形态在具体的艺术活动中所呈现出来的那种相对稳定性。相形于实体本质的封闭性与唯一性，任何"实践本质"都是开放的、多元的。所以，形而上学艺术本体论的成果能够以一种"定义"的方式予以陈述，而后形而上学文艺理论只是一种艺术语义学的考量。概括地讲，它将对作为一种经验普遍性的艺术本质的把握，通过"陈述的描述化"的途径落实于一种多层次、多侧面的呈现之中。**其次则是**，不同于本体论主义的艺术哲学"通过具体进入抽象"，以对事物之根据的寻求替代对事物本身的认识；作为后形而上学诗学的艺术语义学，虽然同样由对艺术文化的本体论把握入手，但并不停泊于这种认识中，而只是以此作为一个"借助抽象进入具体"的思想平台，来最终完成"艺术是什么"的可持续思考。

5. 生态主义与环境美学

（1）生态主义与生态正义

生态主义（ecologism）是在全球生态危机的压力和现代世界最为迫切的环境问题的激发下，伴随着从工业文明到生态文明的时代精神的转变和环境运动的兴起而兴起的。自西方率先进行的工业革命以来，由于人类向自然界无限制的盲目索取，自然界的生态平衡遭到了严重的破坏。生态主义最先表现为一种自然与环境主义的思潮。面对日益加重的全球生态危机和生存环境的恶化，人们开始警醒和反思，并开始了全球性的环境保护运动。生态主义对 21 世纪的人类社会具有重大意义和价值，主要表现为对人类价值观的重新塑造和对人与自然关系的重新认识和界定上。生态主义提出了新的生态价值观，强调 21 世纪的人类应该具有一种"生态人"的意识。生态主义对人与自然关系的重新界定，对促进新世纪人与自然的和谐统一具有非常重要的意义。它成为 20 世纪 70 年代以后西方社会的一种强有力的政治和哲学话题。生态主义在实践层面就是现代环境运动或生态主义运动，而在理论和意识形态层面则是应生态主义运动的需要而产生的各种探索。它与环境主义（environmentalism）具有相互呼应的关系。

根据英国学者布赖恩·巴克斯特的观点，生态主义通常具有三个主题：其一，生存资源的极限论。强调我们所处在的星球在许多方面都是有限的，因此，

---

① ［英］阿尔弗雷德·怀特海：《过程与实在》，杨富斌译，北京：中国城市出版社，2003，第 615 页。

人口数量的无限增长和物质生产的无限扩张是不可能的。我们必须清醒地明白这一点,自觉地生活在这些极限的范围内。其二,道德关怀的超人类化。这里的要旨就是对其他非人类的生物给予道德关怀,生态主义的道德立场源于一个特殊的终极价值假定,即所有的生命形式都具有内在价值。因而所有的生命形式都值得道德关怀。其三,人类与地球生物圈的相互联系性。承认我们人类不仅来自于动物界,而且我们从未(也不可能)割断与自然界其他生物的密切联系。①这第三点尤其是生态主义的核心观点,所以从某种意义上讲,生态主义主要是一种道德学说。② 生态主义能够从社会生物学对"亲生命性"的学说中得到相关的理论支持。它所强调的意识形态立场是:人类生活的行为和结构所构成的我们是自然性动物的基本事实,应该成为我们自我理解的中心。因此我们应该意识到,我们的福祉和命运与其他生物的福祉和命运紧密相关。生态主义没有否定我们是理性的、社会的和创造文化的动物,它只是坚持认为,在我们本质中的这些因素,都是以我们是自然性动物这个事实为条件的。③

　　生态主义另外两个理论支撑点,分别为法国学者史怀泽从"敬畏生命"的伦理观提出的生命中心论(biocentrism),和雷根提出的动物权利论。前者主要是一种认为所有生命体都有其自身的"善",因而主张把道德对象的范围扩展到人以外的生物的自然价值观;后者提出,之所以我们认为人都有不受损害的道德权利,是由于人拥有某种优先于利益和效用的价值,即"固有价值"(inherent value),其根据是成为"生命主体"。某些动物符合成为生命主体的条件,因而拥有受到道德关心的权利。在最低限度上,意味着人类有不去伤害它们的基本义务。生态主义强调的基本思想是,我们人类是一种动物物种。人类是与其他生命形式在这个可能是唯一的星球上共同进化而来的,人类与其他动物物种一样,将主要被理解为自然界的一个组成部分。因此,生态主义是自然中心论的和以科学为导向的。生态主义因此而坚持,我们所做的一切都必须考虑到非人类存在物的道德地位。④ 此外,支撑着生态主义的是一种信念,认为作为自然性动物的人类能够热爱他们充盈、富饶、美丽的世界,使他们明确对它所肩负的责任。在这个由人掌控的世界上,人类其实没有什么理由充足的特权,而只有缺乏远见的狭隘的霸权。

————————

　　① 〔英〕布赖恩·巴克斯特:《生态主义导论》,曾建平译,重庆:重庆出版社,2007,第7页。

　　② 〔英〕布赖恩·巴克斯特:《生态主义导论》,曾建平译,重庆:重庆出版社,2007,第15页。

　　③ 〔英〕布赖恩·巴克斯特:《生态主义导论》,曾建平译,重庆:重庆出版社,2007,第226页。

　　④ 〔英〕布赖恩·巴克斯特:《生态主义导论》,曾建平译,重庆:重庆出版社,2007,第228页。

比如说，一旦发现一个人类中的一员受到非人类动物的袭击和致命的威胁，我们是否就一定得毫不犹豫地杀死那只动物而救出那个人，而不管那只动物是多么稀有和珍贵，而那个被我们救出的那个人却是像阿道夫·希特勒那样的道德怪物？① 为此，生态主义思想中有一个"生态正义"的主张。概括地讲，生态正义所关注的核心问题有两个维度，就是如何公平地在人与人之间分配"自然资源"和分摊"生态责任"，后者较前者更为重要。因为所谓"生态正义"就是把自然生态环境作为主体对待，给予它与人类生存利益相关的道德身份。它属于"环境伦理学"的内容。环境伦理学假设人类对自然界的行为能够而且也一直被道德规范约束着。它旨在系统地阐释有关人类和自然环境之间的道德关系。它坚持一种非人类中心主义的立场，这种立场允许给动物和植物这类自然客体以道德身份。环境伦理学有一个从关注个体生物向关注整体系统的转变。生态正义论的立场是非科学主义的。因为现代科学把自然看作机器，它遵从物理和力学定律。认为自然本身无所谓善恶。在这样一个世界里，人类伦理就没有了基础。环境伦理学不接受这样的自然观，它以史怀泽从其"敬畏生命"的"生命中心论"和威尔逊的"亲生命性"的社会生物学为基础，提出一种超人类的价值观。也就是强调生命不是"中立"的，生命本身即是善，它激起尊重并渴望尊重。②

最近几年，以英国科学家詹姆斯·拉佛洛克和美国生物学家林·玛古利斯为代表的一些学者提出，地球本身可以被看作一个活的有机体。拉佛洛克用希腊神话中的大地女神盖娅（Gaia）的名字来命名整个系统。这个假说给了环境伦理学有力的支持，同时也向"环境法西斯主义"提出了有力的抗议。这种主义主要是由一些西方发达国家对世界各地的发展中国家的不公平指责。这种主义的内容是："我们的文化带来了环境浩劫，所以我们会拥有舒适的富裕的生活方式。现在我们已经拥护了它，你们不应当寻求相当的生活方式，因为那样会损害剩下的荒野、雨林和生物多样性。与我们自己的经济发展相比我们不必过于看重这些事物，但是你们应当看重。"③所以从环境伦理学的角度来看，一方面应该承认科学生态学有助于达到生态保护的目标，但不应把它看作是环境问题的最高权威。环保伦理学提醒我们区分"生态主义"和"生态学主义"。因为后者完全是科学决定论的，认为在生态问题上科学是最终的决策者。这种科学主义的结果其实并不科学。因为生态方面的问题有许多并不仅仅由生态本身所决定，或者说

---

① ［英］布赖恩·巴克斯特：《生态主义导论》，曾建平译，重庆：重庆出版社，2007，第84页。

② ［美］戴斯·贾丁斯：《环境伦理学》，林官明等译，北京：北京大学出版社，2002，第153页。

③ ［美］戴斯·贾丁斯：《环境伦理学》，林官明等译，北京：北京大学出版社，2002，第273页。

在生态表现的背后还存在着复杂的政治、经济、文化等因素。因此"我们不能简单地从生态学的'是'推出伦理和政治上的'应'。也不能单从科学就建立认识论和形而上学的结论"。①

比如荒野破坏与物种濒危之类的环境问题,其关键还在于"我们究竟应当如何生活"这个问题上。生态科学让我们理解自然生态系统,但不能让我们明白作为一种文化存在的人类的社会状态。当代生态主义的发展能够给予我们以必要的提醒,因为在根本上,生态主义是生态哲学的体现。透过生态哲学,生态主义可以超越狭隘的工具理性主义和功利主义的视野,让我们意识到保护生态环境不仅仅关系到我们物种的生存状态,而且还关系到文明的发展。这种发展通过大自然之美对我们由"生不为人之人"向拥有"环保意识"的真正的"人"的转变呈现出来。因为大自然不能仅仅被我们以狭隘的功利主义之眼,去看到它的可利用资源。我们应该以更审慎的态度和更开阔的视野去看待生态问题。事实表明,"不论是现在还是将来,自然对于人类的美学价值、精神价值和娱乐价值,都包含在这种审慎的方法之中"。② 环境伦理的根本价值在于培育我们的"德性伦理"。没有大自然之美,就不可能有伟大的诗人和艺术家,也就不可能有如此灿烂辉煌的人类文明。所以对生态主义的意义的探讨的更深层次的意义,就在于自然美与人性化的密切关系。这是一个双向互动的关系,它可以概括为两句话:自然的人化和人的自然化。但它的这种关系必须落实于"环境美学"的场合中才能顺利实现。

(2)生态主义与环境美学

什么是"环境美学"(aesthetics and the environment)?通常认为,环境美学是产生于 20 世纪后 50 年的一门新兴学科。它是从原先局限在狭隘的艺术界和艺术品的欣赏基础上扩展开来,并延伸到整个环境领域:不仅包括自然环境,同时也包括各种受人类活动影响或由人类所构建的大环境。环境美学的历史可以上溯到 18 世纪以来审美概念的发展,和康德对于该概念的经典论述。此概念的核心便是将审美体验解释为一种对日常功利性关系的隔离而导致的"无利害性"概念。这个概念在 20 世纪初,通过爱德华·布洛(Edward Bullough)的"心理距离说"和克莱夫·贝尔(Clive Bell)的"有意味的形式说"的推进,在美学界一度造成了很大影响。③ 环境美学的崛起既是对这种"审美无利害说"的应用,也是

① [美]戴斯·贾丁斯:《环境伦理学》,林官明等译,北京:北京大学出版社,2002,第244 页。

② [英]布赖恩·巴克斯特:《生态主义导论》,曾建平译,重庆:重庆出版社,2007,第31 页。

③ [加]艾伦·卡尔松:《自然与景观》,陈李波译,长沙:湖南科学技术出版社,2006,第14 页。

对这种学说的否定。就前者而言,西方社会自 18 世纪开始就意识到景观拥有重要的审美价值,从此以后便有了一个逐渐增强的景色意识和保护景色的观念。它的重要性就在于,同任何工业或者商业的价值相分离。这就清楚地表明,环境美学的生成与发展本身,就与生态主义相同步。彼此可谓同舟共济、利益相关。生态主义的倡导起到了对环境美学的强调,反之亦然,环境美学的兴起同样能够促进生态保护运动的发展。

与一般以艺术为中心的哲学美学不同,环境美学的本质具有几个维度。首先不同于在艺术品欣赏中主体与对象客体间存在着一定的空间距离,在审美鉴赏关注于一种环境时,作为欣赏主体的我们不但置身于我们的欣赏对象之中,而且这个欣赏对象也构成了我们鉴赏的处境和场所。无论我们是静止还是移动,我们都处于对于对象的欣赏之中,这种体验不会因为我们的移动而中断。但却因此而不断地改变着我们与它的关系,也就改变了它本身。其次,由于我们置身于鉴赏对象之中,我们也受到对象的影响,体会到它强烈地作用于我们的全部感官。在整个欣赏过中,我们和对象之间具有一种亲密性和包容性。换言之,我们对它"目有凝视、耳有聆听、肤有所感、鼻有所嗅,甚至还舌有所尝"①。由此可见,环境美学是以自然美为背景的。它的产生意味着审美活动不仅鉴赏艺术作品,而且鉴赏大自然:宽广的地平线、如火燃烧般的夕阳和巍然屹立的群山等。除此之外,它也包括对社会美的欣赏:暮色笼罩中的高耸的大楼,秋雨潇潇中的公园,人气嘈杂的市场,望不到头的高速公路等等。在这个意义上,所谓"环境美学"也就是审美鉴赏涵盖了我们周围的整个世界,也即我们生存其中的环境。与对艺术作品的审美大相径庭的恰恰就是,环境美学的实践要求我们彻底地敞开自身,以便沉浸于其中,心随意愿地做出回应。

诚然,任何一种研究的存在都有其研究对象作为前提。归根到底,环境美学的产生根据,仍在于作为环境的核心部分和人类社会存在基础的大自然本身,充满了审美的元素。爱默生说得好:"大自然满足了人类的一个崇高需求,即爱美之心。"正如他所说:"大自然就是那种使别的一切事实相形见绌的事实。我们多么想逃脱那些有损于美色的障碍,多么想逃脱老于世故和瞻前顾后的作风,听任大自然使我们心醉神迷。我们多么轻松地走进那不断展开的风景,一幅幅新的画面、纷至沓来的思绪把我们吞并了,到了最后,思家的念头渐渐地被挤出脑海。"②黎巴嫩诗人纪伯伦也写道:"请你们仔细地观察地暖春回、晨光熹微,你们必定会观察到美。请你们侧耳倾听鸟儿鸣啭、枝叶婆娑、小溪淙淙的流水,你们

---

① [加]艾伦·卡尔松:《环境美学》,杨平译,成都:四川人民出版社,2006,第 5 页。

② [美]爱默生:《爱默生集》上卷,赵一凡等译,北京:生活·读书·新知三联书店,1993,第 600 页。

一定会听出美。"①总之,"美可以使你们的灵魂归真返朴至大自然,那儿本是你们生命的起源",因为"美就是大自然的一切";②再次引用爱默生的话来说:"在它最广大、最深厚的含义上说,美即宇宙的一种表达。"③对于这种带有理论色彩的说法,艺术家用自己的创作给予了最好的验证。无论是苏东坡赞颂西湖的"水光潋滟晴方好,山色空蒙雨亦奇",还是杜牧的"停车坐爱枫林晚/霜叶红于二月花",以及林逋的"疏影横斜水清浅,暗香浮动月黄昏",和杜甫的"两个黄鹂鸣翠柳,一行白鹭上青天",都能让我们透过诗人们的吟诵,分享其对大自然的这份美感。李白的名句:"众鸟高飞尽,孤云独去闲。相看两不厌,只有敬亭山。"诗人此诗所指岂止是一座"敬亭山",而是由众多山山水水构成的整个大自然。

换句话说,之所以会产生"环境美学",就是因为人类的美感体验首先来自于自然环境之美。人类审美意识从对自然美的意识中生成。环境美学有几种基本的鉴赏模式。最常提到的两种分别是"对象模式"和"景观模式"。前者使环境以雕塑艺术为范式,后者以观照风景画一样的方式对待自然。所谓"风景的历史就是绘画和旅游的历史"④指的就是这个意思。显然,这两种模式没有根本性的区别,这是强调对环境的审美欣赏要受到对艺术的欣赏的限制。在无意识中是以艺术欣赏为前提的。这种解释的理由无疑是很不充分的。将毕生贡献给了黑猩猩研究的著名英国女学者珍妮·古道尔告诉我们,黑猩猩不仅是除人类之外最擅长使用工具的生命,而且也具有一定的审美意识:她曾多次亲眼目睹过这样的场景:每当雨季来临,在大雨瓢泼中的黑猩猩显得痛苦不堪。但当冬天过去雨季结束后,"金色的山坡被茂密的青草所覆盖,鲜花盛放到处是都是一片芬芳",此时的黑猩猩们的心情最为舒畅。有一次雨过天晴地平线上出现一道壮丽的彩虹,就见到黑猩猩们兴高采烈地手舞足蹈起来。⑤ 或许我们还只能将此视作一种"前审美意识",但这毕竟已意味着,环境美学的鉴赏有其独立于艺术的根据。说得更明白些,也就是在整个人类的审美意识中不仅有心理方面的因素,还存在着生理学方面的背景。这个背景在环境美学的鉴赏活动中显得格外醒目。

环境美学的第三种鉴赏模式为"自然—环境模式",这是将鉴赏环境与欣赏艺术同等对待。也就是强调在环境美学中的鉴赏活动,要求鉴赏者与欣赏艺术

① [黎巴嫩]纪伯伦:《纪伯伦散文精选》,伊宏等译,北京:人民日报出版社,1996,第39页。

② [黎巴嫩]纪伯伦:《纪伯伦散文精选》,伊宏等译,北京:人民日报出版社,1996,第19、85页。

③ [美]爱默生:《爱默生集》上卷,赵一凡等译,北京:生活·读书·新知三联书店,1993,第20页。

④ [美]史蒂夫·布拉萨:《景观美学》,彭锋译,北京:北京大学出版社,2008,第15页。

⑤ [英]古道尔:《我与黑猩猩在一起的日子》,薄明译,北京:中国广播电视出版社,1990,第58、68页。

作品那样独立地进行。同时，这种鉴赏模式并不排斥对自然知识的运用。它认为，如果我们能够借助于自然科学，尤其是如地质学、生物学、生态学等环境科学的知识来进行对环境的审美鉴赏，就会比缺乏这方面的知识要好得多。第四种模式是"参与模式"，相比之下这个模式比上述三种模式显得更为合理。它强调自然环境的多元维度和我们对它的这种多元性的积极体验。这种模式召唤我们沉浸到自然环境中去，试图消除传统审美的教条、超越主体与客体的二元分离，尽可能缩小我们与自然的距离，要求鉴赏者能够顺应自然环境。但这种模式也存在一定的危险，即缺乏"审美边界"的必要的限制，从而导致审美经验蜕变为一种飞速飘失的幻象。环境美学的第五种鉴赏模式为"激发模式"。依据这种模式，我们鉴赏自然仅仅是向自然敞开自身，让情感在自然的激发下涌动起来。这种模式要求排斥对自然科学的依赖，不涉及任何来源于科学的知识。同时它也排斥"参与模式"，不提倡全身心地倾注于环境之中，只是要求与环境建立起一种自然平等的关系。这种模式的极端化倾向就导致所谓的"神秘模式"。它主张在鉴赏活动中保持一种无所领悟的超然状态。但这在事实上就已经超越了"审美鉴赏"的范畴。因为审美体验的特点就是对存在奥妙的领悟。虽然"口不能言"，但"心有所知"。①

在此基础上，我们还可以提出一种"综合模式"，它也被片面地理解为"后现代模式"。之所以说"片面"，是指这种模式并不像后现代主义所要求的那样，诉诸覆盖在纯粹自然之上的人类积淀的许多碎片式的体验，而是另有所指。这种模式从"常识"出发但并不绝对排斥知识，与其他模式相比，这种模式不再单方面地强调"回归自然"，而是贯通了"自然—文化"的双重维度，在此前提下关注人类文化积淀的最根本的层面，因为正是这些层面构成经验的真正基础和对自然的理解。因此，这种模式既要求把自然当作自然的原本形态来鉴赏，同时也把环境当作"为我们而存在"的东西来欣赏。这样它既回避了对待自然的纯粹主义的态度，也区别于对待环境的主观主义态度。诚然，这种模式的一大特点是伴随着一种"自我批判"，因为并非所有的人类文化的积淀在审美上都具有意义和价值。这让它拉开了与仅仅鼓吹"多元文化"的后现代主义的距离。所以我们能够看到，在这种模式中，"参与模式"仍然起到一种重要作用。并且它明显地带有某种"形而上学"的倾向性，因为这种模式强调一种双向互通：自然的人化与人的自然化。

如果从研究的角度看，环境美学的研究范围存在着多样性、尺度与品质方面的无界性。首先就多样性而言，如前所述，环境美学能够从原生自然延伸到传统艺术形式。在这一领域中，环境美学对待事物可以从荒野到田园景观，从乡村到

---

① 〔加〕艾伦·卡尔松：《环境美学》，杨平译，成都：四川人民出版社，2006，第18页至第21页。

都市。因而在研究类别中,环境美学便包含相当多的不同类别。比如自然美学和景观美学、城市美学和建筑美学等等。其次就尺度而言,环境美学从围绕我们的那些茂密的丛林,无边的麦田、大都市的中心,延伸到我们的住宅花园,以及办公室和街角与街道的美学等等。特别要强调指出的是,环境美学并不将关注焦点集中于各种引人入胜、优美如画的景观上,而是更多地聚集于平凡的事物和普通的视野。在这个意义上,环境美学货真价实地属于"日常生活的美学"。① 英国 19 世纪著名风景画家康斯坦布尔曾说:"在生活中,我从来没有见过一件丑陋的事物。"②这话并不夸张。只要没有人为的破坏,通常意义上的自然界总是向我们呈现出一种天然的审美资源。这给了环境美学能够尽兴发挥的舞台。用约翰·穆尔的话说:"只要自然景色是未开发的,没有一处自然景色是丑陋的。"③这是生态主义与环境美学必然能够相互促进与合作的前提。它证明了一个道理:"自然保护的最终的历史基础是美学。"④因为相比于生态中别的隐性方面的价值,良好的生态所具有的审美价值是最直观也是最具普遍意义的。

（3）景观美学与自然美学

对环境美学提出挑战的,是另一种相关的美学,这就是景观美学（the aesthetics of landscape）。这门研究的倡导者提出,环境的概念太宽泛了,因为它包括不被感知甚或没有必要被感知的东西。⑤ 环境美学的实质其实是审美主体对环境的有意识感知,而此时的环境其实已经是一种景观。换言之,环境美学是在作为一种景观美学的前提下被运作。作为环境美学的核心的自然美学也面临同样的问题。诚如一位研究者所指出的,"'自然'一词在现代最流行的用法,是作为对一个所有不被视为人造的东西的'包罗万象'的术语"。⑥ 问题是,究竟什么是自然的而不是人造的,事实上并不总是清楚的。比如乡村的景色一般都会被贴上自然的标签,但是对它略加思索很快就能发现,它们在很大程度是人类活动的结果。环境美学与景观美学很难截然分开,但仍然能够从语义学的角度做出区分。有学者指出:"'景观'与'环境'并不同义;它是被'感知的环境',尤其

————————————

① ［加］艾伦·卡尔松:《自然与景观》,陈李波译,长沙:湖南科学技术出版社,2006,第12 页。

② ［加］艾伦·卡尔松:《环境美学》,杨平译,成都:四川人民出版社,2006,第 18—1010 页。

③ ［加］艾伦·卡尔松:《环境美学》,杨平译,成都:四川人民出版社,2006,第 18—112 页。

④ ［美］阿诺德·伯林特:《环境与艺术:环境美学的多维视角》,刘悦笛译,重庆:重庆出版社,2007,第 151 页。

⑤ ［美］史蒂夫·布拉萨:《景观美学》,彭锋译,北京:北京大学出版社,2008,第 12 页。

⑥ ［美］史蒂夫·布拉萨:《景观美学》,彭锋译,北京:北京大学出版社,2008,第 14 页。

是视觉上的感知。"①应该说，这个解释是有价值的。但有意思的是，细加体会不难发现，其中内在地存在着一种矛盾。

首先，用"被感知的环境"来表示景观的确有其道理，景观之所以景观就在于它不像"环境"的概念，并不考虑人的感知，而表示超越人主观感知的存在。总之是"直到人们感知它，环境才成为景观。"②但这并不表明这个景观美学的概念可以因此而取代环境美学，或者说比环境美学更具优越性。因为景观的确是针对我们的视觉鉴赏而言，如上所述，它是让我们以"观看"的方式进行审美欣赏实践。这就大大缩小了这个概念的涵盖内容。在环境美学中，我们强调的人们身处于天地万物中全方位地感受以大自然之美为核心的审美存在，这我们能够提出这样的观点：景观美学是环境美学的一部分，而不能将两者相提并论，更不能以对景观美学的强调来取代环境美学。同样的逻辑也可以用以解释自然美学的问题。诚然，"乡村景色"既是渗透着人为的因素，同时往往被当作"自然景色"来看待。但这种"包罗万象"只能说明自然美学的包容性，建造在大草坪上的一座建筑物如果符合审美的要求，它本身就与大地融为一体，这其实应该是"自然美学"的本义所在。对这个概念的强调并不意味着一种纯粹主义的诉求，它并不仅仅只是狭隘地指未有人迹的原始丛林和荒山野岭。从具体的审美实践来看，有过这方面经历的鉴赏者都不难发现，在欣赏人化的景观时，"我们经常处于一种无意识中"。③ 正是在这个心理学意义上，"人化的自然"和"无人的自然"具有同一性。所以，"包罗万象"恰恰正是现代文明社会的"自然美学"的基本特征所在，这并不成为问题。

在理论上对景观美学更大的挑战还在于，审美地鉴赏自然的活动在根本上并不是一个外部观看的问题，或者说事实上它根本就不是一个观看的问题，而是深入我们心灵深处的审美领悟与感动。"生命提供了审美愉悦的背景和条件。"④俗话说"赏心悦目"，这个成语其实本应该倒过来讲："悦目赏心"。因为从审美过程来看，"悦目"总是发生在"赏心"之前。但它之所以约定俗成地成为现在的用法，是为了突出"悦目"不是目的，它只是审美体验的表层部分，审美的实质在于"赏心"。在这个意义上，如果像景观美学所强调的那样，突出鉴赏活动的"观看"模式，那是对审美实践的误解和消解。环境美学所要诉求的，是将我们所有的身体感觉（bodily senses）调动起来，而不仅仅是将眼睛的视知觉涵盖在内。环境美学强调的鉴赏力是身体的介入，这使它与自然美学（natural aesthetics）相

---

① ［美］史蒂夫·布拉萨：《景观美学》，彭锋译，北京：北京大学出版社，2008，第11页。

② ［美］史蒂夫·布拉萨：《景观美学》，彭锋译，北京：北京大学出版社，2008，第12页。

③ ［美］史蒂夫·布拉萨：《景观美学》，彭锋译，北京：北京大学出版社，2008，第22页。

④ ［美］阿诺德·伯林特：《环境与艺术：环境美学的多维视角》，刘悦笛译，重庆：重庆出版社，2007，第138页。

结盟。"自然鉴赏"并不只是走马观花地观看那些美丽的景色,而是诸如在弯曲的乡村道路上驱车、沿着路线徒步行走、在溪流中划水而进等诸如此类的活动。所有这些都伴随着对声音和气味,对风和阳光的感受,对各种色彩、形状、图式的微妙差异的敏锐关注。这才是真正意义上的审美的欣赏:有深度的生命体验。所以说与单纯的景观美学相比,"'环境'是一个更具包容性的术语,它所包含的空间和对象并非仅仅是'自然世界'之内的事物,诸如设计、建筑和城市也包含在内"。①

英国美学家安妮·谢泼德说得好:"我们可以在天上的白云中看见各种形状,可以在一条不断流淌的小溪的潺潺水声中听见咔嗒咔嗒的声音。然而,这种投射在我们对大自然的审美欣赏过程中只发挥很小的作用。我们在不发挥自己的想象力构想白云笼罩的高塔或豪华宫殿的情况下,也能够享受傍晚的天空中存在的晚霞之美。我们也可以在并不想象这条不断流淌的小溪的潺潺水声再现某种其他的声音的情况下,快乐地倾听这种流水声。"因为毕竟,我们对自然之美的欣赏总是处于某个实际时空场景之中。此时此地除了美丽的风景与悦耳的声音,"我们还可以通过嗅闻雨后青草散发的气息、松树林的芳香气味,并且在触摸柔软的草地和富有弹性的植物,或者秋天风干的落叶的过程中领略它们的质地,从其中得到快乐"。② 美国学者马歇尔也有同感:"旷野既不像艺术那样只是刺激视觉,也不像音乐那样只刺激听觉,而是刺激人类所有的一切感官,从美学的观点来看,旷野在这一方面是独一无二的。傍晚,当一个旅行者漫步在旷野之中的小湖边时,他通过视觉观看到布满晚霞的天空,以及云杉在岸上拔地而起,湖湾深入到云杉之中所造成的欢快的格局;通过听觉他感知到湖水拍击岩石重叠的岸边的声音,以及画眉鸟的黄昏鸣唱;通过嗅觉他闻到湖边香脂冷杉和沼泽花的芳香;通过触觉他感到吹拂在额头上的微风和他脚下水藓的柔软。旷野就是所有这一切的感觉,这些感觉与广袤融合为一种美的形式,成为多数人最完美的人间经验。"③

这是对亲自实践了"环境美学"的最清晰和生动准确的描述。从中我们还能够发现对一种由来已久的传统观念的颠覆,这就是"审美无利害性"(aesthetic disinterestedness)。这个来自康德的概念——由于审美趣味是无利害的,所以它能带给我们一种自由的愉悦——或许在某种程度上适用于某些艺术作品,但却难以在以对自然美的鉴赏为中心的环境美学中得到验证。在对环境的鉴赏活

---

① [美]阿诺德·伯林特:《环境与艺术:环境美学的多维视角》,刘悦笛译,重庆:重庆出版社,2007,第 19 页。

② [英]安妮·谢泼德:《美学:艺术哲学引论》,艾彦译,沈阳:辽宁教育出版社,1998,第83、86 页。

③ [美]拉蒙特:《人道主义哲学》,贾高建等译,北京:华夏出版社,1990,第 177 页。

动中，鉴赏行为往往是同实践的功利性不可分割。无论是在建筑选址、道路或公园设计，还是在林间小径上散步等等，都不自觉地包含着对人类功利性的肯定。换句话说，"恰当地鉴赏一处景观我们必须懂得，那片地方开辟出来以及如此设计的用途"。① 事实上这也是生态主义所要诉求的目标。保护生态环境不受人为破坏的本意，正是出于对人类利益从长计议的考虑。值得一提的是如果从这方面看问题，我们能够发现景观美学所具有的积极意义。因为"景观欣赏"的无意识前提，就意味着自然生态得到了有效保护。我们不可能把被遭受工业污染和商业开发所破坏的环境，当作赏心悦目的景观对象。事实的确如此："源起于欧洲，并利用文化及生态学知识背景的景观生态学，被认为是理解景观的一种途径。"②加拿大学者艾伦·卡尔松说得好：如果我们要适当地审美欣赏人类环境，我们就不能仅仅将目光放在文化上，而必须将目光投向生态。"这便导向一种所谓的人类环境美学的'生态途径'。这种途径强调，生态因素可作为欣赏自然环境的一种重要方式。"③正是通过景观美学使我们能够进一步确认，对于环境的鉴赏归根到底都可以命名为**"生态的审美"**。④

概括地来讲，现代化以来的环境美学，除了以山水草原等大自然景象为主体的审美实践，还可以在"大地与天空"的背景下分为两大类别：以高楼林立的城市为代表的社会美学和以田园乡村为代表的自然美学。社会美学除了标志性的建筑外，还特别体现于一个城市所特有的街道美学方面。它们并不是不会表达的沉默的物质，而是能充分地反映着一个时代和一种社会体制下的文化生活。就像日本学者芦原义信在他的书里所说：为什么清真寺的穹顶要饰以华丽的彩色釉面砖，波斯地毯上要织出色彩斑斓的图案呢？只要进入那泥土色的空间去看一下就可明白。人们如果没有这点美丽的色彩简直就无法生活了，它是最低限度的生活条件。"地毯绝不是奢侈品，也不是趣味品，而是同生活密切相关的实用品，甚至是精神上的寄托。"⑤他还注意到，建筑的色彩是从当地的自然环境中产生出来的，它和地方风土并非无关。比如希腊爱琴诸岛上，以蓝天为背景的白色住宅显得非常明亮而醒目；西班牙则是由当地陶土所烧成的红褐色"西班牙瓦"决定着街道的色彩。日本则以银灰色或灰褐色瓦顶的木结构融合在自然之中，决定了街道的稳重色彩。但所有这一切的中心点仍在于居住在其中的人。为此他向城市的设计师们提议："在建筑中存在的人是主角，建筑要成为使人突

---

① ［加］艾伦·卡尔松：《环境美学》，杨平译，成都：四川人民出版社，2006，第 197 页。

② ［加］艾伦·卡尔松：《自然与景观》，陈李波译，长沙：湖南科学技术出版社，2006，第 59 页。

③ ［加］艾伦·卡尔松：《自然与景观》，陈李波译，长沙：湖南科学技术出版社，2006，第 60 页。

④ ［加］艾伦·卡尔松：《环境美学》，杨平译，成都：四川人民出版社，2006，第 149 页。

⑤ ［日］芦原义信：《街道的美学》，尹培桐译，天津：百花文艺出版社，2006，第 133 页。

出的背景。绝不应忽视人在建筑或街道中的存在。"①

与上述社会美学相对的自然美学,有许多在本质上其实同样呈现着"以人为本"的特点。中国古代诗歌里有许多成功表现田野牧歌风光的优秀作品。比如宋人雷震的《村晚》:"草满池塘水满坡,山衔落日浸寒漪。牧童归去横牛背,短笛无腔信口吹。"署名"牧童"的"草铺横野六七里,笛弄晚风三四声。归来饭饱黄昏后,不脱蓑衣卧月明。"又比如唐人王驾的《社日》:"鹅湖山下稻粱肥,豚栅鸡栖对掩扉。桑柘影斜春社散,家家扶得醉人归。"南宋徐元杰的《湖上》:"花开红树乱莺啼,草长平湖白鹭飞。风日晴和人意好,夕阳箫鼓几船归。"辛弃疾词:"稻花香里说丰年,听取蛙声一片。"开创"江湖诗派"风格的赵师秀的《有约》:"黄梅时节家家雨,青草池塘处处蛙。有约不来过夜半,闲敲棋子落灯花。"类似这样的一些仍以人为主角、重在表现生活情趣的"田园美",同强调融入自然事物之中去,重在体会天地氤氲的"自然美学",显然有着实质性的区别。同样还有像杜牧的《江南春》:"千里莺啼绿映红,水村山郭酒旗风。南朝四百八十寺,多少楼台烟雨中。"张继的《枫桥夜泊》:"月落乌啼霜满天,江枫渔火对愁眠。姑苏城外寒山寺,夜半钟声到客船。"。在这些诗中,诗人们看似在欣赏自然景色,其实是感叹人世沧桑。所以这些作品所表现的,也已并非真正意义上的"自然美",而是以自然景物为媒介、体现在人的生存状态、具有沉重的历史感的"人文美"。

随着人类社会普遍地从农业社会向后工业社会的转型,这种乡村田园之美显得越来越少。城市的扩张正在大量地吞噬着这种类型的审美现象。而随着乡村田园之美的迅速消失,名副其实的自然美也在发生着变化,时至今日,环境美学的视野几乎被以大都市为主体的景观美学所遮蔽。这是一个严重的问题。所以生态主义的崛起是对环境美学的一个提醒,因为"美学可以提升责任"。② 自然美的重要性体现在它对人类心灵的伦理意识具有良好的教育效应上。什么是自然美学的存在基础?或者说经常以地震、火山喷发和狂风暴雨带给人类以灾难的自然之所以能成为我们审美鉴赏的对象,是因为"我们通过欣赏自然在其存在过程中产生的生命来发现美"。③ 对自然美的欣赏活动自有其独立于艺术美的特色,但在对自然的审美意识的培养过程中,并不能完全排除来自艺术家的贡献。王尔德曾经提出:"现在人们看见了雾,并非因为有雾,而是因为诗人和平画家们已经把那种景象的神秘魅力告诉了我们。在伦敦,雾也许已经存在了几个世纪,我敢这么说,但是没有人看见它们,因此我们对它们一无所知。雾并不存

---

① [日]芦原义信:《街道的美学》,尹培桐译,天津:百花文艺出版社,2006,第223页。

② [美]阿诺德·伯林特:《环境与艺术:环境美学的多维视角》,刘悦笛译,重庆:重庆出版社,2007,第154页。

③ [美]阿诺德·伯林特:《环境与艺术:环境美学的多维视角》,刘悦笛译,重庆:重庆出版社,2007,第163页。

在,直到艺术创造了它们。"①这言之有理。但问题是对于当今的环境美学而言,重要已经不再是区分都市景观美学和乡村自然美学,简单讲就是以原始森林为主体的生态美学。它对我们的呼吁就是"走向深处"。

因为"森林是需要进入的,不是用来看的",森林冲击着我们的各种感官:视觉、听觉、嗅觉、触觉,甚至是味觉。② 因此,如果说现代化意味着环境美学从一般哲学美学中分离出来自立门户,那么后现代则呈现出环境美学与生态美学的融为一体。它不再是我们以视听感官去接受鉴赏对象,而是我们以身体为媒介的感同身受和实际体验。通过这种体验,我们不仅能获得"天地有大美而不言"的神秘性领悟,从而塑造我们良好的伦理精神和道德意识;而且还能超越康德主义的"审美无功利说",去为了子孙后代的福祉而努力奋斗。所以环境美学的根本价值所在并不仅仅是对身体美学的倡导,而是全方位地对作为有公共意识和社会良知的审美者的培育。就像阿诺德·伯特林所说,"身体"把我们的注意力转向长期以来哲学研究中所忽视的问题。"然而仅仅探讨'身'和仅仅探讨'心'一样只是问题的一方面。"③他提出,从环境的角度来谈论身体的一种方式,就是完全放弃"身体"一词,而只谈论"身体化"。因为所有的艺术以及所有的审美实践,都是身体化的。强调这种区别的意义在于,"身"乃"心"之宅,身体化意味着超越笛卡尔主义的身心二元论,实现身心一体化。在这个意义上,环境美学是货真价实的"实践美学",它完全超越了消费时代的审美娱乐化倾向,在一种生态美学的平台上从"自然的人化"走向"人的自然化"。

---

① [英]王尔德:《谎言的衰落》,萧易译,南京:江苏教育出版社,2004,第37页。

② [美]阿诺德·伯林特:《环境与艺术:环境美学的多维视角》,刘悦笛译,重庆:重庆出版社,2007,第166页。

③ [美]阿诺德·伯林特:《环境与艺术:环境美学的多维视角》,刘悦笛译,重庆:重庆出版社,2007,第171页。

索　引

后　记

　　写一本这样的书的念头至少已经有近十年了。由于种种原因直到现在才完成。但没有多少如释重负的感觉，是因为我知道这本书还可以写得更好，我也能够让它变得更好些。但人的一生就像歌中所唱，不过只是"短短几个秋"而已。我只能在此搁笔了。虽然有点不甘心，但也没太多的伤怀。事情总是做不完的。写作的起因是越来越感觉到现在的研究生，无论是硕士还是博士，对学科基本知识的缺乏和素养之差让人惊讶。入学的硕士和博士们基本上都需要重新"补课"。我原本想依赖别人来做这项工作，但看了国内外若干相关的著作后都让我不满意，于是下决心自己动手。或许在旁人眼中同样也是"不满意"。对此我只能说声"抱歉"了。

　　每个时代的人都有属于自己的生活。对于我们这代直接间接地经历过中国当代史若干重大事件的人而言，关心人文是理所当然之事，对美学的热爱是由衷地发自内心的。所以我们读书用孔子的话说是"为己"的事。而现在普遍地流行"为人"读书，写书是"秀"给别人看的。我没什么可以用来"秀"的东西。唯有的是一份对美学这类人文之书的一份真诚的兴趣。我知道真诚是很"不好玩"的东西，所以常常自觉地远离喧哗与热闹。站在教书的讲坛上，我从未想过影响世界，但的确考虑过影响下自己周围的学生。起码是在我指导下拿到硕士和博士学位的青年人。直到"奔六"的年龄才突然明白，连这都是一种奢望。记得在我出版第一本著作的后记里，纸上充满了那个年代的满腔热情。那个时候的我，把自己视为在关于审美和艺术的知识海洋里放舟的年轻水手。眺望前面望不到边界的远方，一切似乎都充满了希望。这样的理想主义最终的失望是无法避免的。没什么可以抱怨的。时代不同了，为了适应时代，人的品种也随之而改变了。这很符合逻辑，不需要任何高深莫测的理论来解释。

　　但话又说回来，书总还是要读点的。至少在当下的时代，还没有到可以完全不读书就能够拿到人文学科的学位证书的时候。于是就写了这本东西。强调"从知识论到价值观"是因为我一直认为，任何以人文学科为生者，都必然地拥有一种价值立场，需要明明白白地、坦坦荡荡地表达出来。换句话说，美学方面的知识不是"中性"的，它必然体现出一种价值关怀。在某种意义上讲，人文学科的知识论是为这种价值观服务的。所以在本书中，我对相关知识的诠释与解读并不想摆出那种"客观"性的姿态，而是旗帜鲜明地亮出自己的好恶与评介。在本书中所谈到的知识是有个性的。著名音乐人罗大佑在《闪亮的日子》这首歌中唱道："我来唱一首歌，古老的那首歌，我轻轻地唱，你慢慢地和。是否你还记得，过去的梦想，那充满希望灿烂的岁月。你我为了理想，历尽了艰苦；我们曾经哭泣，也曾共同欢笑。但愿你会记得，永远地记着，我们曾经拥有闪亮的日子。"它曾深深地打动了我，感染了我。但现在听来似乎略微多了点伤感。因此，要让现在的年轻人理解和共鸣，恐怕是一件不可想象的事。

　　生活就是这样。似乎好与坏、对与错的区分已不再那么重要。但这样的日子有前途吗？它真的是人类的未来吗？自恋主义已是这个时代的特征，"无痛伦理学"正在独步天下。但它能带来什么样的礼物？让我们拭目以待吧！

　　最后我要向本书的责任编辑陈佩钰女士，表示由衷的感谢。由于他认真负责的精神使本书避免了许多差错。这是我这么多年来的出版过程中难得遇到的一件幸事。

2014 年 8 月 26 日
于浙江大学求是村

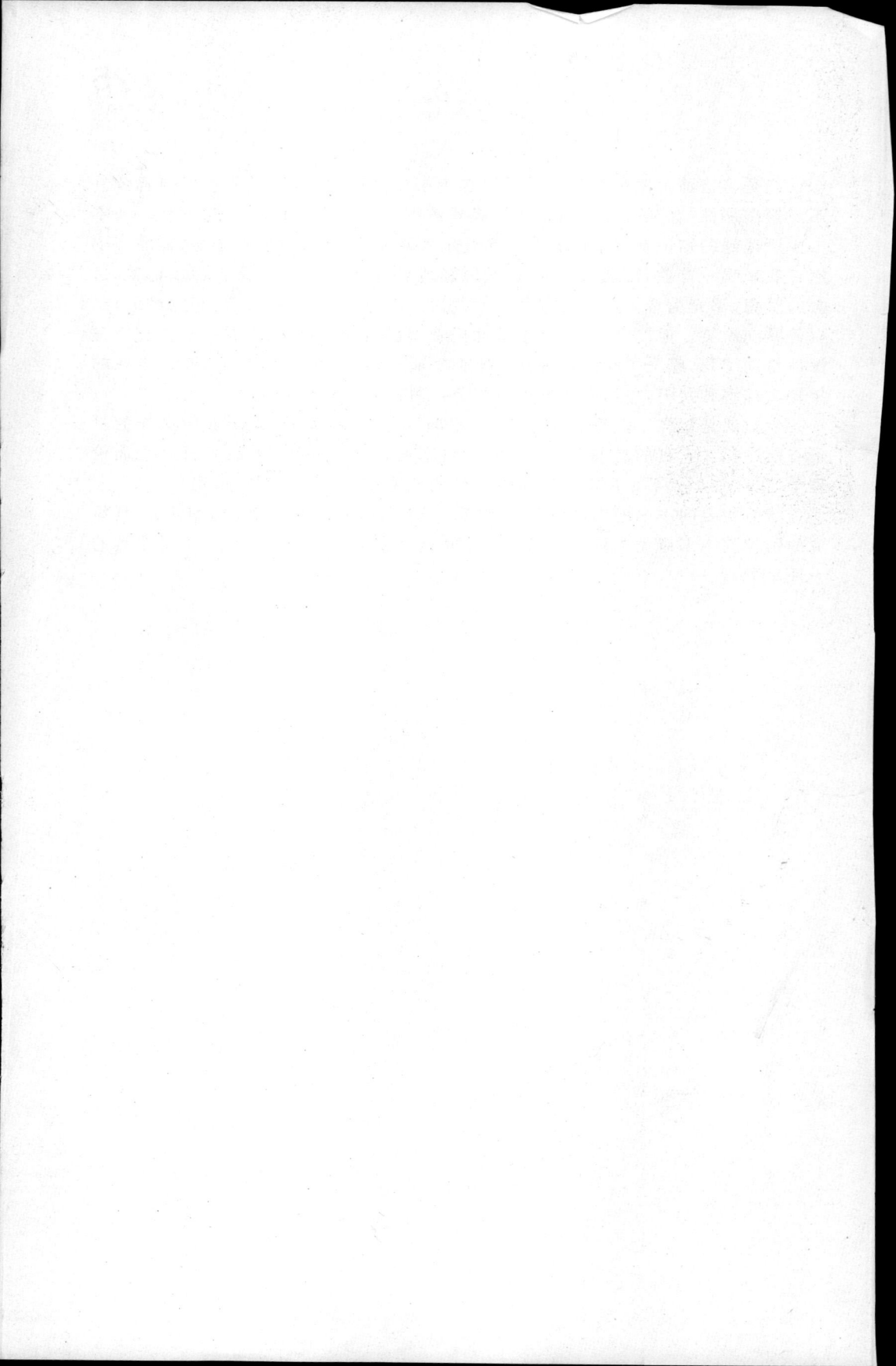